Energiemodelle zum Kernenergieausstieg in Deutschland

Informationen über die Bände 1–12
sendet Ihnen auf Anfrage gerne der Verlag.

Band 13: Georg Müller-Fürstenberger
Kuppelproduktion
1995. ISBN 3-7908-0883-0

Band 14: Andreas Pfnür
Informationsinstrumente und -systeme im betrieblichen Umweltschutz
1996. ISBN 3-7908-0894-6

Band 15: Christian Kölle
Ökonomische Analyse internationaler Umweltkooperationen
1996. ISBN 3-7908-0901-2

Band 16: Rainer Souren
Theorie betrieblicher Reduktion
1996. ISBN 3-7908-0933-0

Band 17: Fritz Söllner
Thermodynamik und Umweltökonomie
1996. ISBN 3-7908-0940-3

Band 18: Thomas Nestler
Umweltschutzinvestitionen im Verarbeitenden Gewerbe
1997. ISBN 3-7908-0962-4

Band 19: Anja Oenning
Theorie betrieblicher Kuppelproduktion
1997. ISBN 3-7908-1012-6

Band 20: Graciela Wiegand
Die Schadstoffkontrolle von Lebensmitteln aus ökonomischer Sicht
1997. ISBN 3-7908-1024-X

Band 21: Karin Holm-Müller
Ökonomische Anreize in der deutschen Abfallwirtschaftspolitik
1997. ISBN 3-7908-1028-2

Band 22: Ronald Wendner
CO_2-Reduktionspolitik und Pensionssicherung
1997. ISBN 3-7908-1032-0

Band 23: Jochen Cantner
Die Kostenrechnung als Instrument der staatlichen Preisregulierung in der Abfallwirtschaft
1997. ISBN 3-7908-1033-9

Band 24: Gerd R. Nicodemus
Reale Optionswerte in der Umweltökonomie
1998. ISBN 3-7908-1089-4

Band 25: Bernd Klauer
Nachhaltigkeit und Naturbewertung
1998. ISBN 3-7908-1114-9

Band 26: Bernd Meyer et al.
Modellierung der Nachhaltigkeitslücke
1998. ISBN 3-7908-1122-X

Band 27: Prognos AG (Hrsg.)
Nachhaltige Entwicklung im Energiesektor?
1998. ISBN 3-7908-1138-6

Band 28: Bernd Meyer et al.
Marktkonforme Umweltpolitik
1999. ISBN 3-7908-1184-X

Band 29: Armin Rudolph
Altproduktentsorgung aus betriebswirtschaftlicher Sicht
1999. ISBN 3-7908-1200-5

Band 30: Volker Radke
Nachhaltige Entwicklung
1999. ISBN 3-7908-1223-4

Band 31: Jörg Helbig, Jürgen Volkert
Freiwillige Standards im Umweltschutz
1999. ISBN 3-7908-1236-6

Band 32: Jochen Diekmann et al.
Energie-Effizienz-Indikatoren
1999. ISBN 3-7908-1243-9

Band 33: Forum für Energiemodelle und Energiewirtschaftliche Systemanalysen in Deutschland (Hrsg.)
Energiemodelle zum Klimaschutz in Deutschland
1999. ISBN 3-7908-1244-7

Ausführliche Informationen finden Sie auf unserer Homepage unter
http://www.springer.de/cgi-bin/search_book.pl?series=1997

Forum für Energiemodelle und Energiewirtschaftliche Systemanalysen in Deutschland (Hrsg.)

Energiemodelle zum Kernenergieausstieg in Deutschland

Effekte und Wirkungen eines Verzichts auf Strom aus Kernkraftwerken

Unter Mitarbeit von:
Ulrich Fahl, Alexander Zafiriou, Markus Blesl, Claudia Kemfert, Uwe Remme (Institut für Energiewirtschaft und Rationelle Energieanwendung (IER), Universität Stuttgart)
Christoph Böhringer, Tim Hoffmann, Andreas Löschel, Andreas Rohde (Zentrum für Europäische Wirtschaftsforschung (ZEW), Mannheim)
Hans-Jörg Gerdey, Wolfgang Pfaffenberger (bremer energie institut (BEI), Bremen)
Norbert Enzensberger, Wolf Fichtner, Otto Rentz (Institut für Industriebetriebslehre und Industrielle Produktion (IIP), Universität Karlsruhe)
Armin Kraft, Peter Markewitz, Andreas Nollen, Stefan Vögele (Programmgruppe Systemforschung und Technologische Entwicklung (STE), Forschungszentrum Jülich)
Manfred Fischedick, Thomas Hanke, Stefan Lechtenböhmer (Wuppertal Institut für Klima, Umwelt, Energie GmbH im Wissenschaftszentrum Nordrhein-Westfalen)
Heinz Welsch, Carsten Ochsen (Institut für Volkswirtschaftslehre I, Universität Oldenburg)
Bernd Meyer, Christian Lutz (Gesellschaft für Wirtschaftliche Strukturforschung (GWS), Osnabrück)

Springer-Verlag Berlin Heidelberg GmbH

Reihenherausgeber
Werner A. Müller
Martina Bihn

Herausgeber
Forum für Energiemodelle und
Energiewirtschaftliche Systemanalysen
in Deutschland
Heßbrühlstraße 49 a
D-70565 Stuttgart
E-Mail: forum@ier.uni-stuttgart.de
Internet: http://www.ier.uni-stuttgart.de/extern/forum

Projekt gefördert vom Bundesministerium für Wirtschaft und Technologie

Mit 122 Abbildungen und 162 Tabellen

ISBN 978-3-7908-1453-8

Die Deutsche Bibliothek – CIP-Einheitsaufnahme
Energiemodelle zum Kernenergieausstieg in Deutschland: Effekte und Wirkungen eines Verzichts auf Strom aus Kernkraftwerken / Forum für Energiemodelle und Energiewirtschaftliche Systemanalysen in Deutschland (Hrsg.). – Heidelberg: Physica-Verl., 2002
(Umwelt und Ökonomie; Bd. 34)

ISBN 978-3-7908-1453-8 ISBN 978-3-642-57470-2 (eBook)
DOI 10.1007/978-3-642-57470-2

Umschlaggestaltung: Erich Kirchner, Heidelberg

SPIN 10856877 88/2202-5 4 3 2 1 0 – Gedruckt auf säurefreiem Papier

Vorwort

Der Streit um die Kernenergie dauert in Deutschland nun schon 25 Jahre. Die Kontroverse hat sich dabei zunehmend verschärft. Sie hat längst geradezu weltanschaulichen Charakter angenommen. Man verteidigt oder attackiert Bastionen. Die Fakten und die Informationen über sie sind wenig gefragt. Wie kann, sollte, dürfte es weitergehen mit der Kernenergie im zusammenwachsenden Europa und auf einem mittlerweile liberalisierten Energiemarkt? Welche Rolle kommt dabei der deutschen Energiewirtschaft und der Nutzung der Kernenergie in Deutschland zu? Das sind Fragen von großer Bedeutung für die Zukunft Deutschlands und Europas.

In Deutschland bestand Mitte 1998 eine Pattsituation in Bezug auf die Kernenergie. Alle Beteiligten hatten sich darauf eingerichtet. Das Ergebnis der Bundestagswahl vom 27. September 1998 veränderte die Lage grundlegend. In der Koalitionsvereinbarung vom Oktober 1998 haben die die Bundesregierung tragenden Parteien dargelegt, dass die Nutzung der Atomkraft aufgrund ihrer „großen Sicherheitsrisiken“ nicht zu verantworten sei. „Deshalb will die neue Bundesregierung alles unternehmen, die Nutzung der Atomkraft so schnell wie möglich zu beenden.“ Gleichzeitig will die Bundesregierung nach der Koalitionsvereinbarung in allen Bereichen die Anstrengungen zum Schutz des Klimas verstärken und „sie bekräftigt das Ziel, insbesondere die CO_2-Emissionen bis zum Jahr 2005 gegenüber 1990 um 25 % zu reduzieren.“

Auf die Beendigung der friedlichen Nutzung der Kernenergie stellt die Vereinbarung ab, die die Bundesregierung am 15. Juni 2000 mit großen Energiekonzernen getroffen hat. Die Betreiber verzichten darin auf die unbefristeten Genehmigungen für den Betrieb der vorhandenen Kernkraftwerke gegen die Zusicherung, diese jeweils insgesamt mindestens 32 Jahre – bezogen auf den Zeitpunkt der kommerziellen Inbetriebnahme – ohne politische Störung betreiben zu können.

Nahezu zeitgleich wurden am 14. Juni 2000 die Ergebnisse des zweiten Modellexperimentes des Forum für Energiemodelle und Energiewirtschaftliche Systemanalysen in Bonn vorgestellt. Dieses Forum zielt darauf ab, anhand relevanter aktueller Fragestellungen die Möglichkeiten von modellgestützten Analysen zur Fundierung von Entscheidungen aufzuzeigen und durch die Anwendung von Energiemodellen den Entscheidungsträgern in Politik und Wirtschaft neue und vertiefte Einsichten zu der jeweiligen Fragestellung zu vermitteln. Hiermit ist ein Rahmen gegeben, in dem Entwickler von Energiemodellen durch problembezogene Vergleiche unterschiedlicher Modellansätze die Stärken und Schwächen der jeweiligen Modelle diskutieren und Weiterentwicklungsmöglichkeiten und -notwendigkeiten identifizieren können. Durch die problembezogene Kooperation von Modellerstellern und Modellnutzern bzw. Entscheidungsträgern wird somit auch eine Basis für die sachgerechte Nutzung modellgestützter Analysen in der Energiepolitik und Energiewirtschaft geschaffen.

Dass sich die Auswirkungen eines Kernenergieausstiegs als eine derartige politikorientierte Fragestellung eignet, ist sofort einsichtig. Dass aber die Ergebnisse des zweiten Modellexperimentes des Forum unter dem Titel „Kernenergieausstieg: Effekte und Wirkungen eines sofortigen oder schrittweisen Verzichts auf Strom aus Kernkraftwerken in der Bundesrepublik Deutschland", die in dem vorliegenden Band dokumentiert sind, einen derartigen aktuellen Bezug aufweisen würden, war zu Beginn des Modellexperimentes im Frühjahr 1999 nicht vollständig abzusehen. Ich denke deshalb, dass in dem vorliegenden Band wertvolle Hinweise zur Einordnung der Kernenergie und deren Zusammenhänge zu Klimaschutzüberlegungen zu finden sind.

Dass diese Fragestellung auch nach dem Juni 2000 weiterhin von hoher Bedeutung ist, zeigt der im Oktober 2001 vorgelegte Energiebericht des Bundesministeriums für Wirtschaft und Technologie (BMWi) mit dem Titel „Nachhaltige Energiepolitik für eine zukunftsfähige Energieversorgung". Hierin wird aufgezeigt, dass nach Szenarioanalysen der Prognos AG, Basel, und des Energiewirtschaftlichen Instituts der Universität Köln die über den Zeitraum 2000 bis 2020 kumulierten Zusatzkosten eines Szenarios bei Umsetzung der Kernenergievereinbarung und gleichzeitiger Reduktion der CO_2-Emissionen im Jahr 2020 um 40 % gegenüber 1990 im Vergleich zu einem Referenzszenario ohne zusätzliche Klimaschutzbemühungen etwa 256 Mrd. € (500 Mrd. DM) betragen würden. Der vorliegende Band legt im Vergleich dar, zu welchem Ergebnis die am zweiten Modellexperiment des Forum beteiligten Energiemodellbauer und –anwender hinsichtlich der Auswirkungen eines Kernenergieausstiegs in Deutschland gelangen.

Prof. Dr. A. Voß

Inhaltsverzeichnis

Executive Summary

Das Forum für Energiemodelle und Energiewirtschaftliche Systemanalysen in Deutschland (FEES) stellt eine offene Kommunikationseinrichtung für den intensiven Erfahrungsaustausch zwischen Entwicklern und Nutzern von Energiemodellen aus Forschung, Politik und Wirtschaft dar. Das Forum gründet sich auf eine gemeinsame Initiative von Wissenschaftlern, die maßgeblich an der Entwicklung und Anwendung von Energiemodellen beteiligt sind. Der Dialog soll durch eine exemplarische Anwendung existierender Modelle der Energiewirtschaft für die Analyse ausgewählter Problemstellungen erreicht werden, die die Ergebnisrelevanz alternativer methodischer Ansätze sowie unterschiedlicher Detaillierungsgrade und Datenannahmen demonstrieren.

Das Modellexperiment

Als zentrales Element der Aktivitäten des Forum fungiert das Modellexperiment. Das Ziel der Modellexperimente ist es, Gemeinsamkeiten und Unterschiede in den bestehenden methodischen Ansätzen der Energiemodelle aufzuzeigen und wichtige Hinweise hinsichtlich der Anwendungsfelder und möglicher methodischer Erweiterungen der Modelle zu geben.

Das erste Modellexperiment (MEX I) zum Thema „Strukturelle und Gesamtwirtschaftliche Effekte des Klimaschutzes - Die nationale Perspektive", bei dem der Modellvergleich bestehender methodischer Ansätze im Vordergrund stand, wurde mit dem Modellworkshop am 19. März 1999 und der anschließenden Veröffentlichung der Ergebnisse im Physica-Verlag /FORUM 1999/ abgeschlossen.

Für das in der Tendenz eher ergebnisorientierte Modellexperiment II (MEX II) wurde die Themenstellung „Kernenergieausstieg - Effekte und Wirkungen eines sofortigen oder schrittweisen Verzichts auf Strom aus Kernkraftwerken in der Bundesrepublik Deutschland" ausgewählt. Gegenstand der Analyse sind insbesondere die Auswirkungen eines vorzeitigen Kernenergieausstiegs auf die Elektrizitätsversorgung und die Elektrizitätswirtschaft bspw. hinsichtlich der Stromerzeugungskosten und Strompreise, der Struktur der Erzeugung bzw. des Umfangs von Stromimporten, ebenso wie die Auswirkungen auf die übrige Energieversorgung. Daneben werden auch die Effekte auf wichtige volkswirtschaftliche Kenngrößen, wie z. B. das Wirtschaftswachstum, die Beschäftigung oder die Wettbewerbssituation der Industrie, quantitativ ermittelt. Schließlich werden auch die umweltseitigen Wirkungen eines vorzeitigen Ausstiegs aus der Kernenergie bezüglich des Ausstoßes von energiebedingten Treibhausgasemissionen untersucht.

Insgesamt sind elf verschiedene Modellansätze am Modellexperiment II beteiligt, die sich in sieben Vertreter der prozessanalytischen Modelle (Bottom-up Modelle:

vier Energiesystemmodelle und drei Strommodelle) und vier Vertreter der Energiewirtschaftsmodelle (Top-down Modelle) aufgliedern lassen.[1]

Die harmonisierten Rahmendaten

Die im Rahmen von Modellexperiment II notwendigen, harmonisierten Vorgaben umfassen insbesondere Festlegungen zur Wirtschafts- und Bevölkerungsentwicklung, zum Stromverbrauch, zur ökonomischen und technischen Charakterisierung von Kraftwerken, zur Energiepreisentwicklung sowie energiepolitische Annahmen bezüglich der Stein- bzw. Braunkohle und der Erneuerbaren Energien. Um den Unsicherheiten der Energiepreisentwicklung Rechnung zu tragen, wurden zwei unterschiedliche Energiepreispfade harmonisiert und in den Grundvarianten der Fallstudie untersucht.

Die Fallstudie

Die Fallstudie erfolgt anhand von Szenarioanalysen und ist für die beiden Energiepreispfade jeweils durch zwei unterschiedliche Entwicklungen charakterisiert, die durch ein *Basisszenario* und ein *Ausstiegsszenario* beschrieben werden. Das *Basisszenario*[2] dokumentiert eine Business-as-usual Entwicklung, mit einer unterstellten Betriebszeit der vorhandenen Kernkraftwerke von 40 Zeitjahren. Im *Ausstiegsszenario* dagegen wird die Betriebszeit der Kernkraftwerke auf 25 Zeitjahre begrenzt. Dies bedeutet, dass im Ausstiegsszenario durch den vorzeitigen Wegfall der Kernkraftwerkskapazitäten, bei typischer Auslastung der Anlagen, gegenüber dem Basisszenario eine Strommenge von etwa 2400 TWh zu ersetzen ist, was der gesamten bundesdeutschen Nettostromerzeugung von rund 4½ Jahren entspricht.

Für den Ausstiegsfall werden drei alternative Varianten der Emissionsentwicklung betrachtet: Das Ausstiegsszenario ohne Emissionsbeschränkung läßt alle Restriktionen hinsichtlich der Einhaltung von Klimaschutzzielen fallen. Eine weitere Ausstiegsvariante fordert die Einhaltung des Emissionspfades aus der Basisent-

---

1 Im Einzelnen handelt es sich um die <u>*Strommodelle*</u>: DIOGENES (Zentrum für Europäische Wirtschaftsforschung, Mannheim), EMS (Bremer Energie-Institut), PERSEUS-ICE (IIP, Universität Karlsruhe) und TIMES-GES (IER, Universität Stuttgart); die <u>*Energiesystemmodelle*</u>: E^3Net-D2 (IER, Universität Stuttgart), IKARUS-MARKAL (STE, Forschungszentrum Jülich), WMI (Wuppertal Institut) sowie die <u>*Energiewirtschaftsmodelle*</u>: LEAN (Universität Oldenburg), NEWAGE-D (IER, Universität Stuttgart), PACE (Zentrum für Europäische Wirtschaftsforschung, Mannheim) und PANTA RHEI (Gesellschaft für Wirtschaftliche Strukturforschung, Osnabrück).

2 Hier werden bei den Bottom-up Modellen zwei unterschiedliche Philosophien verfolgt. Das auf einem Simulationsansatz basierende Modellinstrumentarium des Wuppertal Instituts geht von einem Basisszenario mit Hemmnissen aus, während in den übrigen Bottom-up Modellen, die alle einen Optimierungsansatz verfolgen, in der Referenz keine Hemmnisse unterstellt werden. Dies kann so interpretiert werden, dass bei den Optimierungsmodellen bereits in der Basisentwicklung wesentliche „no regret"-Potenziale genutzt werden können.

wicklung, und schließlich wird ein Ausstiegsfall betrachtet, in dem Deutschland entsprechend den europäischen Vorgaben des Kyoto-Protokolls eine Senkung der nationalen CO_2-Emissionen um 21 % bis zum Jahr 2010 gegenüber dem Emissionsniveau von 1990 durchführt. Dieser CO_2-Minderungszielpfad fordert für 2005 eine 18 prozentige Reduzierung der Emissionen. Er wird unter Einhaltung des Kyoto-Ziels in 2010 fortgeschrieben und erreicht zum Ende des Betrachtungszeitraums (2030) eine Minderungszielmarke von 43 %.

Um den Unsicherheiten wichtiger, ergebnisbestimmender Parameter Rechnung zu tragen, werden neben diesen Grundszenarien weitere individuelle Sensitivitätsrechnungen durchgeführt.

Der Modellvergleich

Die Stärke der Bottom-up Modelle ist die Fähigkeit der Abbildung einzelner Technologien. Daher lassen sich wesentliche Mechanismen, die in der Energiewirtschaft im Falle eines vorzeitigen Kernenergieausstiegs ablaufen, prozessorientiert darstellen. Dazu gehören u. a. Substitutionsvorgänge bei den Energieträgern, Effizienzgewinne durch technischen Fortschritt sowie Energiesparen. Hier erscheinen die Strommodelle für die Analyse eines reinen Ausstiegs aufgrund der detaillierten Abbildung des Stromsektors, sowohl bezüglich der zeitlichen Auflösung als auch des prozesstechnischen Detaillierungsgrades, besonders geeignet, um die Substitutionsvorgänge zwischen den Energieträgern zu erfassen. Die ebenfalls prozessorientierten Energiesystemmodelle erscheinen insbesondere im Ausstiegsfall unter Berücksichtigung von Klimaschutzaspekten ein geeignetes Instrument zu sein, da sie neben dem Stromsektor auch andere Sektoren mit berücksichtigen. Andererseits haben die Bottom-up Modelle den Nachteil, dass sie den volkswirtschaftlichen Kreislauf der Entstehung und Verwendung von Gütern und Dienstleistungen aus der Betrachtung ausblenden. Daher können die etwaigen Rückwirkungen eines vorzeitigen Kernenergieausstiegs bspw. auf Wachstum und Beschäftigung nicht modelliert werden.

Die umgekehrten Stärken und Schwächen finden sich bei den Energiewirtschaftsmodellen. Da in der Regel keine technologische Basis abgebildet ist, können Substitutionseffekte bei den Energieträgern, Effizienzzuwächse bei den Technologien und Energiesparen durch Senkung der Nutzenergieniveaus nicht prozessbezogen modelliert werden. Daher lassen sich einzelne Maßnahmen in den Sektoren meist nicht identifizieren. Hingegen werden die preislichen Rückwirkungen auf die Aktivitätsniveaus der gesamten volkswirtschaftlichen Sektoren abgebildet, wodurch die sektoralen und gesamtwirtschaftlichen Wachstums- und Beschäftigungswirkungen eines vorzeitigen Kernenergieausstiegs analysiert werden können.

Die Ergebnisse

Die Ergebnisse der Bottom-up Modelle liegen hinsichtlich der gewählten Ersatzoptionen relativ nahe beieinander. Ohne Berücksichtigung von CO_2-Restriktionen werden nahezu ausschließlich Steinkohle- und Erdgaskraftwerke und z. T. auch Braunkohlekraftwerke die entstehende Deckungslücke bei der Stromerzeugung füllen müssen. Die erneuerbaren Energieträger sind hier unbedeutend. Demzufolge steigen die CO_2-Emissionen gegenüber dem Basisfall in dieser Variante um bis zu 110 Mio. t CO_2 pro Jahr an. Kumuliert über den gesamten Betrachtungszeitraum werden bis zu 1100 Mio. t CO_2 Mehremissionen anfallen. Diese Menge entspricht in etwa den gesamten bundesdeutschen CO_2-Emissionen eines Jahres. Wird die vorzeitige Stilllegung der Kernkraftwerke unter Berücksichtigung von Klimaschutzanforderungen untersucht, weisen sämtliche Bottom-up Modelle als dominierende Ersatzoption hocheffiziente Erdgas-GuD-Anlagen aus. Der Anteil der erneuerbaren Energieträger steigt geringfügig über die exogen vorgegebene Mindesterzeugung an. In den Energiesystemmodellen werden zusätzliche Maßnahmen zur CO_2-Minderung außerhalb der Stromsektors ergriffen.

Kostenseitig gibt es bei den Bottom-up Modellen qualitativ eine deutliche Übereinstimmung. Um die vorzeitig wegfallenden Kernkraftwerkskapazitäten zu ersetzen, sind Maßnahmen notwendig, die gegenüber der Basisentwicklung unter vergleichbaren Bedingungen mit Mehrkosten verbunden sind. Tendenziell liegen die Mehrkosten unter Berücksichtigung von Klimaschutzzielen deutlich höher, sind jedoch nicht sehr stark abhängig vom Energiepreispfad. Die Bandbreite der kumulierten Mehrkosten bei den Strommodellen liegt zwischen 23 und 63 Mrd. DM_{98} (kumuliert, abdiskontiert auf 2000: 17 bis 39 Mrd. DM_{98}) im Ausstiegsfall ohne Emissionsrestriktion und steigert sich auf 53 bis 111 Mrd. DM_{98} (kumuliert, abdiskontiert auf 2000: 24 bis 69 Mrd. DM_{98}) unter Berücksichtigung von Klimaschutzzielen. Eine ähnliche Bandbreite weisen die Energiesystemmodelle aus. Die kumulierten Mehrkosten belaufen sich im Ausstiegsszenario auf 12 bis 69 Mrd. DM_{98} (kumuliert, abdiskontiert auf 2000: 8 bis 45 Mrd. DM_{98}) und erhöhen sich unter gleichzeitiger Berücksichtigung von Klimaschutzanforderungen auf 85 bis 259 Mrd. DM_{98} (kumuliert, abdiskontiert auf 2000: 43 bis 87 Mrd. DM_{98}).[3]

Der vorzeitige Ausstieg aus der Nutzung der Kernenergie hat vielfältige gesamtwirtschaftliche Effekte zur Folge, die insbesondere abhängig von den Substitutionsmöglichkeiten, den Reaktionen auf dem Arbeitsmarkt und den Rückwirkungen auf die Wettbewerbsfähigkeit der deutschen Industrie sind. Die Ergebnisse der Energiewirtschaftsmodelle weisen eine Steigerung der Strompreise von etwa 8 bis 12 % aus. Hieraus ergibt sich übereinstimmend eine Abschwächung des Wirtschaftswachstums. Die jährlichen Verluste des realen Bruttoinlandsprodukts (BIP)

---

3 Zur Einordnung der o. g. Mehrkosten eines vorzeitigen Kernenergieausstiegs einige Vergleichszahlen: jährliche Steinkohlebeihilfen der Jahre 2000-2005, 4-7 Mrd. DM, erwartete jährliche Einnahmen aus der Ökosteuer 8-11 Mrd. DM, Aufwendungen für das 100.000 Dächer Photovoltaik Programm 0,2 Mrd. DM.

bewegen sich bei einem vorzeitigen Ausstieg aus der Nutzung der Kernenergie ohne Emissionsrestriktion in einem Bereich von etwa 0,2 bis 0,3 % gegenüber dem BIP-Niveau im Referenzszenario. Unter Berücksichtigung von Klimaschutzanforderungen erreichen diese, je nach Modellsystem, vorübergehend bis zu 5,3 % Prozentpunkten und nähern sich danach wieder der Basisentwicklung an. Bei einem für das Basisszenario unterstellten Wirtschaftswachstum zwischen 1,8 und 2 % pro Jahr bedeutet dies, dass auch bei einem vorzeitigen Verzicht auf die Option Kernenergie die Wirtschaft in Deutschland weiter wächst, jedoch etwas langsamer als in der Referenzentwicklung. Verglichen mit den kostenseitigen Effekten der Bottom-up Modelle, bedeuten die BIP-Verluste der Energiewirtschaftsmodelle mehr als 4½-fach höhere Effekte im Fall eines vorzeitigen Kernenergieausstiegs. Differierende Ergebnisse innerhalb der Gruppe der Energiewirtschaftsmodelle finden sich hingegen bei den Beschäftigungswirkungen. Grundsätzlich ist eine Tendenz zur Verstärkung der Effekte bei verschärften CO_2-Minderungszielen zu erkennen.

Die Synthese

Ein vorzeitiger Verzicht auf die Nutzung der Kernenergie zur Stromerzeugung in der Bundesrepublik Deutschland ist mit vielfältigen und komplexen Implikationen auf Wirtschaft und Gesellschaft verbunden, deren Wirkungszusammenhänge intuitiv nicht mehr durchschaubar sind. Es bedarf daher ausgefeilter Analyseinstrumente, um die Auswirkungen detailliert beschreiben und beurteilen zu können. Zur Beantwortung von Fragestellungen dieser Art erscheinen die elf untersuchten Energiemodelle geeignet. Welches der Instrumente für eine ganz bestimmte Fragestellung vorzuziehen ist, hängt jedoch von der konkreten Zielsetzung der Analyse ab.

Wenn die gesamtwirtschaftlichen Auswirkungen und die strukturellen Veränderungen der volkswirtschaftlichen Sektoren zu berücksichtigen sind, erscheinen die Energiewirtschaftsmodelle überlegen. Wenn die Fragestellungen Veränderungen der Technologie- und Energieträgerstrukturen betreffen, sind die Bottom-up Modelle die geeigneteren analytischen Werkzeuge. Für Fragestellungen, die ausschließlich den Stromsektor betreffen, haben dabei die Strommodelle die größten Vorteile, insbesondere hinsichtlich der Abbildung spezifischer technischer Restriktionen oder Marktstrukturen dieses Teilsektors. Bei übergreifenden Fragestellungen, wie bspw. die Rückwirkungen auf andere Teilsektoren oder die Berücksichtigung von Klimaschutzzielen in der gesamten Energiewirtschaft, sind die Energiesystemmodelle vorzuziehen.

Bei Untersuchungen, die sowohl technologische als auch gesamtwirtschaftliche Aspekte berühren, ist eine Kombination von Bottom-up- und Energiewirtschaftsmodellen zu empfehlen.

Die im Rahmen von Modellexperiment II des Forum für Energiemodelle und Energiewirtschaftliche Systemanalysen in Deutschland verglichenen elf Energiemodelle sind ein guter Ausgangspunkt für derartige Analysen, die in geeigneter Weise weiterentwickelt und kombiniert werden können.

Die wesentlichen Ergebnisse von Modellexperiment II wurden im Rahmen des Abschluss-Workshops am 14. Juni 2000 im Wissenschaftszentrum Bonn ausführlich vorgestellt.

Teil I: Modellvergleich

1 Einleitung

Das erste Modellexperiment (MEX I) im Rahmen des *Forum für Energiemodelle und Energiewirtschaftliche Systemanalysen in Deutschland* zum Thema *„Strukturelle und Gesamtwirtschaftliche Effekte des Klimaschutzes – Die nationale Perspektive"*, bei dem der Modellvergleich bestehender methodischer Ansätze im Vordergrund stand, wurde mit dem Modellworkshop am 19. März 1999 und der anschließenden Veröffentlichung der Ergebnisse im Physica-Verlag /Forum 1999/ abgeschlossen.

Der vorliegende Bericht ist der zweite Band in der Reihe der Berichte des *Forum für Energiemodelle und Energiewirtschaftliche Systemanalysen in Deutschland.* Er fasst die wichtigsten Ergebnisse von Modellexperiment II (MEX II) *„Kernenergieausstieg – Effekte und Wirkungen eines sofortigen oder schrittweisen Verzichts auf Strom aus Kernkraftwerken in der Bundesrepublik Deutschland"* zusammen, die zusätzlich im Rahmen eines Abschluss-Workshops am 14. Juni 2000 in Bonn präsentiert worden sind.

Kapitel 2 zeigt die Vorgehensweise zur Durchführung des Modellexperimentes und charakterisiert anschließend die harmonisierte Fallstudie anhand der Rahmenannahmen und Szenarien. Nachfolgend erläutert Kapitel 3 die methodischen Grundlagen der Modellbildung und vergleicht die teilnehmenden Modelle analog zu der im Modellexperiment II vorgenommenen Aufteilung in die Gruppe der Strommodelle (siehe Kapitel 3.1), die Gruppe der Energiesystemmodelle (siehe Kapitel 3.2) sowie die Gruppe der Energiewirtschaftsmodelle (siehe Kapitel 3.3). Die Modellergebnisse der Fallstudie werden in den Abschnitten 4, 5 und 6 dargestellt. Der in Kapitel 4 durchgeführte Vergleich der Modellergebnisse der Strommodelle erfolgt für die Basis- und die Ausstiegsszenarien anhand der für den Kraftwerkspark wesentlichen Größen Netto-Engpassleistung, Nettostromerzeugung und Vollaststunden. Ferner werden die Modellergebnisse bezüglich der CO_2-Emissionen sowie der Änderungen der Stromerzeugungskosten verglichen und schließlich einige wesentliche Parameter im Rahmen von Sensitivitätsrechnungen variiert. Kapitel 5 befasst sich mit der Darstellung der Ergebnisse der Energiesystemmodelle. Als wesentliche Ergebnisgrößen dieses Modellvergleichs werden neben elektrizitätswirtschaftlichen Größen auch Primärenergieverbrauch und Endenergieverbrauch ausgewiesen. Weiterhin erfolgt auch hier die Darstellung und der Vergleich der CO_2-Emissionen und der kostenseitigen Effekte sowie der zusätzlich durchgeführten Sensitivitätsrechnungen. Der Vergleich der Modellergebnisse der Energiewirtschaftsmodelle erfolgt in Kapitel 6. Aufbauend auf der Darstellung der prinzipiellen gesamtwirtschaftlichen Wirkungsmechanismen, die im Falle eines vorzeitigen Kernenergieausstiegs zu berücksichtigen sind, werden die Modellergebnisse bezüglich elektrizitätswirtschaftlicher, ökologischer und gesamtwirtschaftlicher Effekte verglichen. Im Weiteren werden die Aussagen der einzelnen Modelle zu den möglichen Wirkungen eines vorzeitigen Kernenergieausstiegs im Hinblick auf Beschäftigung und Außenhandel gegenübergestellt. Der Teil I des Berichtes schließt mit Kapitel 7, das eine Zusammenfassung der im Rahmen des zweiten Modellexperimentes gewonnenen Studienergebnisse und die Schlussfolgerungen beinhaltet.

2 Modellexperiment II im Rahmen des Forum

Das *Forum für Energiemodelle und Energiewirtschaftliche Systemanalysen in Deutschland* stellt eine offene Kommunikationseinrichtung für den intensiven Erfahrungsaustausch zwischen Entwicklern und Nutzern von Energiemodellen aus Forschung, Politik und Wirtschaft dar. Das *Forum* gründet sich auf eine gemeinsame Initiative von Wissenschaftlern, die maßgeblich an der Entwicklung und Anwendung von Energiemodellen beteiligt sind. Es soll zu dem im 4. Programm für Energieforschung und Energietechnologien der Bundesregierung geforderten Ausbau der Systemanalyse-Kapazität in Deutschland beitragen und damit die Anwendung von Energiemodellen für die wissenschaftliche Politikberatung sowie für die Entscheidungsunterstützung in der Energiewirtschaft fördern.

Um ein effizientes Kommunikationsnetzwerk sowohl für die Nutzer als auch die Entwickler von Modellen in der Energiewirtschaft zu bilden, verfolgt das *Forum für Energiemodelle und Energiewirtschaftliche Systemanalysen in Deutschland* im wesentlichen folgende Zielsetzungen:

- Den Austausch von Erfahrungen zwischen den Modellentwicklern und -anwendern aus Wissenschaft, Politik und Wirtschaft,
- die Erhöhung der Transparenz im Hinblick auf die theoretische und methodische Fundierung verschiedener Modelle,
- die exemplarische Anwendung existierender Modelle der Energiewirtschaft für die Analyse ausgewählter Problemstellungen, um die Ergebnisrelevanz alternativer methodischer Ansätze sowie unterschiedlicher Detaillierungsgrade und Datenannahmen zu demonstrieren,
- die Demonstration des Anwendungspotentiales von Energiemodellen und energiewirtschaftlichen Systemanalysen für die Energiepolitik und Energiewirtschaft sowie
- die Diskussion und der Informationsaustausch über methodische Weiterentwicklungen und neue Modellansätze.

Das *Forum für Energiemodelle und Energiewirtschaftliche Systemanalysen in Deutschland* soll als Kommunikationsnetzwerk den geeigneten Rahmen schaffen, um die zuvor beschriebenen Zielsetzungen zu erreichen. Hieraus resultieren die folgenden, maßgeblichen Aufgabenschwerpunkte:

- Die Schaffung eines Kommunikationsnetzwerkes zur Erörterung modelltheoretischer Fragestellungen und methodischer Weiterentwicklungen von Energiemodellen,

- die Durchführung von Modellexperimenten mit unterschiedlichen Modellen und Modellansätzen, aber harmonisierten Rahmendaten anhand von gemeinsamen Fallstudien, sowie
- die Verbreitung der Ergebnisse der Modellexperimente an die Nutzer von Modellen in Wissenschaft, Politik und Wirtschaft.

Das Wissenschaftsnetzwerk besteht aus regelmäßigen Arbeitstreffen, die im Rahmen der Modellexperimente stattfinden. Darüber hinaus ist das *Forum* mit einer eigenen Homepage im Internet präsent.

Als zentrales Element der Aktivitäten des *Forum für Energiemodelle und Energiewirtschaftliche Systemanalysen in Deutschland* fungiert das Modellexperiment. Das Ziel der Modellexperimente ist es, Gemeinsamkeiten und Unterschiede in den bestehenden methodischen Ansätzen der Energiemodelle aufzuzeigen und wichtige Hinweise hinsichtlich der Anwendungsfelder und möglicher methodischer Erweiterungen der Modelle zu geben.

2.1 Struktureller Aufbau eines Modellexperimentes

Ein typischer Ablaufplan für den Zyklus eines Modellexperimentes ist in Abbildung 2-1 aufgezeigt.

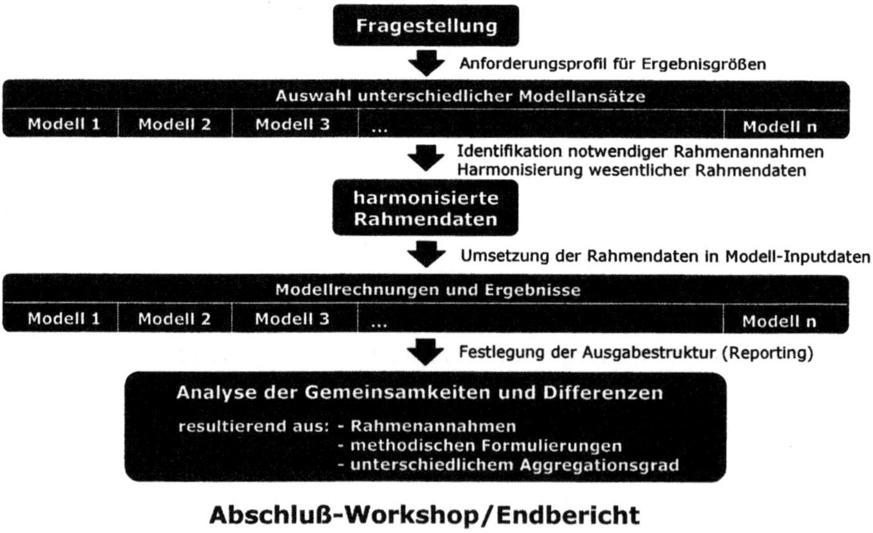

Abbildung 2-1: Struktureller Aufbau eines Modellexperimentes

Ein Modellexperiment des *Forum* beginnt mit der Auswahl einer geeigneten Fragestellung, die letztlich von den beteiligten Modellen analysiert werden soll. Diese Fragestellung wird von Interessierten und potentiellen Teilnehmern am Modellexperiment im Rahmen eines ersten Arbeitstreffens, dem sogenannten Kick-Off Meeting, ausgewählt. Mit der Festlegung des thematischen Schwerpunktes des Modellexperimentes erfolgt die Formulierung der Anforderungen, die im Rahmen der Analyse von den teilnehmenden Modellsystemen erfüllt werden sollen. Sämtliche Modelle, die zu den definierten Anforderungen der Problemstellung einen Beitrag leisten können, sind grundsätzlich zur Teilnahme an dem Modellexperiment geeignet. Anschließend werden – ebenfalls in einem Diskussionsprozess unter den Teilnehmern des Modellexperimentes – die notwendigen Rahmenannahmen identifiziert und harmonisiert sowie die zu analysierenden Szenarien festgelegt. Die Angleichung eines Teiles der Eingangsdaten stellt sicher, dass die Ursachen der möglichen Differenzen in den Modellergebnissen leichter eingegrenzt werden können. Auf diese Weise treten die Effekte, die aus den unterschiedlichen methodischen Ansätzen und abweichendem Detaillierungsgrad resultieren, verstärkt in den Vordergrund. Die jeweiligen Ergebnisse der Fallstudie aus den unterschiedlichen Modellsystemen werden anhand eines gemeinsamen Auswerteschemas analysiert und verglichen, um die ergebnisrelevanten Unterschiede für die betrachteten Modelle aufzuzeigen. Die wesentlichen Resultate dieses Vergleiches werden zum Abschluss des Modellexperimentes im Rahmen eines Modell-Workshops präsentiert und der Endbericht in geeigneter Weise veröffentlicht.

2.2 Auswahl des Themas und der Modellansätze

Für das in der Tendenz eher ergebnisorientierte Modellexperiment II wurde auf dem Kick-Off Meeting des *Forum* am 20. Mai 1999 in Stuttgart und im Nachgang dazu die Themenstellung

„Kernenergieausstieg – Effekte und Wirkungen eines sofortigen oder schrittweisen Verzichts auf Strom aus Kernkraftwerken in der Bundesrepublik Deutschland"

ausgewählt. Gegenstand der Analyse sind insbesondere die Auswirkungen eines vorzeitigen Kernenergieausstiegs auf

die Elektrizitätswirtschaft:
- Stromkosten und -preise,
- Rolle einzelner Energieträger und Kraftwerkstechniken,
- Stromhandel;

die Energiewirtschaft:
- Energiepreisniveau,
- Energieverbrauchsniveau,
- Veränderungen in der Energieträgerstruktur;

die Gesamtwirtschaft:
- Wohlfahrtsveränderungen,
- Arbeitsplatzeffekte,
- Wettbewerbsfähigkeit,
- Veränderung der Wirtschaftsstruktur;

sowie die Ökologie:
- Emissionen von Klimagasen,
- Kosten der Erreichung von Umwelt- und Klimaschutzzielen.

Nicht analysiert werden damit rechtliche Fragen, die sich im Zusammenhang mit einem politisch verordneten vorzeitigen Kernenergieausstieg ergeben können.

Nach einer Ausschreibung zur Teilnahme am Modellexperiment II des *Forum* sind aus den Bewerbungen insgesamt elf verschiedene Modellansätze ausgewählt worden, die sich in sieben Vertreter der prozessanalytischen Modelle (Bottom-up Modelle: vier Strommodelle und drei Energiesystemmodelle) und vier Vertreter der Energiewirtschaftsmodelle (Top-down Modelle) aufgliedern lassen. Eine Kurzbeschreibung sowie ein Vergleich dieser Modellansätze findet sich in Abschnitt 3. Im Einzelnen handelt es sich um

die *Strommodelle*:
- DIOGENES (ZEW, Mannheim),
- EMS (bei, Bremen),
- PERSEUS-ICE (IIP, Universität Karlsruhe) und
- TIMES-GES (IER, Universität Stuttgart);

die *Energiesystemmodelle*:
- E^3Net-D2 (IER, Universität Stuttgart),
- IKARUS-MARKAL (STE, Forschungszentrum Jülich) und
- Wuppertal-Modellinstrumentarium (WMI) (Wuppertal Institut);

sowie die *Energiewirtschaftsmodelle*:
- LEAN (Universität Oldenburg),
- NEWAGE-D (IER, Universität Stuttgart),
- PACE (ZEW, Mannheim) und
- PANTA RHEI (GWS, Osnabrück).

2.3 Definition der Szenarien

Die Konsequenzenanalyse und der Modellvergleich erfolgt anhand von Szenarioanalysen. Ein Szenario umfasst eine Quantifizierung der Vorstellungen einzuleitender Maßnahmen zur Umsetzung eines Kernenergieausstiegs sowie Annahmen über die Entwicklung exogener Einflussfaktoren wie beispielsweise die Entwicklung der Energiepreise. Das Szenario ist dabei jedoch nicht als abstrakte Vereinigung einzelner Zahlen zu sehen, sondern als Denkbild einer ganz bestimmten Zukunftsentwicklung. Aus diesem Grund sind die Ergebnisse der einzelnen Szenarien lediglich als Basis für eine qualitative Interpretation und nicht als Prognose einer zukünftigen Entwicklung aufzufassen.

Die harmonisierte Fallstudie untersucht im wesentlichen vier unterschiedliche Entwicklungen, die durch ein Basisszenario und drei Ausstiegsszenarien charakterisiert werden. Während im Basisszenario die Betriebszeit der Kernkraftwerke auf 40 Zeitjahre festgeschrieben wird, erfolgt in den Ausstiegsszenarien eine vorzeitige Stilllegung der bundesdeutschen Kernkraftwerke nach 25 Betriebsjahren. Dies bedeutet, dass in beiden Entwicklungspfaden die Kernenergienutzung beendet wird, in den Ausstiegsfällen entsprechend früher als in der Referenzentwicklung. Maßgebliches Bezugsdatum ist hierbei der Tag der ersten Synchronisation der einzelnen Kernkraftwerke und nicht die kommerzielle Inbetriebnahme der Anlagen. Um den Unsicherheiten bzgl. der zukünftigen Energiepreisentwicklung, einem wichtigen ergebnisbestimmenden Parameter, Rechnung zu tragen, werden diese Entwicklungen jeweils für zwei unterschiedliche Energiepreispfade untersucht (vgl. Abbildung 2-2).

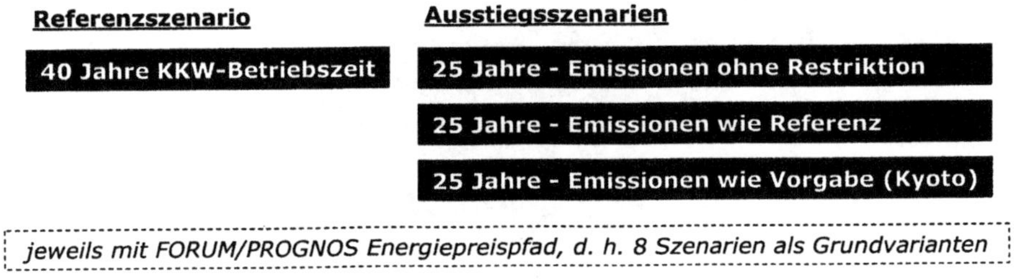

Abbildung 2-2: Szenarien der harmonisierten Fallstudie

Neben diesen harmonisierten Grundszenarien werden aber auch noch weitere individuelle Sensitivitätsrechnungen durchgeführt. Der im Rahmen der Fallstudie analysierte Betrachtungszeitraum reicht bis zum Jahr 2020 bzw. 2030.

2.3.1 Basisszenario

Grundlage des Modellvergleiches stellt das Basisszenario dar, das als Bezugsszenario für sämtliche Modellrechnungen fungiert. Das Basisszenario dokumentiert eine Buisness-as-usual Entwicklung, mit einer unterstellten Betriebszeit der vorhandenen Kernkraftwerke von 40 Zeitjahren. Hier werden bei den Bottom-up Modellen zwei unterschiedliche Philosophien verfolgt. Das auf einem Simulationsansatz basierende Modellinstrumentarium des Wuppertal Instituts geht von einem Basisszenario mit Hemmnissen aus, während in den übrigen Bottom-up

Modellen, die alle einen Optimierungsansatz verfolgen, in der Referenz keine Hemmnisse[4] unterstellt werden. Dies kann so interpretiert werden, dass bei den Optimierungsmodellen bereits in der Basisentwicklung wesentliche „no regret"-Potenziale genutzt werden können.

2.3.2 Ausstiegsszenarien

Im Ausstiegsszenario wird die Betriebszeit der Kernkraftwerke auf 25 Zeitjahre vom Zeitpunkt der 1. Synchronisation begrenzt. Dies bedeutet, dass im Ausstiegsszenario durch den vorzeitigen Wegfall der Kernkraftwerkskapazitäten, bei typischer Auslastung der Anlagen, gegenüber dem Basisszenario eine Strommenge von etwa 2400 TWh zu ersetzen ist, was der gesamten bundesdeutschen Nettostromerzeugung von rund 4½ Jahren entspricht (vgl. Abbildung 2-3).

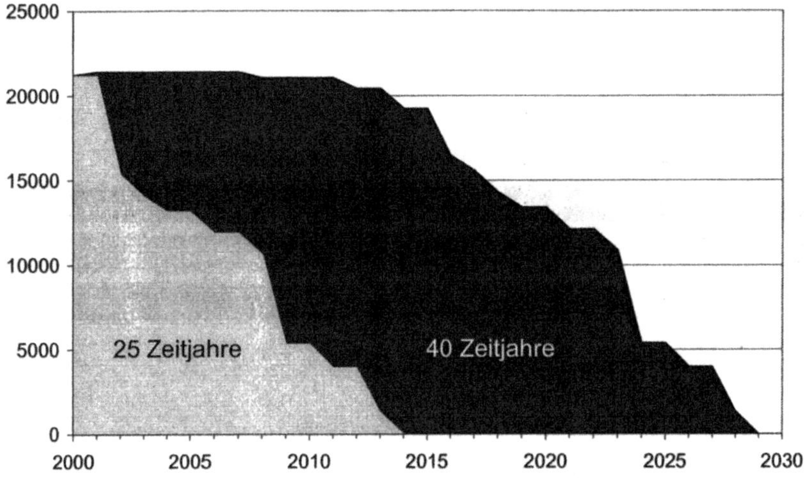

Abbildung 2-3: Entwicklung der Nettoengpassleistung der bundesdeutschen Kernkraftwerke bei 25 bzw. 40 Betriebsjahren seit 1. Synchronisation

Für den Ausstiegsfall werden drei alternative Varianten der Emissionsentwicklung betrachtet: Das Ausstiegsszenario ohne Emissionsbeschränkung lässt alle Restriktionen hinsichtlich der Einhaltung von Klimaschutzzielen fallen. Eine weitere Ausstiegsvariante fordert zumindest die Einhaltung des Emissionspfades aus der Basisentwicklung, und schließlich wird ein Ausstiegsfall betrachtet, in dem Deutschland entsprechend den europäischen Vorgaben des Kyoto Protokolls eine

---

4 Hemmnisse meint hier, dass die Ausschöpfung wirtschaftlicher Energieeinsparpotenziale beim Wuppertaler Modellinstrumentarium in der Basisentwicklung "gehemmt" ist, während in den anderen Modellen diese Potenziale ausgeschöpft werden.

Senkung der nationalen CO_2-Emissionen um 21 % bis zum Jahr 2010 gegenüber dem Emissionsniveau von 1990 durchführt. Dieser CO_2-Minderungszielpfad fordert für 2005 eine 18 prozentige Reduzierung der Emissionen. Er wird unter Einhaltung des Kyoto-Ziels in 2010 fortgeschrieben und erreicht zum Ende des Betrachtungszeitraums eine Minderungszielmarke von 43 % (vgl. Abbildung 2-4).

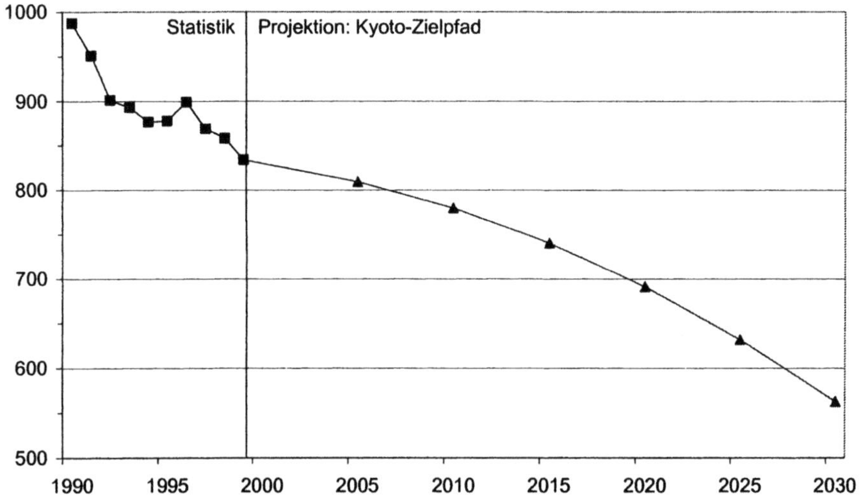

Abbildung 2-4: Minderungszielpfad der energiebedingten CO_2-Emissionen bis zum Jahr 2030 unter Einhaltung der bundesdeutschen Verpflichtungen im Rahmen des Kyoto Protokolls

Zusätzlich wird für die Strommodelle, die nur einen Ausschnitt des gesamten Energiesystems betrachten, ein Emissionsminderungszielpfad für den Stromerzeugungssektor vorgegeben. Tabelle 2-1 weist die Minderungspfade entsprechend den jeweiligen Abbildungsbereichen der eingesetzten Modellansätze aus.

Tabelle 2-1: CO_2-Emissionsminderungszielpfad des Elektrizitätssektors

CO_2-Emissionen im Elektrizitätssektor in Mio. t	1990			Minderungszielpfad					
	ABL	NBL	Gesamt	2005 18 %	2010 18 %	2015 18 %	2020 18 %	2025 18 %	2030 43 %
Öffentliche + Bahn + Industrie **ohne Fernwärme**	239	115	353	290	279	265	247	226	201
Öffentliche + Bahn + Industrie **mit Fernwärme**	254	143	397	325	313	297	278	254	226
Öffentliche Erzeugung **ohne Fernwärme**	196	93	289	237	228	217	202	185	165
Öffentliche Erzeugung **mit Fernwärme**	211	121	332	272	262	249	232	213	189

2.3.3 Weitere Szenarien und Sensitivitätsanalysen

Sowohl die ökonomischen als auch die energiepolitischen Rahmenannahmen der harmonisierten Fallstudie, die im nachfolgenden Abschnitt genauer spezifiziert werden, müssen als unsicher betrachtet werden, auch wenn sie im Vergleich zu der vergangenen Entwicklung in Deutschland möglich erscheinen. Diesem Umstand kann durch entsprechende Sensitivitätsrechnungen für die wesentlichen, als unsicher betrachteten Vorgaben Rechnung getragen werden, um zu belastbaren quantitativen Aussagen der Auswirkungen eines vorzeitigen Ausstiegs aus der Nutzung der Kernenergie in Deutschland zu gelangen. Daher wurden von den Teilnehmern weitere individuelle Sensitivitätsrechnungen durchgeführt, die detailliert in den Teilberichten der jeweiligen Modellansätze dokumentiert sind. Hier war es den Teilnehmern freigestellt, welche Parametervariationen untersucht werden (vgl. Tabelle 2-2).

Tabelle 2-2: Individuelle Sensitivitätsrechnungen

	Energiepreise konstant	Sonstige Preisvariationen	KKW-Laufzeit	Emissionsminderung	Stromaussenhandel	Stromnachfrage	Sonstige
Strommodelle							
DIOGENES		X					
EMS	X		X				
PERSEUS-ICE		X			X		
TIMES	X		X	X		X	
Energiesystemmodelle							
E3Net-D2	X		X	X			
IKARUS-MARKAL		X	X				
WMI				X			X
Energiewirtschaftsmodelle							
LEAN					X		X
NEWAGE-D			X		X		
PACE							
PANTA RHEI		X			X		X

2.4 Rahmendaten der harmonisierten Fallstudie

Der harmonisierten Fallstudie von Modellexperiment II liegt ein gemeinsamer Satz Rahmenannahmen zugrunde, die nachfolgend näher erläutert werden. Diese harmonisierten Vorgaben reichen i. d. R. bis zum Jahr 2030 und umfassen insbesondere Festlegungen zur Wirtschafts- und Bevölkerungsentwicklung, zur Energienachfrage, zur ökonomischen und technischen Charakterisierung von Kraftwerken, zur Energiepreisentwicklung sowie energiepolitische Annahmen bezüglich der Stein- bzw. Braunkohle und der Erneuerbaren Energien. Um den Unsicherheiten der Energiepreisentwicklung – einem besonders ergebnisbestimmenden Parameter – Rechnung zu tragen, werden von den Bottom-up Modellen zwei unterschiedliche Energiepreispfade verwendet und in den Grundvarianten der Fallstudie untersucht. Wie detailliert diese harmonisierten Vorgaben in den einzelnen Modellen umgesetzt werden, ist in den Ergebniskapiteln der einzelnen Modellgruppen (Kapitel 4 bzw. Kapitel 5 bzw. Kapitel 6) dargestellt.

2.4.1 Demographische und ökonomische Rahmenbedingungen

Die Einschätzungen zur Bevölkerungsentwicklung in Deutschland beruhen auf den Untersuchungen des Statistischen Bundesamtes, die im Rahmen der 8. koordinierten Bevölkerungsvorausschätzung /Statistisches Bundesamt 1994/ ermittelt wurden (siehe Tabelle 2-3). Es wird unterstellt, dass bis zum Jahr 2005 die Bevölkerung in Deutschland auf 83,6 Mio. Einwohner steigt und bis 2010 in etwa konstant auf diesem Niveau verbleibt. Anschließend wird ein Rückgang der Bevölkerung um durchschnittlich 0,3 % pro Jahr bis zum Jahr 2020 erwartet, der sich in der folgenden Dekade verstärkt und dann im Mittel 0,5 % pro Jahr beträgt.

Tabelle 2-3: Annahmen zur Bevölkerungsentwicklung in Deutschland

	1995	1997	2005	2010	2015	2020	2030
Bevölkerung in Mio.	81,7	82,1	83,6	83,4	82,3	81,2	77,4

Wesentlich für die wirtschaftliche Entwicklung in Deutschland sind die Annahmen zur gesamtwirtschaftlichen Produktion. Tabelle 2-4 zeigt die unterstellte Wirtschaftsentwicklung[5] bis zum Jahr 2030, die ein jährliches Wirtschaftswachstum von 2,1 % bis zum Jahr 2005 aufweist und in den folgenden Jahren mit durchschnittlich 1,8 % etwas geringer ausfällt. Insgesamt wächst das Bruttoinlandsprodukt in Deutschland gegenüber 1997 um knapp 85 % bis zum Jahr 2030. Die Vorgaben für das Wirtschaftswachstum sind eine Annahme, die in die Energiesystemmodelle nur indirekt über die Entwicklung der Energiedienstleistungsnachfrage eingehen. In den Energiewirtschaftsmodellen stellt das Wirtschaftswachstum eine endogene Modellgröße dar, die im wesentlichen auf der unterstellten Entwicklung des Welthandelsvolumens und der Faktorproduktivitäten basiert.

Tabelle 2-4: Annahmen zur Wirtschaftsentwicklung in Deutschland

	1995	1997	2005	2010	2015	2020	2030
BIP in Mrd. DM_{91}	2996,2	3101,4	3672,5	4013,1	4387,5	4792,1	5728,0
Wachstumsrate in %/a	-	1,7	2,1	1,8	1,8	1,8	1,8

---

5 Die Annahmen zur Wirtschaftentwicklung basieren auf den Vorgaben in /BEI 1997/, die im Rahmen des IKARUS-Projektes erstellt worden sind.

Tabelle 2-5 enthält darüber hinaus weitere demographische und ökonomische Rahmenannahmen, wie bspw. Angaben zur Wohnfläche, zur Industrieproduktion oder zur Verkehrsleistung, die im Rahmen der Modellrechnungen von Modellexperiment II verwendet werden und stellt sie den Annahmen aus /Prognos, EWI 1999/ gegenüber.

Tabelle 2-5: Sonstige demographische und ökonomische Rahmendaten

		1995	1997	2000	2005	2010	2020	2030
Forum	Privathaushalte, Mio.	36,9		38,1	38,6	38,6	38,4	36,9
Prognos		36,9	37,5		38,4	39,1	39,1	
Forum	Wohnungsbestand, Mio.	36,0		37,2	37,4	37,4	37,3	35,9
Prognos		36,1	36,6		38,9	40,1	42,0	
Forum	Wohnflächen, Mio. m^2	3005		3180	3272	3334	3394	3315
Prognos		3054	3168		3521	3733	4142	
Forum	Wohnflächen/Kopf, Mio. m^2	36,9		38,0	39,1	40,0	41,8	42,8
Prognos			38,6			45,2	51,3	
Forum	NPW-Industrie, Mrd. DM_{95}	1033			1223	1334	1555	
Prognos			1122			1509	1825	
Forum	PV-Leistung, Mrd. Pkm	890		977	1038	1073	1114	1109
Prognos			923			1091	1138	
Forum	GV-Leistung, Mrd. tkm	413		475	541	596	723	869
Prognos			438			584	669	

2.4.2 Energienachfrage

Ein weiterer Parameter, dem im Rahmen des Modellexperimentes große Bedeutung zukommt, ist die Energienachfrage, da das Energiesystem insbesondere bei den Optimierungsmodellen so gestaltet wird, dass diese Nachfrage nach Energiedienstleistung gedeckt wird. In der Darstellung der hier verwendeten Datengrundlage sollte daher eine möglichst hohe Transparenz dieser Nachfragegrößen, die sozusagen als "treibende Kräfte" wirken, gegeben sein und den Modellrechnungen möglichst harmonisierte Daten zugrunde liegen.

Bei den Energiewirtschaftsmodellen erfolgt die Ableitung dieser Größen direkt aus der Wirtschaftsaktivität. Die Energiesystemmodelle ermitteln einen Nachfragevektor modellendogen aus den o. g. demographischen und ökonomischen Rahmendaten, wie bspw. Bevölkerungsentwicklung, Wohnflächen und Verkehrsleistung. Für die Strommodelle wird ein entsprechender detaillierter Datensatz ebenfalls aus den demographischen und ökonomischen Rahmenannahmen abgeleitet und exogen vorgegeben, der in Tabelle 2-6 dargestellt ist. Als Anregung für Sensitivitätsrechnungen ist ein zusätzlicher Datensatz mit Angaben aus /Prognos, EWI 1999/ dargestellt, der eine entsprechend höhere Wachstumsrate des Stromverbrauchs aufweist.

Tabelle 2-6: Stromverbrauch/-erzeugung in Deutschland

in TWh		**1995**	**1997**	**2005**	**2010**	**2015**	**2020**	**2030**
Industrie	Forum	190,4	194,4	200,7	203,4	205,6	208,9	227,3
	Prognos			210,7	220,1	226,8	232,9	253,9
Handel, Gewerbe, Dienstleistungen	Forum	124,3	124,6	130,1	132,8	135,6	137,7	142,0
	Prognos			133,8	141,5	147,1	150,8	156,5
Haushalte	Forum*)	127,1	131,1	125,6	114,9	109,8	105,4	89,3
	Prognos			136,2	138,1	137,5	134,8	119,4
Verkehr	Forum	16,1	16,6	20,9	23,0	24,9	27,5	29,2
	Prognos			18,4	19,5	20,0	20,6	20,0
Summe EEV an Strom	Forum	457,9	466,7	477,3	474,1	475,9	479,5	487,8
	Prognos			499,1	519,2	531,4	539,1	549,8
Sonstige	Forum	17,6	17,0	16,2	14,6	13,1	12,2	11,3
	Prognos			13,8	13,2	12,2	11,6	11,1
Nettostromverbrauch	Forum	475,5	483,7	493,5	488,7	489,0	491,7	499,1
	Prognos			512,9	532,4	543,6	550,7	560,9
Verluste	Forum	22,9	20,1	20,9	20,8	20,9	21,1	19,0
	Prognos			21,3	21,9	22,1	22,1	20,0
Importsaldo	Forum	4,8	-2,3	0,0	0,0	0,0	0,0	0,0
	Prognos			10,5	10,8	12,3	12,7	12,7
Nettoerzeugung ohne Pumpstromverbrauch	Forum	493,6	506,1	514,4	509,5	509,9	512,8	518,1
	Prognos			523,7	543,5	553,4	560,1	568,2
davon Industrie	Forum	59,9	51,4	44,5	43,2	43,1	43,0	42,7
	Prognos			44,5	43,2	43,1	43,0	42,7
Nettoerzeugung ohne Industrie	Forum	433,7	454,7	469,9	466,3	466,8	469,8	475,4
	Prognos			479,2	500,3	510,3	517,1	525,5
davon DB	Forum	6,5	7,5	9,2	10,6	11,9	13,6	14,7
	Prognos			8,1	8,5	8,7	8,7	8,5
Nettoerzeugung ohne Industrie, DB	Forum	427,2	447,2	460,7	455,7	454,9	456,2	460,7
	Prognos			471,1	491,8	501,6	508,4	517,0

*) Im Haushaltssektor der Forum-Daten sind Einsparungen in 2005: 0 TWh; 2010: 8,5 TWh; 2020: 8 TWh; 2030: 8 TWh berücksichtigt. Die entsprechenden Werte der Stromnachfrage sind in den Modellen, die Einsparungen zulassen, zu erhöhen.

2.4.3 Technische und ökonomische Kraftwerksdaten

Um sicher zu stellen, dass die Modelle von einem einheitlichen Ist-Zustand ausgehen, werden die technischen und ökonomischen Daten bestehender Kraftwerke einer Harmonisierung unterzogen. Die Vorgaben umfassen detaillierte Angaben zum Kraftwerksbestand der Bundesrepublik Deutschland, so dass daraus die Sterbelinien des vorhandenen bundesdeutschen Kraftwerksparks abzuleiten sind (vgl. Tabelle 2-7).

Tabelle 2-7: Netto-Engpassleistung nach Energieträgern (ohne Kernenergie), Bereich öffentliche Energieversorger und Deutsche Bahn AG (am Jahresende)

in MW	**1995**	**1997**	**2000**	**2005**	**2010**	**2015**	**2020**	**2030**
Braunkohle	20577	19294	12878	9273	6094	4416	2116	862
Steinkohle	25451	27149	27149	17547	15519	12642	5934	1710
Heizöl	7991	7592	7579	6525	1999	798	422	0
Erdgas	15261	15992	15158	13779	6494	3126	2574	0
Übrige	686	913	913	722	569	503	362	0
Wasser	8723	8716	8589	8477	8477	8234	6671	5990
Laufwasser	3298	3291	3256	2623	2623	2614	1087	978
Speicher	251	251	159	152	152	152	116	63
Pumpspeicher	5173	5173	5173	5702	5702	5468	5468	4949
Summe	**78689**	**79656**	**72266**	**56323**	**39152**	**29719**	**18079**	**8562**

Die ökonomische Charakterisierung der bundesdeutschen Kernkraftwerke ist in Abhängigkeit von den Szenarien in Tabelle 2-8 zusammenfassend dargestellt.

Tabelle 2-8: Ökonomische Charakterisierung der Kernkraftwerke in Deutschland

	Variable Betriebskosten *) [Pf₉₈/kWhel]		**Fixe Betriebskosten [DM₉₈/(kWel*a)]**		**Arbeitsverfügbarkeit [%]**	
	40 Zeitjahre	25 Zeitjahre	40 Zeitjahre	25 Zeitjahre	40 Zeitjahre	25 Zeitjahre
2000	1,15	1,47	164,5	164,6	87,2	87,2
2005	1,08	1,32	152,1	127,8	87,2	90,5
2010	1,05	1,27	149,9	130,3	87,2	92,9
2015	1,04	k.A.	145,3	k.A.	88,5	k.A.
2020	1,01	k.A.	127,6	k.A.	90,5	k.A.
2025	1,00	k.A.	130,2	k.A.	92,9	k.A.

*) Variable Betriebskosten enthalten auch die Brennstoffkreislaufkosten

Darüber hinaus werden auch die zukünftigen Neubauoptionen in ihrer technischen und ökonomischen Charakterisierung angeglichen. Zu den für den Ersatz von älteren – sukzessive vom Netz gehenden – Kraftwerken sowie den wegfallenden Kernkraftwerkskapazitäten ggf. erforderlichen fossilen Neubaukraftwerken, werden detaillierte Daten wie bspw. Nutzungsgrade, erforderliche Investitionen, Abschreibungszeitraum, Emissionsfaktoren, fixe und variable Betriebskosten in Abhängigkeit vom Inbetriebnahmezeitpunkt unter den Teilnehmern abgestimmt. Tabelle 2-9 zeigt die wesentlichen Daten zu Neubaukraftwerken. Eine detaillierte Charakterisierung der Neubauoptionen ist im Anhang zu finden.

Tabelle 2-9: Charakterisierung von Neubaukraftwerken

Inbetriebnahme 2005		**Erdgas GuD**	**Steinkohle**	**Braunkohle**
Jahresnutzungsgrad	[%]	58	45	45,2
Investitionen mit Bauherreneigenleistung, o. Zinsen	[DM_{98}/kWel]	900	2000	2600
Fixe Betriebskosten (ges.)	[DM_{98}/(kWel*a)]	21,31	45,95	41,68
Variable Betriebskosten (ohne Brennstoff)	[Pf_{98}/kWhel]	0,85	0,95	1,05
Inbetriebnahme 2015		**Erdgas GuD**	**Steinkohle**	**Braunkohle**
Jahresnutzungsgrad	[%]	59	45,5	45,6
Investitionen mit Bauherreneigenleistung, o. Zinsen	[DM_{98}/kWel]	825	1950	2500
Fixe Betriebskosten (ges.)	[DM_{98}/(kWel*a)]	17,90	43,81	39,35
Variable Betriebskosten (ohne Brennstoff)	[Pf_{98}/kWhel]	0,85	0,95	1,05
Inbetriebnahme 2025		**Erdgas GuD**	**Steinkohle**	**Braunkohle**
Jahresnutzungsgrad	[%]	60	46	46
Investitionen mit Bauherreneigenleistung, o. Zinsen	[DM_{98}/kWel]	750	1900	2400
Fixe Betriebskosten (ges.)	[DM_{98}/(kWel*a)]	15,13	40,33	37,42
Variable Betriebskosten (ohne Brennstoff)	[Pf_{98}/kWhel]	0,85	0,95	1,05

2.4.4 Energiepolitische Vorgaben und Mindesterzeugungsmengen der erneuerbaren Energieträger

Als energiepolitische Vorgaben gelten für die heimischen Braun- und Steinkohlen Mindestabnahmemengen, die für die heimische Steinkohle aus den zugesicherten jährlichen Subventionen und deren Fortschreibung hergeleitet sind. Um den realen Verhältnissen hinsichtlich möglicher Fördermengen Rechnung zu tragen, werden in den Bottom-up Modellen für die Braunkohle Restriktionen in Form von maximalen Einsatzmengen berücksichtigt. Weiterhin wird für die Modellrechnungen in den Grundvarianten der Stromimportsaldo auf Null gesetzt. Eine zusammenfassende Darstellung dieser Daten ist Tabelle 2-10 zu entnehmen.

Tabelle 2-10: Energiepolitische Annahmen zur heimischen Braun- und Steinkohlenutzung sowie zum Stromimportsaldo

	1990	1995	2000	2005	2010	2020	2030
Energiesystemmodelle							
Steinkohle							
Mindestmenge in PJ	2089	1597	1120	700	530	300	210
Subventionen in Mrd. DM_{95}			7,2	4	3,2	1,8	1,2
Braunkohle (Obergrenze: 1700 PJ)							
Mindestmenge in PJ (West)	905	911	830	810	690	450	200
Mindestmenge in PJ (Ost)	2238	797	720	640	550	350	150
Stromimportsaldo in TWh	0,8	4,8	0	0	0	0	0
Strommodelle							
Steinkohle							
Mindestmenge in PJ	0	0	0	0	0	0	0
Braunkohle (Obergrenze: 1600 PJ)							
Mindestmenge in PJ (West)	905	911	750	730	610	370	120
Mindestmenge in PJ (Ost)	2238	797	700	620	530	330	130
Stromimportsaldo in TWh	0,8	4,8	0	0	0	0	0

Als Mindeststromerzeugungsmengen aus erneuerbaren Energieträgern werden die Angaben aus /Prognos, EWI 1999/ übernommen und bis zum Jahr 2030 fortgeschrieben. Eine detaillierte Zusammenstellung dieser Daten ist in Tabelle 2-11 enthalten.

Tabelle 2-11: Mindeststromerzeugung aus erneuerbaren Energiequellen

in TWh	1995	1997	2005	2010	2015	2020	2030
Lauf-, Speicherwasser	21,4	18,9	20,8	21,6	22,1	22,5	23,3
Windkraft	1,7	3,9	12,5	17,0	20,6	24,4	33,6
Photovoltaik	0,0	0,0	0,1	0,2	0,4	0,7	1,4
Holz	0,5	0,5	1,2	1,9	2,7	3,4	4,7
Stroh, Energiegras	0,0	0,0	0,0	0,1	0,1	0,3	0,6
Müll, Klärschlamm	6,4	6,7	9,0	9,8	10,3	10,8	10,6
Deponiegas	0,6	0,6	0,6	0,6	0,6	0,6	0,6
Klär- und Biogas	0,0	0,2	0,6	0,8	0,9	1,1	1,7
Summe	**30,6**	**30,9**	**44,8**	**51,9**	**57,7**	**63,8**	**76,4**

2.4.5 Energiepreisentwicklung

Eine weitere ergebnisbestimmende Annahme für modellgestützte Analysen des Energiesystems ist die Entwicklung der Energiepreise in Deutschland. Aufgrund der Leitfunktion des Rohöls hat der Rohöl-Importpreis maßgeblichen Einfluss auf das gesamte Energiepreisniveau. Im FORUM-Preispfad[6] von Modellexperiment II wird unterstellt, dass der reale Weltmarktpreis für Rohöl auf 20 US-$\$_{95}$ pro Barrel bis zum Jahr 2005 und 35 US-$\$_{95}$ pro Barrel bis 2030 steigt. Damit nimmt der Grenzübergangspreis für importiertes Rohöl um etwa durchschnittlich 2,2 % pro Jahr zu. Der Importpreis für Erdgas weist einen ähnlichen Preispfad wie das Rohöl auf, verläuft jedoch um etwa 1 DM_{98}/GJ niedriger. Bei den Strommodellen erhalten Erdgasimportmengen oberhalb von 1500 PJ/a bis zum Jahr 2005 bzw. 1800 PJ/a von 2020 bis 2030 bzw. bei den Energiesystemmodellen von 3500 PJ/a einen Preisaufschlag von 25 % und spiegeln damit die zu erwartenden Preisreaktionen der internationalen Energiemärkte auf ein erhöhtes Nachfrageniveau in Deutschland wider. Demgegenüber wird der Anstieg der Importpreise für Steinkohlen als deutlich geringer angenommen. Die Importkohle kostet demnach frei Grenze im Jahr 2005 rund 3,55 DM_{98}/GJ (104 DM_{98}/t SKE). In den nachfolgenden Jahren steigt der Importkohlepreis um jährlich 1 %. Damit nimmt die Preisdifferenz zu Rohöl und Erdgas mit fortschreitenden Jahren stetig zu.

Um der Unsicherheit dieses ergebnisbestimmenden Parameters Rechnung zu tragen, wird neben der oben skizzierten Energiepreisentwicklung ein weiterer Entwicklungspfad (PROGNOS-Preispfad) für die Modellrechnungen berücksichtigt, der auf den Angaben in /Prognos, EWI 1999/ basiert.

Das Preisniveau des PROGNOS-Preispfades liegt bei allen drei betrachteten Energieträgern (Rohöl, Erdgas, Steinkohle) deutlich unterhalb des FORUM-Preispfades. Die Preisentwicklung des Rohöls verläuft bei PROGNOS insbesondere in den Anfangsjahren der Preisprojektion deutlich moderater und verbleibt bis zum Jahr 2010 auf einem nahezu konstanten Niveau. Danach stellt sich ein ähnlicher Verlauf wie beim FORUM-Preispfad, jedoch auf einem um etwa 20 % niedrigeren Preisniveau, ein. Beim Energieträger Erdgas liegen die anfänglichen Preisprojektionen beim PROGNOS-Preispfad bis 2015 um etwa 20 bis 22 % unterhalb der FORUM-Preise. In den Folgejahren reduziert sich diese Preisrelation sukzessive. Zum Ende des Betrachtungszeitraumes im Jahr 2030 liegt der Erdgaspreis nach PROGNOS noch um etwa 10 % unter dem FORUM-Preis. Besonders auffällig ist der bei PROGNOS real nahezu konstante Steinkohlepreis. Bei diesem Energieträger finden sich relativ die größten Unterschiede zwischen den beiden Preispfaden. Anfänglich liegen die PROGNOS-Steinkohlepreise um etwa 20 % zum Ende der Preisprojektion im Jahr 2030 um knapp 40 % unterhalb der FO-

---

6 Die Annahmen zur Entwicklung der Energiepreise basieren auf den Vorgaben in /Diekmann 1997/, die im Rahmen des IKARUS-Projektes erstellt worden sind und die bereits für das Modellexperiment I des FORUM Verwendung gefunden haben.

RUM-Preise. Damit verändert sich die Preisrelation insbesondere zwischen den Energieträgern Erdgas und Steinkohle im Vergleich zum FORUM-Preispfad noch deutlicher. Abbildung 2-5 zeigt die Entwicklung der Grenzübergangspreise von Rohöl, Steinkohle und Erdgas bis 2030 für beide untersuchten Preispfade.

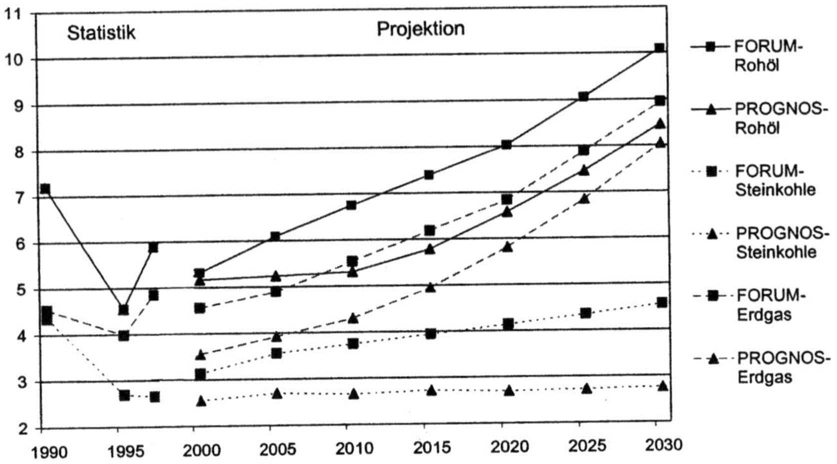

Abbildung 2-5: Energiepreisentwicklung im Vergleich (FORUM, PROGNOS)

Aus der o. g. Entwicklung der Grenzübergangspreise lassen sich, unter Berücksichtigung von Transport-, Steuer- und sonstigen Aufwendungen, die für die Strommodelle erforderlichen Energieträgerpreise frei Kraftwerk bestimmen, die für die wichtigsten Energieträger in Tabelle 2-12 für den FORUM-Preispfad zusammengefasst sind.

Tabelle 2-12: Energieträgerpreise frei Kraftwerk (FORUM-Preispfad)

in DM_{98}/GJ	**2000**	**2005**	**2010**	**2015**	**2020**	**2025**	**2030**
Steinkohle-küstennah	3,12	3,55	3,74	3,94	4,12	4,34	4,55
Steinkohle-küstenfern	3,56	3,99	4,18	4,38	4,56	4,78	4,99
Braunkohle	3,15	3,20	3,31	3,43	3,55	3,67	3,80
Heizöl, schwer	4,31	4,95	5,45	5,94	6,44	7,25	8,06
Heizöl, leicht	6,51	7,48	8,18	8,88	9,58	10,76	11,94
Erdgas A	7,03	7,39	8,00	8,63	9,25	10,27	11,30
Erdgas B	8,17	8,61	9,39	10,17	10,96	12,25	13,53
Maximal verfügbare Gasmenge Stufe A	*2005 bis 2020: 1500 PJ/a (Strommodelle), 2020 bis 2030: 1800 PJ/a (Strommodelle); 3500 PJ/a (Energiesystemmodelle).*						

3 Methodische Grundlagen der Modellbildung

Systemtechnische Modelle in der Energiewirtschaft werden allgemein als *Energiemodelle* bezeichnet. Sie sind Planungsinstrumente für die Entscheidungsunterstützung in der Energie- und Umweltplanung und mit einem mittel- bis langfristigen Zeithorizont (20-50 Jahre) versehen. Energiemodelle können anhand ihrer abgebildeten volkswirtschaftlichen Marktformen und Systemgrenzen eingeordnet werden. Aufgrund der vielfältigen Mischformen bestehender methodischer Ansätze kann eine Charakterisierung der Modellschemata in der Energiewirtschaft nur eine verallgemeinerte Kategorisierung und keine exakte Klassifizierung darstellen.

Eine Unterscheidung der Energiemodelle kann auch in den Kategorien *Bottom-up* und *Top-down* Ansätze getroffen werden. *Bottom-up* Ansätze beschreiben das Wirtschaftssystem "von unten" aus der technologischen Perspektive anhand seiner prozesstechnischen Strukturen. Eine geläufige Definition des *Bottom-up* Ansatzes lautet *„a modeling approach which arrives at economic conclusions from an analysis of the effect of changes in specific parameters on narrow parts of the total system"* /WEC 1986/. Die Möglichkeiten der Substitution von Prozessen oder Energieträgern erfolgt detailliert über explizite Modelltechnologien. Die Abbildung des Energiesystems wird über eine prozessanalytische Parametrisierung erzielt. Typische Vertreter der *Bottom-up* Ansätze in der Energiewirtschaft sind die Energiesystem- und Energieversorgungsmodelle. Im Rahmen von Modellexperiment II kommen als Vertreter der *Bottom-up* Ansätze neben Energiesystemmodellen auch sogenannte Strommodelle zum Einsatz. Diese Strommodelle betrachten ausschließlich den Stromsektor (zusätzlich ggf. den Fernwärmesektor) und zeichnen sich durch eine im Vergleich zu den Energiesystemmodellen deutlich detailliertere prozesstechnische Fundierung sowie zeitliche und räumliche Auflösung aus.

Top-down Ansätze dagegen betrachten die Energiewirtschaft auf einem aggregierten Niveau. Sie beschreiben die Energiewirtschaft aus einer gesamtwirtschaftlichen Perspektive ("von oben"). Sie werden als *„a modeling approach that proceeds from broad, highly aggregated generalizations to regionally and/or functionally disaggregated details"* /WEC 1986/ charakterisiert. Die technischen Produktionsbedingungen im Energiesektor werden auf einer aggregierten Ebene in Form von Produktionsfunktionen beschrieben, wobei die Möglichkeiten der Prozess- oder Energieträgersubstitution meist über Substitutionselastizitäten und Faktorwertanteile bestimmt werden. Eine Beschreibung diskreter Einzeltechnologien erfolgt in der Regel nicht. Die Elastizitäten beruhen auf empirischen Schätzungen aus Vergangenheitswerten, die für die Zukunft fortgeschrieben werden. Allgemeine Gleichgewichtsmodelle ohne technologische Fundierung des Energiesektors sind typische Vertreter für *Top-down* Ansätze.

3.1 Strommodelle

Innerhalb der beteiligten Modellansätze wurden vier Modelle unter dem Begriff „Strommodelle" zusammengefasst. Im Kontext von Modellexperiment II werden hierunter prozessanalytische Modelle des Stromsektors verstanden, die der Kategorie der Bottom-up Ansätze zugeordnet werden können. Als Partielle Gleichgewichtsmodelle beschränken sich die Strommodelle auf die Betrachtung eines Gleichgewichtszustandes in einem Teilmarkt der Energiewirtschaft. Der Schwerpunkt der Modellbildung liegt dabei in der technologischen Abbildung des Stromsektors. Die Darstellung der Aktivitäten des Realsystems erfolgt im Modell anhand von Energiemengenflüssen oder Güterflüssen. Die Verbindung der Aktivitäten wird über die Abbildung von technischen Anlagen hergestellt, die in ihren technischen und ökonomischen Eigenschaften funktional beschrieben und im Modell parametrisiert werden. Die Verknüpfung spiegelt sich in Form eines Netzwerkdiagramms des Stromsektors, dem sogenannten Referenzenergiesystem (RES), wider.

In der technologischen Beschreibung des Stromsektors werden i. d. R. die bestehenden Anlagen des Realsystems zu diskreten Modelltechnologien aggregiert. Aus der Kombination der angebotsseitigen Modelltechnologien kann eine Angebotsfunktion ermittelt werden, die die Grenzkosten der Erzeugung auf der technischen Ebene repräsentiert. Diese Grenzkosten geben dann das Preissignal für die Umsetzung preisinduzierter Maßnahmen. Die Strommodelle beschreiben damit den Wettbewerb unterschiedlicher Energieträger und Energietechnologien auf dem Strommarkt in der abgebildeten Region.

Zunächst werden die wesentlichen Eigenschaften der im Rahmen des Modellexperimentes II verwendeten Strommodelle beschrieben und anhand ihrer Charakteristika vergleichend gegenübergestellt.

3.1.1 Kurzbeschreibung der Modelle

Im Folgenden erfolgt eine kurze Darstellung der Modelle DIOGENES, EMS, PERSEUS-ICE und TIMES-GES, die aufgrund ihres Abbildungsbereichs in die Gruppe der Strommodelle eingeordnet werden können. Alle vier Modellansätze führen eine Minimierung der Systemgesamtkosten durch und basieren auf der Methode der linearen Optimierung.

DIOGENES
Zentrum für Europäische Wirtschaftsforschung (ZEW), Mannheim

Bei dem Modell DIOGENES (**D**ynamic **I**nput-**O**utput Model for **G**eneral **En**vironmental and **E**conomic **S**ystem Analysis) handelt es sich um ein kombiniertes Optimierungs-/Input-Output Modell. DIOGENES wurde speziell für Fragestellungen, in deren Mittelpunkt die technischen Entwicklung in der Elektrizitätswirtschaft stehen, entwickelt. Das Modell wurde hierbei so spezifiziert, dass intertemporale Abhängigkeiten, wie z. B. der lange Zeithorizont bei Investitionsentscheidungen, die intertemporale Struktur von Investitionsaktivitäten und die Darstellung von Veränderungen des zur Verfügung stehenden Prozessmixes über die Zeit, berücksichtigt werden können. Besondere Aufmerksamkeit gilt der Erfassung der Abhängigkeit der technischen Entwicklung von der Altersstruktur der vorhandenen Kapitalstöcke. Als Datenbasis dient hierbei die Technikdatenbank von IKARUS und eine vom ZEW erstellte Datenbank, die u. a. Informationen über den größten Teil der in Deutschland eingesetzten Kraftwerke enthält.

Mit einem Elektrizitätswirtschaftsmodul wird die Einsatz- sowie die Ersatz- bzw. Erweiterungsplanung der Elektrizitätswirtschaft erfasst. Die Ermittlung des optimalen Einsatzes der einzelnen Kraftwerke erfolgt auf Basis der variablen Kosten. Bei der Ersatz- bzw. Erweiterungsplanung wird auf Verfahren der dynamischen Investitionsrechnung zurückgegriffen. Grundsätzlich werden hierbei technische, wirtschaftliche und gesellschaftspolitische Restriktionen berücksichtigt.

Die Entwicklung der Preise der einzelnen Güter sowie die Entwicklung der Energienachfrage erfolgt mittels eines dynamischen Input-Output Modells mit preisabhängigen Produktionskoeffizienten, in das das Elektrizitätswirtschaftsmodul eingebunden ist. Das Input-Output Modell dient des weiteren zur Erfassung der sektoralen und gesamtwirtschaftlichen Auswirkungen unterschiedlicher Politiken. Das Modell basiert hierbei auf einem von Leontief, Szyld und Duchin (1985) entwickelten Modellansatz, der von unterschiedlichen Institutionen zur Analyse der gesamtwirtschaftlichen Auswirkungen von technischen Entwicklungen (insbesondere der Mikroelektronik) eingesetzt wurde (vgl. z. B. /Leontief, Duchin 1986; Edler 1990/). Der Modellansatz wurde so modifiziert, dass auch Preiseffekte sowie die durch wirtschaftliche Aktivitäten ausgelösten Umweltbelastungen ermittelt werden können. Hierzu wurde das Modell zusätzlich um Emissionskoeffizienten für Kohlenmonoxid, Kohlendioxid, VOC, Stickstoffdioxid, Schwefeldioxid, Staub, Cadmium, Arsen und Quecksilber erweitert.

EMS

Bremer Energie-Institut (BEI), Bremen

Das EMS-Modell (**E**lectricity **M**odel for **S**ustainability) wurde 1998 im Rahmen einer Untersuchung des bremer energie-instituts zu den Effekten eines Ausstiegs Deutschlands aus der Kernenergie entwickelt und zwischenzeitlich erheblich erweitert. Bei dem EMS-Modell handelt es sich um eine Kombination zweier Teilmodelle. Zum einen ist dies ein Technologiemodell, das seinerseits aus einer Kraftwerksdatenbank und einem Optimierungsmodell besteht. Die detaillierte Kraftwerksdatenbank bildet den gesamten Kraftwerkspark der Bundesrepublik Deutschland von 1960 bis 1998 ab und liefert Ausgangsdaten für das Optimierungsmodell in Bezug auf den Kapitalbestand und den resultierenden Kapitaldienst sowie Angaben über die verbleibende Lebensdauer der bestehenden Kraftwerke. Auf dieser Datenbasis setzt das in GAMS[7] realisierte lineare Optimierungsmodell auf und minimiert die Gesamtkosten der Stromerzeugung, indem der optimale Einsatz vorhandener Kraftwerke sowie der ggf. notwendige Zubau und optimale Einsatz neuer Kraftwerke zur Stromerzeugung bestimmt wird.

Die Optimierung erfolgt auf der Basis von Annahmen über zukünftige Energiepreise sowie über zu erwartende Entwicklungen in Hinblick auf Kostenstrukturen und technische Eigenschaften neuer Kraftwerke, die in unterschiedlichen Szenarien gebündelt werden können. Als Ergebnis wird für jede Periode des variablen Betrachtungszeitraumes die Struktur und Einsatzweise des Kraftwerksparks bestimmt. Die jährlichen Stromgestehungskosten ergeben sich dann aus dem Brennstoffverbrauch, den Wartungs- und Instandhaltungskosten sowie den Kapitalkosten des Kraftwerksparks. Das Optimierungsmodell beinhaltet zudem ein Emissionsmodell, das für jedes Szenario die jeweils bei der Stromerzeugung direkt anfallenden CO_2-Emissionen quantifiziert bzw. auch als Restriktion vorgeben kann.

In Bezug auf die Brennstoffkosten erlaubt das Modell Preisrückkoppelungen, sofern die vom Modell eingesetzten Brennstoffmengen langfristig signifikant über die des Basisjahres hinausgehen oder es in einzelnen Jahren zu einem erheblichem Mehreinsatz im Vergleich zum Vorjahr kommt.

Das zweite Teilmodell innerhalb des EMS-Modells ist ein einfaches allgemeines Gleichgewichtsmodell, das allerdings im Modellexperiment II nicht eingesetzt wurde und deshalb hier auch nicht weiter beschrieben wird.

PERSEUS-ICE
Institut für Industriebetriebslehre und Industrielle Produktion (IIP), Universität Karlsruhe

Das Energie- und Stoffflussmodell PERSEUS-ICE (**P**rogram Package for **E**mission **R**eduction **S**trategies in **E**nergy **U**se and **S**upply - **I**nterregional **C**ompetitive **E**nergy Market Model) ist Teil der bereits in zahlreichen Forschungsprojekten erfolgreich eingesetzten PERSEUS-Modellfamilie, die Anfang der 90er-Jahre als Weiterentwicklung des EFOM-Modells (**E**nergy **F**low and **O**ptimization **M**odel) entstanden ist. Zielsetzung dieses Modells ist es, ein Instrument zur Prognose der langfristigen Entwicklung des deutschen/europäischen Elektrizitätssektors unter Berücksichtigung intra- und interregionaler Wettbewerbsbeziehungen liberalisierter Märkte zu schaffen. Anlass der Neuentwicklung war die Erfahrung, dass Modelle mit einem regional oder national abgeschlossenen Bezugssystem die zunehmende interregionale Verflechtung des Stromsektors in der Regel nicht hinreichend zu berücksichtigen vermögen.

---

7 **G**eneral **A**lgebraic **M**odelling **S**ystem

Der methodische Ansatz des Modells beruht auf einer mehrperiodischen, wahlweise gemischt-ganzzahligen, linearen Optimierung. Die modelltechnische Abbildung des realen Elektrizitätsversorgungssystems entspricht einem gerichteten Graphen, dessen Kanten die verschiedenen Stoff- und Energieströme des Systems repräsentieren, während die Knoten für die verschiedenen Energieumwandlungstechnologien stehen. Über eine kraftwerksscharfe Abbildung der realen Erzeugungskapazitäten, der Vorgabe detaillierter Lastkurven für nachfrageseitige Anwendungen und der Berücksichtigung zahlreicher zeitabhängiger Parameter wird eine sehr realitätsnahe Nachbildung des realen Systems gewährleistet. Zielfunktion der Optimierung ist eine Minimierung aller entscheidungsrelevanten, diskontierten Systemausgaben. Alternative Zielfunktionen wie z. B. eine Gewinnmaximierung oder auch die Kopplung eines Stochastik-Moduls an das Modell zur Berücksichtigung von Unsicherheiten in der Planung sind möglich. Optimiervariablen sind sowohl die Einlastung existierender oder neu errichteter Anlagen als auch der Zubau von Neuanlagen selbst bzw. die Stillegung von Altanlagen. Zur Gewährleistung aussagekräftiger Ergebnisse werden technische (z. B. Übertragungskapazitäten der Kuppelleitungen), ökonomische (z. B. Brennstoffbezugsmöglichkeiten) und ökologische Restriktionen (z. B. Emissionsminderungsziele) des realen Systems bei der Optimierung in Form von Nebenbedingungen berücksichtigt.

Das Modell ist in der Programmiersprache GAMS entwickelt. Zur Unterstützung des Einsatzes des Modells auch in der Praxis ist PERSEUS-ICE mit einer benutzerfreundlichen Datenbankoberfläche ausgestattet. Weitgehend automatisierte Schnittstellen zwischen der Modelldatenbank, den Programm-Modulen und MS Excel-Auswertungstools erleichtern zusätzlich die Nutzung.

Neben der hier vorgestellten Untersuchung der Konsequenzen des deutschen Kernenergieausstiegs lässt sich das Modell auch gut für weitere Fragestellungen nutzen wie beispielsweise der Entwicklung bzw. Bewertung regional differenzierter Emissionsminderungsstrategien oder Analysen der internationalen Stromaustauschbeziehungen unter alternativen regulatorischen Rahmenbedingungen.

TIMES-GES

Institut für Energiewirtschaft und Rationelle Energieanwendung (IER), Universität Stuttgart

TIMES (The **I**ntegrated **MARKAL EFOM S**ystem) ist ein prozessanalytisches, dynamisches Modellschemata, mit dem ein Energiesystem technologisch detailliert als ein Netzwerk von Prozessen (z. B. Kraftwerkstypen) und Gütern (Energieträgern, -formen, Material) abgebildet wird. Mit Hilfe eines solchen flexiblen Modellansatzes lassen sich gesamte Energiesysteme von der Primärenergie bis zur Energiedienstleistung aber auch nur einzelne Sektoren, wie die Strom- und Fernwärmeerzeugung, technologisch detailliert abbilden. Wird ein linearer Optimierungsansatz unterstellt, wird das Energiesystem durch lineare Gleichungen mathematisch beschrieben und hinsichtlich einer Zielfunktion optimiert. In den Fällen, in denen eine kostenoptimale Lösung gesucht wird, beschreibt die Zielfunktion die

Gesamtkosten des Energiesystems im betrachteten Zeitraum. Durch Angabe von Rahmenbedingungen lassen sich dann unterschiedliche Fragestellungen formulieren, beispielsweise die kostengünstigste Umsetzung von Treibhausgasminderungszielen oder die kostenoptimale Beschaffungsplanung von Energieversorgungsunternehmen unter Einhaltung technischer und ökologischer Restriktionen. Vorgegeben werden bei der Optimierung in der Regel der anfängliche Anlagenbestand, die zukünftige Entwicklung der Einstandspreise und der Energienachfrage sowie die die Technologien und Güter charakterisierenden Parameter. Als Ergebnis des Optimierungslaufs erhält man die Ausgestaltung des Technologiebestands und den benötigten Energieeinsatz, differenziert nach Energieträgern.

TIMES wurde innerhalb einer Arbeitsgruppe des **E**nergy **T**echnology **S**ystems **A**nalysis **P**rogramme's (ETSAP) der **I**nternational **E**nergy **A**gency (IEA) entwickelt. Ziel bei der Entwicklung war es, die Stärken bestehender Energiesystemmodelle wie MARKAL und E^3Net bzw. EFOM in einem Ansatz zu vereinen und gleichzeitig existierende Schwächen in diesen Modellansätzen, beispielsweise keine regionale Auflösung in MARKAL oder beschränkte unterjährige Auflösung in EFOM, zu beseitigen. TIMES selbst stellt ein allgemeines Modellschemata für Energiesysteme dar, die durch ein generisches Gleichungssystem beschrieben werden können. Durch fallstudienspezifische Informationen (z. B. technologische Struktur des Energiesystems, zeitliche und räumliche Auflösung, technisch-ökonomische Daten) lässt sich das Modell eines konkreten Energiesystems generieren. TIMES kann somit als ein Modellgenerator verstanden werden. Er wurde in der gleichungsorientierten Modellierungsumgebung GAMS implementiert. Eine Anbindung an das am IER entwickelte Planungsinstrumentarium MESAP[8] zur Modelldefinition, Dateneingabe und Ergebnisanalyse ist prototypisch umgesetzt.

Das entwickelte Strommodell TIMES-GES (**G**erman **E**lectricity **S**upply Model) dient zur Analyse des Stromerzeugungssektors in Deutschland für den Zeitraum von 1995-2030. Der existierende Kraftwerkspark zur Strom- und Fernwärmeerzeugung ist detailliert durch Technologietypen im Modell abgebildet. Um insbesondere die Auswirkungen eines Kernenergieausstiegs zu analysieren, werden die Kernkraftwerke im Modell jeweils blockweise abgebildet. Des Weiteren ist zur Untersuchung des Stromaustausches zwischen den Bundesländern sowie des Brennstofftransports der Kraftwerkspark in sieben Regionen gegliedert, die durch Austauschprozesse miteinander gekoppelt sind. Die Optimierung des Kraftwerksparks hinsichtlich einer Minimierung der anfallenden Gesamtkosten zur Strom- und Fernwärmebereitstellung liefert durch eventuelle Kraftwerkszubauentscheidungen die zukünftige technologische Ausgestaltung des Stromerzeugungssektors sowie dessen Brennstoffverbrauch differenziert nach Energieträgern. Eingangsgrößen in das Modell sind neben den technisch-ökonomischen Daten der Kraftwerkstechnologien die vorgegebene Nachfrage an Strom differenziert nach Lastbereichen, der Fernwärmebedarf und die Brennstoffpreise frei Kraftwerk.

---

8 **M**odulare **E**nergie**S**ystem**A**nalyse und -**P**lanung

3.1.2 Methodischer Vergleich der Strommodelle

Wie bereits ausgeführt, basieren die im Rahmen des Modellexperiment II eingesetzten Strommodelle alle auf der Optimierungsmethode und nutzen hier die Lineare Programmierung (siehe Tabelle 3-1). Dabei ist hervorzuheben, dass in DIOGENES die Kopplung eines Optimierungsmodells der Elektrizitätswirtschaft mit einem dynamischen Input-Output-Modell mit preisabhängigen Produktionskoeffizienten umgesetzt wurde, das auch die Entwicklung der Stromnachfrage im Modell simuliert. Unterschiede zwischen den Modellen resultieren aus Zeitbehandlung und daraus folgend aus den betrachteten Perioden. So sind zwar alle Modelle geeignet, eine langfristige Planung durchzuführen. Dabei nutzen jedoch die Modelle DIOGENES und EMS ein sequentiell dynamisches Vorgehen mit myopischer Sicht auf den Betrachtungszeitraum, während hier PERSEUS-ICE und TIMES-GES eine quasi-dynamische Abbildung der zeitlichen Zusammenhänge vornehmen und dabei jeweils eine vollkommene Voraussicht unterstellen (perfect foresight). Schließlich sind PERSEUS und TIMES vom Ansatz her als Modellgeneratoren zu verstehen, die flexibel auf unterschiedliche Fragestellungen und regionale Abgrenzungen angepasst werden können, werden DIOGENES und EMS speziell für die Analyse des Elektrizitätssektors in Deutschland entwickelt wurden.

Bezüglich der datentechnischen Fundierung bzw. der konkreten Nutzung der Modellansätze im Rahmen der vorliegenden Anwendung (vgl. Tabelle 3-2) zeigen sich Unterschiede in der Regionalisierung und in der Detaillierung bezüglich der Technologien. So lassen nur die Modelle PERSEUS-ICE und TIMES-GES bereits bei der Systemkonzeption eine regionale Gliederung von Teilmodellen zu. Diese Teilmodelle können auch getrennt voneinander betrieben werden. Im Rahmen des Modellexperiment II wurde dies genutzt, um in PERSEUS-ICE fünf innerdeutsche und zehn Anrainerregionen abzubilden, während TIMES-GES sieben innerdeutsche Regionen unterscheidet. DIOGENES und EMS sind demgegenüber auf eine gesamtdeutsche Betrachtung ausgelegt.

Hinsichtlich der berücksichtigten Technologien ist auch eine sehr unterschiedliche Differenzierung im Modellvergleich festzustellen. Während DIOGENES rund 25 Standardtechnologien mit in die Modellrechnungen aufnimmt und es bei EMS schon 60 Technologien sind, werden in PERSEUS-ICE in jeder innerdeutschen Region ca. 120 Prozesse berücksichtigt und in TIMES-GES rund 180 Prozesse. Eine derart unterschiedliche Detaillierung zeigt sich auch bei der Modellierung der Kernenergie, die sowohl in DIOGENES als auch in PERSEUS-ICE und in TIMES-GES über eine blockweise Erfassung der einzelnen bestehenden Kernkraftwerke erfolgt, während EMS die Kernkraftwerke über vier charakteristische Technologien abbildet. Zudem ist auffallend, dass DIOGENES noch auf den Technikinformationen aus der IKARUS-Datenbank von 1994 aufsetzt, während die übrigen Modelle aktuellere technische, ökonomische und ökologische Datenbeschreibungen als Grundlage verwenden.

Tabelle 3-1: Strommodelle – Methodischer Vergleich

DIOGENES	EMS	PERSEUS-ICE	TIMES-GES
Optimierungsmethode			
Kopplung von dynamischem Input-Output Modell und (LP-) Elektrizitätswirtschaftsmodul	LP	LP	LP
Zielfunktion			
Elektrizitätswirtschaftsmodul: Minimierung der Summe der annuisierten, abdiskontierten Ausgaben; sequentiell dynamisch	Summe der Systemkosten für jedes Jahr des Betrachtungszeitraumes; myopisch sequentiell dynamisch	Summe der diskontierten, annuisierten Systemausgaben; perfect foresight	Summe der annuisierten, abdiskontierten Systemkosten; perfect foresight
Behandlung von Restwerten			
Ersatz der Kraftwerke nach Ende des Betrachtungszeitraums durch unendliche Investitionsreihe; Vergleich wird möglich durch Barwertberechnung dieser Reihen	Nettovermögensdifferenzen der Szenarien werden mit Differenzkosten verrechnet	Gutschrift der über den Modellzeitraum hinausgehenden, annuisierten Investitionsanteile	Berücksichtigung der über den Modellzeitraum hinausgehenden Annuitäten der Investitionen als Kosten bei gleichzeitiger Gutschrift des Restwertes
Periodisierung			
Periodenlänge 1 Jahr; unbegrenzte Anzahl von Perioden	Periodenlänge 1 Jahr; Beliebige Länge des Betrachtungszeitraums bis maximal 2045	Variable Perioden- und Intervalldauern; unbegrenzte Anzahl von Perioden und Intervallen; beliebige Länge des Betrachtungszeitraumes	Variable Perioden- und Intervalldauern; unbegrenzte Anzahl von Perioden und Intervallen; beliebige Länge des Betrachtungszeitraumes
Lasteinteilung			
Drei Lastbereiche	Lastganglinie; 4 Zeitbereiche pro Jahr	Lastganglinie; beliebige unterjährige Auflösung	Lastganglinie; beliebige unterjährige Auflösung auf bis zu 3 Ebenen möglich
Regionalisierung			
Eine Region u. ROW	Deutschland gesamt	beliebige Anzahl von Regionen; Kopplung über Zielfunktion u. Energie- / Stoffflüsse	beliebige Anzahl von Regionen; Kopplung über Zielfunktion und Güteraustausch
Berücksichtigung von Preiseffekten auf Nachfrage			
Preiselastische Nachfragefunktionen	preiselastische Nachfragefunktionen durch Iteration möglich	Preiselastische Nachfragefunktionen möglich	preiselastische Nachfragefunktionen möglich
Kopplung zu anderen Modellsystemen			
Kopplung von dynamischen Input-Output Modell und Elektrizitätswirtschaftsmodul	keine	keine	keine
Anzahl der Technologien			
beliebig	beliebig	beliebig	beliebig
Anzahl der Emissionen			
beliebig	beliebig	beliebig	beliebig

Tabelle 3-2: Strommodelle – Datentechnische Fundierung

DIOGENES	EMS	PERSEUS-ICE	TIMES-GES
Umgesetzte Optimierungsmethode			
Für Elektrizitätswirtschaftsmodul: LP	LP	LP	LP
Zielfunktion			
Elektrizitätswirtschaftsmodul: Minimierung der Summe der annuisierten, abdiskontierten Ausgaben	Sequentiell dynamisch; myopisch	intertemporal, perfect foresight	intertemporal, perfect foresight
Zeitbehandlung und Kalibrierungsjahr			
Betrachtungszeitraum 1995-2030; Periodenlänge 1 Jahr, Kalibrierungsjahr 1995	Betrachtungszeitraum 1997-2030; Periodenlänge 1 Jahr; Kalibrierungsjahr 1998	Betrachtungszeitraum 1997-2030; Periodenlänge 5 (3) Jahre; Kalibrierungsjahr 1997	Betrachtungszeitraum 1995-2030; Periodenlänge 3 Jahre; Kalibrierungsjahr 1997
Lasteinteilung			
Drei Lastbereiche	Lastganglinie; 4 Zeitbereiche/Jahr	Lastganglinie; 42 Zeitbereiche/Jahr	Lastganglinie; 4 Zeitbereiche/Jahr
Regionalisierung			
Gesamtdeutschland	Gesamtdeutschland	5 innerdeutsche und 10 Anrainerregionen durch separate Referenzenergiesysteme abgebildet	7 innerdeutsche Regionen durch separate Referenzenergiesyteme abgebildet
Berücksichtigung von Preiseffekten auf Nachfrage			
preiselastische Nachfragefunktionen	keine	keine	keine
Kopplung zu anderen Modellsystemen			
Kopplung von dynamischen Input-Output Modell mit Elektrizitätswirtschaftsmodul	keine	keine	keine
Anzahl der Sektoren			
58 Wirtschaftsbereiche, Sektoren, Private Haushalte u. Staat	Gesamte Stromerzeugung	Abbildung Strom- und teilweise Fernwärmeerzeugung, nur öffentl. Erzeugung	Abbildung Strom- und Fernwärmeerzeugung; nur öffentliche Erzeugung
Anzahl der Technologien			
25 Standardtechnologien	60 Technologien	ca. 120 Prozesse je innerdeutsche Region, ca. 20 je Anrainerregion	ca. 180 Prozesse je Region
Abbildung der Kernenergie			
Abbildung d. 19 KKW durch einzelne Prozesse	4 Technologien	Abbildung der 19 KKW durch einzelne Prozesse	Abbildung der 19 KKW durch einzelne Prozesse
Anzahl der Emissionen			
CO_2, CO, VOC, Stb, Hg, As, Cd, N_2O, NO_2, CH_4	CO_2	CO_2, NO_x, SO_2; gemäß MEX II-Absprache nur CO_2 ausgewiesen	CO_2, CH_4, N_2O; Gewichtung nach GWP; zusätzl. NMKW, SO_2, NO_x, CO

3.2 Energiesystemmodelle

Auch die Energiesystemmodelle sind – wie die Strommodelle – prozessanalytische Partielle Gleichgewichtsmodelle, die den Bottom-up Ansätzen zugeordnet werden können. Der Schwerpunkt der Modellbildung liegt dabei jedoch in der technologischen Abbildung des Energiesektors von der Primärenergie bis zur Ebene der Nutzenergie oder Energiedienstleistung (Gewinnung, Import, Umwandlung, Transport und Verteilung von Endenergie sowie die Umwandlung in Nutzenergie- bzw. Energiedienstleistungsformen). Die Aktivitäten des Realsystems werden in gleicher Weise abgebildet wie bei den Strommodellen.

Die Energiesystemmodelle geben die letztendliche Nachfrage der Konsumenten nach Nutzenergie oder Energiedienstleistungen exogen vor. Sie repräsentieren somit einen Spezialfall der Partiellen Gleichgewichtsmodelle, da zwar ein Marktgleichgewicht auf einem Teilmarkt abgebildet wird, die schließlich nachgefragten Mengen jedoch in der Regel preisunelastisch bleiben. Eine Veränderung der Nutzenergienachfrage der Verbraucher kann ausschließlich durch technologische Optionen inklusive Energiesparen hervorgerufen werden. Typischerweise werden das Wirtschaftswachstum und andere makroökonomischen Indikatoren als fixe Einflussgrößen angenommen und eine Quantifizierung der wechselseitigen Effekte von Energiewirtschaft und dem wirtschaftlichen Gesamtsystem bleibt aus. Prinzipiell sind die Energiesystemmodelle auch um die Abbildung von Produktionsketten und Nachfragestrukturen von Gütern oder Stoffen aus anderen Sektoren (z. B. Eisen- und Stahlerzeugung) erweiterbar.

In der technologischen Beschreibung des Energiesystems werden, wie bei den Strommodellen auch, die bestehenden Anlagen des Realsystems zu diskreten Modelltechnologien aggregiert. Der Aggregationsgrad ist jedoch im Vergleich zu den Strommodellen deutlich größer. Die Energiesystemmodelle beschreiben damit den Wettbewerb unterschiedlicher Energieträger und Energietechnologien auf dem Energiemarkt in der abgebildeten Region.

Aus der Fragestellung und der Zielsetzung des jeweiligen Entscheidungsproblems resultiert das mathematische Format der Modellformulierung. Es kann eine Unterscheidung in die Formate Optimierung und Simulation erfolgen. Die Methode der Optimierung ist dabei besonders für Systemanalysen geeignet, die kosteneffiziente Handlungsoptionen bei vorgegebenen Randbedingungen ermitteln sollen. Die Methode der Simulation ist dagegen für Untersuchungen geeignet, in denen die Handlungsoptionen vorgegeben sind und vornehmlich deren Auswirkungen analysiert werden sollen.

Im Folgenden werden die wesentlichen Eigenschaften der Energiesystemmodelle beschrieben, die im Rahmen des Modellexperimentes II verwendet wurden. Anschließend werden die Energiesystemmodelle anhand ihrer Charakteristika vergleichend gegenübergestellt.

3.2.1 Kurzbeschreibung der Modelle

In diesem Kapitel erfolgt eine kurze Darstellung der Modelle E^3Net-D2 und IKARUS-MARKAL sowie des Wuppertal Modellinstrumentariums (WMI), die aufgrund ihres Abbildungsbereiches in die Gruppe der Energiesystemmodelle eingeordnet werden können. Hinsichtlich des verwendeten Modellansatzes führen die Modelle E^3Net-D2 und IKARUS-MARKAL eine Minimierung der Systemgesamtkosten über den gesamten Betrachtungszeitraum durch und basieren auf der Methode der linearen Optimierung. Demgegenüber steht der Simulationsansatz des Modellinstrumentariums des Wuppertal Instituts.

E^3-Net-D2
Institut für Energiewirtschaft und Rationelle Energieanwendung (IER), Universität Stuttgart

E^3Net (**E**nergy, **E**conomy, **E**nvironment System Optimization based on **Net**works) stellt eine Weiterentwicklung des Energiemodells EFOM-ENV dar. Es eignet sich aufgrund seiner flexiblen Struktur zur Untersuchung betrieblicher, kommunaler, regionaler, nationaler und multinationaler Energiesysteme. E^3Net ist im Kern ein mehrperiodisches, lineares Optimierungsmodell, das auf einem prozesstechnischen Ansatz basiert. Vorrangige Zielsetzung bei der Modellentwicklung von E^3Net war die flexible Struktur, um eine einfache Anpassung der mathematischen Modellformulierung an die jeweilige Problemstellung zu gewährleisten. Entsprechend zeichnet sich E^3Net durch folgende Charakteristika aus: beliebige Anzahl der Prozesse, die im Modell berücksichtigt werden können, regional/sektoral disaggregierbar, beliebige Anzahl von Perioden, variable Periodenlängen und beliebige unterjährige Auflösung auf bis zu zwei Zeitsegmentebenen, intertemporale Zeitbehandlung, optional kann E^3Net auch zur Bildung statischer oder dynamisch-rekursiver Modelle verwendet werden, beliebige/austauschbare Zielfunktion, Behandlung von externen Kosten, Transaktionskosten und Subventionen, Berücksichtigung von sektorspezifischen Diskontraten und technologiespezifischen Abschreibungszeiten, gemischt-ganzzahlige Modellierung von Technologien (Berücksichtigung von Baugrößenklassen), integrierter Dekompositionsalgorithmus mit verteilter Berechnung, Berücksichtigung preiselastischer Nachfragefunktionen mit einem nichtlinearen Modellansatz (E^3Net-MICRO), Kopplung an ein makroökonomisches Ein-Sektoren-Wachstumsmodell (E^3Net-MACRO).

Der E^3Net-Modellgenerator wurde in der Modellierungssprache GAMS entwickelt. Er hat damit neben seiner einfachen Handarbarkeit bei der Modellformulierung Zugriff auf eine Vielzahl kommerzieller Solver. E^3Net ist in das Planungsinstrumentarium MESAP integriert. MESAP ist modular aufgebaut und fasst unter einer einheitlichen Benutzeroberfläche verschiedene Operations Research Methoden für unterschiedliche Planungsaufgaben zusammen. Die Module werden durch das gemeinsame relationale Datenbanksystem NetWork integriert. MESAP bietet eine "Windows"-orientierte graphische Benutzeroberfläche.

Auf der Basis von E^3Net sind für eine Vielzahl von Ländern, Regionen und Kommunen Modellanwendungen durchgeführt worden. Das für das Modellexperiment II verwendete Deutschland-Modell bildet das gesamte Energiesystem mit ca. 2200 Prozessen in 2 Regionen für die alten und die neuen Bundesländer ab (E^3Net-D2). Enthalten sind auch Optionen zur Verbesserung der Wirkungsgrade von Techniken, einschließlich der gekoppelten Erzeugung von Strom und Wärme, Möglichkeiten zur Energieeinsparung bei den Endverbrauchern, dargestellt als Einspartechnologien, und ein großes Bündel zukünftiger, heute bereits bekannter Möglichkeiten zur Energiebereitstellung, -nutzung und -einsparung. Neben den Treibhausgasen (CO_2, CH_4, N_2O) werden auch weitere Schadstoffe im Modell erfasst: SO_2, NO_x, NMKW, CO. In der vorliegenden Anwendung für Deutschland ist das Jahr 1995 das erste Modelljahr, das zusammen mit dem Jahr 1997 auch als Grundlage für die Kalibrierung des Modells verwendet wurde. Dies bedeutet, dass das Modell für das Jahr 1995 als Ergebnis nahezu exakt die Energiebilanz Deutschlands in diesem Jahr ausweist. Weitere Betrachtungsjahre sind 2005, 2010, 2015, 2020 und 2030.

IKARUS-MARKAL
Programmgruppe Systemforschung und Technologische Entwicklung (STE), Forschungszentrum Jülich

Im Rahmen des Modellexperiment II wurde das IKARUS-Mehrperiodenmodell IKARUS-MARKAL genutzt, das die Energieflüsse, Energieumwandlungstechniken, Emissionen und Kosten des gesamten Energiesystems der Bundesrepublik Deutschland abbildet. Hierbei handelt es sich um ein Optimierungsmodell, das nach dem Verfahren der Linearen Optimierung arbeitet. Zielfunktion sind die gesamten, abdiskontierten Systemkosten des gesamten Betrachtungszeitraums (perfect foresight), wobei die Restwerte der letzten Periode gutgeschrieben werden. Vor dem Hintergrund der Analyse von Klimagasreduktionsstrategien wurde die Modellstruktur im Rahmen des IKARUS-Projektes erarbeitet und ist originärer Bestandteil des quasistatischen IKARUS-Optimierungsmodells /Martinsen u. a. 1998/. Aufbauend auf diese Struktur, die ein wesentliches Ergebnis des IKARUS-Projektes ist, wurde mit Hilfe des MARKAL-Modellgenerierungssystems /Fishbone u. a. 1983/ ein Mehrperiodenmodell entwickelt (vgl. /Kraft 1997/). Modelliert wurden insgesamt 9 Fünfjahresperioden für den Zeitraum von 1990 bis 2030 (jeweils Mitteljahr einer Periode). Die maximal mögliche Anzahl sind 16 Perioden beliebiger Länge. Analog zur Modellstruktur wurden die Daten des quasistatischen Modells auf das Mehrperiodenmodell übertragen. Struktur sowie Daten beider Modelle sind somit nahezu identisch.

Der Kraftwerkseinsatz erfolgt gemäß einer Ganglinie, die sich aus insgesamt sechs Zeitbereichen (Sommer, Winter, Übergang jeweils Tag/Nacht) zusammensetzt. Der Datensatz deckt die gesamte Bundesrepublik Deutschland ab. Strukturelle Unterschiede zwischen alten und neuen Bundesländern werden - dort wo notwendig - in Form von separaten Techniken berücksichtigt (z. B. Restbestand von Kohleöfen). Prinzipiell ist eine regionalisierte Betrachtungswiese möglich. Nicht implementiert sind Nachfrage-Elastizitäten. Um makroökonomische Konsistenz zu gewährleisten, werden die Modellnachfragen auf der Basis der Modelläufe des MIS-Modells erhoben und exogen vorgegeben. Prinzipiell ist eine endogene makroökonomische Ankopplung (z. B. via MARKAL-MAKRO) möglich. Dies ist allerdings bislang für Deutschland nicht realisiert worden.

Wuppertal Modellinstrumentarium (WMI)
Wuppertal Institut für Klima, Umwelt, Energie GmbH

Das Modellinstrumentarium des Wuppertal Instituts kann ebenfalls den Bottom-up Modellen zugeordnet werden. Im Gegensatz zu der üblichen Vorgehensweise dieser Modellart, mit Hilfe eines Optimierungsalgorhythmus, ausgerichtet auf eine Zielfunktion, „optimale" Entwicklungspfade für das Energiesystem zu beschreiben, wird hier ein anderer Weg aufgegriffen. Im Mittelpunkt steht der Versuch, Entwicklungspfade des Energiesystems auf der Basis eines akteurs- und politiknahen Ansatzes darzustellen. Als wesentlichstes Hilfsmittel dient dabei das Instrument der Expertenschätzung. Abgeschätzt wird jeweils, bezugnehmend auf eine Referenzentwicklung, zum einen, welche Veränderungen überhaupt (politisch) instrumentierbar sind, und zum zweiten, im welchem Umfang diese Veränderungen unter verschiedenen Randbedingungen (praktisch) umsetzbar sind. Ausgangspunkt ist demnach zunächst die Beschreibung einer Referenzentwicklung, in der Hemmnisse gegenüber der vollständigen Umsetzung volkswirtschaftlich effizienter Maßnahmen Berücksichtigung finden.

Für die Bewertung verschiedener Maßnahmen wurde eine Kategorisierung von o/+ bis +++ eingeführt, die jeweils mit steigender Tendenz die gegenüber dem Trend abweichende Umsetzungsintensität beschreibt. Der zentrale, die Maßnahmen einordnende Begriff der Umsetzungsintensität versucht dabei im wesentlichen die Tiefe und Breite der mit der Maßnahmenumsetzung verbundenen Intervention in das bestehende System ebenso aufzugreifen, wie die zu erwartenden Widerstände gegenüber der Umsetzung. Gegenüber der eher abstrakten Orientierung an den reinen technischen Veränderungsmöglichkeiten hat diese Vorgehensweise den Vorteil, dass für den politischen Handlungsträger sofort darstellbar ist, welche Maßnahmen (mit welcher Umsetzungstiefe, -breite und -widerstand) für welche erreichbare Wirkung umzusetzen sind bzw. umgekehrt, welche Wirkung mit Maßnahmen welcher Umsetzungstiefe, -breite und -widerstand realisierbar ist. Diesem Vorteil steht allerdings der Nachteil gegenüber, dass die Summe aller umgesetzten Veränderungen nicht zwingend zu einem mathematischen Optimum führen muss, sondern u. U. im Sinne der Zielfunktion von Optimierungsmodellen ggf. nur suboptimale Lösungen (dafür aber mit hoher Praxisnähe) beschrieben werden. In diesem Verständnis ist der Modellansatz des Wuppertal Instituts nicht als Ersatz, sondern als Ergänzung der Durchführung von Rechnungen mit Optimierungsmodellen zu sehen.

Im Rahmen von Szenarioanalyse können so beispielsweise über alle Handlungsebenen hinweg Maßnahmen mit gleicher oder unterschiedlicher Umsetzungsintensität zu Maßnahmenbündeln/Handlungspaketen zusammengefasst werden und hinsichtlich ihrer Wirkung beurteilt werden. Die Bewertung der Maßnahmen erfolgt dabei zunächst wiederum einzeln auf der Basis des Expertenwissens (z. B. durch die Abschätzung resultierender Marktanteile bei der Umsetzung bestimmter Maßnahmen) und wird dann als Gesamtheit unter Berücksichtigung von Rückkopplungen mit Hilfe eines technologieorientierten Bottom-up Simulationsmodells übersetzt. Das Modell ist modulartig aufgebaut und enthält insbesondere eine detaillierte Abbildung der Stromeinsparmöglichkeiten in allen relevanten Sektoren, des Raumwärme- und Warmwasserbereichs sowie ein Angebotsmodell mit dem nicht nur der Kraftwerkspark abgebildet werden kann, sondern letztlich auch Energie- und Emissionsbilanzen generiert werden können. Das Instrumentarium besteht auch aus einem Kostenmodell, mit dem beispielsweise die von der Referenzentwicklung abweichenden Gesamtkosten der Durchführung von Maßnahmenbündeln abgeschätzt werden können.

3.2.2 Methodischer Vergleich der Energiesystemmodelle

Von den drei im Modellexperiment II verwendeten Energiesystemmodellen basieren zwei (IKARUS-MARKAL und E^3Net-D2) auf der mathematischen Methode der Optimierung. Sie führen eine Minimierung der Gesamtkosten des Energiesystems innerhalb des Betrachtungszeitraums durch. Die gesamten Kosten ergeben sich aus der Summe der annuisierten, diskontierten Systemkosten oder den diskontierten Gesamtkosten, von denen der Restwert des in dem Anlagenpark gebundenen Kapitals abgezogen wird, das nach dem Ende des Betrachtungszeitraums noch vorhanden ist. Das Wuppertal Modellinstrumentarium (WMI) hingegen basiert auf einem Simulationsansatz, in dessen Kern Expertenwissen zur Entscheidungsfindung beiträgt. Die Kosten sind nicht das Zielkriterium, sondern werden abschließend bilanziert.

In den beiden Optimierungsmodellen haben die Akteure auf den Energiemärkten eine perfekte Voraussicht. Beide Modelle weisen eine quasidynamische Zeitbehandlung auf und erlauben die Formulierung von intertemporalen Nebenbedingungen. Demgegenüber können beim Simulationsmodell des Wuppertal Institutes keine zeitübergreifenden Zusammenhänge formuliert werden. Es handelt sich um die zeitlich entkoppelte Betrachtung von mehreren Beispieljahren, d. h. um eine zeitgleiche Betrachtung mehrerer statischer Modelle. Die Anzahl und Schrittweite der jeweiligen Perioden ist in allen Modellen beliebig, wobei das IKARUS-MARKAL-Modell der Einschränkung äquidistanter Periodenlängen unterliegt. Die unterjährige Zeitaufteilung aller Modelle basiert auf dem Prinzip der Lastganglinien, wobei im WMI und in E^3Net-D2 eine beliebige saisonale Aufteilung möglich ist.

Die drei Modelle bilden das gesamte Energiesystem einer Region ab, wobei lediglich E^3Net-D2 eine Regionalisierung auf der Ebene der Modellgleichungen erlaubt. In WMI und IKARUS-MARKAL (wie auch in E^3Net-D2) kann allerdings eine Unterscheidung regionaler Besonderheiten durch alternative Prozesse erfolgen. In allen Modellen gibt es aufgrund der Modellformulierungen keine Obergrenzen für die Anzahl der modellierten Sektoren oder Prozesse. Die Vorgehensweise ist dabei aber sehr unterschiedlich. Während die beiden Optimierungsmodelle eine integrale Betrachtung des gesamten Energiesystems vornehmen, handelt es sich beim WMI um die Verknüpfung mehrerer Teilmodule, z. B. für den Raumwärmebereich, für den Verkehrssektor und für die Stromerzeugung. Eine Datenübergabe zwischen den einzelnen Modulen ist vorgesehen, es besteht bei einer derartigen Vorgehensweise jedoch immer die Gefahr, dass Informationen verloren gehen bzw. Inkonsistenzen auftreten können (Vorteilhaftigkeit eines geschlossenen Modellansatzes). Vor diesem Hintergrund müsste das Wuppertal Modellinstrumentarium somit richtigerweise als Energiemodellsystem und nicht als Energiesystemmodell bezeichnet werden.

In den beiden Optimierungsmodellen wird die lineare Programmierung als mathematische Methode verwendet, beim Modellinstrumentarium des Wuppertal Instituts ein heuristisches (auf Expertenwissen basierendes) Verfahren genutzt. Prinzipiell ist es jedoch bei E^3Net-D2 und IKARUS-MARKAL möglich, auch andere Optimierungsmethoden zu verwenden. Diese alternativen Lösungsmethoden sind insbesondere dann von Bedeutung, wenn die ursprüngliche Fragestellung (kosteneffiziente Bereitstellung der Nachfrage unter vorgegebenen Randbedingungen) um zusätzliche Aspekte erweitert wird. Beispiele hierfür sind die Berücksichtigung von Effekten veränderter Preise auf die Nachfrage (nichtlineare Lösungsmethoden von Vorteil) oder eine detaillierte Analyse der Einsatz- und Ausbauplanung des Kraftwerkparks (gemischt-ganzzahlige Lösungsmethoden von Vorteil).

Sowohl in IKARUS-MARKAL als auch in E^3Net-D2 (wie auch prinzipiell in WMI) ist eine Kopplung des Energiesystemmodells an ein makroökonomisches Einsektoren-Produktionsmodell möglich. Dies erlaubt die Quantifizierung der gesamtwirtschaftlichen Rückwirkungen auf die Energiewirtschaft. In allen drei Energiesystemmodellen existieren Modellformulierungen, mit denen das eigenpreiselastische Verhalten der Nachfrage modelliert werden kann.

Zusammenfassend lässt sich feststellen, dass von den drei untersuchten Modellgeneratoren WMI, IKARUS-MARKAL und E^3Net-D2 zwei – IKARUS-MARKAL und E^3Net-D2 – auf gleichen methodischen Grundlagen beruhen und sich außer im Lösungsalgorhytmus lediglich in Details unterscheiden. Alle drei Modelle teilen sich die Stärken - nämlich die detaillierte Abbildung der technologischen Strukturen des Energiesystems - und die prinzipiellen Schwächen - nämlich eine unvollständige Berücksichtigung der gesamtwirtschaftlichen Strukturen - der sogenannten Bottom-up Ansätze. Eine detaillierte Gegenüberstellung hinsichtlich der methodischen Grundlagen und der Parametrisierung der drei Energiesystemmodelle bzw. Energiemodellsysteme ist Tabelle 3-3 und Tabelle 3-4 zu entnehmen.

Tabelle 3-3: Energiesystemmodelle – Methodischer Vergleich

WMI	IKARUS-MARKAL	E^3Net-D2
Methodischer Ansatz		
Simulation, heuristisches Verfahren	Optimierung: LP, NLP möglich	Optimierung: LP, NLP, GGLP, Dekomposition
Entscheidungsfindung		
Expertenwissen	Zielfunktion: Summe der abdiskontierten Systemkosten innerhalb des Betrachtungszeitraumes; perfect foresight	Zielfunktion: Summe der annuisierten, abdiskontierten Systemkosten innerhalb des Betrachtungszeitraumes; perfect foresight; Variante dynamisch-rekursiv
Behandlung von Restwerten		
keine	Restwerte der letzten Periode werden gutgeschrieben	Da Annuitätenmethode mit Abschreibung über technische Nutzungsdauer verwendet wird, ist keine Restwertbetrachtung notwendig.
Zeitbehandlung		
Modelliert werden Periodenlängen von 5 bzw. 10 Jahren; Betrachtungszeitraum beliebig	Modelliert werden Periodenlängen von 5 bzw. 10 Jahren, wobei jeweils das Mitteljahr einer Periode ausgewiesen wird; alle Perioden mit identischer Länge; Betrachtungszeitraum beliebig	Variable Perioden- und Intervalldauern; unbegrenzte Anzahl von Perioden und Intervallen; beliebige Länge des Betrachtungszeitraumes
Lasteinteilung		
wahlweise möglich (in der Regel erfolgt dies in Submodellen)	Lastganglinie; 6 Zeitbereiche pro Jahr	Lastganglinie; beliebige saisonale Aufteilung pro Jahr möglich
Regionalisierung (Umsetzung auf Gleichungsebene)		
Regionalisierung möglich, aber nicht implementiert	Regionalisierung in Strom- und Wärmeerzeugung möglich	beliebige Anzahl von Regionen; Kopplung über Zielfunktion und Güteraustausch
Berücksichtigung von Preiseffekten auf Nachfrage		
preiselastische Nachfragefunktionen möglich	preiselastische Nachfragefunktionen möglich	preiselastische Nachfragefunktionen
Kopplung zu anderen Modellsystemen		
makroökonomische Kopplung möglich	makroökonomische Kopplung möglich	makroökonomische Komponente
Anzahl der Sektoren		
beliebig	beliebig	beliebig
Anzahl der Technologien / Prozesse		
beliebig	beliebig	beliebig
Anzahl der Treibhausgasemissionen		
beliebig (z. Zt. nur CO_2 implementiert)	beliebig	beliebig

Tabelle 3-4: Energiesystemmodelle – Datentechnische Fundierung

WMI	IKARUS-MARKAL	E^3Net-D2 (Deutschland, regionalisiert)
Genutzter methodischer Ansatz		
Simulation	Optimierung: LP	Optimierung: LP
Entscheidungsfindung		
Expertenwissen	Zielfunktion: intertemporal, perfect foresight	Zielfunktion: intertemporal, perfect foresight
Zeitbehandlung und Kalibrierungsjahr		
Betrachtungszeitraum: 1990-2030; Kalibrierungsjahr 1995 und 1997	Betrachtungszeitraum: 1990-2030; Kalibrierungsjahr 1995	Betrachtungszeitraum: 1990-2030 (2050); Kalibrierungsjahr 1995/1997
Lasteinteilung		
Submodelle	Lastganglinie; 6 Zeitbereiche pro Jahr	Lastganglinie; 4 Zeitbereiche pro Jahr
Regionalisierung		
Unterscheidung von wesentl. Prozessen in ABL und NBL	Unterscheidung von wesentl. Prozessen in ABL und NBL	2 Regionen (ABL, NBL) durch separate Referenzenergiesysteme
Berücksichtigung von mikro- oder makroökonomischen Effekten		
keine	keine	keine
Anzahl der Sektoren und Abgrenzung		
Unterscheidung der Sektoren nach Energiebilanz	25, Unterscheidung der Sektoren nach Energiebilanz; Die industrielle Stromerzeugung wird in der Strombilanz pauschal bei den sonstigen Energieträgern ausgewiesen	17 je Region, Unterscheidung der Sektoren nach Energiebilanz
Anzahl der Technologien / Prozesse		
> 500 Prozesse (inkl. Submodelle)	ca. 550 Technologien, ca. 60 Energieträger	ca. 1100 Prozesse je Region ca. 200 Einsparprozesse je Region
Modellierung der Stromerzeugung / Kernenergie		
Simulation zzgl. kernkraftwerksscharfe Kostenbetrachtung (inkl. Rückstellungen)	Kernenergie wird durch einen repräsentativen Prozesse für den Kernkraftwerksbestand im Stromerzeugungssektor modelliert.	Kernenergie wird über einen Prozess für die Altanlagen im Stromerzeugungssektor mit betrachtet. Dabei erfolgt eine detaillierte Erfassung der Struktur der Altanlagen über eine Vorberechnung, die entsprechend der Szenarienkonstruktion in das Modell integriert wird
Anzahl der Treibhausgasemissionen		
CO_2 (andere implementierbar)	CO_2, CH_4, N_2O; Gewichtung nach GWP; Zusätzlich NMKW, SO_2, NO_x	CO_2, CH_4, N_2O; Gewichtung nach GWP; zusätzl. NMKW, SO_2, NO_x, CO

3.3 Energiewirtschaftsmodelle

Energiewirtschaftsmodelle (oder auch Top-Down Ansätze) sind eine Kategorie von Modellansätzen in der Energiewirtschaft, die neben der Struktur und den Verflechtungen im Energiesektor auch die übrigen Märkte der Volkswirtschaft und die individuellen Präferenzen der Agenten berücksichtigen. Die im Modellexperiment II eingesetzten Modelle lassen sich dem neoklassischen bzw. dem evolutorischen Ansatz zuordnen. Wesentliches Merkmal der neoklassischen Modelle ist die mikroökonomische Fundierung aus Optimierungsansätzen für Unternehmen und Haushalte, die auf neoklassischen Produktions- und Nutzenfunktionen beruhen. Evolutorisch geprägte Modelle gehen demgegenüber von begrenzter Rationalität der Wirtschaftssubjekte aus und legen großen Wert auf die empirische Abstützung der verwendeten Verhaltensrelationen. Die Modellsysteme LEAN, NEWAGE und PACE haben einen ausgeprägt neoklassischen Hintergrund, während PANTA RHEI den evolutorischen Ansätzen zuzurechnen ist.

Ein weiteres wichtiges Modellmerkmal ist die Art der Parameterbestimmung. Diesbezüglich ist die Methode der sogenannten Kalibrierung von der ökonometrischen Schätzung aufgrund von Zeitreihen zu unterscheiden. Kalibrierung bedeutet, dass wesentliche Modellparameter, insbesondere die Substitutionselastizitäten, aus externen Quellen übernommen werden (die ihrerseits meist auf ökonometrischer Schätzung beruhen). Verbleibende Parameter werden auf dieser Grundlage derart festgesetzt („kalibriert"), dass der Ausgangsdatensatz durch das Modell reproduziert wird. Diese Methode wird häufig (aber nicht notwendigerweise) bei neoklassisch geprägten Ansätzen angewendet. Ökonometrisch geschätzt ist das Modell PANTA RHEI, während LEAN, NEWAGE und PACE in der beschriebenen Weise kalibriert sind.

Da Energiewirtschaftsmodelle sektoral differenziert sind, ist die Variabilität der Inputkoeffizienten ein weiteres Unterscheidungsmerkmal. Diesbezüglich ist in allen beteiligten Modellen zumindest hinsichtlich der Energieträger eine preisabhängige Veränderung der Inputkoeffizienten modelliert.

Die Geschlossenheit des Einkommenskreislaufs, als weiteres Kriterium, ist in LEAN, NEWAGE, PACE und PANTA RHEI gegeben. Dies bedeutet insbesondere, dass die Faktoreinkommen die Endnachfrage bestimmen.

In Hinblick auf das dynamische Verhalten der Wirtschaftssubjekte ist schließlich die unterstellte Art der Erwartungsbildung von Bedeutung. Diesbezüglich sind LEAN, PACE und PANTA RHEI durch sogenannte myopische Erwartungen, d. h. Erwartungsbildung durch Fortschreibung vergangener und gegenwärtiger Realisationen der betreffenden Variablen, gekennzeichnet. In NEWAGE ist demgegenüber eine intertemporale Optimierung auf der Grundlage perfekter Voraussicht modelliert.

3.3.1 Kurzbeschreibung der Modelle

Bezüglich der im Modellexperiment II vertretenen Energiewirtschaftsmodelle sind LEAN, NEWAGE-D und PACE nach der obigen Klassifikation als angewandte Allgemeine Gleichgewichtsmodelle einzuordnen, während es sich beim Modellsystem PANTA RHEI um ein ökonometrisch geschätztes Modell handelt.

LEAN
Institut für Volkswirtschaftslehre I, Universität Oldenburg

Bei LEAN handelt es sich um ein sequentiell-dynamisches berechenbares Allgemeines Gleichgewichtsmodell mit 13 Sektoren, das in Zeitschritten von einem Jahr gelöst wird. Eingesetzt wurde die Version TCM561, d. h. ein Zwei-Regionen-Modell für Westdeutschland und die übrige EU12. Für die beiden Modellregionen wird eine einheitliche Währung unterstellt. Zwischen EU und übriger Welt herrscht ein flexibler Wechselkurs.

Eine detaillierte Beschreibung der Grundstruktur findet sich in /Welsch 1996/. Im folgenden wird eine kurze Charakterisierung in Hinblick auf die Außenwirtschaft, den Staat, den Arbeitsmarkt, den Kapitalmarkt sowie die Modellierung der Produktion, der Haushalte sowie der Kernenergie gegeben.

Der Außenhandel wird sektoral differenziert nach dem Armington-Ansatz abgebildet. Für die Importe bedeutet dies, dass die gesamte inländische Nachfrage nach einem Gut preisabhängig auf inländische Produktion und Importe allokiert wird. Die Exportnachfrage ergibt sich durch preisabhängige Allokation der Exporte der gesamten EU auf Exporte (West-)Deutschlands und der übrigen EU. Dadurch ist insbesondere der Einfluss eines Kernenergieausstiegs auf die internationale Wettbewerbsfähigkeit Deutschlands abbildbar. Die Leistungsbilanzen der beiden Modellregionen werden durch den Außenhandel bestimmt und unterliegen keiner exogenen Beschränkung. Allerdings ändert sich der Wechselkurs der EU gegenüber der übrigen Welt aufgrund einer Reaktionsfunktion in Abhängigkeit von der konsolidierten Leistungsbilanz der Gesamt-EU. Die entsprechende Reaktionselastizität ist so eingestellt, dass der Leistungsbilanzsaldo am Ende des Simulationszeitraumes nicht größer als zwei Prozent des BIP ist.

Die Staatsausgaben sind durch eine konstante Quote an das BIP gekoppelt. Die Staatseinnahmen bestehen aus Produktionssteuern und eventuellen CO_2-Steuern.

Der Faktor Arbeit wird als intersektoral homogen und mobil unterstellt, während zwischen den Modellregionen Immobilität herrscht. Daraus folgt die Einheitlichkeit des Lohnsatzes in jeder Region. Die Lohnentwicklung basiert auf einer gewerkschaftlichen Lohnfunktion, nach der der Lohn sich aufgrund der Preisentwicklung, der gemessenen Arbeitsproduktivität und der Beschäftigungssituation bildet. Die Summe der zu diesem Lohn auftretenden sektoralen Arbeitsnachfragen ergibt die gesamtwirtschaftliche Beschäftigung.

Der Kapitalstock folgt einer sektoralen Kapitalbestandsrechnung. Die sektoralen Investitionen beruhen auf intertemporaler Kostenminimierung. Im Ergebnis hängen die Investitionen vom Realzins, den erwarteten Preisen der variablen Faktoren und der erwarteten Nachfrage ab (flexibler Akzelerator). Für die Preise gelten hierbei myopische Erwartungen, während die Nachfrageerwartungen durch Fortschreibung der Outputentwicklung der jeweils letzten beiden Jahre gebildet werden. Der Realzins ist einheitlich für die beiden Modellregionen. Er stellt die Closure-Variable des Modells dar, d. h., er wird als implizite Variable derart bestimmt, dass für die Gesamt-EU Konsistenz zwischen Ersparnis, Investitionen, Budgetsaldo und Außenbeitrag herrscht. Die Einheitlichkeit des Realzinses impliziert vollkommene Mobilität des Finanzkapitals. Das Kapital verteilt sich derart auf die Sektoren und Regionen, dass der erwartete Nettogrenzertrag ausgeglichen wird.

Die Produktion der einzelnen Sektoren wird durch geschachtelte CES-Produktionsfunktionen beschrieben. Auf der obersten Stufe sind die Nichtenergie-Vorleistungen sowie ein Aggregat aus Energie, Kapital und Arbeit (EKL) durch feste Inputkoeffizienten an den Output gekoppelt. EKL separiert sich in Arbeit und ein Energie-Kapitalaggregat. Energie ist zusammengesetzt aus Elektrizität und einem Brennstoffaggregat. Das Brennstoffaggregat besteht aus Steinkohle, Braunkohle, Mineralöl und Gas.

Der Haushaltssektor wird durch einen repräsentativen Haushalt pro Modellregion erfasst, der durch eine Stone-Geary-Nutzenfunktion (Lineares Ausgabensystem) charakterisiert ist.

Die exogenen Variablen, die das dynamische Verhalten des Modells im Basisfall bestimmen, sind die Welt-Importnachfrage und die Welt-Exportpreise. Die Welt-Exportpreise, d. h. Importpreise der EU aus der übrigen Welt (gerechnet in der Währung der übrigen Welt), werden mit Ausnahme der Energieträgerpreise als real konstant angenommen. Darüber hinaus wird das dynamische Verhalten durch die autonomen Effizienzfaktoren von Arbeit, Kapital und Energie bestimmt. Im Fall der CO_2-Minderung kommt die CO_2-Steuer als weiterer exogener Einflussfaktor hinzu.

Von besonderer Bedeutung im Modellexperiment II ist die Modellierung der Kernenergie. Die Kernenergie wird in LEAN in einem speziellen Elektrizitätsmodul abgebildet, das sechs verschiedene Erzeugungstechnologien (Braunkohle, Steinkohle, Öl, Gas, Kernenergie und Erneuerbare Energien) anhand ihrer wesentlichen charakteristischen Parameter (durchschnittlicher Wirkungsgrad, Kapitalintensität) beschreibt. Dieses Modul empfängt aus dem gesamtwirtschaftlichen Modell die Stromnachfrage als Funktion des Strompreises und bestimmt den Energieträgermix, den technologiespezifischen Strompreis und den durchschnittlichen Strompreis, der wiederum die Stromnachfrage steuert. Strom aus Kernenergie und Erneuerbaren Energieträgern werden exogen vorgegeben. Das Residuum aus Stromnachfrage und diesen beiden Arten von Stromerzeugung ergibt den Bedarf an fossiler Stromerzeugung. Dieser Bedarf wird nach Maßgabe einer vorgegebenen Substitutionselastizität auf die einzelnen fossilen Erzeugungsarten kostenminimierend allokiert. Für jede der sechs Erzeugungstechnologien wird eine eigene Kapitalbestandsrechnung durchgeführt.

NEWAGE-D
Institut für Energiewirtschaft und Rationelle Energieanwendung (IER), Universität Stuttgart

NEWAGE (**N**ational, **E**uropean, **W**orldwide **A**pplied **G**eneral **E**quilibrium modeling system) ist ein computergestütztes Modellinstrumentarium zur Analyse der gesamtwirtschaftlichen und umweltseitigen Auswirkungen von energie- und umweltpolitischen Maßnahmen. Wirtschaftstheoretische Grundlage des Analyseinstrumentariums ist die Allgemeine Gleichgewichtstheorie. Eine besondere Stärke von NEWAGE ist die problemspezifische Anpassungsfähigkeit des Modellinstrumentariums entlang von vier Dimensionen:

- Bottom-up - Top-down Flexibilität: Die technologischen Produktionsmöglichkeiten einer Volkswirtschaft können auf sektoraler Ebene wahlweise durch aggregierte substitutionale Produktionsfunktionen (Top-down) oder konkrete Technologieoptionen im Rahmen einer linearen Aktivitätsanalyse (Bottom-up) dargestellt werden. Einerseits erlaubt diese Hybriddarstellung von sektoralen Produktionsmöglichkeiten, die Komplexität (Dimensionalität) gesamtwirtschaftlicher Modelle über eine abstrakte Top-down Spezifikation von Technologien drastisch zu reduzieren. Andererseits lässt sich die Belastbarkeit modellgestützter Analysen dadurch erhöhen, dass ausgewählte Produktionsbereiche, deren technologische Möglichkeiten für die Fragestellung von großer Bedeutung sind, im Bottom-up Ansatz beschrieben werden.

- Sektorale Flexibilität: Abhängig von der Verfügbarkeit statistischer Daten lassen sich die Angebotsseite (in Produktionsbereiche) und die Nachfrageseite (in Haushaltstypen) disaggregieren. Hierdurch können zentrale Unterschiede in den Produktionsstrukturen, der Einkommensentstehung und -verteilung sowie den Verbraucherpräferenzen abgebildet werden, die für eine umfassende Analyse der Effizienz- und Verteilungswirkungen wirtschaftspolitischer Eingriffe notwendig sind.

- Regionale Flexibilität: Wirtschaftspolitische Maßnahmen und ihre ökonomischen wie umweltseitigen Auswirkungen lassen sich auf nationaler oder internationaler Ebene simulieren. Ist internationaler Handel für die ausgesuchte Problemstellung von entscheidender Bedeutung (z. B. Auswirkung unilateraler Umweltsteuern auf die internationale Wettbewerbsfähigkeit), dann stehen mit den Komponenten NEWAGE-EU bzw. NEWAGE-WORLD Handelsmodelle zur Verfügung, mit denen sich die Effekte wirtschaftspolitischer Eingriffe auf den Handel zwischen verschiedenen Regionen und die jeweiligen nationalen Produktions- und Konsumstrukturen auf EU- bzw. Weltebene im Detail untersuchen lassen. Sind in erster Linie die Folgen für die heimische Volkswirtschaft von Interesse, so erlaubt das nationale NEWAGE-N als Modell einer offenen Volkswirtschaft (Darstellung des Außenhandels über Export-/Importangebots- und Nachfragefunktionen) eine detaillierte Analyse, bei der die Verringerung der regionalen Dimension für eine höhere sektorale oder zeitliche Auflösung genutzt werden kann.

- Zeitliche Flexibilität: Die Anpassungsreaktionen der Wirtschaftssubjekte an wirtschaftspolitische Eingriffe lassen sich in Abhängigkeit alternativer Annahmen über ihre Zukunftserwartungen analysieren. Neben der (vereinfachenden) Unterstellung statischer Erwartungen, erlaubt NEWAGE einen intertemporalen Ansatz, bei dem die Wirtschaftssubjekte über konsistente Projektionen gegenwärtiger und zukünftiger Entscheidungsvariablen (z. B. Preise) verfügen.

Im Rahmen von Modellexperiment II ist die Parametrisierung des nationalen Modells für die Bundesrepublik Deutschland (NEWAGE-D) verwendet worden. Die Produktionsmöglichkeiten der Volkswirtschaft sind entsprechend des Top-down Ansatzes ohne technologische Fundierung erfolgt. Es wurde der intertemporale Ansatz verwendet, ohne eine Unterscheidung in Haushaltstypen.

Da der vorzeitige Kernenergieausstieg sich zunächst in der Elektrizitätswirtschaft und der übrigen Energiewirtschaft bemerkbar macht, kommt der Beschreibung der Energieangebotsseite besondere Bedeutung zu. So ermöglicht die Abbildung von insgesamt 6 Energiesektoren (Erdöl, Gas, Mineralölprodukte, Steinkohle, Braunkohle, Strom) in NEWAGE-D eine differenzierte Betrachtung der Schadstoffintensitäten und Substitutionsmöglichkeiten unterschiedlicher Energieträger. Zusätzlich wird auch der Einsatz von Kernbrennstoffen in der Stromerzeugung über die Vorleistungslieferung des Chemiesektors an die Stromerzeugung berücksichtigt, so dass ein Parameter in dem Modell vorhanden ist, mit dem die unterschiedliche Nutzung der Kernenergie in den Szenarioanalysen gesteuert werden kann.

PACE
Zentrum für Europäische Wirtschaftsforschung (ZEW), Mannheim

PACE (**P**olicy **A**nalysis based on **C**omputable **E**quilibrium) ist zu der Gruppe der angewandten allgemeinen Gleichgewichtsmodelle zu zählen. Mit PACE sind die ökonomischen und ökologischen Wirkungen von wirtschaftspolitischen Maßnahmen auf sektoraler sowie gesamtwirtschaftlicher Ebene bestimmbar, wobei aufgrund des totalanalytischen Ansatzes auch wichtige Interaktionen zwischen verschiedenen Märkten (sog. spill-over-/feed-back-Effekte) konsistent berücksichtigt werden. Die Anpassungsreaktionen der verschiedenen Akteure einer Volkswirtschaft auf veränderte wirtschaftliche bzw. wirtschaftspolitische Rahmenbedingungen sind durch plausible, mikroökonomisch fundierte Verhaltensannahmen gestützt. Das Modellinstrument PACE kann in seiner regionalen und zeitlichen Dimension nach Fragestellung problemadäquat angepasst werden. Für das Modellexperiment II wurde die nationale Variante in einem dynamisch-rekursiven Ansatz verwendet.

Entsprechend der üblichen Vorgehensweise bei angewandten Gleichgewichtsanalysen wurde das Modell auf Grundlage eines konsistenten Ausgangsdatensatzes parametrisiert. Für das Modellexperiment wurde auf Input-Output-Tabellen für das Jahr 1985 zurückgegriffen, die entsprechend der seitherigen wirtschaftlichen Entwicklung fortgeschrieben bzw. aktualisiert wurden (EUROSTAT 1995).

In der nationalen Variante unterscheidet PACE bis zu 59 Produktionsbereiche, die in Hinblick auf die Fragestellung des Modellexperiments auf 18 Sektoren aggregiert wurden. Die gewählte sektorale Auflösung gewährleistet eine ausreichende Differenzierung der Energieangebotsseite sowie der energie- bzw. CO_2-intensiven Produktion außerhalb der Energiewirtschaft, die von energie- und klimapolitischen Maßnahmen besonders betroffen sein dürften. Für alle Sektoren werden separierbare, mehrfach geschachtelte CES-Produktionsfunktionen unterstellt, wobei durch die Wahl der Schachtelung und der Substitutionselastizitäten die Produktion charakterisiert wird. Als Produktionsfaktoren gehen Kapital, Arbeit, Energie sowie nicht-energetische Vorleistungen (Material) in die Gütererzeugung ein. Auf den Produkt- und Faktormärkten herrscht annahmegemäß vollständige Konkurrenz. Der zur Produktion erforderliche Kapitalstock wird über Investitionen angepasst. Die Investitionsnachfrage wird mit der gesamtwirtschaftlichen Ersparnis über den modellendogen bestimmten Realzins abgeglichen. Dabei ist das Sparverhalten konsistent zur empirisch beobachtbaren Elastizität in Bezug auf die Nettoverzinsung kalibriert. Über den Zeitablauf wird der volkswirtschaftliche Kapitalstock entlang einer Sequenz von statischen Gleichgewichtslösungen fortgeschrieben (sog. dynamisch-rekursiver Modellansatz).

Hinsichtlich der zu bearbeitenden Fragestellung kommt der Darstellung der Kernenergie im Modell eine besondere Bedeutung zu. PACE unterscheidet im Stromsektor nukleare und nichtnukleare Stromproduktion. Für die nichtnukleare Stromerzeugung wird eine flexible Produktionstechnologie unterstellt, die Stromproduktionsmöglichkeiten aus Kernenergie sind dagegen durch den bestehenden Kraftwerkspark festgelegt und werden als Leontief-Technologie mit fixen Einsatzverhältnissen beschrieben. In der Simulation von Ausstiegsszenarien wird die zulässige Produktion von Nuklearstrom über eine Quote beschränkt. Diese ist durch die jeweils im Ausstiegsszenario zulässige wirtschaftliche Nutzungsdauer sowie die damit verbundene Kapazität des in Deutschland vorhandenen Kraftwerksbestandes vorgegeben.

Der Haushaltssektor wird durch einen repräsentativen Agenten abgebildet, der unter Berücksichtigung seines verfügbaren Einkommens den Nutzen aus Konsum und Freizeit maximiert. Die zugrundeliegenden Präferenzen werden ebenfalls durch eine genestete CES-Nutzenfunktion beschrieben.

Die Arbeitsangebotsentscheidung ist konsistent zu einer empirisch beobachtbaren Elastizität in Bezug auf den Reallohn kalibriert. Die Arbeitsnachfrage bestimmt sich aus den jeweiligen Faktornachfragefunktionen der einzelnen Sektoren. Den Ausgleich von Angebot und Nachfrage am Arbeitsmarkt stellt ein flexibler Lohnsatz sicher.

Der Außenhandel ist durch den sog. Armington-Ansatz charakterisiert, der von nicht vollständiger Substituierbarkeit von inländischen und ausländischen Gütern ausgeht. Eine Ausnahme besteht hier bei Kohle, Rohöl und Gas. Für diese Energieträger wird Homogenität zwischen inländischer Produktion und ausländischem Angebot unterstellt. Deutschland nimmt im Modell die Rolle einer kleinen offene Volkswirtschaft an (small open economy-Annahme). Damit sind die sog. Terms of Trade vorgegeben.

Der Aktivitäten des Staats werden über die exogen vorgegebenen realen Staatsausgaben erfasst, die über Steuern und Abgaben gegenfinanziert werden.

PANTA RHEI
Gesellschaft für Wirtschaftliche Strukturforschung (GWS), Osnabrück

PANTA RHEI ist ein disaggregiertes ökonometrisches Simulations- und Prognosemodell zur Analyse umweltökonomischer Fragestellungen für die Bundesrepublik Deutschland, welches sequentiell-dynamisch gelöst wird. Es unterteilt den Unternehmenssektor der Volkswirtschaft in 58 Produktionsbereiche und enthält zudem ein tief gegliedertes Energie- und Luftschadstoffmodell, welches den Energieeinsatz und die Emissionen der wesentlichen Luftschadstoffe für die 58 Produktionsbereiche sowie die Privaten Haushalte nach 29 Energieträgern unterscheidet. Damit ist insbesondere der mit diesen Fragestellungen verbundene Strukturwandel abbildbar.

Die Datengrundlage für PANTA RHEI sind im wesentlichen Zeitreihen von Input-Output-Tabellen über den Zeitraum von 1978 bis 1994. Damit gehört PANTA RHEI zur Klasse der ökonometrischen Input-Output-Modelle, die sich von neoklassischen Ansätzen durch die unterstellte begrenzte Rationalität der Agenten unterscheiden. Die besondere Leistungsfähigkeit des Modells beruht auf der INFORUM-Philosophie /Almon 1991/. Sie ist durch die Konstruktionsprinzipien Bottom-up in dem Sinn, daß die gesamtwirtschaftlichen Aggregate aus den einzelnen Sektoren heraus per Definition bestimmt werden, und vollständige Integration gekennzeichnet. Hier sind die einzelnen Ländermodelle auf der Ebene der Gütergruppen über die Export- und Importströme sowie die zugehörigen Außenhandelspreise miteinander verflochten. Über diese Verflechtung ist auch der Außenhandel des Modells abgebildet.

Der disaggregierte Aufbau von PANTA RHEI schlägt sich in einer gewaltigen und dennoch konsistenten Informationsverarbeitung nieder: Die über 40000 Modellgleichungen sind in das vollständig endogenisierte Kontensystem der Volkswirtschaftlichen Gesamtrechnung eingebettet. Damit ist insbesondere auch die Umverteilung der Einkommen durch den Staat endogen abgebildet.

Das Modell weist einen sehr hohen Endogenisierungsgrad auf und ist hochgradig interdependent. Neben den üblichen Kreislaufinterdependenzen sind die Mengen-Preisinterdependenzen und die Lohn-Preisinterdependenz abgebildet. Dabei ist zu beachten, dass Preise und Mengen konsistent miteinander verknüpft sind. Im Energiebereich sind zusätzlich zu den Angaben in konstanten Preisen auch physische Verbrauchsmengen eingebunden.

Die Arbeitsnachfrage wird in PANTA RHEI aus sektoralen Faktornachfragefunktionen berechnet. Das Arbeitsangebot ergibt sich als Differenz aus exogen vorgegebenem Erwerbspersonenpotential und endogen ermittelter Stiller Reserve. Der Konsum der Privaten Haushalte wird zweistufig über eine gesamtwirtschaftliche Konsumfunktion und endogene sektorale Konsumquoten ermittelt. Auf dem Kapitalmarkt existieren sektorale Investitionsfunktionen. Zudem wird die Umlaufrendite festverzinslicher Wertpapiere und der Kontokorrentzins über Zinsstrukturgleichungen endogen bestimmt.

Die Inputstruktur der Elektrizitätswirtschaft wird dreistufig modelliert. Zunächst wird der Inputkoeffizient für den gesamten Brennstoffeinsatz trendabhängig geschätzt. Eine Abhängigkeit vom Relativpreis erwies sich als statistisch nicht signifikant. In der zweiten Stufe wird der Einsatz an Kernenergie und erneuerbaren Energieträgern exogen vorgegeben. Die Anteile der einzelnen fossilen Energieträger am gesamten Brennstoffeinsatz sind dann in der dritten Stufe von den Relativpreisen der eingesetzten Energieträger untereinander abhängig. Der Anteil von Gas ergibt sich als Rest. Die gemessenen Preiselastizitäten sind gering. Bei der Erzeugung des elektrischen Stroms ist also Substitution zwischen den fossilen Energieträgern unterstellt. Die Stromnachfrage der einzelnen Sektoren und der privaten Haushalte hängt u. a. ebenfalls von ökonometrisch geschätzten Preiselastizitäten ab.

3.3.2 Methodischer Vergleich der Energiewirtschaftsmodelle

Die Allgemeinen Gleichgewichtsmodelle sind dadurch charakterisiert, dass aufgrund des geschlossenen Modellierungskonzeptes die Parameter durch die Vorgabe der Daten eines bestimmten Jahres fixiert (kalibriert) werden, wohingegen die ökonometrischen Modelle wie PANTA RHEI auf Zeitreihendaten basiert.

Allgemeine Gleichgewichtsmodelle basieren auf dem Konzept des neo-klassischen Marktgleichgewichts. Der bei dem Kalibrierungsprozess zugrunde gelegte Datensatz unterscheidet sich bei allen Modellen: NEWAGE-D wurde auf der Basis der 91er Input-Output-Tabelle (IO-Tabelle) für Deutschland kalibriert, die auf 10 Sektoren aggregiert ist (5 Energiesektoren + 4 energieintensive Sektoren + 1 Rest). Die Modelle LEAN und PACE wurden anhand der 85er IO-Tabelle für Westdeutschland kalibriert, wobei in PACE die IO-Tabelle auf 18 und in LEAN auf 13 Sektoren aggregiert ist. PANTA RHEI basiert auf Zeitreihen von IO-Tabellen für West- bzw. Gesamtdeutschland von 1978 bis 1994 mit 58 Sektoren unter Berücksichtigung der Energieströme (29 Energieträger).

Haushalte

Allgemeine Gleichgewichtsmodelle sind durch das Konzept des repräsentativen Haushalts gekennzeichnet, die Anzahl der Haushalte kann sich jedoch unterscheiden. In LEAN wird der Haushaltssektor durch einen repräsentativen Haushalt pro Modellregion erfasst, der durch eine Stone-Geary-Nutzenfunktion (Lineares Ausgabensystem) charakterisiert ist. Im PACE Modell vertritt das Konsumentenverhalten ein Haushalt, der auf der Basis eines mehrstufigen Entscheidungsmodells seinen Nutzen aus gegenwärtigen und zukünftigen Konsum (Güter- und Freizeitkonsum) maximiert. NEWAGE-D hingegen integriert zwei repräsentative Haushalte, Beschäftigte und Arbeitslose, die ihren jeweiligen Nutzen (Wohlfahrt) maximieren, ohne den gesamten Nutzen (Wohlfahrt) zu beachten. PANTA RHEI lässt die Heterogenität der Individuen zu, die in makroökonomischen Aggregaten zusammengefasst werden.

Außenhandel

In den Allgemeinen Gleichgewichtsmodellen und in PANTA RHEI werden inländische und importierte Güter als unvollständige Substitute modelliert. Im Modell PANTA RHEI werden in den Exportfunktionen neben dem Vektor der Inlandspreise ein Vektor der Weltmarktpreise und ein Vektor der Weltimportpreise berücksichtigt, wobei die angesprochenen weltwirtschaftlichen Variablen aus dem Zusammenhang des internationalen INFORUM-Systems bestimmt sind. In LEAN sind die Exportnachfrage und die Importpreise ebenfalls teilweise endogenisiert, da es sich um ein Mehrländer-Modell handelt. Auch wird in LEAN die Leistungsbilanz modellendogen determiniert und beeinflusst über eine Reaktionsfunktion den Wechselkurs. In PACE kann die Leistungsbilanz wahlweise „offen" oder „fixiert" gehandhabt werden. Für die Simulationen im Modellexperiment II wurde die erste Variante eingesetzt. In PANTA RHEI hingegen ist der Wechselkurs exogen, in NEWAGE-D ist die Außenhandelbilanz intertemporal bei Konstanz des Wechselkurses vorgegeben.

Staat

Allen Modellen gemeinsam ist, dass der Staat Einnahmen über verschiedene Steuerarten erzielt und Ausgaben tätigt, die die Budgetstruktur determinieren. In NEWAGE-D wird die intertemporale Schließung des Staatshaushaltes abgebildet, in PACE werden die realen Staatsausgaben exogen vorgegeben. In LEAN sind die Staatsausgaben durch eine konstante Quote an das BIP gekoppelt. Die Staatseinnahmen ergeben sich aus Produktionssteuern und eventuellen CO_2-Steuern.

Kapitalstock

In PACE und LEAN wird der Kapitalstock über die Investitionsentwicklung angepasst. Die Investitionsnachfrage wird durch den Vergleich von diesjährigem Kapitalstock und dem im nächsten Jahr gewünschten Kapitalstock bestimmt. Auch in PANTA RHEI sind die Investitionen eine endogene Größe und hängen vom Realzins, den erwarteten Preisen der variablen Faktoren und der erwarteten Nachfrage ab, die durch myopische Erwartungen charakterisiert ist. In PANTA RHEI ist der langfristige Zins vom US-Zins und den geldpolitischen Parametern der Notenbanken abhängig, die wiederum endogen bestimmt werden. In LEAN dient der EU-Realzins zur Schließung des Modells (Closure-Variable).

Arbeit

In PACE ergibt sich das Arbeitsangebot in Abhängigkeit der Freizeitnachfrage endogen bei einer exogen vorgegebenen Bevölkerungsentwicklung und einem flexiblen Lohnsatz. NEWAGE-D unterscheidet zwischen den Beschäftigten und Arbeitslosen mit einem Trade-off zwischen Arbeit und Freizeit, sowie einer Phillips-Kurve für Reallohn und Arbeitslosigkeit. In LEAN und PANTA RHEI basiert die Lohnentwicklung auf einer gewerkschaftlichen Lohnfunktion, nach der der Lohn sich aufgrund der Preisentwicklung, der gemessenen Arbeitsproduktivität und im Fall von LEAN der Beschäftigungssituation bildet (Phillips-Kurve). Die Summe der zu diesem Lohn auftretenden sektoralen Arbeitsnachfragen ergibt die gesamtwirtschaftliche Beschäftigung.

Elektrizitätssektor / Kernenergie

In NEWAGE-D ist die Kernenergie in der geschachtelten Produktionsfunktion des Stromsektors enthalten. Der Input von Kernbrennstoffen wird als Vorleistungsbezug aus der Chemischen Industrie modelliert. Dieser Vorleistungsbezug wird entsprechend der Szenarioerfordernisse variiert. PACE unterscheidet im Stromsektor zwischen nuklearer (Leontief) und nicht-nuklearer (flexible KLEM) Stromproduktion. Im Ausstiegsszenario werden Quoten (upper bounds) auf die zulässige Stromproduktion aus Kernkraft gesetzt. In LEAN enthält das Gesamtmodell ein Strommodul mit 6 Erzeugungstechnologien (4 fossile Technologien, Erneuerbare Energien, Kernenergie), wobei jeder Technologie ihre spezifische Kapitalintensität zugeordnet ist. In PANTA RHEI ist der Elektrizitätswirtschaftssektor zweistufig abgebildet. Der Anteil der Kernbrennstoffe wird exogen vorgegeben.

Detaillierte Angaben zum methodischen Ansatz sowie zur datentechnischen Fundierung der einzelnen Modelle sind in Tabelle 3-5 und Tabelle 3-6 zusammengestellt.

Tabelle 3-5: Energiewirtschaftsmodelle – Methodischer Vergleich

NEWAGE-D	LEAN	PACE	PANTA RHEI
Modellansatz			
Gleichgewichtsmodell	Gleichgewichtsmodell	Gleichgewichtsmodell	Ökonometrisch geschätztes Modell
Zeitbehandlung			
Intertemporal	Sequentiell dynam.	Sequentiell dynamisch	Sequentiell dynamisch
Abbildung des Außenhandels			
Außenhandelsbilanz intertemporal vorgegeben; Armington-Außenhandel.	Leistungsbilanz modellendogen; Armington-Außenhandel; Reaktionsfunktion für Wechselkursänderung.	Außenhandelsbilanz vorgegeben (mit endogener Anpassung des Wechselkurses); Armington-Außenhandel; Terms of Trade exogen (small open economy-Annahme).	Weltmarktnachfrage und –preise sowie Wechselkurse in internationalem Modellverbund ermittelt und für Simulation vorgegeben; Sektorale Im- und Exporte modellendogen berechnet.
Abbildung des Staates			
Staat mit Einnahmen (verschiedene Steuerarten) und Ausgaben; intertemporale Schließung des Staatshaushaltes; Angebot an öffentlichen Gütern fest.	Staatsausgabenquote konstant; Staatseinnahmen aus Produktions- und CO_2-Steuern.	Reale Staatsausgaben (Angebot an öffentlichen Güter) exogen vorgeben; Nettozuwachs des Steueraufkommens wird rückverteilt.	Gesamtes Kontensystem der VGR; Einnahmen und Ausgaben endogen, Finanzierungssaldo (Defizit) als Rest bestimmt.
Abbildung der Arbeitsnachfrage			
Unterscheidung zwischen Beschäftigten und Arbeitslosen mit Trade-off zwischen Arbeit und Freizeit sowie einer Phillips-Kurve für Reallohn und Arbeitslosigkeit.	Arbeitsnachfrage: aus sektoralen Faktornachfragefunktionen; Arbeitsangebot: gewerkschaftliche Lohnfunktion (Phillips-Kurve).	Arbeitsnachfrage: aus sektoralen Faktornachfragefunktionen; Arbeitsangebot folgt aus Haushaltsentscheidung (gleichgewichtiger Lohnsatz).	Arbeitsnachfrage aus sektoralen Faktornachfragefunktionen; Arbeitsangebot als Differenz aus exogen vorgegeb. Erwerbspersonenpotential und endogen ermittelter stiller Reserve.
Abbildung der Haushalte			
Zwei repräsentative Haushalte (Beschäftigter, Arbeitsloser).	Ein repräsentativer Haushalt mit Stone-Geary-Nutzenfunktion.	Ein repräsentativer Haushalt mit der Entscheidung zwischen Konsum und Freizeit.	Kontensystem der VGR; Konsum zweistufig ermittelt: gesamtwirt. Konsumfkt. u. end. sekt. Konsumquoten.
Abbildung des Kapitalmarktes			
Internationale Kapitalmobilität; Semi-Putty-Clay-Ansatz (90 % des Ausgangskapitalstocks sind fix).	Kapitalstock wird über Investitionen angepasst; Realzins als Closure-Variable.	Kapitalstock wird über Investitionen angepasst; Realzins als Closure-Variable.	Sekt. Investitionsfkt.; endogene Bestimmung von Umlaufrendite festverz. Wertpapiere u. Kontokorrentzins über Zinsstrukturgleichung.
Abbildung der Kernenergie			
Kernenergie ist in geschachtelter Produktionsfkt. des Stromsektors enthalten. Input von Kernbrennstoffen als Vorleistungsbezug aus Chem. Ind. modelliert. Vorleistungsbezug wird entspr. der Szenarien variiert.	Gesamtmodell enthält Strommodul mit 6 Erzeugungstechnologien (4 fossil, Erneuerbare, Kernenergie); jede Technologie hat ihre spezifische Kapitalintensität.	Stromsektor wird in nukleare (Leontief) und nichtnukleare (flexible KLEM) Stromproduktion unterschieden. Im Ausstiegsszenario werden Quoten (upper bounds) auf zulässige Stromproduktion aus Kernkraft gesetzt.	Sektor Elektrizitätswirtschaft zweistufig abgebildet; Anteil der Kernbrennstoffe exogen vorgegeben.

Tabelle 3-6: Energiewirtschaftsmodelle – Datentechnische Fundierung

NEWAGE-D	LEAN	PACE	PANTA RHEI
Datenbasis			
Kalibrierung auf der Basis der 91er IO für Deutschland, aggregiert auf 10 Sektoren (5 Energie-, 4 energieintensive, 1 Rest); Berücksichtigung der Energieströme.	2-Länder-Modell (Westdeutschland und übrige EU); Kalibrierung anhand der 85er IO für Westdeutschland, aggregiert auf 13 Sektoren.	Einländer-Version (Deutschland) des 14-Länder-EU-Modells; Kalibrierung anhand der 85er IO für Deutschland, aggregiert auf 18 Sektoren.	Basis sind Zeitreihen der IO von 1978-1990 für Westdeutschland. bzw. von 1991-1994 für Deutschland; Energieträgerrechnung des Stat. Bundesamtes; Kontensystem der VGR; mit 58 Sektoren, unter denen die 5 Energiesektoren weiter in 29 Energieträger aufgespalten sind.
Kalibrierung auf den Referenzpfad			
Referenzpfad mit konstanten CO_2-Emissionen über AEEI; Referenzpfad mit vorgegebener Wachstumsrate.	BIP-Entwicklung über Vorgabe des technischen Fortschritts (Energie 2,0 %/a, Arbeit 1,2 %/a, Kapital 1,5 %/a) nachvollzogen; CO_2-Emissionen wachsen in Basis um 0,5%/a.	BIP- und CO_2-Entwicklung im Business-as-usual in Anlehnung an den Referenzpfad gemäss *Energy in Europe – European Energy to 2020 - A Scenario Approach (EC 1996).*	endogen ermitteltes BIP in Referenzsimulation näherungsweise auf dem vorgegebenen Zeitpfad.
Umsetzung der Vorgaben der Fallstudie			
Steinkohlensubvention gegen 0 bis zum Jahr 2010;	Steinkohle berücksichtigt über Subvention zum Importkohlepreis;	Stein- und Braunkohle: Vorgaben unberücksichtigt wegen offensichtlicher Inkonsistenz zwischen vorgegebenem Mengen- und Preisgerüst;	Vorgaben für Steinkohle, Braunkohle,
Internationale Energiepreise konstant;	Internationale Energiepreise wie vorgegeben.	Internationale Energiepreise: wie vorgegeben;	Entwicklung der Energieimportpreise sind umgesetzt.
Stromimportsaldo Null, außer in Sensitivitätsanalyse;	Stromimport annähernd Null, außer in Sensitivitätsanalyse.	Import von Strom: gemäss Preisdifferential zwischen heimischem Strom und Weltmarktstrom (Armington-Substitutionselastizität von 4 <== zunehmende Liberalisierung der EU-Strommärkte);	Stromexporte und -importe modellendogen bestimmt; Stromimportsaldo in allen Szenarien unter 1% der bereitgestellten Strommenge;
Vorgaben zur Kernenergie umgesetzt.	Vorgaben zur Kernenergie umgesetzt.	Kernenergie: Quote auf nukleare Stromerzeugung, die die maximal verfügbare Kapazität in jeder Periode auf die Szenarienvorgaben beschränkt.	Vorgaben zur Kernenergie umgesetzt.

4 Modellergebnisse der Strommodelle

Im Rahmen des Modellexperimentes II des Forum für Energiemodelle und Energiewirtschaftliche Systemanalysen in Deutschland sind mit den Strommodellen DIOGENES (ZEW Mannheim), EMS (bei Bremen), PERSEUS-ICE (IIP Karlsruhe) und TIMES-GES (IER Stuttgart) auf der Basis der vorgegebenen harmonisierten Rahmenannahmen für die beiden Energiepreispfade FORUM und PROGNOS jeweils ein Basisszenario und drei Kernenergieausstiegsszenarien gerechnet worden. Die Ausstiegsszenarien unterscheiden sich dabei bezüglich der Berücksichtigung der CO_2-Emissionen. Während in den Ausstiegsszenarien ohne Emissionsbeschränkung ein Ersatz der Kernkraftwerke rein nach ökonomischen Aspekten vorgenommen wird, erfolgt in den Szenarien „Ausstieg und Emissionen wie Basis" eine Beschränkung der CO_2-Emissionen auf das Niveau des jeweiligen Basisszenarios. Den Kyoto-Szenarien liegt schließlich die Annahme zugrunde, dass der jeweils in den unterschiedlichen Modellansätzen enthaltene Ausschnitt aus dem gesamten deutschen Energiesystem prozentual die selben Emissionsreduktionen zu erfüllen hat, wie sie auch insgesamt für die energiebedingten CO_2-Emissionen formuliert worden sind. Für die bestehende Kernkraftwerke wird im Basisszenario eine Nutzung für 40 Zeitjahre und in den Ausstiegsszenarien von 25 Zeitjahren angenommen.

Der Vergleich der Modellergebnisse erfolgt für die Basis- und die Ausstiegsszenarien anhand der für den Kraftwerkspark wesentlichen Größen Netto-Engpassleistung, Nettostromerzeugung und Vollaststunden. Ferner werden die Modellergebnisse bezüglich der CO_2-Emissionen und der Änderungen der Stromerzeugungskosten verglichen. Den Abschluß des Kapitels bilden Sensitivitätsrechnungen, die eine Parametervariation einiger wesentlicher Modellannahmen durchführen.

4.1 Basisszenarien

Um die Konsequenzen eines Kernenergieausstiegs bzw. zusätzlicher Emissionsminderungsziele auf die Stromwirtschaft deutlich herausstellen zu können, werden in einem ersten Schritt die beiden Basisszenarien in Abhängigkeit von der Energieträgerpreisentwicklung im Vergleich der unterschiedlichen Modellansätze detailliert diskutiert. Die strukturelle Entwicklung des Kraftwerkparks und die Art der Nutzung der zur Verfügung stehenden Anlagen lassen sich dabei anhand der installierten Kapazitäten (siehe Abbildung 4-1 und Abbildung 4-2) und der Stromproduktion (siehe Abbildung 4-3 und Abbildung 4-4), jeweils in Abhängigkeit des eingesetzten Energieträgers, nachvollziehen. Die Einlastung der jeweiligen Kraftwerkstypen kann aus dem Quotienten aus der tatsächlichen Stromproduktion und den zur Verfügung stehenden Kraftwerkskapazitäten ableitet werden.

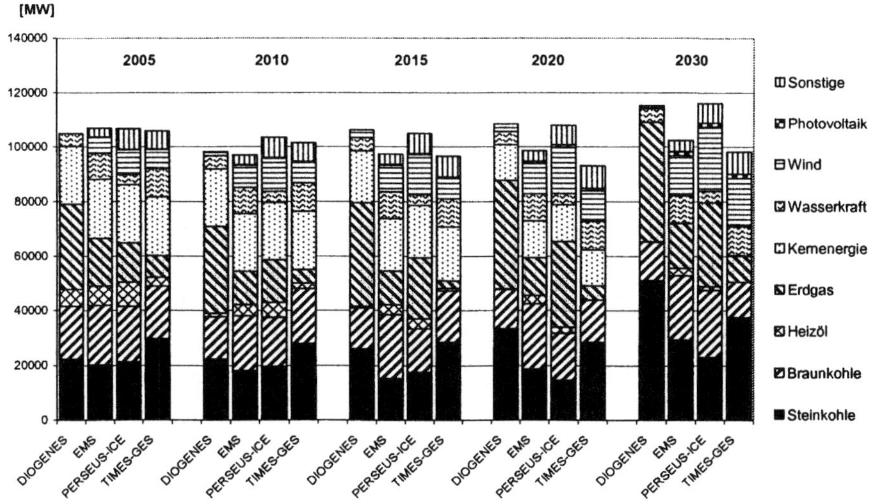

Abbildung 4-1: Netto-Engpassleistung nach Energieträgern im Basisszenario bei FORUM Preisannahmen (F40)

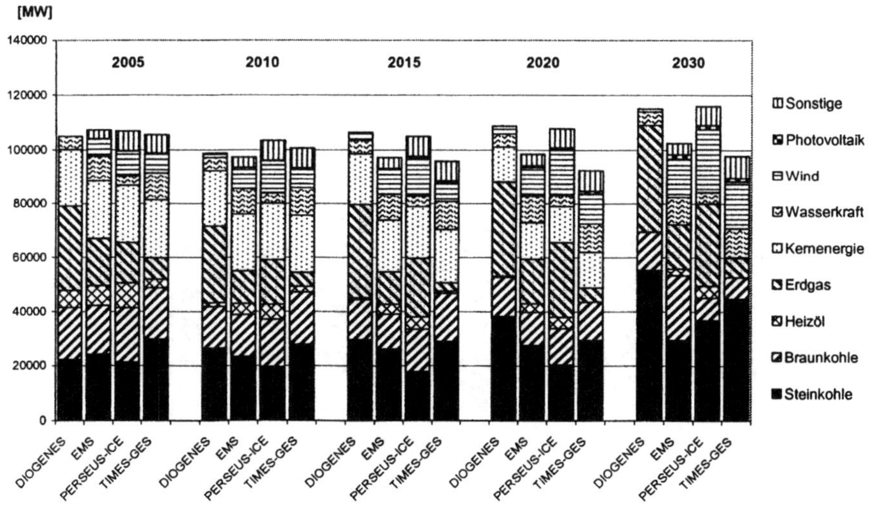

Abbildung 4-2: Netto Engpassleistung nach Energieträgern im Basisszenario bei PROGNOS Preisannahmen (P40)

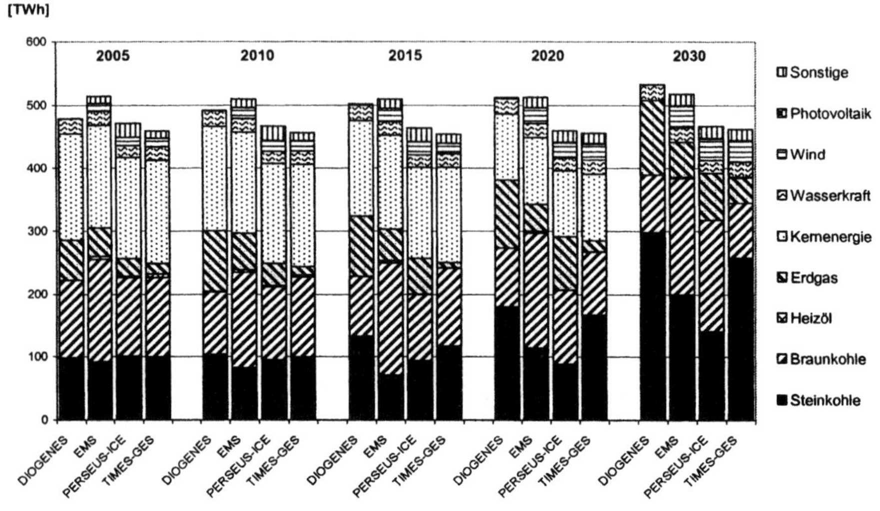

Abbildung 4-3: Netto-Stromerzeugung nach Energieträgern im Basisszenario bei FORUM Preisannahmen (F40)

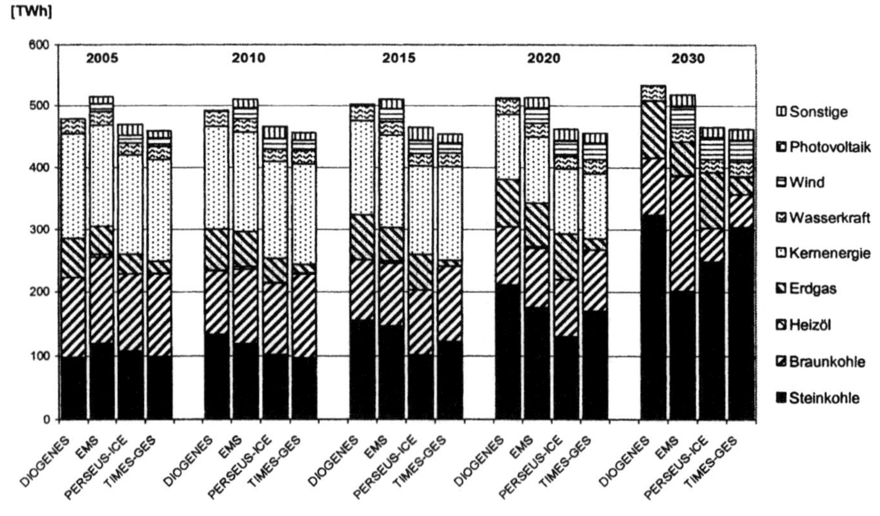

Abbildung 4-4: Netto-Stromerzeugung nach Energieträgern im Basisszenario bei PROGNOS Preisannahmen (P40)

In den Basisszenarien erfolgt ein Auslaufen der Kernenergienutzung nach einer Betriebszeit von 40 Zeitjahren. Zusammen mit dem vorgegebenen Verlauf der Sterbelinie des fossilen Kraftwerksparks, die von allen Strommodellen in erster Näherung Verwendung gefunden hat (vgl. Tabelle 4-1), und der vorgegebenen Stromnachfrageentwicklung mit einer geringen Zunahme des Stromverbrauchs um 0,3 %/a zwischen 1997 und 2030 ergibt sich zunächst bezüglich der Netto-Engpassleistung ein durchaus beachtlich unterschiedliches Gesamtniveau. Hier liegen die Werte bei PERSEUS-ICE am höchsten, gefolgt von DIOGENES, EMS und TIMES-GES. Ursächlich hierfür sind zum einen die unterschiedlichen Systemgrenzen – gesamte Stromerzeugung in DIOGENES und EMS, nur öffentliche Stromerzeugung in PERSEUS-ICE und TIMES-GES – und zum anderen bei PERSEUS-ICE die Berücksichtigung unterschiedlicher Standortqualitäten für die Windstromerzeugung, was sich entsprechend über die Mindestvorgaben in einer geringeren Verfügbarkeit äußert, sowie die Nutzung von Gasturbinen in den oberen Lastbereichen bzw. GuD-Kraftwerken in der Mittellast. Bei DIOGENES ergibt sich auf Grund der Kopplung des Elektrizitätserzeugungmoduls mit einem Wirtschaftsmodul eine höhere Stromnachfrage als dies für die Strommodelle für das Modellexperiment vorgegeben ist, so dass sich auch ein höheres Gesamtniveau der Netto-Engpassleistung ergibt. Gemeinsam ist in allen Modellen festzustellen, dass die noch derzeit reichlich vorhandenen Kraftwerkskapazitäten in Deutschland im Laufe der ersten Jahre des Betrachtungszeitraumes deutlich zurückgeführt werden.

Tabelle 4-1: Harmonisierung wichtiger Rahmen- und Eingangsgrößen bei den Strommodellen

	STROMMODELLE							
	EMS		DIOGENES		PERSEUS		TIMES	
Daten werden verwendet	ja	nein	ja	nein	ja	nein	ja	nein
Reservefaktor / Höchstlastfaktor	x		x		x		x	
Energiepreisentwicklung (inkl. max. verf. Gasmenge Stufe A)	x				x		x	
Energiepolitik (BK, SK, Import-Vorgabe)	x		x		x		x	
Technische und Betriebsdaten KKW	x		x			x	x	
Ökonomische Daten KKW	x			x		x		x
Kraftwerksbestand (Sterbekurven)	x		x			x		x
THG/CO2-Emissionen bzw. Minderungspfad	x		x		x		x	
Neubaukraftwerke	x			x		x	x	
Stromverbrauch/-erzeugung	x		x		x		x	
Mindesterzeugungsmengen der Erneuerbaren	x			x	x		x	

In Bezug auf die Energieträgerstruktur bei der Netto-Engpassleistung weisen alle Modelle beim FORUM Preispfad ähnliche Verläufe bei den Kohlen auf, wenn auch bei DIOGENES die Steinkohle zum Ende des Betrachtungszeitraumes einen sehr hohen Anteil von 44,5 % und zusammen mit der Braunkohle von 56,8 % hält. Innerhalb der Kohlen gibt es auch differierende Aussagen, EMS und PERSEUS-ICE sehen ungefähr gleich hohe Anteile für Steinkohle und für Braunkohle, DIOGENES und TIMES-GES demgegenüber Vorteile bei der Steinkohle. Ebenso fällt der hohe Anteil der Gase bei DIOGENES (38,0 %) und der niedrige bei TIMES-GES (9,8 %) auf. Dazwischen liegen EMS mit 16,0 % und PERSEUS-ICE mit 26,4 %.

Im Vergleich der Energiepreispfade verschieben sich in Folge des geringeren relativen Preisanstieges der Steinkohle im PROGNOS-Preispfad vor allem die Anteile von Braunkohle und Steinkohle zu Gunsten der Steinkohle, insbesondere bei PERSEUS-ICE und bei TIMES-GES.

Die zur Verfügung stehenden Kraftwerkskapazitäten werden entsprechend der unterschiedlichen Betriebskosten in den Modellen in verschiedenen Lastbereichen verwendet, soweit hierzu bei der zugrunde liegenden zeitlichen Auflösung überhaupt Aussagen möglich sind. Dabei ist im Modellvergleich die zeitliche Differenzierung bei PERSEUS-ICE am höchsten. Die übrigen Modelle sind nur sehr grob bezüglich der zeitliche Auflösung innerhalb des Jahres untergliedert.

Kohlen werden in der Grundlast genutzt. Damit dominieren sie die Struktur der Nettostromerzeugung mit bis zu 77 % (in TIMES-GES). Bei Unterstellung der PROGNOS Preisentwicklung wird der Wechsel zur Steinkohle noch einmal verstärkt. Das Gas hat in DIOGENES den höchsten Anteil, in TIMES-GES den niedrigsten. Auch bei der Nettostromerzeugung ergibt sich im Modellvergleich ein unterschiedliches Gesamtniveau, das durch die unterschiedlichen Systemgrenzen (Öffentliche Versorgung, gesamte Erzeugung) und durch differierende Vollaststunden bei einzelnen Energieträgern erklärt werden kann.

An dieser Stelle soll auch kurz die Bedeutung erneuerbarer Energieträger für die Modellergebnisse diskutiert werden. Da viele regenerative Energieträger rein unter Ausgabengesichtspunkten nicht wettbewerbsfähig sind, ist in der Referenzentwicklung sowie in den weiteren Szenarien ein Mindesteinsatz für diese Energieträger festgeschrieben. Eine Nutzung regenerativer Potenziale über diesen Mindesteinsatz hinaus ist in den Modellen möglich, sofern dies unter Kostengesichtspunkten sinnvoll ist. Zur inhaltlichen Abgrenzung ist noch wichtig, dass in DIOGENES von den erneuerbaren Energien für die Bestände nur die Wasserkraft modelliert wird, womit nur die Hälfte bis zu einem Drittel der vorgegebenen Erzeugungsmenge aus erneuerbaren Energien enthalten ist[9] (vgl. Tabelle 4-2), und dass die "Wasserkraft" in PERSEUS-ICE nur die Laufwasserkraft enthält, die Speicher- und Pumpspeicherkraftwerke sind hier unter "Sonstige" enthalten.

---

9 In der Bestandsdatenbank von DIOGENES sind bis auf Wasserkraftanlagen keine erneuerbaren Energien enthalten. DIOGENES unterscheidet dabei in Laufwasser-, Speicher- und Pumpspeicherkraftwerke. Die Ersatz- bzw. Ausbauplanung berücksichtigt jedoch zusätzlich Wind- und Biomasseanlagen. Photovoltaik wird nicht modelliert.

Tabelle 4-2: Stromerzeugung aus erneuerbaren Energien in den Basisszenarien in TWh

	2005	2010	2015	2020	2030
DIOGENES	24,1	25,2	26,3	26,3	24,9
EMS	45,5	52,0	57,7	63,8	76,5
PERSEUS-ICE	51,9	58,2	62,6	64,2	74,2
TIMES-GES	46,9	50,8	53,2	65,2	76,4

Auf Grund der Annahmen bzw. der modelltechnischen Möglichkeiten bezüglich der Abbildung der erneuerbaren Energien in DIOGENES folgt, dass hier das Emissionsniveau des Basisfalls höher ist als bei den anderen Modellen und gleichzeitig stehen in dem noch zu erläuternden Ausstiegsszenario mit CO_2-Emissionen wie Basis zusätzliche Minderungsoptionen zur Verfügung. Zusätzlich erklärt dies auch den im Vergleich höheren Beitrag der fossilen Kraftwerke in den Basisszenarien, der mit bis zu 50 TWh im Jahr 2030 wesentlich größer ist als bei den anderen Modellen. In diesem Zusammenhang sind schließlich auch die Vollaststunden von Bedeutung, die die einzelnen erneuerbaren Energien im Modellvergleich erreichen können. Während hier bei der Photovoltaik nur geringe Abweichungen auftreten, variieren die Vollaststunden im Jahr 2030 bei der Windenergie von 750 h/a (DIOGENES) über 1434 h/a (PERSEUS-ICE) und 1932 h/a (TIMES-GES) bis zu 2333 h/a (EMS). Und auch bei den sonstigen erneuerbaren Energien – im Wesentlichen Biomasse – erreicht EMS Vollaststunden der oberen Mittellast.

Bei den mittleren Vollaststunden des gesamten Kraftwerksparks weisen EMS und TIMES-GES einen deutlichen Anstieg aus, wobei sich jedoch der zeitliche Verlauf unterscheidet (vgl. Tabelle 4-3). Beim EMS-Modell steigen die Vollaststunden im Zeitraum 2005 bis 2010 sprunghaft um ca. 10 % an und verbleiben bis zum Ende des Betrachtungszeitraums auf etwa konstantem Niveau. Demgegenüber erfolgt in TIMES-GES ein kontinuierlicher Anstieg. Bei DIOGENES steigen die Vollaststunden, ähnlich wie bei EMS, zwischen 2005 und 2010 um rund 10 % an, jedoch auf einem niedrigeren Niveau. Sie sinken dann zum Ende in 2030 etwa auf die Werte von 2005 ab. Die konstanten Werte für Braunkohle, Wasser, Wind und Kernenergie im Modell DIOGENES ergeben sich durch obere Grenzen für die mögliche Auslastung. Aufgrund der geringeren variablen Kosten dieser Technologien steigt deren Einsatz an und bleibt dann auf maximalem Niveau konstant. Sehr ähnlich ist die Entwicklung auch bei PERSEUS-ICE, jedoch nochmals auf einem niedrigeren Niveau. Der Rückgang der durchschnittlichen Volllaststunden des installierten Kraftwerkparks gegen Ende des Betrachtungszeitraums in PERSEUS-ICE (auch bei Herausrechnung von Windenergie und Photovoltaik) erklärt sich aus der im Modell geforderten Bereithaltung von konventionellen Reservekapazitäten für die Stromerzeugung auf Basis fluktuierender Energieträger (siehe Teil II, Kapitel 3: PERSEUS-ICE). Die im Rahmen des Modellexperiments vorgegebene, über den Betrachtungszeitraum zunehmende Nutzung von Wind- und Sonnenenergie führt damit auch zu einem stärkeren Zubau fossiler Kapazitäten, insbesondere von Gaskraftwerken, was letztlich deren rechnerische, durchschnittliche Einlastung reduziert. Den Modellen gemeinsam ist die Entwicklung, dass mit der stärkeren Durchdringung des Kraftwerksparks mit fluktuierenden Erzeugungsoptionen (Wind, Photovoltaik) die mittleren Vollaststunden des gesamten Kraftwerksparks deutlich rückläufig sind.

Tabelle 4-3: Vollaststunden des Kraftwerksparks (mit und ohne Windenergie, Photovoltaik) in den Basisszenarien in h/a (zum Vergleich 1997: 4480 h/a, öffentliche Erzeugung: 4440 h/a)

		2005	2010	2015	2020	2030
Gesamter Kraftwerkspark						
FORUM	**DIOGENES**	4562	5019	4730	4720	4631
	EMS	4812	5265	5248	5206	5066
	PERSEUS-ICE	4420	4521	4426	4261	4024
	TIMES-GES	4343	4501	4716	4906	4718
PROGNOS	**DIOGENES**	4562	4984	4721	4708	4631
	EMS	4794	5236	5248	5206	5059
	PERSEUS-ICE	4395	4511	4432	4286	4008
	TIMES-GES	4358	4535	4737	4925	4731
ohne Windenergie und Photovoltaik (Erzeugung und Leistung)						
FORUM	**DIOGENES**	4562	5085	4845	4832	4670
	EMS	4984	5564	5607	5624	5602
	PERSEUS-ICE	4702	4940	4924	4827	4747
	TIMES-GES	4527	4703	4942	5307	5403
PROGNOS	**DIOGENES**	4562	5049	4835	4820	4669
	EMS	4964	5531	5607	5625	5594
	PERSEUS-ICE	4674	4928	4931	4856	4727
	TIMES-GES	4544	4741	4964	5330	5422

4.2 Elektrizitätswirtschaftliche Effekte

Der Ersatz der außer Betrieb gehenden Kernkraftwerke erfolgt im Vergleich zwischen den Modellen unterschiedlich in Abhängigkeit von dem unterstellten Energiepreispfad, von der zugrunde liegenden Modellphilosophie bezüglich der Zukunftserwartungen (myopisch – intertemporal), der berücksichtigten Abschreibungsmodalitäten (einzelwirtschaftlich – gesamtwirtschaftlich) und von der in den Modellen umgesetzten zeitlichen Auflösung innerhalb eines Betrachtungszeitpunktes. Zusätzlich ist auch die Periodisierung zwischen den Modellen verschieden (5-Jahres- oder 3-Jahres-Perioden bzw. 1-Jahres-Schritte), so dass sich auch die jeweils in einzelnen Jahren zu ersetzenden TWh der Stromerzeugung aus Kernkraftwerken gegenüber den Basisszenarien unterscheiden (vgl. Tabelle 4-4).

Tabelle 4-4: Zu ersetzende Stromerzeugung aus Kernkraftwerken in den Ausstiegsszenarien nach 25 Zeitjahren im Vergleich zu den Basisszenarien in TWh

	2000	2005	2010	2015	2020	2025	2030
DIOGENES	0,0	-63,7	-123,5	-151,7	-105,3	-42,7	0,0
EMS	-0,4	-63,0	-120,3	-149,3	-106,3	-43,8	0,0
PERSEUS-ICE	0,0	-55,1	-112,8	-143,8	-104,9	-44,2	0,0
TIMES-GES	-5,0	-62,4	-91,5	-147,7	-105,1	-72,3	-1,7

Werden hier die Nettoeffekte, d. h. die Substitutionsvorgänge bzw. Veränderungen in den Ausstiegsszenarien gegenüber den jeweiligen Basisszenarien bei der Netto-Engpassleistung (vgl. Abbildung 4-5 und Abbildung 4-6) und bei der Nettostromerzeugung (vgl. Abbildung 4-7 und Abbildung 4-8) betrachtet, so erfolgt der Ersatz der Kernkraftwerke bzw. der Stromerzeugung aus Kernenergie unter der Annahme der FORUM Preisentwicklung im Vergleich zwischen den Strommodellen sehr unterschiedlich. Die Extrema zeigen sich hier bei EMS, wo auf Grund der myopischen Sichtweise nahezu nur Erdgas die Kernenergie ersetzt, und bei TIMES-GES, wo nahezu nur auf Steinkohle zurückgegriffen wird. PERSEUS-ICE setzt demgegenüber sowohl auf Steinkohle, auf Braunkohle als auch auf Erdgas und bei DIOGENES werden Steinkohle und Erdgas verstärkt zugebaut und eingesetzt.

Beim PROGNOS Preispfad ist die zugrunde liegende zeitliche Entwicklung zu berücksichtigen. Somit werden in den ersten Zeitperioden Erdgas (EMS), Erdgas und Steinkohle (PERSEUS-ICE und DIOGENES) sowie Erdgas, Steinkohle und Braunkohle (TIMES-GES) als Ersatzoptionen genutzt. In den späteren Zeitschritten liegt dann das Schwergewicht bei der Steinkohle (ohne dass dies Rückwirkungen auf die gesamte Netto-Engpassleistung bei EMS zeigt) und bei DIOGENES weiterhin beim Erdgas (und Steinkohle; auch bei Diogenes liegt die Vorteilhaftigkeit in späteren Perioden bei Steinkohle).

Die unterschiedliche Erwartungsbildung hinsichtlich der Investitionsentscheidungen, die den Modellansätzen zugrunde liegt, bringt es auch mit sich, dass in den letzten betrachteten Perioden, in denen die Kernenergie bereits auch in den Basisszenarien nicht mehr zur Verfügung steht, zum Teil deutliche Unterschiede zwischen den Ausstiegsszenarien und den jeweiligen Basissszenarien resultieren. So führt die myopische Sichtweise in DIOGENES und in EMS dazu, dass in den Ausstiegsszenarien Erdgas (bei EMS im PROGNOS Preispfad auch Steinkohle) nicht nur Kernenergie sondern auch Steinkohle (bei EMS im PROGNOS Preispfad entsprechend Braunkohle) ersetzt Demgegenüber erreichen PERSEUS-ICE und TIMES-GES durch die intertemporale Betrachtung eine sehr viel nähere Angleichung der Struktur des Kraftwerksparks und der Stromerzeugung in den Ausstiegsszenarien an diejenigen der Basisszenarien.

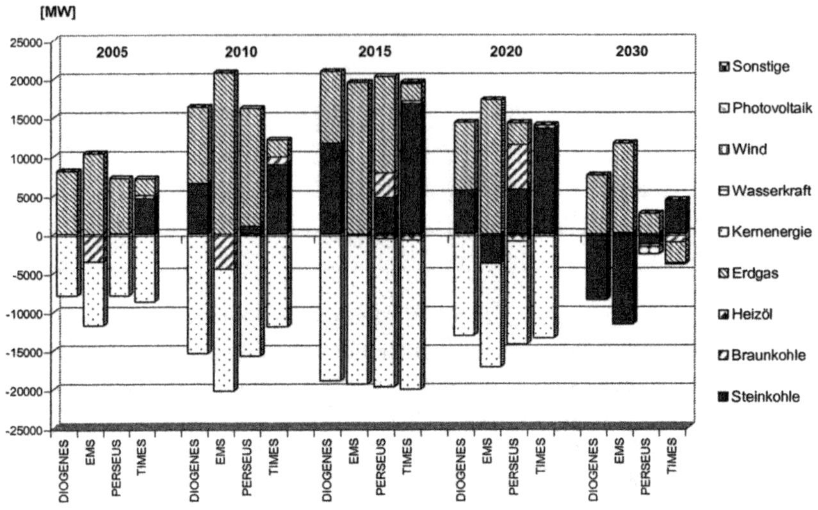

Abbildung 4-5: Veränderungen der Netto-Engpassleistung im Ausstiegsszenario bei FORUM Preisen (F25) als Differenz zum Basisszenario (F40)

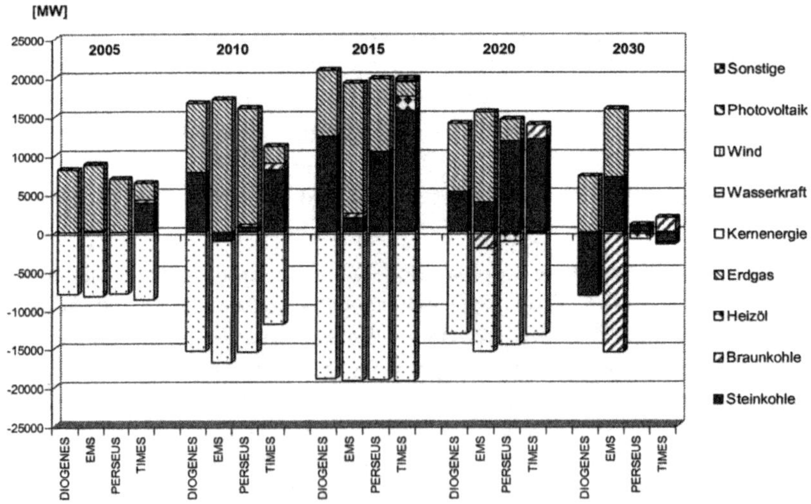

Abbildung 4-6: Veränderungen der Netto-Engpassleistung im Ausstiegsszenario bei PROGNOS Preisen (P25) als Differenz zum Basisszenario (P40)

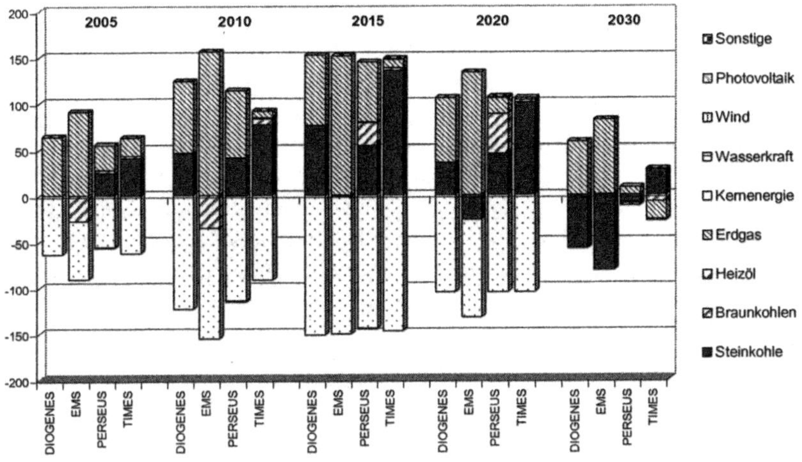

Abbildung 4-7: Veränderungen der Netto-Stromerzeugung im Ausstiegsszenario bei FORUM Preisen (F25) als Differenz zum Basisszenario (F40)

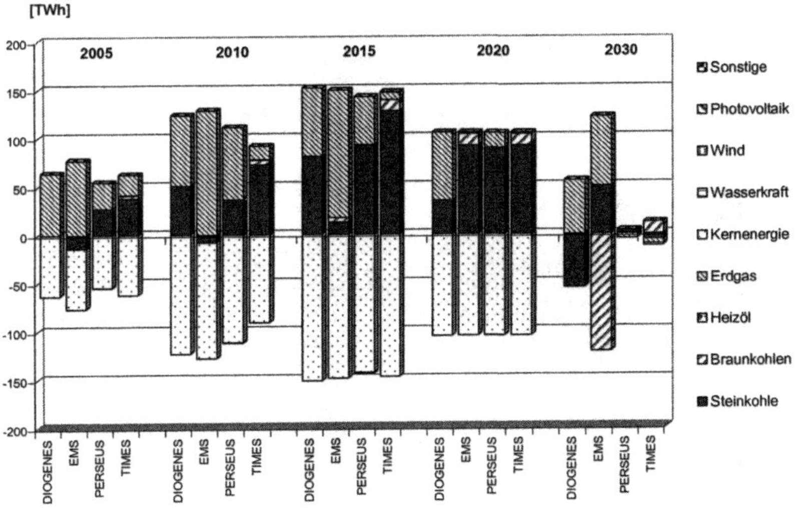

Abbildung 4-8: Veränderungen der Netto-Stromerzeugung im Ausstiegsszenario bei PROGNOS Preisen (P25) als Differenz zum Basisszenario (P40)

Der Vergleich der elektrizitätswirtschaftlichen Effekte, die mit den unterschiedlichen Modellansätzen für den Kernenergieausstieg ermittelt werden, zeigt bereits, dass einige grundsätzliche Aspekte gibt, die beim Modellvergleich zu berücksichtigen sind und die die abweichenden Ergebnisse bzw. Reaktionen in den Modellen begründen (vgl. Tabelle 4-5). Dies betrifft z. B. die Erwartungsbildung hinsichtlich der Investitionsentscheidungen (myopisch – intertemporal) oder aber die sektorale Abgrenzung der Modelle. Während PERSEUS-ICE und TIMES-GES die öffentliche Strom- und Fernwärmeerzeugung modellieren und EMS die gesamte Stromerzeugung betrachtet, ist DIOGENES ein gekoppeltes Elektrizitäts-Wirtschafts-Modell, das neben der Elektrizitätswirtschaft auch einen Input-Output-Ansatz der gesamten Volkswirtschaft umfasst.

Tabelle 4-5: Vergleich wichtiger Merkmale der Strommodelle

	DIOGENES	EMS	PERSEUS-ICE	TIMES-GES
Sicht	Myopisch (Vorschau f. 5 Jahre)	Myopisch	Intertemporal	Intertemporal
Systemgrenzen	Gesamte Stromerzeugung	Gesamte Stromerzeugung	Öffentl. Strom- und Fernwärmeerz.	Öffentl. Strom- und Fernwärmeerz.
Regionalisierung	Deutschland als Punktmodell	Deutschland als Punktmodell	Deutschland mit 5 Regionen und 10 Anrainerstaaten	Deutschland mit 7 Regionen und Stromimportoptionen
Lasteinteilung	3 Lastbereiche	Lastganglinie	Lastkurven charakteristischer Tage	Lastganglinie
Abschreibung über	Nutzungsdauer	Nutzungsdauer	Nutzungsdauer	Abschreibungsdauer
Zinssatz			5 %	5 %

4.3 Ökologische Effekte

Auf der Basis der bei den jeweiligen Modellen ausgewählten Ersatzoptionen ergeben sich auch entsprechende Konsequenzen bezüglich der CO_2-Emissionen. Hier führt der Ersatz durch Erdgas zu geringeren Auswirkungen als ein Ersatz durch Steinkohle oder gar Braunkohle. Entsprechend ergeben sich auch in den Szenarien unter FORUM Preisen in der Tendenz geringere Zusatzemissionen als bei PROGNOS Preisen (vgl. Tabelle 4-6). Der Maximalwert wird jeweils im Jahr 2015 erreicht, in dem die wegfallende Menge der Stromerzeugung aus Kernkraftwerken am größten ist. Die Zusatzemissionen bewegen sich zwischen 50 und 109 Mio. t CO_2 unter FORUM Preisen und 58 und 108 Mio. t CO_2 bei PROGNOS Preisen. Dabei sind die Auswirkungen bei EMS am niedrigsten (überwiegend Erdgas als Ersatz) und bei TIMES-GES am höchsten (überwiegend Steinkohle).

Tabelle 4-6: Zusätzliche CO_2-Emissionen im Ausstiegsszenario gegenüber den Basisszenarien und notwendige CO_2-Reduktion zur Erreichung des Kyoto-Zielpfades gegenüber den Ausstiegsszenarien

		2005	2010	2015	2020	2030
		Ausstiegsszenarien				
FORUM	**DIOGENES**	26,2	69,0	86,0	44,9	-51,0
	EMS	8,0	21,9	50,2	25,3	-31,6
	PERSEUS-ICE	36,1	62,9	85,6	70,9	-4,4
	TIMES-GES	39,9	67,7	108,5	78,6	9,6
PROGNOS	**DIOGENES**	26,2	69,0	86,9	46,3	-47,0
	EMS	14,5	37,9	58,4	37,7	-45,3
	PERSEUS-ICE	34,8	59,6	93,4	76,4	0,6
	TIMES-GES	40,2	64,7	108,2	80,0	5,0
		Kyoto-Szenarien				
FORUM	**DIOGENES**	-12,0	-45,6	-73,3	-93,1	-134,0
	EMS	-4,6	1,6	-36,2	-47,7	-95,6
	PERSEUS-ICE	-37,1	-54,3	-78,6	-84,7	-106,5
	TIMES-GES	-35,3	-60,8	-113,7	-105,8	-120,6
PROGNOS	**DIOGENES**	-12,3	-55,1	-82,6	-104,5	-143,0
	EMS	-12,7	-35,1	-36,8	-56,6	0,0
	PERSEUS-ICE	-38,2	-54,3	-88,8	-99,5	-122,4
	TIMES-GES	-34,8	-59,4	-113,6	-107,7	-118,2

In weiteren Szenarien wurde untersucht, welche Konsequenzen bezüglich der Stromerzeugungsstruktur resultieren, wenn unter den Bedingungen des vorzeitigen Kernenergieverzichts wieder das CO_2-Emissionsniveau des Basisszenarios oder darüber hinaus die Kyoto-Ziele und deren Fortschreibung im Stromerzeugungssektor erreicht werden sollen.

Hier zeigt sich, dass dann nahezu unabhängig von der Energiepreisentwicklung die Erdgas-GuD-Kraftwerke bei allen Modellen die wichtigste Ersatzoption darstellen, um wieder auf das Niveau des Basisszenarios zu gelangen, wie es in Abbildung 4-9 für die Netto-Stromerzeugung nach Energieträgern beim FORUM Preispfad dargestellt ist. Im Jahr 2020 liegt dann der Anteil der Erdgasstromerzeugung an der jeweiligen Netto-Stromerzeugung, die in den Modellen betrachtet wird, bei 45,9 % in TIMES-GES (Basisszenario: 4,4 %), bei 48,2 % in PERSEUS-GES (22,0 %) sowie bei 49,2 % in EMS (34,2 %). Die unterschiedlichen Steigerungsraten sind dabei wiederum eng verknüpft mit den in den jeweiligen Modellen simulierten CO_2-Minderungserfordernissen (vgl. Tabelle 4-6) im Vergleich zu den Basisszenarien.

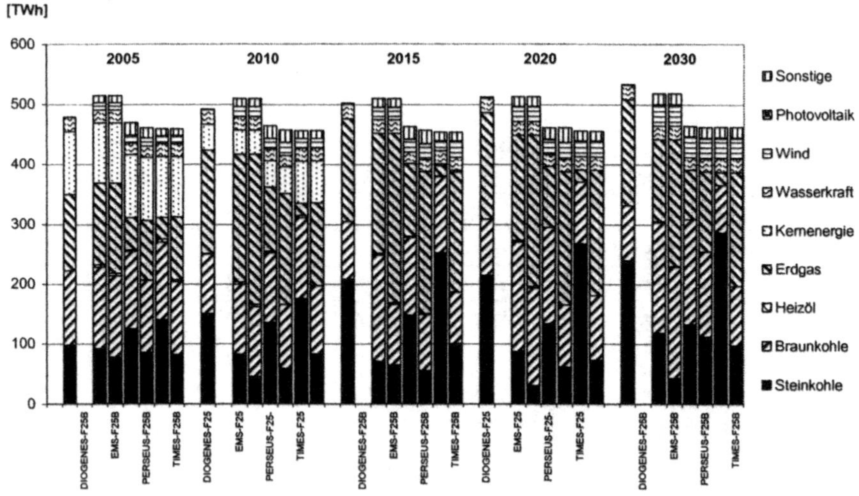

Abbildung 4-9: Netto-Stromerzeugung im Ausstiegsszenario mit Emissionen wie Basis bei FORUM Preispfad (F25B) im Vergleich zum Ausstiegsszenario (F25)

Werden die Minderungserfordernisse im Kyoto-Szenario noch verstärkt, wird in DIOGENES und TIMES-GES, bei denen z. B. im Jahr 2020 eine CO_2-Minderung gegenüber den Basisszenarien von rund 100 Mio. t CO_2 notwendig wird, der alleinige Ersatz durch Erdgas nochmals gesteigert (vgl. Abbildung 4-10), was auch für PERSEUS-ICE zu beobachten ist. Die Anteile der Erdgasstromerzeugung an der jeweiligen Netto-Stromerzeugung belaufen sich in den Kyoto-Szenarien bei FORUM Preisen im Jahr 2020 auf 68,7 % in DIOGENES (Basissszenario: 34,6 %), auf 59,2 % in TIMES-GES (4,4 %), auf 54,8 % in PERSEUS-ICE (22,0 %) und auf 53,9 % in EMS (34,2 %). Dabei gibt es jedoch zwischen den Modellen zum Teil deutliche Unterschiede in der Auslastung der Gaskraftwerke. Während die Gaskraftwerke in TIMES-GES mit einer Jahresbenutzungsdauer von 6660 h/a und in EMS mit 6180 h/a deutlich in der Grundlast eingesetzt werden, weisen sie in DIOGENES mit 4570 h/a eher Mittellastcharakter auf. Bei PERSEUS-ICE ergeben sich im Mittel 5080 h/a, wobei sich hier Effekte mitteln, da sowohl Gasturbinen in den oberen Lastbereichen als auch GuD-Kraftwerke in der Mittel- und Grundlast eingehen. In DIOGENES und PERSEUS-ICE tragen zusätzlich auch die erneuerbaren Energiequellen (vor allem Biomasse und Wind) verstärkt zur Nettostromerzeugung in den Kyoto-Szenarien bei.

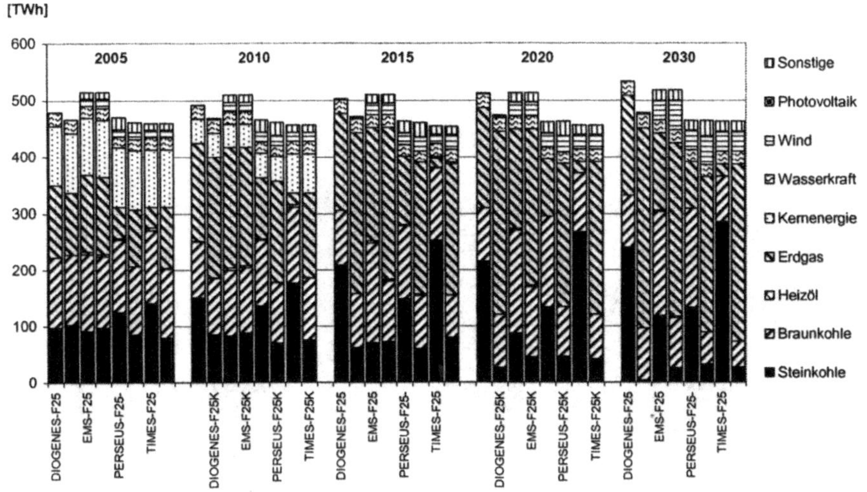

Abbildung 4-10: Netto-Stromerzeugung im Ausstiegsszenario mit Emissionen nach Kyoto bei FORUM Preispfad (F25K) im Vergleich zum Ausstiegsszenario (F25)

4.4 Kostenwirkungen

Die Effekte bezüglich der im Stromsektor resultierenden Zusatzkosten in Folge des vorzeitigen Kernenergieverzichts sind in Abbildung 4-11 dargestellt (vgl. auch Tabelle A-4 im Anhang). Es zeigt sich, dass der Kernenergieausstieg alleine über den gesamten Betrachtungszeitraum nicht abdiskontierte, kumulierte Zusatzkosten zwischen 48 und 63 Mrd. DM_{98} bei der FORUM Preisvariante und zwischen 23 und 38 Mrd. DM_{98} bei der PROGNOS Preisvariante verursacht. Dabei wird die untere Grenze bei den FORUM Preisen durch DIOGENES und die obere Grenze durch PERSEUS-ICE erbracht. Bei den PROGNOS Preisen ist EMS das Modell, das die geringsten Zusatzkosten ausweist, während auch hier PERSEUS-ICE die obere Bandbreite darstellt.

Bezogen auf die gesamte Stromerzeugung, die in den Modellen zwischen 2000 und 2030 simuliert wird, ermitteln sich hieraus Mehrkosten bei FORUM Preisen von 0,31 Pf_{98}/kWh_{el} für DIOGENES bis 0,44 Pf_{98}/kWh_{el} für PERSEUS-ICE und zwischen 0,14 Pf_{98}/kWh_{el} (EMS) und 0,27 Pf_{98} je kWh_{el} (PERSEUS-ICE) bei PROGNOS Preisen. Somit beträgt der prozentuale Aufschlag auf die Stromerzeugungskosten rund 2,0 bis 6,3 %.

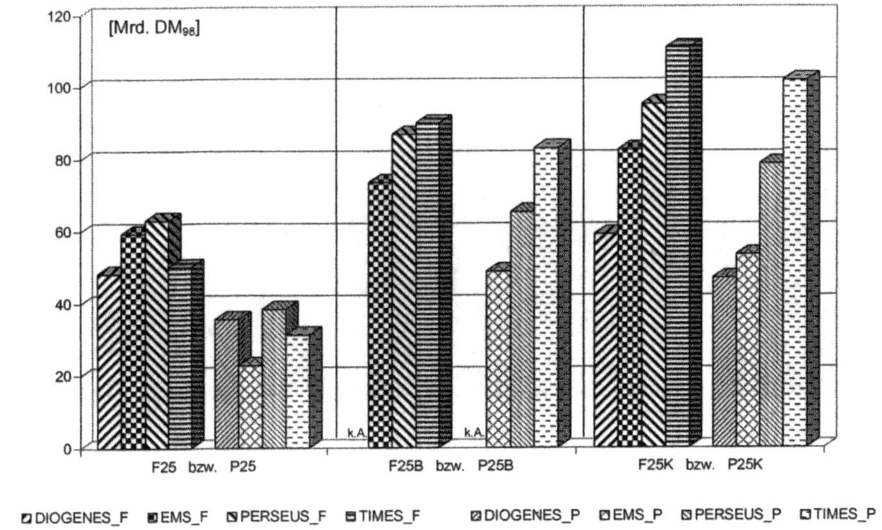

Abbildung 4-11: Nicht abdiskontierte, kumulierte Mehrkosten der Strommodelle im Szenariovergleich

Zusätzlich wirken sich die CO_2-Emissionsminderungsnotwendigkeiten auf die Zusatzkosten aus. Auch hier ist bei FORUM Preisen die Bandbreite relativ gering. Die Zusatzkosten bewegen sich zwischen 74 Mrd. DM_{98} (EMS) und 90 Mrd. DM_{98} (TIMES-GES), um wieder das Emissionsniveau des Basisszenarios zu erreichen, und zwischen 59 Mrd. DM_{98} (DIOGENES) und 111 Mrd. DM_{98} (TIMES-GES), um das Kyoto-Zielszenario zu erfüllen. Demgegenüber ist bei den PROGNOS Preisen ein Unterschied von 49 Mrd. DM_{98} (EMS) bis 83 Mrd. DM_{98} (TIMES-GES) für das Szenario mit dem Emissionsniveau des Basisfalles (P25B) bzw. von 47 Mrd. DM_{98} (DIOGENES) bis 102 Mrd. DM_{98} (TIMES-GES) für das Kyoto-Szenario (P25K) festzustellen. Diese unterschiedlichen Mehraufwendungen sind auch verknüpft mit den notwendigen CO_2-Emissionsminderungen (vgl. Tabelle 4-6), die in TIMES-GES, das die obere Grenze darstellt, wesentlich größer sind als bei DIOGENES (F25K bzw. P25K) bzw. EMS (F25B bzw. P25B). Hier zeigt sich, dass die Niveauunterschiede und die Unterschiede bei den Relativpreisen zwischen dem FORUM und dem PROGNOS Preispfad sich doch sehr stark ergebnisbestimmend auswirken.

Ähnlich stellt sich auch die Situation bei den auf das Jahr 2000 abdiskontierten, kumulierten Zusatzkosten dar (vgl. Tabelle 4-7). Durch die Abdiskontierung werden dabei die kumulierten Werte in Summe niedriger und damit auch die Bandbreite der Zusatzkosten. Damit werden Aufwendungen für den Kernenergieausstieg bilanziert, die ohne Emissionsbeschränkung eine Bandbreite beim FORUM Preispfad zwischen 27 und 34 Mrd. DM_{98} ergeben bzw. bei PROGNOS Preisen von 17 bis 27 Mrd. DM_{98}. Im Falle der Kyoto-Szenarien erhöhen sich die Mehrbelastungen auf 38 bis 69 Mrd. DM_{98}, wenn die FORUM Preisentwicklung zugrunde liegt, und auf 24 bis 59 Mrd. DM_{98} beim PROGNOS Preispfad.

Tabelle 4-7: Auf 2000 abdiskontierte, kumulierte Zusatzkosten des vorzeitigen Kernenergieverzichts in Abhängigkeit von der unterstellten Energiepreisentwicklung in Mrd. DM_{98}

		DIOGENES	EMS	PERSEUS-ICE	TIMES-GES
FORUM Preise					
25 Zeitjahre	F25	33,8	31,8	27,1	38,7
	F25B		36,7	38,1	65,5
	F25K	41,7	37,8	39,5	68,8
PROGNOS Preise					
25 Zeitjahre	P25	26,1	17,4	16,5	27,1
	P25B		25,7	28,0	56,1
	P25K	31,1	24,0	31,2	58,7

4.5 Sensitivitätsanalysen

Die Modellergebnisse hängen außer von der zugrunde liegenden Methodik auch entscheidend von den jeweils verwendeten Inputdaten ab. Zur Untersuchung dieser Abhängigkeiten dienen die Sensitivitätsanalysen, die mit den Strommodellen über die Grundvarianten hinaus gerechnet wurden.

Tabelle 4-8: Sensitivitätsanalysen der Strommodelle

	DIOGENES	EMS	PERSEUS-ICE	TIMES-GES
Alle Preise konstant		X		X
Sonst. Preisvariationen	X		X	
KKW-Laufzeiten / Pool		X		X
Emissionsminderung				X
Import-/Export-Saldo			X	
Stromnachfrage				X

Hiervon werden im Folgenden drei Sensitivitäten exemplarisch betrachtet. Zum einen wird die Rolle der Energieträgerpreisentwicklung noch einmal zusätzlich beleuchtet, in dem die konstanten Preise auf dem 2000er Niveau der FORUM Preisentwicklung betrachtet werden. Des weiteren werden die Laufzeiten der Kernkraftwerke variiert und schließlich werden die Auswirkungen eines verstärkten Stromimports bzw. –exports beleuchtet.

Bezüglich der Energieträgerpreisentwicklung ist zunächst festzustellen, dass unter der Annahme konstanter Energieträgerpreise bereits in der Referenzentwicklung dann überwiegend Erdgas-GuD-Kraftwerke als Neubauoptionen genutzt werden. Der im Zeitverlauf konstante geringe Gaspreis reduziert dann aber auch die Zusatzkosten des vorzeitigen Kernenergieverzichts.

Tabelle 4-9: Kostenwirkungen des Kernenergieverzichts in Abhängigkeit von der unterstellten Energiepreisentwicklung in Mrd. DM_{98}

	EMS			TIMES-GES		
	Konst.	FORUM	%	Konst.	FORUM	%
25 Zeitjahre	33,1	59,3	55,8	47,4	50,1	94,6
Emissionen wie Basis	40,9	73,5	55,6	82,8	89,9	92,1
Kyoto-Ziel	33,2	82,6	40,2	86,4	110,7	78,0

Zusätzlich wirkt sich der auf Grund des günstigeren Gaspreises höhere Gasanteil an der Stromerzeugung mindernd auf das CO_2-Emissionsvolumen aus. Dies erklärt auch, warum bei EMS die Differenzkosten des Szenarios mit Kyoto-Ziel der Preisvariante KONSTANT (K25K) niedriger sind als beim Ausstiegsszenario mit dem CO_2-Emissionsniveau aus dem Basisfall (K25B) bzw. warum sie bei TIMES-GES nur geringfügig höher liegen. Durch die längere Kernenergienutzung bis beinahe 2030 im Referenzfall (K40) ist insbesondere in den Jahren 2005 bis 2020 die CO_2-Restriktion für das Szenario K25B deutlich strenger. In dieser Zeit muss deshalb schon sehr viel mehr Gas verstromt werden, als dies im Szenario K25K der Fall ist, obwohl sich anfänglich noch die Kohleverstromung günstiger darstellt. Ein Kostenvorteil der Gaskraftwerke entwickelt sich durch Wirkungsgradveränderungen in der zweiten Hälfte des Betrachtungszeitraumes, was dann auch in beiden Szenarien zum Tragen kommt.

Die angesetzten Nutzungsdauern für die Kernkraftwerke bestimmen die im Falle eines Ausstiegs zu ersetzende Strommenge und damit auch die Ausstiegskosten. Zusätzlich beeinflussen aber auch die für die Folgejahre angenommenen Brennstoffpreise in starkem Maße die Ausstiegskosten. Hierzu wurde mit EMS eine Variation der Ausstiegsfrist berechnet. Die durch die Verlängerung der Kernenergienutzung auf 30 Zeitjahre bewirkte Reduktion der Differenzkosten unter FORUM Preisen ist mit rund 20 Mrd. DM und damit zwischen 25 % und 32 % je nach Szenario beachtlich.

Die Modellrechnungen der harmonisierten Fallstudie zu den Konsequenzen eines Kernenergieausstiegs unterstellen einen ausgeglichenen Strom-Import-/Exportsaldo zwischen der Bundesrepublik Deutschland und ihren Nachbarländern. Diese Vorgabe war für den Modellvergleich im Rahmen des zweiten Modellexperiments erforderlich, da die meisten der an der harmonisierten Fallstudie beteiligten Modelle eine rein nationale Betrachtungsweise aufweisen. Angesichts der fortschreitenden Liberalisierung der europäischen Strommärkte ist die Annahme bzw. Festschreibung eines ausgeglichenen Strom-Import-/Exportsaldo jedoch kritisch zu bewerten. Deshalb wurde mit PERSEUS-ICE analysiert, ob nicht auch Importstrom zur Deckung der Inlandsnachfrage wachsende Bedeutung erreicht. Dabei wurde die Möglichkeit eines veränderten Stromaußenhandels sowohl für ein neues Basisszenario als auch für das Ausstiegsszenario unterstellt.

Die sich ergebende Entwicklung der Stromaustauschbeziehungen zwischen den Regionen ist in Abbildung 4-12 dargestellt. In der Referenzentwicklung fällt auf, dass das Stromaustauschsvolumen an allen Übertragungspunkten im Zeitverlauf abnimmt. Diese Entwicklung erklärt sich aus einer kontinuierlichen Angleichung der Erzeugungsstrukturen in den verschiedenen Ländern. Da der Stromaustausch zum einen mit Übertragungsverlusten und zum anderen mit zusätzlichen Ausgaben für die Durchleitung verbunden ist, geht dieser mit abnehmender Differenz in den durchschnittlichen Stromgestehungskosten der Länder zurück.

Referenzentwicklung

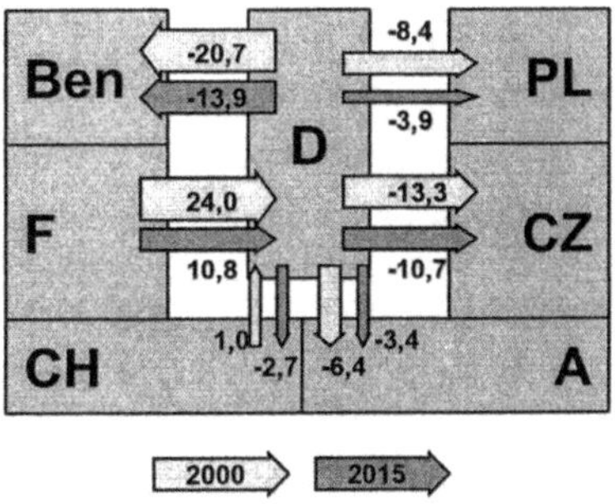

(TWh)	2000	2005	2010	2015
Im/Ex-Saldo D	-23,8	-38,0	-35,2	-23,7

25 Jahre – ohne Minderung

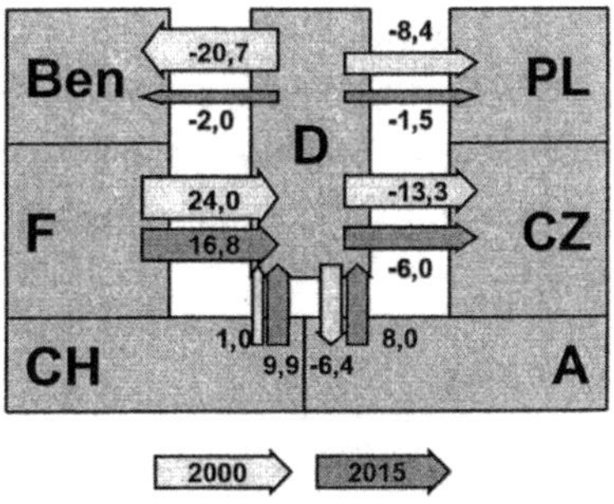

(TWh)	2000	2005	2010	2015
Im/Ex-Saldo D	-23,8	-7,4	6,7	25,3

Abbildung 4-12: Entwicklung der Stromaustauschbeziehungen

Im Ausstiegsfall ist dann ein wesentlich stärkerer Rückgang der Stromexporte zu beobachten als dies im Referenzszenario der Fall ist, zugleich kommt es zu starken Importen aus Frankreich, der Schweiz und Österreich (Kernkraftwerke bzw. Wasserkraft). Der Import-/Exportsaldo, der im Jahr 2000 noch ein Exportplus von ca. 23,8 TWh beträgt, reduziert sich mit vollendetem Kernenergieausstieg auf einen Nettoimport von ca. 25,3 TWh im Jahr 2015. Dies entspricht etwa fünf Prozent der Inlandsstromnachfrage. In den Folgejahren ist dann aufgrund des oben anhand des Referenzszenarios diskutierten Angleichungseffekts zwischen den verschiedenen Stromerzeugungssystemen wieder mit einem ausgeglicheneren Import-/Exportsaldo zu rechnen.

Auf Grund der oben diskutierten Ergebnisse ist festzuhalten, dass die Annahme bzw. Vorgabe eines in allen Szenarien neutralen deutschen Stromimport-/Exportsaldos in dieser Form fraglich ist. Auch greift eine Diskussion der Konsequenzen eines deutschen Kernenergieausstiegs ohne Integration des europäischen Auslands aufgrund der oben diskutierten Effekte zu kurz. Die Integration der europäischen Anrainerstaaten in den Betrachtungsraum kann unter Berücksichtigung gegebener techno-ökonomischer Restriktionen wichtige Erkenntnisgewinne bieten.

Insgesamt lassen sich aus den Sensitivitätsanalysen der Strommodelle folgende, allgemeine Trends ableiten:

- Die relativen Brennstoffpreise bestimmen entscheidend die Modellergebnisse, wobei der Gaspreis von besonderer Bedeutung ist.
- Die CO_2-Minderungsziele führen zu einem verstärkten Gaseinsatz bzw. einer höheren Nutzung der Windenergie und der Biomasse. Hier machen sich sowohl das vorgegebene Niveau des zulässigen Emissionspfades als auch die Stromverbrauchsentwicklung stark bemerkbar, da die Minderungsziele als Absolutwerte formuliert sind.
- Mögliche Poollösungen führen zu einer Verlagerung der Stromproduktion in Kernkraftwerken auf kostengünstigere Anlagen.

Somit schaffen die Sensitivitätsanalysen zusammen mit den Modellergebnissen der Grundvarianten eine belastbare Planungsgrundlage in einem dynamischen Umfeld.

5 Modellergebnisse der Energiesystemmodelle

Die grundsätzliche Vorgehensweise zur Ermittlung der Machbarkeit und der Konsequenzen eines Verzichtes auf eine weitere Kernenergienutzung mittels der Energiesystemmodelle besteht darin, die Folgewirkungen in Bezug auf eine Referenzentwicklung bzw. ein sogenanntes Basisszenario zu bestimmen. Somit wurden in der Gruppe der Energiesystemmodelle mit den Modellen E^3Net-D2 und IKARUS-MARKAL sowie mit dem Wuppertal Modellinstrumentarium (WMI) Modellrechnungen auf der Basis der harmonisierten Rahmenannahmen für beide Energiepreispfade (FORUM und PROGNOS) durchgeführt. Hier haben E^3Net-D2 und IKARUS-MARKAL jeweils die Referenzszenarien (F40 bzw. P40) und die jeweiligen drei Ausstiegsszenarien (F25, F25B, F25K bzw. P25, P25B, P25K) untersucht. Mit dem Wuppertal Modellinstrumentarium hingegen wurden neben den jeweiligen Basisszenarien von den Grundszenarien lediglich die Ausstiegsszenarien F25B, F25K und P25K analysiert. Für alle drei Modelle wurden weitere Sensitivitätsanalysen gerechnet.

Mit den Energiesystemmodellen wurden die Szenarien unter Berücksichtigung der Entwicklung des gesamten Energiesystems analysiert, wobei der Kernenergieausstieg und die damit verbundenen Implikationen zunächst insbesondere die Stromerzeugung betreffen. Dabei wird in den Modellen entweder intern geprüft (E^3Net-D2, IKARUS-MARKAL), inwieweit der Ausfall der Kraftwerksleistung durch bestehende Anlagen, den Neubau von fossilen oder regenerativen Kraftwerken oder durch die Stromeinsparung kompensiert werden kann. Demgegenüber werden beim Wuppertal Modellinstrumentarium die Ersatzoptionen vorgegeben. Wesentliches Ergebnis der Energiesystemmodelle bezüglich der energiewirtschaftlichen Auswirkungen sind Aussagen zur technischen Machbarkeit eines Kernenergieverzichts, zur resultierenden kostenmäßigen Belastung des Energiesystems und zu den emissionsseitigen Wirkungen.

Im Modellvergleich ist schließlich auch zu berücksichtigen, dass die Optimierungsmodelle E^3Net-D2 und IKARUS-MARKAL bezüglich der ökonomischen und demographischen Rahmenannahmen auf den Untersuchungen im ersten Modellexperiment aufsetzen (vgl. Tabelle 5-1). Der Simulationsansatz des WMI baut dagegen auf der jüngsten Untersuchung von Prognos/EWI für das Bundesministerium für Wirtschaft und Technologie (BMWi) auf, die mit Anpassungen, z. B. Energiepreisannahmen, Stromimportsaldo, modifiziert wurde. Hieraus resultieren Unterschiede, die zwar von den globalen Rahmenannahmen (Bruttoinlandsprodukt, Bevölkerung) her gering erscheinen mögen, die jedoch ergebnisrelevant sein können, wenn es z. B. um die Einhaltung von CO_2-Emissionsobergrenzen geht, die als Absolutwert formuliert sind. Hier zeigt sich im Vergleich der Modellansätze bereits ein Vorteil der Optimierungsmodelle, die eine weniger aufwendige Anpassung an Veränderungen der Rahmenannahmen ermöglichen.

Des Weiteren wurden einige Modellparameter nicht harmonisiert, z. B. die ökonomischen Daten der Kernkraftwerke oder den Ersatzoptionen, und die für das Modellexperiment angesetzten Mindestvorgaben für die erneuerbaren Energien in der Stromerzeugung wurden in IKARUS-MARKAL nicht vollständig umgesetzt (vgl. Tabelle 5-1).

Tabelle 5-1: Harmonisierung wichtiger Rahmen- und Eingangsgrößen bei den Energiesystemmodellen

	ENERGIESYSTEMMODELLE					
	IKARUS		WMI		E^3Net	
Daten werden verwendet	ja	nein	ja	nein	ja	nein
Demographische und ökonomische Daten (MEX I)	[x]	[ ]	[o]	[ ]	[x]	[ ]
Reservefaktor / Höchstlastfaktor	[x]	[ ]	[o]	[ ]	[x]	[ ]
Energiepreisentwicklung (inkl. max. verf. Gasmenge Stufe A)	[x]	[ ]	[x]	[ ]	[x]	[ ]
Energiepolitik (BK, SK, Import-Vorgabe)	[x]	[ ]	[x]	[ ]	[x]	[ ]
Technische und Betriebsdaten KKW	[x]	[ ]	[o]	[ ]	[x]	[ ]
Ökonomische Daten KKW	[x]	[ ]	[o]	[ ]	[x]	[ ]
Kraftwerksbestand (Sterbekurven)	[ ]	[x]	[o]	[ ]	[x]	[ ]
THG/CO2-Emissionen bzw. Minderungspfad	[x]	[ ]	[x]	[ ]	[x]	[ ]
Neubaukraftwerke	[ ]	[x]	[o]	[ ]	[x]	[ ]
Mindesterzeugungsmengen der Erneuerbaren	[ ]	[x]	[x]	[ ]	[x]	[ ]

x = ja / nein
o = vergleichbare Daten verwendet

5.1 Basisszenarien

Da im Zusammenhang mit dem Kernenergieausstieg insbesondere die Stromerzeugungsstrukturen und die Struktur der Brennstoff- bzw. Primärenergieverbräuche von Interesse sind, werden diese beiden Kenngrößen im Folgenden zunächst für die Basisszenarien diskutiert. Hierbei ist zu berücksichtigen, dass die Basisszenarien der Optimierungsmodelle E^3Net-D2 und IKARUS-MARKAL von einer kostenorientierten Entscheidung ausgehen, d. h., es werden keine Hemmnisse berücksichtigt. Demgegenüber lehnt sich das Basisszenario des WMI an /Prognos, EWI 1999/ an und hat damit eher den Charakter einer Prognose.

Diese unterschiedliche Vorgehensweise erklärt auch zum Teil das wesentlich höhere Niveau des Stromverbrauchs und damit einhergehend der Netto-Stromerzeugung beim WMI im Vergleich zu den Optimierungsmodellen (vgl. Abbildung 5-1 bzw. Abbildung 5-2). Von der Verbrauchsseite her ist z. B. in 2020 im Basisszenario mit FORUM Preisen der Stromverbrauch der Haushalte bei E^3Net-D2 um 30 TWh niedriger als beim WMI, in der Industrie um 24 TWh und bei den Kleinverbrauchern um 13 TWh. Demgegenüber liegt der Stromverbrauch im Verkehr in E^3Net-D2 im Jahr 2020 im Basisszenario mit FORUM Preisen um 6 TWh über demjenigen der WMI-Läufe. Insgesamt ist damit das Verbrauchsniveau beim WMI um 61 TWh höher als bei E^3Net-D2.

Die niedrigeren Stromverbräuche bei einer gesamtwirtschaftlichen Kostenoptimierung in E^3Net-D2 werden vom Wuppertal Institut als No-Regret-Potenziale interpretiert (insbesondere bei den Haushalten), d. h., es handelt sich um Einsparmöglichkeiten, die aus Kostengesichtspunkten rentabel sind (in den idealisierten Optimierungsmodellen deshalb ausgeschöpft werden), deren Umsetzung unter realen Bedingungen aber gehemmt ist. Für die Energiepolitik bilden gerade diese Potenziale eine lukrative Möglichkeit, ohne zusätzliche Kosten (für die Umsetzung der Maßnahmen fallen allerdings Transaktionskosten an) gegenüber Trendbedingungen einen deutlichen Beitrag zur CO_2-Minderung zu leisten. Sie sollten nach Auffassung des Wuppertal-Institutes daher prioritär umgesetzt werden. Jedoch ist zu berücksichtigen, dass die Unterschiede aber auch unterschiedliche Rahmenannahmen zwischen FORUM und PROGNOS (z. B. industrielle Nettoproduktion, Wohnflächen, Erwerbstätige im Dienstleistungssektor) widerspiegeln. Hier könnte nur ein Vergleich bei nahezu identischen Annahmen Aufschluss geben, welcher Anteil der Stromverbrauchsunterschiede tatsächliche No-Regret-Potenziale (unter Einschluss der Transaktionskosten) darstellen, was jedoch für das WMI im Rahmen des Modellexperimentes mit einem zu großen Aufwand verbunden gewesen wäre.

Bezüglich des Niveaus der Netto-Stromerzeugung ist im Modellvergleich des Weiteren von Bedeutung, dass in IKARUS-MARKAL aufgrund einer zum Zeitpunkt der Studienerstellung noch nicht geklärten/eingearbeiteten Unstimmigkeit beim Stromverbrauch der Kleinverbraucher die Verbrauchswerte leicht niedriger liegen als in E^3Net-D2 bei einem vergleichbaren Rahmendatensatz.

Es bestehen auch deutliche Differenzen in der Struktur der Stromerzeugung nach Energieträgern, wie auch Abbildung 5-1 bzw. Abbildung 5-2 ausweist[10]. Zwar besteht Übereinstimmung über den zunehmenden Anteil von modernen Grundlast-Steinkohlekraftwerken auf Importkohlebasis als Ersatz für die vom Netz gehenden Kernkraftwerke und über den Einsatz moderner Braunkohlekraftwerke im Falle des Basisszenarios. Darüber hinaus werden auch Erdgas-GuD-Kraftwerke einen Beitrag zur Stromerzeugung in Deutschland leisten.

10 Zu beachten ist, dass IKARUS-MARKAL die industrielle Stromeigenerzeugung nicht nach den Energieträgern aufteilt, sondern in Summe unter "Sonstige" bilanziert.

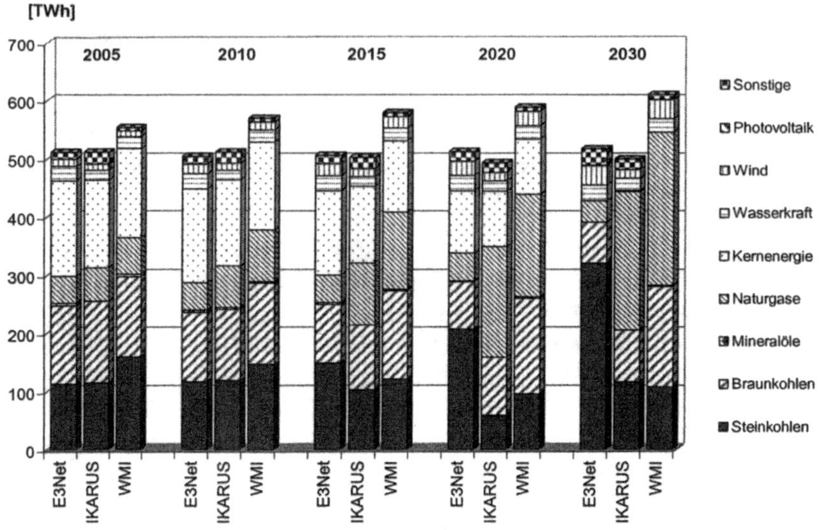

Abbildung 5-1: Netto-Stromerzeugung nach Energieträgern im Basisszenario bei FORUM Preisannahmen (F40)

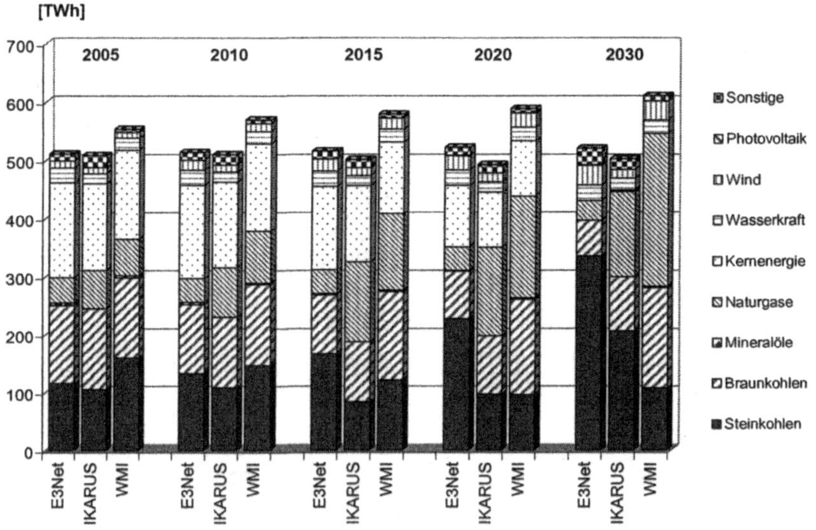

Abbildung 5-2: Netto-Stromerzeugung nach Energieträgern im Basisszenario bei PROGNOS Preisannahmen (P40)

Über den jeweiligen Anteil der einzelnen Kraftwerksarten an der Stromerzeugung sind die Aussagen jedoch völlig uneinheitlich, was auf unterschiedliche Annahmen der Modellentwickler hinsichtlich der Technikdaten und die den Modellrechnungen zugrundeliegenden ökonomischen Randbedingungen zurückzuführen ist (vgl. Tabelle 5-1): so ist beispielsweise die Netto-Stromerzeugung aus Steinkohle im Basisszenario mit FORUM Preisen in 2030 bei E^3Net-D2 um 175 % höher als bei IKARUS-MARKAL, während die Gasstromerzeugung umgekehrt nur ein Sechstel beträgt; die Netto-Stromerzeugung aus Braunkohle macht im Basisszenario bei FORUM Preisen beim WMI rund das Doppelte gegenüber derjenigen bei IKARUS-MARKAL und E^3Net-D2 aus. Übereinstimmend weisen die Modellergebnisse aus, dass die Stromerzeugung aus erneuerbaren Energiequellen über den in den jeweiligen Modellen vorgegebenen Mindestbeitrag hinaus in den Basisszenarien keinen Beitrag leistet.

Bezüglich der Auswirkungen der beiden Preispfade auf die Struktur der Netto-Stromerzeugung zeigt sich, dass beim WMI keine Änderungen in der Stromerzeugungsstruktur in Folge der Preisunterschiede simuliert werden. Demgegenüber wird sowohl in E^3Net-D2 als auch in IKARUS-MARKAL durch die veränderten Preisverhältnisse die Stromerzeugung in Steinkohlekraftwerken bei PROGNOS Preisen unter wirtschaftlichen Gesichtspunkten attraktiver, so dass sich hier der Anteil der Steinkohle an der Stromerzeugung weiter erhöht bei Rückgängen des Gasanteils.

Für den in Abbildung 5-3 bzw. Abbildung 5-4 aufgezeigten Verlauf des Primärenergieverbrauchs über der Zeit, der zu einer deutlichen Abnahme des Verbrauchsniveaus führt, sind zwei Entwicklungen maßgeblich: der über der Zeit abnehmende Endenergieverbrauch und die Effizienzsteigerungen im Umwandlungssektor. In den Basisszenarien aller drei Modelle nimmt der Primärenergieverbrauch ab; der Rückgang beträgt beim WMI rund 5,6 %, während die Optimierungsmodelle eine Verbrauchsreduktion um 17,1 % (IKARUS-MARKAL) bzw. 18,6 % (E^3Net-D2) bis zum Jahre 2020 gegenüber 1997 ermitteln; die bis 2030 folgenden Änderungen sind gering, verlaufen aber nahezu parallel im Modellvergleich.

Bei der Zusammensetzung des Primärenergieverbrauches nach Energieträgern gibt es bis 2010 ein nahezu einheitliches Bild unter den Modellsystemen, wie Abbildung 5-3 bzw. Abbildung 5-4 zu entnehmen ist. Mit der zunehmenden Ausserbetriebnahme der bestehenden Kernkraftwerke differenzieren sich danach die Entwicklungspfade stärker. Aufgrund der angenommenen Stillegung der letzten Kernkraftwerke kommt es zu einer massiven Zunahme des Steinkohleeinsatzes (vor allem E^3Net-D2), des Gaseinsatzes (IKARUS-MARKAL und WMI) sowie des Braunkohleeinsatzes (vor allem WMI) zur Stromerzeugung in den Basisszenarien. Dabei wird zunehmend Import- statt heimischer Steinkohle eingesetzt. Diese Veränderungen beim Brennstoffeinsatz in der Stromerzeugung finden sich entsprechend wieder bei der Struktur des gesamten Primärenergieverbrauchs. Während der Anteil der fossilen Energieträger am Primärenergieverbrauch im Jahr 1997 insgesamt ca. 85,2 % ausmacht, wächst ihre Bedeutung bis zum Jahr 2030 unter den Bedingungen der Basisszenarien auf 94,1 % bis 97,9 %. Im Vergleich der beiden Preisvarianten verschiebt sich hier nur innerhalb der fossilen Energieträger bei E[3]Net-D2 und IKARUS-MARKAL das Verhältnis zwischen der Steinkohle und dem Erdgas zu höheren Anteilen der Steinkohle. Beim WMI ist auch auf der Ebene der Primärenergie keine Reaktion der Verbrauchsstruktur auf die verschiedenen Preispfade simuliert.

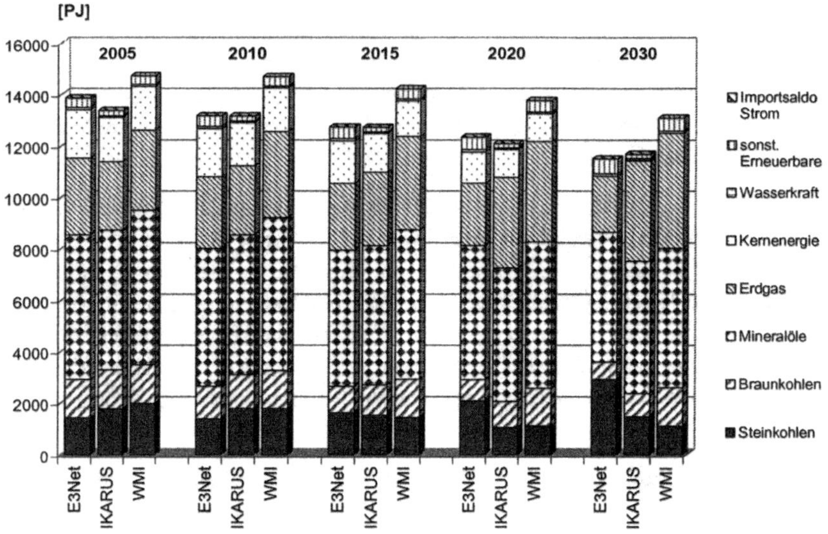

Abbildung 5-3: Primärenergieverbrauch nach Energieträgern im Basisszenario bei FORUM Preisannahmen (F40)

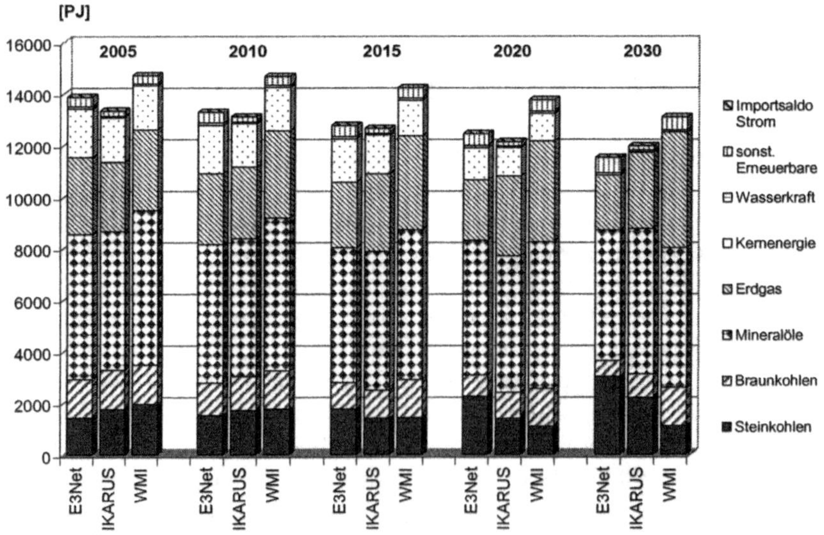

Abbildung 5-4: Primärenergieverbrauch nach Energieträgern im Basisszenario bei PROGNOS Preisen (P40)

Die Entwicklung beim Endenergieverbrauch der einzelnen Verbrauchergruppen und bei der Struktur des Energieträgereinsatzes schlägt sich entsprechend auch bei der Entwicklung der energiebedingten CO_2-Emissionen in Deutschland in den Basisszenarien nieder. So sinken die energiebedingten CO_2-Emissionen in Deutschland in den Basisszenarien bis zum Jahr 2015 ab, solange noch ein Großteil der Kernkraftwerke in Betrieb bleibt. Die Minderung gegenüber der Situation im Jahr 1997 beträgt bei Zugrundelegung des FORUM Preispfades bei E^3-Net-D2 rund 17 %, bei IKARUS-MARKAL ca. 11 % und beim WMI etwa 5 %. Danach unterscheidet sich die Entwicklung aufgrund der Änderungen bei der Primärenergieverbrauchsstruktur. Beim WMI sinken die energiebedingten CO_2-Emissionen noch weiter ab, bei IKARUS-MARKAL wird ein eher konstanter Verlauf modelliert und bei E^3Net-D2 kommt es wieder zu einem Anstieg der Emissionen. Damit weisen im Jahr 2030 mit 759 bis 796 Mio. t CO_2 alle drei Modelle ein ähnliches CO_2-Emissionsniveau für Deutschland in den Basisszenarien aus. Bei PROGNOS Preisen liegt bei E^3Net-D2 und IKARUS-MARKAL das Niveau etwas höher bei dann 761 bzs. 825 Mio. t CO_2.

5.2 Elektrizitätswirtschaftliche und energieseitige Effekte

Mit dem Wuppertal Modellinstrumentarium (WMI) wurde kein Szenario berechnet, das nur den Kernenergieausstieg analysiert, ohne gleichzeitig auch Restriktionen beim Klimaschutz zu berücksichtigen. Somit verbleiben für diesen Teil des Ergebnisvergleichs der Energiesystemmodelle nur die Modellrechnungen mit E^3Net-D2 und IKARUS-MARKAL, die beide auf einem ähnlichen methodischen Ansatz (Kostenminimierung) aufbauen. Zu berücksichtigen ist dabei, dass zum Teil unterschiedliche Basisszenarien zugrunde liegen (vgl. Abschnitt 5.1).

Bezüglich der Struktur des Kraftwerksparks ergibt sich (vgl. Tabelle 5-2), dass die wesentlichen Ersatzoptionen für die außer Betrieb gehenden Kernkraftwerke der Neubau von Steinkohle- oder Erdgaskraftwerken sind. Zusätzlich kommt es auch zu einer Reduktion der installierten Leistung. Die regenerativen (sonstigen) Energien spielen für den Ersatz nur eine untergeordnete bzw. keine Rolle. Neben der zum größten Teil fehlenden Wirtschaftlichkeit der erneuerbaren Energien, die in den Kostenminimierungsansätzen zu einem entsprechend geringen Beitrag führen, ist hier auch zu berücksichtigen, dass im Fall des untersuchten Kernenergieverzichts nach 25 Zeitjahren Nutzung die Ersatzoptionen zum Teil schnell und in breitem Umfang verfügbar sein müssen, was bei dem derzeitigen Entwicklungsstand und den vorhandenen Produktionskapazitäten der regenerativen Energiequellen nur sehr eingeschränkt möglich wäre.

Der Vergleich der Ergebnisse beider untersuchter Preispfade (FORUM und PROGNOS) zeigt, dass die grundlegende Entscheidung zwischen dem Ersatz durch Steinkohle- oder durch Erdgaskraftwerke zu einem großen Teil durch die Preisannahmen bedingt ist. Als Ersatzkapazitäten werden bei FORUM-Preisen in IKA-

IKARUS-MARKAL nahezu ausschließlich Gaskraftwerke zugebaut, während in E³Net-D2 Steinkohlekraftwerke als wesentliche Ersatzoption dominieren.

Tabelle 5-2: Änderungen in der Struktur des Kraftwerksparks der Ausstiegsszenarien im Vergleich zum jeweiligen Basisszenario (in GW)

	2005	2010	2015	2020	2030
FORUM Preispfad					
E³Net-D2					
Steinkohlen [1)]	0,000	9,234	13,058	7,700	-1,427
Braunkohlen	0,000	0,000	0,000	0,000	0,000
Öl	0,000	0,000	0,925	-0,250	-0,750
Gas	6,478	6,478	6,512	5,728	2,228
Kernenergie	-7,944	-15,388	-19,251	-13,062	0,000
Wasserkraft	0,000	0,000	0,071	0,000	0,000
Wind	0,000	0,000	0,000	0,000	0,000
Photovoltaik	0,000	0,000	0,000	0,000	0,000
Sonstige	0,000	0,000	0,000	0,000	0,000
Summe	**-1,465**	**0,323**	**1,316**	**0,116**	**0,051**
IKARUS-MARKAL					
Steinkohlen [1)]	0,000	0,000	0,000	0,000	-2,611
Braunkohlen	0,000	0,000	0,000	0,000	0,000
Öl	0,000	0,000	0,000	0,000	0,000
Gas	6,068	12,871	17,134	12,111	3,387
Kernenergie	-8,084	-14,043	-18,354	-13,568	-0,361
Wasserkraft	0,000	0,000	0,000	0,498	0,000
Wind	0,000	0,000	0,000	0,000	-0,190
Photovoltaik	0,000	0,000	0,000	0,000	0,000
Sonstige	0,006	-0,003	-0,003	-0,003	0,004
Summe	**-2,010**	**-1,176**	**-1,223**	**-0,962**	**0,228**
PROGNOS Preispfad					
E³Net-D2					
Steinkohlen [1)]	4,599	16,085	19,814	14,376	0,501
Braunkohlen	0,000	0,000	0,000	0,000	0,000
Öl	0,000	0,000	0,781	-0,250	-0,150
Gas	0,000	0,000	0,062	-0,750	-0,925
Kernenergie	-7,944	-15,388	-19,251	-13,062	0,000
Wasserkraft	0,000	0,000	0,071	0,000	0,000
Wind	0,000	0,000	0,000	0,000	0,000
Photovoltaik	0,000	0,000	0,000	0,000	0,000
Sonstige	0,000	0,000	0,000	0,000	0,009
Summe	**-3,345**	**0,697**	**1,477**	**0,314**	**-0,564**
IKARUS-MARKAL					
Steinkohlen [1)]	4,280	2,631	6,696	7,466	-0,343
Braunkohlen	0,239	0,243	-0,676	-0,074	-0,422
Öl	0,000	0,000	0,000	0,000	0,000
Gas	3,032	10,280	9,776	3,859	1,346
Kernenergie	-8,084	-14,043	-18,354	-13,568	-0,361
Wasserkraft	0,000	0,000	0,000	0,000	0,000
Wind	0,000	0,000	0,000	0,000	0,000
Photovoltaik	0,000	0,000	0,000	0,000	0,000
Sonstige	-0,002	-0,052	0,249	0,250	-0,002
Summe	**-0,535**	**-0,941**	**-2,308**	**-2,067**	**0,217**

[1)] inkl. Mischfeuerung

Bei der im Vergleich zu FORUM-Preisen kohlegünstigeren PROGNOS Preisvariante, kommt es bei der Wahl der Ersatzoption zu einer Verschiebung hin zu Steinkohlekraftwerken. Bei IKARUS-MARKAL erfolgt der Ersatz rund jeweils zur Hälfte durch Erdgas und durch Steinkohle, in E^{3}Net-D2 nahezu vollständig durch Steinkohle. Somit sind noch weitere Parameter im Modellvergleich relevant. Dies sind zum einen die ökonomischen und technischen Parameter der Neubaukraftwerke, die nicht zwischen den Modellen angeglichen wurden, und zum anderen auch die konkrete modell- sowie datentechnische Abbildung der Stromerzeugung in Zusammenhang mit der Brennstoffbereitstellung (Kohle- und Gastransportkosten). Eine Ursache für die unterschiedliche Entscheidung in Bezug auf die Ersatzoptionen könnte somit sein, dass in E^{3}Net-D2 noch höhere Aufschläge auf den Erdgasgrenzübergangswert hinzukommen im Vergleich zu IKARUS-MARKAL.

Entsprechende Änderungen wie bei der Kraftwerksleistung sind dann auch bezüglich der Struktur der Strombereitstellung festzustellen (vgl. Abbildung 5-5). Hier wird von beiden Modellen eine höhere Netto-Stromerzeugung aus Steinkohle und Erdgas ausgewiesen. Dabei werden bei E^{3}Net-D2 die stärkeren Zuwächse bei den Steinkohlekraftwerken gesehen. Demgegenüber steigt bei IKARUS-MARKAL die Netto-Stromerzeugung aus Erdgas mehr an. Bei den PROGNOS Preisen verschiebt sich diese Tendenz weiter zu Gunsten der Steinkohlestromerzeugung. Die regenerativen (sonstigen) Energien spielen auch bei den Erzeugungsmengen im Szenariovergleich als Kernenergieersatzoption nur eine untergeordnete Rolle.

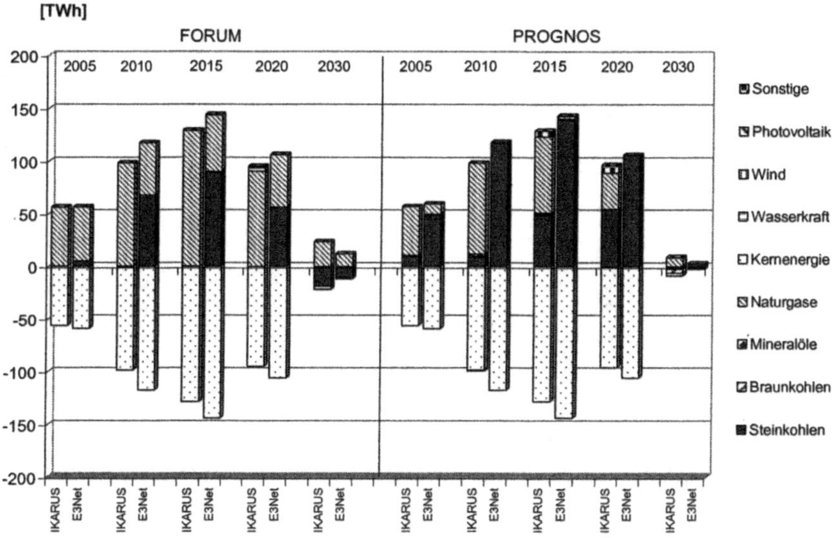

Abbildung 5-5: Veränderungen der Netto-Stromerzeugung in den Ausstiegsszenarien (F25 bzw. P25) als Differenz zu den jeweiligen Basisszenarien (F40 bzw. P40)

Die Veränderungen in der Struktur der Netto-Stromerzeugung in den Ausstiegsszenarien im Vergleich zu den Basisszenarien spiegeln sich auch bei der Struktur des Primärenergieverbrauchs wieder (vgl. Abbildung 5-5). Auch hier wird der Einsatz von Kernbrennstoff durch den verstärkten Einsatz von Steinkohle und Erdgas ersetzt. Vom Primärenergieverbrauchsniveau macht sich dabei lediglich die primärenergieseitige Bewertung der Kernenergie nach dem Wirkungsgradprinzip[11] bemerkbar, so dass das Niveau insgesamt in den Ausstiegsszenarien unterhalb der jeweiligen Basisszenarien liegt. Jedoch führt der frühzeitigere Ersatz der Kernkraftwerke dazu, dass in den Ausstiegsszenarien bereits sehr viel früher wieder Anteile der fossilen Energieträger am Primärenergieverbrauch von über 90 % erreicht werden. Bei E^3Net-D2 steigt im Ausstiegsszenario mit FORUM Preisen der Anteil der fossilen Energieträger von 85,2 % in 1997 über 92,1 % in 2010 auf 95,6 % in 2015. Danach ist dieser Anteil wieder leicht rückläufig (95,2 % in 2020 bzw. 94,1 % in 2030). Eine ähnliche Entwicklung ist auch bei IKARUS-MARKAL zu erkennen. Hier wird in 2010 ein Anteil der fossilen Energieträger am Primärenergieverbrauch von 93,6 % erreicht, der sich bis 2015 auf 97,8 %, bis 2020 auf 98,0 % und schließlich bis 2030 auf 98,1 % erhöht.

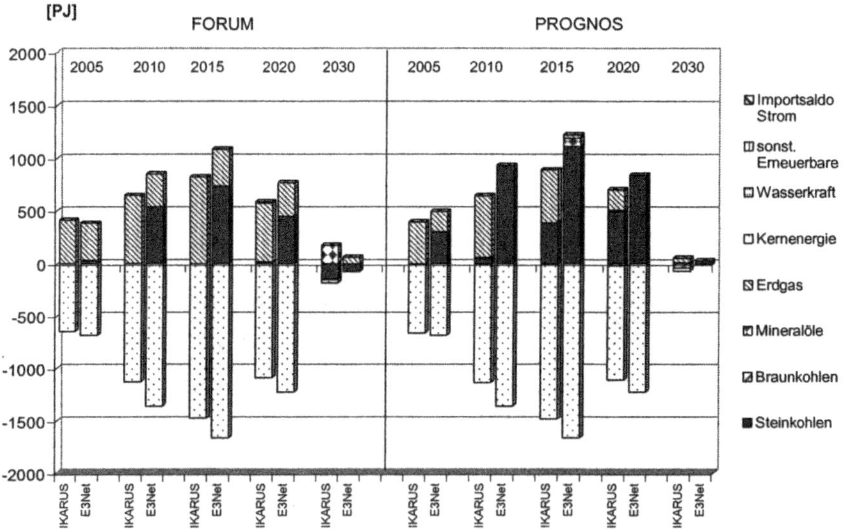

Abbildung 5-6: Veränderungen des Primärenergieverbrauchs in den Ausstiegsszenarien (F25 bzw. P25) als Differenz zu den jeweiligen Basisszenarien (F40 bzw. P40)

[11] Nach der Wirkungsgradmethode wird der primärenergetische Beitrag der Kernenergie zur Stromerzeugung pauschal mit einem Bruttowirkungsgrad von 33 % erfasst, während die Stromerzeugung aus Wasserkraft, Windenergie und Photovoltaik sowie der Stromimport mit einem Wirkungsgrad von 100 % bilanziert werden.

5.3 Ökologische Effekte

Aufgrund der Änderungen bei der Struktur des Primärenergieverbrauchs in den Ausstiegsszenarien ergeben sich bezüglich der CO_2-Emissionen bei einem vorzeitigen Kernenergieausstieg nach 30 Zeitjahren Nutzungsdauer in Deutschland Maximalwerte der Mehremissionen unter der FORUM Preisannahme von 45,6 Mio. t (IKARUS-MARKAL) bis 87,7 Mio. t (E^3Net-D2) bzw. bei der PROGNOS Preisentwicklung von 63,2 Mio. t (IKARUS-MARKAL) bis 110,7 Mio. t (E^3Net-D2) (vgl. Tabelle 5-3). Dieser Maximalwert wird in diesen Szenarien immer für das Jahr 2015[12] ausgewiesen.

Tabelle 5-3: Mehremissionen in den Ausstiegsszenarien (F25 bzw. P25) gegenüber den jeweiligen Basisszenarien (F40 bzw. P40)

in Mio t CO_2	2005	2010	2015	2020	2025	2030
			FORUM-Preise			
E3Net	22,7	67,7	87,7	59,5		-2,8
IKARUS	22,9	35,9	45,6	32,5	29,7	-2,2
			PROGNOS-Preise			
E3Net	38,8	86,5	110,7	77,9		2,0
IKARUS	20,4	37,0	63,2	55,7	23,2	-1,1

Ein weiterer Analyseschritt stellt in den "Ausstiegsszenarien mit Emissionsbeschränkung wie Basis" die Frage in den Mittelpunkt, ob die mit dem Kernenergieausstieg einhergehenden CO_2-Mehremissionen durch entsprechende Maßnahmen zu kompensieren sind. Damit sollen im Falle des Kernenergieausstiegs die selben Emissionen erreicht werden, wie sie sich auch in den Basisszenarien ergeben. Dieses Ausstiegsszenario ist auch mit dem Wuppertal Modellinstrumentarium (WMI) gerechnet worden.

Bei diesem Szenariovergleich ist zu berücksichtigen, dass damit die Komposition des Basisszenarios und die Mehremissionen in den Ausstiegsszenarien die Auswirkungen mitbeeinflussen. Dies gilt sowohl im Vergleich der beiden optimierenden Energiesystemmodelle als auch insbesondere beim Vergleich zwischen dem WMI und den Optimierungsmodellen. Beim WMI ist im Ausstiegsszenario mit Emissionen wie Basis bereits die erfolgreiche Durchführung von Maßnahmen unterstellt worden, die im Vergleich zu den Basisszenarien insbesondere zu einem Abbau der Hemmnisse gegenüber der Energieeinsparung führt. Aber auch andere

---

12 Aufgrund der Periodizierung, die in den Energiesystemmodellen in der vorliegenden Anwendung generell 5 Jahre beträgt, wird das Jahr 2014, in dem die Differenz der installierte Kraftwerksleistung in Kernkraftwerken in den Ausstiegsszenarien im Vergleich zu den Basisszenarien am größten ist, nicht gesondert betrachtet.

wirtschaftliche aber gehemmte Potenziale werden dann vermehrt ausgeschöpft. Das Wuppertal Modellinstrumentarium vergleicht also ein "gehemmtes" Basisszenario mit einem "ungehemmten" Ausstiegsszenario mit Emissionen wie Basis, während die Optimierungsmodelle sowohl im Basisszenario als auch in den Ausstiegsszenarien keine Hemmnisse unterstellen und somit die Szenarien vom Grundansatz her vergleichbar bleiben.

Hierbei können in den Energiesystemmodellen neben dem verstärkten Einsatz CO_2-günstigerer Energieträger in der Stromerzeugung (Erdgas, erneuerbare Energien) auch Energieeinsparmaßnahmen und Energieträgersubstitutionen in den übrigen Sektoren (Haushalte, Kleinverbraucher, Industrie, Verkehr) dazu beitragen, die CO_2-Emissionen entsprechend zu senken. Der Beitrag der Stromeinsparung ist in Abbildung 5-7 dargestellt, die die Veränderungen des Endenergieverbrauchs an Strom zwischen den Ausstiegsszenarien mit Emissionen wie Basis (F25B bzw. P25B) mit den jeweiligen Ausstiegsszenarien ohne Emissionsbeschränkung (F25 bzw. P25) für die Modelle E^3Net-D2 und IKARUS-MARKAL wiedergibt.

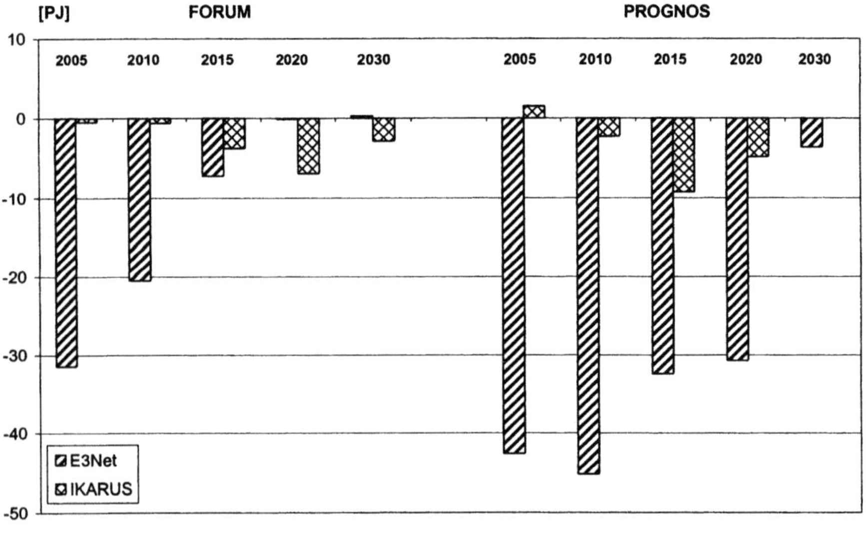

Abbildung 5-7: Veränderungen des Endenergieverbrauchs an Strom in den Ausstiegsszenarien mit Emissionen wie Basis (F25B bzw. P25B) als Differenz zu den jeweiligen Ausstiegsszenarien (F25 bzw. P25)

Hier zeigt sich, dass die in stärkerem Umfang notwendige Reduktion der CO_2-Emissionen bei E^3Net-D2 auch zu entsprechenden größeren Stromeinsparungen führt, wobei hier besonders in den früheren Analyseperioden nennenswerte Beiträge realisiert werden. Der Verlauf der Stromeinsparungen bei IKARUS-MARKAL stellt sich hier sowohl von der Höhe als auch von der zeitlichen Entwicklung unterschiedlich dar. Insgesamt beläuft sich der Maximalwert der Stromeinsparung auf 45 PJ (12,5 TWh), so dass sich dies bei der Netto-Stromerzeugung, die in der Größenordnung von 500 TWh liegt, insgesamt nur gering bemerkbar macht (vgl. Abbildung 5-8).

In den Ausstiegsszenarien mit Emissionen wie Basis verschiebt sich die Struktur der Netto-Stromerzeugung im Vergleich zu den Ausstiegsszenarien ohne Emissionsbeschränkung sehr viel stärker in Richtung eines Ersatzes der Kernkraftwerke durch Erdgaskraftwerke, wie Abbildung 5-8 für die FORUM Preisannahme zeigt. Bedingt durch die unterschiedliche Höhe der notwendigen CO_2-Emissionen (vgl. Tabelle 5-3) sind auch hier die ausgelösten Senkungen der Stromerzeugung aus Steinkohle wieder bei E^3Net-D2 höher als bei IKARUS-MARKAL. Absolut gesehen, ist bei E^3Net-D2 jedoch der Beitrag der Steinkohle noch um ein Vielfaches höher als bei IKARUS-MARKAL. Die Ergebnisse des WMI zeigen hier bezüglich der Struktur der Stromerzeugung im Ausstiegsszenario mit Emissionen wie Basis einen viel ausgeglicheneren Energieträgermix. Die Naturgase weisen im Jahr 2020 einen Anteil von 36,8 % auf, die Steinkohle einen Anteil von 26,1 % und die Braunkohle von 25,7 %. Die Netto-Stromerzeugung insgesamt wird dabei gegenüber dem Basisszenario in 2010 um 29,5 TWh, in 2015 um 28,5 TWh, in 2020 um 27,6 TWh und in 2030 um 7,3 TWh vermindert. Gegenüber den Ergebnissen von E^3Net-D2 sind dies bei einer um ca. 100 TWh höheren gesamten Netto-Stromerzeugung rund 18,0 TWh mehr Stromeinsparung in 2010, ca. 22,4 TWh in 2015, rund 23,5 TWh in 2020 und ca. 4,1 TWh in 2030.

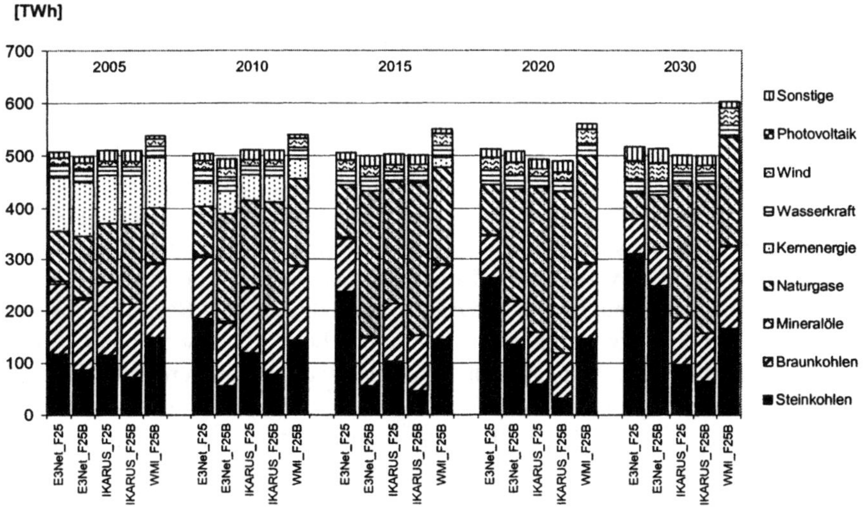

Abbildung 5-8: Netto-Stromerzeugung im Ausstiegsszenario mit Emissionen wie Basis bei FORUM-Preispfad (F25B) im Vergleich zum Ausstiegsszenario (F25)

Eine weitere Einschränkung ergibt sich, wenn nicht die CO_2-Emissionen auf das Niveau der Basisszenarien beschränkt werden, sondern die Forderung erhoben wird, die Kyoto-Zielwerte, die Deutschland im Rahmen der EU-Lastenteilung übernommen hat, und deren Fortschreibung zu erfüllen. Für die notwendigen Veränderungen des Energiesystems in diesen sogenannten Kyoto-Szenarien sind somit die entsprechenden Differenzen zwischen den CO_2-Emissionen des Ausstiegsszenarios, das mit dem WMI nicht berechnet wurde, und den Kyoto-Zielwerten entscheidend (vgl. Tabelle 5-4).

Tabelle 5-4: Notwendige Reduktion der CO_2-Emissionen in den Kyoto-Szenarien (F25K bzw. P25K) gegenüber den jeweiligen Ausstiegsszenario (F25B bzw. P25B) in Mio. t CO_2

	2005	2010	2015	2020	2030
FORUM Preispfad					
E3Net-D2	3,2	25,8	63,8	89,8	193,4
IKARUS-MARKAL	22,2	31,5	38,9	44,8	216,5
PROGNOS Preispfad					
E3Net-D2	20,7	55,4	93,0	121,2	200,0
IKARUS-MARKAL	22,9	28,5	29,6	66,7	269,7

Es zeigt sich, dass hier in E^3Net-D2 die zuvor betrachteten Ausstiegsszenarien mit Emissionen wie Basis (F25B bzw. P25B) in den früheren Zeitperioden eine höhere CO_2-Minderung gegenüber den Ausstiegsszenarien (F25 bzw. P25) verlangen als die Kyoto-Szenarien (F25K bzw. P25K). Bei IKARUS-MARKAL liegen die notwendigen Minderungsbeiträge in den früheren Perioden unter denjenigen von E^3Net-D2, zum Ende des Betrachtungszeitraums ist hier die notwendige Reduktion der CO_2-Emissionen größer.

Für die Kyoto-Szenarien (F25K bzw. P25K) erscheint es möglich, die vorgegebene Minderung der CO_2-Emissionen bei einem vorzeitigen Kernenergieausstieg nach 25 Zeitjahren Nutzungsdauer mit technischen Maßnahmen (Energieeinsparung, Energieträgersubstitution, erneuerbare Energiequellen) zu erreichen. Es zeigt sich, dass im Falle der verschärften Emissionsanforderungen der Kyoto-Szenarien bei Anwendung der Energiesystemmodelle auch die übrigen Sektoren des Energiesystems zur Emissionsminderung beitragen. Dies gilt insbesondere für den Haushalts- und Kleinverbrauchsbereich und in etwas reduzierterem Umfang auch für die Industrie. Der Verkehrssektor ist nur mit geringen Beiträgen an der Emissionsminderung beteiligt. Die größten Minderungsbeiträge werden jedoch auch in den Kyoto-Szenarien durch den Umwandlungssektor erbracht, wo neben einem Zubau an Erdgas-GuD-Kraftwerken auch die erneuerbaren Energien (Biomasse, Wind) verstärkt eingesetzt werden (vgl. Abbildung 5-9).

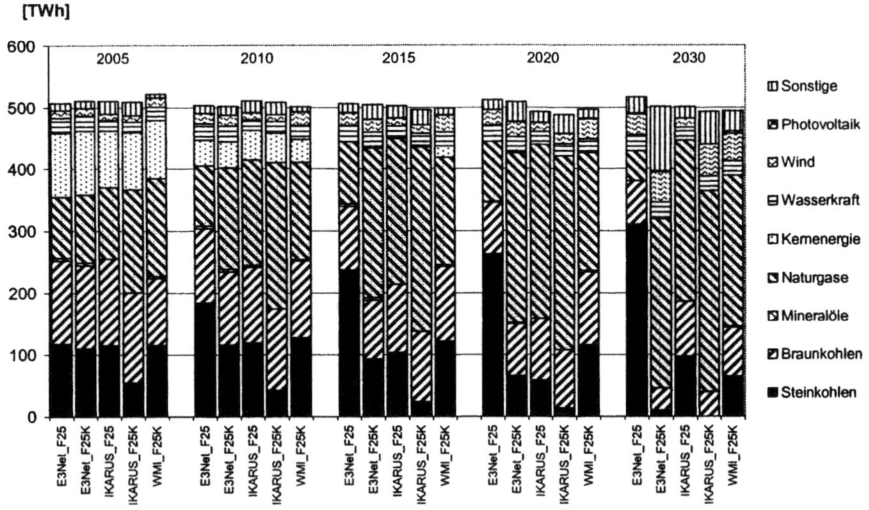

Abbildung 5-9: Netto-Stromerzeugung im Ausstiegsszenario mit Emissionen nach Kyoto bei FORUM-Preispfad (F25K) im Vergleich zum Ausstiegsszenario (F25)

5.4 Kostenwirkungen

Der Vergleich der ermittelten Mehrkosten eines vorzeitigen Kernenergieausstiegs nach 30 Zeitjahren ohne Berücksichtigung emissionsseitiger Restriktionen kann für die Modellrechnungen mit E^3Net-D2 und IKARUS-MARKAL durchgeführt werden (vgl. Abbildung 5-10), mit dem WMI wurden diese Szenarien nicht berechnet. Bei E^3Net-D2 werden unter den FORUM Preisannahmen nicht abdiskontierte, kumulierte Mehrkosten von 69 Mrd. DM_{98} gegenüber dem entsprechenden Basisszenario ausgewiesen. Bei einem Betrachtungszeitraum von 31 Jahren (2000 bis 2030) ergibt dies 2,2 Mrd. DM_{98}/a. Wenn hier die Preisentwicklung von PROGNOS verwendet wird, so sinken die nicht abdiskontierten, kumulierten Mehrkosten auf 40 Mrd. DM_{98} (1,3 Mrd. DM_{98}/a). IKARUS-MARKAL ermittelt nicht abdiskontierte, kumulierte Mehrkosten bei FORUM Preisen in Höhe von 39 Mrd. DM_{98}, d. h. 1,2 Mrd. DM_{98}/a. Die unter PROGNOS Preisannahmen ermittelten Mehraufwendungen betragen ca. 12 Mrd. DM_{98} bzw. 0,4 Mrd. DM/a.

Mit E^3Net-D2 wird in den Szenariorechnungen zum vorzeitigen Kernenergieausstieg bei gleichen Emissionen wie im Basisszenario (F25B bzw. P25B) ermittelt, dass die nicht abdiskontierten, kumulierten Mehrkosten gegenüber dem Basisszenario mit Kernenergieersatz durch Steinkohle- und Erdgaskraftwerke auf 106 Mrd. DM_{98} oder 3,4 Mrd. DM_{98}/a (F25B) bzw. auf 102 Mrd. DM_{98} oder 3,3 Mrd. DM_{98}/a (P25B) steigen. Somit beträgt der Unterschied in den Mehrkosten gegenüber dem Ausstiegsfall ohne Berücksichtigung der erhöhten CO_2-Emissionen 1,2 Mrd. DM_{98} pro Jahr (F25B) bzw. 2,0 Mrd. DM_{98} pro Jahr (P25B). Bei IKARUS-MARKAL führt diese Betrachtung unter den FORUM Preisannahmen zu zusätzlichen Mehrkosten bei Einhaltung der CO_2-Emissionen der Referenzentwicklung in Deutschland gegenüber den Ausstiegsszenarien von 14 Mrd. DM_{98} bzw. 0,5 Mrd. DM_{98} pro Jahr (F25B) oder bei Zugrundelegung der PROGNOS Preise von 12 Mrd. DM_{98} bzw. 0,4 Mrd. DM_{98} pro Jahr (P25B) ergeben. Die gesamten Mehrkosten des Kernenergieausstiegs gegenüber dem Basisszenario belaufen sich dann bei dieser Modellrechnung auf 53 Mrd. DM_{98} bzw. 1,7 Mrd. DM_{98} pro Jahr (F25B) oder auf 24 Mrd. DM_{98} bzw. 0,8 Mrd. DM_{98} pro Jahr (F25B).

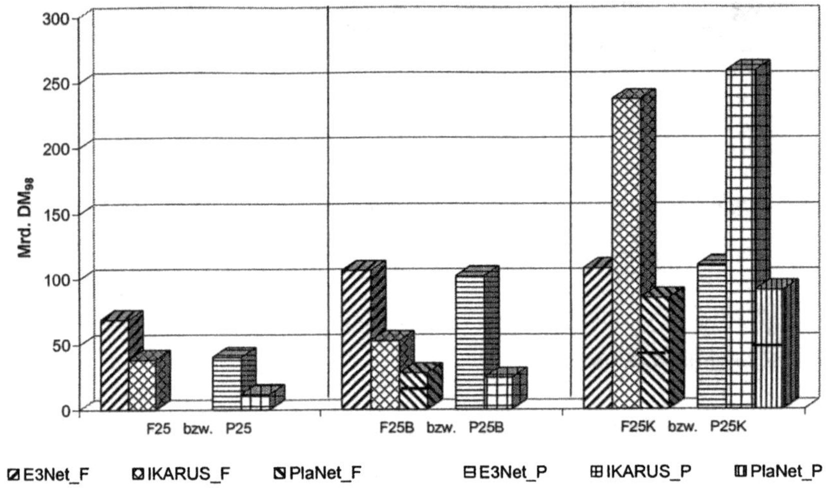

Abbildung 5-10: Nicht abdiskontierte, kumulierte Mehrkosten der Energiesystemmodelle im Szenariovergleich

Auch mit dem WMI sind die kumulierten Mehrkosten des Kernenergieausstiegs ermittelt worden, wenn gleichzeitig die Forderung gestellt wird, dass die CO_2-Emissionen nicht über das Niveau des Basisszenarios ansteigen sollen. Auf der Basis der dargestellten Veränderungen in Bezug auf die Entwicklung der Primärenergie- und Endenergienachfrage sowie des Stromerzeugungsmixes führt das Szenario F25B unter Berücksichtigung der mit dem WMI durchgeführten eingeschränkten Kostenbetrachtungen (kostenseitig beschränkt sich die Analyse auf den Bereich der Stromerzeugung inklusive Stromeinsparung) zu nicht abdiskontierten, kumulierten Mehrkosten (für den gesamten Betrachtungszeitraum von 2000 bis 2030) von 28 Mrd. DM_{98}[13] oder 0,9 Mrd. DM_{98}/a.

---

13 Da die Auswirkungen der veränderten Struktur des Kraftwerksparkes auf die Stromtransport- und –verteilungsebene mit dem Energiemodellsystem des Wuppertal Institutes nicht modelliert wurde, ist eine überschlägige Sensitivitätsbetrachtung

Bei allen drei Modellen kann eine Aussage zu den Mehrkosten eines Kernenergieausstiegs nach 25 Zeitjahren unter Berücksichtigung der Klimaschutzziele in Folge der Kyoto-Vereinbarung hergeleitet werden (vgl. Abbildung 5-10). E^3Net-D2 ermittelt im Falle des vorzeitigen Kernenergieausstiegs nach 25 Zeitjahren Nutzungsdauer und einer Minderung der energiebedingten CO_2-Emissionen in Deutschland um 21 % bis 2010 und um 43 % bis 2030, jeweils bezogen auf das Emissionsniveau des Jahres 1990, bis zum Jahr 2030 nicht abdiskontierte, kumulierte Zusatzkosten von 108 Mrd. DM_{98} bzw. jährliche Kosten von 3,5 Mrd. DM_{98}/a bei der FORUM Preisannahme und von 110 Mrd. DM_{98} bzw. jährliche Kosten von 3,6 Mrd. DM_{98}/a bei PROGNOS Preisen. Nach IKARUS-MARKAL ergeben sich hier jährliche Mehrkosten in Höhe von rund 7,6 Mrd. DM/a (FORUM) bzw. von ca. 8,3 Mrd. DM_{98}/a (PROGNOS)[14]. Bezogen auf das Basisszenario (F40 bzw. P40) kommt das WMI auf jährliche Mehrkosten (nicht abdiskontiert) des vorzeitigen Kernenergieausstiegs von ca. 2,8 Mrd. DM_{98}/a (FORUM) bzw. 2,9 Mrd. DM_{98}/a (PROGNOS) bzw. von gesamten kumulierten Mehrkosten in Höhe von 85 Mrd. DM_{98} bzw. 91 Mrd. DM_{98}. In diesem Zusammenhang ist die Ausgestaltung des CO_2- bzw. Treibhausgasminderungspfades im Vergleich zum Basisszenario mit für die Höhe der entstehenden Mehrkosten von Bedeutung. Entscheidend sind jedoch auch die Anzahl der möglichen Minderungsoptionen und die den einzelnen Maßnahmen zugeordneten Kosten.

Die kumulierten, auf das Jahr 2000 abdiskontierten Mehrkosten belaufen sich im Ausstiegsszenario auf 8 bis 45 Mrd. DM_{98} und erhöhen sich unter gleichzeitiger Berücksichtigung von Klimaschutzanforderungen auf 43 bis 87 Mrd. DM_{98}.[15]

---

durchgeführt worden. Wird abweichend von der Basisvariante davon ausgegangen, dass höhere Netzkosteneinsparungen zu veranschlagen sind (3,2 Pf/kWh statt 1 Pf je kWh in der Basisvariante), reduzieren sich die mit dem WMI ermittelten nicht abdiskontierten, kumulierten Mehrkosten auf 15 Mrd. DM_{98}.

14 Wie bereits im Modellexperiment I aufgezeigt wurde /FORUM 1999/, sind bei IKARUS-MARKAL die Zusatzkosten der CO_2-Minderung insbesondere in den letzten Modellperioden ergebnisbestimmend, da hier die Grenzkosten der CO_2-Vermeidung überproportional ansteigen. Dies ist sehr stark abhängig von den getroffenen Rahmenbedingungen, z. B. untere Grenzen der heimischen Kohleförderung, sowie dem Modell zur Verfügung stehende Maßnahmen.

15 Zur Einordnung der o. g. Mehrkosten eines vorzeitigen Kernenergieausstiegs einige Vergleichszahlen: jährliche Steinkohlebeihilfen der Jahre 2000-2005, 4-7 Mrd. DM, erwartete jährliche Einnahmen aus der Ökosteuer 8-11 Mrd. DM, Aufwendungen für das 100.000 Dächer Photovoltaik Programm 0,2 Mrd. DM.

5.5 Sensitivitätsanalysen

Die Modellergebnisse hängen außer von der zugrunde liegenden Methodik auch entscheidend von den jeweils verwendeten Inputdaten ab. Zur Untersuchung dieser Abhängigkeiten dienen die Sensitivitätsanalysen, die mit den Energiesystemmodellen über die Grundvarianten hinaus gerechnet wurden (vgl. Tabelle 5-5).

Tabelle 5-5: Sensitivitätsanalysen der Energiesystemmodelle

	E^3Net-D2	IKARUS-MARKAL	WMI
Energiepreise konstant	X		
Sonstige Preisvariationen		X	
KKW-Laufzeiten / Pool	X	X	
Emissionsminderung	X		X
Sonstige			X

Hiervon werden im Folgenden zwei Sensitivitäten exemplarisch betrachtet. Zum einen wird die Rolle der Energieträgerpreisentwicklung noch einmal zusätzlich beleuchtet, in dem die konstanten Preise auf dem 2000er Niveau der FORUM Preisentwicklung betrachtet werden. Des Weiteren werden einige Kostenparameter variiert.

Die Annahmen zur Entwicklung der Weltenergiepreise bzw. der Grenzübergangswerte sind wesentliche exogene Größen für die Entwicklung der Energiewirtschaft in Deutschland. Diesem Gesichtspunkt wurde bereits in den Grundvarianten durch die Betrachtung zweier Preisentwicklungen (FORUM und PROGNOS) Rechnung getragen. Beide Entwicklungen gehen von wieder steigenden Preisen für die fossilen Energieträger aus, wobei sich jeweils im Zeitablauf die Preisrelation zu Gunsten der Steinkohle verbessert. Diesen Entwicklungen wurde in den Modellrechnungen mit E^3Net-D2 noch eine Variante gegenübergestellt, die von auf dem Niveau von 2000 konstanten Energiepreisen gemäß der FORUM-Preisentwicklung ausgeht (K40, K25, K25B, K25K).

Es zeigt sich, dass dann bereits im Basisszenario und im Ausstiegsszenario ohne weitere Emissionsbeschränkung Erdgas-GuD-Kraftwerke die Steinkohlekraftwerke als wesentliche Ersatzoption für die Kernkraftwerke ablösen. Damit betragen die kumulierten Ausstiegskosten des Szenarios K25 noch 26,1 Mrd. DM_{98} oder 0,84 Mrd. DM_{98}/a im Vergleich zum Basisszenario K40, das auch von konstanten Energiepreisen ausgeht. Des Weiteren sind die CO_2-Emissionen des Basisszenarios K40 mit 789,3 Mio. t CO_2 in 2005, 740,1 Mio. t CO2 in 2010, 701,6 Mio. t CO_2 in 2015, 676,8 Mio. t CO_2 in 2020 und 658,9 Mio. t CO_2 in 2030 noch einmal wesentlich niedriger als in den Basisszenarien mit steigenden (FORUM- bzw. PROGNOS-) Preisen (F40 bzw. P40). Der Maximalwert der Zusatzemissionen im Ausstiegsszenario K25 beläuft sich – begründet über den überwiegenden Ersatz durch

durch Erdgas sowie die unterschiedliche Fahrweise der älteren Kohlekraftwerke – im Jahr 2015 auf 45,5 Mio. t CO_2.

Damit sind die zusätzlichen Minderungserfordernisse in dieser Szenariogruppe wesentlich schwächer als in den Grundvarianten, um wieder das Emissionsniveau des Basisszenarios bzw. das Kyoto-Ziel erreichen zu können. Entsprechend betragen hier die kumulierten Mehrkosten gegenüber dem Basisszenario nur rund 49,3 Mrd. DM_{98} oder 1,59 Mrd. DM_{98}/a zur Erreichung des CO_2-Emissionsniveaus des Basisszenarios bzw. ca. 47,1 Mrd. DM_{98} oder 1,52 Mrd. DM_{98}/a im Kyoto-Fall. Unter diesen Randbedingungen ist es nun kostenintensiver, das Emissionsniveau des Basisszenarios zu erreichen.

Weitere Sensitivitätsrechnungen sind in Bezug auf die Veränderung von Einzelvariablen mit dem Wuppertal Modellinstrumentarium durchgeführt worden. Dies betrifft im Vergleich zum Ausgangsszenario F25K unter anderem

- die Annahme eines nur dem Trend entsprechenden Beitrags der Photovoltaik zur Stromerzeugung. Im Klimaschutzszenario ist bisher von einem deutlich höheren Beitrag von 3,9 TWh im Jahr 2030 (statt 0,6 TWh im Trend) ausgegangen worden, der als notwendige erste Ausbaustufe für einen unter weitergehenden Klimaschutzbedingungen nach dem Jahr 2030 erforderlichen signifikanten Ausbau der Photvoltaik vorausgesetzt wurde;

- die Annahme um 25 % geringerer Investitionskosten für die Realisierung von Stromeinsparmaßnahmen.

Die Kostenanalysen für den Gesamtkraftwerkspark hängen sehr sensitiv von diesen Kenngrößen ab. Dies betrifft insbesondere die unterstellten spezifischen Kapitalkosten für die Stromeinsparung, für die basierend auf den Erfahrungen mit Lernkurven aus anderen Bereichen erhebliche Kostendegressionen nicht auszuschließen sind. Diese könnten zu Minderkosten von insgesamt bis zu 18,6 Mrd. DM führen. Zum anderen betrifft dies die in den Klimaschutzszenarien berücksichtigten Aufwendungen für die verstärkte Nutzung der photovoltaischen Stromerzeugung, die hier aufgrund der ihr zuzuweisenden Mehrkosten von kumuliert 5,1 Mrd. DM nicht als least cost Klimaschutzoption zu verstehen sind, sondern aus langfristigen Versorgungsgründen sowie aus technologie- und entwicklungspolitischen Aspekten notwendig erscheinen.

6 Ergebnisse der Energiewirtschaftsmodelle

Von den beteiligten Energiewirtschaftsmodellen LEAN (Universität Oldenburg), NEWAGE (IER Stuttgart), PACE (ZEW Mannheim) und PANTA RHEI (GWS Osnabrück) wurden ein Referenzszenario und drei Ausstiegsszenarien analysiert. Dabei wurde keine Differenzierung zwischen den beiden Preispfaden (FORUM und PROGNOS) vorgenommen, sondern lediglich die FORUM Preisentwicklung für die internationalen Energiepreise übernommen. Wie bereits in Abschnitt 2.3.5 erläutert, gibt es nur relativ geringe Unterschiede zwischen den beiden vorgegebenen Preispfaden. Da gleichzeitig in den Energiewirtschaftsmodellen – im Vergleich zu den Bottom-up Modellen –, Energiepreisveränderungen nicht so stark ergebnisbestimmend sind, würden sich damit bei einer Energiepreisvariation nur relativ geringe Abweichungen in den Gesamteffekten ergeben. Die Szenarien unterscheiden sich folglich durch die Restlaufzeiten der Kernkraftwerke und die CO_2-Emissionsbeschränkung. Im Referenzszenario ergibt sich die Restlaufzeit der Kernkraftwerke zu 40 Jahren und in den Ausstiegsszenarien zu 25 Jahren, womit das letzte Kernkraftwerk im Jahre 2014 abgeschaltet würde.

Wichtig ist, dass in den Grundvarianten keine zusätzlichen Stromimporte zugelassen wurden. Der Grund hierfür ist, dass sich die Wirkungsanalyse auf die Effekte im Lande konzentrieren sollte. Zusätzlich müssten, falls über steigende Strompreise im Falle des Ausstiegs steigende Stromimporte resultieren würden, für einen sinnvollen Vergleich dann auch die Emissionsänderungen im Ausland berücksichtigt werden. Mit dieser Vorgehensweise ist aber nicht die Behauptung verbunden, dass es in der Realität im Falle eines vorzeitigen Kernenergieverzichts keine zusätzlichen Stromimporte gibt.

6.1 Prinzipielle Wirkungsmechanismen

Die prinzipiellen gesamtwirtschaftlichen Wirkungsmechanismen, die im Falle des vorzeitigen Kernenergieverzichts zu berücksichtigen sind, zeigt Abbildung 6-1. Zunächst geht im Falle des Kernenergieausstiegs der Einsatz an Kernbrennstoffen zurück und das in den bestehenden Kernkraftwerken gebundene Kapital wird entwertet. Zur Substitution muss entsprechende Ersatzkapazität aufgebaut werden und der Einsatz der fossilen Energieträger nimmt zu. Das bedeutet auch, dass die CO_2-Emissionen steigen werden. Darüber hinaus werden auf Grund des vorzeitigen Ersatzes und der Energieträgersubstitution die Kosten in der Stromerzeugung zunehmen, womit dann steigende Strompreise resultieren (Variable ps in Abbildung 6-1). Damit wird in den Energiewirtschaftsmodellen, in denen die Stromnachfrage vollständig endogen abgebildet ist, auch die Stromnachfrage und die Stromproduktion (Variable xs) rückläufig sein.

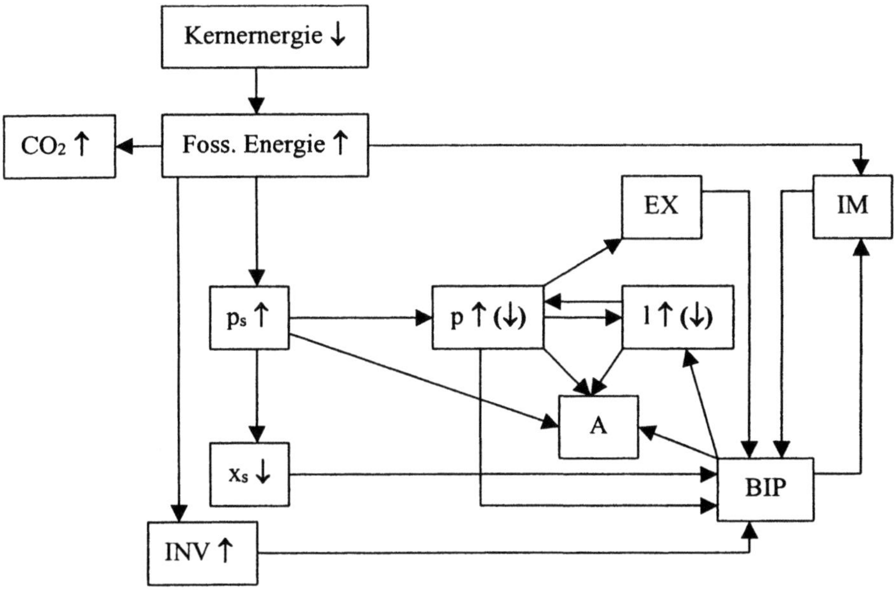

Abbildung 6-1: Die gesamtwirtschaftlichen Wirkungen des Kernenergieausstiegs im Überblick

Um die wegfallende Stromerzeugungskapazität in den Kernkraftwerken zu ersetzen, werden bei dem vorzeitigen Ausstieg aus der Kernenergie zusätzliche Kraftwerke gebaut werden müssen, d. h., die gesamtwirtschaftlichen Investitionen (Variable INV in Abbildung 6-1) werden hiervon positiv beeinflusst. Diese Effekte sind ziemlich unstrittig und werden in der Form in allen beteiligten Energiewirtschaftsmodellen berücksichtigt. Jedoch sind die Stärken dieser Effekte unterschiedlich, je nachdem, wie die Abbildung in den einzelnen Modellansätzen genau gewählt worden ist.

Die daraus folgenden gesamtwirtschaftlichen Effekte sind somit nicht eindeutig. Selbst wenn in Bezug auf die qualitative Aussage zwischen den Modellansätzen keine Unterschiede auftreten, kann die unterschiedliche Quantität der einzelnen Effekte gesamtwirtschaftlich zu abweichenden Ergebnissen führen.

Durch zunehmende Kosten der Stromerzeugung werden auch die Preise für die anderen Güter (Variable p in Abbildung 6-1) steigen, solange dies nicht durch Rückwirkungen auf den Lohnsatz (siehe unten) modifiziert wird. Diese Preiseffekte werden in allen Modellen detailliert aufgezeigt, so daß wir uns unter p einen Preisvektor vorzustellen haben, der natürlich in den einzelnen Modellen unterschiedlich definiert ist.

Diese Preisbewegung hat nun vielfältige Konsequenzen. Zum einen ergibt sich hieraus eine Veränderung des realen Bruttoinlandsproduktes (BIP). Die einzelnen

Sektoren sind in den verschiedenen Energiewirtschaftsmodellen detailliert bottom up modelliert. Im Ergebnis werden sich die veränderten Güterpreise in einer verminderten Wertschöpfung der Sektoren niederschlagen. Dies bedeutet, für sich genommen, dass Einbußen beim BIP resultieren.

Andererseits bedeutet natürlich die durch den vorzeitigen Kernenergieausstieg ausgelöste zusätzliche Investitionstätigkeit, dass ein positiver Effekt auf das BIP zustande kommt. Zusätzlich beeinflussen die vermehrt eingesetzten fossilen Energieträger die Importe unmittelbar. Dies hat wiederum einen senkenden Einfluss auf das BIP. Ein sinkendes BIP bedeutet aber auch wiederum Rückwirkungen auf die Importe anderer Güter.

Zusätzlich sind nun noch die Konsequenzen zu betrachten, die sich über den Lohnsatz (l) ergeben. In den Energiewirtschaftsmodellen wird der Lohn über eine gesamtwirtschaftliche Lohnfunktion abgebildet. Bestimmend für diese Lohnfunktion ist zum einen die Produktivitätsentwicklung aus dem BIP und zum anderen die allgemeine Preisentwicklung. Wenn hier nun das BIP rückläufig sein sollte, könnte von der Produktivität her ein negativer Einfluss auf den Lohn ausgeübt werden, von den Preisen her möglicherweise jedoch ein positiver. Was dabei per saldo herauskommt, liegt nicht von vornherein fest. Der Lohn kann steigen, aber auch fallen, beides ist denkbar. Der Gesamteffekt hängt von den in den Modellen berücksichtigten Elastizitäten ab. Im Falle eines sinkenden Lohnsatzes kann es in bestimmten Sektoren sogar damit zu einem Rückgang der Güterpreise kommen.

Aus dem Lohnsatz und der Preisentwicklung ergibt sich der Reallohn, der natürlich die Entwicklung der gesamtwirtschaftlichen Nachfrage beeinflusst. Des Weiteren wird hiervon das Produktionsniveau in den einzelnen Sektoren mitbestimmt und damit die Beschäftigung (A). Durch die Entwicklung des Strompreises kann in den Energiewirtschaftsmodellen hier eine Substitution zwischen dem Energieeinsatz und dem Arbeitseinsatz ausgelöst werden. Somit ergeben sich auch an dieser Stelle sehr viele unterschiedliche Teileffekte.

Ein weiterer Effekt ergibt sich noch durch den Außenhandel. Die Exporte (EX) hängen von der Preisentwicklung ab. Die Gesamtpreisentwicklung (p) wird von der Strompreisentwicklung beeinflusst, weshalb ein negativer Einfluss auf die Exporte zu erwarten ist. Falls aber in den Energiewirtschaftsmodellen der Lohnsatz sinkt, ergibt sich eine Kostenkomponente, die auch die Preise nach unten ziehen könnte. Damit ist der Einfluss auf die Exporte auch nicht mehr eindeutig. Sofern in einigen Sektoren auf Grund der Lohnrückgänge auch rückläufige Preise resultieren, könnte sich auch eine Belebung der Exporte ergeben. Auch hier ist wieder entscheidend, wie sich die Effekte entweder gegenseitig ergänzen oder eben ausschließen.

Zusammengefaßt bedeutet dies, daß es für den Teilbereich Energiewirtschaft klare Aussagen gibt, was die Qualität der Ergebnisse betrifft. Die gesamtwirtschaftlichen Wirkungen hängen bei durchaus ähnlichen qualitativen Strukturen in den einzelnen Modellen wegen des Vorhandenseins gegenläufiger Effekte sehr von der konkreten quantitativen Abbildung der Teileffekte in den einzelnen Modellansätzen ab.

6.2 Elektrizitätswirtschaftliche Effekte

Bezüglich der elektrizitätswirtschaftlichen Effekte ergibt sich in den Energiewirtschaftsmodellen die in Abbildung 6-2 dargestellte Entwicklung der Strompreise. Die Strompreisentwicklung, wie sie von NEWAGE-D, LEAN und PANTA RHEI produziert wird, verläuft relativ parallel. Hier stimmen die Energiewirtschaftsmodelle ziemlich gut überein mit einer Bandbreite der Erhöhung zwischen 8 % und 12 %, was letztlich eine Folge aus der Dynamik des Ausstiegsszenarios ist.

Was die Bruttoproduktion in der Elektrizitätswirtschaft betrifft, folgen jedoch sehr unterschiedliche Entwicklungen. Die Qualität ist dabei eindeutig, die Effekte weisen in die selbe Richtung (vgl. Abbildung 6-3). In NEWAGE-D ist jedoch die Reaktion auf den (deutlich) gestiegenen Strompreis bezüglich der Stromnachfrage, begründet durch vergleichsweise niedrige Strompreiselastizitätswerte, sehr schwach, während sie sich bei LEAN und bei PANTA RHEI in etwa gleich entwickelt mit Abweichungen um rund 4 %. Dabei zeigt sich erst eine gewisse Dynamik und dann ein Einschwenken auf ein neues Gleichgewicht. Das selbe Verhalten ist auch bei den Ergebnissen von PACE festzustellen, jedoch mit einem sehr viel stärkeren Ausschlag in der Ausstiegsperiode.

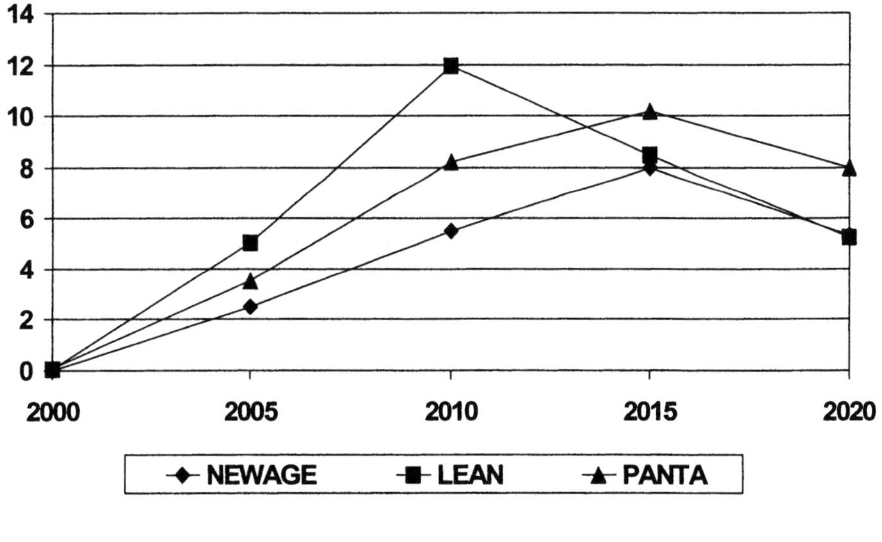

Abbildung 6-2: Veränderung der Strompreise im Ausstiegsszenario ohne Emissionsbeschränkung (F25) im Vergleich zum Referenzszenario (F40) in Prozent

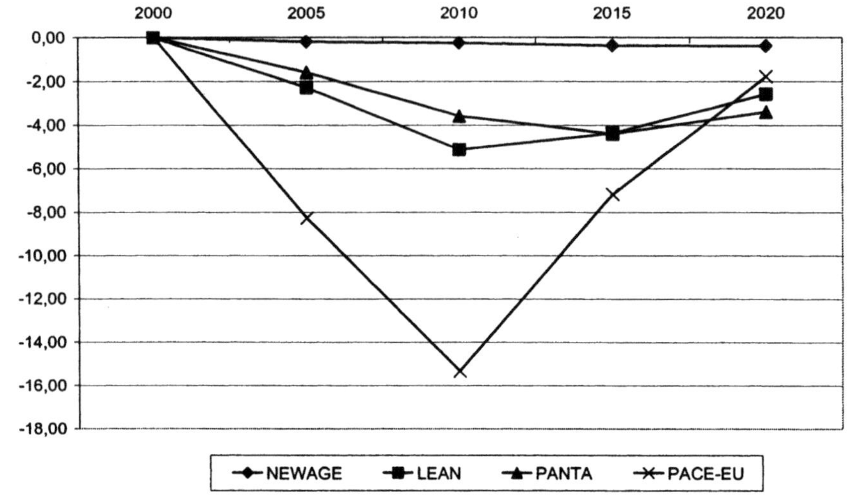

Abbildung 6-3: Entwicklung der Bruttoproduktionswerte des Elektrizitätssektors im Ausstiegsszenario ohne Emissionsbeschränkung (F25) im Vergleich zum Referenzszenario (F40) in Prozent

6.3 Ökologische Effekte

Aus den elektrizitätswirtschaftlichen Effekten ergeben sich dann entsprechende Konsequenzen für die CO_2-Emissionen. Hier kommen PANTA RHEI und LEAN zu sehr ähnlichen Ergebnissen mit einer Zunahme um ca. 8 bis 10 % in der Spitze. Auch die Dynamik ist hier die selbe. Bei NEWAGE-D ist die prozentuale Änderung etwas weniger, aber von der Größenordnung her nicht so sehr weit entfernt von dem, was PANTA RHEI und LEAN produzieren. Bei PACE ergeben sich deutlich stärkere prozentuale CO_2-Emissionsänderungen als bei den anderen Modellen.

Auf Grund der unterschiedlich angesetzten Entwicklung der CO_2-Emissionen im Basisszenario liegen jedoch in Absolutgrößen die Werte gar nicht so weit auseinander bei 80 bis 100 Mio. t CO_2, mit leicht geringeren Werten bei NEWAGE-D (60 Mio. t CO_2) (vgl. Abbildung 6-4).

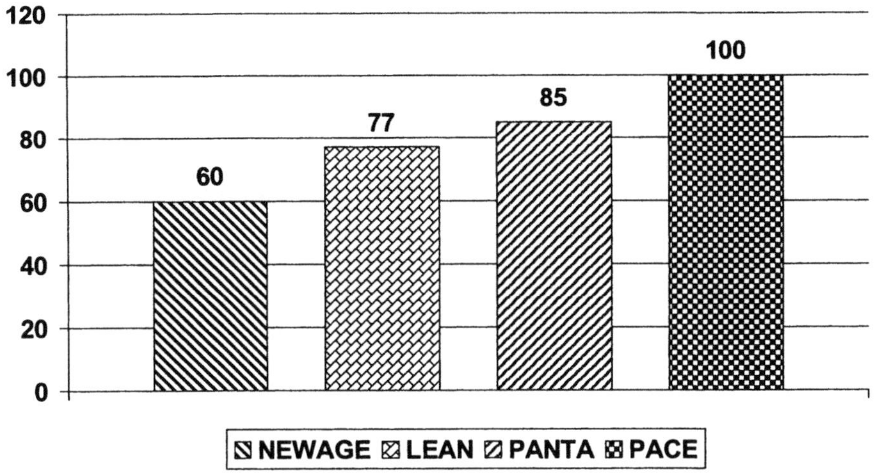

Abbildung 6-4: Maximale Zunahme der CO_2-Emissionen im Ausstiegsszenario ohne Emissionsbeschränkung (F25) im Vergleich zum Referenzszenario (F40) in Mio. t

6.4 Gesamtwirtschaftliche Effekte

Bezüglich des realen Bruttoinlandsproduktes (BIP) sind die prozentualen Abweichungen zwischen dem Ausstiegsszenario ohne Emissionsbeschränkung (F25) und dem Referenzszenario (F40) relativ gering. Als Maximalwert ergibt sich eine Veränderung um -0,8 % (vgl. Abbildung 6-5). Dabei liegen NEWAGE und PANTA RHEI etwa in der selben Größenordnung, nämlich bei -0,2 %. In absoluten Werten sind dies rund 7 bis 8 Mrd. DM pro Jahr Abweichung von der Referenzlösung.

Im Schnitt kann gefolgert werden, dass die Effekte auf das BIP relativ schwach sind. Es gibt hier zwischenzeitlich vielleicht einen positiven Effekt, und zum Ende des Betrachtungszeitraums auch einen leicht positiven, und andererseits dazwischen auch stark negative Effekte. Demgegenüber stellen sich bei PACE doch deutlich stärker negative Wirkungen ein, so dass auch hier PACE wiederum ein Ausreisser ist. Damit ergibt sich doch zwischen den drei Modellen LEAN, NEWAGE-D und PANTA RHEI im Vergleich zu PACE ein deutlicher Unterschied.

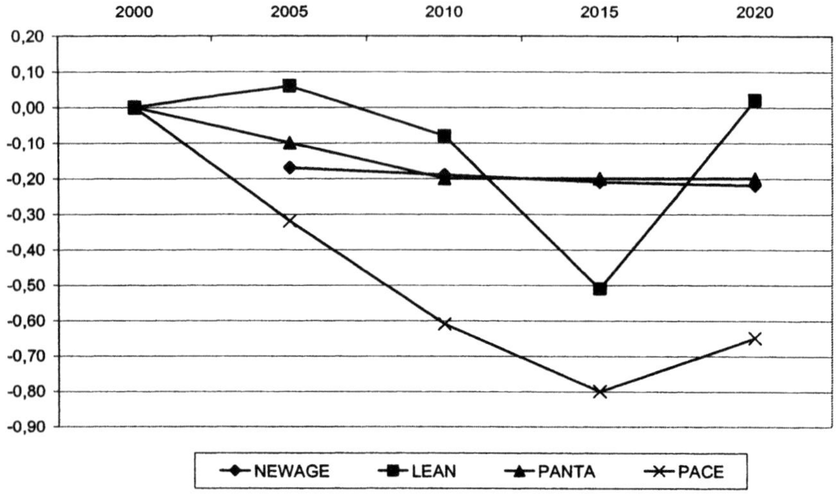

Abbildung 6-5: Veränderung des Bruttoinlandprodukts (BIP) im Ausstiegsszenario ohne Emissionsbeschränkung (F25) im Vergleich zum Referenzszenario (F40) in Prozent

6.5 Beschäftigung

Bei der Beschäftigung streuen die Ergebnisse der Energiewirtschaftsmodelle NEWAGE-D und PANTA RHEI ziemlich dicht um die Null-Marke herum (vgl. Abbildung 6-6). Bei PACE liegt die maximale positive Abweichung bei rund 0,4 %. Für diese drei Modelle sind die Effekte offenbar gering, entweder leicht positive oder leicht negative Abweichungen. Hier kompensieren sich demnach viele der in Abschnitt 6.1 angesprochenen Teileffekte. Bei LEAN spiegelt sich im Grunde die BIP-Entwicklung wider. Für dieses oszillatorische Verhalten sind offenbar die selben dynamischen Kräfte wie bei der Wirtschaftsentwicklung verantwortlich.

6.6 Außenhandel

In Bezug auf die Exporte kommen die beiden Modelle NEWAGE-D und PANTA RHEI zu dem Ergebnis, dass der vorzeitige Kernenergieausstieg nahezu keinerlei Auswirkungen hat (vgl. Abbildung 6-7). Bei LEAN sind es leichte, etwas schwankende Entwicklungen. Dies kann über die Lohnentwicklung resultieren, die in einigen Sektoren die Strompreisentwicklung überkompensiert und von daher einen Anstieg der Exporte induziert.

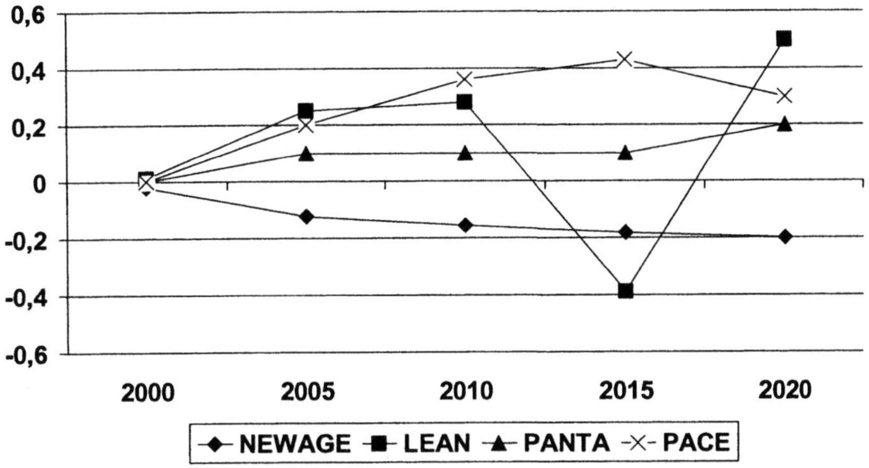

Abbildung 6-6: Veränderung der Erwerbstätigen im Ausstiegsszenario ohne Emissionsbeschränkung (F25) im Vergleich zum Referenzszenario (F40) in Prozent

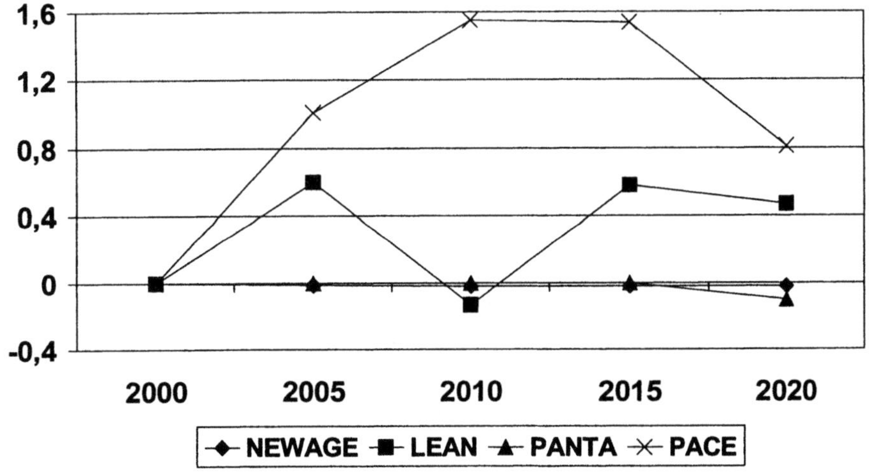

Abbildung 6-7: Veränderung der Exporte im Ausstiegsszenario ohne Emissionsbeschränkung (F25) im Vergleich zum Referenzszenario (F40) in Prozent

Bei PACE ist die Erklärung auf anderem Wege zu finden. Gemäss Modellannahme ist der Aussenhandelssaldo in PACE für alle Szenarien konstant vorgeben. Daraus folgt, dass die Wertzu(-ab)nahme der Exporte mit einer Wertzu(-ab)nahme der Importe einher gehen muss. Im Ausstiegsszenario wird aber deutlich mehr Kohle und Gas importiert, die in den fossilen Ersatzkraftwerken für die wegfallende Kernenergie eingesetzt werden, und auch der Stromimport steigt. Zur Konstanz des Aussenhandelssaldos müssen deshalb die Exporte auch entsprechend ansteigen. Somit ist die Entwicklung in PACE doch sehr stark abweichend von dem, was die drei anderen Modelle als Ergebnis ermitteln. Diese Unterschiede äußern sich dann auch bei den anderen Kenngrößen (BIP, Beschäftigung usw.), so dass hier die Erklärung für die Abweichungen in den Ergebnissen liegt.

Ähnliches ist für die Importpreisentwicklung festzustellen, da auch hier die Preiseffekte wirken. Zusätzlich kommt noch ein Impuls über die erhöhten Energieimporte. Insgesamt ergeben sich wiederum bei NEWAGE-D und PANTA RHEI keine nennenswerte Abweichungen, bei LEAN wieder ein wenig Oszillatorik und bei PACE deutliche Abweichungen (vgl. Abbildung 6-8).

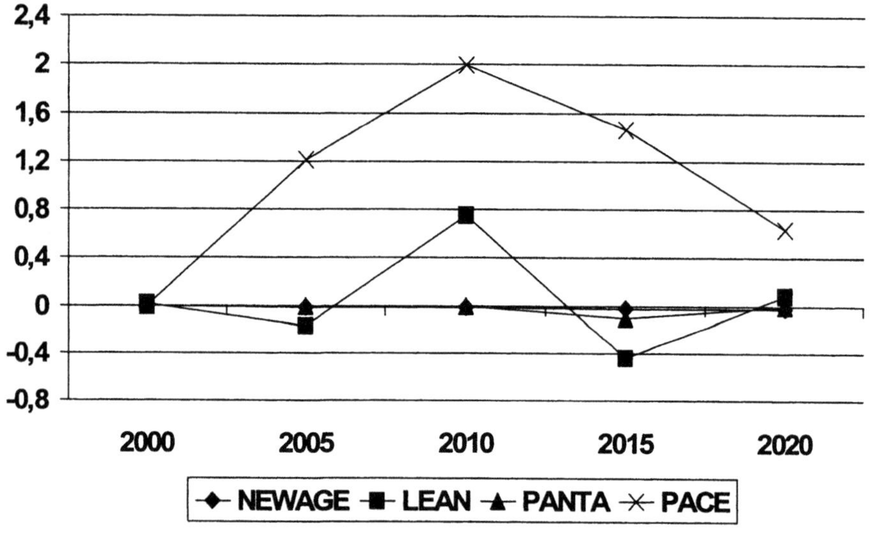

Abbildung 6-8: Veränderung der Importe im Ausstiegsszenario ohne Emissionsbeschränkung (F25) im Vergleich zum Referenzszenario (F40) in Prozent

Zusammenfassend lässt sich bezüglich der gesamtwirtschaftlichen Auswirkungen des vorzeitigen Kernenergieverzichts ohne Emissionsrestriktionen folgern, dass das Modell PACE, bedingt durch die modelltechnischen Annahmen zur Schliessung des Außenhandels, etwas abweicht von den Ergebnispfaden, die ansonsten den Modellen zugrunde liegen. Für die Modelle LEAN, NEWAGE-D und PANTA RHEI sind damit durchaus ähnliche Entwicklungsmuster zu verzeichnen. Hier ergeben sich schwache Wachstumsverluste bezüglich des BIP, deutliche Steigerungen bei den CO_2-Emissionen und schwache Beschäftigungseffekte, die nicht in besonderer Weise signifikant sind.

6.7 Kernenergie und Klimaschutz

Neben den beiden Grundszenarien wurden zwei Szenarien konstruiert, in denen der Klimaschutz – gemessen an den CO_2-Emissionen – eine zusätzlich einschränkende Rolle spielt:

- Ausstiegsszenario mit Basisemissionen (F25B): Ausstieg aus der Kernenergienutzung nach 25 Kalenderjahren unter Einhaltung eines CO_2-Emissionspfades wie im Basisszenario;
- Ausstiegsszenario unter Einhaltung der Emissionsziele des Kyoto-Protokolls sowie deren Fortschreibung für die Jahre nach 2010 (F25K): Ausstieg aus der Kernenergienutzung nach 25 Kalenderjahren sowie Reduktion der Treibhausgasemissionen (hier beschränkt auf CO_2) um -21% in 2010, bezogen auf das Basisjahr 1990. Für das Jahr 2030 ergibt sich hier als Fortschreibung eine Reduktion um 43 % gegenüber 1990.

Die Beschränkung der Emissionen wird in den Energiewirtschaftsmodellen durch die Auferlegung einer dem Ziel entsprechend ausgestalteten CO_2-Steuer erreicht. Dabei unterscheiden sich die Rückverteilungsvarianten zwischen den einzelnen Modellen. Entsprechend der Ergebnisse von Modellexperiment I /FORUM 1999/ sollte die Form der Rückverteilung gewählt werden, die sich in den unterschiedlichen Modellansätzen jeweils am günstigsten für die Wirtschaftsentwicklung erwiesen hat. Somit erfolgt in NEWAGE-D eine Senkung der Kapitalsteuer-Sätze, in den Modellen LEAN und PANTA RHEI wird eine Senkung der Arbeitgeberbeiträge zur Sozialversicherung vorgenommen und in PACE wird das Steueraufkommen Lump-sum an die privaten Haushalte rückverteilt.

Die resultierenden Effekte sind in dem Szenario „CO_2-Emissionen wie Basis" bezüglich der energie- bzw. elektrizitätswirtschaftlichen Auswirkungen im Modellvergleich weitgehend vergleichbar. Es resultiert ein verstärkter Anstieg der Elektrizitätspreise und ein verstärkter Rückgang der Stromnachfrage bzw. -produktion. Demgegenüber sind die gesamtwirtschaftlichen Effekte und auch die Auswirkungen in den übrigen Sektoren abhängig von der jeweiligen Rückverteilungsvariante. Zum einen kommt es zu einer Belastung durch den höheren Strompreis und durch die CO_2-Steuer. Die Rückverteilung bringt dann zum anderen eine entsprechende Entlastung bei den Lohn- bzw. bei den Kapitalkosten. Hier ist im Ergebnis die Gewichtung der Teileffekte unterschiedlich, je nachdem, wie hoch die Strom- und Energie- bzw. Arbeits- und Kapitalintensität in den einzelnen Sektoren sich darstellt. Für das Bruttoinlandsprodukt insgesamt ergibt sich jedoch eine Verstärkung der abschwächenden Effekte als gemeinsame Aussage aller Modelle.

Auch die Beschäftigungseffekte sind abhängig von den Rückverteilungsvarianten, wie es bereits im Modellexperiment I dargestellt wurde. Bei den hier verwendeten Annahmen sind die Effekte in LEAN und PANTA RHEI positiv, in PACE eher Null, in NEWAGE-D eher negativ.

Beim Außenhandel ist zu berücksichtigen, dass es in Folge des gedämpften Brennstoffimports zu einem Importrückgang kommt und gleichzeitig auch die energieintensiven Sektoren von der CO_2-Steuer betroffen sind. Da aber die Lohnentlastung arbeitsintensivere bzw. eine Kapitalentlastung kapitalintensivere Sektoren begünstigt, ergeben sich im Modellvergleich unterschiedliche Gesamteffekte bezüglich der Exporte. In LEAN ist es leicht positiv, in PANTA RHEI leicht negativ und in PACE sowie NEWAGE-D negativ.

Werden in dem Kyoto-Szenario die CO_2-Beschränkungen weiter verstärkt, so ist zunächst für die Energiewirtschaftsmodelle festzustellen, dass damit ein Szenariovergleich nur eingeschränkt möglich ist, da hier ein Szenario als Vergleichsbasis herangezogen werden müßte, das bei einer Nutzung der Kernenergie mit 40 Zeitjahren auch die Kyoto-Ziele zu erfüllen hat. Ein solches Szenario wurde jedoch von keinem der Energiewirtschaftsmodelle berechnet. Somit sind die resultierenden Effekte des Szenarios F25K nicht eindeutig dem Ausstieg zu zuordnen, sondern zum Teil auf die verstärkte Emissionsrestriktion zurückzuführen. Dadurch erscheint es sinnvoll, nur in aller Kürze die Tendenz der Ergebnisse anzugeben. Es kommt in den Kyoto-Szenarien in allen Modellen zu deutlich verstärkten, in die gleiche Richtung laufenden Effekten wie in den zuvor erläuterten Szenarien.

6.8 Sensitivitätsanalysen

In den Energiewirtschaftsmodellen werden für die Analysen ökonometrisch geschätzte Parameter oder aus der Literatur übernommene Parameterwerte verwendet. Daneben bestimmen auch exogene Vorgaben die Modellergebnisse. Die Variation wichtiger Parameter der Modellrechnungen liefert in diesem Zusammenhang Informationen über die Bedeutung bestimmter Modellannahmen für die Modellergebnisse. Die Sensitivitätsanalysen, die im Folgenden erläutert werden, nehmen sich somit der Frage an, wie die Ergebnisse der Ausstiegsszenarien auf eine Variation der kernenergieausstiegsrelevanten Parameter der einzelnen Energiewirtschaftsmodelle reagieren? Dabei werden die Parametervariationen jeweils sowohl auf den Basisfall als auch auf den Ausstiegsfall (ohne Minderungsziel) angewendet. Im Detail wurden mit einzelnen Energiewirtschaftsmodellen Sensitivitätsanalysen bezüglich der Substitutionselastizitäten zwischen den fossilen Brennstoffen, der Nutzung erneuerbarer Energiequellen, des Strompreisniveaus, der Ausstiegsfristen und der Stromimportmöglichkeiten durchgeführt (vgl. Tabelle 6-1).

Mit der mit dem Energiewirtschaftsmodell LEAN durchgeführten Sensitivitätsanalyse über eine höhere Brennstoffsubstitutionselastizität wird das Ziel verfolgt, einen größeren Strukturwandel im Kraftwerkspark zuzulassen. Dabei gibt es keine

CO_2-Beschränkungen. Die makroökonomischen und sektoralen Entwicklungen werden hier nicht dargestellt, da sie nur unbedeutend von den bereits bekannten abweichen. Somit beschränken sich die Auswirkungen der Sensitivitätsrechnungen auf den Elektrizitätssektor.

Tabelle 6-1: Sensitivitätsanalysen der Energiewirtschaftsmodelle

	LEAN	NEWAGE	PACE	PANTA RHEI
Sonst. Preisvariationen				X
KKW-Laufzeiten / Pool		X		
Stromaußenhandel	X	X		X
Substitutionselastizit.	X			X
Erneuerbare Energieq.				X

Für die erhöhte Elastizität der Brennstoffsubstitution sind die Effekte auf den elektrizitätserzeugenden Sektor in Abbildung 6-9 dargestellt. Verglichen mit den Entwicklungen unter der Standardparametrisierung zeigt sich für die Steinkohle in der Zeit zwischen 2005 und 2015 (also des vorzeitigen Kernenergieausstieges) eine erhöhte Verwendung von rund zwei Prozentpunkten. Nach 2015 nimmt diese Differenz wieder ab. Für die Braunkohle ist der Anstieg zeitweilig um bis zu knapp 4 Prozentpunkte reduziert. Auch hier kommt es danach wieder zu einer Annäherung.

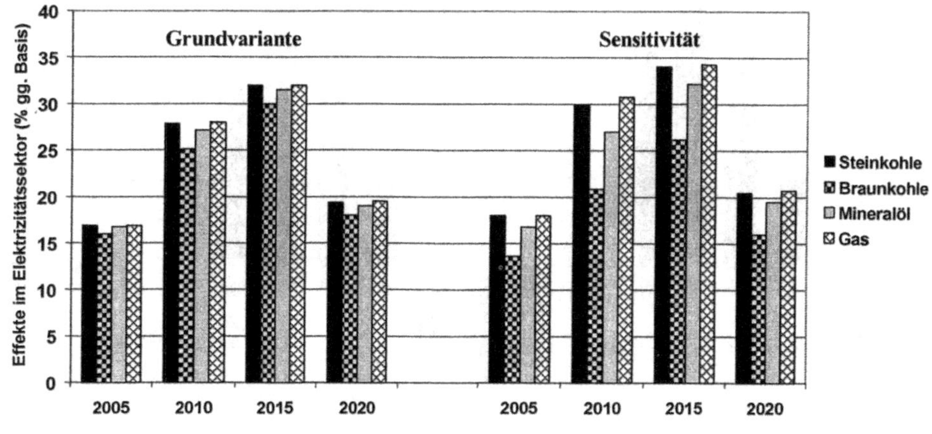

Abbildung 6-9: Sensitivitätsanalyse bezüglich der Substitutionselastizitäten zwischen den fossilen Brennstoffen im Energiewirtschaftsmodell LEAN

Die Gasverwendung steigt in der Ausstiegsphase um bis zu 2,7 Prozentpunkte stärker, wobei auch hier am Ende eine Annäherung erfolgt. Die Effekte für den Bereich Mineralöl sind nur sehr gering und praktisch unbedeutend. Während des vorzeitigen Kernenergieausstiegs wird also bei dieser Sensitivität auf einen Teil der Braunkohle verzichtet und statt dessen mehr Gas und mehr Steinkohle verwendet. Die hierdurch bewirkte leichte Verminderung des CO_2-Ausstoßes von 0,1 Prozentpunkten ist jedoch sehr gering. Auch der Elektrizitätspreis und die Erzeugung sind insgesamt ebenfalls kaum verändert.

In der Sensitivitätsanalyse zur Nutzung der erneuerbaren Energiequellen wird im Energiewirtschaftsmodell PANTA RHEI die Einsatzmenge der erneuerbaren Energieträger auf dem Stand des Jahres 2000 eingefroren, während sie in der Grundvariante etwa auf das Doppelte bis ins Jahr 2020 ansteigt. Abbildung 6-10 verdeutlicht, dass die Unterschiede in den Preis- und Mengeneffekten in der Elektrizitätswirtschaft zwischen der Grundvariante und der Sensitivitätsvariante sehr gering sind. Fehlen zusätzliche Möglichkeiten zum Einsatz erneuerbarer Energieträger, steigen die Strompreise ein wenig stärker an als in der Grundvariante. Auf die Veränderung der CO_2-Emissionen und des Bruttoinlandsprodukts durch den beschleunigten Ausstieg aus der Kernenergie haben die veränderten Annahmen auch nur einen geringen Einfluss. Bei dem höheren Strompreisniveau im Inland steigen auch die CO_2-Emissionen geringfügig stärker an. Dafür reagiert dann das Bruttoinlandsprodukt weniger stark als in der Grundvariante.

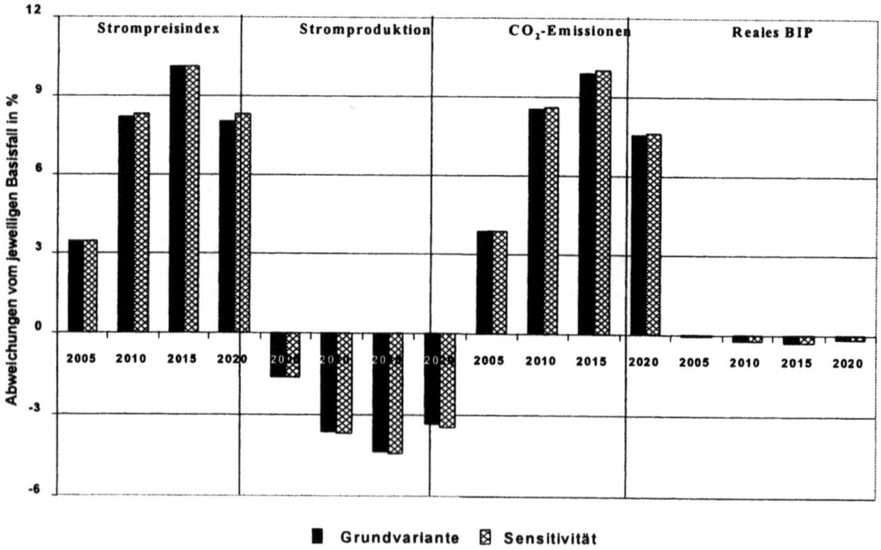

Abbildung 6-10: Sensitivitätsanalyse bezüglich der Nutzung erneuerbarer Energiequellen im Energiewirtschaftsmodell PANTA RHEI

Abbildung 6-11 verdeutlicht, dass auch die Unterschiede in den Preis- und Mengeneffekten in der Elektrizitätswirtschaft zwischen der Grundvariante und der Sensitivitätsvariante mit einem veränderten Strompreisniveau, die ebenfalls mit PANTA RHEI analysiert wurde, gering sind. Diese Variante unterstellt gegenüber der Grundvariante um 10 % niedrigere Strompreise im Inland (Liberalisierungseffekt). Dies führt auch zu einem leicht stärkeren Rückgang der Stromproduktion durch den Ausstieg als in der Grundvariante, zu einem höheren Anstieg der CO_2-Emissionen und einem geringeren Rückgang beim Bruttoinlandsprodukt.

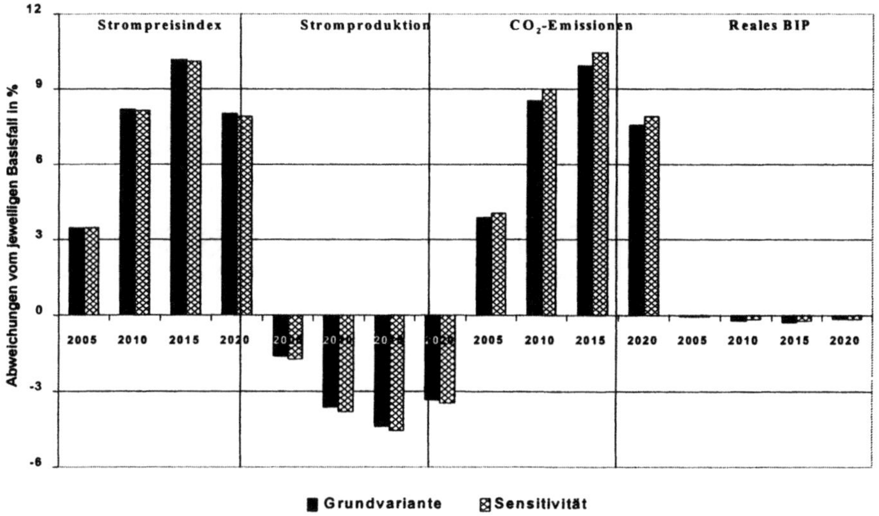

Abbildung 6-11: Sensitivitätsanalyse bezüglich des Strompreisniveaus im Energiewirtschaftsmodell PANTA RHEI

Für die Variation der Ausstiegsfristen wurde im Energiewirtschaftsmodell NEW-AGE-D zum einen unterstellt, dass ein Kernenergieausstieg vor dem Jahr 2005 erfolgen soll (F2005), und zum anderen eine Variante untersucht, die von einer Nutzung der Kernkraftwerke für 35 Zeitjahre ausgeht (F35). In diesen Fällen wurde auch wieder die Bedeutung der CO_2-Emissionen mit berücksichtigt, in dem analysiert wurde, welche Effekte resultieren, wenn wieder das Emissionsniveau des Basisfalls (F40) erreicht werden soll (F2005B bzw. F35B). Zusätzlich wurde noch eine Sensitivität betrachtet, die zwar auch von dem nationalen Kyoto-Ziel für das Jahr 2010 ausgeht (-21 % gegenüber 1990), die für die weiteren Zukunftsjahre jedoch eine gegenüber dem Kyoto-Szenario der Grundvariante (F25Z) abgeschwächte Emissionsanforderung unterstellt (-24 % in 2015, -27 % in 2020, -30 % in 2025, -33 % in 2030) (F25C, F2005C, F35C).

Es ergibt sich, dass ein Kernenergieausstieg nach 25 bzw. 35 Zeitjahren Betriebsdauer geringere negative Auswirkungen auf die Volkswirtschaft und damit auf das

Bruttoinlandsprodukt hat als ein Kernenergieausstieg bis zum Jahr 2005. Bei einem späteren Ausstieg aus der Kernenergienutzung zur Elektrizitätserzeugung kommt es entsprechend später zu Bruttoinlandsproduktsverlusten, welche im Umfang jedoch nicht einem frühen Ausstieg bis zum Jahre 2005 entsprechen. Kumuliert über den gesamten Betrachtungszeitraum tritt der größte Bruttoinlandsproduktsrückgang in Deutschland im Ausstiegsszenario bis zum Jahr 2005 mit CO_2-Emissionsrestriktion (F2005C) in Höhe von ca. 730 Mrd. DM_{98} auf, wohingegen in allen anderen Szenarien mit geringeren Bruttoinlandsproduktsrückgängen zu rechnen ist (vgl. Abbildung 6-12).

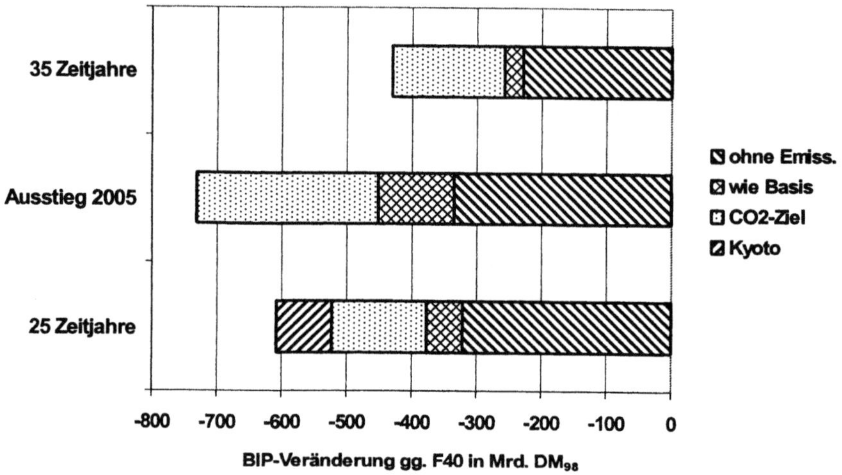

Abbildung 6-12: Kumulierte Bruttoinlandsproduktsveränderungen im Vergleich zum Basisfall in Mrd. DM_{98} bei einer Variation der Ausstiegsfristen im Energiewirtschaftsmodell NEWAGE-D

Wird eine erhöhte Stromaußenhandelselastizität unterstellt, wie dies in den Energiewirtschaftsmodellen LEAN, NEWAGE-D und PANTA RHEI erfolgt ist, so führt die Entwicklung des Elektrizitätspreises im Ausstiegsszenario dazu, dass verstärkt Strom aus dem Ausland nachgefragt wird. Somit geht die inländische Erzeugung nicht nur wegen der geringeren Nachfrage sondern auch wegen des erhöhten Stromimports zurück. Für die fossilen Energieträger bedeutet das, im Vergleich zur Grundvariante, einen zeitweilig um 2,5 – 3 Prozentpunkte reduzierten Anstieg. Die fossilen Energieträger sind hiervon in sehr ähnlicher Weise betroffen. Letztlich ist der erhöhte Stromimport ein Substitut für sonst im höheren Maße importierte bzw. im Inland geförderte Steinkohle und importiertes Gas. Die vergleichsweise geringere Stromerzeugung im Inland hat natürlich auch einen positiven Effekt auf den inländischen CO_2-Ausstoß, der um bis zu einen Prozentpunkt geringer wird. Diese Differenz nimmt im Laufe des Betrachtungszeitraumes wieder ab. Hierbei nicht berücksichtigt sind jedoch die Auswirkungen auf das CO_2-Emissionsniveau in den Ländern, aus denen der zusätzliche Strom importiert wird.

Zusammenfassend lässt sich bezüglich der mit den Energiewirtschaftsmodellen durchgeführten Sensitivitätsanalysen folgern, dass die Parametervariationen insgesamt eine recht moderate Wirkung auf die elektrizitätswirtschaftlichen und eine vernachlässigbare Wirkung auf die gesamtwirtschaftlichen Effekte des Kernenergieausstiegs haben. Die Variation der kernenergieausstiegsrelevanten Parameter der Energiewirtschaftsmodelle ergibt somit keine wesentlichen Veränderungen der Ergebnisse gegenüber den Grundvarianten. Damit können die Ergebnisse der Energiewirtschaftsmodelle als robust gegenüber Parametervariationen bezeichnet werden. Die Ausnahme stellt hier die Variation der Ausstiegsfristen dar.

7 Synthese

Das Forum für Energiemodelle und Energiewirtschaftliche Systemanalysen in Deutschland (FEES) hat zum Ziel, durch die exemplarische Anwendung existierender Modelle der Energiewirtschaft, ausgewählte energiewirtschaftliche Problemstellungen zu analysieren und dabei einen intensiven Erfahrungsaustausch zwischen Entwicklern und Nutzern von Energiemodellen aus den verschiedensten Bereichen zu erreichen. Das zentrale Element der Aktivitäten des Forum ist der Modellvergleich anhand einer harmonisierten Fallstudie, dem sogenannten Modellexperiment.

Das Modellexperiment

Im ersten Modellexperiment (MEX I) zum Thema *„Strukturelle und Gesamtwirtschaftliche Effekte des Klimaschutzes - Die nationale Perspektive"* standen bei dem Modellvergleich primär methodische Aspekte im Vordergrund. Für das in der Tendenz eher ergebnisorientierte Modellexperiment II (MEX II) wurde die Themenstellung *„Kernenergieausstieg - Effekte und Wirkungen eines sofortigen oder schrittweisen Verzichts auf Strom aus Kernkraftwerken in der Bundesrepublik Deutschland"* ausgewählt. Gegenstand der Analyse sind insbesondere die Auswirkungen eines vorzeitigen Kernenergieausstiegs auf die Elektrizitätsversorgung und die Elektrizitätswirtschaft bspw. hinsichtlich der Stromerzeugungskosten und Strompreise, der Struktur der Erzeugung bzw. des Umfangs von Stromimporten, ebenso wie die Auswirkungen auf die übrige Energieversorgung. Daneben werden auch die Effekte auf wichtige volkswirtschaftliche Kenngrößen, wie z. B. das Wirtschaftswachstum, die Beschäftigung oder die Wettbewerbssituation der Industrie, quantitativ ermittelt. Schließlich werden auch die umweltseitigen Wirkungen eines vorzeitigen Ausstiegs aus der Kernenergie bezüglich des Ausstoßes von energiebedingten Treibhausgasemissionen untersucht.

Die im Rahmen von Modellexperiment II notwendigen, harmonisierten Vorgaben umfassen insbesondere Festlegungen zur Wirtschafts- und Bevölkerungsentwicklung, zum Stromverbrauch, zur ökonomischen und technischen Charakterisierung von Kraftwerken, zur Energiepreisentwicklung sowie energiepolitische Annahmen bezüglich der Stein- bzw. Braunkohle und der Erneuerbaren Energien. Um den Unsicherheiten der Energiepreisentwicklung Rechnung zu tragen, wurden zwei unterschiedliche Energiepreispfade harmonisiert und in den Grundvarianten der Fallstudie untersucht.

Die Fallstudie erfolgt anhand von Szenarioanalysen und ist für die beiden Energiepreispfade jeweils durch vier unterschiedliche Entwicklungen charakterisiert, die durch ein *Basisszenario* und drei *Ausstiegsszenarien* beschrieben werden. Das

Basisszenario dokumentiert eine Business-as-usual Entwicklung, mit einer unterstellten Betriebszeit der vorhandenen Kernkraftwerke von 40 Zeitjahren. In den *Ausstiegsszenarien* dagegen wird die Betriebszeit der Kernkraftwerke auf 25 Zeitjahre begrenzt. Für den Ausstiegsfall werden drei alternative Varianten der Emissionsentwicklung betrachtet: Das Ausstiegsszenario ohne Emissionsbeschränkung lässt alle Restriktionen hinsichtlich der Einhaltung von Klimaschutzzielen fallen. Eine weitere Ausstiegsvariante fordert die Einhaltung des Emissionspfades aus der Basisentwicklung, und schließlich wird ein Ausstiegsfall betrachtet, in dem Deutschland entsprechend den europäischen Vorgaben des Kyoto-Protokolls eine Senkung der nationalen CO_2-Emissionen um 21 % bis zum Jahr 2010 gegenüber dem Emissionsniveau von 1990 durchführt. Um den Unsicherheiten wichtiger, ergebnisbestimmender Parameter Rechnung zu tragen, werden neben diesen Grundszenarien weitere individuelle Sensitivitätsrechnungen durchgeführt.

Modellvergleich

Insgesamt sind elf verschiedene Modellansätze am Modellexperiment II beteiligt, die sich in sieben Vertreter der prozessanalytischen Modelle (Bottom-up Modelle: vier Energiesystemmodelle und drei Strommodelle) und vier Vertreter der Energiewirtschaftsmodelle (Top-down Modelle) aufgliedern lassen. Im Einzelnen handelt es sich um

die *Strommodelle*:
- DIOGENES (ZEW, Mannheim),
- EMS (bei, Bremen),
- PERSEUS-ICE (IIP, Universität Karlsruhe) und
- TIMES-GES (IER, Universität Stuttgart);

die *Energiesystemmodelle*:
- E^3Net-D2 (IER, Universität Stuttgart),
- IKARUS-MARKAL (STE, Forschungszentrum Jülich) und
- Wuppertal-Modellinstrumentarium (WMI) (Wuppertal Institut);

sowie die *Energiewirtschaftsmodelle*:
- LEAN (Universität Oldenburg),
- NEWAGE-D (IER, Universität Stuttgart),
- PACE (ZEW, Mannheim) und
- PANTA RHEI (GWS, Osnabrück).

Die Stärke der Energiewirtschaftsmodelle ist die Fähigkeit der Abbildung von preislichen Rückwirkungen auf die Aktivitätsniveaus der gesamten volkswirtschaftlichen Sektoren, wodurch die sektoralen und gesamtwirtschaftlichen Wachstums- und Beschäftigungswirkungen eines vorzeitigen Kernenergieausstiegs analysiert werden können. Da jedoch in der Regel keine technologische Basis abgebildet ist, können Substitutionseffekte bei den Energieträgern, Effizienzzuwächse bei den Technologien und Energiesparen durch Senkung der Nutzenergieniveaus nicht prozessbezogen modelliert werden. Daher lassen sich einzelne Maßnahmen in den Sektoren meist nicht identifizieren.

Die umgekehrten Stärken und Schwächen finden sich bei den Bottom-up Modellen. Da sie den volkswirtschaftlichen Kreislauf der Entstehung und Verwendung von Gütern und Dienstleistungen aus der Betrachtung ausblenden, können die etwaigen Rückwirkungen eines vorzeitigen Kernenergieausstiegs bspw. auf Wachstum und Beschäftigung nicht modelliert werden. Andererseits lassen sich wesentliche Mechanismen, die in der Energiewirtschaft im Falle eines vorzeitigen Kernenergieausstiegs ablaufen, prozessorientiert darstellen. Dazu gehören u. a. Substitutionsvorgänge bei den Energieträgern, Effizienzgewinne durch technischen Fortschritt sowie Energiesparen. Hier erscheinen die Strommodelle für die Analyse eines reinen Ausstiegs aufgrund der detaillierten Abbildung des Stromsektors, sowohl bezüglich der zeitlichen Auflösung als auch des prozesstechnischen Detaillierungsgrades, besonders geeignet, um die Substitutionsvorgänge zwischen den Energieträgern zu erfassen. Die ebenfalls prozessorientierten Energiesystemmodelle erscheinen insbesondere im Ausstiegsfall unter Berücksichtigung von Klimaschutzaspekten ein geeignetes Instrument zu sein, da sie neben dem Stromsektor auch andere Sektoren mit berücksichtigen.

Ein Teilaspekt beim Modellvergleich ergibt sich im Rahmen von Modellexperiment II daraus, dass bei den prozessorientierten Energiesystemmodellen ein simulierendes, auf einem heuristischen Ansatz basierendes Energiemodellsystem und zwei optimierende, eher idealisiert ausgerichtete Energiesysystemmodelle beteiligt sind. Als Vorteil des Simulationsansatzes, wie er im Wuppertal Modellinstrumentarium umgesetzt ist, wird oftmals angeführt, dass hier eine Verknüpfung mit Expertenschätzungen zu den (politisch) instrumentierbaren und praktisch umsetzbaren Veränderungen möglich ist. Dieser scheinbare Widerspruch bzw. Gegensatz zu den Optimierungsmodellen existiert jedoch bei einer genaueren Betrachtung nicht. Auch in die Optimierungsmodelle gehen Expertenschätzungen ein, z. B. bezüglich des technisch realisierbaren Potenzials der erneuerbaren Energien in Abhängigkeit von der zeitlichen Entwicklung. Und auch Transaktionskosten für Energieeffizienzmaßnahmen können in Optimierungsmodellen erfasst werden und beeinflussen dann die Auswahl zwischen den unterschiedlichen Optionen /Rüffler 2001/. Somit reduziert sich die Unterscheidung darauf, welche Daten bzw. Informationen in den Modellen behandelt werden und welcher Lösungsalgorithmus verwendet wird. Vom methodischen Gesichtspunkt her können Aspekte wie Transaktionskosten, eingeschränkte Potenziale, politische Einflussnahmen sowohl in Optimierungs- als auch in Simulationsmodellen berücksichtigt werden. So wird in den Optimierungsmodellen in Teilbereichen (z. B. Verkehr) der Optimierungsspielraum so weit eingeschränkt, dass es nahezu einer Simulation gleicht. Die Optimierungsmodelle führen folglich eine Optimierung unter Einschränkungen durch und nähern sich mit der zunehmenden Begrenzung immer mehr der Simulation.

Ein Vorteil bei den Optimierungsmodellen, die das gesamte Energiesystem betrachten, ist jedoch, dass Interdependenzen oder Vernetzungen integriert behandelt werden, so dass der Nutzer nicht gesondert darauf achten muss, dass keine Konsistenzbedingungen verletzt werden. Beispielsweise wird mit dem Wuppertal Modellinstrumentarium gesondert eine Sensitivitätsrechnung zu den eingesparten Netzkosten durchgeführt (Netzkostengutschrift Stromeinsparung 1 Pf/kWh bzw. 3,2 Pf/kWh). Die Rückwirkungen auf die Stromtransport- und -verteilungsebene werden bei den Gesamtsystemmodellen E^3Net-D2 und IKARUS-MARKAL im Rahmen der Modelluntersuchungen jeweils direkt berücksichtigt, da hier die Informationen von den Energiedienstleistungen über die Endanwendungen, die Transportnetze und Energieumwandlung bis hin zur Primärenergie in einem geschlossenen Modellrahmen abgehandelt werden. Dies ist mit der entscheidende Vorteil, dass an vielen Stellen Expertenschätzungen gar nicht benötigt werden, sondern diese mit vom Modell abgearbeitet werden. Dabei stellt sich jedoch die Frage, wie detailliert die Abbildung der Wechselwirkungen modellendogen möglich ist, oder ob hierzu zusätzliche externe Submodelle herangezogen werden müssen. Des Weiteren besteht der Nachteil, dass derartige – insbesondere komplexere – Modelle den Anschein einer Black-Box erwecken.

Insgesamt erscheint für diesen Teilaspekt eine differenziertere Herangehensweise sinnvoll, wie er üblicherweise diskutiert wird. Nicht der scheinbare Gegensatz zwischen Simulation und Optimierung ist in den Vordergrund zu stellen, sondern vielmehr die in den jeweiligen Modellen wiedergegebene Abbildung des (Energie)-Systems mit seinen Verknüpfungen und den möglichen Einflußnahmen und Reaktionen.

Ergebnisse

Die Ergebnisse der Bottom-up Modelle liegen hinsichtlich der gewählten Ersatzoptionen relativ nahe beieinander.

Ohne Berücksichtigung von CO_2-Restriktionen werden nahezu ausschließlich Steinkohle- und Erdgaskraftwerke und z. T. auch Braunkohlekraftwerke die entstehende Deckungslücke bei der Stromerzeugung füllen müssen. Die erneuerbaren Energieträger sind hier unbedeutend. Demzufolge steigen die CO_2-Emissionen gegenüber dem Basisfall in dieser Variante um bis zu 110 Mio. t CO_2 pro Jahr an. Kumuliert über den gesamten Betrachtungszeitraum werden bis zu 1100 Mio. t CO_2 Mehremissionen anfallen. Diese Menge entspricht in etwa den gesamten bundesdeutschen CO_2-Emissionen eines Jahres.

Wird die vorzeitige Stilllegung der Kernkraftwerke unter Berücksichtigung von Klimaschutzanforderungen untersucht, weisen sämtliche Bottom-up Modelle als dominierende Ersatzoption hocheffiziente Erdgas-GuD-Anlagen aus. Der Anteil der erneuerbaren Energieträger steigt geringfügig über die exogen vorgegebene Mindesterzeugung an. In den Energiesystemmodellen werden zusätzliche Maßnahmen zur CO_2-Minderung außerhalb der Stromsektors ergriffen.

Kostenseitig gibt es bei den Bottom-up Modellen qualitativ eine deutliche Übereinstimmung. Um die vorzeitig wegfallenden Kernkraftwerkskapazitäten zu ersetzen, sind Maßnahmen notwendig, die gegenüber der Basisentwicklung unter vergleichbaren Bedingungen mit Mehrkosten verbunden sind. Tendenziell liegen die Mehrkosten unter Berücksichtigung von Klimaschutzzielen deutlich höher, sind jedoch nicht sehr stark abhängig vom Energiepreispfad. Die Bandbreite der kumulierten Mehrkosten bei den Strommodellen liegt zwischen 23 und 63 Mrd. DM_{98} (kumuliert, abdiskontiert auf 2000: 17 bis 39 Mrd. DM_{98}) im Ausstiegsfall ohne Emissionsrestriktion und steigert sich auf 53 bis 111 Mrd. DM_{98} (kumuliert, abdiskontiert auf 2000: 24 bis 69 Mrd. DM_{98}) unter Berücksichtigung von Klimaschutzzielen. Eine ähnliche Bandbreite weisen die Energiesystemmodelle aus. Die kumulierten Mehrkosten belaufen sich im Ausstiegsszenario auf 12 bis 69 Mrd. DM_{98} (kumuliert, abdiskontiert auf 2000: 8 bis 45 Mrd. DM_{98}) und erhöhen sich unter gleichzeitiger Berücksichtigung von Klimaschutzanforderungen auf 85 bis 259 Mrd. DM_{98} (kumuliert, abdiskontiert auf 2000: 43 bis 87 Mrd. DM_{98}).[15]

Der vorzeitige Ausstieg aus der Nutzung der Kernenergie hat vielfältige gesamtwirtschaftliche Effekte zur Folge, die insbesondere abhängig von den Substitutionsmöglichkeiten, den Reaktionen auf dem Arbeitsmarkt und den Rückwirkungen auf die Wettbewerbsfähigkeit der deutschen Industrie sind. Die Ergebnisse der Energiewirtschaftsmodelle weisen eine Steigerung der Strompreise von etwa 8 bis 12 % aus. Hieraus ergibt sich übereinstimmend eine Abschwächung des Wirtschaftswachstums. Die jährlichen Verluste des realen Bruttoinlandsprodukts (BIP) bewegen sich bei einem vorzeitigen Ausstieg aus der Nutzung der Kernenergie ohne Emissionsrestriktion in einem Bereich von etwa 0,2 bis 0,3 % gegenüber dem BIP-Niveau im Referenzszenario. Unter Berücksichtigung von Klimaschutzanforderungen erreichen diese, je nach Modellsystem, vorübergehend bis zu 5,3 % Prozentpunkten und nähern sich danach wieder der Basisentwicklung an. Bei einem für das Basisszenario unterstellten Wirtschaftswachstum zwischen 1,8 und 2 % pro Jahr bedeutet dies, dass auch bei einem vorzeitigen Verzicht auf die Option Kernenergie die Wirtschaft in Deutschland weiter wächst, jedoch etwas langsamer als in der Referenzentwicklung. Verglichen mit den kostenseitigen Effekten der Bottom-up Modelle, bedeuten die BIP-Verluste der Energiewirtschaftsmodelle mehr als 4½-fach höhere Effekte im Fall eines vorzeitigen Kernenergieausstiegs. Differierende Ergebnisse innerhalb der Gruppe der Energiewirtschaftsmodelle finden sich hingegen bei den Beschäftigungswirkungen. Grundsätzlich ist eine Tendenz zur Verstärkung der Effekte bei verschärften CO_2-Minderungszielen zu erkennen.

---

15 Zur Einordnung der o. g. Mehrkosten eines vorzeitigen Kernenergieausstiegs einige Vergleichszahlen: jährliche Steinkohlebeihilfen der Jahre 2000-2005, 4-7 Mrd. DM, erwartete jährliche Einnahmen aus der Ökosteuer 8-11 Mrd. DM, Aufwendungen für das 100.000 Dächer Photovoltaik Programm 0,2 Mrd. DM.

Werden die Ergebnisse der beiden Modellgruppen Bottom-up Modelle und Energiewirtschaftsmodelle in einem modellgruppenübergreifenden Vergleich zusammengeführt, so sind zwei Teilaspekte von Interesse. Zum einen ist der mit den Energiewirtschaftsmodellen abgeschätzte Strompreisanstieg in Folge des Kernenergieausstiegs mit 8 bis 12 % wesentlich stärker als der mit den Bottom-up Modellen ermittelte Anstieg der Stromerzeugungskosten mit 2 bis 6 %. Hier werden die Preiseffekte in den Energiewirtschaftsmodellen aufgrund der fehlenden technologischen Fundierung wohl überschätzt. Somit relativieren sich die mit den Energiewirtschaftsmodellen ermittelten gesamtwirtschaftlichen Effekte des Kernenergieausstiegs, die beim BIP um den Faktor 4,5 höhere Verluste ausweisen als die Mehrkosten bei den Bottom-up Modellen. Die mit den Energiewirtschaftsmodellen ermittelten Auswirkungen sind vor diesem Hintergrund eher als eine obere Grenze zu interpretieren. Dies wird noch dadurch unterstützt, dass in den Bottom-up Modellen aus der technologischen Betrachtung nur geringe Rückwirkungseffekte des Kernenergieausstiegs auf den Stromverbrauch ermittelt werden, während in den Energiewirtschaftsmodelle deutliche Veränderungen des Stromverbrauchs in Folge des Kernenergieausstiegs resultieren. Da gleichzeitig in den Bottom- up Modellen der in den Energiewirtschaftsmodellen enthaltene Rückgang der Produktion nicht erfasst wird, kann dies eine gewisse Kompensation verursachen. Für diese Zusammenhänge erscheint es erstrebenswert, die Top-down und Bottom-up Modelle zu kombinieren, um einen detaillierten Einblick zu erlangen.

Zum anderen gleichen sich diese Teileffekte bzw. die Vorteile und Nachteile der unterschiedlichen Modellansätze überraschenderweise dann aus, wenn man die Auswirkungen des Kernenergieausstiegs auf die Entwicklung der energiebedingten CO_2-Emissionen betrachtet, die im Modellvergleich sehr ähnlich ausfallen. Während die Energiewirtschaftsmodelle in Folge des Kernenergieausstiegs CO_2-Mehremissionen zwischen 60 und 100 Mio. t CO_2 ermitteln, ergibt sich bei den Bottom-up Modellen eine Bandbreite von 45 bis 110 Mio. t CO_2, wobei sowohl der Minimal- als auch der Maximalwert bei den Energiesystemmodellen resultiert. Die Maximalwerte der entstehenden höheren CO_2-Emissionen liegen bei den Strommodellen zwischen 50 und 109 Mio. t CO_2 und somit in einer ähnlichen Bandbreite.

Fazit

Ein vorzeitiger Verzicht auf die Nutzung der Kernenergie zur Stromerzeugung in der Bundesrepublik Deutschland ist mit vielfältigen und komplexen Implikationen auf Wirtschaft und Gesellschaft verbunden, deren Wirkungszusammenhänge intuitiv nicht mehr durchschaubar sind. Es bedarf daher ausgefeilter Analyseinstrumente, um die Auswirkungen detailliert beschreiben und beurteilen zu können. Zur Beantwortung von Fragestellungen dieser Art erscheinen die elf untersuchten Energiemodelle geeignet. Welches der Instrumente für eine ganz bestimmte Fragestellung vorzuziehen ist, hängt jedoch von der konkreten Zielsetzung der Analyse ab.

Wenn die gesamtwirtschaftlichen Auswirkungen und die strukturellen Veränderungen der volkswirtschaftlichen Sektoren zu berücksichtigen sind, erscheinen die Energiewirtschaftsmodelle überlegen. Wenn die Fragestellungen Veränderungen der Technologie- und Energieträgerstrukturen betreffen, sind die Bottom-up Modelle die geeigneteren analytischen Werkzeuge. Für Fragestellungen, die ausschließlich den Stromsektor betreffen, haben dabei die Strommodelle die größten Vorteile, insbesondere hinsichtlich der Abbildung spezifischer technischer Restriktionen oder Marktstrukturen dieses Teilsektors. Bei übergreifenden Fragestellungen, wie bspw. die Rückwirkungen auf andere Teilsektoren oder die Berücksichtigung von Klimaschutzzielen in der gesamten Energiewirtschaft, sind die Energiesystemmodelle vorzuziehen. Bei Untersuchungen, die sowohl technologische als auch gesamtwirtschaftliche Aspekte berühren, ist eine Kombination von Bottom-up- und Energiewirtschaftsmodellen zu empfehlen.

Die im Rahmen von Modellexperiment II des Forum für Energiemodelle und Energiewirtschaftliche Systemanalysen in Deutschland verglichenen elf Energiemodelle sind ein guter Ausgangspunkt für derartige Analysen, die in geeigneter Weise weiterentwickelt und kombiniert werden können.

Literatur

Almon, C.: The INFORUM Approach to Interindustry Modeling. Economic Research 3, 1991, S. 1-7

Diekmann, J.: Aktualisierte Annahmen zur Preisentwicklung der Importpreise, Vorschlag des DIW vom 20.6.1997, Deutsches Institut für Wirtschaftsforschung (DIW), Berlin 1997

Edler, D.: Ein dynamisches Input-Output-Modell zur Abschätzung der Auswirkung ausgewählter neuer Techniken auf die Beschäftigung in der Bundesrepublik Deutschland, Deutsches Institut für Wirtschaftsforschung, Beiträge zur Strukturforschung, Heft 116, Berlin 1990

Fishbone, L. G., Giesen, G., Goldstein, G., Hymmen, A., Stocks, K. J., Vos, H., Wilde, D., Zölicher, R., Balzer, C. und H. Abilock: User's Guide for MARKAL. A Multi-Period, Linear-Programming Model for Energy System Analysis, Forschungszentrum Jülich, Jülich 1983

Forum für Energiemodelle und Energiewirtschaftliche Systemanalysen in Deutschland (Hrsg.): Energiemodelle zum Klimaschutz in Deutschland: strukturelle und gesamtwirtschaftliche Auswirkungen aus nationaler Sicht, Physica-Verlag, Heidelberg 1999

Kraft, A.: Einsatz der linearen Programmierung zur Analyse des energiewirtschaftlichen Potentials von Brennstoffzellen, Diplomarbeit an der Rheinisch-Westfälischen Technischen Hochschule Aachen, Lehrstuhl für Technische Informatik und Computerwissenschaften, Aachen 1997

Leontief, W. und F. Duchin: The Future Impact of Automation on Workers, New York, Oxford 1986

Martinsen, D., Markewitz, P., Walbeck, M., Jagodzinski, P. und E. Müller: Das IKARUS-Optimierungsmodell. In: Markewitz, P. u. a.: Modelle für die Analyse energiebedingter Klimagasreduktionsstrategien. Schriften des Forschungszentrums Jülich, Reihe Umwelt, Band 7, Jülich 1998, S. 57-138

Nordhaus, W. D.: The Swedish nuclear dilemma: energy and the enviroment, 1997

Prognos AG, EWI: Die längerfristige Entwicklung der Energiemärkte im Zeichen von Wettbewerb und Umwelt, Untersuchung im Auftrag des Bundesministeriums für Wirtschaft und Technologie, Basel 1999

Rüffler, W.: Gesamtwirtschaftliche Integrierte Ressourcenplanung mit dem Modellgenerator INTE^{3}GRAL, Forschungsbericht des Instituts für Energiewirtschaft und Rationelle Energieanwendung, Stuttgart 2001

Statistisches Bundesamt: 8. Koordinierte Bevölkerungsvorausschätzung, Entwicklung der Bevölkerung bis 2040, Variante 2. In: Wirtschaft und Statistik, 7, Wiesbaden 1994

Welsch, H.: Klimaschutz, Energiepolitik und Gesamtwirtschaft. Eine allgemeine Gleichgewichtsanalyse für die Europäische Union, München 1996

Anhang A: Tabellenanhang

Tabelle A-1: Charakterisierung von Neubaukraftwerken (Inbetriebnahme 2005)

Inbetriebnahme 2005		**Erdgas GuD**	**Steinkohle**	**Braunkohle**
Nettoleistung	[MWel]	700	750	965
Jahresnutzungsgrad	[%]	58	45	45,2
Bauzeit	[a]	2	4	5
Investitionen mit Bauher-reneigenleistung, o. Zinsen	[DM_{98}/kWel]	900	2000	2600
Nutzungsdauer	[a]	35	35	35
Abschreibungsdauer	[a]	17	17	17
Personal	[DM_{98}/(kWel*a)]	7,71	20,25	11,08
Instandhaltung	[DM_{98}/(kWel*a)]	12,00	21,50	26,40
Sonst. Fixe Betriebskosten	[DM_{98}/(kWel*a)]	1,60	4,20	4,20
Fixe Betriebskosten (ges.)	[DM_{98}/(kWel*a)]	21,31	45,95	41,68
Variable Betriebskosten (ohne Brennstoff)	[Pf_{98}/kWhel]	0,85	0,95	1,05
CO_2-Emissionsfaktor	[kg/TJ Input]	56000	93000	111000
CH_4-Emissionsfaktor	[kg/TJ Input]	0,3	1,5	1,5
N_2O-Emissionsfaktor	[kg/TJ Input]	1,5	4,0	3,5

Tabelle A-2: Charakterisierung von Neubaukraftwerken (Inbetriebnahme 2015)

Inbetriebnahme 2015		**Erdgas GuD**	**Steinkohle**	**Braunkohle**
Nettoleistung	[MWel]	750	800	1000
Jahresnutzungsgrad	[%]	59	45,5	45,6
Bauzeit	[a]	2	4	5
Investitionen mit Bauher-reneigenleistung, o. Zinsen	[DM_{98}/kWel]	825	1950	2500
Nutzungsdauer	[a]	35	40	40
Abschreibungsdauer	[a]	17	17	17
Personal	[DM_{98}/(kWel*a)]	6,30	18,90	10,15
Instandhaltung	[DM_{98}/(kWel*a)]	10,00	20,71	25,00
Sonst. fixe Betriebskosten	[DM_{98}/(kWel*a)]	1,60	4,20	4,20
Fixe Betriebskosten (ges.)	[DM_{98}/(kWel*a)]	17,90	43,81	39,35
Variable Betriebskosten (ohne Brennstoff)	[Pf_{98}/kWhel]	0,85	0,95	1,05
CO_2-Emissionsfaktor	[kg/TJ Input]	56000	93000	111000
CH_4-Emissionsfaktor	[kg/TJ Input]	0,3	1,5	1,5
N_2O-Emissionsfaktor	[kg/TJ Input]	1,5	4,0	3,5

Tabelle A-3: Charakterisierung von Neubaukraftwerken (Inbetriebnahme 2025)

Inbetriebnahme 2025		**Erdgas GuD**	**Steinkohle**	**Braunkohle**
Nettoleistung	[MWel]	750	800	1000
Jahresnutzungsgrad	[%]	60	46	46
Bauzeit	[a]	2	4	5
Investitionen mit Bauherreneigenleistung, o. Zinsen	[DM_{98}/kWel]	750	1900	2400
Nutzungsdauer	[a]	40	40	40
Abschreibungsdauer	[a]	17	17	17
Personal	[DM_{98}/(kWel*a)]	5,40	16,20	9,62
Instandhaltung	[DM_{98}/(kWel*a)]	8,13	19,93	23,60
Sonst. fixe Betriebskosten	[DM_{98}/(kWel*a)]	1,60	4,20	4,20
Fixe Betriebskosten (ges.)	[DM_{98}/(kWel*a)]	15,13	40,33	37,42
Variable Betriebskosten (ohne Brennstoff)	[Pf_{98}/kWhel]	0,85	0,95	1,05
CO_2-Emissionsfaktor	[kg/TJ Input]	56000	93000	111000
CH_4-Emissionsfaktor	[kg/TJ Input]	0,3	1,5	1,5
N_2O-Emissionsfaktor	[kg/TJ Input]	1,5	4,0	3,5

Tabelle A-4: Nicht abdiskontierte, kumulierte Zusatzkosten des vorzeitigen Kernenergieverzichts in Abhängigkeit von der unterstellten Energiepreisentwicklung im Vergleich der Strommodelle in Mrd. DM_{98}

		DIOGENES	**EMS**	**PERSEUS-ICE**	**TIMES-GES**
FORUM Preise					
25 Zeitjahre	F25	48,2	59,3	63,0	50,1
	F25B		73,5	86,8	89,9
	F25K	59,1	82,6	95,2	110,7
PROGNOS Preise					
25 Zeitjahre	P25	35,5	22,7	38,4	31,2
	P25B		48,8	65,3	83,0
	P25K	46,9	53,4	78,6	101,7

Teil II: Ergebnisse der Modellgruppen

1 DIOGENES

Tim Hoffmann, Stefan Vögele

Zentrum für Europäische Wirtschaftsforschung GmbH (ZEW), Mannheim

1.1 Einleitung

Ein von der Regierungskoalition geplanter umfassender und unumkehrbarer Ausstieg aus der Kernenergie wirft viele Fragen auf. Im Rahmen des zweiten Modellexperiments (MEX II) des Forums für Energiemodelle und Energiewirtschaftliche Systemanalysen (FEES) wurden am ZEW „Effekte und Wirkungen eines sofortigen oder schrittweisen Verzichts auf Strom aus Kernkraftwerken in der Bundesrepublik Deutschland" untersucht. Durch Einsatz des am ZEW entwickelten kombinierten Optimierungs-/Input-Output Modells DIOGENES[16] wurden insbesondere energieseitige Folgen des Ausstiegs genauer analysiert. Weitere Schwerpunkte lagen auf den Kostenwirkungen und den ökologischen Folgen.

Anhand der vorgegebenen Rahmenannahmen der harmonisierten Fallstudie erfolgten Modellläufe für drei verschiedene Szenarios. Im Referenzfall wurde die maximale Nutzungsdauer der Kernkraftwerke auf 40 Jahre festgelegt. An dieser Referenzentwicklung orientierte sich die Untersuchung von Ausstiegsszenarios mit und ohne flankierende Emissionsrestriktionen. Hierbei wurde die Nutzungsdauer der Kernkraftwerke auf jeweils 25 Jahre verkürzt.

Aufgrund der Optimierungsmodellen generell innewohnenden Abhängigkeit der Ergebnisse von zu Grunde liegenden Annahmen, erfolgten Rechnungen auf Basis zweier verschiedener Annahmen bezüglich Höhe und Entwicklung der Energieträgerpreise. Neben der dem ersten Modellexperiment (MEX I) entstammenden Annahmen kamen auch aktuelle Abschätzungen von Prognos/EWI zum Einsatz. Somit ergaben sich insgesamt sechs verschiedene Szenarios, deren Ergebnisse im Anschluss an eine einführende Beschreibung des verwendeten Modells und der Erläuterung seiner datentechnischen Fundierung vorgestellt werden.

---

16 (**D**ynamic **I**nput-**O**utput Model for **G**eneral **E**nviro**N**mental and **E**conomic **S**ystem Analysis)

1.2 Methodischer Ansatz

1.2.1 Allgemeines

Bei DIOGENES handelt es sich kombiniertes Optimierungs-/Input-Output Modell. Es wurde speziell für Fragestellungen entwickelt, in deren Mittelpunkt technische Entwicklungen in der Elektrizitätswirtschaft stehen. Das Modell wurde hierbei so spezifiziert, dass intertemporale Abhängigkeiten wie z.B. der lange Zeithorizont bei Investitionsentscheidungen, die intertemporale Struktur von Investitionsaktivitäten und die Darstellung von Veränderungen des zur Verfügung stehenden Prozessmixes im Zeitablauf berücksichtigt werden können. Besondere Aufmerksamkeit gilt der Erfassung von technischen Entwicklungen in Abhängigkeit der Altersstruktur vorhandener Kapitalstöcke.

DIOGENES besteht derzeit aus zwei Hauptmodulen – dem dynamischen Input-Output Modell und dem darin eingebundenen Elektrizitätswirtschaftsmodul. Abbildung 1-1 gibt einen Überblick über den strukturellen Aufbau von DIOGENES. Eine detailliertere Beschreibung des Modells gibt Vögele (2000).

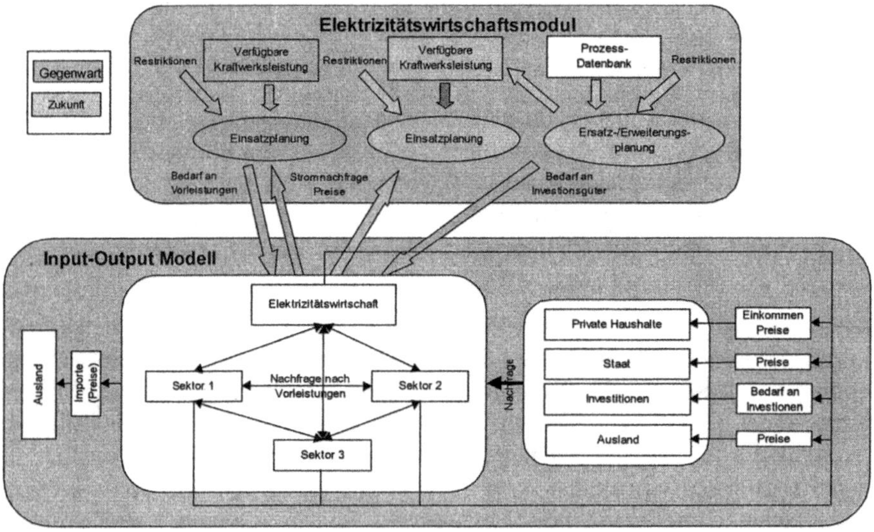

Abbildung 1-1: Allgemeiner Aufbau des Modells

1.2.2 Das dynamische Input-Output Modell

Die Entwicklung der Preise einzelner Güter sowie die Entwicklung der Energienachfrage werden mittels eines dynamischen Input-Output Modells mit preisabhängigen Produktionskoeffizienten bestimmt. Die Nachfrage einzelner Wirtschaftsbereiche (inklusive der privaten Haushalten) hängt hierbei von der Entwicklung der relativen Preise und zeitlicher Trends ab. Die Wechselwirkungen zwischen In- und Ausland werden mittels ökonometrisch geschätzter Import- und Exportelastizitäten erfasst. Hinsichtlich der Investitionsnachfrage wird angenommen, dass sie von der Entwicklung der Produktion abhängt.

Grundsätzlich können Veränderungen der Vorleistungsstruktur auch Auswirkungen auch die Preise haben. Um diese Effekte erfassen zu können wird ein Leontiefsches Preismodell verwendet. Die Lösung des Preis-Mengen Modells erfolgt iterativ.

Das Input-Output Modell dient u.a. zur Erfassung der sektoralen und gesamtwirtschaftlichen Auswirkungen unterschiedlicher Politiken. Es basiert auf einem von Leontief, Szyld und Duchin (1985) entwickelten Modellansatz der von unterschiedlichen Institutionen zur Analyse der gesamtwirtschaftlichen Auswirkungen technischer Entwicklungen (insbesondere der Mikroelektronik) eingesetzt wurde (vgl. z.B. Leontief/Duchin 1986, Edler 1990). Der Modellansatz wurde so modifiziert, dass auch Preiseffekte sowie die durch wirtschaftliche Aktivitäten ausgelösten Umweltbelastungen ermittelt werden können. Hierzu wurde das Modell auf Basis der Daten aus EMI 2.0 (Hohmeyer et al. 1998) zusätzlich um Emissionskoeffizienten für Kohlenmonoxid, Kohlendioxid, VOC, Stickstoffdioxid, Schwefeldioxid, Staub, Cadmium, Arsen, und Quecksilber erweitert.

1.2.3 Das Kraftwerksmodul

Das Elektrizitätswirtschaftsmodul erfasst die Einsatz- sowie die Ersatz- bzw. Erweiterungsplanung der Elektrizitätswirtschaft. Die Einsatzplanung des vorhandenen Kraftwerksparks erfolgt in jeder Periode auf Basis der variablen Kosten. In jedem Lastbereich kommen in erster Linie die Kraftwerke zum Einsatz, die insgesamt die geringsten Kosten pro kWh erzeugter Energie aufweisen. Die Kostenoptimierung ist dabei einer Reihe von Restriktionen unterworfen. Beispielhaft seien genannt:

- Deckung der Nachfrage nach Energie
- Berücksichtigung maximaler Auslastungsgrade einzelner Kraftwerkstypen
- Emissionsrestriktionen usw.

Die Ersatz- bzw. Erweiterungsplanung greift auf Verfahren der Gemischt-Ganzzahligen Optimierung sowie der dynamischen Investitionsrechnung zurück. Art und Anzahl der neu zu installierenden Kraftwerke hängen hierbei vom Umfang der benötigten Kraftwerksleistung, dem Lastbereich für den die Leistung benötigt wird, von den technischen und ökonomischen Eigenschaften der Kraftwerkstypen sowie eventuell vorliegenden Restriktionen ab. Die Bestimmung der Vorteilhaftigkeit von Ersatz- bzw. Erweiterungsinvestitionen orientiert sich an der Wirtschaftlichkeit der als Ersatzoption zur Verfügung stehenden Kraftwerke.

Für jedes zur Verfügung stehende Kraftwerk, erfolgt eine lastspezifische Berechnung der Ausgaben-Annuität. Hierzu werden alle mit der potenziellen Investition verbundenen Ausgaben auf ein Basisjahr abgezinst, kumuliert und in eine periodisch konstante Annuität umgewandelt. Um die Vergleichbarkeit zwischen verschiedenen Technologien und Kraftwerksgrößen zu gewährleisten, wird die Annuität auf die Kapazität des jeweiligen Kraftwerks bezogen, so dass sich periodisch konstante Ausgaben pro kW Kraftwerksleistung ergeben.[17]

Ziel des Optimierungsproblems ist die Minimierung der gesamten Ausgaben-Annuität aller in einer Periode neu zu installierenden Ersatz- bzw. Erweiterungskraftwerke. Der Optimierung liegen myopische Erwartungen zu Grunde. Bei der Planung erstreckt sich die Kenntnis zukünftiger Entwicklungen der Rahmenannahmen (z.B. Energieträgerpreise oder Stromnachfrage) auf fünf Jahre in die Zukunft. Dies entspricht etwa der Zeit, die zur Planung und Errichtung eines neuen Kraftwerks nötig ist.[18] Einsatz- und Ausbauplanung werden periodisch durchgeführt. Grundsätzlich werden bei der Optimierung technische, wirtschaftliche und gesellschaftspolitische Restriktionen berücksichtigt.

1.2.4 Die Methodik der Kostenberechnung

Ähnlich der zuvor beschriebenen Ersatz- bzw. Erweiterungsplanung orientiert sich die Abschätzung der Kosten eines vorzeitigen Ausstiegs aus der Kernenergie an finanzwirtschaftlichen Zahlungsgrößen und Verfahren der dynamischen Investitionsrechnung. Nach strenger betriebswirtschaftlicher Auslegung handelt es sich bei den resultierenden Werten demnach nicht um Kosten im eigentlichen Sinne sondern vielmehr um zusätzliche finanzwirksame Belastungen also um Auszahlungen.

Den Ausgangspunkt bilden die für jede Periode des Planungshorizonts berechneten Kapitalwerte der Kernkraftwerke sowie der zum Ersatz ausscheidender nuklearer Kapazitäten eingesetzten Kraftwerke. Zum Vergleich verschiedener Szenarios werden in jeder Periode für jedes Kernkraftwerk zwei Investitionsketten gebildet und deren Gesamt-Kapitalwerte berechnet. Abbildung 1-2 verdeutlicht das Konzept wobei t den Zeitpunkt des vorzeitigen Abschaltens eines Kraftwerks darstellt und n_A die verbleibende Restnutzungsdauer.

---

17 Es sei angemerkt, dass die Ausgaben von der zukünftigen Auslastung der Kraftwerke abhängen. Vereinfachend orientiert sich die Berechnung an durchschnittlichen Einsatzzeiten in den Lastbereichen Grundlast, Mittellast und Spitzenlast.

18 Die zeitliche Verteilung der Investitionstätigkeit zeigt dann ihren vollen Sinn, wenn mittels des Input-Output Modells die genauen sektoralen Auswirkungen der Investitionen ermittelt werden sollen. Durch die zeitlich exakte Berücksichtigung des Bedarfs an Vorleistungen wird beispielsweise vermieden, dass in einer Periode die gesamte Nachfrage nach Vorleistungen anfällt und somit zu unrealistischen sektoralen oder gesamtwirtschaftlichen Effekten führt.

Kette 1 (Referenz) bildet den Verlauf ohne vorfristigen Ausstieg ab, Kette 2 (Ausstieg) stellt die Entwicklung bei vorzeitigem Nutzungsende der Kernkraftwerke dar. Die zusätzlichen Belastungen ergeben sich aus der Differenz der Kapitalwerte von Kette 1 und Kette 2.

Kraftwerke deren Nutzungsdauer über das Ende des Betrachtungszeitraums hinausreicht, werden annahmegemäß durch Kraftwerke gleichen Typs ersetzt, welche ebenso am Ende ihrer Nutzungsdauer entsprechend ersetzt werden. Die Barwerte der so entstehenden unendlichen Investitionsreihen fungieren als Terminal Bedingung, wodurch beide Reihen erst miteinander vergleichbar sind.

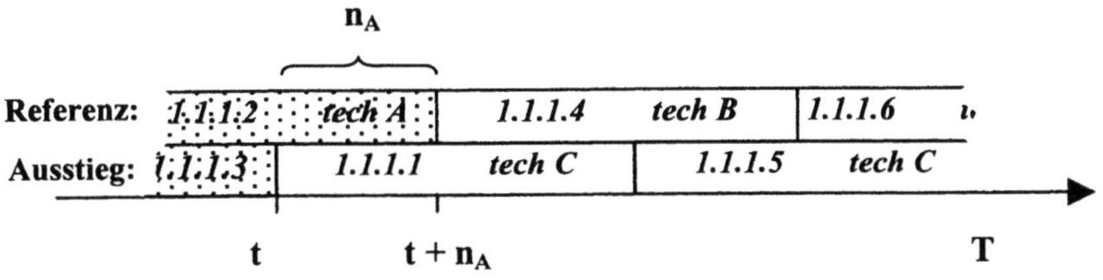

Abbildung 1-2: Investitionsketten im Referenz- und Ausstiegsfall

1.3 Datentechnische Fundierung

Dem dynamischen Input-Output Modell liegen die Input-Output Tabellen der Bundesrepublik Deutschland aus den Jahren 1978 bis 1995 zu Grunde. Gemäß Gliederung der Tabellen werden alle 58 Sektoren vom Modell erfasst. Die Abhängigkeiten der Produktionskoeffizienten von den relativen Preisen sowie die Konsumnachfrage wurden aus den Tabellen ermittelt. Die Kapitalkoeffizientenmatrizen beruhen auf Daten des IFO und des Statistischen Bundesamtes.

Die maximalen Raten der Kapazitätserweiterung liegen zwischen 5 % und 10 % und beruhen auf Potenzialschätzungen des DIW (vgl. Edler 1990).

Um spezifische Daten einzelner Kraftwerke mit den Input-Output Tabellen verknüpfen zu können, werden die Nachfrage nach Vorleistungen sowie die zur Erstellung neuer Kraftwerke nötigen Investitionen an die Systematik der Input-Output Rechnung angepasst. Die Zuordnung der Vorleistungen erfolgt auf Basis von Studien, die am ZEW in Zusammenarbeit mit anderen Forschungseinrichtungen (z.B. IER) durchgeführt wurden (vgl. beispielsweise ESD 1996). Zudem wurde auf die Datenbank von IKARUS zurückgegriffen. Neben Angaben über die zum Betrieb einzelner Kraftwerke notwendigen Vorleistungen, gehen aus IKARUS auch Informationen über zukünftige Kraftwerkstechnologien, deren Planungs- und Bauzeiten, die Nutzungsdauern einzelner Kraftwerke sowie deren technische Emissionskoeffizienten hervor.

Die Datengrundlage zur Berechnung sektoraler Emissionskoeffizienten sowie sektoraler Nachfrage nach Elektrizität bildet die „Emittentenstruktur" (Modell EMI 2.0 vgl. Hohmeyer et al. 1998).

Die Entwicklung von Exporten und Staatsnachfrage wird im Modell nicht endogen erfasst. Um den Einfluss dieser Größen auf die Entwicklung der Volkswirtschaft berücksichtigen zu können, wird angenommen, dass vorliegende Trends weiterhin anhalten.

Informationen über die derzeit eingesetzten Kraftwerke entstammen Statistiken der VDEW (vgl. VDEW 1996a und 1996b), sowie umfangreichen Befragungen der Kraftwerksbetreiber. Zusammengefasst in einer Datenbank bilden diese Informationen die Grundlage für die Abschätzung zukünftiger Entwicklungen in der Elektrizitätswirtschaft.

1.4 Modellergebnisse der Fallstudie

Nachfolgend werden die Ergebnisse der Szenariorechnungen vorgestellt. Zunächst werden elektrizitätswirtschaftliche Folgen des Kernenergieausstiegs analysiert. Anschließend folgt die Beschreibung von Kostenwirkungen und ökologischen Folgen. Die Betrachtung erfolgt anhand zweier unterschiedlicher Prognosen über den Verlauf der Energieträgerpreise. Für den ersten Teil der Modellläufe wurden Preise und Preisentwicklung des ersten FEES-Modellexperiments zu Grunde gelegt (FORUM-Preise), der zweite Teil beruht auf den Abschätzungen von Prognos/EWI (PROGNOS-Preise). Insgesamt wurden sechs Szenarios untersucht:

- Referenzszenarios F40 (Preisentwicklung nach FORUM) und P40 (Preisentwicklung nach PROGNOS). Hierbei wurden für Kernkraftwerke maximale Nutzungsdauern von jeweils 40 Jahren zu Grunde gelegt. Ein Neubau von nuklearer Kapazität wurde ausgeschlossen.

- Ausstiegsszenarios ohne Emissionsrestriktionen F25 bzw. P25. In beiden Ausstiegsfällen wurde die maximale Nutzungsdauer der Kernkraftwerke auf 25 Jahre begrenzt.

- Ausstiegsszenarios mit Emissionsminderungszielen im Stromsektor F25K und P25K. Zusätzlich zu F25 und P25 gelten für den Sektor Elektrizitätswirtschaft die CO_2-Reduktionsziele gemäß des Kyoto-Abkommens (Minderung der CO_2-Emissionen bis zum Jahre 2010 auf 21 % der Emissionen von 1990).

Obwohl DIOGENES Werte für jedes Jahr des Betrachtungszeitraums ausweist, wird im Folgenden hauptsächlich auf die Betrachtungsjahre der Report-Tabellen der harmonisierten Fallstudie (vgl. Anhang 1) Bezug genommen.

1.4.1 Elektrizitätswirtschaftliche und energieseitige Effekte

1.4.1.1 Preisentwicklung gemäß FORUM (Szenarios F40, F25, F25K)

Das Referenzzsenario (F40) stellt den Verlauf der Entwicklung des Kraftwerksparks ohne vorzeitigen staatlich administrierten Ausstieg aus der Kernenergienutzung dar. Aussscheidende Kapazitäten werden gemäß den zuvor beschriebenen Kriterien ersetzt.

Abbildung 1-3 zeigt die Entwicklung der Netto-Engpassleistung für die drei Modellläufe. Abbildung 1-4 beschreibt die Entwicklung der Anteile einzelner Ernergieträger an der gesamten Stromerzeugung. Aus Gründen der Übersichtlichkeit werden an dieser Stelle die Energieträger Braun- und Steinkohlen zur Gruppe "Kohlen" zusammengefasst. Erneuerbare Energien sowie die Stromerzeugung auf Basis von Mineralölen bilden die Gruppe "Andere". Genaue Zahlenangaben sowie Angaben zur Auslastung nach Energieträgern sind in Anhang 1 dargestellt.

Bis zum Jahr 2009 werden im Referenzfall sowohl ausscheidende nukleare Kapazitäten, als auch sonstige Kraftwerke fast vollständig durch die bis dahin wirtschaftlich günstigsten Gaskraftwerke ersetzt. Insbesondere der Zubau von Gas- und Dampfturbinen-Kraftwerken (GuD) sorgt dafür, dass der Beitrag des Energieträgers Gas zur gesamten Stromerzeugung bis zum Jahre 2010 annährend um den Faktor 8 ansteigt. Zubau und Einsatz von Gaskraftwerken erfolgt dabei zunehmend auch im Grundlastbereich. Der Beitrag von Erdgaskraftwerken zur Gesamterzeugung beläuft sich im Jahr 2010 auf rund 20% (etwa 69 TWh), während der Anteil von Kohlen von rund 54% (rund 243 TWh) im Jahre 1997 auf 41% (204 TWh) im Jahre 2010 sinkt.

Bei gegebener Entwicklung der Ergieträgerpreise kehrt sich im Jahr 2004 die Vorteilhaftigkeit der Ersatzoptionen zugunsten von Steinkohlekraftwerken um. Ab diesem Jahr werden im Grundlastbereich vermehrt Steinkohlekraftwerke geplant und errichtet, die dann – aufgrund einer zugrundegelegten Plan- und Bauzeit - ab dem Jahr 2009 die Produktion aufnehmen. Der Anteil der Stromerzeugung auf Basis von Erdgas bleibt bis zum Ende des Betrachtungszeitraums bei rund 20% weitgehend konstant. Im gleichen Zeitraum steigt der Anteil der Kohle um rund 90% an und deckt somit im Jahr 2030 rund 73% (390 TWh) der gesamten Nachfrage nach Elektrizität.

Unter der Annahme einer maximalen Nutzungsdauer der Kernkraftwerke von 40 Kalenderjahren scheidet fast die gesamte nukleare Kapazität nach dem Jahr 2010 aus. Im betrachteten Referenzfall bildet demnach Steinkohle die bevorzugte Option zum Ersatz der Kernkraftwerke. Braunkohlekraftwerke sind als Ersatzoption eher unbedeutend. Zwar steigt deren Auslastung – bedingt durch relative Vorteilhaftigkeit bei der Einsatzplanung - bis zum Jahre 2005 um rund 25% an und bleibt dann konstant, jedoch nimmt ihr Beitrag zur Gesamterzeugung aufgrund altersbedingtem Ausscheiden von Kraftwerken kontinuierlich ab.

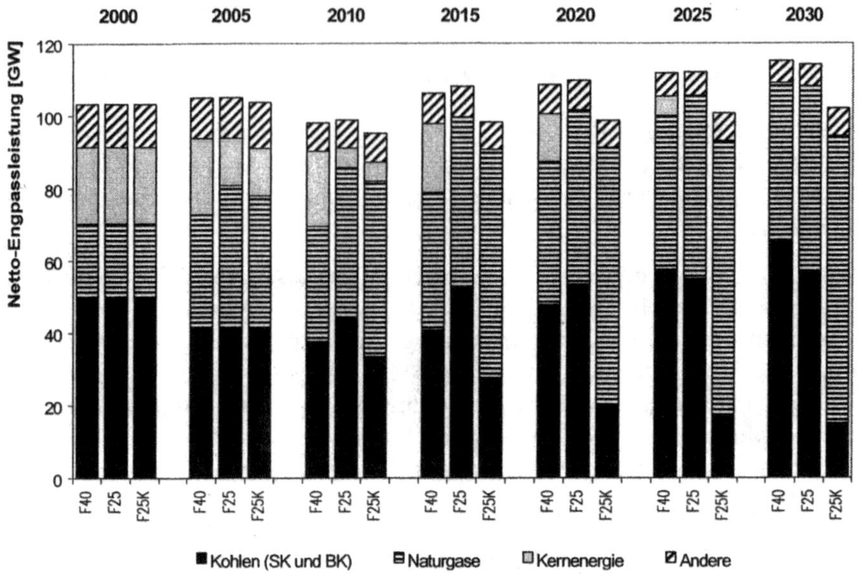

Abbildung 1-3: Entwicklung der Netto-Engpassleistung (FORUM)

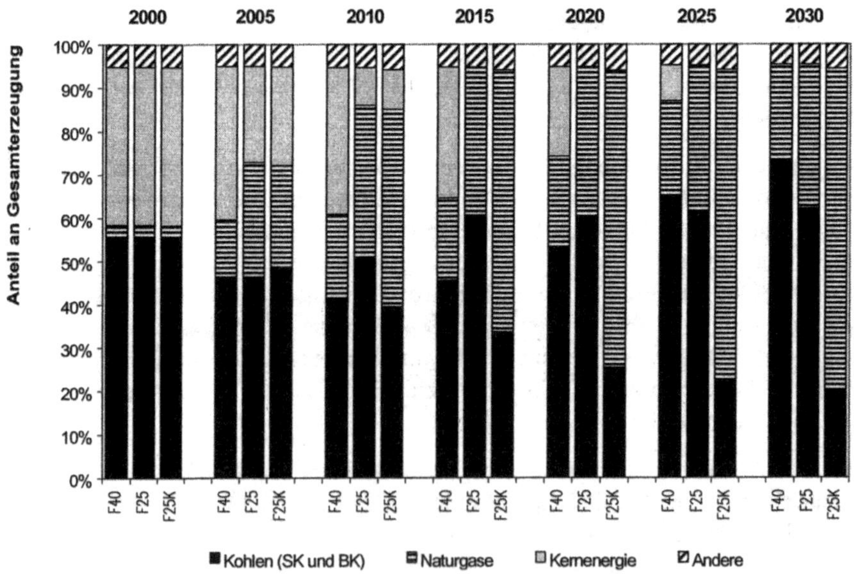

Abbildung 1-4: Entwicklung der Stromerzeugung nach Energieträgern (FORUM)

Ein administrierter Ausstieg aus der Kernenergie durch Begrenzung der Nutzungsdauern von Kernkraftwerken auf 25 Kalenderjahre führt – im Vergleich zur Referenzentwicklung - zu früherem Auftreten von Ersatzbedarf.

Für Kraftwerke, die bis zum Jahr 2009 in Betrieb gehen, gelten auf Grund gleicher Preis- und Kostenentwicklung wie im Referenzfall, Erdgaskraftwerke (GuD) als vorteilhafteste Ersatzalternative. Der größere zu deckende Ersatzbedarf im Zeitraum zwischen den Jahren 2000 und 2010 führt zu einem Anstieg der Stromerzeugung auf Erdgasbasis auf 173 TWh im Jahr 2010. Erdgaskraftwerke decken damit 35% der gesamten Erzeugung ab. Der Anteil ist somit um rund 15% höher als im Referenzfall. Insgesamt wird im Ausstiegsfall im Jahre 2010 etwa 80% mehr Energie durch Erdgaskraftwerke erzeugt als im Referenzszenario. Abbildung 1-5 verdeutlicht grafisch die Unterschiede zwischen Ausstiegs- und Referenzszenario. Der Anteil, den Erdgaskraftwerke zur Stromerzeugung beitragen bleibt bis zum Ende des Betrachtungszeitraumes im Jahr 2030 in etwa konstant bei rund 35%.

Bis zum Jahr 2005 entwickelt sich die Stromerzeugung auf Basis von Kohle wie im Referenzszenario. Aus Altersgründen ausscheidende Kohlekraftwerke werden ebenfalls durch Gaskraftwerke ersetzt. Nach der Umkehr der Vorteilhaftigkeit im Jahre 2009 bedingt die relativ höhere ausscheidende Nuklearkapazität einen stärkeren Zubau von Steinkohlekraftwerken zwischen 2009 und 2015 als im Referenzszenario. Im Jahr 2015 liegt die Stromproduktion von Steinkohlekraftwerken im Ausstiegsszenario etwa 33% (rund 76 TWh) über der im Referenzfall. Ab 2015 bleibt der Anteil der Kohlekraftwerke an der Gesamterzeugung etwa konstant bei 61%.

Nach vollzogenem Kernenergieausstieg muss ab dem Jahr 2015 weniger Kapazität ersetzt werden als im Referenzszenario. Der Ausbau von Steinkohle-Kapazitäten in den Jahren von 2015 bis 2030 fällt demnach im Ausstiegsszenario geringer aus. Der Beitrag der Steinkohle zur Stromerzeugung ist ab dem Jahr 2025 sogar geringer als im Referenzfall (vgl Abbildung 1-5).

Wie im Referenzszenario kommt es auch im Ausstiegsfall zu keinem Ausbau von Braunkohlekraftwerken. Das konstante Niveau der Kohlekraftwerke wird demnach ausschließlich durch Zubau von Steinkohlekraftwerken erreicht, die auch ausscheidende Braunkohlekraftwerke substituieren. Erneuerbare Energien sowie die Stromerzeugung auf Basis von Mineralölen spielen – wie auch im Referenzszenario - eine untergeordnete Rolle.

Im Vergleich zum Referenzfall wird der größte Teil der ausscheidenden nuklearen Kapazität durch Erdgaskraftwerke ersetzt. Erst für Kernkraftwerke, die nach 2009 auscheiden – dies entspricht etwa 25% der gesamten nuklearen Kapazität -, kommen Steinkohlekraftwerke zum Einsatz.

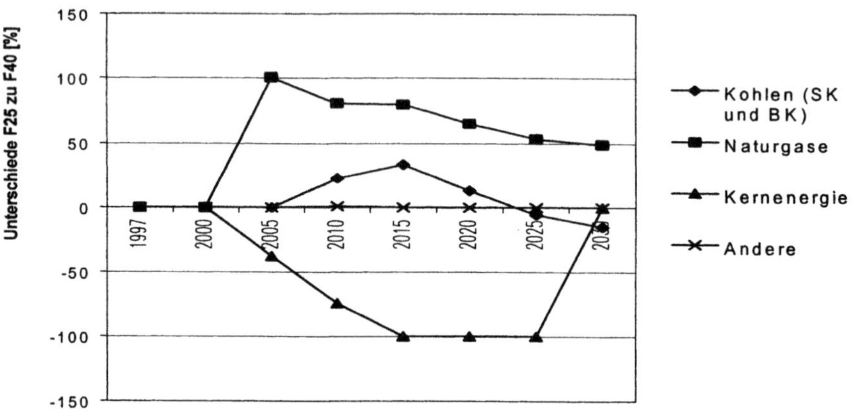

Abbildung 1-5: Differenzen zwischen Stromerzeugung im Ausstiegsfall (F25) und im Referenzfall (F40)

Bislang orientierte sich die Entscheidung über den Zubau von Kapazitäten alleine an Kostenaspekten. Es wurde nur diejenige Ersatzoption gewählt, die im einzelwirtschaftlichen Planungskalkül als relativ vorteilhaft bewertet wurde. Die zusätzliche Emissionsrestriktion im Szenario F25K bewirkt bis zum Jahr 2005 im Vergleich zum vorher diskutierten Ausstiegsszenario keine signifikanten Änderungen der Anteile verschiedener Kraftwerkstypen an der Gesamterzeugung. Ausscheidende Kapazitäten werden wiederum fast ausschließlich durch Gaskraftwerke ersetzt. Die Unterschiede zum Referenzszenario resultieren wie schon im vorigen Fall aus dem erhöhten Bedarf an Ersatzkapazität.

Ab dem Jahr 2010 findet kein weiterer Ausbau der Steinkohle-Kapazitäten statt. Zwar sind ab dem Jahr 2009 Steinkohlekraftwerke unter Kostenaspekten nach wie vor die günstigste Alternative, deren Emissionen würden jedoch die Einhaltung der Kyoto Ziele nicht ermöglichen. Unter gegebenen Voraussetzungen werden weiterhin die nun zwar teureren aber emissionsgünstigeren Gaskraftwerke zugebaut.

Deren Anteil an der Stromerzeugung erhöht sich bis zum Ende des Betrachtungszeitraumes von etwa 46% im Jahre 2010 auf rund 74% im Jahre 2030. In diesem Jahr erzeugen Gaskraftwerke rund 200% Prozent mehr Elektrizität als im Referenzfall (vgl. Abbildung 1-6) und etwa 100% mehr als bei einem Ausstieg ohne Emissionsziel.

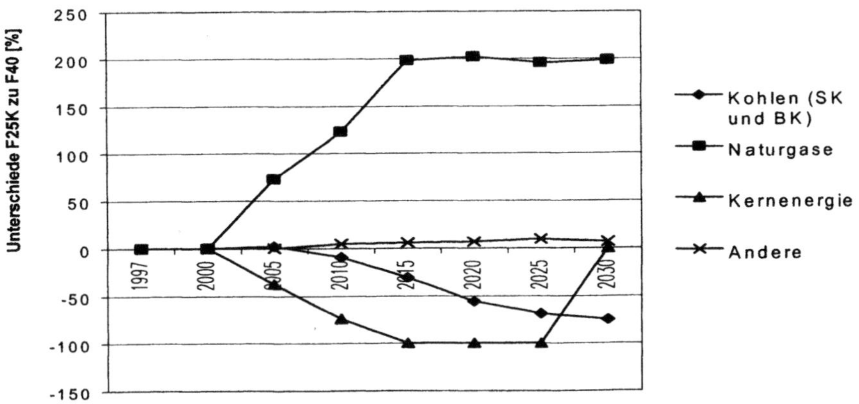

Abbildung 1-6: Differenzen zwischen Stromerzeugung im Kyoto-Szenario (F25K) und im Referenzfall (F40)

Wie bereits angedeutet kommt es zu keinem Ausbau von Kohle-Kapazitäten. Der Beitrag der Kohle (sowohl Stein- als auch Braunkohle) zur Stromerzeugung nimmt ab dem Jahr 2005 kontinuierlich ab. Im Jahre 2030 tragen Kohlekraftwerke nur noch rund 20% zur Gesamterzeugung bei. Dies entspricht einer Verringerung von rund 75% gegenüber dem Referenzfall und etwa 71% verglichen mit der Entwicklung bei Ausstieg ohne Emissionsziel.

Anders als in den zuvor diskutierten Szenarios werden ausscheidende nukleare Kapazitäten ausschließlich durch Gaskraftwerke ersetzt.

1.4.1.2 Alternative Entwicklung aller Energieträgerpreise gemäß PROGNOS (Szenarios P40, P25, P25K)

Tendenziell unterscheiden sich die Ergebnisse bei Verwendung der PROGNOS Preispfade nur gering von den zuvor dargestellten Kernszenarios. Sowohl im Referenzfall, als auch im Falle eines Ausstiegs ohne Emissionsziel kommen zur Deckung von Nachfragelücken primär Gas- und Steinkohlekraftwerke zum Einsatz. Braunkohlekraftwerke werden nicht zugebaut, Mineralöle sowie Erneuerbare Energien spielen eine untergeordnete Rolle. Die Abbildungen 1-7 und 1-8 stellen die Ergebnisse grafisch dar. Die gesamten Ergebnisse der Modellläufe sind ebenfalls im Anhang 1 aufgeführt. Unterschiede ergeben sich im Verhältnis der Anteile von Erdgas- und Kohlekraftwerken an der Netto-Engpassleistung und der Stromerzeugung.

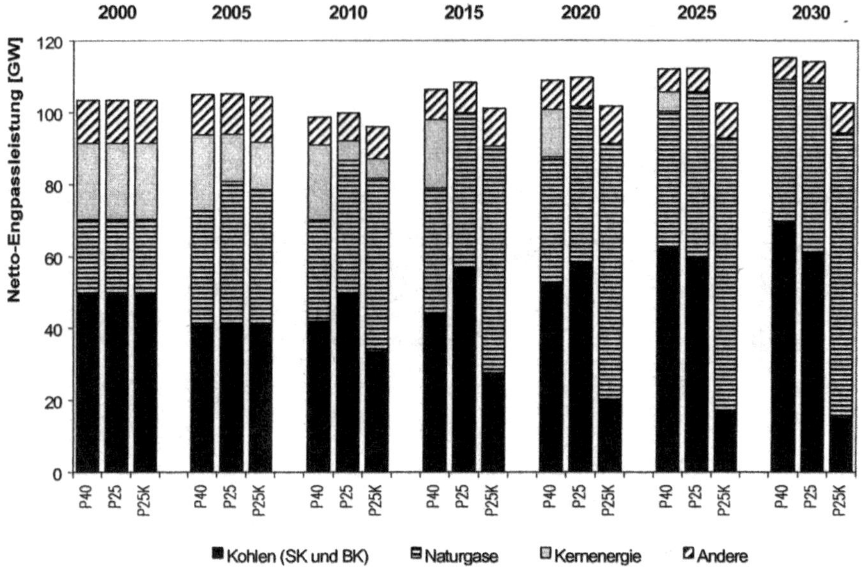

Abbildung 1-7: Entwicklung der Netto-Engpassleistung (PROGNOS-Preise)

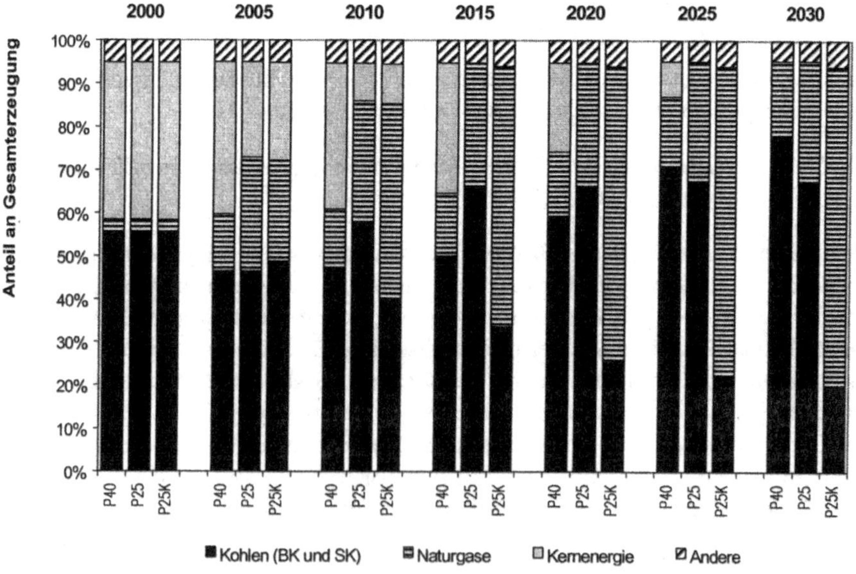

Abbildung 1-8: Entwicklung der Stromerzeugung nach Energieträgern (PROGNOS)

Im Gegensatz zur Entwicklung der Energieträgerpreise nach FORUM steigen die Preise für Steinkohle weniger stark an. Als Folge ändert sich die relative Vorteilhaftigkeit früher zu Gunsten von Steinkohlekraftwerken.

Wurden unter FORUM Preisen Steinkohlekraftwerke ab dem Jahr 2009 eingesetzt (Änderung der relativen Vorteilhaftigkeit im Jahre 2004), so sind sie bei Preisentwicklung nach PROGNOS bereits ab dem Jahr 2002 die kostengünstigste Alternative. Demnach gehen ab dem Jahr 2007 vermehrt Steinkohlekraftwerke ans Netz. Ab dem Jahr 2010 sind sowohl im Referenzfall, als auch im Ausstiegsszenario die Anteile von Steinkohlekraftwerken an der Stromerzeugung zwischen 5% und 6% höher als bei Verwendung der FORUM Preise.

1.4.2 Kostenwirkungen

Gemäß der in Abschnitt 1.2.4 beschriebenen Vorgehensweise ergeben sich die in Tabelle 1-1 dargestellten Mehrkosten für die Ausstiegsszenarios. Die kumulierten Mehrkosten werden durch Addition der Zeitwerte in jedem Jahr ermittelt. Die abdiskontierten Mehrkosten ergeben sich durch Addition der Barwerte.[19] Die jährlichen Mehrkosten werden durch Annuisierung der abdiskontierten Mehrkosten errechnet. Das Verhältnis von jährlichen Mehrkosten zur annuisierten Menge erzeugten Stroms beschreibt die durchschnittliche Kostenerhöhung pro kWh.

Tabelle 1-1: Kostenwirkungen des Ausstiegs

		FORUM Preispfad		**PROGNOS** Preispfad	
		F25	**F25K**	**P25**	**P25K**
Kumulierte Mehrkosten	[Mrd.DM$_{98}$]	**48,2**	**59,1**	**35,5**	**46,9**
Auf das Jahr 2000 abdiskontierte Mehrkosten	[Mrd.DM$_{98}$]	**33,8**	**41,7**	**26,1**	**31,1**
Jährliche Mehrkosten	[Mrd.DM$_{98}$]	**2,2**	**2,7**	**1,7**	**2,1**
Durchschnittliche Kostenerhöhung	[Pf$_{98}$/kWh]	**0,4**	**0,6**	**0,3**	**0,4**

---

19 Es sei angemerkt, dass sich die abdiskontierten Mehrkosten nicht durch Abzinsung der kumulierten Mehrkosten ergeben.

Aufgrund der im Vergleich allgemein niedrigeren PROGNOS Preise entstehen gegenüber den FORUM-Ausstiegsläufen deutlich geringere Kosten. Insbesondere bei zusätzlichen Emissionsrestriktionen wird der Einfluss der Energieträgerpreise deutlich. Obwohl sich sowohl Netto-Engpassleistung, als auch Stromerzeugung der Szenarios F25K und P25K kaum voneinander unterscheiden, führt die Verwendung der FORUM-Preise zu erheblich höheren Kosten.

1.4.3 Ökologische Effekte

Änderungen in der Zusammensetzung des Krafwerksparks führen zu Änderungen des Emissions-Ausstoßes. Die Diskussion der energieseitigen Effekte zeigte Unterschiede in der Zusammensetzung des Kraftwerksparks auf. Gerade im Falle eines Kernenergieausstiegs ohne Vorgabe flankierender CO_2-Minderungsziele ist mit einem Anstieg der Emissionen gegenüber der Referenzentwicklung zu rechnen, da emissionsgünstige nukleare Kapazität durch Energieerzeugung auf Basis fossiler Brennstoffe ersetzt wird. Die emissionsseitigen Auswirkungen eines beschleunigten Ausstiegs aus der Kernenergie für die Szenarios F40, F25 und F25K sind in Abbildung 1-9 dargestellt.

Die Abnahme der Emissionen im Referenzfall zwischen den Jahren 2000 und 2010 erklärt sich aus dem Ersatz von altersbedingt ausscheidenden Kohlekraftwerken durch emissionsgünstigere Erdgaskraftwerke. Erst nach 2010 kommt es zu einem stärkeren Anstieg des CO_2-Ausstoßes, da ab diesem Zeitpunkt ausscheidende Kernkraftwerke durch Steinkohlekraftwerke ersetzt werden.

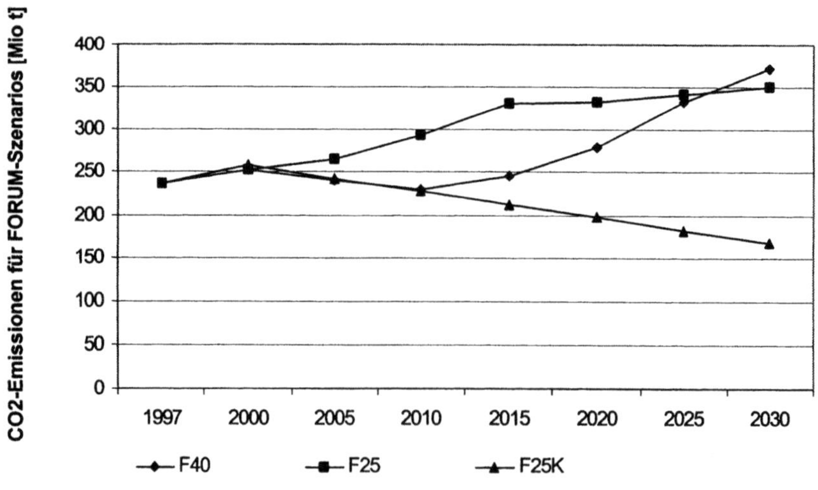

Abbildung 1-9: Jährliche Emissionen im Referenzszenario und im Ausstiegsfall ohne CO_2-Minderungsziel

Während im Referenzszenario die Emissionen bis zum Jahre 2010 abnehmen, führt der Ausstieg in den Jahren zwischen 2005 und 2015 zu einem höheren CO_2-Ausstoß. So liegt der Ausstoß im Ausstiegszenario im Jahr 2015 rund 35% höher als im Referenzfall. Durch den vermehrten Einsatz von Steinkohlekraftwerken ab dem Jahr 2009 steigen die Emissionen auch nach dem Ausscheiden des letzten Kernkraftwerks weiterhin an. Nach dem Jahr 2026 liegen die jährlichen CO_2-Emissionen im Ausstiegsfall unter denen im Referenzszenario.

Ein Vergleich des Szenarios F25K mit F40 macht deutlich, dass auch im Referenzfall die Emissionsziele bis zum Jahr 2010 eingehalten werden, da im Referenzszenario bis etwa zu diesem Zeitpunkt vorwiegend emissionsgünstige GuD-Kraftwerke zugebaut werden. Die im Szenario F25K weitergehende Substitution der Kohle- durch Gaskraftwerke sorgt ab dem Jahr 2010 dann für die Einhaltung der Emissionsziele.

Bei Verwendung der Preispfade nach PROGNOS bedingt der höhere Einsatz von Steinkohlekraftwerken hinsichtlich des Emissionsaufkommens einen höheren Ausstoß von CO_2. Ab dem Jahr 2010 liegen die CO_2-Emissionen zwischen 2% und 4% über denen der FORUM-Modellläufe. Bezüglich der Entwicklung der jährlichen Emissionen ergeben sich nur geringe Unterschiede. Abbildung 1-10 verdeutlicht die Entwicklungen.

Bei Vorgabe der Minderungsziele gemäß des Kyoto Abkommens sind die Ergebnisse der Szenarios F25K und P25K annährend identisch. Auch bei Verwendung der PROGNOS Preispfade kommen nicht die relativ kostengünstigsten Steinkohlekraftwerke zum Einsatz, sondern die emissionsgünstigeren Erdgaskraftwerke.

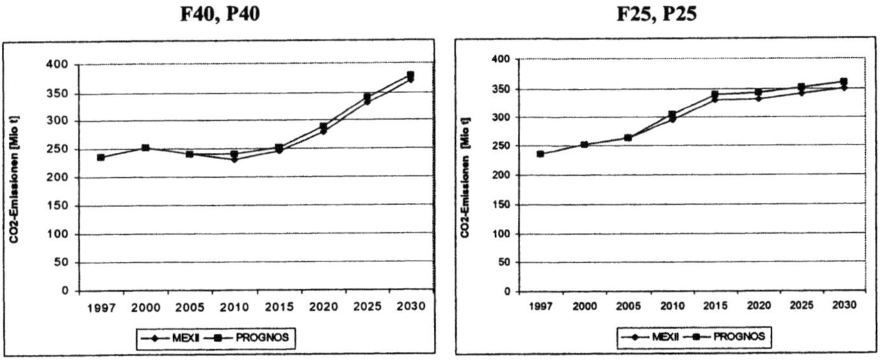

Abbildung 1-10: Entwicklung der CO_2-Emissionen bei Ausstieg ohne Minderungsziel und im Referenzfall bei unterschiedlichen Energieträgerpreisen

1.4.4 Sensitivitätsanalysen

Die Verwendung alternativer Preisannahmen führte zwar zu signifikant unterschiedlichen finanziellen Belastungen, die resultierenden Unterschiede in den energieseitigen Auswirkungen waren jedoch eher gering. Im Gegensatz zur Variation aller Energieträgerpreise wird an dieser Stelle der Einfluss untersucht, den die Änderung eines einzelnen Preises auf die Entwicklung des Elektrizitätssektors nimmt. Die Analyse erfolgt exemplarisch anhand verschiedener Gaspreise. Die Grundlage bilden Preise und Entwicklung gemäß FORUM.

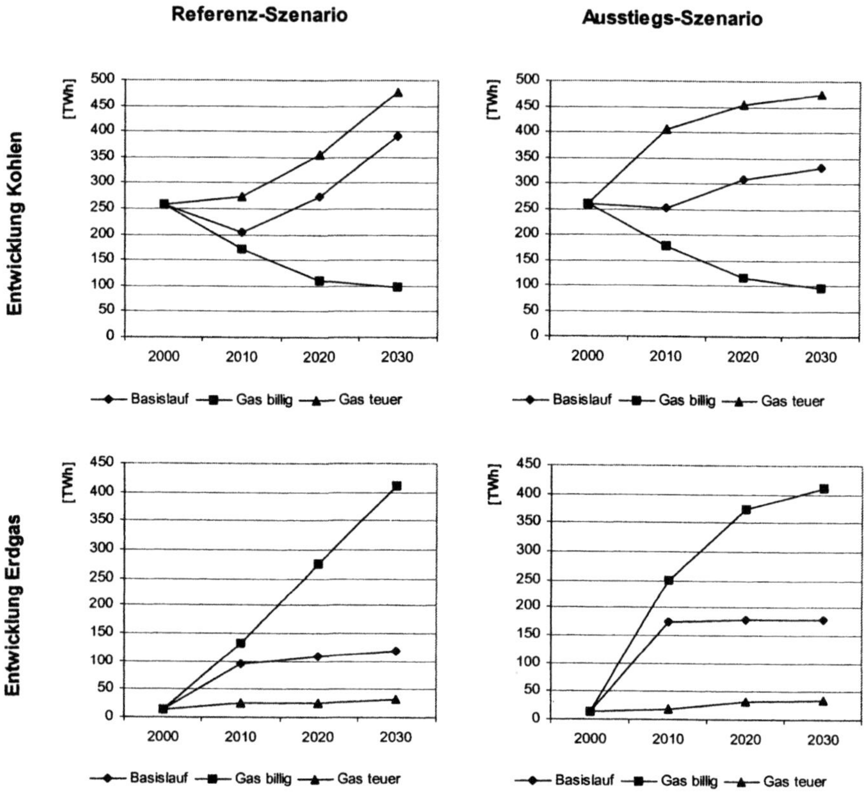

Abbildung 1-11: Entwicklungen bei unterschiedlichen Annahmen bezüglich des Erdgaspreises im Referenzszenario und im Ausstiegsfall ohne Minderungsziel

Ein unter dem ursprünglichen Niveau liegender Erdgaspreis führt tendenziell dazu, dass Erdgaskraftwerke länger wirtschaftlich vorteilhaft bleiben. Es zeigt sich, dass bei einer Senkung des Gaspreises um 30 % weder im Referenz- noch im Ausstiegsszenario eine Umkehr der Vorteilhaftigkeit zu Gunsten von Steinkohlekraftwerken erfolgt. Altersbedingt ausscheidende Kapazität wird in beiden Szenarios ausschließlich durch Erdgaskraftwerke ersetzt. Aufgrund des höheren Ersatzbedarfs im Ausstiegsfall nimmt der Anteil von Gaskraftwerken an der gesamten

Stromerzeugung früher zu. Am Ende des Betrachtungszeitraums sind die Verhältnisse von Erdgas zu Kohle annährend identisch (vgl. Abbildung 1-11).

Im Gegensatz sorgt eine Verteuerung des Gaspreises um 30 % für einen signifikant stärkeren Einsatz von Steinkohlekraftwerken. Erdgaskraftwerke sind während des gesamten Betrachtungszeitraums im Grundlastbereich wirtschaftlich nicht vorteilhaft. Der zu verzeichnende leichte Anstieg der Stromerzeugung auf Erdgasbasis ist auf einen Zubau im Spitzenlastbereich zurückzuführen (Gasturbinen-Kraftwerke). Wiederum ist am Ende des Betrachtungszeitraums das Verhältnis von Erdgas zu Kohle in beiden Szenarios fast gleich.

Es wird deutlich, dass insbesondere das Verhältnis der Energieträgerpreise zueinander starke Auswirkungen auf die Modellergebnisse hat.

1.5 Schlussbetrachtungen

In den vorangegangenen Abschnitten wurden energieseitigen Effekte, Kostenwirkungen und ökologische Folgen eines Verzichts auf Kernenergie betrachtet. Hierzu wurden - ausgehend von zwei verschiedenen Annahmen über Energieträgerpreise – jeweils zwei Ausstiegsszenarios mit den korrespondierenden Referenzentwicklungen verglichen. Es zeigte sich, dass zum Ersatz ausscheidender Kernkraftwerke vorwiegend Steinkohle und Erdgas GuD-Kraftwerke in Frage kommen. Unter beiden verwendeten Entwicklungen der Brennstoffpreise spielen weder Braunkohle noch Erneuerbare Energien eine Rolle.

Unter beiden Annahmen bezüglich der Energieträgerpreise werden in den Referenzfällen und den Ausstiegsszenarios ohne Emissionsrestriktion zunächst Erdgas-Kraftwerke zugebaut. Ab den Jahren 2009 (FORUM) bzw. 2007 (PROGNOS) sind Steinkohlekraftwerke die wirtschaftlich vorteilhafteste Alternative. Tendenziell führen beide Preispfade zu ähnlichen Ergebnissen hinsichtlich der zukünftigen Entwicklung des Kraftwerksparks. Daraus folgen ebenso geringe Unterschiede bezüglich der emissionsseitigen Folgen.

Bei beiden Szenarios mit Emissionsrestriktion werden Gaskraftwerke zunächst aus ökonomischen Gründen zugebaut, etwa nach dem Jahr 2010 sind sie zwar im Vergleich zu Steinkohlekraftwerken wirtschaftlich relativ unvorteilhaft, jedoch gewährleisten sie die Einhaltung des Emissionsziels.

Weitaus signifikantere Unterschiede ergeben sich hinsichtlich der Kostenbelastungen. Sowohl der Ausstieg mit, als auch ohne Emissionsrestriktion führt bei FORUM-Preisen zu 25 % - 30 % höheren Kosten (Abdiskontierte Mehrkosten).

Erhebliche Auswirkungen hat die Variation eines einzelnen Brennstoffpreises. Wie die exemplarische Variation des Gaspreises zeigt, kann damit verbundene Änderung der Relativpreise zur fast vollkommenen Verdrängung einer Technologie führen.

Literatur

Duchin, F. und D.B. Szyld: A Dynamic Input-Output Model with assured positive Output, Metroeconomica Vol. 37, 1985, S. 269-282

Edler, D.: Ein dynamisches Input-Output-Modell zur Abschätzung der Auswirkung ausgewählter neuer Techniken auf die Beschäftigung in der Bundesrepublik Deutschland, Deutsches Institut für Wirtschaftsforschung, Beiträge zur Strukturforschung, Heft 116, Berlin 1990

Energy for Sustainable Development (ESD): SAFIRE – Methodology Report. Report for the Commission of the European Communities, Directorate-General for Research and Development, Corsham 1996

Hohmeyer, O., S. Vögele, R. Bräutigam und R. Finger: EMI 2.0 - Erstellung eines disaggregierten Modells zur Analyse direkter und indirekter Wirkungen wirtschaftlicher Aktivitäten auf die Emissionen von Luftschadstoffen, Abwässern und Abfällen, Endbericht für das Umweltbundesamt, Mannheim 1998

Leontief, W. und F. Duchin: The Future Impact of Automation on Workers, New York, Oxford 1986

Vereinigung Deutscher Elektrizitätswerke (VDEW): VDEW-Statistik 1995: Leistung und Arbeit, VWEW, Frankfurt a.M. 1996

Vereinigung Deutscher Elektrizitätswerke (VDEW): VDEW-Statistik 1994: Betriebsmittel VWEW, Frankfurt a.M. 1996

Vögele, S.: DIOGENES: Ein gesamtwirtschaftliches Modell zur Analyse von Energie- und Umweltpolitiken – Modellstruktur und Anwendung auf die Elektrizitätswirtschaft von Baden-Württemberg, Heidelberg (erscheint demnächst)

Anhang 1: Ergebnistabellen zu den Szenariorechnungen mit DIOGENES

Szenario Reporting Tabelle

Modell:	DIOGENES
Autor:	Stefan Vögele / Tim Hoffmann
Institution:	ZEW
Land:	
Szenario:	Referenz / Modellforumspreise
Datum:	26.07.00

		Einheit	1997	2000	2005	2010	2015	2020	2025	2030
1	Demographische Rahmenannahmen									
1.1	Bevölkerung	Mio.								
1.2	Anzahl der Haushalte	Mio.								
1.3	Anzahl der Wohnflächen	Mio. m²								
2	Ökonomische Rahmenannahmen									
2.1	Entwicklung des BIP	Mrd. DM_{91}	2.774	2.786	3.005	3.344	3.548	3.497	3.949	4.916
2.2	Abschreibungsrate	% p. a.								
3	Energiepreise									
3.1	Steinkohle-küstennah	DM_{90}/GJ	laut Vorgabe FEES							
3.2	Steinkohle-küstenfern	DM_{90}/GJ	laut Vorgabe FEES							
3.3	Braunkohle	DM_{90}/GJ	laut Vorgabe FEES							
3.4	Heizöl, schwer	DM_{90}/GJ	laut Vorgabe FEES							
3.5	Heizöl, leicht	DM_{90}/GJ	laut Vorgabe FEES							
3.6	Erdgas A	DM_{90}/GJ	laut Vorgabe FEES							
3.7	Erdgas B	DM_{90}/GJ	laut Vorgabe FEES							
4	Struktur Stromnachfrage nach Sektoren									
4.1	Industrie	TWh								
4.2	Kleinverbraucher	TWh								
4.3	Haushalte	TWh								
4.4	Verkehr	TWh								
4.5	Sonstige	TWh								
4.6	Verluste	TWh								
4.7	Summe	TWh								
5	Netto-Engpaßleistung n. Energieträgern									
5.1	Steinkohle (inkl. Mischfeuerung)	MW	30.738	30.028	22.342	22.263	26.031	33.350	43.226	51.203
5.2	Braunkohle	MW	22.390	19.588	19.145	15.377	14.781	14.451	14.292	14.121
5.3	Heizöl	MW	8.338	7.064	6.328	1.370	619	264	66	66
5.4	Erdgas	MW	20.603	20.716	31.204	31.918	37.982	39.532	42.637	43.809
5.5	Kernenergie	MW	21.115	21.115	21.115	20.775	18.968	13.157	5.336	0
5.6	Wasserkraft	MW	4.838	4.838	4.838	4.838	4.838	4.838	4.838	4.838
5.7	Wind	MW				1.500	2.985	2.985	1.485	1.125
5.8	Photovoltaik	MW								
5.9	Sonstige	MW								
5.10	Summe	MW	108.022	103.349	104.972	98.041	106.204	108.577	111.780	115.182
6	Netto-Stromerzeugung n. Energieträgern									
6.1	Steinkohlen	TWh	126	133	98	104	133	179	246	298
6.2	Braunkohlen	TWh	116	126	124	100	96	94	93	92
6.3	Mineralöle	TWh	0	0	0	1	0	0	0	0
6.4	Naturgase	TWh	12	13	63	96	95	108	116	119
6.5	Kernenergie	TWh	169	169	169	166	152	105	43	0
6.6	Wasserkraft	TWh	24	24	24	24	24	24	24	24
6.7	Wind	TWh	0	0	0	1	2	2	1	1
6.8	Photovoltaik	TWh	0	0	0	0	0	0	0	0
6.9	Sonstige	TWh	0	0	0	0	0	0	0	0
6.10	Summe	TWh	448	465	479	492	502	512	523	533
			0,26	0,27	0,26	0,20	0,19	0,18	0,18	0,17
7	Vollaststunden n. Energieträgern									
7.1	Steinkohlen	h/a	4113,2	5956,4	4385,0	3991,5	3979,6	4149,6	4801,7	5815,5
7.2	Braunkohlen	h/a	5198,9	6447,2	6500,0	6500,0	6500,0	6500,0	6500,0	6500,0
7.3	Mineralöle	h/a	0,0	0,0	0,0	750,0	0,0	0,0	0,0	0,0
7.4	Naturgase	h/a	593,3	619,4	2031,7	2998,0	2512,8	2720,6	2729,8	2712,1
7.5	Kernenergie	h/a	8000,0	8000,0	8000,0	8000,0	8000,0	8000,0	8000,0	0,0
7.6	Wasserkraft	h/a	4989,8	4989,8	4989,8	4989,8	4989,8	4989,8	4989,8	4989,8
7.7	Wind	h/a	0,0	0,0	0,0	750,0	750,0	750,0	750,0	750,0
7.8	Photovoltaik	h/a	0,0	0,0	0,0	0,0	0,0	0,0	0,0	0,0
7.9	Sonstige	h/a	0,0	0,0	0,0	0,0	0,0	0,0	0,0	0,0
7.10	Durchschnitt	h/a								

8	Energieeinsatz zur Stromerz. n. Energieträgern									
8.1	Steinkohle	PJ								
8.2	Braunkohle	PJ								
8.3	Heizöl	PJ								
8.4	Erdgas	PJ								
8.5	Kernenergie	PJ								
8.6	Wasserkraft	PJ								
8.7	Wind	PJ								
8.8	Photovoltaik	PJ								
8.9	Sonstige	PJ								
8.10	Summe	PJ								
9	Schadstoffemissionen									
9.1	CO2-Emissionen	Mio. t	235	251	240	229	244	278	331	370
9.2	CH4-Emissionen	kt								
9.3	N2O-Emissionen	kt								
9.4	THG-Emissionen	Mio. t CO2								
9.5	NOx-Emissionen	kt								
9.6	SO2-Emissionen	kt								
10	Stromgestehungskosten	Pf_{99}/kWh								
11	Ausstiegskosten *									
11.1	Mehrkosten	Mrd. DM_{98}								
11.2	Spezifische Mehrkosten	Pf_{99}/kWh								
11.3	Kumulierte Mehrkosten	Mrd. DM_{98}								
11.4	Durchschnittl. jährl. Mehrkosten	Mrd. DM_{99}/a								
11.5	Abdiskont. (2000) kumul. Mehrk.	Mrd. DM_{99}								
11.6	Extremwert d. Kostenerhöhung	Pf_{99}/kWh								
11.7	Durchschnittl. Kostenerhöhung	Pf_{99}/kWh								

* Mehrkosten des Ausstiegs, d.h. gegenüber der Referenzentwicklung.
Die Ausstiegskosten, die unter 11.1 und 11.2 ausgewiesen sind, beziehen sich auf den jeweiligen Zeitpunkt bzw. die entsprechende Zeitperiode.
Dagegen beschreiben die Werte 11.3 bis 11.7 Kosten über den gesamten Zeithorizont.

Szenario Reporting Tabelle

Modell:	DIOGENES
Autor:	Stefan Vögele / Tim Hoffmann
Institution:	ZEW
Land:	
Szenario:	Ausstieg nach 25 Jahren, kein Reduktionsziel, Modellforumspreise
Datum:	26.07.00

		Einheit	1997	2000	2005	2010	2015	2020	2025	2030
1	Demographische Rahmenannahmen									
1.1	Bevölkerung	Mio.								
1.2	Anzahl der Haushalte	Mio.								
1.3	Anzahl der Wohnflächen	Mio. m²								
2	Ökonomische Rahmenannahmen									
2.1	Entwicklung des BIP	Mrd. DM_{91}	2.774	2.787	3.016	3.369	3.540	3.452	3.855	4.717
2.2	Abschreibungsrate	% p. a.								
3	Energiepreise									
3.1	Steinkohle-küstennah	DM_{99}/GJ	laut Vorgabe FEES							
3.2	Steinkohle-küstenfern	DM_{99}/GJ	laut Vorgabe FEES							
3.3	Braunkohle	DM_{99}/GJ	laut Vorgabe FEES							
3.4	Heizöl, schwer	DM_{99}/GJ	laut Vorgabe FEES							
3.5	Heizöl, leicht	DM_{99}/GJ	laut Vorgabe FEES							
3.6	Erdgas A	DM_{99}/GJ	laut Vorgabe FEES							
3.7	Erdgas B	DM_{99}/GJ	laut Vorgabe FEES							
4	Struktur Stromnachfrage nach Sektoren									
4.1	Industrie	TWh								
4.2	Kleinverbraucher	TWh								
4.3	Haushalte	TWh								
4.4	Verkehr	TWh								
4.5	Sonstige	TWh								
4.6	Verluste	TWh								
4.7	Summe	TWh								
5	Netto-Engpaßleistung n. Energieträgern									
5.1	Steinkohle (inkl. Mischfeuerung)	MW	30.738	30.028	22.342	28.847	37.707	39.042	40.688	42.681
5.2	Braunkohle	MW	22.390	19.588	19.145	15.377	14.781	14.451	14.292	14.121
5.3	Heizöl	MW	8.338	7.064	6.328	1.370	619	264	66	66
5.4	Erdgas	MW	20.603	20.716	39.304	41.638	47.162	48.172	50.637	51.369
5.5	Kernenergie	MW	21.115	21.115	13.157	5.336				
5.6	Wasserkraft	MW	4.838	4.838	4.838	4.838	4.838	4.838	4.838	4.838
5.7	Wind	MW				1.500	2.985	2.985	1.485	1.125
5.8	Photovoltaik	MW								
5.9	Sonstige	MW								
5.10	Summe	MW	108.022	103.349	105.114	98.906	108.092	109.752	112.006	114.200
6	Netto-Stromerzeugung n. Energieträgern									
6.1	Steinkohlen	TWh	126	133	98	150	209	215	227	240
6.2	Braunkohlen	TWh	116	126	124	100	96	94	93	92
6.3	Mineralöle	TWh	0	0	0	1	0	0	0	0
6.4	Naturgase	TWh	12	13	127	173	171	177	178	177
6.5	Kernenergie	TWh	169	169	105	43	0	0	0	0
6.6	Wasserkraft	TWh	24	24	24	24	24	24	24	24
6.7	Wind	TWh	0	0	0	1	2	2	1	1
6.8	Photovoltaik	TWh	0	0	0	0	0	0	0	0
6.9	Sonstige	TWh	0	0	0	0	0	0	0	0
6.10	Summe	TWh	448	465	479	492	502	512	523	533
7	Vollaststunden n. Energieträgern									
7.1	Steinkohlen	h/a	4113,2	4416,1	4385,0	5210,4	5532,5	5504,3	5578,1	5618,0
7.2	Braunkohlen	h/a	5198,9	6447,2	6500,0	6500,0	6500,0	6500,0	6500,0	6500,0
7.3	Mineralöle	h/a	0,0	0,0	0,0	750,0	0,0	0,0	0,0	0,0
7.4	Naturgase	h/a	593,3	619,4	3232,8	4150,1	3631,9	3680,1	3509,4	3441,9
7.5	Kernenergie	h/a	8000,0	8000,0	8000,0	8000,0	0,0	0,0	0,0	0,0
7.6	Wasserkraft	h/a	4989,8	4989,8	4989,8	4989,8	4989,8	4989,8	4989,8	4989,8
7.7	Wind	h/a	0,0	0,0	0,0	750,0	750,0	750,0	750,0	750,0
7.8	Photovoltaik	h/a	0,0	0,0	0,0	0,0	0,0	0,0	0,0	0,0
7.9	Sonstige	h/a	0,0	0,0	0,0	0,0	0,0	0,0	0,0	0,0
7.10	Durchschnitt	h/a								

8	Energieeinsatz zur Stromerz. n. Energieträgern									
8.1	Steinkohle	PJ								
8.2	Braunkohle	PJ								
8.3	Heizöl	PJ								
8.4	Erdgas	PJ								
8.5	Kernenergie	PJ								
8.6	Wasserkraft	PJ								
8.7	Wind	PJ								
8.8	Photovoltaik	PJ								
8.9	Sonstige	PJ								
8.10	Summe	PJ								
9	Schadstoffemissionen									
9.1	CO2-Emissionen	Mio. t	235	251	264	293	330	331	340	349
9.2	CH4-Emissionen	kt								
9.3	N2O-Emissionen	kt								
9.4	THG-Emissionen	Mio. t CO2								
9.5	NOx-Emissionen	kt								
9.6	SO2-Emissionen	kt								
10	Stromgestehungskosten	$Pf._{98}$/kWh								
11	Ausstiegskosten *									
11.1	Mehrkosten	Mrd. DM_{98}								
11.2	Spezifische Mehrkosten	$Pf._{98}$/kWh								
11.3	Kumulierte Mehrkosten	Mrd. DM_{98}	48,2							
11.4	Durchschnittl. jährl. Mehrkosten	Mrd. DM_{98}/a	2,2							
11.5	Abdiskont. (2000) kumul. Mehrk.	Mrd. DM_{98}	33,8							
11.6	Extremwert d. Kostenerhöhung	$Pf._{98}$/kWh								
11.7	Durchschnittl. Kostenerhöhung	$Pf._{98}$/kWh	0,4							

*
Mehrkosten des Ausstiegs, d.h. gegenüber der Referenzentwicklung.
Die Ausstiegskosten, die unter 11.1 und 11.2 ausgewiesen sind, beziehen sich auf den jeweiligen Zeitpunkt bzw. die entsprechende Zeitperiode.
Dagegen beschreiben die Werte 11.3 bis 11.7 Kosten über den gesamten Zeithorizont.

Szenario Reporting Tabelle

Modell:	DIOGENES
Autor:	Stefan Vögele / Tim Hoffmann
Institution:	ZEW
Land:	
Szenario:	Ausstieg nach 25 Jahren, Kyoto-Reduktionsziel, Modellforumspreise
Datum:	26.07.00

		Einheit	1997	2000	2005	2010	2015	2020	2025	2030
1	Demographische Rahmenannahmen									
1.1	Bevölkerung	Mio.								
1.2	Anzahl der Haushalte	Mio.								
1.3	Anzahl der Wohnflächen	Mio. m²								
2	Ökonomische Rahmenannahmen									
2.1	Entwicklung des BIP	Mrd. DM_{91}	2.774	2.779	2.993	3.330	3.541	3.423	3.805	4.592
2.2	Abschreibungsrate	% p. a.								
3	Energiepreise									
3.1	Steinkohle-küstennah	DM_{90}/GJ	laut Vorgabe FEES							
3.2	Steinkohle-küstenfern	DM_{90}/GJ	laut Vorgabe FEES							
3.3	Braunkohle	DM_{90}/GJ	laut Vorgabe FEES							
3.4	Heizöl, schwer	DM_{90}/GJ	laut Vorgabe FEES							
3.5	Heizöl, leicht	DM_{90}/GJ	laut Vorgabe FEES							
3.6	Erdgas A	DM_{90}/GJ	laut Vorgabe FEES							
3.7	Erdgas B	DM_{90}/GJ	laut Vorgabe FEES							
4	Struktur Stromnachfrage nach Sektoren									
4.1	Industrie	TWh								
4.2	Kleinverbraucher	TWh								
4.3	Haushalte	TWh								
4.4	Verkehr	TWh								
4.5	Sonstige	TWh								
4.6	Verluste	TWh								
4.7	Summe	TWh								
5	Netto-Engpaßleistung n. Energieträgern									
5.1	Steinkohle (inkl. Mischfeuerung)	MW	30.738	30.028	22.342	18.148	12.863	5.814	2.591	961
5.2	Braunkohle	MW	22.390	19.588	19.145	15.377	14.781	14.451	14.292	14.121
5.3	Heizöl	MW	8.338	7.064	6.328	1.370	619	264	66	66
5.4	Erdgas	MW	20.603	20.716	36.424	48.373	63.107	70.992	76.242	79.374
5.5	Kernenergie	MW	21.115	21.115	13.157	5.336				
5.6	Wasserkraft	MW	4.838	4.838	4.838	4.838	4.838	4.838	4.838	4.838
5.7	Wind	MW				960	2.985	2.985	2.025	720
5.8	Photovoltaik	MW								
5.9	Sonstige	MW			1.500	1.800	2.000	2.300	2.700	2.700
5.10	Summe	MW	108.022	103.349	103.734	96.202	101.193	101.644	102.754	102.780
6	Netto-Stromerzeugung n. Energieträgern									
6.1	Steinkohlen	TWh	126	131	103	85	62	26	12	4
6.2	Braunkohlen	TWh	116	126	124	100	96	94	93	92
6.3	Mineralöle	TWh	0	0	0	1	0	0	0	0
6.4	Naturgase	TWh	12	13	109	213	284	325	343	355
6.5	Kernenergie	TWh	169	169	105	43	0	0	0	0
6.6	Wasserkraft	TWh	24	24	24	24	24	24	24	24
6.7	Wind	TWh	0	0	0	1	2	2	2	1
6.8	Photovoltaik	TWh	0	0	0	0	0	0	0	0
6.9	Sonstige	TWh	0	0	0	1	2	2	2	2
6.10	Summe	TWh	448	463	466	468	470	473	475	477
7	Vollaststunden n. Energieträgern									
7.1	Steinkohlen	h/a	4113,2	4371,4	4588,7	4683,6	4815,6	4500,0	4500,0	4500,0
7.2	Braunkohlen	h/a	5198,9	6447,2	6500,0	6500,0	6500,0	6500,0	6500,0	6500,0
7.3	Mineralöle	h/a	0,0	0,0	0,0	750,0	0,0	0,0	0,0	0,0
7.4	Naturgase	h/a	604,7	617,2	3001,7	4406,0	4507,8	4571,4	4498,9	4468,2
7.5	Kernenergie	h/a	8000,0	8000,0	8000,0	8000,0	0,0	0,0	0,0	0,0
7.6	Wasserkraft	h/a	4989,8	4989,8	4989,8	4989,8	4989,8	4989,8	4989,8	4989,8
7.7	Wind	h/a	0,0	0,0	0,0	750,0	750,0	750,0	750,0	750,0
7.8	Photovoltaik	h/a	0,0	0,0	0,0	0,0	0,0	0,0	0,0	0,0
7.9	Sonstige	h/a	0,0	0,0	117,3	750,0	750,0	750,0	722,2	750,0
7.10	Durchschnitt	h/a								

8	**Energieeinsatz zur Stromerz. n. Energieträgern**									
8.1	Steinkohle	PJ								
8.2	Braunkohle	PJ								
8.3	Heizöl	PJ								
8.4	Erdgas	PJ								
8.5	Kernenergie	PJ								
8.6	Wasserkraft	PJ								
8.7	Wind	PJ								
8.8	Photovoltaik	PJ								
8.9	Sonstige	PJ								
8.10	Summe	PJ								
9	**Schadstoffemissionen**									
9.1	CO2-Emissionen	Mio. t	235	257	242	227	212	197	185	167
9.2	CH4-Emissionen	kt								
9.3	N2O-Emissionen	kt								
9.4	THG-Emissionen	Mio. t CO2								
9.5	NOx-Emissionen	kt								
9.6	SO2-Emissionen	kt								
10	**Stromgestehungskosten**	Pf_{98}/kWh								
11	**Ausstiegskosten ***									
11.1	Mehrkosten	Mrd. DM_{98}								
11.2	Spezifische Mehrkosten	Pf_{98}/kWh								
11.3	Kumulierte Mehrkosten	Mrd. DM_{98}	59,1							
11.4	Durchschnittl. jährl. Mehrkosten	Mrd. DM_{98}/a								
11.5	Abdiskont. (2000) kumul. Mehrk.	Mrd. DM_{98}	41,7							
11.6	Extremwert d. Kostenerhöhung	Pf_{98}/kWh	2,7							
11.7	Durchschnittl. Kostenerhöhung	Pf_{98}/kWh	0,5							

* Mehrkosten des Ausstiegs, d.h. gegenüber der Referenzentwicklung.
Die Ausstiegskosten, die unter 11.1 und 11.2 ausgewiesen sind, beziehen sich auf den jeweiligen Zeitpunkt bzw. die entsprechende Zeitperiode.
Dagegen beschreiben die Werte 11.3 bis 11.7 Kosten über den gesamten Zeithorizont.

Szenario Reporting Tabelle

Modell:	DIOGENES
Autor:	Stefan Vögele / Tim Hoffmann
Institution:	ZEW
Land:	
Szenario:	Referenz, Prognospreise
Datum:	26.07.00

		Einheit	1997	2000	2005	2010	2015	2020	2025	2030
1	**Demographische Rahmenannahmen**									
1.1	Bevölkerung	Mio.								
1.2	Anzahl der Haushalte	Mio.								
1.3	Anzahl der Wohnflächen	Mio. m^2								
2	**Ökonomische Rahmenannahmen**									
2.1	Entwicklung des BIP	Mrd. DM_{91}	2.774	2.786	3.017	3.370	3.586	3.524	3.971	4.932
2.2	Abschreibungsrate	% p. a.								
3	**Energiepreise**									
3.1	Steinkohle-küstennah	DM_{99}/GJ	laut Vorgabe PROGNOS							
3.2	Steinkohle-küstenfern	DM_{99}/GJ	laut Vorgabe PROGNOS							
3.3	Braunkohle	DM_{99}/GJ	laut Vorgabe PROGNOS							
3.4	Heizöl, schwer	DM_{99}/GJ	laut Vorgabe PROGNOS							
3.5	Heizöl, leicht	DM_{99}/GJ	laut Vorgabe PROGNOS							
3.6	Erdgas A	DM_{99}/GJ	laut Vorgabe PROGNOS							
3.7	Erdgas B	DM_{99}/GJ	laut Vorgabe PROGNOS							
4	**Struktur Stromnachfrage nach Sektoren**									
4.1	Industrie	TWh								
4.2	Kleinverbraucher	TWh								
4.3	Haushalte	TWh								
4.4	Verkehr	TWh								
4.5	Sonstige	TWh								
4.6	Verluste	TWh								
4.7	Summe	TWh								
5	**Netto-Engpaßleistung n. Energieträgern**									
5.1	Steinkohle (inkl. Mischfeuerung)	MW	30.738	30.028	22.342	26.548	29.663	38.306	48.382	55.359
5.2	Braunkohle	MW	22.390	19.588	19.145	15.377	14.781	14.451	14.292	14.121
5.3	Heizöl	MW	8.338	7.064	6.328	1.370	619	264	66	66
5.4	Erdgas	MW	20.603	20.716	31.204	28.318	34.562	34.852	37.677	39.669
5.5	Kernenergie	MW	21.115	21.115	21.115	20.775	18.968	13.157	5.336	0
5.6	Wasserkraft	MW	4.838	4.838	4.838	4.838	4.838	4.838	4.838	4.838
5.7	Wind	MW				1.500	2.985	2.985	1.485	1.125
5.8	Photovoltaik	MW								
5.9	Sonstige	MW								
5.10	Summe	MW	108.022	103.349	104.972	98.726	106.416	108.853	112.076	115.178
6	**Netto-Stromerzeugung n. Energieträgern**									
6.1	Steinkohlen	TWh	126	133	98	134	155	210	276	324
6.2	Braunkohlen	TWh	116	126	124	100	96	94	93	92
6.3	Mineralöle	TWh	0	0	0	1	0	0	0	0
6.4	Naturgase	TWh	12	13	63	66	73	77	86	93
6.5	Kernenergie	TWh	169	169	169	166	152	105	43	0
6.6	Wasserkraft	TWh	24	24	24	24	24	24	24	24
6.7	Wind	TWh	0	0	0	1	2	2	1	1
6.8	Photovoltaik	TWh	0	0	0	0	0	0	0	0
6.9	Sonstige	TWh	0	0	0	0	0	0	0	0
6.10	Summe	TWh	448	465	479	492	502	512	523	533
7	**Vollaststunden n. Energieträgern**									
7.1	Steinkohlen	h/a	4113,2	4995,0	4385,0	4503,9	4057,9	4348,2	4987,9	5852,5
7.2	Braunkohlen	h/a	5198,9	6447,2	6500,0	6500,0	6500,0	6500,0	6500,0	6500,0
7.3	Mineralöle	h/a	0,0	0,0	0,0	750,0	0,0	0,0	0,0	0,0
7.4	Naturgase	h/a	593,3	619,4	2031,7	2330,5	2103,9	2196,3	2278,7	2334,3
7.5	Kernenergie	h/a	8000,0	8000,0	8000,0	8000,0	8000,0	8000,0	8000,0	0,0
7.6	Wasserkraft	h/a	4989,8	4989,8	4989,8	4989,8	4989,8	4989,8	4989,8	4989,8
7.7	Wind	h/a	0,0	0,0	0,0	750,0	750,0	750,0	750,0	750,0
7.8	Photovoltaik	h/a	0,0	0,0	0,0	0,0	0,0	0,0	0,0	0,0
7.9	Sonstige	h/a	0,0	0,0	0,0	0,0	0,0	0,0	0,0	0,0
7.10	Durchschnitt	h/a								

8	Energieeinsatz zur Stromerz. n. Energieträgern									
8.1	Steinkohle	PJ								
8.2	Braunkohle	PJ								
8.3	Heizöl	PJ								
8.4	Erdgas	PJ								
8.5	Kernenergie	PJ								
8.6	Wasserkraft	PJ								
8.7	Wind	PJ								
8.8	Photovoltaik	PJ								
8.9	Sonstige	PJ								
8.10	Summe	PJ								
9	Schadstoffemissionen									
9.1	CO2-Emissionen	Mio. t	235	251	240	239	252	288	340	378
9.2	CH4-Emissionen	kt								
9.3	N2O-Emissionen	kt								
9.4	THG-Emissionen	Mio. t CO2								
9.5	NOx-Emissionen	kt								
9.6	SO2-Emissionen	kt								
10	Stromgestehungskosten	Pf.$_{98}$/kWh								
11	Ausstiegskosten *									
11.1	Mehrkosten	Mrd. DM$_{98}$								
11.2	Spezifische Mehrkosten	Pf.$_{98}$/kWh								
11.3	Kumulierte Mehrkosten	Mrd. DM$_{98}$								
11.4	Durchschnittl. jährl. Mehrkosten	Mrd. DM$_{98}$/a								
11.5	Abdiskont. (2000) kumul. Mehrk.	Mrd. DM$_{98}$								
11.6	Extremwert d. Kostenerhöhung	Pf.$_{98}$/kWh								
11.7	Durchschnittl. Kostenerhöhung	Pf.$_{98}$/kWh								

* Mehrkosten des Ausstiegs, d.h. gegenüber der Referenzentwicklung.
Die Ausstiegskosten, die unter 11.1 und 11.2 ausgewiesen sind, beziehen sich auf den jeweiligen Zeitpunkt bzw. die entsprechende Zeitperiode.
Dagegen beschreiben die Werte 11.3 bis 11.7 Kosten über den gesamten Zeithorizont.

Szenario Reporting Tabelle

Modell:	DIOGENES
Autor:	Stefan Vögele / Tim Hoffmann
Institution:	ZEW
Land:	
Szenario:	Ausstieg nach 25 Jahren, kein Reduktionsziel, Prognospreise
Datum:	26.07.00

		Einheit	1997	2000	2005	2010	2015	2020	2025	2030
1	Demographische Rahmenannahmen									
1.1	Bevölkerung	Mio.								
1.2	Anzahl der Haushalte	Mio.								
1.3	Anzahl der Wohnflächen	Mio. m^2								
2	Ökonomische Rahmenannahmen									
2.1	Entwicklung des BIP	Mrd. DM_{91}	2.774	2.787	3.028	3.392	3.577	3.483	3.887	4.752
2.2	Abschreibungsrate	% p. a.								
3	Energiepreise									
3.1	Steinkohle-küstennah	DM_{98}/GJ	laut Vorgabe PROGNOS							
3.2	Steinkohle-küstenfern	DM_{98}/GJ	laut Vorgabe PROGNOS							
3.3	Braunkohle	DM_{98}/GJ	laut Vorgabe PROGNOS							
3.4	Heizöl, schwer	DM_{98}/GJ	laut Vorgabe PROGNOS							
3.5	Heizöl, leicht	DM_{98}/GJ	laut Vorgabe PROGNOS							
3.6	Erdgas A	DM_{98}/GJ	laut Vorgabe PROGNOS							
3.7	Erdgas B	DM_{98}/GJ	laut Vorgabe PROGNOS							
4	Struktur Stromnachfrage nach Sektoren									
4.1	Industrie	TWh								
4.2	Kleinverbraucher	TWh								
4.3	Haushalte	TWh								
4.4	Verkehr	TWh								
4.5	Sonstige	TWh								
4.6	Verluste	TWh								
4.7	Summe	TWh								
5	Netto-Engpaßleistung n. Energieträgern									
5.1	Steinkohle (inkl. Mischfeuerung)	MW	30.738	30.028	22.342	34.348	42.063	43.506	45.352	47.145
5.2	Braunkohle	MW	22.390	19.588	19.145	15.377	14.781	14.451	14.292	14.121
5.3	Heizöl	MW	8.338	7.064	6.328	1.370	619	264	66	66
5.4	Erdgas	MW	20.603	20.716	39.304	37.138	43.022	43.672	46.137	46.869
5.5	Kernenergie	MW	21.115	21.115	13.157	5.336				
5.6	Wasserkraft	MW	4.838	4.838	4.838	4.838	4.838	4.838	4.838	4.838
5.7	Wind	MW				1.500	2.985	2.985	1.485	1.125
5.8	Photovoltaik	MW								
5.9	Sonstige	MW								
5.10	Summe	MW	108.022	103.349	105.114	99.907	108.308	109.716	112.170	114.164
6	Netto Stromerzeugung n. Energieträgern									
6.1	Steinkohlen	TWh	126	133	98	184	236	245	257	268
6.2	Braunkohlen	TWh	116	126	124	100	96	94	93	92
6.3	Mineralöle	TWh	0	0	0	1	0	0	0	0
6.4	Naturgase	TWh	12	13	127	139	144	147	148	148
6.5	Kernenergie	TWh	169	169	105	43	0	0	0	0
6.6	Wasserkraft	TWh	24	24	24	24	24	24	24	24
6.7	Wind	TWh	0	0	0	1	2	2	1	1
6.8	Photovoltaik	TWh	0	0	0	0	0	0	0	0
6.9	Sonstige	TWh	0	0	0	0	0	0	0	0
6.10	Summe	TWh	448	465	479	492	502	512	523	533
7	Vollaststunden n. Energieträgern									
7.1	Steinkohlen	h/a	4113,2	4416,1	4385,0	5365,6	5616,4	5642,3	5668,5	5694,1
7.2	Braunkohlen	h/a	5198,9	6447,2	6500,0	6500,0	6500,0	6500,0	6500,0	6500,0
7.3	Mineralöle	h/a	0,0	0,0	0,0	750,0	0,0	0,0	0,0	0,0
7.4	Naturgase	h/a	583,3	619,4	3232,8	3737,6	3339,2	3359,2	3198,9	3160,7
7.5	Kernenergie	h/a	8000,0	8000,0	8000,0	8000,0	0,0	0,0	0,0	0,0
7.6	Wasserkraft	h/a	4989,8	4989,8	4989,8	4989,8	4989,8	4989,8	4989,8	4989,8
7.7	Wind	h/a	0,0	0,0	0,0	750,0	750,0	750,0	750,0	750,0
7.8	Photovoltaik	h/a	0,0	0,0	0,0	0,0	0,0	0,0	0,0	0,0
7.9	Sonstige	h/a	0,0	0,0	0,0	0,0	0,0	0,0	0,0	0,0
7.10	Durchschnitt	h/a								

8	Energieeinsatz zur Stromerz. n. Energieträgern									
8.1	Steinkohle	PJ								
8.2	Braunkohle	PJ								
8.3	Heizöl	PJ								
8.4	Erdgas	PJ								
8.5	Kernenergie	PJ								
8.6	Wasserkraft	PJ								
8.7	Wind	PJ								
8.8	Photovoltaik	PJ								
8.9	Sonstige	PJ								
8.10	Summe	PJ								
9	Schadstoffemissionen									
9.1	CO2-Emissionen	Mio. t	235,0	251,0	264,0	304,0	339,0	342,0	351,0	359,0
9.2	CH4-Emissionen	kt								
9.3	N2O-Emissionen	kt								
9.4	THG-Emissionen	Mio. t CO2								
9.5	NOx-Emissionen	kt								
9.6	SO2-Emissionen	kt								
10	Stromgestehungskosten	Pf_{98}/kWh								
11	Ausstiegskosten *									
11.1	Mehrkosten	Mrd. DM_{98}								
11.2	Spezifische Mehrkosten	Pf_{98}/kWh								
11.3	Kumulierte Mehrkosten	Mrd. DM_{98}	35,5							
11.4	Durchschnittl. jährl. Mehrkosten	Mrd. DM_{98}/a	1,7							
11.5	Abdiskont. (2000) kumul. Mehrk.	Mrd. DM_{98}	26,1							
11.6	Extremwert d. Kostenerhöhung	Pf_{98}/kWh								
11.7	Durchschnittl. Kostenerhöhung	Pf_{98}/kWh	0,3							

* Mehrkosten des Ausstiegs, d.h. gegenüber der Referenzentwicklung.
Die Ausstiegskosten, die unter 11.1 und 11.2 ausgewiesen sind, beziehen sich auf den jeweiligen Zeitpunkt bzw. die entsprechende Zeitperiode.
Dagegen beschreiben die Werte 11.3 bis 11.7 Kosten über den gesamten Zeithorizont.

Szenario Reporting Tabelle

Modell:	DIOGENES
Autor:	Stefan Vögele / Tim Hoffmann
Institution:	ZEW
Land:	
Szenario:	Ausstieg nach 25 Jahren, Kyoto-Reduktionsziel, Prognospreise
Datum:	26.07.00

		Einheit	1997	2000	2005	2010	2015	2020	2025	2030
1	Demographische Rahmenannahmen									
1.1	Bevölkerung	Mio.								
1.2	Anzahl der Haushalte	Mio.								
1.3	Anzahl der Wohnflächen	Mio. m²								
2	Ökonomische Rahmenannahmen									
2.1	Entwicklung des BIP	Mrd. DM_{91}	2.774	2.779	3.004	3.360	3.572	3.451	3.835	4.627
2.2	Abschreibungsrate	% p. a.								
3	Energiepreise									
3.1	Steinkohle-küstennah	DM_{90}/GJ	laut Vorgabe PROGNOS							
3.2	Steinkohle-küstenfern	DM_{90}/GJ	laut Vorgabe PROGNOS							
3.3	Braunkohle	DM_{90}/GJ	laut Vorgabe PROGNOS							
3.4	Heizöl, schwer	DM_{90}/GJ	laut Vorgabe PROGNOS							
3.5	Heizöl, leicht	DM_{90}/GJ	laut Vorgabe PROGNOS							
3.6	Erdgas A	DM_{90}/GJ	laut Vorgabe PROGNOS							
3.7	Erdgas B	DM_{90}/GJ	laut Vorgabe PROGNOS							
4	Struktur Stromnachfrage nach Sektoren									
4.1	Industrie	TWh								
4.2	Kleinverbraucher	TWh								
4.3	Haushalte	TWh								
4.4	Verkehr	TWh								
4.5	Sonstige	TWh								
4.6	Verluste	TWh								
4.7	Summe	TWh								
5	Netto-Engpaßleistung n. Energieträgern									
5.1	Steinkohle (inkl. Mischfeuerung)	MW	30.738	30.028	22.342	18.148	12.863	5.814	2.591	961
5.2	Braunkohle	MW	22.390	19.588	19.145	15.377	14.781	14.451	14.292	14.121
5.3	Heizöl	MW	8.338	7.064	* 6.328	1.370	619	264	66	66
5.4	Erdgas	MW	20.603	20.716	37.054	48.298	63.032	71.082	76.002	79.299
5.5	Kernenergie	MW	21.115	21.115	13.157	5.336				
5.6	Wasserkraft	MW	4.838	4.838	4.838	4.838	4.838	4.838	4.838	4.838
5.7	Wind	MW				960	2.985	2.985	2.025	720
5.8	Photovoltaik	MW								
5.9	Sonstige	MW			1.500	1.800	2.000	2.300	2.700	2.700
5.10	Summe	MW	108.022	103.349	104.384	96.127	101.118	101.734	102.514	102.705
6	Netto-Stromerzeugung n. Energieträgern									
6.1	Steinkohlen	TWh	126	131	103	85	62	26	12	4
6.2	Braunkohlen	TWh	116	126	124	100	96	94	93	92
6.3	Mineralöle	TWh	0	0	0	1	0	0	0	0
6.4	Naturgase	TWh	12	13	109	213	284	325	343	355
6.5	Kernenergie	TWh	169	169	105	43	0	0	0	0
6.6	Wasserkraft	TWh	24	24	24	24	24	24	24	24
6.7	Wind	TWh	0	0	0	1	2	2	2	1
6.8	Photovoltaik	TWh	0	0	0	0	0	0	0	0
6.9	Sonstige	TWh	0	0	0	1	2	2	2	2
6.10	Summe	TWh	448	463	466	468	470	473	475	477
7	Vollaststunden n. Energieträgern									
7.1	Steinkohlen	h/a	4113,2	4371,4	4588,7	4683,6	4815,6	4500,0	4500,0	4500,0
7.2	Braunkohlen	h/a	5198,9	6447,2	6500,0	6500,0	6500,0	6500,0	6500,0	6500,0
7.3	Mineralöle	h/a	0,0	0,0	0,0	750,0	0,0	0,0	0,0	0,0
7.4	Naturgase	h/a	604,7	617,2	2945,9	4412,9	4513,2	4565,6	4511,1	4472,4
7.5	Kernenergie	h/a	8000,0	8000,0	8000,0	8000,0	0,0	0,0	0,0	0,0
7.6	Wasserkraft	h/a	4989,8	4989,8	4989,8	4989,8	4989,8	4989,8	4989,8	4989,8
7.7	Wind	h/a	0,0	0,0	0,0	750,0	750,0	750,0	750,0	750,0
7.8	Photovoltaik	h/a	0,0	0,0	0,0	0,0	0,0	0,0	0,0	0,0
7.9	Sonstige	h/a	0,0	0,0	117,3	750,0	750,0	750,0	722,2	750,0
7.10	Durchschnitt	h/a								

8	**Energieeinsatz zur Stromerz. n. Energieträgern**									
8.1	Steinkohle	PJ								-
8.2	Braunkohle	PJ								
8.3	Heizöl	PJ								
8.4	Erdgas	PJ								
8.5	Kernenergie	PJ								
8.6	Wasserkraft	PJ								
8.7	Wind	PJ								
8.8	Photovoltaik	PJ								
8.9	Sonstige	PJ								
8.10	Summe	PJ								
9	**Schadstoffemissionen**									
9.1	CO2-Emissionen	Mio. t	235	257	242	227	212	197	185	187
9.2	CH4-Emissionen	kt								
9.3	N2O-Emissionen	kt								
9.4	THG-Emissionen	Mio. t CO2								
9.5	NOx-Emissionen	kt								
9.6	SO2-Emissionen	kt								
10	**Stromgestehungskosten**	$Pf._{98}/kWh$								
11	**Ausstiegskosten** *									
11.1	Mehrkosten	Mrd. DM_{98}								
11.2	Spezifische Mehrkosten	$Pf._{98}/kWh$								
11.3	Kumulierte Mehrkosten	Mrd. DM_{98}	46,9							
11.4	Durchschnittl. jährl. Mehrkosten	Mrd. DM_{98}/a	2,1							
11.5	Abdiskont. (2000) kumul. Mehrk	Mrd. DM_{98}	31,1							
11.6	Extremwert d. Kostenerhöhung	$Pf._{98}/kWh$								
11.7	Durchschnittl. Kostenerhöhung	$Pf._{98}/kWh$	0,4							

* Mehrkosten des Ausstiegs, d.h. gegenüber der Referenzentwicklung.
Die Ausstiegskosten, die unter 11.1 und 11.2 ausgewiesen sind, beziehen sich auf den jeweiligen Zeitpunkt bzw. die entsprechende Zeitperiode.
Dagegen beschreiben die Werte 11.3 bis 11.7 Kosten über den gesamten Zeithorizont.

2 Ergebnisse des Modellsystems EMS

Hans-Jörg Gerdey, Wolfgang Pfaffenberger

bremer energie institut (BEI), Bremen

2.1 Einleitung

Innerhalb des Modellexperimentes II des Forums für Energiemodelle und Energiewirtschaftliche Systemanalysen in Deutschland wurden vom bremer energie institut Rechnungen zu den energiewirtschaftlichen und umweltseitigen Auswirkungen eines Kernenergieausstiegs in Deutschland auf die Elektrizitätswirtschaft durchgeführt. Dabei wurde das EMS-Modell (Electricity Model for Sustainability) verwendet, das ursprünglich 1998 im Rahmen einer Untersuchung des bremer energie instituts zu den Effekten eines Ausstiegs Deutschlands aus der Kernenergie entwickelt und zwischenzeitlich im Rahmen zweier weiterer Untersuchungen zum Kernenergieausstieg in Deutschland und in der Schweiz erheblich erweitert wurde.

Im Rahmen des Modellexperimentes werden die Ergebnisse des EMS-Modells einerseits in Hinblick auf die durch den im Vergleich zum Referenzfall vorzeitigen Ausstieg aus der Kernenergie verursachten Veränderungen in der Struktur der Stromerzeugung analysiert. Weiterhin werden die errechneten Mehrkosten durch die im Modellexperiment definierten Szenarien im Kontext von Zielvorgaben für die CO_2-Emissionen der Stromerzeugung dargestellt.

Im Unterschied zu den bisherigen Berechnungen mit dem EMS-Modell wurden für die Teilnahme am Modellexperiment II weitestgehend vom Forum vorgelegte harmonisierte Daten zur Parametrisierung verwendet sowie der Betrachtungszeitraum auf 1998 bis 2030 verkürzt. Der für Optimierungsmodelle typischen hohen Abhängigkeit der Ergebnisse von den Annahmen zu der zukünftigen Energiepreisentwicklung wurde im Modellexperiment dahingehend Rechnung getragen, das neben den dazu im Modellexperiment definierten Annahmen auch die der aktuellen PROGNOS-Studie[20] zugrunde gelegt wurden.

---

20 Prognos AG, EWI, „Die längerfristige Entwicklung der Energiemärkte im Zeichen von Wettbewerb und Umwelt", Untersuchung im Auftrag des Bundesministeriums für Wirtschaft und Technologie, November 1999.

2.2 Methodischer Ansatz

Bei dem EMS-Modell handelt es sich um eine Kombination zweier eigenständiger Modelle. Zum einen ist dies ein Technologiemodell, das seinerseits aus einer Kraftwerksdatenbank und einem Optimierungsmodell besteht. Daran gekoppelt ist ein dreisektorales gesamtwirtschaftliches Modell, das allerdings im Rahmen des Modellexperimentes nicht eingesetzt wurde und deshalb nicht weiter beschrieben wird.[21]

Die Kraftwerksdatenbank bildet den gesamten Kraftwerkspark der Bundesrepublik Deutschland von 1960 bis 1999 ab und liefert Ausgangsdaten für das Optimierungsmodell in Bezug auf den Kapitalbestand und den resultierenden Kapitaldienst, über die verbleibende Lebensdauer der bereits bestehenden Kraftwerke sowie über die davon abhängige Entwicklung des durchschnittlichen Wirkungsgrades der 60 differenzierten Kraftwerkstechnologien.

Auf dieser Datenbasis setzt das in GAMS realisierte lineare Optimierungsmodell auf. Es minimiert die Gesamtkosten der Stromerzeugung, indem der optimale Einsatz vorhandener Kraftwerke sowie der ggf. notwendige Zubau und optimale Einsatz neuer Kraftwerke zur Stromerzeugung bestimmt wird. Die Zielfunktion des Optimierungsmodells besteht aus den jährlichen Gesamtkosten der gesamten Stromerzeugung in Deutschland, die sich zusammensetzen aus den

- Kapitalkosten für Kraftwerke,
- leistungsabhängigen Kosten wie Personal-, Wartungs- und Instandhaltungskosten,
- Brennstoffkosten,
- den sonstigen variablen Kosten.

Die Optimierung erfolgt dabei auf der Basis von Vorgaben über zukünftige Energiepreise sowie über zu erwartende Entwicklungen in Hinblick auf Kostenstrukturen und technische Eigenschaften neuer Kraftwerke.

Der methodische Ansatz basiert auf der in der ökonomischen Theorie formulierten Vorstellung, dass bei gegebener Nachfrage, gegebenen Brennstoffpreisen und Investitionskosten ein wettbewerbliches System zu den gleichen Investitions- und Kraftwerkseinsatzentscheidungen führt, wie ein zentral optimiertes System. Unterstellt wird demnach, dass die Stromnachfrage durch den die geringsten Kosten verursachenden Ressourceneinsatz befriedigt wird.

In Abhängigkeit von der in diesem Modell unterstellten myopischen Erwartungshaltung bei der Kraftwerkseinsatzplanung wird für jede Periode des Unter-

---

[21] Eine ausführliche Beschreibung des EMS-Modells findet sich unter http://www.user.uni-bremen.de/~bei/

suchungshorizonts ein separates temporäres Optimum ermittelt. Die Dynamik des Modells wird über die Fortschreibung von Bestandsgrößen realisiert, wodurch eine Interdependenz der temporären Optima hergestellt wird. Dieser Ansatz verzichtet bewusst auf die „perfekte Vorausschau", die jene Optimierungsmodelle kennzeichnet, die ein Gesamtoptimum über den gesamten Betrachtungszeitraum ermitteln und dabei alle Informationen zu Kosten-, Preis- und Nachfrageentwicklungen über den Gesamtzeitraum bei der Optimierung berücksichtigen.

Bei einer solchen Modellcharakteristik ist es somit denkbar, dass es zu Beginn des Betrachtungszeitraumes zu zunächst optimalen Erzeugungsstrukturen kommt, die sich im Nachhinein als Fehlallokation erweisen können. Beispielsweise kann anfänglich ein Kostenoptimum bei der Stromerzeugung durch Investitionen in bestimmte Technologien erreicht werden, das sich nach einiger Zeit, aber vor Ablauf der Abschreibungsdauer der Kraftwerke, als ungünstig erweist, weil sogar die variablen Kosten zur Stromerzeugung dieser Technologie höher liegen als die Vollkosten einer anderen Technologie. Das Modell würde dann trotz bestehender Kapazitäten in der einen Technologie neue Kapazitäten in der nun günstigeren Technologie errichten. Als Konsequenz müssen zusätzlich weiterhin anfallende Kapitalkosten noch nicht abgeschriebener Kraftwerke (sunk costs) getragen werden oder es wird bei Verkürzung der Nutzung von abgeschriebenen Kraftwerken vor dem Ende der technischen Lebensdauer auf das „goldene Ende" einer günstigeren Stromproduktion ohne Kapitalkosten verzichtet.

Diese zwar grundsätzlich realistischere Modellierung von Entscheidungen unter Unsicherheit führt im Ergebnis dann allerdings nicht zu einer Aussage, wie sich denn bei einer Simulationsrechnung mit gegebenen Parametern und der perfekten Kenntnis derer zukünftigen Entwicklung die optimale Entwicklung der Stromerzeugung über den gesamten Betrachtungszeitraum darstellt. Dies ist beim Vergleich der Ergebnisse mit denen anderer Modelle zu berücksichtigen.

Als Ergebnis bestimmt das Modell für jede Periode des Betrachtungszeitraumes die Struktur und Einsatzweise des Kraftwerksparks. Die jährlichen Stromgestehungskosten ergeben sich dann aus dem Brennstoffverbrauch, den sonstigen variablen Kosten, den Wartungs- und Instandhaltungskosten sowie den Kapitalkosten des Kraftwerksparks.

Das Optimierungsmodell beinhaltet zudem ein Emissionsmodell, das für jedes Szenario die jeweils bei der Stromerzeugung direkt anfallenden CO_2-Emissionen quantifiziert und auch CO_2-Emissionsgrenzen als Restriktion vorgeben kann.

2.3 Datentechnische Fundierung

Es wurden weitgehend die vom Forum angebotenen harmonisierten Parameter verwendet, wobei in einigen Fällen eine Anpassung an die vom EMS-Modell berücksichtigte gesamte Stromerzeugung einschließlich der industriellen und privaten Erzeugung sowie die der Deutschen Bahn AG erfolgt ist. Da die Rechenergebnisse im Modellexperiment II als Differenzen zwischen den Szenarien ausgewiesen werden, sind zahlreiche Parameter, die nicht harmonisiert wurden, wie beispielsweise die Investitionskosten für Photovoltaikanlagen, nicht ergebnisrelevant, sofern der modellierte Ausbau der Photovoltaik in allen Szenarien identisch ist.

Als stark ergebnisbestimmender aber nicht harmonisierter Parameter stellen sich die Brennstoffkosten für Kernkraftwerke dar. Hier wurden 0,46 Pf/kWh$_{th}$ (real konstant über den Betrachtungszeitraum) zugrunde gelegt.

2.4 Modellergebnisse der Fallstudie

Im folgenden werden die Ergebnisse der Berechnungen dargestellt, wobei jeweils unterschieden wird zwischen folgenden vier definierten Szenarien: Referenzausstieg mit 40 Zeitjahren Laufzeit (Basis_F40), Ausstieg aus der Kernenergie nach 25 Zeitjahren ohne Zielvorgabe für die CO_2-Emissionsmengen (F25), Ausstieg aus der Kernenergie nach 25 Zeitjahren mit den CO_2-Emissionen des Referenzfalls als Obergrenze (F25B) und Ausstieg aus der Kernenergie nach 25 Jahren mit den CO_2-Minderungszielen gemäß Kyoto (F25K). Die vier Szenarien wurden jeweils in zwei Varianten gerechnet. Zum einen auf der Basis der Annahmen zu der Entwicklung der Brennstoffpreise gemäß Modellexperiment (Preispfad F) sowie auf der Basis der entsprechenden Annahmen gemäß PROGNOS-Studie (Preispfad P).

Für alle Szenarien gilt, dass der Stromverbrauch gemäß harmonisierter Rahmenannahmen des Modellexperimentes annähernd konstant bleibt, da dort die Annahme zugrunde gelegt wurde, dass sich Verbrauchssteigerungen und Einsparungen weitestgehend kompensieren.

2.4.1 Elektrizitätswirtschaftliche und energieseitige Effekte

Die Referenzszenarien (Basis_F40 und Basis_P40) zeichnen sich bei beiden Preispfaden „F" und „P" durch einen bis 2015 annähernd gleichbleibenden Erzeugungsmix aus Kernenergie, Braun- und Steinkohle (jeweils ca. 30%) sowie Gas und in geringem, aber steigendem Umfang aus regenerativen Energien aus. Letztere gehen nicht aus Kostenvorteilen gegenüber anderen Technologien in Lösung, sondern sind im Rahmen der harmonisierten Modellvorgaben in allen Szenarien durch Mindesteinsatzmengen determiniert, so dass deren politisch gewollte Entwicklung näherungsweise abgebildet werden kann.

Nach 2015 ist es bei beiden Preispfaden im wesentlichen die Steinkohle, die den Rückgang der Erzeugung aus Kernenergie ausgleicht, da für die Stromerzeugung aus Braunkohle, die bei Preispfad F eigentlich günstiger wäre, in den harmonisierten Modellvorgaben eine Obergrenze definiert wurde. Beim Preispfad P fällt der Anteil der Braunkohle nach 2015 geringer aus, obwohl die Brennstoffkosten der Braunkohle dort in etwa gleichauf mit der Steinkohle liegen. Ein etwas niedrigerer Wirkungsgrad sowie höhere Kosten der Braunkohlekraftwerke führen zu der Benachteiligung dieses Energieträgers in allen Szenarien mit dem Preispfad P. Da bei beiden Preispfaden von einer im Vergleich zu den anderen Energieträgern deutlich stärkeren Eskalation des Gaspreises ausgegangen wird, ist in den Basisszenarien F40 und P40 die Stromerzeugung in Gaskraftwerken gegen Ende des Betrachtungszeitraumes nicht konkurrenzfähig, zumal hier keinerlei Emissionsgrenzen für CO_2 vorgegeben sind.

Im Szenario F25 können ohne Rücksicht auf CO_2-Emissionen die kostengünstigsten Energieträger zum Ersatz der Kernenergie eingesetzt werden. Bei beiden Preispfaden steigt zwar mit dem Rückgang der Kernenergie zunächst die Stromerzeugung aus Gas deutlich an, ab 2020 jedoch bewirkt die schon erwähnte stärkere Eskalation des Gaspreises einen Rückgang der Stromerzeugung aus Gas und einen Zubau von Kohlekraftwerken trotz bestehender Kraftwerkskapazitäten für die Verstromung von Gas. Beim Preispfad F ist es die Braunkohle, beim Preispfad P dagegen die Steinkohle, die dabei am stärksten entsprechend ihrer Kostenvorteile zulegen kann.

In den Szenarien F25B bzw. P25B unterliegt die Stromerzeugung der Restriktion, dass die jährlichen CO_2-Emissionen nicht über die des entsprechenden Basisszenarios hinausgehen dürfen. Dadurch ist ein viel stärkerer Gaseinsatz zur Verstromung in den Jahren notwendig, in denen die rückläufige Kernenergieerzeugung ausgeglichen werden muss. Andere CO_2-arme oder CO_2-freie Technologien stehen zwar prinzipiell zur Verfügung, gehen aber wegen deutlich höheren Gestehungskosten nicht in Lösung. Auch in diesem Szenario ist die Stromerzeugung aus Gas gegen Ende des Betrachtungszeitraumes wegen der Entwicklung der Brennstoffkosten wieder rückläufig. Dies ist trotz CO_2 Restriktion möglich, da im Basisszenario die rückläufige Kernenergienutzung im wesentlichen durch den Zubau von Kohlekraftwerken kompensiert wird und deswegen die resultierende CO_2-Restriktion gegen Ende des Betrachtungszeitraumes an Schärfe deutlich verliert. Wie schon für Szenario F25 beschrieben, ist es beim Preispfad F die Braunkohle bzw. beim Preispfad P die Steinkohle, die dabei entsprechend ihrer Kostenvorteile verstärkt zulegen kann.

Sowohl im Szenario F25K als auch P25K kann zu Beginn des Betrachtungszeitraumes Stein- und Braunkohle eingesetzt werden und zwar stärker als in den entsprechenden Szenarien F25B bzw. P25B. Das liegt daran, dass sich der Emissionsminderungspfad gemäß Kyoto bis ca. 2020 nicht so streng gestaltet wie der, der sich aus dem Referenzfall ergibt, da dieser bis dahin durch die längere Verwendung der Kernenergie bestimmt wird.

Der Emissionsminderungspfad gemäß Kyoto bedingt jedoch gerade in den letzten 10 Jahren ab 2020 einen hohen und dann sehr teuren Einsatz von Gas sowie zusätzlich den verstärkten Ausbau von regenerativen Energien, in diesem Fall Windenergie.

2.4.2 Kostenwirkungen

Die folgende Tabelle zeigt die kumulierten jährlichen Kostendifferenzen der Ausstiegsszenarien zum Referenzfall. Wegen der relativ ähnlichen Stromerzeugungsstruktur zwischen den Szenarien ist der Kostenunterschied zwischen den Varianten zu einem großen Teil auf die unterschiedlichen Brennstoffkosten zurückzuführen.

Tabelle 2-1: Differenzkosten Preispfad F und Preispfad P in Mrd. DM

Szenario	Kostendifferenz (Mrd. DM)
F25	59,3
F25B	73,5
F25K	82,6
P25	22,7
P25B	48,8
P25K	53,4

Die erwartungsgemäß hohe Abhängigkeit der Ergebnisse von den Energiepreisen und den zugrunde gelegten Emissionsminderungszielen, die die Verwendung von CO_2-armen Energieträgern um jeden Preis erzwingen, ist deutlich zu erkennen. Durch die Abdiskontierung der jährlichen Kosten auf den Gegenwartswert wird der Effekt der gegen Ende des Betrachtungszeitraumes auftretenden hohen Energiepreise auf die Summe der Kostendifferenz reduziert, wie der nachfolgenden Tabelle zu entnehmen ist.

Tabelle 2-2: Abdiskontierte Differenzkosten Preispfad F und Preispfad P in Mrd. DM

Szenario	Summe der abdiskontierten Kostendifferenzen (Mrd. DM)
F25	31,8
F25B	36,7
F25K	37,8
P25	17,4
P25B	25,7
P25K	24,0

Die Szenarien F25 bzw. P25 stellen bei beiden Preispfaden die jeweils günstigste Umsetzung eines vorzeitigen Ausstiegs aus der Kernenergie dar, dies jedoch um den Preis deutlich höherer Emissionen. Der relativ hohe Kostenunterschied zwischen den beiden Preispfaden erklärt sich aus der stärkeren Verteuerung von Gas beim Preispfad F und weiterhin aus der Tatsache, dass auch gegen Ende des Betrachtungszeitraumes beim Preispfad P ein nahezu unveränderter Steinkohlepreis eine kostengünstige Alternative zu dem dann teureren Gas darstellt.

Für beide Preispfade zeigen die Szenarien 25B und 25K, dass die Einhaltung von CO_2-Emissionsgrenzen die Mehrkosten eines vorzeitigen Ausstiegs aus der Kernenergie deutlich erhöhen, da die Stromerzeugung aus Kohle mehr oder weniger stark durch die Gasverstromung ersetzt werden muss oder sogar zusätzlich auf den verstärkten Ausbau der teuren regenerativen Energien zurückgegriffen werden muss.

Da im F25B bedingt durch die CO_2-Emissionsgrenze ein hoher Gaseinsatz zur Verstromung in den Jahren notwendig ist, in denen die rückläufige Kernenergieerzeugung ausgeglichen werden muss, wäre angesichts der Entwicklung bis zum Jahr 2020 zu erwarten, dass dieses Szenario letztlich höhere Differenzkosten ausweist, als das Szenario F25K, bei dem wie schon erwähnt die Emissionsgrenze anfänglich nicht so restriktiv ist. Allerdings steigen die CO_2-Emissionen im Szenario Basis_F40 ab 2020 deutlich an bedingt durch den Ersatz der Kernenergie durch die dann günstigste Verstromung von Stein- und Braunkohle. Der Emissionsminderungspfad gemäß Kyoto bedingt jedoch gerade in den letzten 10 Jahren einen hohen und dann sehr teuren Einsatz von Gas sowie zusätzlich den verstärkten Ausbau von regenerativen Energien, in diesem Fall Windenergie. Dadurch liegen die jährlichen Kosten besonders der letzten Jahre im Szenario F25K deutlich höher als im Szenario F25B, was in der höheren Summe der Differenzkosten zum Ausdruck kommt. Die Summe der abdiskontierten Kostendifferenzen gewichtet die Kostendifferenzen entsprechend dem zeitlichen Auftreten. Dadurch liegen die abdiskontierten Differenzkosten für das Szenario P25K leicht unter denen des Szenarios P25B.

2.4.3 Ökologische Effekte

Die mit dem EMS-Modell untersuchten ökologischen Effekte beschränken sich auf den in der nächsten Tabelle dargestellten Vergleich der CO_2-Emissionen. In beiden Szenarien F25 bzw. P25 können angesichts nicht vorhandener Emissionsrestriktionen die kostengünstigsten Energieträger zum Ersatz der Kernenergie eingesetzt werden. Zunächst wird Kernenergie durch Gas ersetzt, so dass die CO_2-Emissionen moderat zunehmen. Gegen Ende des Betrachtungszeitraumes ist der Gaseinsatz dann rückläufig, da sich die noch CO_2-intensivere Kohleverstromung relativ verbilligt und zunimmt.

Tabelle 2-3: Differenz der über den Betrachtungszeitraum kumulierten CO_2-Emissionen im Vergleich zum Referenzszenario (Mio. t CO_2)

Szenario	CO_2-Emissionen (Mio.t CO_2)
Basis F40 (absolut)	8.896
F25 (Veränderung)	+ 423
F25B (Veränderung)	- 318
F25K (Veränderung)	- 631
Basis P40 (absolut)	8.648
P25 (Veränderung)	+ 563
P25B (Veränderung)	- 566
P25K (Veränderung)	- 417

Entsprechend hoch sind die gesamten zusätzlichen Emissionen im Vergleich zum Referenzfall. Dabei wird im Basisfall beim Preispfad F stärker Braunkohle als Steinkohle zur Stromerzeugung eingesetzt, so dass die absoluten Emissionen dort höher sind, als beim Preispfad P. Dadurch fällt die CO_2-Differenz des Szenarios P25 größer als die des Szenarios F25 aus, obwohl dort eher Steinkohle als Braunkohle das sich verteuernde Gas ersetzt.

Die Differenzen der Emissionsmengen der Szenarien F25B und F25K spiegeln die Kostendifferenzen aus Tabelle 2-1 wieder. Da wie schon erwähnt die Emissionsmenge im Basisfall beim Preispfad P niedriger ist, fällt der Kostensprung von P25 auf P25B bei diesem Preispfad größer aus, denn es müssen 566 Mio. t CO_2 im Vergleich zu 318 Mio. t beim Preispfad F vermieden werden.

Für die Reduktion der Emissionen gemäß Kyoto müssen beim Preispfad P insgesamt nur 417 Mrd. t CO_2 vermieden werden. Das ist in der Summe sogar weniger, als im Szenario P25B, die zeitliche Verteilung ist allerdings eine andere. Während im Szenario P25B insbesondere zwischen 2005 und 2020 wegen der Kernenergienutzung im Basisfall noch mehr Emissionen vermieden werden müssen als im Szenario P25K, kehrt sich dies gegen Ende des Betrachtungszeitraumes um. Dort müssen wie schon erwähnt sehr viel weitergehende Maßnahmen ergriffen werden um die Reduktionsziele einhalten zu können, als dies im Szenario P25B der Fall ist, was dann letztlich für die höheren Differenzkosten ausschlaggebend ist.

2.4.4 Sensitivitätsanalysen

Grundsätzlich gilt der offensichtliche Zusammenhang, dass jeder Versuch, die CO_2-Emissionen bei einem vorzeitigem Ausstieg aus der Kernenergie gemäß dem Kyoto-Reduktionspfad oder dem Trendpfad des Basisszenarios zu reduzieren, dazu führen muss, Kohle durch Gas oder sogar anteilig durch regenerative Energieträger zu substituieren. Gerade für den Gaspreis wurde in beiden Varianten aber eine im Vergleich zur Kohle stärkere Preiseskalation unterstellt, wie sie insbesondere bei einer starken Nachfrageerhöhung trotz anstehender Liberalisierung des Gasmarktes von vielen Seiten erwartet wird. Die Mehrkosten eines vorzeitigen Ausstiegs aus der Kernenergie reflektieren somit das Preisrisiko des Importes von fossilen Primärenergieträgern.

Deshalb haben wir eine weitere Variante mit veränderten Energiepreisen definiert. Deren Zweck soll es nicht sein, erneut auf den Zusammenhang zwischen dem Ergebnis der Kostendifferenzen und den zugrunde gelegten Energiepreisen hinzuweisen, sondern das Ergebnis des Szenarienvergleichs soll vollständig in zwei Teile zerlegt werden. Es soll ersichtlich werden, welcher Teil der Differenzkosten auf Energiepreissteigerungen zurückzuführen ist, und welcher Teil durch die Kapitalvernichtung bestimmt ist, die durch das vorzeitige Außerbetriebnehmen von Kraftwerken verursacht wird. Dazu setzen wir für Energiepreise auf der Basis der Eingangswerte des Preispfades F eine real konstante Preisentwicklung an, Preispfad „RK". Dies soll nicht verstanden werden als ein erwartete tatsächliche Energiepreisentwicklung sondern dient methodisch der beschriebenen Zielsetzung.

Die folgende Tabelle zeigt die Differenzkosten, die sich auf der Basis der sonstigen Annahmen des MEX-II Experimentes bei unterstellter realer Konstanz der Energiepreise ergeben.

Tabelle 2-4: Differenzkosten der Szenarien bei Preispfad F und Preispfad RK in Mrd. DM

Szenario	Kostendifferenz (Mrd. DM)
F25	59,3
F25B	73,5
F25K	82,6
RK25	33,1
RK25B	40,9
RK25K	33,2

Erklärungsbedürftig ist zunächst, das die Differenzkosten beim Preispfad RK im Szenario RK25 höher sind, als die Differenz des entsprechenden Szenarios bei Preispfad P (vgl. Tabelle 2-1). Dies hat zwei Gründe: zum einen handelt es sich bei den Werten um Differenzen. Die absoluten Ergebnisse bei Preispfad RK liegen erwartungsgemäß deutlich unter denen der Variante PROGNOS. Allerdings sind bei Preispfad P die Kohlepreise ohnehin annähernd konstant und nur der Gaspreis eskaliert. Dadurch kommt es in der Zusammensetzung der Kosten zu unterschiedlichen Ergebnissen je nach Verwendung der Energieträger, die die Differenzen anders ausfallen lassen. Zum zweiten liegen die Eingangswerte für Energiepreise beim Preispfad F teilweise höher als dies beim Preispfad P der Fall ist.

Ebenfalls zu erklären ist das Ergebnis der höheren Differenzkosten des Szenarios RK25B im Vergleich zum Szenario RK25K. Ausschlaggebend dafür ist der ungleiche CO_2-Reduktionspfad in beiden Szenarien. Durch die längere Kernenergienutzung bis beinahe 2030 im Basisfall ist insbesondere in den Jahren 2005 bis 2020 die CO_2-Restriktion für das Szenario RK25B deutlich strenger. In dieser Zeit muss deshalb schon sehr viel mehr Gas verstromt werden, als dies im Szenario RK25K der Fall ist, obwohl sich anfänglich noch die Kohleverstromung günstiger darstellt. Der Kostenvorteil der Gaskraftwerke entwickelt sich durch Wirkungsgradveränderungen in der zweiten Hälfte des Betrachtungszeitraumes, was dann auch in beiden Szenarien zum Tragen kommt.

Die in der Tabelle 2-4 ausgewiesenen Mehrkosten von 33,2 Mrd. DM für das Szenario RK25K reflektieren weitgehend die Kosten, die aus der Kapitalvernichtung bedingt durch die vorzeitige Stilllegung der Kernkraftwerke resultieren, wobei ein Preiseffekt für fossile Energieträger durch Preissteigerungen ausgeschaltet wurde und zudem die harmonisierten Parameter des Preispfades F, und damit auch des Eingangspreises für Gas zugrunde liegen. Die Einhaltung der CO_2 Emissionsgrenzen gemäß Kyoto ohne Energiepreissteigerungen verursacht demnach durchschnittliche spezifische Mehrkosten von ca. 0,2 Pf/kWh.

Als weitere Untersuchung einer Variation der Eingangsdaten soll an dieser Stelle die mittlerweile verstärkt favorisierte Variante der Kernenergienutzung über 30 Jahre Laufzeit dargestellt werden. Dazu haben wir die Szenarien auf Basis des Preispfades F mit jeweils 30 Zeitjahren Kernenergienutzung gerechnet. Die folgende Tabelle zeigt den Vergleich der Differenzkosten.

Tabelle 2-5: Differenzkostenvergleich 25 und 30 Zeitjahre in Mrd. DM

Szenario	Kostendifferenz (Mrd. DM)
F25	59,3
F25B	73,5
F25K	82,6
F30	40,3
F30B	50,9
F30K	62,1

Die durch die Verlängerung der Kernenergienutzung auf 30 Zeitjahre bewirkte Reduktion der Differenzkosten ist mit rund 20 Mrd. DM und damit zwischen 25% und 32% je nach Szenario erheblich und lässt erkennen, warum die Diskussion um die Restlaufzeiten der Kernkraftwerke so intensiv geführt wird.

Anhang 2: Ergebnistabellen zu den Szenariorechnungen mit EMS

Szenario Reporting Tabelle

Modell:	EMS-Modell
Autor:	H.-J. Gerdey
Institution:	bremer energie institut
Land:	Deutschland
Szenario:	Referenz_40 Energiepreise: MEX-II (F40) Variante: SZ1P1 Lauf 200
Datum:	19.05.00

		Einheit	1997	2000	2005	2010	2015	2020	2025	2030
1	**Demographische Rahmenannahmen**									
1.1	Bevölkerung	Mio.	nicht verwendet							
1.2	Anzahl der Haushalte	Mio.	nicht verwendet							
1.3	Anzahl der Wohnflächen	Mio. m²	nicht verwendet							
2	**Ökonomische Rahmenannahmen**									
2.1	Entwicklung des BIP	Mrd. DM_{91}	nicht verwendet							
2.2	Abschreibungsrate	% p. a.	5,0	5,0	5,0	5,0	5,0	5,0	5,0	5,0
3	**Energiepreise**									
3.1	Steinkohle-küstennah	DM_{98}/GJ	wie Vorgabe, Zwischenjahre linear interpoliert							
3.2	Steinkohle-küstenfern	DM_{98}/GJ	wie Vorgabe, Zwischenjahre linear interpoliert							
3.3	Braunkohle	DM_{98}/GJ	wie Vorgabe, Zwischenjahre linear interpoliert							
3.4	Heizöl, schwer	DM_{98}/GJ	wie Vorgabe, Zwischenjahre linear interpoliert							
3.5	Heizöl, leicht	DM_{98}/GJ	wie Vorgabe, Zwischenjahre linear interpoliert							
3.6	Erdgas A	DM_{98}/GJ	wie Vorgabe, Zwischenjahre linear interpoliert							
3.7	Erdgas B	DM_{98}/GJ	wie Vorgabe, Zwischenjahre linear interpoliert							
4	**Struktur Stromnachfrage nach Sektoren**									
4.1	Industrie	TWh	wie Vorgabe, Zwischenjahre linear interpoliert							
4.2	Kleinverbraucher	TWh	wie Vorgabe, Zwischenjahre linear interpoliert							
4.3	Haushalte	TWh	wie Vorgabe, Zwischenjahre linear interpoliert							
4.4	Verkehr	TWh	wie Vorgabe, Zwischenjahre linear interpoliert							
4.5	Sonstige	TWh	wie Vorgabe, Zwischenjahre linear interpoliert							
4.6	Verluste	TWh	wie Vorgabe, Zwischenjahre linear interpoliert							
4.7	Summe	TWh	wie Vorgabe, Zwischenjahre linear interpoliert							
5	**Netto-Engpaßleistung n. Energieträgern, Öffentliche Versorgung, Industrielle Eigenanlagen und Deutsche Bahn**									
5.1	Steinkohle (inkl. Mischfeuerung)	MW		30860	20230	18070	15260	18660	23970	29230
5.2	Braunkohle	MW		17940	21600	20010	23250	23720	23720	23720
5.3	Heizöl	MW		8480	7300	4060	3540	3120	2770	2650
5.4	Erdgas	MW		19200	17450	12290	12450	13970	16760	16370
5.5	Kernenergie	MW		21190	21400	21060	19250	13410	5380	0
5.6	Wasserkraft	MW		9450	9450	9480	9690	9860	10040	10220
5.7	Wind	MW		4460	6080	8050	9510	10980	12730	14400
5.8	Photovoltaik	MW		60	120	240	470	820	1240	1650
5.9	Sonstige	MW		2830	3260	3510	3750	3970	3820	4040
5.10	Summe	MW		114470	106890	96770	97170	98510	100430	102280
6	**Netto-Stromerzeugung n. Energieträgern, Öffentliche Versorgung, Industrielle Eigenanlagen und Deutsche Bahn**									
6.1	Steinkohle (inkl. Mischfeuerung)	TWh		138,9	91,8	82,4	70,9	113,8	157,0	199,8
6.2	Braunkohlen	TWh		134,5	163,8	152,2	178,8	183,4	184,2	184,3
6.3	Heizöl	TWh		5,1	4,6	4,1	3,5	3,0	2,5	2,0
6.4	Erdgas	TWh		30,5	45,2	58,0	49,8	42,5	58,2	55,5
6.5	Kernenergie	TWh		161,9	163,5	160,9	149,3	106,3	43,8	0,0
6.6	Wasserkraft	TWh		21,5	21,5	21,6	22,1	22,5	22,9	23,3
6.7	Wind	TWh		8,9	12,5	17,0	20,6	24,4	29,0	33,6
6.8	Photovoltaik	TWh		0,1	0,1	0,2	0,4	0,7	1,1	1,4
6.9	Sonstige	TWh		8,6	11,4	13,2	14,6	18,2	17,2	18,2
6.10	Summe	TWh		509,9	514,4	509,5	509,9	512,8	515,8	518,1
7	**Vollaststunden n. Energieträgern**									
7.1	Steinkohle (inkl. Mischfeuerung)	h/a		4500	4538	4560	4644	6096	6549	6835
7.2	Braunkohlen	h/a		7499	7585	7606	7688	7732	7766	7771
7.3	Heizöl	h/a		599	626	1000	1000	971	906	755
7.4	Erdgas	h/a		1588	2590	4719	4000	3042	3470	3390
7.5	Kernenergie	h/a		7639	7638	7638	7753	7928	8139	0
7.6	Wasserkraft	h/a		2279	2279	2278	2281	2282	2281	2280
7.7	Wind	h/a		2000	2056	2112	2166	2222	2278	2333
7.8	Photovoltaik	h/a		833	833	833	851	854	847	848
7.9	Sonstige	h/a		3028	3497	3761	3893	4081	4503	4505
7.10	Summe	h/a		4455	4812	5265	5248	5206	5136	5066

8	Energieeinsatz zur Stromerz. n. Energieträgern									
8.1	Steinkohle	PJ		1389	903	799	673	946	1259	1576
8.2	Braunkohle	PJ		1350	1529	1389	1532	1507	1465	1462
8.3	Heizöl	PJ		55	49	36	27	21	17	13
8.4	Erdgas	PJ		239	343	390	304	257	349	333
8.5	Kernenergie	PJ		1766	1783	1755	1628	1160	478	0
8.6	Wasserkraft o.Erz.aus Pumpsp.	PJ		78	78	78	80	81	82	84
8.7	Wind	PJ		97	136	185	225	266	316	367
8.8	Photovoltaik	PJ		0,5	1,1	2,2	4,4	7,6	11,5	15,3
8.9	Sonstige	PJ		93	124	144	159	177	188	199
8.10	Summe	PJ		5068	4947	4778	4631	4422	4165	4048
9	Schadstoffemissionen									
9.1	CO2-Emissionen	Mio. t		296,1	279,1	252,1	251,1	269,8	300,9	328,6
9.2	CH4-Emissionen	kt								
9.3	N2O-Emissionen	kt								
9.4	THG-Emissionen	Mio. t CO2								
9.5	NOx-Emissionen	kt								
9.6	SO2-Emissionen	kt								
10	Stromgestehungskosten	Pf.$_{98}$/kWh		6,33	6,38	6,16	6,35	6,71	7,05	7,18
11	Ausstiegskosten *									
11.1	Mehrkosten	Mrd. DM$_{98}$								
11.2	Spezifische Mehrkosten	Pf.$_{98}$/kWh								
11.3	Kumulierte Mehrkosten	Mrd. DM$_{98}$								
11.4	Durchschnittl. jährl. Mehrkosten	Mrd. DM$_{98}$/a								
11.5	Abdiskont. (2000) kumul. Mehrk.	Mrd. DM$_{98}$								
11.6	Extremwert d. Kostenerhöhung	Pf.$_{98}$/kWh								
11.7	Durchschnittl. Kostenerhöhung	Pf.$_{98}$/kWh								

* Mehrkosten des Ausstiegs, d.h. gegenüber der Referenzentwicklung.
Die Ausstiegskosten, die unter 11.1 und 11.2 ausgewiesen sind, beziehen sich auf den jeweiligen Zeitpunkt bzw. die entsprechende Zeitperiode.
Dagegen beschreiben die Werte 11.3 bis 11.7 Kosten über den gesamten Zeithorizont.

Szenario Reporting Tabelle

Modell:	EMS-Modell		
Autor:	H.-J. Gerdey		
Institution:	bremer energie institut		
Land:	Deutschland		
Szenario:	A_25_ohne_Minderung Energiepreise: MEX-II (F25)	Variante:	Lauf 201 SZ1P1
Datum:	19.05.00		

		Einheit	1997	2000	2005	2010	2015	2020	2025	2030
1	**Demographische Rahmenannahmen**									
1.1	Bevölkerung	Mio.	nicht verwendet							
1.2	Anzahl der Haushalte	Mio.	nicht verwendet							
1.3	Anzahl der Wohnflächen	Mio. m²	nicht verwendet							
2	**Ökonomische Rahmenannahmen**									
2.1	Entwicklung des BIP	Mrd. DM_{91}	nicht verwendet							
2.2	Abschreibungsrate	% p. a.	5,0	5,0	5,0	5,0	5,0	5,0	5,0	5,0
3	**Energiepreise**									
3.1	Steinkohle-küstennah	DM_{99}/GJ	wie Vorgabe, Zwischenjahre linear interpoliert							
3.2	Steinkohle-küstenfern	DM_{99}/GJ	wie Vorgabe, Zwischenjahre linear interpoliert							
3.3	Braunkohle	DM_{99}/GJ	wie Vorgabe, Zwischenjahre linear interpoliert							
3.4	Heizöl, schwer	DM_{99}/GJ	wie Vorgabe, Zwischenjahre linear interpoliert							
3.5	Heizöl, leicht	DM_{99}/GJ	wie Vorgabe, Zwischenjahre linear interpoliert							
3.6	Erdgas A	DM_{99}/GJ	wie Vorgabe, Zwischenjahre linear interpoliert							
3.7	Erdgas B	DM_{99}/GJ	wie Vorgabe, Zwischenjahre linear interpoliert							
4	**Struktur Stromnachfrage nach Sektoren**									
4.1	Industrie	TWh	wie Vorgabe, Zwischenjahre linear interpoliert							
4.2	Kleinverbraucher	TWh	wie Vorgabe, Zwischenjahre linear interpoliert							
4.3	Haushalte	TWh	wie Vorgabe, Zwischenjahre linear interpoliert							
4.4	Verkehr	TWh	wie Vorgabe, Zwischenjahre linear interpoliert							
4.5	Sonstige	TWh	wie Vorgabe, Zwischenjahre linear interpoliert							
4.6	Verluste	TWh	wie Vorgabe, Zwischenjahre linear interpoliert							
4.7	Summe	TWh	wie Vorgabe, Zwischenjahre linear interpoliert							
5	**Netto-Engpaßleistung n. Energieträgern, Öffentliche Versorgung, Industrielle Eigenanlagen und Deutsche Bahn**									
5.1	Steinkohle (inkl. Mischfeuerung)	MW		30860	20230	18070	15260	14850	16750	17570
5.2	Braunkohle	MW		17940	18050	15500	23060	23720	23720	23820
5.3	Heizöl	MW		8480	7300	4060	3540	3120	2770	2650
5.4	Erdgas	MW		19200	27790	33020	31890	31190	29370	27930
5.5	Kernenergie	MW		21140	13150	5310	0	0	0	0
5.6	Wasserkraft	MW		9450	9450	9480	9690	9860	10040	10220
5.7	Wind	MW		4460	6080	8050	9510	10980	12730	14400
5.8	Photovoltaik	MW		60	120	240	470	820	1240	1650
5.9	Sonstige	MW		2830	3260	3510	3750	3970	3820	4040
5.10	Summe	MW		114420	105430	97240	97170	98510	100440	102280
6	**Netto-Stromerzeugung n. Energieträgern, Öffentliche Versorgung, Industrielle Eigenanlagen und Deutsche Bahn**									
6.1	Steinkohle (inkl. Mischfeuerung)	TWh		138,9	91,8	82,4	70,9	87,1	106,4	118,2
6.2	Braunkohlen	TWh		134,5	136,1	117,0	177,3	183,4	184,2	185,1
6.3	Heizöl	TWh		5,1	4,6	4,1	3,5	3,0	2,5	2,0
6.4	Erdgas	TWh		30,9	135,9	213,5	200,5	175,5	152,5	136,3
6.5	Kernenergie	TWh		161,5	100,5	40,6	0,0	0,0	0,0	0,0
6.6	Wasserkraft	TWh		21,5	21,5	21,6	22,1	22,5	22,9	23,3
6.7	Wind	TWh		8,9	12,5	17,0	20,6	24,4	29,0	33,6
6.8	Photovoltaik	TWh		0,1	0,1	0,2	0,4	0,7	1,1	1,4
6.9	Sonstige	TWh		8,6	11,4	13,2	14,6	16,2	17,2	18,2
6.10	Summe	TWh		510	514	510	510	513	516	518
7	**Vollaststunden n. Energieträgern**									
7.1	Steinkohle (inkl. Mischfeuerung)	h/a		4500	4538	4560	4644	5865	6355	6726
7.2	Braunkohlen	h/a		7499	7542	7549	7687	7732	7766	7771
7.3	Heizöl	h/a		599	626	1000	1000	971	906	755
7.4	Erdgas	h/a		1607	4890	6465	6288	5626	5192	4881
7.5	Kernenergie	h/a		7640	7641	7638	0	0	0	0
7.6	Wasserkraft	h/a		2279	2279	2278	2281	2282	2281	2280
7.7	Wind	h/a		2000	2056	2112	2166	2222	2278	2333
7.8	Photovoltaik	h/a		833	833	833	851	854	847	848
7.9	Sonstige	h/a		3028	3497	3761	3893	4081	4503	4505
7.10	Summe	h/a		4457	4879	5240	5248	5206	5135	5066
8	**Energieeinsatz zur Stromerz. n. Energieträgern**									
8.1	Steinkohle	PJ		1389	903	799	673	736	864	938
8.2	Braunkohle	PJ		1350	1308	1110	1520	1507	1465	1468
8.3	Heizöl	PJ		55	49	36	27	21	17	13
8.4	Erdgas	PJ		242	924	1347	1224	1062	915	818
8.5	Kernenergie	PJ		1762	1096	442	0	0	0	0
8.6	Wasserkraft o.Erz.aus Pumpsp.	PJ		78	78	78	80	81	82	84
8.7	Wind	PJ		97	136	185	225	266	316	367
8.8	Photovoltaik	PJ		0,5	1,1	2,2	4,4	7,6	11,5	15,3
8.9	Sonstige	PJ		93	124	144	159	177	188	199
8.10	Summe ohne Stromaustauschs	PJ		5067	4620	4144	3911	3857	3858	3901

9	**Schadstoffemissionen**									
9.1	CO2-Emissionen	Mio. t		296,2	287,1	274,0	301,3	295,1	295,8	297,0
9.2	CH4-Emissionen	kt								
9.3	N2O-Emissionen	kt								
9.4	THG-Emissionen	Mio. t CO2								
9.5	NOx-Emissionen	kt								
9.6	SO2-Emissionen	kt								
10	**Stromgestehungskosten**	Pf_{98}/kWh		6,44	6,62	6,80	7,26	7,43	7,36	7,14
11	**Ausstiegskosten** *									
11.1	Mehrkosten	Mrd. DM_{98}		0,52	1,28	3,28	4,65	3,72	1,63	-0,22
11.2	Spezifische Mehrkosten	Pf_{98}/kWh		0,10	0,25	0,64	0,91	0,73	0,32	-0,04
11.3	Kumulierte Mehrkosten	Mrd. DM_{98}		59,3						
11.4	Durchschnittl. jährl. Mehrkosten	Mrd. DM_{98}/a		2,3						
11.5	Abdiskont. (2000) kumul. Mehrk.	Mrd. DM_{98}		31,5						
11.6	Extremwert d. Kostenerhöhung	Pf_{98}/kWh		0,92						
11.7	Durchschnittl. Kostenerhöhung	Pf_{98}/kWh		0,45						

* Mehrkosten des Ausstiegs, d.h. gegenüber der Referenzentwicklung.
Die Ausstiegskosten, die unter 11.1 und 11.2 ausgewiesen sind, beziehen sich auf den jeweiligen Zeitpunkt bzw. die entsprechende Zeitperiode.
Dagegen beschreiben die Werte 11.3 bis 11.7 Kosten über den gesamten Zeithorizont.

Szenario Reporting Tabelle

Modell:	EMS-Modell
Autor:	H.-J. Gerdey
Institution:	bremer energie institut
Land:	Deutschland
Szenario:	A_25_CO2_wie_Trend Energiepreise: MEX-II (F25B) Variante: Lauf 202 SZ1P1
Datum:	19.05.00

		Einheit	1997	2000	2005	2010	2015	2020	2025	2030
1	Demographische Rahmenannahmen									
1.1	Bevölkerung	Mio.	nicht verwendet							
1.2	Anzahl der Haushalte	Mio.	nicht verwendet							
1.3	Anzahl der Wohnflächen	Mio. m²	nicht verwendet							
2	Ökonomische Rahmenannahmen									
2.1	Entwicklung des BIP	Mrd. DM$_{91}$	nicht verwendet							
2.2	Abschreibungsrate	% p. a.	5,0	5,0	5,0	5,0	5,0	5,0	5,0	5,0
3	Energiepreise									
3.1	Steinkohle-küstennah	DM$_{90}$/GJ	wie Vorgabe, Zwischenjahre linear interpoliert							
3.2	Steinkohle-küstenfern	DM$_{90}$/GJ	wie Vorgabe, Zwischenjahre linear interpoliert							
3.3	Braunkohle	DM$_{90}$/GJ	wie Vorgabe, Zwischenjahre linear interpoliert							
3.4	Heizöl, schwer	DM$_{90}$/GJ	wie Vorgabe, Zwischenjahre linear interpoliert							
3.5	Heizöl, leicht	DM$_{90}$/GJ	wie Vorgabe, Zwischenjahre linear interpoliert							
3.6	Erdgas A	DM$_{90}$/GJ	wie Vorgabe, Zwischenjahre linear interpoliert							
3.7	Erdgas B	DM$_{90}$/GJ	wie Vorgabe, Zwischenjahre linear interpoliert							
4	Struktur Stromnachfrage nach Sektoren									
4.1	Industrie	TWh	wie Vorgabe, Zwischenjahre linear interpoliert							
4.2	Kleinverbraucher	TWh	wie Vorgabe, Zwischenjahre linear interpoliert							
4.3	Haushalte	TWh	wie Vorgabe, Zwischenjahre linear interpoliert							
4.4	Verkehr	TWh	wie Vorgabe, Zwischenjahre linear interpoliert							
4.5	Sonstige	TWh	wie Vorgabe, Zwischenjahre linear interpoliert							
4.6	Verluste	TWh	wie Vorgabe, Zwischenjahre linear interpoliert							
4.7	Summe	TWh	wie Vorgabe, Zwischenjahre linear interpoliert							
5	Netto-Engpaßleistung n. Energieträgern, Öffentliche Versorgung, Industrielle Eigenanlagen und Deutsche Bahn									
5.1	Steinkohle (inkl. Mischfeuerung)	MW		30860	19940	17640	14370	6740	6050	6880
5.2	Braunkohle	MW		17940	18050	15500	13250	21120	23720	23820
5.3	Heizöl	MW		8480	7300	4060	3540	3120	2770	2650
5.4	Erdgas	MW		19440	29710	38080	42580	41880	40060	38620
5.5	Kernenergie	MW		21140	13150	5310	0	0	0	0
5.6	Wasserkraft	MW		9450	9450	9480	9690	9860	10040	10220
5.7	Wind	MW		4460	6080	8050	9510	10980	12730	14400
5.8	Photovoltaik	MW		60	120	240	470	820	1240	1650
5.9	Sonstige	MW		2830	3260	3510	3750	3970	3820	4040
5.10	Summe	MW		114660	107060	101870	97160	98490	100430	102280
6	Netto-Stromerzeugung n. Energieträgern, Öffentliche Versorgung, Industrielle Eigenanlagen und Deutsche Bahn									
6.1	Steinkohle (inkl. Mischfeuerung)	TWh		139	77	46	65	30	32	43
6.2	Braunkohlen	TWh		135	136	116	101	163	184	185
6.3	Heizöl	TWh		5	5	4	4	3	3	2
6.4	Erdgas	TWh		31	150	251	283	252	227	211
6.5	Kernenergie	TWh		162	100	41	0	0	0	0
6.6	Wasserkraft	TWh		22	22	22	22	23	23	23
6.7	Wind	TWh		9	13	17	21	24	29	34
6.8	Photovoltaik	TWh		0,1	0,1	0,2	0,4	0,7	1,1	1,4
6.9	Sonstige	TWh		9	11	13	15	16	17	18
6.10	Summe	TWh		510	514	510	510	513	516	518
7	Vollaststunden n. Energieträgern									
7.1	Steinkohle (inkl. Mischfeuerung)	h/a		4500	3883	2583	4500	4503	5215	6294
7.2	Braunkohlen	h/a		7499	7542	7477	7602	7727	7766	7771
7.3	Heizöl	h/a		599	626	1000	1000	971	906	755
7.4	Erdgas	h/a		1587	5058	6603	6653	6028	5676	5469
7.5	Kernenergie	h/a		7640	7641	7638	0	0	0	0
7.6	Wasserkraft	h/a		2279	2279	2278	2281	2282	2281	2280
7.7	Wind	h/a		2000	2056	2112	2166	2222	2278	2333
7.8	Photovoltaik	h/a		833	833	833	851	854	847	848
7.9	Sonstige	h/a		3028	3497	3761	3893	4081	4503	4505
7.10	Summe	h/a		4447	4805	5002	5248	5207	5136	5066
8	Energieeinsatz zur Stromerz. n. Energieträgern									
8.1	Steinkohle	PJ		1389	765	445	624	289	278	352
8.2	Braunkohle	PJ		1350	1308	1099	916	1348	1465	1468
8.3	Heizöl	PJ		55	49	36	27	21	17	13
8.4	Erdgas	PJ		239	1013	1581	1728	1527	1364	1267
8.5	Kernenergie	PJ		1762	1096	442	0	0	0	0
8.6	Wasserkraft o.Erz.aus Pumpsp.	PJ		78	78	78	80	81	82	84
8.7	Wind	PJ		97	136	185	225	266	316	367
8.8	Photovoltaik	PJ		0,5	1,1	2,2	4,4	7,6	11,5	15,3
8.9	Sonstige	PJ		93	124	144	159	177	188	199
8.10	Summe ohne Stromaustauschs	PJ		5064	4571	4012	3763	3717	3721	3764

9	**Schadstoffemissionen**									
9.1	CO2-Emissionen	Mio. t		296,1	279,1	252,9	258,6	262,1	266,4	267,7
9.2	CH4-Emissionen	kt								
9.3	N2O-Emissionen	kt								
9.4	THG-Emissionen	Mio. t CO2								
9.5	NOx-Emissionen	kt								
9.6	SO2-Emissionen	kt								
10	**Stromgestehungskosten**	$Pf._{98}/kWh$		6,44	6,67	6,95	7,24	7,44	7,50	7,51
11	**Ausstiegskosten** *									
11.1	Mehrkosten	Mrd. DM_{98}		0,53	1,52	4,06	4,56	3,77	2,32	1,71
11.2	Spezifische Mehrkosten	$Pf._{98}/kWh$		0,10	0,30	0,80	0,89	0,73	0,45	0,33
11.3	Kumulierte Mehrkosten	Mrd. DM_{98}		73,5						
11.4	Durchschnittl. jährl. Mehrkosten	Mrd. DM_{98}/a		2,7						
11.5	Abdiskont. (2000) kumul. Mehrk	Mrd. DM_{98}		36,7						
11.6	Extremwert d. Kostenerhöhung	$Pf._{98}/kWh$		0,95						
11.7	Durchschnittl. Kostenerhöhung	$Pf._{98}/kWh$		0,53						

* Mehrkosten des Ausstiegs, d.h. gegenüber der Referenzentwicklung.
Die Ausstiegskosten, die unter 11.1 und 11.2 ausgewiesen sind, beziehen sich auf den jeweiligen Zeitpunkt bzw. die entsprechende Zeitperiode.
Dagegen beschreiben die Werte 11.3 bis 11.7 Kosten über den gesamten Zeithorizont.

Szenario Reporting Tabelle

Modell:	EMS-Modell
Autor:	H.-J. Gerdey
Institution:	bremer energie institut
Land:	Deutschland
Szenario:	A_25_CO2_wie_Kyoto Energiepreise: MEX-II (F25K) — Variante: Lauf 203 SZ1P1
Datum:	19.05.00

		Einheit	1997	2000	2005	2010	2015	2020	2025	2030
1	**Demographische Rahmenannahmen**									
1.1	Bevölkerung	Mio.	nicht verwendet							
1.2	Anzahl der Haushalte	Mio.	nicht verwendet							
1.3	Anzahl der Wohnflächen	Mio. m²	nicht verwendet							
2	**Ökonomische Rahmenannahmen**									
2.1	Entwicklung des BIP	Mrd. DM_{91}	nicht verwendet							
2.2	Abschreibungsrate	% p. a.	5,0	5,0	5,0	5,0	5,0	5,0	5,0	5,0
3	**Energiepreise**									
3.1	Steinkohle-küstennah	DM_{90}/GJ	wie Vorgabe, Zwischenjahre linear interpoliert							
3.2	Steinkohle-küstenfern	DM_{90}/GJ	wie Vorgabe, Zwischenjahre linear interpoliert							
3.3	Braunkohle	DM_{90}/GJ	wie Vorgabe, Zwischenjahre linear interpoliert							
3.4	Heizöl, schwer	DM_{90}/GJ	wie Vorgabe, Zwischenjahre linear interpoliert							
3.5	Heizöl, leicht	DM_{90}/GJ	wie Vorgabe, Zwischenjahre linear interpoliert							
3.6	Erdgas A	DM_{90}/GJ	wie Vorgabe, Zwischenjahre linear interpoliert							
3.7	Erdgas B	DM_{90}/GJ	wie Vorgabe, Zwischenjahre linear interpoliert							
4	**Struktur Stromnachfrage nach Sektoren**									
4.1	Industrie	TWh	wie Vorgabe, Zwischenjahre linear interpoliert							
4.2	Kleinverbraucher	TWh	wie Vorgabe, Zwischenjahre linear interpoliert							
4.3	Haushalte	TWh	wie Vorgabe, Zwischenjahre linear interpoliert							
4.4	Verkehr	TWh	wie Vorgabe, Zwischenjahre linear interpoliert							
4.5	Sonstige	TWh	wie Vorgabe, Zwischenjahre linear interpoliert							
4.6	Verluste	TWh	wie Vorgabe, Zwischenjahre linear interpoliert							
4.7	Summe	TWh	wie Vorgabe, Zwischenjahre linear interpoliert							
5	**Netto-Engpaßleistung n. Energieträgern, Öffentliche Versorgung, Industrielle Eigenanlagen und Deutsche Bahn**									
5.1	Steinkohle (inkl. Mischfeuerung)	MW		30860	21170	18870	15600	8850	6550	4330
5.2	Braunkohle	MW		17940	16670	15340	14130	16190	15770	15220
5.3	Heizöl	MW		8480	7300	4060	3540	3120	2770	2650
5.4	Erdgas	MW		19200	27800	32440	40480	44710	47520	48950
5.5	Kernenergie	MW		21140	13150	5310	0	0	0	0
5.6	Wasserkraft	MW		9450	9450	9480	9690	9860	10040	10220
5.7	Wind	MW		4460	8080	8050	9510	10980	12730	21860
5.8	Photovoltaik	MW		60	120	240	470	820	1240	1650
5.9	Sonstige	MW		2830	3260	3510	3750	3970	3820	4040
5.10	Summe	MW		114420	107000	97300	97170	98500	100440	108920
6	**Netto-Stromerzeugung n. Energieträgern, Öffentliche Versorgung, Industrielle Eigenanlagen und Deutsche Bahn**									
6.1	Steinkohle (inkl. Mischfeuerung)	TWh		139	98	88	73	45	33	26
6.2	Braunkohlen	TWh		135	125	116	108	125	111	89
6.3	Heizöl	TWh		5	5	4	4	3	3	2
6.4	Erdgas	TWh		31	136	209	269	276	299	308
6.5	Kernenergie	TWh		162	100	41	0	0	0	0
6.6	Wasserkraft	TWh		22	22	22	22	23	23	23
6.7	Wind	TWh		9	17	17	21	24	29	51
6.8	Photovoltaik	TWh		0,1	0,1	0,2	0,4	0,7	1,1	1,4
6.9	Sonstige	TWh		9	11	13	15	16	17	18
6.10	Summe	TWh		510	514	510	510	513	516	518
8	**Energieeinsatz zur Stromerz. n. Energieträgern**									
8.1	Steinkohle	PJ		1389	955	843	684	405	287	213
8.2	Braunkohle	PJ		1350	1223	1101	970	1045	879	697
8.3	Heizöl	PJ		55	49	36	27	21	17	13
8.4	Erdgas	PJ		242	924	1320	1639	1671	1795	1846
8.5	Kernenergie	PJ		1762	1096	442	0	0	0	0
8.6	Wasserkraft o.Erz.aus Pumpsp.	PJ		78	78	78	80	81	82	84
8.7	Wind	PJ		97	181	185	225	266	316	556
8.8	Photovoltaik	PJ		0,5	1,1	2,2	4,4	7,6	11,5	15,3
8.9	Sonstige	PJ		93	124	144	159	177	188	199
8.10	Summe ohne Stromaustauschs	PJ		5067	4632	4152	3788	3675	3575	3623

9	Schadstoffemissionen									
9.1	CO2-Emissionen	Mio. t		296,2	282,4	275,6	265,1	247,4	226,2	201,5
9.2	CH4-Emissionen	kt								
9.3	N2O-Emissionen	kt								
9.4	THG-Emissionen	Mio. t CO2								
9.5	NOx-Emissionen	kt								
9.6	SO2-Emissionen	kt								
10	Stromgestehungskosten	Pf_{98}/kWh		6,44	6,66	6,80	7,24	7,43	7,73	7,94
11	Ausstiegskosten *									
11.1	Mehrkosten	Mrd. DM_{98}		0,52	1,46	3,28	4,58	3,72	3,52	3,92
11.2	Spezifische Mehrkosten	Pf_{98}/kWh		0,10	0,28	0,64	0,90	0,72	0,68	0,76
11.3	Kumulierte Mehrkosten	Mrd. DM_{98}		82,6						
11.4	Durchschnittl. jährl. Mehrkosten	Mrd. DM_{98}/a		3,0						
11.5	Abdiskont. (2000) kumul. Mehrk	Mrd. DM_{98}		37,8						
11.6	Extremwert d. Kostenerhöhung	Pf_{98}/kWh		1,0						
11.7	Durchschnittl. Kostenerhöhung	Pf_{98}/kWh		0,6						

* Mehrkosten des Ausstiegs, d.h. gegenüber der Referenzentwicklung.
Die Ausstiegskosten, die unter 11.1 und 11.2 ausgewiesen sind, beziehen sich auf den jeweiligen Zeitpunkt bzw. die entsprechende Zeitperiode.
Dagegen beschreiben die Werte 11.3 bis 11.7 Kosten über den gesamten Zeithorizont.

Szenario Reporting Tabelle

Modell:	EMS-Modell
Autor:	H.-J. Gerdey
Institution:	bremer energie institut
Land:	Deutschland
Szenario:	A_25_ohne_Minderung Energiepreise: Prognos (P25) — Variante: Lauf 211 SZ1P1
Datum:	19.05.00

		Einheit	1997	2000	2005	2010	2015	2020	2025	2030
1	**Demographische Rahmenannahmen**									
1.1	Bevölkerung	Mio.	nicht verwendet							
1.2	Anzahl der Haushalte	Mio.	nicht verwendet							
1.3	Anzahl der Wohnflächen	Mio. m^2	nicht verwendet							
2	**Ökonomische Rahmenannahmen**									
2.1	Entwicklung des BIP	Mrd. DM_{91}	nicht verwendet							
2.2	Abschreibungsrate	% p. a.	5,0	5,0	5,0	5,0	5,0	5,0	5,0	5,0
3	**Energiepreise**									
3.1	Steinkohle-küstennah	DM_{99}/GJ	wie Vorgabe, Zwischenjahre linear interpoliert							
3.2	Steinkohle-küstenfern	DM_{99}/GJ	wie Vorgabe, Zwischenjahre linear interpoliert							
3.3	Braunkohle	DM_{99}/GJ	wie Vorgabe, Zwischenjahre linear interpoliert							
3.4	Heizöl, schwer	DM_{99}/GJ	wie Vorgabe, Zwischenjahre linear interpoliert							
3.5	Heizöl, leicht	DM_{99}/GJ	wie Vorgabe, Zwischenjahre linear interpoliert							
3.6	Erdgas A	DM_{99}/GJ	wie Vorgabe, Zwischenjahre linear interpoliert							
3.7	Erdgas B	DM_{99}/GJ	wie Vorgabe, Zwischenjahre linear interpoliert							
4	**Struktur Stromnachfrage nach Sektoren**									
4.1	Industrie	TWh	wie Vorgabe, Zwischenjahre linear interpoliert							
4.2	Kleinverbraucher	TWh	wie Vorgabe, Zwischenjahre linear interpoliert							
4.3	Haushalte	TWh	wie Vorgabe, Zwischenjahre linear interpoliert							
4.4	Verkehr	TWh	wie Vorgabe, Zwischenjahre linear interpoliert							
4.5	Sonstige	TWh	wie Vorgabe, Zwischenjahre linear interpoliert							
4.6	Verluste	TWh	wie Vorgabe, Zwischenjahre linear interpoliert							
4.7	Summe	TWh	wie Vorgabe, Zwischenjahre linear interpoliert							
5	**Netto-Engpaßleistung n. Energieträgern, Öffentliche Versorgung, Industrielle Eigenanlagen und Deutsche Bahn**									
5.1	Steinkohle (inkl. Mischfeuerung)	MW		30860	24460	22160	27920	31340	34640	36520
5.2	Braunkohle	MW		17940	18050	15500	13620	10180	8790	8240
5.3	Heizöl	MW		8480	7300	4060	3540	3120	2770	2650
5.4	Erdgas	MW		19200	25970	29200	28670	28230	26410	24970
5.5	Kernenergie	MW		21140	13150	5310	0	0	0	0
5.6	Wasserkraft	MW		9450	9450	9480	9690	9860	10040	10220
5.7	Wind	MW		4460	6080	8050	9510	10980	12730	14400
5.8	Photovoltaik	MW		60	120	240	470	820	1240	1650
5.9	Sonstige	MW		2830	3260	3510	3750	3970	3820	4040
5.10	Summe	MW		114420	107840	97510	97170	98500	100440	102690
6	**Netto-Stromerzeugung n. Energieträgern, Öffentliche Versorgung, Industrielle Eigenanlagen und Deutsche Bahn**									
6.1	Steinkohle (inkl. Mischfeuerung)	TWh		139	105	111	160	203	232	251
6.2	Braunkohlen	TWh		135	136	117	104	78	68	64
6.3	Heizöl	TWh		5	5	4	4	3	3	2
6.4	Erdgas	TWh		31	122	185	186	166	144	125
6.5	Kernenergie	TWh		162	100	41	0	0	0	0
6.6	Wasserkraft	TWh		22	22	22	22	23	23	23
6.7	Wind	TWh		9	13	17	21	24	29	34
6.8	Photovoltaik	TWh		0,1	0,1	0,2	0,4	0,7	1,1	1,4
6.9	Sonstige	TWh		9	11	13	15	16	17	18
6.10	Summe	TWh		510	514	510	510	513	516	518
7	**Vollaststunden n. Energieträgern**									
7.1	Steinkohle (inkl. Mischfeuerung)	h/a		4500	4313	5010	5713	6462	6687	6868
7.2	Braunkohlen	h/a		7499	7542	7549	7607	7645	7706	7716
7.3	Heizöl	h/a		599	626	1000	1000	971	906	755
7.4	Erdgas	h/a		1607	4705	6332	6472	5866	5443	5014
7.5	Kernenergie	h/a		7640	7641	7638	0	0	0	0
7.6	Wasserkraft	h/a		2279	2279	2278	2281	2282	2281	2280
7.7	Wind	h/a		2000	2056	2112	2166	2222	2278	2333
7.8	Photovoltaik	h/a		833	833	833	851	854	847	848
7.9	Sonstige	h/a		3028	3497	3761	3893	4081	4503	4505
7.10	Summe	h/a		4457	4770	5225	5248	5206	5135	5045
8	**Energieeinsatz zur Stromerz. n. Energieträgern**									
8.1	Steinkohle	PJ		1389	983	1026	1374	1644	1844	1976
8.2	Braunkohle	PJ		1350	1308	1110	939	677	554	517
8.3	Heizöl	PJ		55	49	36	27	21	17	13
8.4	Erdgas	PJ		242	839	1171	1132	1002	863	751
8.5	Kernenergie	PJ		1762	1096	442	0	0	0	0
8.6	Wasserkraft o.Erz.aus Pumpsp.	PJ		78	78	78	80	81	82	84
8.7	Wind	PJ		97	136	185	225	266	316	367
8.8	Photovoltaik	PJ		0,5	1,1	2,2	4,4	7,6	11,5	15,3
8.9	Sonstige	PJ		93	124	144	159	177	188	199
8.10	Summe ohne Stromaustauschs	PJ		5067	4615	4195	3940	3876	3874	3921

9	**Schadstoffemissionen**									
9.1	CO2-Emissionen	Mio. t		296,2	289,5	285,5	296,7	284,1	282,8	284,3
9.2	CH4-Emissionen	kt								
9.3	N2O-Emissionen	kt								
9.4	THG-Emissionen	Mio. t CO2								
9.5	NOx-Emissionen	kt								
9.6	SO2-Emissionen	kt								
10	**Stromgestehungskosten**	Pf_{98}/kWh		6,23	6,34	6,17	6,51	6,60	6,45	6,26
11	**Ausstiegskosten** *									
11.1	Mehrkosten	Mrd. DM_{98}		0,52	1,22	1,98	3,06	2,21	0,27	-0,85
11.2	Spezifische Mehrkosten	Pf_{98}/kWh		0,10	0,24	0,39	0,60	0,43	0,05	-0,16
11.3	Kumulierte Mehrkosten	Mrd. DM_{98}		22,7						
11.4	Durchschnittl. jährl. Mehrkosten	Mrd. DM_{98}/a		1,3						
11.5	Abdiskont. (2000) kumul. Mehrk	Mrd. DM_{98}		17,4						
11.6	Extremwert d. Kostenerhöhung	Pf_{98}/kWh		0,62						
11.7	Durchschnittl. Kostenerhöhung	Pf_{98}/kWh		0,26						

* Mehrkosten des Ausstiegs, d.h. gegenüber der Referenzentwicklung.
Die Ausstiegskosten, die unter 11.1 und 11.2 ausgewiesen sind, beziehen sich auf den jeweiligen Zeitpunkt bzw. die entsprechende Zeitperiode.
Dagegen beschreiben die Werte 11.3 bis 11.7 Kosten über den gesamten Zeithorizont.

Szenario Reporting Tabelle

Modell:	EMS-Modell
Autor:	H.-J. Gerdey
Institution:	bremer energie institut
Land:	Deutschland
Szenario:	A_25_CO2_wie_Trend Energiepreise: Prognos (P25B) — Variante: Lauf 212 SZ1P1
Datum:	19.05.00

		Einheit	1997	2000	2005	2010	2015	2020	2025	2030
1	**Demographische Rahmenannahmen**									
1.1	Bevölkerung	Mio.	nicht verwendet							
1.2	Anzahl der Haushalte	Mio.	nicht verwendet							
1.3	Anzahl der Wohnflächen	Mio. m²	nicht verwendet							
2	**Ökonomische Rahmenannahmen**									
2.1	Entwicklung des BIP	Mrd. DM_{91}	nicht verwendet							
2.2	Abschreibungsrate	% p. a.	5,0	5,0	5,0	5,0	5,0	5,0	5,0	5,0
3	**Energiepreise**									
3.1	Steinkohle-küstennah	DM_{99}/GJ	wie Vorgabe, Zwischenjahre linear interpoliert							
3.2	Steinkohle-küstenfern	DM_{99}/GJ	wie Vorgabe, Zwischenjahre linear interpoliert							
3.3	Braunkohle	DM_{99}/GJ	wie Vorgabe, Zwischenjahre linear interpoliert							
3.4	Heizöl, schwer	DM_{99}/GJ	wie Vorgabe, Zwischenjahre linear interpoliert							
3.5	Heizöl, leicht	DM_{99}/GJ	wie Vorgabe, Zwischenjahre linear interpoliert							
3.6	Erdgas A	DM_{99}/GJ	wie Vorgabe, Zwischenjahre linear interpoliert							
3.7	Erdgas B	DM_{99}/GJ	wie Vorgabe, Zwischenjahre linear interpoliert							
4	**Struktur Stromnachfrage nach Sektoren**									
4.1	Industrie	TWh	wie Vorgabe, Zwischenjahre linear interpoliert							
4.2	Kleinverbraucher	TWh	wie Vorgabe, Zwischenjahre linear interpoliert							
4.3	Haushalte	TWh	wie Vorgabe, Zwischenjahre linear interpoliert							
4.4	Verkehr	TWh	wie Vorgabe, Zwischenjahre linear interpoliert							
4.5	Sonstige	TWh	wie Vorgabe, Zwischenjahre linear interpoliert							
4.6	Verluste	TWh	wie Vorgabe, Zwischenjahre linear interpoliert							
4.7	Summe	TWh	wie Vorgabe, Zwischenjahre linear interpoliert							
5	**Netto-Engpaßleistung n. Energieträgern, Öffentliche Versorgung, Industrielle Eigenanlagen und Deutsche Bahn**									
5.1	Steinkohle (inkl. Mischfeuerung)	MW		30860	19940	17640	14370	13690	16860	24100
5.2	Braunkohle	MW		17940	18050	15500	11420	9620	8360	7810
5.3	Heizöl	MW		8480	7300	4060	3540	3120	2770	2850
5.4	Erdgas	MW		19200	30620	39330	45890	46440	44620	43180
5.5	Kernenergie	MW		21140	13150	5310	0	0	0	0
5.6	Wasserkraft	MW		9450	9450	9480	9690	9860	10040	10220
5.7	Wind	MW		4460	6080	8050	9510	10980	12730	14400
5.8	Photovoltaik	MW		60	120	240	470	820	1240	1650
5.9	Sonstige	MW		2830	3260	3510	3750	3970	3820	4040
5.10	Summe	MW		114420	107970	103120	98640	98500	100440	108050
6	**Netto-Stromerzeugung n. Energieträgern, Öffentliche Versorgung, Industrielle Eigenanlagen und Deutsche Bahn**									
6.1	Steinkohle (inkl. Mischfeuerung)	TWh		139	71	36	51	79	107	164
6.2	Braunkohlen	TWh		134	136	116	79	73	64	60
6.3	Heizöl	TWh		5	5	4	4	3	3	2
6.4	Erdgas	TWh		31	157	261	318	294	272	216
6.5	Kernenergie	TWh		162	100	41	0	0	0	0
6.6	Wasserkraft	TWh		22	22	22	22	23	23	23
6.7	Wind	TWh		9	13	17	21	24	29	34
6.8	Photovoltaik	TWh		0,1	0,1	0,2	0,4	0,7	1,1	1,4
6.9	Sonstige	TWh		9	11	13	15	16	17	18
6.10	Summe	TWh		510	514	510	510	513	516	518
7	**Vollaststunden n. Energieträgern**									
7.1	Steinkohle (inkl. Mischfeuerung)	h/a		4491	3539	2052	3567	5770	6358	6800
7.2	Braunkohlen	h/a		7497	7542	7477	6928	7636	7701	7711
7.3	Heizöl	h/a		599	626	1000	1000	971	906	755
7.4	Erdgas	h/a		1623	5131	6631	6935	6321	6086	4991
7.5	Kernenergie	h/a		7640	7641	7638	0	0	0	0
7.6	Wasserkraft	h/a		2279	2279	2278	2281	2282	2281	2280
7.7	Wind	h/a		2000	2056	2112	2166	2222	2278	2333
7.8	Photovoltaik	h/a		833	833	833	851	854	847	848
7.9	Sonstige	h/a		3028	3497	3761	3893	4081	4503	4505
7.10	Summe	h/a		4456	4764	4941	5169	5206	5135	4795
8	**Energieeinsatz zur Stromerz. n. Energieträgern**									
8.1	Steinkohle	PJ		1386	697	353	494	672	870	1296
8.2	Braunkohle	PJ		1350	1308	1099	732	643	527	490
8.3	Heizöl	PJ		55	49	36	27	21	17	13
8.4	Erdgas	PJ		244	1056	1638	1946	1776	1629	1293
8.5	Kernenergie	PJ		1762	1096	442	0	0	0	0
8.6	Wasserkraft o.Erz.aus Pumpsp.	PJ		78	78	78	80	81	82	84
8.7	Wind	PJ		97	136	185	225	266	316	367
8.8	Photovoltaik	PJ		0,5	1,1	2,2	4,4	7,6	11,5	15,3
8.9	Sonstige	PJ		93	124	144	159	177	188	199
8.10	Summe ohne Stromaustauschs	PJ		5066	4546	3979	3667	3643	3641	3756

9	**Schadstoffemissionen**									
9.1	CO2-Emissionen	Mio. t		296,1	275,1	247,6	238,3	233,4	232,2	248,4
9.2	CH4-Emissionen	kt								
9.3	N2O-Emissionen	kt								
9.4	THG-Emissionen	Mio. t CO2								
9.5	NOx-Emissionen	kt								
9.6	SO2-Emissionen	kt								
10	**Stromgestehungskosten**	Pf.$_{98}$/kWh		6,23	6,29	6,35	6,55	6,75	6,83	6,89
11	**Ausstiegskosten ***									
11.1	Mehrkosten	Mrd. DM$_{98}$		0,53	0,98	2,85	3,25	2,98	2,19	2,38
11.2	Spezifische Mehrkosten	Pf.$_{98}$/kWh		0,10	0,19	0,56	0,64	0,58	0,42	0,46
11.3	Kumulierte Mehrkosten	Mrd. DM$_{98}$		48,8						
11.4	Durchschnittl. jährl. Mehrkosten	Mrd. DM$_{98}$/a		2,2						
11.5	Abdiskont. (2000) kumul. Mehrk	Mrd. DM$_{98}$		25,7						
11.6	Extremwert d. Kostenerhöhung	Pf.$_{98}$/kWh		0,71						
11.7	Durchschnittl. Kostenerhöhung	Pf.$_{98}$/kWh		0,43						

* Mehrkosten des Ausstiegs, d.h. gegenüber der Referenzentwicklung.
Die Ausstiegskosten, die unter 11.1 und 11.2 ausgewiesen sind, beziehen sich auf den jeweiligen Zeitpunkt bzw. die entsprechende Zeitperiode.
Dagegen beschreiben die Werte 11.3 bis 11.7 Kosten über den gesamten Zeithorizont.

Szenario Reporting Tabelle

Modell:	EMS-Modell
Autor:	H.-J. Gerdey
Institution:	bremer energie institut
Land:	Deutschland
Szenario:	A_25_CO2_wie_Trend Energiepreise: Prognos (P25B) — Variante: Lauf 212 SZ1P1
Datum:	19.05.00

		Einheit	1997	2000	2005	2010	2015	2020	2025	2030
1	**Demographische Rahmenannahmen**									
1.1	Bevölkerung	Mio.	nicht verwendet							
1.2	Anzahl der Haushalte	Mio.	nicht verwendet							
1.3	Anzahl der Wohnflächen	Mio. m²	nicht verwendet							
2	**Ökonomische Rahmenannahmen**									
2.1	Entwicklung des BIP	Mrd. DM_{91}	nicht verwendet							
2.2	Abschreibungsrate	% p. a.	5,0	5,0	5,0	5,0	5,0	5,0	5,0	5,0
3	**Energiepreise**									
3.1	Steinkohle-küstennah	DM_{90}/GJ	wie Vorgabe, Zwischenjahre linear interpoliert							
3.2	Steinkohle-küstenfern	DM_{90}/GJ	wie Vorgabe, Zwischenjahre linear interpoliert							
3.3	Braunkohle	DM_{90}/GJ	wie Vorgabe, Zwischenjahre linear interpoliert							
3.4	Heizöl, schwer	DM_{90}/GJ	wie Vorgabe, Zwischenjahre linear interpoliert							
3.5	Heizöl, leicht	DM_{90}/GJ	wie Vorgabe, Zwischenjahre linear interpoliert							
3.6	Erdgas A	DM_{90}/GJ	wie Vorgabe, Zwischenjahre linear interpoliert							
3.7	Erdgas B	DM_{90}/GJ	wie Vorgabe, Zwischenjahre linear interpoliert							
4	**Struktur Stromnachfrage nach Sektoren**									
4.1	Industrie	TWh	wie Vorgabe, Zwischenjahre linear interpoliert							
4.2	Kleinverbraucher	TWh	wie Vorgabe, Zwischenjahre linear interpoliert							
4.3	Haushalte	TWh	wie Vorgabe, Zwischenjahre linear interpoliert							
4.4	Verkehr	TWh	wie Vorgabe, Zwischenjahre linear interpoliert							
4.5	Sonstige	TWh	wie Vorgabe, Zwischenjahre linear interpoliert							
4.6	Verluste	TWh	wie Vorgabe, Zwischenjahre linear interpoliert							
4.7	Summe	TWh	wie Vorgabe, Zwischenjahre linear interpoliert							
5	**Netto-Engpaßleistung n. Energieträgern, Öffentliche Versorgung, Industrielle Eigenanlagen und Deutsche Bahn**									
5.1	Steinkohle (inkl. Mischfeuerung)	MW		30860	19940	17640	14370	13690	16860	24100
5.2	Braunkohle	MW		17940	18050	15500	11420	9620	8360	7810
5.3	Heizöl	MW		8480	7300	4060	3540	3120	2770	2650
5.4	Erdgas	MW		19200	30620	39330	45890	46440	44620	43180
5.5	Kernenergie	MW		21140	13150	5310	0	0	0	0
5.6	Wasserkraft	MW		9450	9450	9480	9690	9860	10040	10220
5.7	Wind	MW		4460	6080	8050	9510	10980	12730	14400
5.8	Photovoltaik	MW		60	120	240	470	820	1240	1650
5.9	Sonstige	MW		2830	3260	3510	3750	3970	3820	4040
5.10	Summe	MW		114420	107970	103120	98640	98500	100440	108050
6	**Netto-Stromerzeugung n. Energieträgern, Öffentliche Versorgung, Industrielle Eigenanlagen und Deutsche Bahn**									
6.1	Steinkohle (inkl. Mischfeuerung)	TWh		139	71	36	51	79	107	164
6.2	Braunkohlen	TWh		134	136	116	79	73	64	60
6.3	Heizöl	TWh		5	5	4	4	3	3	2
6.4	Erdgas	TWh		31	157	261	318	294	272	216
6.5	Kernenergie	TWh		162	100	41	0	0	0	0
6.6	Wasserkraft	TWh		22	22	22	22	23	23	23
6.7	Wind	TWh		9	13	17	21	24	29	34
6.8	Photovoltaik	TWh		0,1	0,1	0,2	0,4	0,7	1,1	1,4
6.9	Sonstige	TWh		9	11	13	15	16	17	18
6.10	Summe	TWh		510	514	510	510	513	516	518
7	**Vollaststunden n. Energieträgern**									
7.1	Steinkohle (inkl. Mischfeuerung)	h/a		4491	3539	2052	3567	5770	6358	6800
7.2	Braunkohlen	h/a		7497	7542	7477	6928	7636	7701	7711
7.3	Heizöl	h/a		599	626	1000	1000	971	906	755
7.4	Erdgas	h/a		1623	5131	6631	6935	6321	6086	4991
7.5	Kernenergie	h/a		7640	7641	7638	0	0	0	0
7.6	Wasserkraft	h/a		2279	2279	2278	2281	2282	2281	2280
7.7	Wind	h/a		2000	2056	2112	2166	2222	2278	2333
7.8	Photovoltaik	h/a		833	833	833	851	854	847	848
7.9	Sonstige	h/a		3028	3497	3761	3893	4081	4503	4505
7.10	Summe	h/a		4456	4764	4941	5169	5206	5135	4795
8	**Energieeinsatz zur Stromerz. n. Energieträgern**									
8.1	Steinkohle	PJ		1386	697	353	494	672	870	1296
8.2	Braunkohle	PJ		1350	1308	1099	732	643	527	490
8.3	Heizöl	PJ		55	49	36	27	21	17	13
8.4	Erdgas	PJ		244	1056	1638	1946	1776	1629	1293
8.5	Kernenergie	PJ		1762	1096	442	0	0	0	0
8.6	Wasserkraft o.Erz.aus Pumpsp.	PJ		78	78	78	80	81	82	84
8.7	Wind	PJ		97	136	185	225	266	316	367
8.8	Photovoltaik	PJ		0,5	1,1	2,2	4,4	7,6	11,5	15,3
8.9	Sonstige	PJ		93	124	144	159	177	188	199
8.10	Summe ohne Stromaustauschs	PJ		5066	4546	3979	3667	3643	3641	3756

9	**Schadstoffemissionen**								
9.1	CO2-Emissionen	Mio. t		296,1	275,1	247,6	238,3	233,4	232,2	248,4
9.2	CH4-Emissionen	kt								
9.3	N2O-Emissionen	kt								
9.4	THG-Emissionen	Mio. t CO2								
9.5	NOx-Emissionen	kt								
9.6	SO2-Emissionen	kt								
10	**Stromgestehungskosten**	$Pf._{98}$/kWh		6,23	6,29	6,35	6,55	6,75	6,83	6,89
11	**Ausstiegskosten ***									
11.1	Mehrkosten	Mrd. DM_{98}		0,53	0,98	2,85	3,25	2,98	2,19	2,38
11.2	Spezifische Mehrkosten	$Pf._{98}$/kWh		0,10	0,19	0,56	0,64	0,58	0,42	0,46
11.3	Kumulierte Mehrkosten	Mrd. DM_{98}		48,8						
11.4	Durchschnittl. jährl. Mehrkosten	Mrd. DM_{98}/a		2,2						
11.5	Abdiskont. (2000) kumul. Mehrk.	Mrd. DM_{98}		25,7						
11.6	Extremwert d. Kostenerhöhung	$Pf._{98}$/kWh		0,71						
11.7	Durchschnittl. Kostenerhöhung	$Pf._{98}$/kWh		0,43						

* Mehrkosten des Ausstiegs, d.h. gegenüber der Referenzentwicklung.
Die Ausstiegskosten, die unter 11.1 und 11.2 ausgewiesen sind, beziehen sich auf den jeweiligen Zeitpunkt bzw. die entsprechende Zeitperiode.
Dagegen beschreiben die Werte 11.3 bis 11.7 Kosten über den gesamten Zeithorizont.

Szenario Reporting Tabelle

Modell:	EMS-Modell
Autor:	H.-J. Gerdey
Institution:	bremer energie institut
Land:	Deutschland
Szenario:	A_25_CO2_wie_Kyoto Energiepreise: Prognos (P25K) Variante: Lauf 213 SZ1P1
Datum:	19.05.00

		Einheit	1997	2000	2005	2010	2015	2020	2025	2030
1	Demographische Rahmenannahmen									
1.1	Bevölkerung	Mio.	nicht verwendet							
1.2	Anzahl der Haushalte	Mio.	nicht verwendet							
1.3	Anzahl der Wohnflächen	Mio. m²	nicht verwendet							
2	Ökonomische Rahmenannahmen									
2.1	Entwicklung des BIP	Mrd. DM$_{91}$	nicht verwendet							
2.2	Abschreibungsrate	% p. a.	5,0	5,0	5,0	5,0	5,0	5,0	5,0	5,0
3	Energiepreise									
3.1	Steinkohle-küstennah	DM$_{99}$/GJ	wie Vorgabe, Zwischenjahre linear interpoliert							
3.2	Steinkohle-küstenfern	DM$_{99}$/GJ	wie Vorgabe, Zwischenjahre linear interpoliert							
3.3	Braunkohle	DM$_{99}$/GJ	wie Vorgabe, Zwischenjahre linear interpoliert							
3.4	Heizöl, schwer	DM$_{99}$/GJ	wie Vorgabe, Zwischenjahre linear interpoliert							
3.5	Heizöl, leicht	DM$_{99}$/GJ	wie Vorgabe, Zwischenjahre linear interpoliert							
3.6	Erdgas A	DM$_{99}$/GJ	wie Vorgabe, Zwischenjahre linear interpoliert							
3.7	Erdgas B	DM$_{99}$/GJ	wie Vorgabe, Zwischenjahre linear interpoliert							
4	Struktur Stromnachfrage nach Sektoren									
4.1	Industrie	TWh	wie Vorgabe, Zwischenjahre linear interpoliert							
4.2	Kleinverbraucher	TWh	wie Vorgabe, Zwischenjahre linear interpoliert							
4.3	Haushalte	TWh	wie Vorgabe, Zwischenjahre linear interpoliert							
4.4	Verkehr	TWh	wie Vorgabe, Zwischenjahre linear interpoliert							
4.5	Sonstige	TWh	wie Vorgabe, Zwischenjahre linear interpoliert							
4.6	Verluste	TWh	wie Vorgabe, Zwischenjahre linear interpoliert							
4.7	Summe	TWh	wie Vorgabe, Zwischenjahre linear interpoliert							
5	Netto-Engpaßleistung n. Energieträgern, Öffentliche Versorgung, Industrielle Eigenanlagen und Deutsche Bahn									
5.1	Steinkohle (inkl. Mischfeuerung)	MW		30860	19940	17640	15840	18020	17700	15330
5.2	Braunkohle	MW		17940	18050	15500	13020	10120	8360	7810
5.3	Heizöl	MW		8480	7300	4060	3540	3120	2770	2650
5.4	Erdgas	MW		19200	28060	33420	41350	41610	43780	45360
5.5	Kernenergie	MW		21140	13150	5310	0	0	0	0
5.6	Wasserkraft	MW		9450	9450	9480	9690	9860	10040	10220
5.7	Wind	MW		4460	6080	8050	9510	10980	12730	21860
5.8	Photovoltaik	MW		60	120	240	470	820	1240	1650
5.9	Sonstige	MW		2830	3260	3510	3750	3970	3820	4040
5.10	Summe	MW		114420	105410	97210	97170	98500	100440	108920
6	Netto-Stromerzeugung n. Energieträgern, Öffentliche Versorgung, Industrielle Eigenanlagen und Deutsche Bahn									
6.1	Steinkohle (inkl. Mischfeuerung)	TWh		139	90	79	75	109	113	94
6.2	Braunkohlen	TWh		135	136	117	99	77	52	41
6.3	Heizöl	TWh		5	5	4	4	3	3	2
6.4	Erdgas	TWh		31	138	217	275	259	278	287
6.5	Kernenergie	TWh		162	100	41	0	0	0	0
6.6	Wasserkraft	TWh		22	22	22	22	23	23	23
6.7	Wind	TWh		9	13	17	21	24	29	51
6.8	Photovoltaik	TWh		0,1	0,1	0,2	0,4	0,7	1,1	1,4
6.9	Sonstige	TWh		9	11	13	15	16	17	18
6.10	Summe	TWh		510	514	510	510	513	516	518
8	Energieeinsatz zur Stromerz. n. Energieträgern									
8.1	Steinkohle	PJ		1389	887	775	705	911	916	733
8.2	Braunkohle	PJ		1350	1308	1110	902	673	415	321
8.3	Heizöl	PJ		55	49	36	27	21	17	13
8.4	Erdgas	PJ		242	937	1366	1677	1569	1670	1725
8.5	Kernenergie	PJ		1762	1096	442	0	0	0	0
8.6	Wasserkraft o.Erz.aus Pumpsp.	PJ		78	78	78	80	81	82	84
8.7	Wind	PJ		97	136	185	225	266	316	556
8.8	Photovoltaik	PJ		0,5	1,1	2,2	4,4	7,6	11,5	15,3
8.9	Sonstige	PJ		93	124	144	159	177	188	199
8.10	Summe ohne Stromaustauschs	PJ		5067	4616	4138	3778	3706	3615	3646

9	**Schadstoffemissionen**									
9.1	CO2-Emissionen	Mio. t		296,2	286,3	272,8	261,6	247,3	226,2	201,5
9.2	CH4-Emissionen	kt								-
9.3	N2O-Emissionen	kt								
9.4	THG-Emissionen	Mio. t CO2								
9.5	NOx-Emissionen	kt								
9.6	SO2-Emissionen	kt								
10	**Stromgestehungskosten**	Pf_{98}/kWh		6,23	6,21	6,15	6,51	6,76	6,88	7,25
11	**Ausstiegskosten** *									
11.1	Mehrkosten	Mrd. DM_{98}		0,52	0,57	1,85	3,03	3,02	2,48	4,25
11.2	Spezifische Mehrkosten	Pf_{98}/kWh		0,10	0,11	0,36	0,59	0,59	0,48	0,82
11.3	Kumulierte Mehrkosten	Mrd. DM_{98}		53,4						
11.4	Durchschnittl. jährl. Mehrkosten	Mrd. DM_{98}/a		2,1						
11.5	Abdiskont. (2000) kumul. Mehrk.	Mrd. DM_{98}		24,0						
11.6	Extremwert d. Kostenerhöhung	Pf_{98}/kWh		0,82						
11.7	Durchschnittl. Kostenerhöhung	Pf_{98}/kWh		0,42						

* Mehrkosten des Ausstiegs, d.h. gegenüber der Referenzentwicklung.
Die Ausstiegskosten, die unter 11.1 und 11.2 ausgewiesen sind, beziehen sich auf den jeweiligen Zeitpunkt bzw. die entsprechende Zeitperiode.
Dagegen beschreiben die Werte 11.3 bis 11.7 Kosten über den gesamten Zeithorizont.

3 PERSEUS-ICE

Norbert Enzensberger, Wolf Fichtner, Otto Rentz

Institut für Industriebetriebslehre und Industrielle Produktion (IIP),
Universität Karlsruhe (TH)

3.1 Einleitung

Das politische Ziel der gegenwärtigen Bundesregierung eines vorzeitigen Ausstiegs aus der friedlichen Nutzung der Kernenergie wird im Falle seiner Umsetzung zu erheblichen Veränderungen der deutschen Elektrizitätswirtschaft führen. Ziel der vorliegenden Untersuchung ist es, nachvollziehbare Aussagen hinsichtlich der Art und des Umfangs der zu erwartenden Veränderungen zu treffen. Da die zukünftige Entwicklung der Elektrizitätswirtschaft jedoch neben dem Kernenergieausstieg auch durch weitere exogene Parameter bestimmt wird, wie beispielsweise die Entwicklung der Brennstoffpreise, ist im Rahmen der folgenden Betrachtungen auch diesen alternativen Rahmenbedingungen Rechnung zu tragen.

Zur Untersuchung solch komplexer Fragestellungen hat sich in der Vergangenheit besonders der Einsatz von Energiemodellen bewährt, die das reale Energiesystem detailliert nachbilden und es gestatten, die Konsequenzen alternativer Rahmenannahmen darzustellen. Das im Folgenden vorgestellte Energie- und Stoffflussmodell PERSEUS-ICE (**P**rogram Package for **E**mission **R**eduction **S**trategies in **E**nergy **U**se and **S**upply - **I**nterregional **C**ompetitive **E**nergy Market Model) ist Teil der bereits in zahlreichen Forschungsprojekten erfolgreich eingesetzten PERSEUS-Modellfamilie, die Anfang der 90er-Jahre als Weiterentwicklung des EFOM-Modells[22] (**E**nergy **F**low and **O**ptimization **M**odel) entstanden ist.

Die verschiedenen PERSEUS-Modelle decken mittlerweile eine große Bandbreite möglicher Fragestellungen ab. Dies gilt zum einen hinsichtlich des Bilanzraums, der sowohl nationale oder internationale Energiesysteme als auch einzelne Regionen oder Energieversorgungsunternehmen umfassen kann. Zum anderen unterscheiden sich die Modelle hinsichtlich des Betrachtungsschwerpunktes, der von

---

22 Die Modelle EFOM-12c und später EFOM-ENV (Environment) wurden Ende der 70er / Anfang der 80er-Jahre mit Unterstützung der Europäischen Kommission (DG XVII) entwickelt und in zahlreichen Projekten eingesetzt. Vgl. /Finon 1974; Rentz u. a. 1990; Van der Voort u. a. 1984/.

globalen Zielen einer Energieplanung, Technologiebewertung oder der Entwicklung verschiedener Emissionsminderungsstrategien bis hin zur Analyse markt- und unternehmensstrategischer Fragestellungen reichen kann.

Tabelle 3-1: Modelle der PERSEUS-Modellfamilie

PERSEUS-MODELLE		Betrachtungsschwerpunkt (Zielsetzung)			
		Markt, Wettbewerb	Systemaus-bauplanung	Emissions-minderung, Kyoto	Umweltpolit. Instrumente, Regenerative
Bilanzraum	Region	-EVU	-RRN	-REG^2	-REG^2
	EVU-Gebiet	-EVU	-EVU	-REG^2	-REG^2
	National	-ICE	-NAT	-NAT	-NAT
	International	-ICE	-ICE	-ICE	---

PERSEUS-ICE : **I**nterregional **C**ompetitive **E**nergy Market Model
PERSEUS-NAT: **Nat**ional Energy System Model[23]
PERSEUS-EVU: **E**nergie**v**ersorgungs**u**nternehmen System- / Strategieplanung, vgl. /Fichnter 1999/
PERSEUS-REG^2: **Reg**ionale Förderung **Reg**enerativer Energien
PERSEUS-RRN: **R**esource **R**ecovery **N**etwork

Die verschiedenen Module der PERSEUS-Modellfamilie wurden bzw. werden u.a. im Auftrag der Vereinten Nationen (UN), der Europäischen Union (EU), der International Energy Agency (IEA) und des Bundesministriums für Bildung, Wissenschaft, Forschung und Technologie erstellt, weiterentwickelt und angewandt. Zudem werden sie mittlerweile bei führenden, deutschen Energieversorgungsunternehmen als strategisches Planungstool eingesetzt.

3.2 Methodischer Ansatz

Das im Rahmen dieser Untersuchungen eingesetzte Modell PERSEUS-ICE ist ein quasi-dynamisches Energie- und Stoffflussmodell. Der methodische Ansatz beruht auf einer mehrperiodischen, linearen Optimierung. Die modelltechnische Abbildung des realen Elektrizitätsversorgungssystems umspannt die gesamte Versorgungskette von den Ressourcen über verschiedene Energieumwandlungsstufen bis hin zur Bereitstellung und dem Verbrauch von End- bzw. Nutzenergie. Mit der

23 PERSEUS-NAT wurde im Rahmen des ersten Modellexperiments MEX I eingesetzt. Vgl. /Fichtner u. a. 1999/.

Berücksichtigung zahlreicher technischer (z.B. Wirkungsgrad, technische Nutzungsdauer, Verfügbarkeit), ökonomischer (z.B. Investitionen, Leistungs- und Arbeitsausgaben) und umweltrelevanter (z.B. Emissionen, Reststoffe) Parameter im Modell werden die ergebnisrelevanten Größen und Restriktionen des realen Systems in die Modellierung übernommen. Diese in PERSEUS-ICE sehr detaillierte Abbildung fördert die Aussagefähigkeit der Modellergebnisse.

Zielsetzung der im PERSEUS-ICE-Modell vorgenommenen Optimierung ist die Deckung der exogen vorgegebenen Nutzenergienachfrage bei minimalen Ausgaben unter Berücksichtigung der bestehenden technischen, ökonomischen und/oder ökologischen Systemcharakteristika und Restriktionen. Zielgröße bilden die diskontierten, entscheidungsrelevanten Ausgaben[24]. Ausgaben werden hierbei gesamtwirtschaftlich bewertet, was beispielsweise bedeutet, dass für Anlagen deren technische Nutzungsdauer angesetzt wird.

Die Modellstruktur besteht in ihrem Kern aus verschiedenen Produzenten (Erzeugern, Transport- und Verteilungseinheiten sowie Nachfragern) mit ihren jewieligen Anlagen sowie zahlreichen Stoff- und Energieflüssen, die diese Produzenten miteinander verbinden. Diese Grundstruktur ist in Abbildung 3-1 schematisch dargestellt.

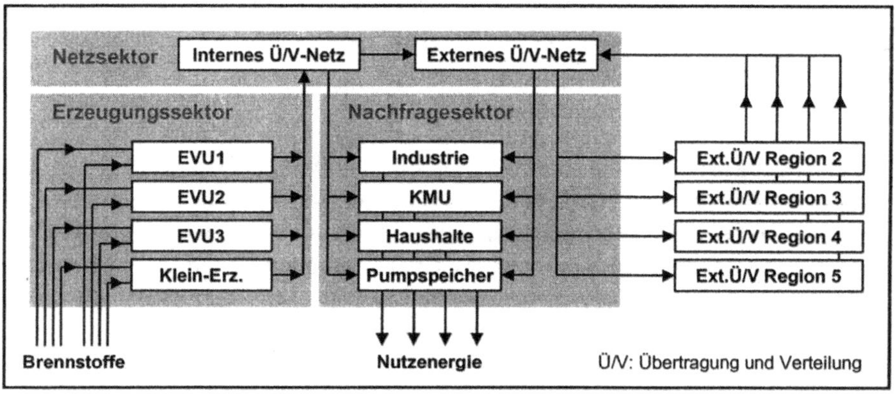

Abbildung 3-1: Flüsse und Produzenten als Grundstruktur des Modells

Im mathematischen Modell, das auf dieser Grundstruktur aufbaut, werden insgesamt fünf hierarchische Ebenen unterschieden. Das gesamte zu betrachtende Energiesystem wird zunächst in geografisch determinierte Regionen unterteilt, welche sich wiederum jeweils in die drei Sektoren Erzeugung, Netzbetrieb und Nachfrage untergliedern. Jedem Sektor sind die relevanten Produzenten mit ihren jeweiligen

24 Die Beschränkung auf entscheidungsrelevante Ausgaben bedeutet beispielsweise, dass insbesondere Investitionen bereits bestehender Anlagen hier nicht mehr betrachtet werden. Diskontierungsrate sind 5 %.

Anlagen zugeordnet. Innerhalb der Anlagen werden verschiedene Prozesse zur Abbildung unterschiedlicher Fahrweisen erfasst. Energie- und Stoffflüsse fließen, wie oben dargestellt, ausschließlich zwischen Produzenten. Die hierarchischen Gliederungsebenen des Modells (Region – Sektor – Produzent – Anlage – Prozess) sind in Abbildung 3-2 dargestellt.

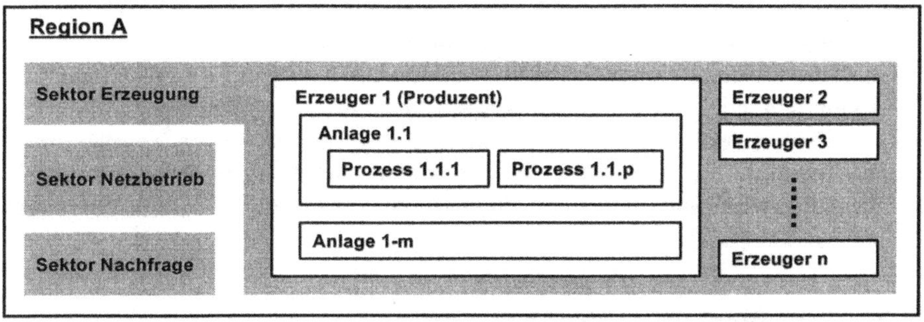

Abbildung 3-2: Hierarchische Struktur des PERSEUS-ICE Modells

Optimiervariablen des mathematischen Problems sind zum einen die Flüsse zwischen den Produzenten und zum anderen der zur langfristigen Deckung der exogen gegebenen Nachfrage notwendige Kapazitätszuwachs verschiedener Technologien unter Beachtung des existierenden Anlagenbestands. Die entscheidungsrelevanten Ausgaben als zu minimierende Zielfunktion errechnen sich zum einen über Ausgabenkoeffizienten, die den Flussvariablen zugeordnet sind und die betriebsmittelverbrauchsabhängigen bzw. variablen Ausgaben der Technologien darstellen. Fixe Ausgabenbestandteile (z.B. Löhne, Wartungs- und Reparaturarbeiten) und die spezifischen Investitionen des Kapazitätszuwachses sind den Kapazitätsvariablen zugeordnet. Die gesamten Ausgaben aller Technologien und Prozesse werden vom 31. Dezember des jeweiligen Jahres auf den 1. Januar des Basisjahres diskontiert und anschließend über alle Jahre des Betrachtungszeitraums zum Zielfunktionswert aufsummiert.

Um die ökologischen Konsequenzen alternativer Kraftwerksparkstrukturen und Versorgungsstrategien untersuchen zu können, wird für alle Umwandlungs-technologien deren Schadstoffausstoß mitbilanziert (vgl. /Wietschel 1995/). Im Modell sind gegenwärtig die Schadstoffe CO_2, CO, NO_X und SO_2 erfasst. Diese lassen sich jedoch um beliebig viele weitere Schadstoffe ergänzen.

Ziel des neuen PERSEUS-ICE-Modells ist es, auch die neuen Wettbewerbsverhältnisse im nun liberalisierten Strommarkt adäquat im Modell zu berücksichtigen. Hierzu werden zunächst die Produzenten einer Region in Wettbewerb gestellt, gleichzeitig konkurrieren auch die verschiedenen Regionen untereinander. Zielfunktion bleibt die Minimierung der entscheidungsrelevanten Ausgaben des Gesamtsystems. Marktstrategisches Verhalten einzelner Marktteilnehmer (wie Verdrängungsstrategien o. ä.) ist somit nicht erfassbar, vielmehr konkurrieren die verschiedenen Marktteilnehmer auf Basis ihrer entscheidungsrelevanten Ausgaben miteinander. Mit der gewählten Flussstruktur und der hohen zeitlichen Auflösung in 42 Zeitintervalle lässt sich untersuchen, welche Marktpotenziale die einzelnen Marktteilnehmer bzw. Regionen in einem liberalisierten Markt besitzen und zu welchem Zeitpunkt ein Stromaustausch in welcher Richtung stattfindet. Diese Option ist gerade bei der hier untersuchten Fragestellung hinsichtlich der Konsequenzen eines deutschen Kernenergieausstiegs von Bedeutung, da angesichts der fortschreitenden Liberalisierung des europäischen Stromsektors die Möglichkeit eines vermehrten Stromaustauschs mit den Nachbarstaaten gegeben ist (wenn auch zur Zeit eingeschränkt über die Reziprozitätsklausel und z.T. fehlenden Vereinbarungen zur Netzeinspeisung). Die Bedeutung des interregionalen bzw. internationalen Stromaustauschs soll im Rahmen der Sensitivitätsbetrachtungen diskutiert werden, da für die harmonisierte Fallstudie ein ausgeglichener Import-/ Exportsaldo vorgegeben ist.

3.3 Datentechnische Fundierung

In PERSEUS-ICE werden insgesamt 15 Regionen unterschieden: fünf innerdeutsche, die sich an den Versorgungsgebieten der fünf größten Elektrizitätsversorgungsunternehmen orientieren, und 10 an die Bundesrepublik Deutschland angrenzende Anrainerregionen.

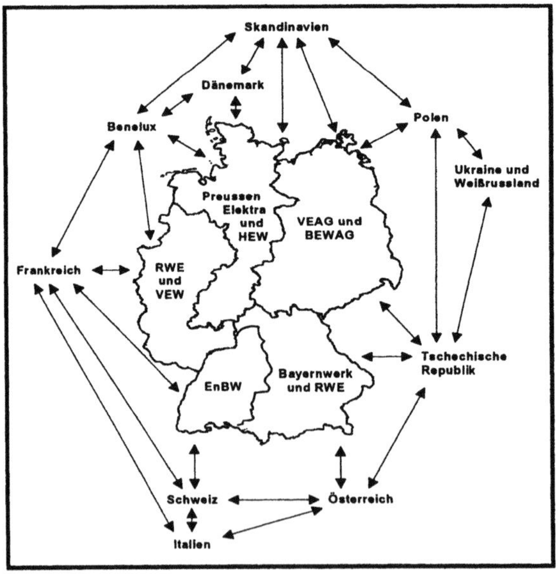

Abbildung 3-3: Gesamter Abbildungsbereich von PERSEUS-ICE

Neben dem deutschen Markt sind die folgenden Märkte im Modell integriert: Frankreich, Schweiz, Österreich, Italien, Benelux, Dänemark, Skandinavien, Polen, Tschechische Republik und Ukraine/Weißrussland. Jede Region ist als ein eigenständiges Referenzsystem modelliert. Die unterschiedlichen Rahmenbedingungen der verschiedenen Regionen werden anhand regional differenzierter Grössen wie Brennstoffpreisen[25], Potenziale erneuerbarer Energieträger und für die jeweilige Region charakteristische Lastkurven der verschiedenen Kundengruppen erfasst. Die Austauschbeziehungen zwischen den Regionen sind anhand von Übertragungskapazitäten (vgl. /Grobbel 1999; Meyer, Luther 1998; NORDEL 1998; UCPTE 1997/), -verlusten und Durchleitungsentgelten charakterisiert.

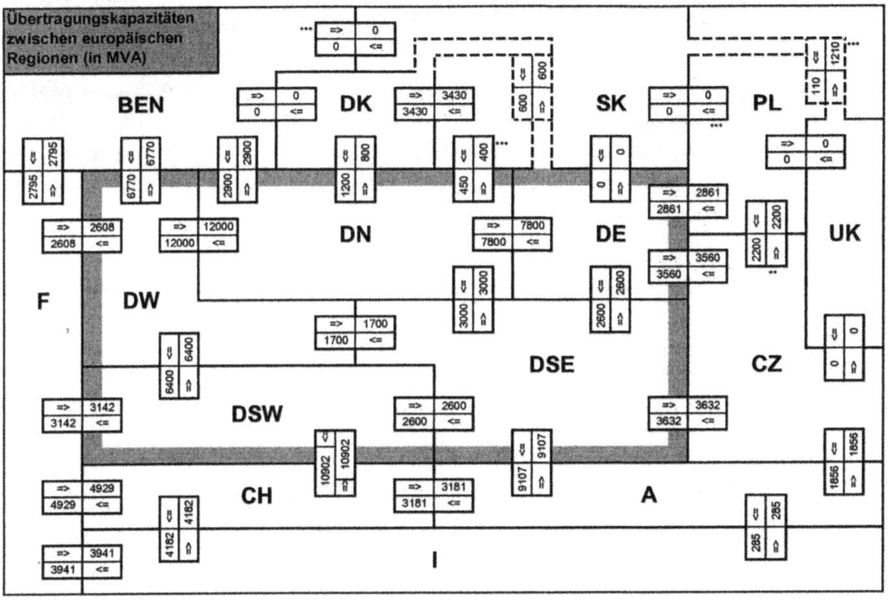

Abbildung 3-4: In PERSEUS-ICE modellierte Übertragungskapazitäten

Innerhalb der fünf innerdeutschen Regionen werden die jeweils größten Energieversorgungsunternehmen als einzelne Produzenten abgebildet, kleinere aggregiert erfasst. In dem deutschen Teilmodell sind so insgesamt 19 Erzeuger(gruppen) mit ihren jeweiligen Anlagen modelliert. Alle Kraftwerke der öffentlichen Versorgung mit einer installierten Leistung von >100 MW werden hierbei einzeln abgebildet (Wasserkraft: >50 MW), kleinere Anlagen nach Kraftwerksklassen aggregiert. Die Kraftwerkparks der Anrainerregionen weisen einen höheren Aggregationsgrad

25 Gegenwärtig wird zudem zur Abbildung von Unsicherheiten in einem liberalisierten Markt ein Stochstikmodul entwickelt, das z. B. die Berücksichtigung von Brennstoffpreisschwankungen, Verfügbarkeit fluktuierender Leistungen (Windkraft!) oder etwa Preisschwankungen an einem Poolmarkt im Modell gestattet. Vgl. /Göbelt u. a. 2000/.

auf. Hier werden jeweils alle Kraftwerke einer Technologie zu einer Kraftwerksklasse zusammengefasst. Das PERSEUS-ICE-Modell enthält insgesamt 531 Erzeugungsanlagen mit 680 technischen Prozessen, die in einer Technologiedatenbank[26] hinterlegt sind. Die in der Technologiedatenbank enthaltenen Daten berücksichtigen sowohl den technologischen Fortschritt als auch angenommene Preisentwicklungen im Kraftwerksmarkt. Mit der zeitlichen Differenzierung der Technologiedaten wird auch datenseitig die dynamische Betrachtungsweise des Modells unterstützt.

Die Stromnachfrage einer jeden Region ist in Form von detaillierten Lastkurven für die Kundengruppen Großindustrie, kleine und mittlere Unternehmen und Haushalte gegeben, die Wärmenachfrage durch eine aggregierte Lastkurve für die gesamte Teilregion. Auch für Pumpspeicher ist der Energiebezug in Form einer charakteristischen Lastkurve hinterlegt, der Umfang der Pumpspeichernutzung und damit auch des Bezugs von Speicherenergie sind jedoch Optimiervariablen. Alle Lastkurven werden über 6 charakteristische Tage (Sommer / Winter – Werktag / Samstag / Sonntag) mit jeweils 6-9 Zeitintervallen dargestellt. Die insgesamt 42 Zeitintervalle eines Jahres gestatten damit eine realitätsnahe Abbildung des realen Lastverlaufs (vgl. /Fichtner 1999/).

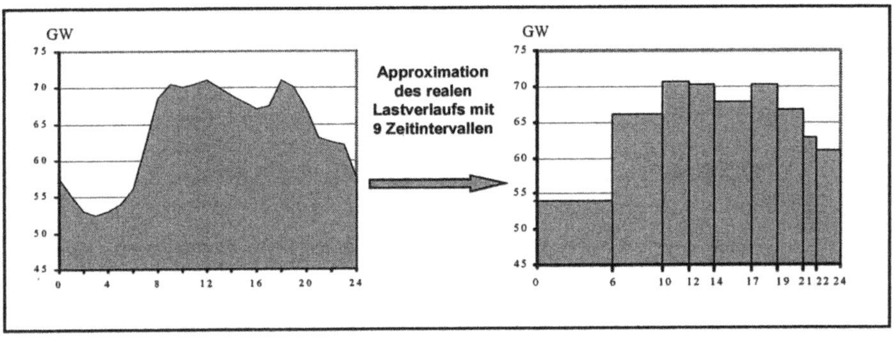

Abbildung 3-5: Darstellung der Nachfrage-Lastkurven in PERSEUS-ICE

Auch alle Stoff- und Energieflüsse zwischen den verschiedenen Produzenten (Erzeuger, Netzknoten und Nachfrager) werden anhand technisch-kapazitiver (minimale und maximale Flusskapazität, minimale oder maximale jährliche Bezugsmengen, Übertragungsverluste) und ökonomischer Größen (Betriebsausgaben, Durchleitungsentgelte) detailliert beschrieben. Ein besonderes Leistungsmerkmal der PERSEUS-Modelle ist hierbei, dass alle Flussdaten nach Zeitintervallen differenziert vorgegeben werden können, um so auch zeitabhängige Flussgrößen reali-

26 Siehe beispielsweise Auszug aus der PERSEUS-Datenbank in /Fichtner u. a. 1999/, S. 221.

tätsnah abzubilden. PERSEUS-ICE enthält im Gesamtmodell ca. 860 Flüsse mit insgesamt über 2600 Flussparametern.

Das PERSEUS-ICE-Modell ist in PC-Version entwickelt und wie alle Modelle der PERSEUS-Modellfamilie in der Programmiersprache GAMS (**G**eneral **A**lgebraic **M**odeling **S**ystem) programmiert, die speziell für die Abbildung von großen und komplexen Modellen generiert wurde. Die Datenhandhabung beruht auf dem relationalen Datenbankkonzept, umgesetzt in einer MS Access-Datenbank mit automatisierter Schnittstelle zu den in GAMS programmierten PERSEUS-Modulen. Modifikationen des Datenbestands können über eine benutzerfreundliche, weitgehend automatisierte Oberfläche vorgenommen werden. Die Auswertung der Modellergebnisse erfolgt mittels MS Excel-Module.

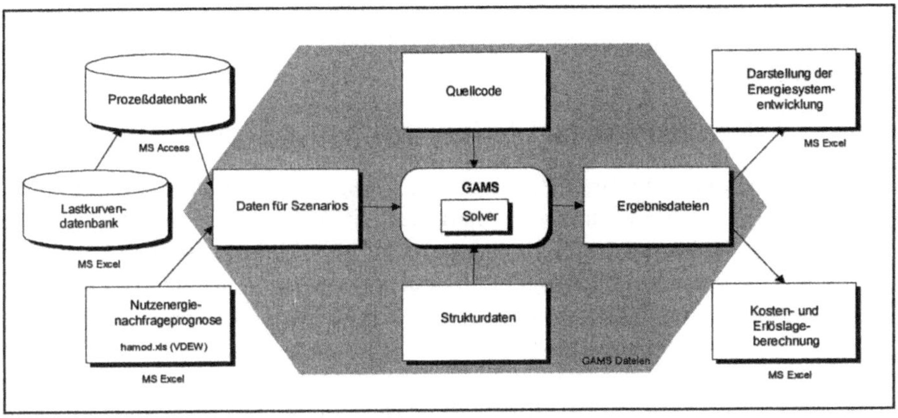

Abbildung 3-6: Modulares Konzept der PERSEUS-Modelle

3.4 Modellergebnisse der Fallstudie

Die Modelluntersuchungen zur zukünftigen Entwicklung der Elektrizitätswirtschaft hängen entscheidend von drei Faktoren ab: dem Auslaufen bestehender Kraftwerkskapazitäten, den unterstellten Brennstoffpreisentwicklungen und etwaigen Minderungszielen für die mit der Stromproduktion verbundenen Emissionen. Der Ungewissheit, die die meisten dieser Einflussfaktoren aufweisen, wird mit der Untersuchung alternativer Szenarios Rechnung getragen.

Die harmonisierte Fallstudie umfasst insgesamt acht Basisszenarios, die die wichtigsten Kombinationen dieser Faktoren abdecken: die Referenzentwicklung unter Berücksichtigung einer Laufzeit der deutschen Kernkraftwerke von 40 Zeitjahren sowie drei Szenarios mit einer verkürzten Laufzeit von nur 25 Zeitjahren und verschiedenen Emissionsminderungszielen wie „keine Emissionsrestriktion", „Kyoto-Ziel" und „Beibehaltung des Emissionsniveaus wie im Referenzfall". Diese vier Szenarios werden für zwei unterschiedliche Brennstoffpreisentwicklungen analysiert: zum einen für im Rahmen des zweiten Modellexperiments (MEX II) vorgegebene Preisentwicklungen, zum anderen für Preise gemäß den Ergebnissen der PROGNOS-Studie. Die beiden Preisentwicklungen unterscheiden sich besonders deutlich hinsichtlich des Gaspreises. Die MEX II-Werte liegen hier bereits im Basisjahr über den PROGNOS-Werten und steigen anschließend wesentlich stärker.

Neben diesen „Pflichtläufen" wurden zahlreiche weitere Szenarios zu alternativen Brennstoffpreisen und zur Bedeutung der internationalen Stromaustauschbeziehungen gerechnet, die im Rahmen der Sensitivitätsanalysen diskutiert werden.

3.4.1 Elektrizitätswirtschaftliche und energieseitige Effekte

Da die unterstellte Brennstoffpreisentwicklung die Modellergebnisse stark beeinflusst, sollen hier zunächst die Szenarios auf Basis der MEX II-Preise vorgestellt werden. Im Anschluss werden die Szenarioläufe auf Basis der PROGNOS-Preise dagegen abgegrenzt.

3.4.1.1 Modellergebnisse auf Basis der MEX II-Energiepreisannahmen

Um die Konsequenzen eines Kernenergieausstiegs bzw. zusätzlicher Emissionsminderungsziele auf die Stromwirtschaft deutlich herausstellen zu können, soll in einem ersten Schritt das Referenzszenario detailliert diskutiert werden. Die strukturelle Entwicklung des Kraftwerkparks und die Art der Nutzung der zur Verfügung stehenden Anlagen lassen sich dabei anhand der installierten Kapazitäten und der Stromproduktion, jeweils in Abhängigkeit des eingesetzten Energieträgers nachvollziehen (siehe Abb. 3-7 und 3-8). Die Einlastung der jeweiligen Kraftwerkstypen, in der PERSEUS-Ergebnisausgabe direkt ablesbar, kann aus dem Quotienten aus der tatsächlichen Stromproduktion und den zur Verfügung stehenden Kraftwerkskapazitäten ableitet werden.

Ausgehend vom Basisjahr 1997 sind bis 2015 relativ konstante Entwicklungstrends zu beobachten. Die Kernenergie bildet zunächst gemeinsam mit der Stein- und Braunkohle eine wichtige Säule der Stromversorgung. Ihr Anteil an der gesamten, installierten Kraftwerkskapazität beträgt 1997 rund 20,7%. Bis 2010 steigt die nukleare Gesamtkapazität aufgrund geplanter Ertüchtigungen noch geringfügig an, um nach 2010 mit dem regulären Auslaufen der ersten Kernkraftwerke kontinuierlich abzunehmen. In der ersten Hälfte des Betrachtungszeitraums nehmen auch die installierten kohlebefeuerten Kraftwerkskapazitäten deutlich ab (der kurze Anstieg nach 1997 ist noch durch die Inbetriebnahme neuer Braunkohleblöcke der VEAG begründet). Die Stromerzeugung auf Braunkohlebasis geht bis 2015 um etwa 17% zurück, die Stromproduktion in Steinkohlekraftwerken um ca. 18% bis 2020. Im selben Zeitraum gewinnt die Nutzung von Erdgas in der Stromerzeugung an Bedeutung. Der Anteil der Gaskraftwerke, besonders Gas-und-Dampfturbinen-(GuD-)Kraftwerke, an der gesamten installierten Leistung erhöht sich von 12% im Jahr 1997 auf ca. 29,2% im Jahr 2015. Die Stromproduktion aus Erdgas wird im selben Zeitraum sogar beinahe verachtfacht. Dienen Gaskraftwerke im Jahr 1997 noch nahezu ausschließlich zur Spitzenlastdeckung (ca. 890 Volllaststunden pro Jahr), so erreichen sie 2020 mit durchschnittlich ca. 2672 Volllaststunden Mittellastbereiche. Der starke Einsatz von Erdgas zur Stromerzeugung liegt in den bis dahin günstigeren Stromgestehungskosten der GuD-Kraftwerke im Vergleich zu anderen, konventionellen Technologien begründet. Allgemein fällt bei Betrachtung der Auslastungsgrade der verschiedenen Kraftwerke auf, dass bis 2015 technologieübergreifend ein kontinuierlicher Abbau von Überkapazitäten im Stromsektor, die im Basisjahr 1997 noch bestanden, erfolgt.

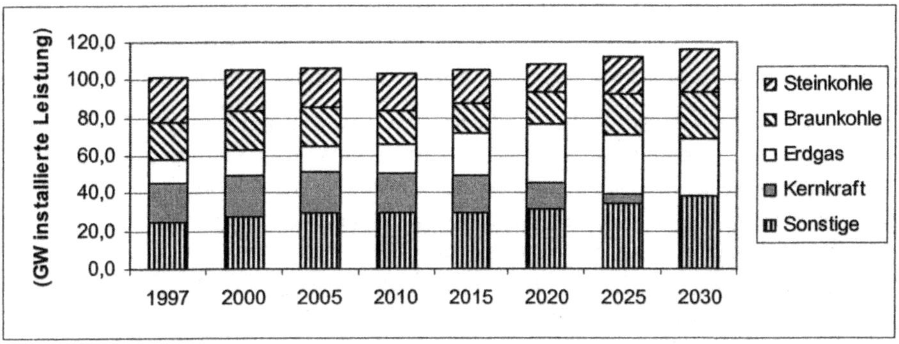

Abbildung 3-7: Kraftwerksparksstruktur im Referenzszenario (MEX II-Preise)

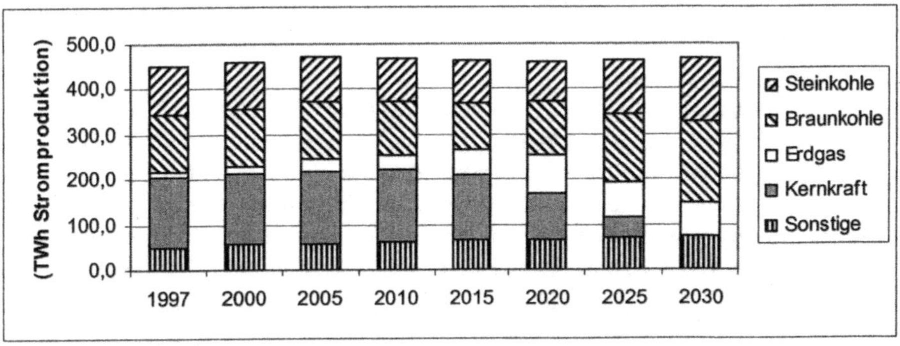

Abbildung 3-8: Stromerzeugung im Referenzszenario (MEX II-Preise)

Die für das hier vorgestellte Referenzszenario vorgegebene Brennstoffpreisentwicklungen des zweiten Modellexperiments (MEX II) unterstellen einen verhältnismäßig starken Anstieg des Gaspreises, welcher dazu führt, dass sich die oben beschriebenen Trends ab 2015 deutlich verändern. GuD-Kraftwerke sind nun nicht mehr die allein dominierende Zubauoption. Vielmehr nimmt zwischen 2015 und 2020 auch die Stromproduktion auf Braunkohle-Basis wieder zu. Nach 2020 gewinnt mit weiter steigenden Gaspreisen auch Steinkohle wieder an Bedeutung. Zwischen 2020 und dem Ende des Betrachtungszeitraums 2030 stellen Steinkohlekraftwerke gemeinsam mit Braunkohlekraftwerken die wichtigste Zubauoption dar. GuD-Kraftwerke, die bis 2020 die wichtigste Investitionsalternative darstellten, verbleiben nun auf einem konstanten Niveau. Ihre durchschnittliche Auslastung reduziert sich zudem leicht von ca. 2670 Volllaststunden im Jahr 2020 auf ca. 2410 Volllaststunden in 2030. Braunkohlekraftwerke dienen mit über 7000 Volllaststunden im Jahr 2030 der reinen Grundlastdeckung, Steinkohlekraftwerken erreichen etwa 6100 Volllaststunden.

Der Kapazitätszuwachs in den Jahren bis 2005 beruht auf der Integration geplanter Kraftwerksprojekte in den modellierten Kraftwerkspark und stellt kein Ergebnis der Optimierung dar. Der Abbau der existierenden Überkapazitäten zeigt sich in den Folgejahren, in denen die gesamte installierte Kapazität trotz steigender Stromnachfrage zurückgeht, um ab dem Jahr 2015 wieder anzusteigen.

An dieser Stelle soll auch kurz die Bedeutung erneuerbarer Energieträger für die Modellergebnisse diskutiert werden. Da viele regenerative Energieträger rein unter Ausgabengesichtspunkten nicht wettbewerbsfähig sind, ist in der Referenzentwicklung sowie in den weiteren Szenarios ein Mindesteinsatz für diese Energieträger festgeschrieben. Eine Nutzung regenerativer Potenziale über diesen Mindesteinsatz hinaus ist im Modell möglich, sofern dies unter Kostengesichtspunkten sinnvoll ist. Da regenerative Energieträger für die meisten Szenarios jedoch nur relativ geringe Bedeutung besitzen, werden sie in den folgenden Darstellungen aus Gründen der Übersicht unter „Sonstige" aufgeführt. Ihr exakter Beitrag zur Stromerzeugung kann den im Anhang beigefügten Tableaus zu den einzelnen Rechenläufen entnommen werden.

Es sollen nun die Konsequenzen eines vorzeitigen Kernenergieausstiegs diskutiert werden. Hierzu wird eine verkürzte Nutzungsdauer der Kernkraftwerke von 25 Zeitjahren anstelle der 40 Zeitjahre, wie sie im Referenzszenario veranschlagt sind, unterstellt. So geht mit dem Kraftwerk Neckarwestheim II im Januar 2014 das letzte deutsche Kernkraftwerk vom Netz. Auch für dieses Szenario sind in Abbildung 3-9 und 3-10 die Entwicklung der installierten Kapazitäten des Kraftwerkparks sowie die Stromproduktion je Energieträger im Zeitverlauf dargestellt.

Die Ausgangssituation im Basisjahr ist mit der aus dem Referenzszenario identisch. Aufgrund der bereits im Jahr 2002 einsetzenden Stillegung von Kernkraftwerkkapazitäten unterscheidet sich die weitere Entwicklung jedoch bereits in den Jahren 2005 und 2010 von der im Referenzszenario. Zunächst ist festzustellen, dass der Abbau von Überkapazitäten durch das frühere Abschalten der Kernkraftwerke beschleunigt wird. Wie im Referenzszenario sind die Jahre bis 2010 dann von einem starken Zubau an GuD-Kraftwerken gekennzeichnet. GuD-Kraftwerke übernehmen bereits 2010 mit durchschnittlich ca. 3475 Volllaststunden einen großen Teil der Mittellastdeckung. Die installierten GuD-Kapazitäten nehmen in diesem Zeitraum um 150 % auf ca. 30,8 GW zu, die Stromproduktion in diesen Kraftwerken erreicht 2010 mit ca. 107 TWh den beinahe zehnfachen Wert der Stromproduktion im Jahr 1997.

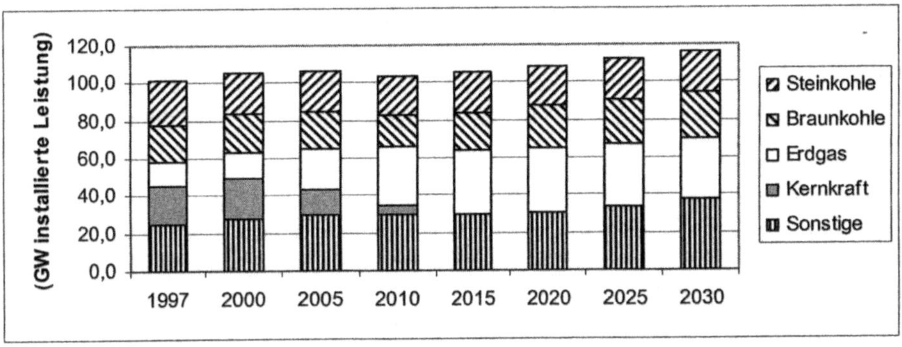

Abbildung 3-9: Kraftwerksparkstruktur im Ausstiegsszenario (MEX II-Preise)

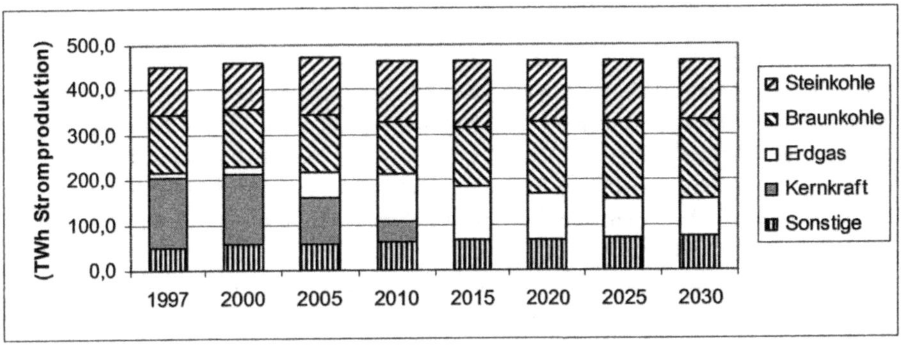

Abbildung 3-10: Stromproduktion im Ausstiegsfall (MEX II-Preise)

Da mit den abgeschaltenen Kernkraftwerken reine Grundlastkapazitäten wegfallen, ist auch der Rückgang der Stromproduktion auf Kohlebasis im Ausstiegsfall wesentlich geringer als in der Referenzentwicklung. Braunkohlekraftwerke halten ein dem Referenzfall identisches Niveau bei und auch Steinkohlekraftwerke verlieren bezogen auf die installierte Gesamtkapazität lediglich 13,8 % bis 2010 um danach wieder ihr altes Niveau zu erreichen (Referenzfall: Rückgang der Steinkohle-Kapazitäten um fast 40 % bis 2020!). Die in diesem Zeitraum abgeschalteten Kernkraftwerke mit einer Gesamtkapazität von ca. 15,6 GW werden in erster Linie durch GuD-Kraftwerke ersetzt. Gleichzeitig verschiebt sich die Einlastung der verschiedenen Kraftwerkstechnologien. GuD-Kraftwerke erreichen Volllaststundenzahlen von deutlich über 3000 h/a und decken somit neben der Spitzenlast besonders auch die Mittellast ab. Die Grundlast, die zuvor stark durch die Kernkraftwerke gedeckt wurde, wird nun von Steinkohle- und Braunkohlekraftwerken übernommen. Nach 2010 hat sich Erdgas gemäß der unterstellten Preisentwicklung so stark verteuert, dass die verbliebenen, bis 2015 wegfallenden Kernkraftwerkskapazitäten (in Summe ca. 5,4 GW) nicht mehr allein durch GuD-Kraftwerke ersetzt werden. Hierzu bieten sich kostengünstigere Grundlastkraftwerke auf

Kohlenbasis an. Zwischen 2010 und 2015 nehmen daher sowohl die Steinkohle-Kraftwerkskapazitäten als auch die Braunkohlekraftwerke um jeweils ca. 1,5 GW, aber auch die GuD-Kraftwerke nochmals um ca. 3,9 GW zu. Die Stromproduktion aus Braun- und Steinkohlekraftwerken macht 2015 ca. 60 % der gesamten Stromproduktion aus (2010: 54 %).

Nach 2015 gewinnt die Braunkohle wieder stark an Bedeutung. Sie verdrängt in der Stromproduktion zum Teil die Steinkohle und dient weitgehend der Grundlastdeckung. Ihr Anteil an den Gesamtkapazitäten sowie an der Stromproduktion entspricht hierbei ungefähr den Werten aus dem Referenzszenario. Die Steinkohle verliert verglichen mit dem Referenzfall etwas an Bedeutung gegenüber den GuD-Kraftwerken. Diese Beobachtung erklärt sich aus dem früheren Zeitpunkt des Kernenergieausstiegs. Dadurch, dass der Wegfall der Kernkraftwerkskapazitäten nun zu einem Zeitpunkt erfolgt, zu dem GuD-Kraftwerke aufgrund des noch relativ günstigen Gaspreises niedrige Stromgestehungskosten aufweisen, stellen sie die dominierende Ersatzoption dar. Dieser Trend ist hier noch stärker als im Referenzfall und resultiert folglich auch in etwas höheren GuD-Kapazitäten bis zum Jahr 2015. Diese neu errichteten Kapazitäten stehen auch in den Folgejahren zur Spitzen- und Mittellastdeckung zur Verfügung. Da Braunkohlekraftwerke in den Jahren nach 2020 die günstigste Option zur Deckung der Grundlast darstellen, entsteht so insbesondere eine Konkurrenz für Steinkohlekraftwerke im Bereich der Mittellast. Steinkohlekraftwerke werden nur noch in dem Maße zugebaut, wie sie für die Mittellastdeckung Kostenvorteile gegenüber den GuD-Kraftwerken aufweisen. Dies zeigt sich auch in der Einlastung der verschiedenen Technologien: GuD-Kraftwerke weisen 2030 eine etwas reduzierte Vollaststundenzahl von ca. 2470 h/a gegenüber ca. 3480 h/a im Jahr 2015 auf, Kohlekraftwerke bewegen sich 2030 wieder auf dem Niveau des Referenzfalls von ca. 6100 h/a und Braunkohlekraftwerke decken mit durchschnittlich über 7275 h/a die Grundlast.

Im Rahmen der harmonisierten Fallstudie zu den Konsequenzen eines Kernenergieausstiegs wird Deutschland als ein homogenes, abgeschlossenes System betrachtet. Diese Vereinfachung entspricht jedoch nicht ganz der Realität, da die verschiedenen innerdeutschen Regionen unterschiedlich große Kernkraftwerkskapazitäten mit zudem unterschiedlicher Altersstrukturen besitzen. Die damit notwendige, regionale Differenzierung ist in PERSEUS-ICE zwar modelltechnisch bereits realisiert, soll hier aus Gründen der Vergleichbarkeit der Ergebnisse jedoch zunächst nicht genutzt werden.

Im Folgenden sollen nun die Konsequenzen zusätzlich vorgegebener CO_2-Emissionsminderungsziele untersucht werden.

Die Forderung eines emissionsneutralen Kernenergieausstiegs bedeutet, dass die CO_2-freie Stromproduktion der Kernkraftwerke durch neue, möglichst emissionsarme Technologien zu ersetzen ist. Zusätzlich sind gegebenfalls auch andere, emissionslastige Kraftwerke durch emissionsärmere zu substituieren, bis das Emissionsvolumen wieder das Niveau der Referenzentwicklung erreicht. Die aus dieser Forderung resultierende Aufteilung der Stromproduktion nach Energieträgern ist in Abbildung 3-11 dargestellt[27].

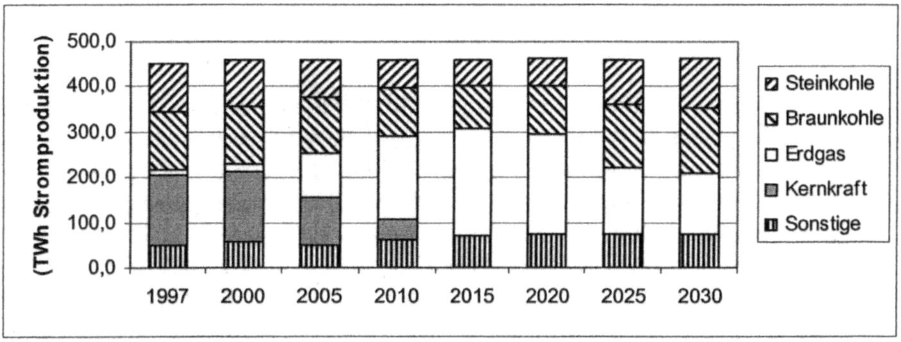

Abbildung 3-11: Stromproduktion bei emissionsneutralem Kernenergieausstieg (MEX II-Preise)

Nachdem die Stromproduktion bis 2000 zunächst noch die identische Aufteilung wie in den beiden Szenarios ohne Emissionsrestriktionen aufweist, ändert sich dieser Verlauf mit dem Auslaufen der ersten Kernkraftwerke. Aufgrund der Forderung eines emissionsneutralen Ausstiegs werden die abgeschaltenen Kernkraftwerkskapazitäten nahezu vollständig durch GuD-Kraftwerke ersetzt. Im Jahr 2015 erreicht deren Anteil an der gesamten installierten Stromerzeugungskapazität ca. 38,8 %. Die Stromerzeugung in GuD-Kraftwerken macht dann ca. 51,9 % der gesamten Stromproduktion aus. Im gleichen Zeitraum halbiert sich beinahe die Stromproduktion in den noch bestehenden Steinkohlekraftwerken. GuD-Kraftwerke decken nun mit durchschnittlichen ca. 5000 Vollaststunden neben der Spitzenlast auch den gesamten Mittellastbereich ab. In der Grundlast ersetzen vor allem Braunkohlekraftwerke die fehlenden Kernkraftwerkskapazitäten. Aus diesem Grund ist bei der Stromproduktion aus Braunkohle ein etwas geringer Rückgang zu beobachten.

Nach 2015, insbesondere aber nach 2020, ändert sich dieser Trend. Die aus der Referenzentwicklung abgeleiteten Emissionsminderungsvorgaben haben ihr Minimum erreicht, da nach diesem Zeitpunkt auch bei einer angenommenen Lebensdauer von 40 Zeitjahren die meisten Kernkraftwerke vom Netz gehen. Mit dem im Referenzfall nun wieder ansteigenden Emissionsvolumen, ermöglicht sich auch im hier beschriebenen Szenario wieder der verstärkte Einsatz von Kohlekraftwerken. Die Stromproduktion in Steinkohlekraftwerken steigt von ca. 61,4 TWh im Jahr 2020 auf ca. 112,0 TWh im Jahr 2030 an (+82,4 %). Auch Braunkohlekraftwerke produzieren nun wieder bei hoher Auslastung (über 7300 h/a) und wachsendem

27 Hier wird die Stromproduktion dargestellt, da sich damit die sich im Zeitverlauf ändernde Bedeutung der einzelnen Technologien besonders gut darstellen lässt.

Anteil an der Gesamterzeugung (2030: 30,7 %). Der Anteil der GuD-Kraftwerke an der gesamten Stromerzeugung geht so von ca. 48,3 % im Jahr 2020 auf ca. 29,0 % im Jahr 2030 zurück. In 2030 produzieren die drei hier diskutierten Kraftwerksklassen wieder in ihren charakteristischen Lastbereichen: Braunkohlekraftwerke mit rund 7300 h/a, Steinkohlekraftwerke mit etwa 6500 h/a und GuD-Kraftwerke mit knapp über 3000 h/a.

Im Kyoto-Szenario wird über die oben gestellte Forderung eines emissionsneutralen Kernenergieausstiegs hinaus eine kontinuierliche Verringerung der CO_2-Emissionen in der Stromproduktion festgeschrieben. Die aus dem Kyoto-Protokoll abgeleiteten Minderungsziele liegen bis zum Jahr 2015 nur wenig unter den stetig fallenden Emissionsvolumina der Referenzentwicklung (ohne vorzeitigen Kernenergieausstieg). Hier führen die Kyoto-Ziele nur zu einer geringen Verschärfung des oben betrachteten Minderungsziels eines emissionsneutralen Ausstiegs aus der Kernenergie. In den Jahren nach 2015 sinken die Emissionsgrenzen jedoch weiter und führen dann zu beträchtlichen Modifikationen in den Strukturen des deutschen Kraftwerkparks und damit auch im Verhältnis der zur Stromproduktion genutzten Energieträgern (siehe Abbildung 3-12).

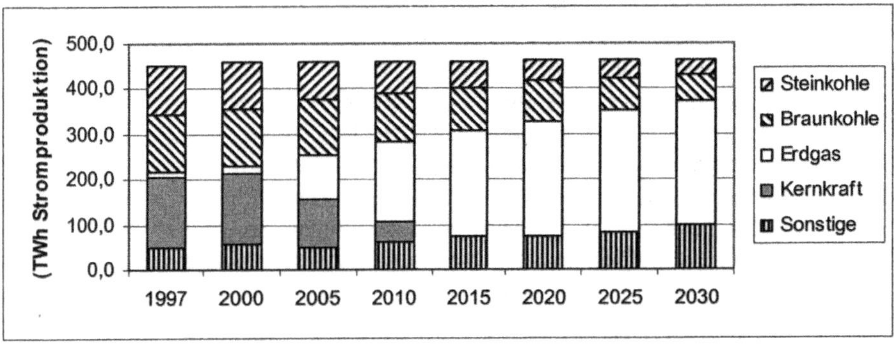

Abbildung 3-12: Stromproduktion im Kyoto-Ausstiegszenario (MEX II-Preise)

Bis 2015 sind die gleichen Trends zu beobachten wie im oben diskutierten Szenario eines emissionsneutralen Kernenergieausstiegs; der Anteil der Stromproduktion aus GuD-Kraftwerken erreicht auch hier im Jahr 2015 ca. 50,5 %. Nach 2015 besitzt das Kyoto-Szenario jedoch einen völlig verschiedenen Verlauf. Da sich die Emissionsrestriktionen immer weiter verschärfen, setzen sich hier die bis dahin zu beobachtenden Trends weiter fort. Steinkohle wird weiter verdrängt, Braunkohle dient nur noch der Grundlastdeckung und GuD-Kraftwerke decken 2030 bereits ca. 59,4 % der gesamten Stromerzeugung ab, bei einer zugleich konstant sehr hohen, durchschnittlichen Auslastung zur Deckung der Mittellast (2030: 4677 h/a). Zur weiteren Reduzierung der CO_2-Emissionen geht auch erstmals die Windkraftnutzung über die im Modell vorgegebene Mindesteinsatzmenge hinaus. Die

Stromproduktion aus Windenergie erreicht so im Jahr 2030 ca. 10,6 % der gesamten Stromerzeugung.

Für die Windkraftnutzung sind im PERSEUS-ICE-Modell neben den Mindesteinsatzmengen regional differenzierte Potenziale mit unterschiedlichen Standortqualitäten hinterlegt. Der Mindesteinsatz ist dabei proportional zu den Potenzialen den verschiedenen Regionen und Standortklassen zugeordnet. Diese Vorgehensweise stellt sicher, dass nicht im Rahmen der mathematischen Optimierung bereits alle Neuanlagen zur Nutzung der Mindestmenge ausschließlich an den besten Standorten angesiedelt werden. Ein solches Verhalten wäre zwar aus Systemsicht optimal, entspricht aber nicht dem realen Geschehen. Diese hier vorgenommene Art der Modellierung garantiert, dass in Fällen wie dem Kyoto-Szenario noch attraktive Anlagenstandorte beispielsweise in Küstennähe zur Verfügung stehen, wenn die Erfüllung der Kyoto-Minderungsziele einen massiven Einsatz von Windkraftanlagen erfordert. Die im Jahr 2030 zu beobachtende Stromerzeugung aus Windenergie von ca. 49,3 TWh setzt sich so aus 33,6 TWh Mindesteinsatz und ca. 15,7 TWh zusätzlicher Windkraftnutzung zur Erreichung des vorgegebenen CO_2-Minderungsziels zusammen.

Aufgrund der verhältnismäßig geringen Verfügbarkeit von Windkraftanlagen führt die Mindeststromerzeugung in Windkraftkonvertern zu einem starken Anstieg der installierten Kapazitäten, zumal gerade die realitätsnahe Berücksichtigung von Anlagen an suboptimalen Standorten diesen Effekt noch weiter verstärkt. Dies erklärt auch den beträchtlichen Kapazitätszuwachs gegen Ende des Betrachtungszeitraums im Kyoto-Szenario.

Die Windkraftnutzung beeinflusst jedoch auch die installierten Kapazitäten fossiler Kraftwerke, da zur Gewährleistung der Versorgungssicherheit im Modell stets die Vorhaltung von Reservekapazitäten in Höhe von 20% der Maximallast gefordert wird. Anlagen auf Basis fluktuierender Energieträger wie zum Beispiel Windkraftkonverter werden hier jedoch aus Gründen der Vorsicht nicht mitberücksichtigt. Die Errichtung von Windkraftanlagen kann so die Bereitstellung oder Neuerrichtung von fossil befeuerten Back-Up-Anlagen erforderlich machen.

3.4.1.2 Modellergebnisse auf Basis der PROGNOS-Energiepreisannahmen

Die oben betrachteten vier Basisszenarios gingen von den für das zweite Modellexperiment vorgegebenen Preisentwicklungen für Kraftwerksbrennstoffe aus. Im Folgenden sollen nun die gleichen vier Szenarios unter Annahme der in der PROGNOS-Studie ausgewiesenen Preisentwicklungen diskutiert werden.

Die Referenzentwicklung (siehe Abbildung 3-13) weist auch hier bis zum Jahr 2015 eine relativ große Konstanz bezüglich der Ausgangssituation im Basisjahr auf, es ist lediglich eine leichte Substitution von Stein- und Braunkohle durch Erdgas zu beobachten. Nach 2015 werden die auslaufenden Kernkraftwerkskapazitäten in erster Linie durch Steinkohlekraftwerke ersetzt, die neben den Braunkohlekraftwerken der Deckung der Grundlast dienen. Die Stromproduktion auf Steinkohlebasis macht im Jahr 2030 ca. 53,4 % der gesamten Stromproduktion aus. Steinkohle substituiert dabei zumindest teilweise die Braunkohlenutzung. Diese Entwicklung unterscheidet sich deutlich von der zuvor diskutierten Referenzentwicklung auf Basis der MEX II-Preise, in dem in den letzten zehn Jahren des Betrachtungszeitraums besonders die Braunkohle an Bedeutung gewann. Diese Unterschiede sind Ergebnis der unterschiedlichen Vorgaben hinsichtlich der Entwicklung der Energieträgerpreise, insbesondere der relativen Preisunterschiede zwischen Stein- und Braunkohle.

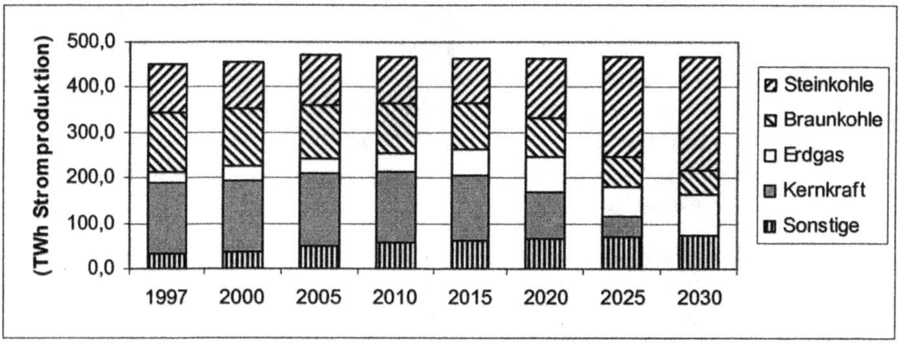

Abbildung 3-13: Stromproduktion im Referenzszenario (PROGNOS-Preise)

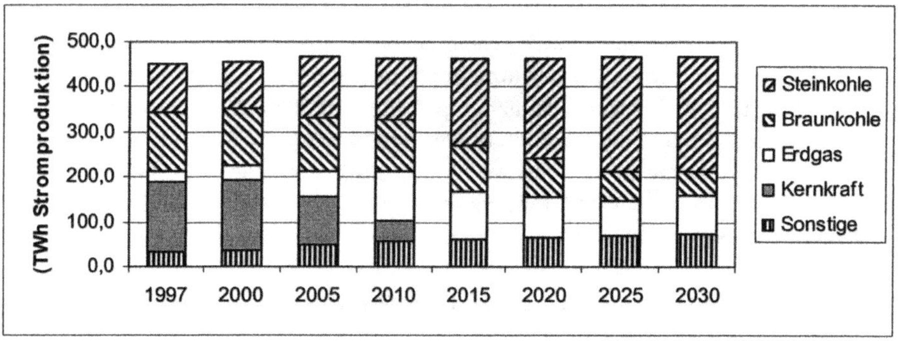

Abbildung 3-14: Stromproduktion im Ausstiegsfall (PROGNOS-Preise)

In der Darstellung der Stromproduktion des Ausstiegsszenarios (siehe Abbildung 3-14) zeigt sich, wie die Stromproduktion abgeschaltener Kernkraftwerke bis 2010 fast vollständig von neu errichteten GuD-Kraftwerken übernommen wird. Danach werden in erster Linie Steinkohlekraftwerke zugebaut. Der Übergang von Gas zu Steinkohle als Ersatzoption erfolgt in diesem Szenario bereits 5 Jahre früher als im Referenzfall, da mit den abgeschaltenen Kernkraftwerken in erster Linie Grundlastkapazitäten zu ersetzen sind. Steinkohlekraftwerke produzieren damit ab 2025 über 50 % des gesamten Stroms. Im entsprechende MEX II-Szenario lag dieser Anteil bei unter 30 %. Betrachtet man Stein- und Braunkohle gemeinsam, so fällt auf, dass beide verwendete Preisansätze für das Jahr 2030 zu sehr ähnlichen Ergebnissen führen, lediglich das Verhältnis zwischen Stein- und Braunkohle ist unterschiedlich[28].

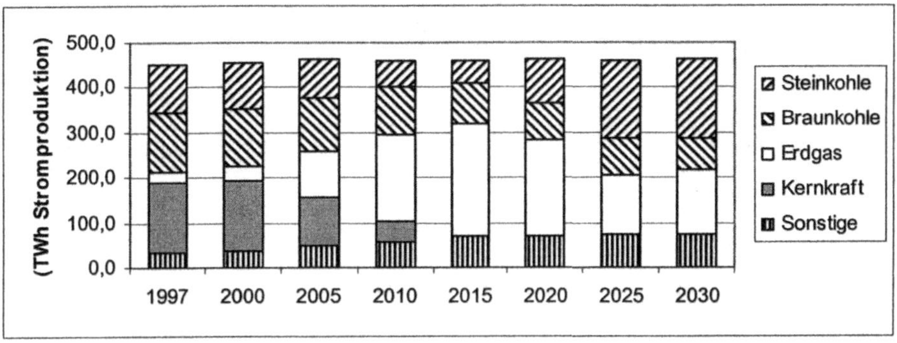

Abbildung 3-15: Stromproduktion bei emissionsneutralem Kernenergieausstieg (PROGNOS-Preise)

Die Forderung eines emissionsneutralen Kernenergieausstiegs (vgl. Abbildung 3-15) führt wie auch bei den MEX II-Szenarios zu einem starken Einsatz von GuD-Kraftwerke in der Stromproduktion. Ihr Anteil an der Gesamtproduktion erreicht 2015 ca. 54,3 %. Mit den in den Folgejahren weniger strengen Emissionsrestriktionen wird auch wieder der Einsatz von Kohlekraftwerken ermöglicht. Hier stehen analog zu der Situation im oben diskutierten Ausstiegsszenario auf Basis der PROGNOS-Preise Steinkohlekraftwerke im Vordergrund, während beim entsprechenden MEX II-Szenario Braunkohlekraftwerke die dominierende Zubauoption darstellen.

Im Kyoto-Ausstiegsszenario (siehe Abbildung 3-16) zeigt sich eine fast identische Aufteilung der Stromproduktion wie bei Unterstellung der MEX II-Preisentwicklungen. Der starke Einsatz von GuD-Kraftwerken erklärt sich aus den vorgegebenen Minderungszielen. Auffällig ist jedoch, dass die in den oben beschriebenen PROGNOS-Szenarios zu beobachtende Substitution der Braunkohle in der Stromerzeugung durch Steinkohle in diesem Szenario nur schwach festzustellen ist. Die Braunkohlenutzung erklärt sich hier aus dem im Rahmen dieses Modellexperiments festgelegten Mindesteinsatzes von Braunkohle in der Stromerzeugung. Diese Restriktion führt dazu, dass in den Jahren 2010 und 2015 neue Braunkohle-Kraftwerke mit verbesserten Wirkungsgraden zugebaut werden. Diese Kapazitäten

28 Bezogen auf die produzierte Strommenge liegt das Verhältnis zwischen Stein- und Braunkohlenutzung im MEX II-Fall bei ca. 43:57, im PROGNOS-Fall bei ca. 82:18.

werden in späteren Perioden auch weiterhin zur Stromproduktion genutzt, weshalb entsprechend weniger Steinkohlekapazitäten erforderlich sind.

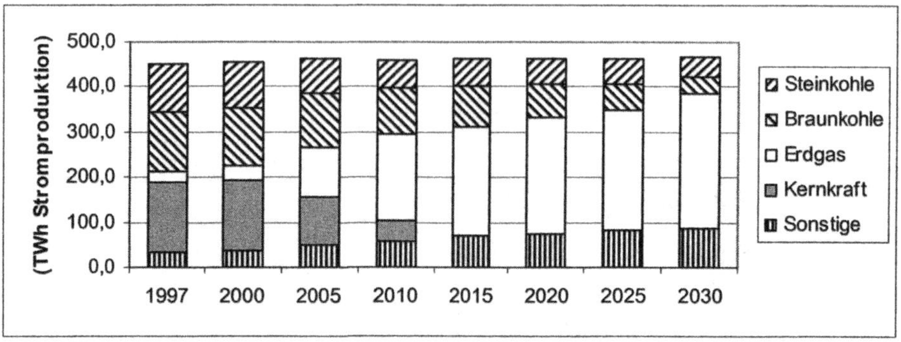

Abbildung 3-16: Stromproduktion im Kyoto-Szenario (PROGNOS-Preise)

3.4.2 Kostenwirkungen

Die oben beschriebenen Unterschiede in der Struktur der Erzeugungskapazitäten bzw. der zur Stromproduktion genutzten Brennstoffe schlagen sich direkt in den entscheidungsrelevanten Ausgaben nieder. Zum Vergleich und zur Beurteilung der unterschiedlichen Szenarios werden die über den gesamten Betrachtungszeitraum kumulierten Ausgaben herangezogen. Da die absoluten Größen zum Teil vom jeweils gewählten methodischen Ansatz der unterschiedlichen Modelle abhängen, sollen hier nur die durch einen vorzeitigen Kernenergieausstieg und/oder gesetzte Emissionsminderungsziele verursachten, zusätzlichen Ausgaben betrachtet werden (siehe Tabelle 3-2).

Tabelle 3-2: Ausgabendifferenzen zwischen Basisszenarios

Szenarios	KKW-Nutzung	40 Zeitjahre	25 Zeitjahre		
	Minderungsziel	kein (Referenz)	kein	wie Referenz	Kyoto-Ziele
Zusätzliche Ausgaben in Mrd. DM_{98} (kumuliert)	MEX II-Brennstoffpreise	**0,0**	**63,0**	**86,8**	**95,2**
	PROGNOS-Brennstoffpreise	**0,0**	**38,4**	**65,3**	**78,6**
Durchschnittliche Kostenerhöhung in Pf_{98} / kWh	MEX II-Brennstoffpreise	**0,0**	**0,4**	**0,6**	**0,6**
	PROGNOS-Brennstoffpreise	**0,0**	**0,2**	**0,4**	**0,5**

Es sollen nun zunächst die Ausgabendifferenzen zwischen den verschiedenen Szenarios auf Basis der MEX II-Brennstoffpreise diskutiert werden, anschließend dann die Konsequenzen alternativer Annahmen bezüglich dieser Preise, wie sie im Rahmen der PROGNOS-Basisläufe zu beobachten sind.

Die höheren Ausgaben der Ausstiegsszenarios sind im wesentlichen auf zwei Effekte zurückzuführen. Die vorzeitig außer Betrieb genommenen Kernkraftwerke sind erstens durch neu zu errichtende Kapazitäten zu ersetzen. Die zusätzlichen Ausgaben beinhalten hierbei die durch die verkürzte Nutzungsdauer der Kernkraftwerke verursachten Ersatzinvestitionen sowie die Unterschiede in der Ausgabenstruktur zwischen den abgeschalteten Kernkraftwerken und den diese ersetzenden, neuen Kraftwerkskapazitäten. Der zweite Effekt ist mit den Minderungszielen bezüglich der mit der Stromproduktion verbundenen CO_2-Emissionen verbunden. Ist zur Erreichung dieser Ziele der Einsatz emissionsärmerer, aber ausgabenintensiverer Kraftwerkstechnologien notwendig, als dies ohne Minderungsziel der Fall wäre, so erhöhen auch hier die technologiespezifischen Ausgabenunterschiede (Brennstoffpreis, Investitionen, Arbeits- und Leistungsausgaben) die Gesamtausgaben. Es lässt sich in den betrachteten Basisszenarios leicht zeigen, wie der zeitliche Verlauf der zusätzlichen Ausgaben von den hier beschriebenen Effekten bestimmt wird.

Im Ausstiegsfall ohne Minderungsziel treten die größten Mehrausgaben im Zeitraum 2015 bis 2020 auf, wenn die letzten Kernkraftwerke abgeschaltet werden und diese fehlenden Kapazitäten nicht mehr - wenigstens zum Teil - durch die stärkere Einlastung bestehender Anlagen substituiert werden können. Die zusätzlichen Ausgaben werden im Falle der Forderung eines Kernenergieausstiegs mit einem Emissionsvolumen, das jenes des Referenzfalls nicht übersteigen darf, noch deutlich erhöht. Diese höheren Ausgaben entstehen, da nicht nur die fehlenden Kapazitäten ersetzt werden müssen, sondern darüber hinaus auch CO_2-Emissionsminderungsziele einzuhalten sind, weshalb große Teile der ehemals nuklearen Stromproduktion nun in GuD-Kraftwerke realisiert wird. Die Emissionsrestriktion führt dazu, dass selbst bestehende Stein- und Braunkohlekraftwerken nur noch verhältnismäßig schwach ausgelastet werden. Im Kyoto-Szenario treten auch nach 2020 noch bedeutende Mehrausgaben auf. Diese basieren auf der Substitution von günstigen Kraftwerkstechnologien (Stein- und Braunkohle) durch ausgabenintensivere, aber emissionsärmere Technologien wie GuD-Kraftwerke[29] und Windkraftkonverter. Besonders die Windkraftnutzung erhöht die Gesamtausgaben beträchtlich, da aufgrund der relativ geringen Verfügbarkeit von Windkraftanlagen große Kapazitäten zugebaut werden müssen.

---

29 Wurden GuD-Kraftwerke zuvor oft als Technologie mit günstigen Stromgestehungskosten hervorgehoben, so gilt dies im hier betrachteten Zeitraum nach 2020 aufgrund des bis dahin erheblich gestigenen Gaspreises nicht mehr.

Auch für die Szenarios auf Basis der Brennstoffpreisentwicklungen nach PROGNOS gelten im Wesentlichen die oben dargelegten Ausführungen, wenn sich auch teilweise andere Substitutionsbeziehungen zwischen den verschiedenen Brennstoffen und Kraftwerkstechnologien ergeben. Die generell niedrigeren Mehrausgaben bei diesen Szenarios ist in den geringeren Preisunterschieden zwischen den Brennstoffen begründet. Insbesondere der Gaspreis weist sowohl ein niedrigeres Preisniveau im Basisjahr als auch einen geringeren Preisanstieg in den Folgejahren auf, als dies bei den zuvor unterstellten Preisentwicklungen nach MEX II der Fall ist. Zweiter Unterschied ist der Steinkohlepreis nach PROGNOS, der etwa auf dem Niveau der Braunkohle liegt, während die Bezugspreise für Steinkohle in den MEX II-Szenarios für küstenferne Standorte bereits im Basisjahr 13 % über denen der Braunkohle liegen und sich dieser Unterschied bis 2030 noch auf 32 % vergrößert.

Bezieht man die kumulierten, ausstiegsbedingten Mehrausgaben auf die gesamte Stromproduktion im Betrachtungszeitraum so stellt man fest, dass die so berechneten, spezifischen Mehrausgaben (entspricht hier in etwa der durchschnittlichen Erhöhung der Stromgestehungskosten) mit der Bandbreite von 0,2 – 0,6 Pf / kWh je nach unterstellter Brennstoffpreisentwicklung und Emissionsminderungsziel deutlich unter 1 Pf / kWh liegen (siehe Tabelle 3-2)

Bisher wurden stets die ausstiegsbedingten Zusatzausgaben diskutiert. Stellt man jedoch alternativ die beiden Referenzentwicklungen einander gegenüber, die abgesehen von den unterstellten Brennstoffpreisen von identischen Rahmenannahmen ausgehen, so stellt man auch hier einen Unterschied in den gesamten, entscheidungsrelevanten Ausgaben von 75,1 Mrd. DM fest. Diese Spanne entspricht in einer sehr groben Näherung etwa den gesamten Mehrausgaben, die bei Unterstellung des MEX II-Preispfads durch den Kernenergieausstieg verursacht werden. Dieser Vergleich verdeutlicht die Bedeutung der unterstellten Brennstoffpreisentwicklung für die Modellergebnisse. Die hier ausgewiesenen Mehrausgaben eines Kernenergieausstiegs können somit nicht als absolute Zahl für die Diskussion um den Kernenergieausstieg verwendet werden. Vielmehr ist die Bandbreite der Ergebnisse bei alternativen Preisentwicklungen von großer Bedeutung, um so die Sensitivität der Ergebnisse bezüglich Änderungen in den unterstellten Annahmen deutlich zu machen.

3.4.3 Ökologische Effekte

Die Stromproduktion verursacht einen bedeutenden Teil der CO_2-Emissionen im Energiesektor. Die in den vorangegangen Kapiteln beschriebenen Unterschiede in den Kraftwerksstrukturen bzw. der Stromproduktion nach Energieträgern wirken sich auch direkt auf diese produktionsbedingten Emissionen aus. Die zeitlichen Verläufe der CO_2-Emissionen sind für die zuvor diskutierten Basisszenarios in Abbildung 3-17 aufgeführt.

Zunächst sollen die Kurvenverläufe der Szenarios auf Basis der MEX II-Preise betrachtet werden. Im Referenzfall ist hier ein Rückgang der CO_2-Emissionen zwischen 1997 und 2015 um 19,8 % zu verzeichnen. Dieser Rückgang ist auf den wachsenden Anteil der GuD-Kraftwerke an der Stromproduktion zurückzuführen. Nach diesem Jahr verlieren diese Kraftwerke jedoch aufgrund des bis dahin stark gestiegenen Gaspreises wieder an Bedeutung und der Einsatz von Stein- und Braunkohlekraftwerke lässt das CO_2-Emissionsvolumen bis 2030 wieder deutlich ansteigen.

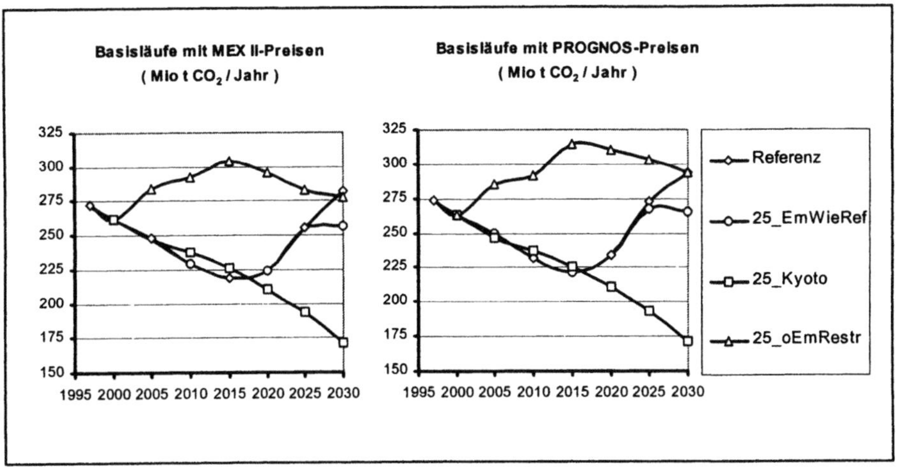

Abbildung 3-17: CO_2-Emissionen in den Basisszenarios

Im Ausstiegsszenario ohne Emissionsminderungsziel ist nach 2000 ein Anstieg der CO_2-Emissionen bis 2015 zu beobachten. Dieser Anstieg ist auf den Ersatz abgeschalteter Kernkraftwerke durch fossile Kapazitäten zurückzuführen. Zwischen 2010 und 2015 nimmt der Anstieg der Emissionen besonders stark zu, obwohl in diesem Zeitraum nur noch Kernkraftkapazitäten von ca. 5,4 GW das Ende ihrer Nutzungsdauer erreichen (im Gegensatz zu jeweils ca. 8 GW in den beiden Zeitperioden zuvor, 2000/2005 und 2005/2010). Der unterschiedliche Anstieg der Emissionen hängt damit zusammen, dass nach 2010 die fehlenden Kernkraftkapazitäten zum Teil auch durch Kohlekraftwerke ersetzt werden, wohingegen in den Jahren zuvor GuD-Kraftwerke im Vordergrund stehen.

Bei den beiden CO_2-Minderungsszenarios sind die Emissionen in Form von Restriktionen vorgegeben, sie stellen somit kein Ergebnis der Optimierung dar. Dennoch sind hier zwei Aspekte hervorzuheben. Zum einen zeigt sich, dass die aus dem Kyoto-Protokoll abgeleiteten Minderungsziele bis 2015 bereits in der Referenzentwicklung erfüllt werden. Während in der Referenzentwicklung die Emissionen in den Folgejahren jedoch wieder ansteigen, verschärfen sich die Emissionsrestriktionen im Kyoto-Szenario sukzessive weiter. Im Minderungsszenario „Ausstieg mit Emissionen wie im Referenzfall“ ist zu beobachten, dass in der letzten Periode des Betrachtungszeitraums, im Jahr 2030, das aus der Referenzentwicklung abgeleitete, zulässige Emissionsvolumen von 282 Mio t nicht ausgenutzt wird. Dies erklärt sich aus den GuD-Kapazitäten, die bis zum Jahr 2015 zugebaut werden mussten, um den Kernenergieausstieg emissionsneutral zu realisieren. Die weitere Nutzung dieser installierten Kapazitäten bringt nun gegen Ende des Betrachtungszeitraums eine Stromproduktion mit geringeren CO_2-Emissionen mit sich, als dies in der Referenzentwicklung der Fall ist.

Die Basisszenarios unter Verwendung der PROGNOS-Angaben zur Brennstoffpreisentwicklung weisen einen qualitativ ähnlichen Verlauf wie die oben skizzierten Szenarios auf. Das Emissionsvolumen in der Referenzentwicklung liegt allerdings in absoluten Werten über dem der Referenzentwicklung bei Annahme der MEX II-Brennstoffpreise. Diese Abweichung liegt in den oben beschriebenen Unterschieden in der strukturellen Zusammensetzung des Kraftwerkparks bzw. dessen Nutzung zur Stromproduktion begründet.

3.4.4 Sensitivitätsanalysen

Im Rahmen zusätzlicher Szenarios werden verschiedene Sensitivitätsbetrachtungen durchgeführt, deren Ergebnisse im Folgenden aufgeführt werden sollen. Zum einen wird die Sensitivität der Modellergebnisse hinsichtlich verschiedener Gaspreisentwicklungen untersucht, zum anderen die Bedeutung der Möglichkeit eines internationalen Stromaustauschs für die Modellergebnisse.

3.4.4.1 Alternative Gaspreisentwicklungen

Die starke Abhängigkeit der Modellergebnisse von der jeweils angenommenen, zukünftigen Brennstoffpreisentwicklung ist bereits bei der Diskussion der Basisszenarios deutlich geworden. Problematisch an der Gegenüberstellung der MEX II- und PROGNOS-Preise ist allerdings der Umstand, dass jeweils für alle Energieträger Preise angegeben sind, die von der jeweils anderen Quelle abweichen. Somit ist die isolierte Betrachtung des Einflusses eines konkreten Energieträgerpreises nicht möglich. Auf Basis der MEX II-Preise soll daher lediglich der Gaspreis variiert werden. Es wird eine konstante Preisentwicklung ausgehend vom Preisniveau des Basisjahres angenommen, im Gegensatz zu der stark steigenden Preisentwicklung im Rahmen der MEX II-Vorgaben. Betrachtet werden die zwei Ausstiegsszenarien „Ausstieg nach 25 Jahren ohne Minderungsziel“ und Ausstieg nach 25 Jahren mit Erfüllung des Kyoto-Ziels“.

Im Ausstiegsfall ohne Minderungsziel zeigt sich besonders nach 2015 ein deutlicher Unterschied in den Modellergebnissen. Während auf Basis der MEX II-Werte mit steigendem Gaspreis zunächst bis 2015 die abgeschaltenen Kernkraftwerke durch GuD-Kraftwerke ersetzt werden, in den Folgejahren jedoch wieder verstärkt kohlebefeuerte Anlagen zum Einsatz kommen, führt der alternativ konstant gehaltene Gaspreis in der zweiten Hälfte des Betrachtungszeitraum zu deutlich anderen Ergebnissen. Hier erreicht die Stromerzeugung in GuD-Kraftwerken nun einen Anteil an der Gesamterzeugung von über 50%, einem Wert, wie er im Falle der bisher unterstellten Preisentwicklungen nur bei Modellläufen mit Emissionsminderungszielen zu beobachten gewesen ist.

Im Kyoto-Szenario wirkt sich der geringere Gaspreis nicht so stark aus, da Erdgas hier weitgehend preisunabhängig zur Erfüllung des CO_2-Emissionsminderungsziels eingesetzt wird.

Auch diese Ergebnisse belegen die zentrale Bedeutung des Gaspreises für die Modellergebnisse. Sensitivitätsläufe zu Variationen in den Preisen anderer Energieträger zeigten hier deutlich geringere Einflüsse auf die Modellergebnisse.

3.4.4.2 Internationaler Stromaustausch

Die Modellrechnungen der harmonisierten Fallstudie zu den Konsequenzen eines Kernenergieausstiegs unterstellen einen ausgeglichenen Strom-Import-/Exportsaldo zwischen der Bundesrepublik Deutschland und ihren Nachbarländern. Diese Vorgabe war für den Modellvergleich im Rahmen des zweiten Modellexperiments erforderlich, da die meisten der an der harmonisierten Fallstudie beteiligten Modelle eine rein nationale Betrachtungsweise aufweisen. Angesichts der fortschreitenden Liberalisierung der europäischen Strommärkte ist die Annahme bzw. Festschreibung eines ausgeglichenen Strom-Import-/Exportsaldo jedoch kritisch zu bewerten. Bereits in der Vergangenheit wurden die europäischen Stromübertragungsnetzwerke zum Stromaustausch zwischen verschiedenen Ländern genutzt. Die bestehenden Übertragungskapazitäten gestatten zudem einen deutlichen Anstieg dieser Austauschvolumina. Gerade im Falle eines Kernenergieausstiegs, der dazu führt, dass in Deutschland innerhalb weniger Jahre bedeutende Kraftwerkskapazitäten vom Netz gehen, ist es daher fraglich, ob diese fehlenden Kapazitäten ausschließlich durch neu zu errichtende Kraftwerke ersetzt werden. Vielmehr ist zu prüfen, ob nicht auch Importstrom zur Deckung der Inlandsnachfrage wachsende Bedeutung erreicht.

Zur Untersuchung dieser Fragestellung wird die Beschränkung auf die fünf innerdeutschen Teilregionen im Modell aufgehoben. Es sollen hier zwei Szenarios im internationalen Kontext betrachtet werden: zum einen die Referenzentwicklung und zum anderen der Ausstiegsfall ohne CO_2-Minderungsziele. Szenarios zu Emissionsminderungszielen werden im Rahmen dieser Sensitivitätsbetrachtungen nicht analysiert. Im Mittelpunkt der folgenden Betrachtung steht die Entwicklung der Austauschbeziehungen in einem europäischen Gesamtsystem.

Für die hier vorgestellten Modelluntersuchungen wurde ein verkürzter Betrachtungszeitraum vom Jahr 2000 bis 2015 gewählt. Analog zu den Modelläufen im Rahmen der harmoniserten Fallstudie sind in Abbildung 3-18 die zeitliche Entwicklung sowohl der installierten Kapazitäten als auch der Stromproduktion, unterteilt nach eingesetzten Energieträgern, dargestellt.

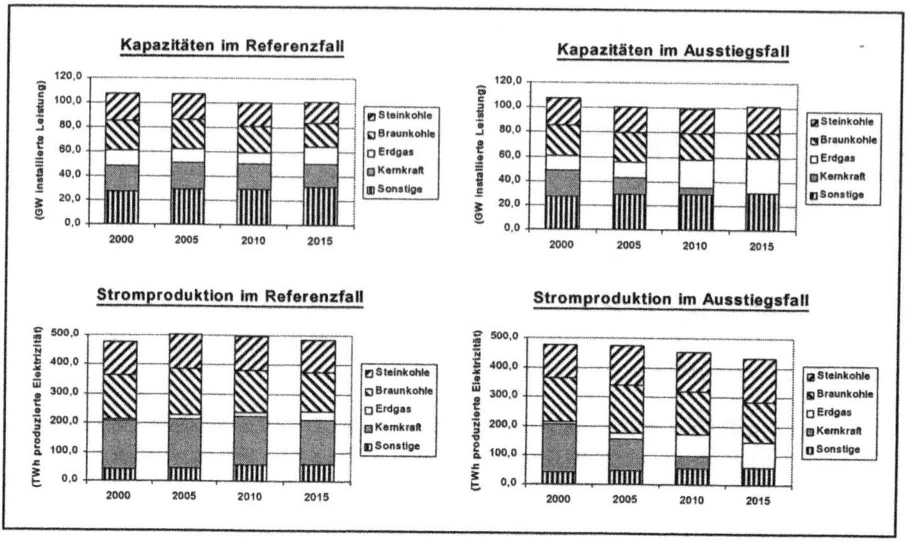

Abbildung 3-18: Kapazitäten und Stromproduktion der internationalen Basisszenarios

Der Referenzfall ist von verhältnismäßig stabilen Trends gekennzeichnet. Zwischen dem Jahr 2000 und dem Ende des Betrachtungszeitraums im Jahre 2015 ist in der Stromproduktion allerdings eine Schwankung zu beobachten. Dieser Anstieg in den ersten Jahre und der anschließende Rückgang etwa auf den Ausgangswert ist nicht durch die Inlandsnachfrage bedingt, sondern erklärt sich aus dem jeweiligen Stromexportvolumen (siehe unten).

Im Ausstiegsfall sind ähnliche Entwicklungen zu beobachten, wie in den zuvor diskutierten MEX II-Szenarios. Insbesondere ersetzen GuD-Kraftwerke auch hier zu einem großen Teil die im Zeitverlauf sukzessive abgeschaltenen Kernkraftwerke. Zeitgleich mit dem Auslaufen der Kernkraftwerke ist jedoch ein deutlicher Rückgang der Stromproduktion zu beobachten. Auch dieser Rückgang erklärt sich aus dem Import- und Export-Verhalten der verschiedenen europäischen Länder.

Die zeitliche Entwicklung der Stromerzeugung in Deutschland und der innerdeutschen Stromnachfrage (inklusive Verluste) sind in Abbildung 3-19 dargestellt. Wie aus der Darstellung ersichtlich ist, wirkt sich der Kernenergieausstieg deutlich auf die deutsche Stromimport-/Exportbilanz aus. Während im Referenzfall bestehende Überkapazitäten zum Export genutzt werden[30], können diese im Ausstiegsszenario die fehlenden Kernkraftwerkskapazitäten nicht vollständig ersetzen. Es ist hier daher bis 2015 ein Rückgang der Stromproduktion zu verzeichnen.

30 Der Anstieg zwischen 2000 und 2005 ist durch die Errichtung neuer Kraftwerke bedingt. Hier handelt es sich um bereits beschlossene Projekte, deren geplante Inbetriebnahmejahre im Modell hinterlegt sind.

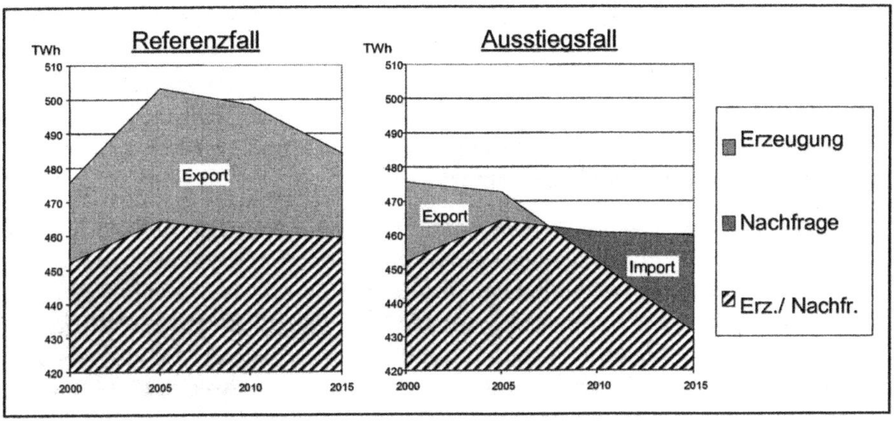

Abbildung 3-19: Entwicklung des Import-/ Exportsaldos

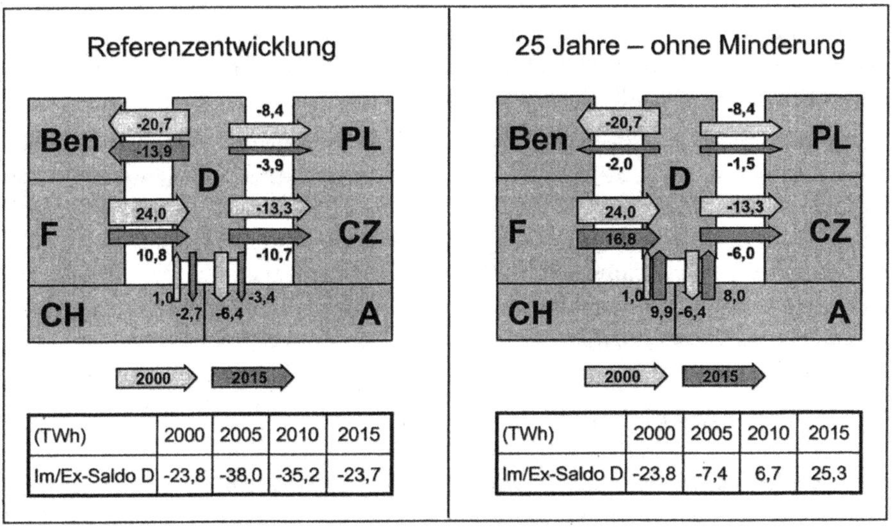

Abbildung 3-20: Entwicklung der Stromaustauschbeziehungen

Die Entwicklung des Stromaustauschbeziehungen zwischen den Regionen ist in Abbildung 3-20 dargestellt. In der Referenzentwicklung fällt auf, dass das Stromaustauschsvolumen an allen Übertragungspunkten im Zeitverlauf abnimmt. Diese Entwicklung erklärt sich aus einer kontinuierlichen Angleichung der Erzeugungsstrukturen in den verschiedenen Ländern. Die verschiedenen nationalen Kraftwerkparks entstanden während monopolistischer Marktstrukturen und unter unterschiedlicher staatlicher Einflussnahme. Mit Beginn der Liberalisierung weisen die verschiedenen, nationalen Elektrizitätswirtschaften daher deutliche Unterschiede hinsichtlich ihrer Erzeugungsstrukturen auf. Mit der weiteren Öffnung der Märkte und einer geringeren politischen Einflussnahme ist jedoch damit zu rechnen, dass sich in Ländern und Regionen mit vergleichbaren Bezugsmöglichkeiten für Kraftwerksbrennstoffe auch ähnliche Kraftwerksstrukturen herausbilden werden[31]. Da der Stromaustausch zum einen mit Übertragungsverlusten und zum anderen mit zusätzlichen Ausgaben für die Durchleitung verbunden ist, geht dieser mit abnehmender Differenz in den durchschnittlichen Stromgestehungskosten der Länder zurück.

Mit dem Abschalten der deutschen Kernkraftwerke fallen in Deutschland verhältnismäßig günstige Stromerzeugungskapazitäten weg, wodurch sich auch diese Differenz in den durchschnittlichen Stromgestehungskosten zu den Nachbarländern verändert. Im Ausstiegsfall ist daher ein wesentlich stärkerer Rückgang der Stromexporte zu beobachten als dies im Referenzszenario der Fall ist, zugleich kommt es zu starken Importen aus Frankreich, der Schweiz und Österreich (Kernkraftwerke bzw. Wasserkraft!). Der Import-/Exportsaldo, der im Jahr 2000 noch ein Exportplus von ca. 23,8 TWh beträgt, reduziert sich mit vollendetem Kernenergieausstieg auf einen Nettoimport von ca. 25,3 TWh im Jahr 2015. Dies entspricht etwa fünf Prozent der Inlandsstromnachfrage. In den Folgejahren ist dann aufgrund des oben anhand des Referenzszenarios diskutierten Angleichungseffekts zwischen den verschiedenen Stromerzeugungssystemen wieder mit einem ausgeglicheneren Import-/Exportsaldo zu rechnen.

Aufgrund der oben diskutierten Ergebnisse ist festzuhalten, dass die Annahme bzw. Vorgabe eines in allen Szenarios neutralen deutschen Stromimport-/Exportsaldos in dieser Form fraglich ist. Auch greift eine Diskussion der Konsequenzen eines deutschen Kernenergieausstiegs ohne Integration des europäischen Auslands aufgrund der oben diskutierten Effekte zu kurz. Die Integration der europäischen Anrainerstaaten in den Betrachtungsraum kann unter Berücksichtigung gegebener techno-ökonomischer Restriktionen wichtige Erkenntnisgewinne bieten.

3.5 Zusammenfassung

Die PERSEUS-Modellfamilie besteht aus verschiedenen Modellen, die zur konkreten Entscheidungsunterstützung für Länder, Regionen und Energieversorgungsunternehmen auf unterschiedlichen Versorgungsstufen bei strategischen Fragestellungen eingesetzt werden können. Die Zielsetzung des neu entwickelten und im Rahmen des vorgestellten Modellexperiments eingesetzten PERSEUS-ICE-Modells ist es, die neuen Wettbewerbsverhältnisse im liberalisierten Strommarkt adäquat abzubilden. Dazu differenziert PERSEUS-ICE in fünf innerdeutsche Regionen, die sich an den Versorgungsgebieten der fünf größten Elektrizitätsversorgungsunternehmen orientieren, und 10 Anrainerregionen.

---

[31] Der Transport von Elektrizität über große Entfernungen zur Nutzung regionaler Unterschiede in den Brennstoffkosten ist zumindest im Fall der fossilen Energieträger in der Regel nicht wirtschaftlich.

Neben dem deutschen Markt werden so die Strommärkte in Frankreich, der Schweiz, Österreich, Italien, Benelux, Dänemark, Skandinavien, Polen, Tschechische Republik und Ukraine/Weißrussland nachgebildet. Während die Kraftwerke der öffentlichen Versorgung in der Bundesrepublik Deutschland mit einer installierten Leistung von mehr als 100 MW_{el} (bei Wasserkraftwerken bei mehr als 50 MW_{el}) einzeln abgebildet werden, sind die Kraftwerkparks der Anrainerregionen zu Kraftwerksklassen zusammengefasst.

Der Einsatz des PERSEUS-ICE Modells zeigt bei Vorgabe eines ausgeglichenen Strom-Import-/Exportsaldos für die Bunderepublik Deutschland und ihre Nachbarländer im Referenzszenario einen deutlichen Anstieg der Nutzung des Energieträgers Erdgas bis zum Jahr 2020. Insbesondere Gas-und-Dampfturbinen-(GuD)-Kraftwerke werden ab dem Jahr 2005 als Zubauoption gewählt. Nach dem Jahr 2020 gewinnen kohlebefeuerte Dampfkraftwerke wieder stärker an Bedeutung, was auf den unterstellten Anstieg des Erdgaspreises zurückzuführen ist. Diese Entwicklung in der Stromproduktion spiegelt sich auch in den mit der Elektrizitätserzeugung verbundenen CO_2-Emissionen wider. Nach einem deutlichen Rückgang der Emissionen bis etwa zum Jahr 2020 steigen diese wieder nahezu auf den Ausgangswert des Jahres 1997 an.

Wird zur Analyse der Auswirkungen eines Ausstiegs aus der Kernergie mit einer verkürzten Nutzungsdauer für Atomkraftwerke von 25 Jahren gerechnet, so verstärken sich diese Tendenzen noch. Zur Substitution des Stroms aus Kernkraftwerken werden insbesondere in den Jahren bis 2015 GuD-Anlagen zugebaut. Sind im Falle eines solchen Ausstiegsszenarios die CO_2-Emissionen des Referenzfalls als Obergrenze vorgegeben, so dominiert die Stromerzeugung aus GuD-Anlagen bis 2015 noch stärker und macht im Jahr 2015 nahezu 50 % der gesamten Stromerzeugung aus. Aufgrund der auch im Referenzfall dann wieder ansteigenden CO_2-Emissionen, werden insbesondere nach 2020 wieder verstärkt kohlebefeuerte Anlagen eingesetzt.

Die Berücksichtigung des Minderungsziels des Kyoto-Protokolls führt nach 2015 zu einem deutlichen Anstieg der Stromproduktion in GuD-Anlagen und zu einem über die in allen Szenarios vorgegebene Mindestnutzung der Windenergie hinaus gehenden Zubau an Windkraftkonvertern.

Wird für die Analyse der Auswirkungen des Kernenergieausstiegs die Vorgabe eines ausgeglichenen Strom-Import-/Exportsaldos aufgegeben und der Stromaustausch zwischen den 5 deutschen Regionen und den Anrainerregionen ermöglicht, so zeigen die Modellergebnisse des PERSEUS-ICE Modells, dass rein unter Ausgabengesichtspunkten ein Teil des Stroms aus Kernkraftwerken durch einen verstärkten Stromimport substituiert wird.

Literatur

Fichtner, W., Dreher, M., Göbelt, M., Wietschel, M., Rentz, O.: PERSEUS, in: Forum für Energiemodelle und Energiewirtschaftliche Systemanalysen in Deutschland (Hrsg.): Energiemodelle zum Klimaschutz in Deutschland: strukturelle und gesamtwirtschaftliche Auswirkungen aus nationaler Sicht. Heidelberg: Physica-Verlag, 1999

Fichtner, W.: Strategische Optionen der Energieversorger zur CO_2-Minderung, Berlin: ESV, 1999

Finon, D.: Optimization Model for the French Energy Sector, in: Energy Policy, June 1974, S. 136-151

Göbelt, M., Fichtner, W., Dreher, M., Wietschel, M., Rentz, O.: A decision support tool for electric utility planning in liberalised energy markets under environmental constraints, in: Proceedings of the Anchorage OR-Conference, 2000

Grobbel, C.: Competition in Electricity Generation in Germany and Neighbouring Countries from a System Dynamics Perspective, Farnkfurt a.M.: Peter Lang, 1999

Meyer, T., Luther, M.: Der Baltische Ring – Die Vision eines gemeinsamen Strommarktes im Ostseeraum, in: Zeitschrift für Energiewirtschaft, 1998, Heft 2, S. 100 – 109

NORDEL: Statistics 1998, http://www.nordel.org

Rentz, O.; Haasis, H.-D.; Morgenstern, Th.; Remmers, J.; Schons, G.: Optimal Control Strategies for Reducing Emissions from Energy Conservation and Energy Use in all Countries of the European Community, KFK-PEF Series No. 72, Karlsruhe 1990

UCPTE: Statistisches Jahrbuch UCPTE, 1997, http://www.ucte.org

Van der Voort, E.; Donni, E.; Thonet, C.; Bois D'Enghien, E.;Dechamps, C.; Guilmot, J. F.: Energy Supply Modelling Package, Efom-12C Mark I, Mathematical Description, Louvain.La-Neuve (Frankreich) 1984

Wietschel, M. (1995): Die Wirtschaftlichkeit klimaverträglicher Energieversorgung: Entwicklung und Bewertung von CO2-Minderungsstrategien in der Energieversorgung und -nachfrage. Erich Schmidt Verlag, Berlin

Anhang 3: Ergebnistabellen zu den Szenariorechnungen mit PERSEUS-ICE

Szenario Reporting Tabelle

Modell:	**PERSEUS-ICE**		
Autor:	Enzensberger / Fichtner		
Institution:	Institut für Industriebetriebslehre und Industrielle Produktion (IIP), Universität Karlsruhe (TH)		
Land:	Deutschland	**KKW:**	**25 Zeitjahre (Nutzungsdauer der Einzelanlagen)**
Szenario:	**MEXII - Ausstieg (F25)**	**Emissionen:**	**ohne Restriktion**
Datum:	24.07.2000	**System:**	**national**

		Einheit	1997	2000	2005	2010	2015	2020	2025	2030
1	**Demographische Rahmenannahmen**									
1.1	Bevölkerung	Mio.		entsprechend MEX I/II, angepasst an neuen Abbildungsbereich						
1.2	Anzahl der Haushalte	Mio.		entsprechend MEX I/II, angepasst an neuen Abbildungsbereich						
1.3	Anzahl der Wohnflächen	Mio. m²		entsprechend MEX I/II, angepasst an neuen Abbildungsbereich						
2	**Ökonomische Rahmenannahmen**									
2.1	Entwicklung des BIP	Mrd. DM91		entsprechend MEX I/II, angepasst an neuen Abbildungsbereich						
2.2	Abschreibungsrate	% p. a.								
3	**Energiepreise**									
3.1	Steinkohle-küstennah	DM98/GJ	3,0	3,1	3,6	3,7	3,9	4,1	4,3	4,6
3.2	Steinkohle-küstenfern	DM98/GJ	3,4	3,6	4,0	4,2	4,4	4,6	4,8	5,0
3.3	Braunkohle	DM98/GJ	3,1	3,2	3,2	3,3	3,4	3,6	3,7	3,8
3.4	Heizöl, schwer	DM98/GJ	4,0	4,3	5,0	5,5	5,9	6,4	7,3	8,1
3.5	Heizöl, leicht	DM98/GJ	6,1	6,5	7,5	8,2	8,9	9,6	10,8	11,9
3.6	Erdgas A	DM98/GJ	6,7	7,0	7,4	8,0	8,6	9,3	10,3	11,3
3.7	Erdgas B	DM98/GJ	7,7	8,2	8,6	9,4	10,2	11,0	12,3	13,5
4	**Struktur Stromnachfrage nach Sektoren**		entsprechend MEX II, angepasst an Abbildungsbereich							
	Industrie	TWh	138,0	142,7	150,5	152,7	153,5	156,0	163,4	170,6
	Kleinverbraucher, gewerbl.	TWh	154,2	157,7	163,7	167,3	170,7	173,7	177,8	181,8
	Haushalte u. übrige Nachfrage	TWh	130,4	128,6	125,6	114,9	109,8	105,4	97,4	89,3
	Summe	TWh	422,5	429,0	439,8	434,9	434,0	435,1	438,6	441,7
5	**Netto-Engpaßleistung n. Energieträgern**									
5.1	Steinkohle (inkl. Mischfeuerung)	MW	23967,3	21684,7	21260,2	20650,5	22171,1	20377,8	21397,3	21681,7
5.2	Braunkohle	MW	19673,3	20777,4	20182,5	17617,1	19075,3	22796,9	23561,2	24206,2
5.3	Heizöl	MW	10710,4	10811,4	9121,6	5485,2	3024,0	1272,3	634,0	446,5
5.4	Erdgas	MW	12254,0	14174,4	21423,8	30840,0	34781,1	34284,7	33610,8	33317,5
5.5	Kernenergie	MW	21009,7	21077,8	13323,5	5387,5	0,0	0,0	0,0	0,0
5.6	Wasserkraft	MW	3409,7	3538,7	3753,6	3910,3	3986,2	4067,1	4143,0	4218,8
5.7	Wind	MW	3014,8	5757,5	9074,1	12110,9	14455,4	17003,5	20218,3	23433,1
5.8	Photovoltaik	MW	32,6	57,0	97,8	195,5	423,6	847,3	1238,3	1629,3
5.9	Sonstige	MW	7382,9	7495,8	7697,7	7513,8	7398,4	7325,2	7291,6	7199,2
5.10	Summe	MW	101454,8	105374,7	105934,7	103710,9	105315,2	107974,8	112094,5	116132,5
6	**Netto-Stromerzeugung n. Energieträgern**									
6.1	Steinkohlen	TWh	108,0	101,7	124,8	135,8	148,0	133,8	134,0	132,4
6.2	Braunkohlen	TWh	127,5	126,9	129,1	116,4	130,1	161,3	171,7	176,1
6.3	Mineralöle	TWh	13,9	14,0	2,7	2,7	1,9	0,1	0,0	0,0
6.4	Naturgase	TWh	10,9	14,9	54,5	107,2	121,1	101,4	87,8	82,3
6.5	Kernenergie	TWh	156,3	158,2	105,5	44,2	0,0	0,0	0,0	0,0
6.6	Wasserkraft	TWh	17,2	17,8	18,9	19,6	20,0	20,4	20,8	21,2
6.7	Wind	TWh	4,3	8,3	13,0	17,4	20,7	24,4	29,0	33,6
6.8	Photovoltaik	TWh	0,0	0,1	0,1	0,2	0,4	0,7	1,1	1,4
6.9	Sonstige	TWh	14,0	15,9	20,9	21,3	20,9	19,3	17,8	17,1
6.10	Summe	TWh	452,1	457,8	469,5	464,8	463,0	461,4	462,3	464,1
7	**Vollaststunden n. Energieträgern**									
7.1	Steinkohlen	h/a	4507,8	4690,9	5872,0	6575,6	6674,9	6565,5	6264,3	6107,0
7.2	Braunkohlen	h/a	6478,8	6108,5	6397,6	6608,9	6819,3	7076,8	7288,7	7275,4
7.3	Mineralöle	h/a	1300,6	1298,6	300,4	494,1	618,4	47,2	31,5	22,4
7.4	Naturgase	h/a	890,3	1049,1	2542,5	3474,7	3480,9	2958,5	2613,4	2470,5
7.5	Kernenergie	h/a	7438,5	7505,5	7915,4	8202,4	---	---	---	---
7.6	Wasserkraft	h/a	5029,8	5027,3	5021,9	5017,5	5017,3	5015,9	5013,3	5013,3
7.7	Wind	h/a	1439,6	1439,9	1430,4	1432,6	1434,1	1434,4	1434,3	1434,3
7.8	Photovoltaik	h/a	920,5	876,7	818,3	869,5	849,8	849,8	856,0	853,1
7.9	Sonstige	h/a	1890,8	2119,9	2715,1	2840,1	2823,6	2629,3	2446,7	2379,4
7.10	Durchschnitt	h/a	4456,2	4344,3	4431,7	4481,4	4396,2	4273,0	4124,2	3996,4

8	Energieeinsatz zur Stromerz. n. Energieträgern									
8.1	Steinkohle	PJ	937,8	878,9	1099,8	1203,2	1292,6	1134,4	1122,1	1099,9
8.2	Braunkohle	PJ	1324,8	1281,0	1280,1	1125,5	1212,6	1461,7	1513,1	1539,6
8.3	Heizöl	PJ	134,9	136,0	27,9	28,0	19,1	0,2	0,1	0,0
8.4	Erdgas	PJ	91,2	111,2	407,2	722,9	787,3	656,6	565,1	529,1
8.5	Kernenergie	PJ	1844,6	1867,2	1244,8	521,6	0,0	0,0	0,0	0,0
8.6	Wasserkraft	PJ	68,0	70,6	74,8	77,9	79,4	81,0	82,5	84,0
8.7	Wind	PJ	15,6	29,9	46,7	62,5	74,6	87,8	104,4	121,0
8.8	Photovoltaik	PJ	0,1	0,2	0,3	0,6	1,3	2,6	3,8	5,0
8.9	Sonstige	PJ	66,1	73,7	95,2	97,3	95,0	86,5	78,8	75,0
8.10	Summe	PJ	4483,3	4448,6	4276,8	3839,4	3561,9	3510,8	3469,9	3453,6
9	Schadstoffemissionen									
9.1	CO2-Emissionen	Mio. t	272,6	261,8	283,6	291,8	304,1	295,1	282,6	277,8
9.2	CH4-Emissionen	kt								
9.3	N2O-Emissionen	kt								
9.4	THG-Emissionen	Mio. t CO2								
9.5	NOx-Emissionen	kt								
9.6	SO2-Emissionen	kt								
10	Stromgestehungskosten	Pf.98/kWh								
11	Ausstiegskosten *									
11.1	Mehrkosten	Mrd. DM98	0,0	0,0	1,1	2,9	4,4	3,5	1,0	-1,1
11.2	Spezifische Mehrkosten	Pf.98/kWh	0,0	0,0	0,2	0,6	0,9	0,8	0,2	-0,2
11.3	Kumulierte Mehrkosten	Mrd. DM98	63,0							
11.4	Durchschnittl. jährl. Mehrkosten	Mrd. DM98/a	1,9							
11.5	Diskont. (2000) kumul. Mehrk.	Mrd. DM98	27,1							
11.6	Extremwert d. Kostenerhöhung	Pf.98/kWh	0,9							
11.7	Durchschnittl. Kostenerhöhung	Pf.98/kWh	0,4	(kumulierte Mehrkosten / Stromproduktion im Betrachtungszeitraum)						

*
Mehrkosten des Ausstiegs, d.h. gegenüber der Referenzentwicklung.
Die Ausstiegskosten, die unter 11.1 und 11.2 ausgewiesen sind, beziehen sich auf den jeweiligen Zeitpunkt bzw. die entsprechende Zeitperiode.
Dagegen beschreiben die Werte 11.3 bis 11.7 Kosten über den gesamten Zeithorizont.

Szenario Reporting Tabelle

Modell:	PERSEUS-ICE		
Autor:	Enzensberger / Fichtner		
Institution:	Institut für Industriebetriebslehre und Industrielle Produktion (IIP), Universität Karlsruhe (TH)		
Land:	Deutschland	KKW:	25 Zeitjahre (Nutzungsdauer der Einzelanlagen)
Szenario:	MEXII - Trend (F25B)	Emissionen:	Emissionensvolumen wie in der Referenzentwicklung
Datum:	24.07.2000	System:	national

		Einheit	1997	2000	2005	2010	2015	2020	2025	2030
1	**Demographische Rahmenannahmen**									
1.1	Bevölkerung	Mio.		entsprechend MEX I/II, angepasst an neuen Abbildungsbereich						
1.2	Anzahl der Haushalte	Mio.		entsprechend MEX I/II, angepasst an neuen Abbildungsbereich						
1.3	Anzahl der Wohnflächen	Mio. m²		entsprechend MEX I/II, angepasst an neuen Abbildungsbereich						
2	**Ökonomische Rahmenannahmen**									
2.1	Entwicklung des BIP	Mrd. DM91		entsprechend MEX I/II, angepasst an neuen Abbildungsbereich						
2.2	Abschreibungsrate	% p. a.								
3	**Energiepreise**									
3.1	Steinkohle-küstennah	DM98/GJ	3,0	3,1	3,6	3,7	3,9	4,1	4,3	4,6
3.2	Steinkohle-küstenfern	DM98/GJ	3,4	3,6	4,0	4,2	4,4	4,6	4,8	5,0
3.3	Braunkohle	DM98/GJ	3,1	3,2	3,2	3,3	3,4	3,6	3,7	3,8
3.4	Heizöl, schwer	DM98/GJ	4,0	4,3	5,0	5,5	5,9	6,4	7,3	8,1
3.5	Heizöl, leicht	DM98/GJ	6,1	6,5	7,5	8,2	8,9	9,6	10,8	11,9
3.6	Erdgas A	DM98/GJ	6,7	7,0	7,4	8,0	8,6	9,3	10,3	11,3
3.7	Erdgas B	DM98/GJ	7,7	8,2	8,6	9,4	10,2	11,0	12,3	13,5
4	**Struktur Stromnachfrage nach Sektoren**		entsprechend MEX II, angepasst an Abbildungsbereich							
	Industrie	TWh	138,0	142,7	150,5	152,7	153,5	156,0	163,4	170,6
	Kleinverbraucher, gewerbl.	TWh	154,2	157,7	163,7	167,3	170,7	173,7	177,8	181,8
	Haushalte u. übrige Nachfrage	TWh	130,4	128,6	125,6	114,9	109,8	105,4	97,4	89,3
	Summe	TWh	422,5	429,0	439,8	434,9	434,0	435,1	438,6	441,7
5	**Netto-Engpaßleistung n. Energieträgern**									
5.1	Steinkohle (inkl. Mischfeuerung)	MW	23967,3	21684,7	20885,7	18350,5	15748,2	12484,6	15459,5	17180,3
5.2	Braunkohle	MW	19673,3	20777,4	20863,9	19270,2	19426,3	18079,7	18674,9	19431,5
5.3	Heizöl	MW	10710,4	10811,4	9121,6	5485,2	2961,1	1213,6	575,3	385,7
5.4	Erdgas	MW	12254,0	14206,0	25862,7	35479,2	43124,9	45814,8	44200,3	43605,2
5.5	Kernenergie	MW	21009,7	21077,8	13323,5	5387,5	0,0	0,0	0,0	0,0
5.6	Wasserkraft	MW	3409,7	3538,7	3753,6	3910,3	3986,2	4067,1	4143,0	4218,8
5.7	Wind	MW	3014,8	5757,5	9074,1	13699,8	16841,6	18474,1	21593,1	23433,1
5.8	Photovoltaik	MW	32,6	57,0	97,8	195,5	423,6	847,3	1238,3	1629,3
5.9	Sonstige	MW	7373,1	7543,8	8164,9	8415,2	8688,9	8464,2	7798,3	7428,4
5.10	Summe	MW	101444,9	105454,3	111147,7	110193,3	111200,7	109445,4	113682,6	117312,3
6	**Netto-Stromerzeugung n. Energieträgern**									
6.1	Steinkohlen	TWh	108,2	101,6	85,7	59,0	55,7	61,4	102,0	112,0
6.2	Braunkohlen	TWh	127,3	126,8	120,4	106,6	93,4	103,7	136,6	142,2
6.3	Mineralöle	TWh	14,1	13,8	0,5	0,2	1,3	0,1	0,0	0,0
6.4	Naturgase	TWh	10,9	15,0	99,8	185,6	237,4	222,6	147,9	134,2
6.5	Kernenergie	TWh	156,3	158,2	105,6	44,2	0,0	0,0	0,0	0,0
6.6	Wasserkraft	TWh	17,2	17,8	18,9	19,6	20,0	20,4	20,8	21,2
6.7	Wind	TWh	4,3	8,3	13,0	21,5	26,5	28,3	32,6	33,6
6.8	Photovoltaik	TWh	0,0	0,1	0,1	0,2	0,4	0,7	1,1	1,4
6.9	Sonstige	TWh	13,8	16,3	17,2	21,0	22,5	24,3	19,8	18,4
6.10	Summe	TWh	452,0	457,8	461,0	457,8	457,1	461,3	460,7	462,9
7	**Vollaststunden n. Energieträgern**									
7.1	Steinkohlen	h/a	4512,4	4686,3	4101,9	3215,7	3533,7	4916,5	6599,2	6516,2
7.2	Braunkohlen	h/a	6470,7	6104,2	5768,8	5530,3	4810,0	5734,0	7313,0	7317,0
7.3	Mineralöle	h/a	1313,7	1277,4	55,9	34,6	452,5	49,4	34,8	25,9
7.4	Naturgase	h/a	886,2	1053,1	3859,2	5229,8	5504,2	4858,5	3345,0	3078,3
7.5	Kernenergie	h/a	7438,5	7506,0	7922,9	8202,4	---	---	---	---
7.6	Wasserkraft	h/a	5029,8	5027,3	5021,9	5017,5	5017,3	5015,9	5013,3	5013,3
7.7	Wind	h/a	1439,6	1439,9	1430,4	1570,8	1571,7	1529,2	1510,2	1434,3
7.8	Photovoltaik	h/a	920,5	876,7	818,3	869,5	849,8	849,8	856,0	853,1
7.9	Sonstige	h/a	1875,7	2154,1	2104,1	2497,9	2591,8	2866,2	2542,9	2478,3
7.10	Durchschnitt	h/a	4455,8	4341,4	4147,7	4154,9	4110,9	4215,2	4052,9	3946,1

8	Energieeinsatz zur Stromerz. n. Energieträgern									
8.1	Steinkohle	PJ	939,6	879,9	726,2	494,8	455,8	501,8	861,6	933,8
8.2	Braunkohle	PJ	1321,8	1280,0	1175,3	997,5	839,8	925,8	1208,2	1245,0
8.3	Heizöl	PJ	135,8	133,6	4,8	1,7	12,6	0,2	0,1	0,0
8.4	Erdgas	PJ	90,9	111,8	693,8	1219,0	1528,4	1432,2	950,7	862,9
8.5	Kernenergie	PJ	1844,6	1867,4	1245,9	521,6	0,0	0,0	0,0	0,0
8.6	Wasserkraft	PJ	68,0	70,6	74,8	77,9	79,4	81,0	82,5	84,0
8.7	Wind	PJ	15,6	29,9	46,7	77,5	95,3	101,7	117,4	121,0
8.8	Photovoltaik	PJ	0,1	0,2	0,3	0,6	1,3	2,6	3,8	5,0
8.9	Sonstige	PJ	65,5	75,2	74,2	91,5	98,0	107,3	86,1	79,5
8.10	Summe	PJ	4482,0	4448,6	4041,9	3482,0	3110,5	3152,7	3310,4	3331,1
9	Schadstoffemissionen									
9.1	CO2-Emissionen	Mio. t	272,6	261,3	247,5	228,9	218,5	224,2	253,9	256,8
9.2	CH4-Emissionen	kt								
9.3	N2O-Emissionen	kt								
9.4	THG-Emissionen	Mio. t CO2								
9.5	NOx-Emissionen	kt								
9.6	SO2-Emissionen	kt								
10	Stromgestehungskosten	Pf.98/kWh								
11	Ausstiegskosten *									
11.1	Mehrkosten	Mrd. DM98	0,0	0,0	1,7	4,1	6,1	4,5	1,0	-0,8
11.2	Spezifische Mehrkosten	Pf.98/kWh	0,0	0,0	0,4	0,9	1,3	1,0	0,2	-0,2
11.3	Kumulierte Mehrkosten	Mrd. DM98	86,8							
11.4	Durchschnittl. jährl. Mehrkosten	Mrd. DM98/a	2,6							
11.5	Diskont. (2000) kumul. Mehrk.	Mrd. DM98	38,1							
11.6	Extremwert d. Kostenerhöhung	Pf.98/kWh	1,3							
11.7	Durchschnittl. Kostenerhöhung	Pf.98/kWh	0,6	(kumulierte Mehrkosten / Stromproduktion im Betrachtungszeitraum)						

*

Mehrkosten des Ausstiegs, d.h. gegenüber der Referenzentwicklung.

Die Ausstiegskosten, die unter 11.1 und 11.2 ausgewiesen sind, beziehen sich auf den jeweiligen Zeitpunkt bzw. die entsprechende Zeitperiode.

Dagegen beschreiben die Werte 11.3 bis 11.7 Kosten über den gesamten Zeithorizont.

Szenario Reporting Tabelle

Modell:	PERSEUS-ICE
Autor:	Enzensberger / Fichtner
Institution:	Institut für Industriebetriebslehre und Industrielle Produktion (IIP), Universität Karlsruhe (TH)
Land:	Deutschland
Szenario:	MEXII - Kyoto (F25K)
Datum:	24.07.2000
KKW:	25 Zeitjahre (Nutzungsdauer der Einzelanlagen)
Emissionen:	Kyoto-Minderungsziel
System:	national

		Einheit	1997	2000	2005	2010	2015	2020	2025	2030
1	Demographische Rahmenannahmen									
1.1	Bevölkerung	Mio.		entsprechend MEX I/II, angepasst an neuen Abbildungsbereich						
1.2	Anzahl der Haushalte	Mio.		entsprechend MEX I/II, angepasst an neuen Abbildungsbereich						
1.3	Anzahl der Wohnflächen	Mio. m²		entsprechend MEX I/II, angepasst an neuen Abbildungsbereich						
2	Ökonomische Rahmenannahmen									
2.1	Entwicklung des BIP	Mrd. DM91		entsprechend MEX I/II, angepasst an neuen Abbildungsbereich						
2.2	Abschreibungsrate	% p. a.								
3	Energiepreise									
3.1	Steinkohle-küstennah	DM98/GJ	3,0	3,1	3,6	3,7	3,9	4,1	4,3	4,6
3.2	Steinkohle-küstenfern	DM98/GJ	3,4	3,6	4,0	4,2	4,4	4,6	4,8	5,0
3.3	Braunkohle	DM98/GJ	3,1	3,2	3,2	3,3	3,4	3,6	3,7	3,8
3.4	Heizöl, schwer	DM98/GJ	4,0	4,3	5,0	5,5	5,9	6,4	7,3	8,1
3.5	Heizöl, leicht	DM98/GJ	6,1	6,5	7,5	8,2	8,9	9,6	10,8	11,9
3.6	Erdgas A	DM98/GJ	6,7	7,0	7,4	8,0	8,6	9,3	10,3	11,3
3.7	Erdgas B	DM98/GJ	7,7	8,2	8,6	9,4	10,2	11,0	12,3	13,5
4	Struktur Stromnachfrage nach Sektoren		entsprechend MEX II, angepasst an Abbildungsbereich							
	Industrie	TWh	138,0	142,7	150,5	152,7	153,5	156,0	163,4	170,6
	Kleinverbraucher, gewerbl.	TWh	154,2	157,7	163,7	167,3	170,7	173,7	177,8	181,8
	Haushalte u. übrige Nachfrage	TWh	130,4	128,6	125,6	114,9	109,8	105,4	97,4	89,3
	Summe	TWh	422,5	429,0	439,8	434,9	434,0	435,1	438,6	441,7
5	Netto-Engpaßleistung n. Energieträgern									
5.1	Steinkohle (inkl. Mischfeuerung)	MW	23967,3	21684,7	20885,7	18350,5	14830,0	10304,3	8568,6	7564,3
5.2	Braunkohle	MW	19673,3	20777,4	21148,8	19160,6	18415,4	16158,9	11237,7	10142,1
5.3	Heizöl	MW	10710,4	10811,4	9121,6	5485,2	2961,1	1136,9	498,6	309,0
5.4	Erdgas	MW	12254,0	14250,1	25640,9	33957,8	43211,8	49859,1	56564,9	58851,3
5.5	Kernenergie	MW	21009,7	21077,8	13323,5	5387,5	0,0	0,0	0,0	0,0
5.6	Wasserkraft	MW	3409,7	3538,7	3753,6	3910,3	3986,2	4067,1	4143,0	4218,8
5.7	Wind	MW	3014,8	5757,5	9074,1	12110,9	15986,2	18474,1	21614,8	30835,2
5.8	Photovoltaik	MW	32,6	57,0	97,8	195,5	423,6	847,3	1238,3	1629,3
5.9	Sonstige	MW	7498,6	7495,8	8164,9	8363,5	8857,8	8598,6	9626,1	9984,3
5.10	Summe	MW	101570,4	105450,5	111210,7	106921,8	108672,2	109446,2	113492,0	123534,4
6	Netto-Stromerzeugung n. Energieträgern									
6.1	Steinkohlen	TWh	107,9	102,0	85,4	70,3	59,9	46,4	40,7	32,7
6.2	Braunkohlen	TWh	127,1	126,7	120,8	107,0	94,5	87,7	72,6	56,6
6.3	Mineralöle	TWh	13,7	13,8	0,5	0,5	2,9	0,1	0,0	0,0
6.4	Naturgase	TWh	10,8	15,1	99,6	178,9	232,6	253,5	268,5	275,3
6.5	Kernenergie	TWh	156,3	158,2	105,6	44,2	0,0	0,0	0,0	0,0
6.6	Wasserkraft	TWh	17,2	17,8	18,9	19,6	20,0	20,4	20,8	21,2
6.7	Wind	TWh	4,3	8,3	13,0	17,4	24,8	28,3	32,7	49,3
6.8	Photovoltaik	TWh	0,0	0,1	0,1	0,2	0,4	0,7	1,1	1,4
6.9	Sonstige	TWh	14,7	16,0	17,2	23,0	25,6	25,8	27,8	27,3
6.10	Summe	TWh	452,0	457,9	461,0	461,0	460,6	462,8	464,1	463,7
7	Vollaststunden n. Energieträgern									
7.1	Steinkohlen	h/a	4500,7	4704,2	4087,5	3828,8	4036,4	4503,9	4749,9	4321,6
7.2	Braunkohlen	h/a	6461,0	6095,6	5712,4	5586,5	5132,7	5426,7	6456,8	5577,7
7.3	Mineralöle	h/a	1278,2	1279,2	53,7	83,9	976,0	96,8	40,1	0,0
7.4	Naturgase	h/a	878,1	1058,9	3886,0	5268,0	5383,0	5083,3	4746,6	4677,4
7.5	Kernenergie	h/a	7441,3	7505,5	7925,1	8202,4	---	---	---	---
7.6	Wasserkraft	h/a	5029,8	5027,3	5021,9	5017,5	5017,3	5015,9	5013,3	5013,3
7.7	Wind	h/a	1439,6	1439,9	1430,4	1432,6	1548,2	1529,2	1511,5	1599,1
7.8	Photovoltaik	h/a	920,5	876,7	818,3	869,5	849,8	849,8	856,0	853,1
7.9	Sonstige	h/a	1956,4	2127,9	2101,7	2746,4	2885,6	2999,3	2889,0	2736,3
7.10	Durchschnitt	h/a	4449,7	4342,0	4145,1	4311,1	4238,1	4228,8	4089,0	3753,6

8	Energieeinsatz zur Stromerz. n. Energieträgern									
8.1	Steinkohle	PJ	939,6	879,9	726,2	494,8	455,8	501,8	861,6	933,8
8.2	Braunkohle	PJ	1321,8	1280,0	1175,3	997,5	839,8	925,8	1208,2	1245,0
8.3	Heizöl	PJ	135,8	133,6	4,8	1,7	12,6	0,2	0,1	0,0
8.4	Erdgas	PJ	90,9	111,8	693,8	1219,0	1528,4	1432,2	950,7	862,9
8.5	Kernenergie	PJ	1844,6	1867,4	1245,9	521,6	0,0	0,0	0,0	0,0
8.6	Wasserkraft	PJ	68,0	70,6	74,8	77,9	79,4	81,0	82,5	84,0
8.7	Wind	PJ	15,6	29,9	46,7	77,5	95,3	101,7	117,4	121,0
8.8	Photovoltaik	PJ	0,1	0,2	0,3	0,6	1,3	2,6	3,8	5,0
8.9	Sonstige	PJ	65,5	75,2	74,2	91,5	98,0	107,3	86,1	79,5
8.10	Summe	PJ	4482,0	4448,6	4041,9	3482,0	3110,5	3152,7	3310,4	3331,1
9	Schadstoffemissionen									
9.1	CO2-Emissionen	Mio. t	272,6	261,3	247,5	228,9	218,5	224,2	253,9	256,8
9.2	CH4-Emissionen	kt								
9.3	N2O-Emissionen	kt								
9.4	THG-Emissionen	Mio. t CO2								
9.5	NOx-Emissionen	kt								
9.6	SO2-Emissionen	kt								
10	Stromgestehungskosten	Pf.98/kWh								
11	Ausstiegskosten *									
11.1	Mehrkosten	Mrd. DM98	0,0	0,0	1,7	4,1	6,1	4,5	1,0	-0,8
11.2	Spezifische Mehrkosten	Pf.98/kWh	0,0	0,0	0,4	0,9	1,3	1,0	0,2	-0,2
11.3	Kumulierte Mehrkosten	Mrd. DM98	86,8							
11.4	Durchschnittl. jährl. Mehrkosten	Mrd. DM98/a	2,6							
11.5	Diskont. (2000) kumul. Mehrk.	Mrd. DM98	38,1							
11.6	Extremwert d. Kostenerhöhung	Pf.98/kWh	1,3							
11.7	Durchschnittl. Kostenerhöhung	Pf.98/kWh	0,6	(kumulierte Mehrkosten / Stromproduktion im Betrachtungszeitraum)						

*

Mehrkosten des Ausstiegs, d.h. gegenüber der Referenzentwicklung.
Die Ausstiegskosten, die unter 11.1 und 11.2 ausgewiesen sind, beziehen sich auf den jeweiligen Zeitpunkt bzw. die entsprechende Zeitperiode.
Dagegen beschreiben die Werte 11.3 bis 11.7 Kosten über den gesamten Zeithorizont.

Szenario Reporting Tabelle

Modell:	**PERSEUS-ICE**
Autor:	Enzensberger / Fichtner
Institution:	Institut für Industriebetriebslehre und Industrielle Produktion (IIP), Universität Karlsruhe (TH)
Land:	Deutschland
Szenario:	**MEXII - Kyoto (F25K)**
Datum:	24.07.2000
KKW:	**25 Zeitjahre (Nutzungsdauer der Einzelanlagen)**
Emissionen:	**Kyoto-Minderungsziel**
System:	**national**

		Einheit	**1997**	**2000**	**2005**	**2010**	**2015**	**2020**	**2025**	**2030**
1	**Demographische Rahmenannahmen**									
1.1	Bevölkerung	Mio.		entsprechend MEX I/II, angepasst an neuen Abbildungsbereich						
1.2	Anzahl der Haushalte	Mio.		entsprechend MEX I/II, angepasst an neuen Abbildungsbereich						
1.3	Anzahl der Wohnflächen	Mio. m²		entsprechend MEX I/II, angepasst an neuen Abbildungsbereich						
2	**Ökonomische Rahmenannahmen**									
2.1	Entwicklung des BIP	Mrd. DM91		entsprechend MEX I/II, angepasst an neuen Abbildungsbereich						
2.2	Abschreibungsrate	% p. a.								
3	**Energiepreise**									
3.1	Steinkohle-küstennah	DM98/GJ	3,0	3,1	3,6	3,7	3,9	4,1	4,3	4,6
3.2	Steinkohle-küstenfern	DM98/GJ	3,4	3,6	4,0	4,2	4,4	4,6	4,8	5,0
3.3	Braunkohle	DM98/GJ	3,1	3,2	3,2	3,3	3,4	3,6	3,7	3,8
3.4	Heizöl, schwer	DM98/GJ	4,0	4,3	5,0	5,5	5,9	6,4	7,3	8,1
3.5	Heizöl, leicht	DM98/GJ	6,1	6,5	7,5	8,2	8,9	9,6	10,8	11,9
3.6	Erdgas A	DM98/GJ	6,7	7,0	7,4	8,0	8,6	9,3	10,3	11,3
3.7	Erdgas B	DM98/GJ	7,7	8,2	8,6	9,4	10,2	11,0	12,3	13,5
4	**Struktur Stromnachfrage nach Sektoren**		entsprechend MEX II, angepasst an Abbildungsbereich							
	Industrie	TWh	138,0	142,7	150,5	152,7	153,5	156,0	163,4	170,6
	Kleinverbraucher, gewerbl.	TWh	154,2	157,7	163,7	167,3	170,7	173,7	177,8	181,8
	Haushalte u. übrige Nachfrage	TWh	130,4	128,6	125,6	114,9	109,8	105,4	97,4	89,3
	Summe	TWh	422,5	429,0	439,8	434,9	434,0	435,1	438,6	441,7
5	**Netto-Engpaßleistung n. Energieträgern**									
5.1	Steinkohle (inkl. Mischfeuerung)	MW	23967,3	21684,7	20885,7	18350,5	14830,0	10304,3	8568,6	7564,3
5.2	Braunkohle	MW	19673,3	20777,4	21148,8	19160,6	18415,4	16158,9	11237,7	10142,1
5.3	Heizöl	MW	10710,4	10811,4	9121,6	5485,2	2961,1	1136,9	498,6	309,0
5.4	Erdgas	MW	12254,0	14250,1	25640,9	33957,8	43211,8	49859,1	56564,9	58851,3
5.5	Kernenergie	MW	21009,7	21077,8	13323,5	5387,5	0,0	0,0	0,0	0,0
5.6	Wasserkraft	MW	3409,7	3538,7	3753,6	3910,3	3986,2	4067,1	4143,0	4218,8
5.7	Wind	MW	3014,8	5757,5	9074,1	12110,9	15986,2	18474,1	21614,8	30835,2
5.8	Photovoltaik	MW	32,6	57,0	97,8	195,5	423,6	847,3	1238,3	1629,3
5.9	Sonstige	MW	7498,6	7495,8	8164,9	8363,5	8857,8	8598,6	9626,1	9984,3
5.10	Summe	MW	101570,4	105450,5	111210,7	106921,8	108672,2	109446,2	113492,0	123534,4
6	**Netto-Stromerzeugung n. Energieträgern**									
6.1	Steinkohlen	TWh	107,9	102,0	85,4	70,3	59,9	46,4	40,7	32,7
6.2	Braunkohlen	TWh	127,1	126,7	120,8	107,0	94,5	87,7	72,6	56,6
6.3	Mineralöle	TWh	13,7	13,8	0,5	0,5	2,9	0,1	0,0	0,0
6.4	Naturgase	TWh	10,8	15,1	99,6	178,9	232,6	253,5	268,5	275,3
6.5	Kernenergie	TWh	156,3	158,2	105,6	44,2	0,0	0,0	0,0	0,0
6.6	Wasserkraft	TWh	17,2	17,8	18,9	19,6	20,0	20,4	20,8	21,2
6.7	Wind	TWh	4,3	8,3	13,0	17,4	24,8	28,3	32,7	49,3
6.8	Photovoltaik	TWh	0,0	0,1	0,1	0,2	0,4	0,7	1,1	1,4
6.9	Sonstige	TWh	14,7	16,0	17,2	23,0	25,6	25,8	27,8	27,3
6.10	Summe	TWh	452,0	457,9	461,0	461,0	460,6	462,8	464,1	463,7
7	**Vollaststunden n. Energieträgern**									
7.1	Steinkohlen	h/a	4500,7	4704,2	4087,5	3828,8	4036,4	4503,9	4749,9	4321,6
7.2	Braunkohlen	h/a	6461,0	6095,6	5712,4	5586,5	5132,7	5426,7	6456,8	5577,7
7.3	Mineralöle	h/a	1278,2	1279,2	53,7	83,9	976,0	96,8	40,1	0,0
7.4	Naturgase	h/a	878,1	1058,9	3886,0	5268,0	5383,0	5083,3	4746,6	4677,4
7.5	Kernenergie	h/a	7441,3	7505,5	7925,1	8202,4	---	---	---	---
7.6	Wasserkraft	h/a	5029,8	5027,3	5021,9	5017,5	5017,3	5015,9	5013,3	5013,3
7.7	Wind	h/a	1439,6	1439,9	1430,4	1432,6	1548,2	1529,2	1511,5	1599,1
7.8	Photovoltaik	h/a	920,5	876,7	818,3	869,5	849,8	849,8	856,0	853,1
7.9	Sonstige	h/a	1956,4	2127,9	2101,7	2746,4	2885,6	2999,3	2889,0	2736,3
7.10	Durchschnitt	h/a	4449,7	4342,0	4145,1	4311,1	4238,1	4228,8	4089,0	3753,6

8	**Energieeinsatz zur Stromerz. n. Energieträgern**									
8.1	Steinkohle	PJ	942,0	881,7	723,2	592,3	505,1	385,1	335,5	264,8
8.2	Braunkohle	PJ	1318,1	1278,1	1175,3	1008,2	860,8	783,2	636,2	490,7
8.3	Heizöl	PJ	133,6	133,6	4,6	4,4	28,6	0,5	0,1	0,0
8.4	Erdgas	PJ	90,0	112,6	692,4	1180,7	1491,2	1621,5	1719,0	1762,7
8.5	Kernenergie	PJ	1845,4	1867,2	1246,4	521,6	0,0	0,0	0,0	0,0
8.6	Wasserkraft	PJ	68,0	70,6	74,8	77,9	79,4	81,0	82,5	84,0
8.7	Wind	PJ	15,6	29,9	46,7	62,5	89,1	101,7	117,6	177,5
8.8	Photovoltaik	PJ	0,1	0,2	0,3	0,6	1,3	2,6	3,8	5,0
8.9	Sonstige	PJ	69,0	74,0	74,1	101,6	112,9	114,7	121,7	117,3
8.10	Summe	PJ	4481,8	4447,8	4037,8	3549,8	3168,5	3090,2	3016,4	2902,0
9	**Schadstoffemissionen**									
9.1	CO2-Emissionen	Mio. t	271,4	261,6	246,5	237,5	225,5	210,4	192,8	171,3
9.2	CH4-Emissionen	kt								
9.3	N2O-Emissionen	kt								
9.4	THG-Emissionen	Mio. t CO2								
9.5	NOx-Emissionen	kt								
9.6	SO2-Emissionen	kt								
10	**Stromgestehungskosten**	Pf.98/kWh								
11	**Ausstiegskosten** *									
11.1	Mehrkosten	Mrd. DM98	0,0	0,0	1,7	3,8	5,7	4,8	2,4	2,5
11.2	Spezifische Mehrkosten	Pf.98/kWh	0,0	0,0	0,4	0,8	1,2	1,0	0,5	0,5
11.3	Kumulierte Mehrkosten	Mrd. DM98	95,2							
11.4	Durchschnittl. jährl. Mehrkosten	Mrd. DM98/a	2,8							
11.5	Diskont. (2000) kumul. Mehrk.	Mrd. DM98	39,5							
11.6	Extremwert d. Kostenerhöhung	Pf.98/kWh	1,2							
11.7	Durchschnittl. Kostenerhöhung	Pf.98/kWh	0,6	(kumulierte Mehrkosten / Stromproduktion im Betrachtungszeitraum)						

* Mehrkosten des Ausstiegs, d.h. gegenüber der Referenzentwicklung.
Die Ausstiegskosten, die unter 11.1 und 11.2 ausgewiesen sind, beziehen sich auf den jeweiligen Zeitpunkt bzw. die entsprechende Zeitperiode.
Dagegen beschreiben die Werte 11.3 bis 11.7 Kosten über den gesamten Zeithorizont.

Szenario Reporting Tabelle

Modell:	**PERSEUS-ICE**
Autor:	Enzensberger / Fichtner
Institution:	Institut für Industriebetriebslehre und Industrielle Produktion (IIP), Universität Karlsruhe (TH)
Land:	Deutschland — **KKW:** **40 Zeitjahre (Nutzungsdauer der Einzelanlagen)**
Szenario:	**PROGNOS - Referenz (P40)** — **Emissionen:** **ohne Restriktion**
Datum:	24.07.2000 — **System:** **national**

		Einheit	1997	2000	2005	2010	2015	2020	2025	2030
1	**Demographische Rahmenannahmen**									
1.1	Bevölkerung	Mio.		entsprechend MEX I/II, angepasst an neuen Abbildungsbereich						
1.2	Anzahl der Haushalte	Mio.		entsprechend MEX I/II, angepasst an neuen Abbildungsbereich						
1.3	Anzahl der Wohnflächen	Mio. m²		entsprechend MEX I/II, angepasst an neuen Abbildungsbereich						
2	**Ökonomische Rahmenannahmen**									
2.1	Entwicklung des BIP	Mrd. DM91		entsprechend MEX I/II, angepasst an neuen Abbildungsbereich						
2.2	Abschreibungsrate	% p. a.								
3	**Energiepreise**									
3.1	Steinkohle-küstennah	DM98/GJ	2,6	2,6	2,7	2,7	2,7	2,7	2,7	2,8
3.2	Steinkohle-küstenfern	DM98/GJ	3,0	3,0	3,1	3,1	3,1	3,1	3,1	3,1
3.3	Braunkohle	DM98/GJ	3,1	3,1	3,1	3,1	3,1	3,1	3,1	3,1
3.4	Heizöl, schwer	DM98/GJ	4,5	4,6	4,8	5,0	5,4	6,0	6,6	7,3
3.5	Heizöl, leicht	DM98/GJ	9,8	9,9	10,1	10,4	11,0	11,9	12,9	14,1
3.6	Erdgas A	DM98/GJ	5,4	5,6	6,0	6,3	7,0	7,8	8,8	10,0
3.7	Erdgas B	DM98/GJ	6,2	6,5	6,9	7,4	8,3	9,3	10,5	12,0
4	**Struktur Stromnachfrage nach Sektoren**		entsprechend MEX II, angepasst an Abbildungsbereich							
	Industrie	TWh	138,0	142,7	150,5	152,7	153,5	156,0	163,4	170,6
	Kleinverbraucher, gewerbl.	TWh	154,2	157,7	163,7	167,3	170,7	173,7	177,8	181,8
	Haushalte u. übrige Nachfrage	TWh	130,4	128,6	125,6	114,9	109,8	105,4	97,4	89,3
	Summe	TWh	422,5	429,0	439,8	434,9	434,0	435,1	438,6	441,7
5	**Netto-Engpaßleistung n. Energieträgern**									
5.1	Steinkohle (inkl. Mischfeuerung)	MW	23967,3	21684,7	21168,9	19521,4	17716,4	20352,4	34625,2	36861,6
5.2	Braunkohle	MW	19673,3	20777,4	20182,5	17580,2	15755,2	13498,7	9396,9	8301,3
5.3	Heizöl	MW	10710,4	10811,4	9121,6	5485,2	4584,7	4177,4	3539,1	4348,7
5.4	Erdgas	MW	12254,0	15308,9	15017,8	16449,2	21576,6	27577,9	26543,4	30474,3
5.5	Kernenergie	MW	21009,7	21077,8	21253,8	20916,1	19121,5	13323,5	5387,5	0,0
5.6	Wasserkraft	MW	3409,7	3538,7	3753,6	3910,3	3986,2	4067,1	4143,0	4218,8
5.7	Wind	MW	3014,8	5757,5	9074,1	12110,9	14455,4	17003,5	20218,3	23433,1
5.8	Photovoltaik	MW	32,6	57,0	97,8	195,5	423,6	847,3	1238,3	1629,3
5.9	Sonstige	MW	7027,9	6784,9	7218,2	7143,8	7255,0	7127,9	7006,3	6866,2
5.10	Summe	MW	101099,7	105798,4	106888,2	103312,6	104874,5	107975,6	112097,8	116133,2
6	**Netto-Stromerzeugung n. Energieträgern**									
6.1	Steinkohlen	TWh	110,1	105,1	107,7	102,5	101,6	130,2	221,8	248,7
6.2	Braunkohlen	TWh	127,9	125,0	120,6	111,1	100,8	88,5	64,5	54,1
6.3	Mineralöle	TWh	1,3	0,2	0,2	0,8	0,2	0,0	0,0	0,0
6.4	Naturgase	TWh	25,1	32,7	31,8	39,4	56,7	74,5	66,3	89,8
6.5	Kernenergie	TWh	155,0	157,5	160,1	155,9	143,2	104,9	44,2	0,0
6.6	Wasserkraft	TWh	17,2	17,8	18,9	19,6	20,0	20,4	20,8	21,2
6.7	Wind	TWh	4,3	8,3	13,0	17,4	20,7	24,4	29,0	33,6
6.8	Photovoltaik	TWh	0,0	0,1	0,1	0,2	0,4	0,7	1,1	1,4
6.9	Sonstige	TWh	11,8	9,9	17,6	19,2	21,2	19,2	20,7	16,7
6.10	Summe	TWh	452,7	456,4	469,8	466,0	464,8	462,8	468,2	465,5
7	**Vollaststunden n. Energieträgern**									
7.1	Steinkohlen	h/a	4592,1	4846,3	5087,7	5252,7	5734,2	6394,8	6405,5	6745,8
7.2	Braunkohlen	h/a	6500,2	6014,2	5975,0	6320,2	6399,2	6555,4	6859,7	6520,7
7.3	Mineralöle	h/a	124,2	14,8	19,7	136,7	52,3	0,0	0,0	0,0
7.4	Naturgase	h/a	2047,5	2135,4	2114,8	2392,2	2626,9	2701,8	2496,3	2947,7
7.5	Kernenergie	h/a	7375,6	7470,9	7533,2	7453,1	7490,0	7872,6	8202,4	---
7.6	Wasserkraft	h/a	5029,8	5027,3	5021,9	5017,5	5017,3	5015,9	5013,3	5013,3
7.7	Wind	h/a	1439,6	1439,9	1430,4	1432,6	1434,1	1434,4	1434,3	1434,3
7.8	Photovoltaik	h/a	920,5	876,7	818,3	869,5	849,8	849,8	856,0	853,1
7.9	Sonstige	h/a	1681,9	1463,5	2432,7	2690,4	2918,0	2697,9	2950,2	2429,3
7.10	Durchschnitt	h/a	4477,3	4314,2	4395,4	4510,8	4432,2	4286,1	4176,6	4008,0

8	Energieeinsatz zur Stromerz. n. Energieträgern									
8.1	Steinkohle	PJ	946,3	890,0	912,3	872,2	865,9	1082,2	1855,9	2081,4
8.2	Braunkohle	PJ	1334,7	1260,4	1194,9	1078,3	960,8	832,0	578,8	476,6
8.3	Heizöl	PJ	13,7	1,7	2,0	7,7	2,2	0,0	0,0	0,0
8.4	Erdgas	PJ	218,5	265,9	261,1	281,2	388,4	506,1	440,7	614,3
8.5	Kernenergie	PJ	1829,0	1858,7	1889,8	1840,0	1690,4	1238,0	521,6	0,0
8.6	Wasserkraft	PJ	68,0	70,6	74,8	77,9	79,4	81,0	82,5	84,0
8.7	Wind	PJ	15,6	29,9	46,7	62,5	74,6	87,8	104,4	121,0
8.8	Photovoltaik	PJ	0,1	0,2	0,3	0,6	1,3	2,6	3,8	5,0
8.9	Sonstige	PJ	57,4	47,6	81,3	89,2	97,3	87,2	94,4	74,0
8.10	Summe	PJ	4483,4	4424,9	4463,2	4309,5	4160,5	3916,9	3682,1	3456,2
9	Schadstoffemissionen									
9.1	CO2-Emissionen	Mio. t	274,0	263,2	249,9	232,2	220,9	233,5	273,1	293,1
9.2	CH4-Emissionen	kt								
9.3	N2O-Emissionen	kt								
9.4	THG-Emissionen	Mio. t CO2								
9.5	NOx-Emissionen	kt								
9.6	SO2-Emissionen	kt								
10	Stromgestehungskosten	Pf.98/kWh								
11	Ausstiegskosten *									
11.1	Mehrkosten	Mrd. DM98	0,0	0,0	0,0	0,0	0,0	0,0	0,0	0,0
11.2	Spezifische Mehrkosten	Pf.98/kWh	0,0	0,0	0,0	0,0	0,0	0,0	0,0	0,0
11.3	Kumulierte Mehrkosten	Mrd. DM98	0,0							
11.4	Durchschnittl. jährl. Mehrkosten	Mrd. DM98/a	0,0							
11.5	Diskont. (2000) kumul. Mehrk.	Mrd. DM98	0,0							
11.6	Extremwert d. Kostenerhöhung	Pf.98/kWh	0,0							
11.7	Durchschnittl. Kostenerhöhung	Pf.98/kWh	0,0	(kumulierte Mehrkosten / Stromproduktion im Betrachtungszeitraum)						

*

Mehrkosten des Ausstiegs, d.h. gegenüber der Referenzentwicklung.

Die Ausstiegskosten, die unter 11.1 und 11.2 ausgewiesen sind, beziehen sich auf den jeweiligen Zeitpunkt bzw. die entsprechende Zeitperiode.

Dagegen beschreiben die Werte 11.3 bis 11.7 Kosten über den gesamten Zeithorizont.

Szenario Reporting Tabelle

Modell:	**PERSEUS-ICE**
Autor:	Enzensberger / Fichtner
Institution:	Institut für Industriebetriebslehre und Industrielle Produktion (IIP), Universität Karlsruhe (TH)
Land:	Deutschland
Szenario:	**PROGNOS - Ausstieg (P25)**
Datum:	24.07.2000
KKW:	**25 Zeitjahre (Nutzungsdauer der Einzelanlagen)**
Emissionen:	**ohne Restriktion**
System:	**national**

		Einheit	1997	2000	2005	2010	2015	2020	2025	2030
1	**Demographische Rahmenannahmen**									
1.1	Bevölkerung	Mio.		entsprechend MEX I/II, angepasst an neuen Abbildungsbereich						
1.2	Anzahl der Haushalte	Mio.		entsprechend MEX I/II, angepasst an neuen Abbildungsbereich						
1.3	Anzahl der Wohnflächen	Mio. m²		entsprechend MEX I/II, angepasst an neuen Abbildungsbereich						
2	**Ökonomische Rahmenannahmen**									
2.1	Entwicklung des BIP	Mrd. DM91		entsprechend MEX I/II, angepasst an neuen Abbildungsbereich						
2.2	Abschreibungsrate	% p. a.								
3	**Energiepreise**									
3.1	Steinkohle-küstennah	DM98/GJ	2,6	2,6	2,7	2,7	2,7	2,7	2,7	2,8
3.2	Steinkohle-küstenfern	DM98/GJ	3,0	3,0	3,1	3,1	3,1	3,1	3,1	3,1
3.3	Braunkohle	DM98/GJ	3,1	3,1	3,1	3,1	3,1	3,1	3,1	3,1
3.4	Heizöl, schwer	DM98/GJ	4,5	4,6	4,8	5,0	5,4	6,0	6,6	7,3
3.5	Heizöl, leicht	DM98/GJ	9,8	9,9	10,1	10,4	11,0	11,9	12,9	14,1
3.6	Erdgas A	DM98/GJ	5,4	5,6	6,0	6,3	7,0	7,8	8,8	10,0
3.7	Erdgas B	DM98/GJ	6,2	6,5	6,9	7,4	8,3	9,3	10,5	12,0
4	**Struktur Stromnachfrage nach Sektoren**		entsprechend MEX II, angepasst an Abbildungsbereich							
	Industrie	TWh	138,0	142,7	150,5	152,7	153,5	156,0	163,4	170,6
	Kleinverbraucher, gewerbl.	TWh	154,2	157,7	163,7	167,3	170,7	173,7	177,8	181,8
	Haushalte u. übrige Nachfrage	TWh	130,4	128,6	125,6	114,9	109,8	105,4	97,4	89,3
	Summe	TWh	422,5	429,0	439,8	434,9	434,0	435,1	438,6	441,7
5	**Netto-Engpaßleistung n. Energieträgern**									
5.1	Steinkohle (inkl. Mischfeuerung)	MW	23967,3	21684,7	21238,8	20200,6	28106,4	32124,5	38294,6	37553,0
5.2	Braunkohle	MW	19673,3	20777,4	20182,5	17580,2	15757,6	13501,2	9396,9	8301,3
5.3	Heizöl	MW	10710,4	10811,4	9121,6	5838,9	4644,0	2935,0	2361,5	3469,9
5.4	Erdgas	MW	12254,0	15321,4	21819,3	31405,5	30909,3	30366,7	29434,8	30664,0
5.5	Kernenergie	MW	21009,7	21077,8	13323,5	5387,5	0,0	0,0	0,0	0,0
5.6	Wasserkraft	MW	3409,7	3538,7	3753,6	3910,3	3986,2	4067,1	4143,0	4218,8
5.7	Wind	MW	3014,8	5757,5	9074,1	12110,9	14455,4	17003,5	20218,3	23433,1
5.8	Photovoltaik	MW	32,6	57,0	97,8	195,5	423,6	847,3	1238,3	1629,3
5.9	Sonstige	MW	7027,9	6784,9	7229,2	7166,5	7278,3	7130,1	7009,5	6864,0
5.10	Summe	MW	101099,7	105810,8	105840,3	103795,9	105561,0	107975,3	112097,0	116133,3
6	**Netto-Stromerzeugung n. Energieträgern**									
6.1	Steinkohlen	TWh	110,1	105,1	134,9	138,9	193,5	219,3	254,1	252,1
6.2	Braunkohlen	TWh	127,9	125,0	120,6	111,1	100,9	88,5	64,5	54,2
6.3	Mineralöle	TWh	1,3	0,2	0,2	0,8	0,6	0,0	0,0	0,0
6.4	Naturgase	TWh	25,1	32,7	58,9	114,1	106,8	90,0	77,5	86,3
6.5	Kernenergie	TWh	155,0	157,5	105,4	44,2	0,0	0,0	0,0	0,0
6.6	Wasserkraft	TWh	17,2	17,8	18,9	19,6	20,0	20,4	20,8	21,2
6.7	Wind	TWh	4,3	8,3	13,0	17,4	20,7	24,4	29,0	33,6
6.8	Photovoltaik	TWh	0,0	0,1	0,1	0,2	0,4	0,7	1,1	1,4
6.9	Sonstige	TWh	11,8	9,9	17,0	18,5	20,1	18,9	19,6	16,8
6.10	Summe	TWh	452,7	456,4	468,9	464,7	462,9	462,3	466,6	465,6
7	**Vollaststunden n. Energieträgern**									
7.1	Steinkohlen	h/a	4592,1	4845,8	6353,0	6874,5	6884,2	6827,8	6636,2	6714,3
7.2	Braunkohlen	h/a	6500,2	6014,2	5975,5	6320,2	6400,1	6554,3	6867,2	6529,1
7.3	Mineralöle	h/a	124,2	14,8	19,7	135,3	135,7	3,4	0,0	0,0
7.4	Naturgase	h/a	2047,5	2134,3	2698,1	3634,4	3454,0	2964,8	2633,6	2815,7
7.5	Kernenergie	h/a	7375,6	7470,9	7907,9	8202,4	---	---	---	---
7.6	Wasserkraft	h/a	5029,8	5027,3	5021,9	5017,5	5017,3	5015,9	5013,3	5013,3
7.7	Wind	h/a	1439,6	1439,9	1430,4	1432,6	1434,1	1434,4	1434,3	1434,3
7.8	Photovoltaik	h/a	920,5	876,7	818,3	869,5	849,8	849,8	856,0	853,1
7.9	Sonstige	h/a	1681,9	1462,1	2354,3	2577,3	2757,5	2656,3	2800,5	2444,6
7.10	Durchschnitt	h/a	4477,3	4313,6	4430,2	4477,1	4385,1	4281,7	4162,7	4009,3

8	Energieeinsatz zur Stromerz. n. Energieträgern									
8.1	Steinkohle	PJ	946,3	889,9	1175,2	1217,4	1669,0	1844,5	2131,1	2106,7
8.2	Braunkohle	PJ	1334,7	1260,4	1194,9	1078,3	961,0	832,1	579,6	477,5
8.3	Heizöl	PJ	13,8	1,7	2,0	8,1	6,4	0,0	0,0	0,0
8.4	Erdgas	PJ	218,5	265,9	447,1	777,2	718,0	600,2	508,1	582,8
8.5	Kernenergie	PJ	1829,0	1858,6	1243,6	521,6	0,0	0,0	0,0	0,0
8.6	Wasserkraft	PJ	68,0	70,6	74,8	77,9	79,4	81,0	82,5	84,0
8.7	Wind	PJ	15,6	29,9	46,7	62,5	74,6	87,8	104,4	121,0
8.8	Photovoltaik	PJ	0,1	0,2	0,3	0,6	1,3	2,6	3,8	5,0
8.9	Sonstige	PJ	57,4	47,6	78,4	85,1	91,5	85,6	89,0	74,5
8.10	Summe	PJ	4483,4	4424,6	4262,9	3828,7	3601,1	3533,9	3498,5	3451,4
9	Schadstoffemissionen									
9.1	CO2-Emissionen	Mio. t	274,0	263,2	284,7	291,8	314,3	309,9	302,7	293,7
9.2	CH4-Emissionen	kt								
9.3	N2O-Emissionen	kt								
9.4	THG-Emissionen	Mio. t CO2								
9.5	NOx-Emissionen	kt								
9.6	SO2-Emissionen	kt								
10	Stromgestehungskosten	Pf.98/kWh								
11	Ausstiegskosten *									
11.1	Mehrkosten	Mrd. DM98	0,0	0,0	0,6	1,7	2,9	2,2	0,5	-1,1
11.2	Spezifische Mehrkosten	Pf.98/kWh	0,0	0,0	0,1	0,4	0,6	0,5	0,1	-0,2
11.3	Kumulierte Mehrkosten	Mrd. DM98	38,4							
11.4	Durchschnittl. jährl. Mehrkosten	Mrd. DM98/a	1,1							
11.5	Diskont. (2000) kumul. Mehrk.	Mrd. DM98	16,5							
11.6	Extremwert d. Kostenerhöhung	Pf.98/kWh	0,6							
11.7	Durchschnittl. Kostenerhöhung	Pf.98/kWh	0,2	(kumulierte Mehrkosten / Stromproduktion im Betrachtungszeitraum)						

* Mehrkosten des Ausstiegs, d.h. gegenüber der Referenzentwicklung.
Die Ausstiegskosten, die unter 11.1 und 11.2 ausgewiesen sind, beziehen sich auf den jeweiligen Zeitpunkt bzw. die entsprechende Zeitperiode.
Dagegen beschreiben die Werte 11.3 bis 11.7 Kosten über den gesamten Zeithorizont.

Szenario Reporting Tabelle

Modell:	PERSEUS-ICE		
Autor:	Enzensberger / Fichtner		
Institution:	Institut für Industriebetriebslehre und Industrielle Produktion (IIP), Universität Karlsruhe (TH)		
Land:	Deutschland	KKW:	25 Zeitjahre (Nutzungsdauer der Einzelanlagen)
Szenario:	PROGNOS - Trend (P25B)	Emissionen:	Emissionensvolumen wie in der Referenzentwicklung
Datum:	24.07.2000	System:	national

		Einheit	1997	2000	2005	2010	2015	2020	2025	2030
1	**Demographische Rahmenannahmen**									
1.1	Bevölkerung	Mio.		entsprechend MEX I/II, angepasst an neuen Abbildungsbereich						
1.2	Anzahl der Haushalte	Mio.		entsprechend MEX I/II, angepasst an neuen Abbildungsbereich						
1.3	Anzahl der Wohnflächen	Mio. m²		entsprechend MEX I/II, angepasst an neuen Abbildungsbereich						
2	**Ökonomische Rahmenannahmen**									
2.1	Entwicklung des BIP	Mrd. DM91		entsprechend MEX I/II, angepasst an neuen Abbildungsbereich						
2.2	Abschreibungsrate	% p. a.								
3	**Energiepreise**									
3.1	Steinkohle-küstennah	DM98/GJ	2,6	2,6	2,7	2,7	2,7	2,7	2,7	2,8
3.2	Steinkohle-küstenfern	DM98/GJ	3,0	3,0	3,1	3,1	3,1	3,1	3,1	3,1
3.3	Braunkohle	DM98/GJ	3,1	3,1	3,1	3,1	3,1	3,1	3,1	3,1
3.4	Heizöl, schwer	DM98/GJ	4,5	4,6	4,8	5,0	5,4	6,0	6,6	7,3
3.5	Heizöl, leicht	DM98/GJ	9,8	9,9	10,1	10,4	11,0	11,9	12,9	14,1
3.6	Erdgas A	DM98/GJ	5,4	5,6	6,0	6,3	7,0	7,8	8,8	10,0
3.7	Erdgas B	DM98/GJ	6,2	6,5	6,9	7,4	8,3	9,3	10,5	12,0
4	**Struktur Stromnachfrage nach Sektoren**		entsprechend MEX II, angepasst an Abbildungsbereich							
	Industrie	TWh	138,0	142,7	150,5	152,7	153,5	156,0	163,4	170,6
	Kleinverbraucher, gewerbl.	TWh	154,2	157,7	163,7	167,3	170,7	173,7	177,8	181,8
	Haushalte u. übrige Nachfrage	TWh	130,4	128,6	125,6	114,9	109,8	105,4	97,4	89,3
	Summe	TWh	422,5	429,0	439,8	434,9	434,0	435,1	438,6	441,7
5	**Netto-Engpaßleistung n. Energieträgern**									
5.1	Steinkohle (inkl. Mischfeuerung)	MW	23967,3	21684,7	20885,7	18350,5	16066,0	14320,7	25250,4	25575,1
5.2	Braunkohle	MW	19673,3	20777,4	20182,5	19069,1	18566,4	16309,9	11388,7	10293,1
5.3	Heizöl	MW	10710,4	10811,4	9121,6	5485,2	3403,4	2255,0	1616,7	1427,1
5.4	Erdgas	MW	12254,0	15321,4	25851,2	35255,6	42663,9	45135,7	43521,2	42894,4
5.5	Kernenergie	MW	21009,7	21077,8	13323,5	5387,5	0,0	0,0	0,0	0,0
5.6	Wasserkraft	MW	3409,7	3538,7	3753,6	3910,3	3986,2	4067,1	4143,0	4218,8
5.7	Wind	MW	3014,8	5757,5	9074,1	12110,9	15734,1	18092,4	21211,4	24265,5
5.8	Photovoltaik	MW	32,6	57,0	97,8	195,5	423,6	847,3	1238,3	1629,3
5.9	Sonstige	MW	7027,9	6815,2	7854,8	8032,7	8251,6	8035,5	7769,9	6876,9
5.10	Summe	MW	101099,7	105841,1	110144,7	107797,3	109095,1	109063,6	116139,5	117180,3
6	**Netto-Stromerzeugung n. Energieträgern**									
6.1	Steinkohlen	TWh	110,1	105,1	84,4	59,1	51,6	96,6	174,0	174,7
6.2	Braunkohlen	TWh	127,9	125,0	118,9	106,0	90,9	80,2	80,1	72,4
6.3	Mineralöle	TWh	1,3	0,2	0,0	0,0	0,1	0,0	0,0	0,0
6.4	Naturgase	TWh	25,1	32,5	104,4	192,0	250,0	213,2	133,6	142,6
6.5	Kernenergie	TWh	155,0	157,5	105,5	44,2	0,0	0,0	0,0	0,0
6.6	Wasserkraft	TWh	17,2	17,8	18,9	19,6	20,0	20,4	20,8	21,2
6.7	Wind	TWh	4,3	8,3	13,0	17,4	24,1	27,3	31,6	35,8
6.8	Photovoltaik	TWh	0,0	0,1	0,1	0,2	0,4	0,7	1,1	1,4
6.9	Sonstige	TWh	11,8	10,2	17,1	20,7	23,4	22,8	18,7	15,5
6.10	Summe	TWh	452,7	456,5	462,3	459,0	460,5	461,2	459,8	463,6
7	**Vollaststunden n. Energieträgern**									
7.1	Steinkohlen	h/a	4592,1	4844,4	4043,0	3219,0	3208,6	6746,2	6890,6	6832,0
7.2	Braunkohlen	h/a	6500,2	6014,2	5892,2	5556,6	4897,0	4916,0	7029,8	7035,8
7.3	Mineralöle	h/a	124,2	14,8	0,0	7,3	41,1	4,4	0,0	7,0
7.4	Naturgase	h/a	2047,5	2123,2	4038,1	5444,5	5860,5	4723,5	3069,8	3325,1
7.5	Kernenergie	h/a	7375,6	7470,9	7921,4	8202,4	---	---	---	---
7.6	Wasserkraft	h/a	5029,8	5027,3	5021,9	5017,5	5017,3	5015,9	5013,3	5013,3
7.7	Wind	h/a	1439,6	1439,9	1430,4	1432,6	1531,1	1506,2	1490,2	1474,9
7.8	Photovoltaik	h/a	920,5	876,7	818,3	869,5	849,8	849,8	856,0	853,1
7.9	Sonstige	h/a	1681,9	1495,2	2175,7	2570,7	2837,0	2842,4	2404,2	2248,1
7.10	Durchschnitt	h/a	4477,3	4313,1	4197,0	4258,1	4220,9	4228,9	3958,6	3956,2

8	Energieeinsatz zur Stromerz. n. Energieträgern									
8.1	Steinkohle	PJ	946,3	890,2	714,7	499,7	421,4	818,6	1467,9	1455,9
8.2	Braunkohle	PJ	1334,7	1260,4	1170,8	995,6	823,2	711,3	715,2	637,6
8.3	Heizöl	PJ	13,8	1,7	0,0	0,3	0,9	0,1	0,0	0,0
8.4	Erdgas	PJ	218,5	264,7	727,1	1261,0	1616,2	1382,9	861,3	925,2
8.5	Kernenergie	PJ	1829,0	1858,7	1245,7	521,6	0,0	0,0	0,0	0,0
8.6	Wasserkraft	PJ	68,0	70,6	74,8	77,9	79,4	81,0	82,5	84,0
8.7	Wind	PJ	15,6	29,9	46,7	62,5	86,7	98,1	113,8	128,9
8.8	Photovoltaik	PJ	0,1	0,2	0,3	0,6	1,3	2,6	3,8	5,0
8.9	Sonstige	PJ	57,4	48,7	74,5	90,7	103,8	101,3	80,6	67,6
8.10	Summe	PJ	4483,4	4425,0	4054,6	3509,8	3133,0	3195,9	3325,0	3304,2
9	Schadstoffemissionen									
9.1	CO2-Emissionen	Mio. t	274,0	263,0	249,9	232,2	220,9	233,5	267,7	264,8
9.2	CH4-Emissionen	kt								
9.3	N2O-Emissionen	kt								
9.4	THG-Emissionen	Mio. t CO2								
9.5	NOx-Emissionen	kt								
9.6	SO2-Emissionen	kt								
10	Stromgestehungskosten	Pf.98/kWh								
11	Ausstiegskosten *									
11.1	Mehrkosten	Mrd. DM98	0,0	0,0	1,1	2,8	4,7	3,6	1,1	-0,9
11.2	Spezifische Mehrkosten	Pf.98/kWh	0,0	0,0	0,2	0,6	1,0	0,8	0,2	-0,2
11.3	Kumulierte Mehrkosten	Mrd. DM98	65,3							
11.4	Durchschnittl. jährl. Mehrkosten	Mrd. DM98/a	1,9							
11.5	Diskont. (2000) kumul. Mehrk.	Mrd. DM98	28,0							
11.6	Extremwert d. Kostenerhöhung	Pf.98/kWh	1,0							
11.7	Durchschnittl. Kostenerhöhung	Pf.98/kWh	0,4	(kumulierte Mehrkosten / Stromproduktion im Betrachtungszeitraum)						

*

Mehrkosten des Ausstiegs, d.h. gegenüber der Referenzentwicklung.

Die Ausstiegskosten, die unter 11.1 und 11.2 ausgewiesen sind, beziehen sich auf den jeweiligen Zeitpunkt bzw. die entsprechende Zeitperiode.

Dagegen beschreiben die Werte 11.3 bis 11.7 Kosten über den gesamten Zeithorizont.

4 TIMES-GES

Uwe Remme, Ulrich Fahl

Institut für Energiewirtschaft und Rationelle Energieanwendung (IER), Universität Stuttgart

4.1 Einleitung

Im Rahmen des Modellexperiments II wurde der Modellgenerator TIMES[32] zur Untersuchung der Auswirkungen eines Kernenergieausstiegs auf den Stromerzeugungssektor in Deutschland verwendet.

TIMES ist ein prozessanalytisches, dynamisches Optimierungsmodell und wurde innerhalb einer Arbeitsgruppe des Energy Technology Systems Analysis Programme's (ETSAP) der International Energy Agency (IEA) entwickelt /Goldstein u. a./. Ziel bei der Entwicklung war es, die Stärken bestehender Energiesystemmodelle wie MARKAL und E^3Net bzw. EFOM in einem Ansatz zu vereinen und gleichzeitig existierende Schwächen in diesen Modellansätzen, beispielsweise keine regionale Auflösung in MARKAL oder beschränkte unterjährige Auflösung in EFOM, zu beseitigen. TIMES selbst stellt ein allgemeines Modellschemata für Energiesysteme dar, die durch ein generisches Gleichungssystem beschrieben werden können. Durch fallstudienspezifische Informationen (z. B. technologische Struktur des Energiesystems, zeitliche und räumliche Auflösung, technisch-ökonomische Daten) lässt sich das Modell eines konkreten Energiesystems mit TIMES generieren. TIMES kann somit als ein Modellgenerator verstanden werden. Er wurde in der gleichungsorientierten Modellierungsumgebung GAMS[33] implementiert. Eine Anbindung von TIMES an das am IER entwickelte Planungsinstrumentarium MESAP[34] zur Modelldefinition, Dateneingabe und Ergebnisanalyse ist prototypisch umgesetzt.

Das mit TIMES entwickelte Strommodell TIMES-GES (German Electricity Supply Model) dient zur Untersuchung des Stromerzeugungssektors in Deutschland für den Zeitraum von 1995-2030. Der existierende Kraftwerkspark zur Strom- und Fernwärmeerzeugung ist detailliert durch Technologietypen im Mo-

---

32 The Integrated MARKAL EFOM System

33 General Algebraic Modelling System

34 Modulare Energie- SystemAnalyse und -Planung

dell abgebildet. Um insbesondere die Effekte und Auswirkungen eines Kernenergieausstiegs in Deutschland zu analysieren, werden die Kernkraftwerke im Modell jeweils blockweise abgebildet. Des Weiteren ist zur Untersuchung des Stromaustausches zwischen den Bundesländern sowie des Brennstofftransports der deutsche Kraftwerkspark in sieben Regionen gegliedert, die durch Austauschprozesse miteinander gekoppelt sind.

Die Optimierung des Kraftwerksparks hinsichtlich einer Minimierung der anfallenden Gesamtkosten zur Strom- und Fernwärmebereitstellung liefert durch eventuelle Kraftwerkszubauentscheidungen die zukünftige technologische Ausgestaltung des Stromerzeugungssektors sowie dessen Brennstoffverbrauch differenziert nach Energieträgern. Eingangsgrößen in das Modell sind dabei neben den technisch-ökonomischen Daten der Kraftwerkstechnologien die vorgegebene Nachfrage an Strom differenziert nach Lastbereichen, der zu erwartende Fernwärmebedarf und die Brennstoffpreise frei Kraftwerk.

Gemäß der harmonisierten Fallstudie wurden folgende Basisszenarien für die aus dem Modellexperiment I des Forums /Forum 1999/ übernommene Entwicklung der Brennstoffpreise (FORUM Preispfad) gerechnet:

- Basisentwicklung (40 Zeitjahre Nutzung der bestehenden Kernkraftwerke und keine CO_2-Minderungsvorgabe),
- Ausstieg nach 25 Zeitjahren Nutzung der Kernenergie ohne CO_2-Emissionsbeschränkung,
- Ausstieg nach 25 Zeitjahren Nutzung der bestehenden Kernkraftwerke und CO_2-Emissionsniveau entsprechend der Basisentwicklung,
- Ausstieg nach 25 Zeitjahren Nutzung der bestehenden Kernkraftwerke und CO_2-Minderung im Stromsektor in Anlehnung an Kyoto,
- Ausstieg nach 25 Zeitjahren Nutzung der bestehenden Kernkraftwerke und einem gegenüber Kyoto verschärften Minderungspfad.

Daneben wurden dieselben Szenarien mit einem Preispfad in Anlehnung an die Prognos/EWI-Studie „Die längerfristige Entwicklung der Energiemärkte im Zeichen von Wettbewerb und Umwelt“ /Prognos/EWI 1999/ berechnet. Weiterhin wurden noch Rechnungen für folgende freiwillige Szenariovarianten mit FORUM Preisen durchgeführt:

- Variation des Stromverbrauchs,
- Pool 30 Jahre, d. h. Beschränkung der insgesamt von allen Kernkraftwerken erzeugten Nettostrommenge, die sich unter der Annahme einer Nutzung jedes Kernkraftwerkes von 30 Volllastjahren ergibt,
- Nutzung der Kernenergie 40 Zeitjahre und CO_2-Minderung im Stromsektor in Anlehnung an Kyoto,

- Nutzung der Kernenergie 40 Zeitjahre sowie Möglichkeit des Zubaus der Kernenergie ab 2015 und CO_2-Minderung im Stromsektor in Anlehnung an Kyoto.

Schließlich wurden das Basisszenario und die Ausstiegsszenarien noch mit ab dem Jahr 2000 konstanten FORUM Energieträgerpreisen gerechnet.

4.2 Methodischer Ansatz

TIMES ist ein prozessanalytisches, dynamisches Modellschemata, mit dem ein Energiesystem technologisch detailliert als ein Netzwerk von Prozessen (z. B. Kraftwerkstypen) und Gütern (Energieträgern, -formen, Material) abgebildet wird. Mit Hilfe eines solchen flexiblen Modellansatzes lassen sich gesamte Energiesysteme vom Primärenergieträger bis zur Energiedienstleistung aber auch nur einzelne Sektoren, wie der Strom- und Fernwärmeerzeugungssektor, technologisch detailliert abbilden. Bei dem hier im Modell unterstellten linearen Optimierungsansatz wird das Energiesystem durch lineare Gleichungen mathematisch beschrieben und hinsichtlich einer Zielfunktion optimiert. In den Fällen, in denen eine kostenoptimale Lösung gesucht wird, beschreibt die Zielfunktion die gesamten Kosten des Energiesystems im betrachteten Zeitraum. Durch Angabe von Rahmenbedingungen lassen sich dann unterschiedliche Fragestellungen formulieren, beispielsweise die kostengünstigste Umsetzung von Treibhausgasminderungszielen, die kostenoptimale Beschaffungsplanung von Energieversorgungsunternehmen unter Einhaltung technischer und ökologischer Restriktionen. Vorgegeben werden bei der Optimierung in der Regel der anfängliche Anlagenbestand, die zukünftige Entwicklung der Einstandspreise und der Energienachfrage sowie die die Technologien und Güter charakterisierenden Parameter. Als Ergebnis des Optimierungslaufs erhält man die Ausgestaltung des Technologiebestands, d. h. Art und Umfang der Technologien, und den benötigten Energieeinsatz, differenziert nach Energieträger. Es ist zu beachten, dass davon ausgegangen wird, dass die zukünftige Entwicklung der Rahmenannahmen (Energiepreise, Energienachfrage) vollständig bekannt ist (vollständige Voraussicht). Da die Ergebnisse der linearen Optimierung unter Umständen aber sehr sensitiv gegenüber diesen Annahmen sein können, sind Szenariorechnungen bzw. Sensitivitätsanalysen, die verschiedene zukünftige Entwicklungen beschreiben, notwendig, um eine Bandbreite von möglichen Lösungen bzw. zu erwartenden Kosten aufzuzeigen.

Zu den Charakteristika des mit TIMES verwirklichten Modellansatzes zählen:

- prozessorientierte Abbildung des Referenzenergiesystems,
- beliebige Anzahl von Prozessen,
- flexible Prozessmodellierung durch güter- und prozessspezifische Wirkungsgrade,

- beliebige Anzahl von Perioden und variable Periodenlängen,
- beliebige unterjährige zeitliche Auflösung auf bis zu drei Zeitsegmentebenen,
- Verwendung von Austauschprozessen zwischen Regionen zur Kopplung regionaler Modelle und zur Modellierung von Handelsvorgängen zwischen Regionen, wie z. B. Strom- oder CO_2-Emissionszertifikatehandel,
- Differenzierung innerhalb einer Technologie durch Spezifizierung des Baujahres,
- Option zur Verwendung preiselastischer Nachfragekurven,
- Möglichkeit zur Formulierung stochastischer Optimierungsprobleme,
- detaillierte Darstellung von Investitions- und Stilllegungsmaßnahmen in der Zielfunktion.

Einige der Eigenschaften von TIMES sollen im folgenden näher erläutert werden.

4.2.1 Zeitliche Auflösung

Der Modellzeitraum besteht in der Regel aus mehreren Jahrzehnten, die in Perioden unterteilt werden. Die Anzahl und Dauer der Perioden kann vom Benutzer beliebig gewählt werden. Die Modellgrößen repräsentieren hierbei jährliche Durchschnittswerte der betrachteten Periode. Dieses Durchschnittsjahr lässt sich zeitlich weiter in beliebig viele Zeitsegmente auf bis zu drei Zeitsegmentebenen (saisonal, wöchentlich, täglich) aufteilen, um so z. B. jahreszeitliche Schwankungen im Energiebedarf (z. B. Lastkurven der Stromnachfrage) abbilden zu können. Die einzelnen Prozesse und Güter im Modell können dabei auf jeweils unterschiedlichen Zeitsegmentebenen modelliert werden.

4.2.2 Berücksichtigung der Altersstruktur

Vielfach haben die die Prozesse beschreibenden Gleichungen und Attribute nur die Periode als Zeitindex, was bedeutet, dass die gesamte in dieser Periode existierende Kapazität einer bestimmten Technologie beispielsweise durch denselben Wirkungsgrad beschrieben wird. Dabei wird jedoch vernachlässigt, dass Anlagen älteren Baujahres häufig einen geringeren Wirkungsgrad als Neuanlagen aufweisen. In der mathematischen Formulierung des TIMES Modells werden daher die Prozessgleichungen um einen die Zubauperiode beschreibenden Index ergänzt. Hiermit lässt sich der vorhandene Anlagenbestand einer Technologie unter Berücksichtigung seiner Altersstruktur differenzieren. Diese Unterscheidung der Technologien nach Baujahr ist nicht auf im Modellzeitraum zugebaute Anlagen beschränkt, sondern kann auch auf bereits bestehende Anlagen angewandt werden.

4.2.3 Regionale Disaggregation

Ein TIMES Modell kann sich aus verschiedenen Regionen zusammensetzen. Die verschiedenen Modellregionen sind durch regionale Austauschprozesse miteinander verbunden, die zur Abbildung abstrakter Handelsvorgänge, wie Emissionszertifikatshandel, oder zur Beschreibung physischer Transportleitungen, wie das Stromnetz, verwendet werden können (Abbildung 4-1).

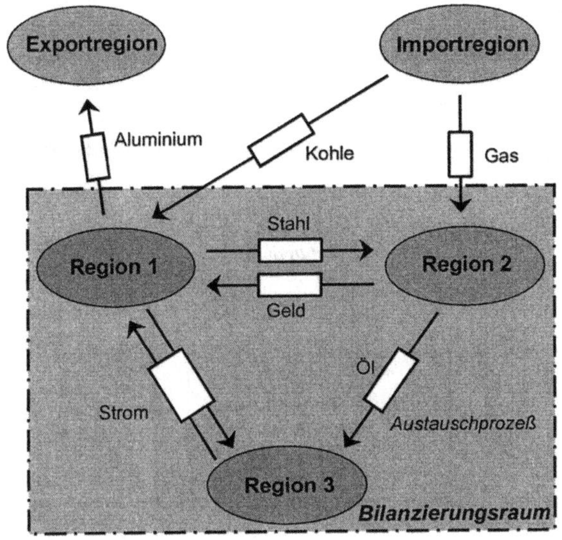

Abbildung 4–1: Austausch von Gütern zwischen Regionen

4.2.4 Zielfunktion

Das Optimierungsziel in TIMES besteht in der Minimierung der auf ein Basisjahr abdiskontierten jährlichen Kosten. Als Kostenterme gehen dabei Investitionen, Steuern, fixe und variable Betriebskosten, Bewachungs- und Stilllegungskosten in die Zielfunktion ein. Zusätzlich besteht die Möglichkeit, Exporterlöse und Subventionen als Gutschrift in der Zielfunktion zu berücksichtigen.

Weiterhin kann zwischen einer allgemeinen und einer sektorspezifischen Diskontrate, die widerspiegelt, dass z. B. private Haushalte eine andere Erwartung an die Amortisierung einer Investition als Industriebetriebe stellen, unterschieden werden. Schließlich kann noch eine von der technischen Lebensdauer abweichende Abschreibungsdauer spezifiziert werden.

Einer Investition, deren Lebensdauer über das Ende des Modellzeitraums hinausgeht, wird ein Restwert für den ungenutzten Teil der technischen Lebensdauer zugewiesen. Dieser Restwert erscheint als Gutschrift in der Zielfunktion, während gleichzeitig auch die über den Modellzeitraum hinausgehenden annuisierten Investitionen als Kosten in der Zielfunktion erscheinen. Stimmen technische Lebensdauer und Abschreibungsdauer sowie allgemeine und sektorspezifische Diskontrate überein, heben sich diese Kosten und der Restwert gegenseitig auf. Ist die Abschreibungsdauer beispielsweise jedoch kürzer als die Lebensdauer, übersteigt der Restwert die nach dem Ende des Modellzeitraums anfallenden Kosten, so dass im Saldo dieser beiden Terme eine Gutschrift in der Zielfunktion erscheint. Bei einer reiner Betrachtung der nur innerhalb des Modellzeitraums anfallenden Kosten würde die Investition dagegen im Vergleich zu anderen Versorgungsoptionen, wie dem Stromimport, durch die Vernachlässigung des Restwertes verteuert.

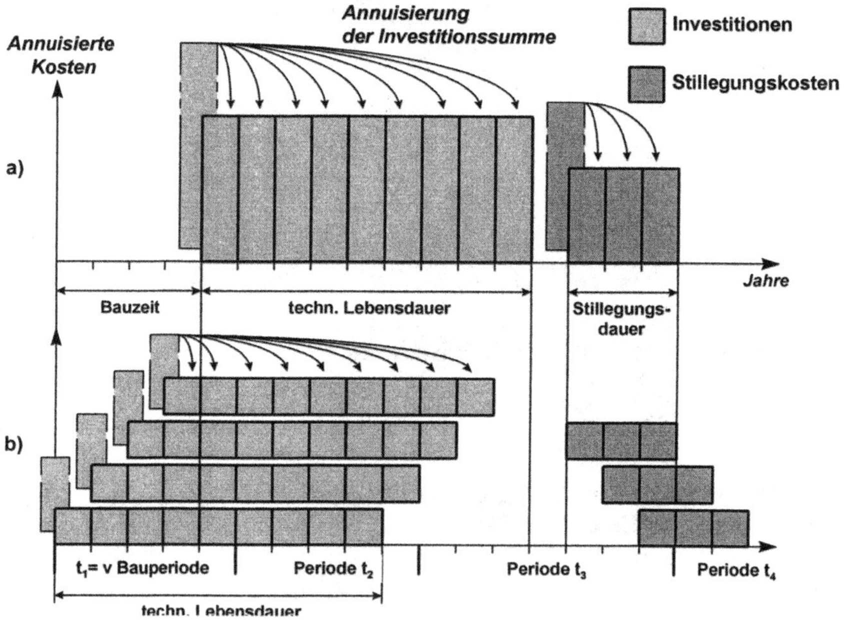

Abbildung 4–2: Ermittlung der annuisierten Investitionen in TIMES (b) im Vergleich zu bisherigen Ansätzen (a)

Bei der Behandlung von Investitionen werden in der Zielfunktion abhängig von der Länge der Bauzeit und abhängig von dem Verhältnis der Lebens- zur Periodendauer verschiedene Investitionsfälle unterschieden. Dabei handelt es sich zum einen um Investitionen von Technologien mit einer sehr kurzen oder keiner relevanten Bauzeit, wie z. B. Kraftfahrzeuge, und zum anderen um Investitionen mit einer relevanten Bauzeit, wie z. B. dem Bau eines Kraftwerkes. Im ersten Fall wird in der Zielfunktion berücksichtigt, dass sich beispielsweise der Fahrzeugbestand nicht schlagartig sondern kontinuierlich ändert. Die Investitionssumme wird daher gleichmäßig über einen gewissen Zeitraum verteilt. Bei Investitionen, die in die zweite Kategorie fallen, wird der Tatsache Rechnung getragen, dass die Abschreibung der Investitionssumme nicht erst mit der Inbetriebnahme sondern schon während der Bauphase beginnt. Hierzu nimmt man im Modell an, dass die Gesamtinvestition in gleich große Einzelinvestitionen aufgeteilt und auf die Baujahre verteilt wird. Diese Einzelinvestitionen werden wiederum über der technischen Lebensdauer abgeschrieben. Durch diese Verteilung der Investition auf die Bauzeit sowie der separaten Annuisierung dieser Einzelinvestitionen wird ein mehr der Realität entsprechender Kostenverlauf erreicht (Abbildung 4-2).

4.3 Modelltopologie und datentechnische Fundierung

Im Folgenden werden die zugrunde gelegte Modelltopologie, also die regionale und zeitliche Modellstruktur, und die unterstellten technisch-ökonomischen Daten näher erläutert.

4.3.1 Modelltopologie

Das mit TIMES erstellte Strommodell dient zur Untersuchung des Stromerzeugungssektors in Deutschland für den Zeitraum von 1995-2030. Das Modell besteht aus 7 Regionen (Abbildung 4-3). Dies sind zum einen fünf Regionen mit Kernenergieerzeugung, nämlich Baden-Württemberg (BW), Bayern (BY), Hessen (HS), Niedersachsen einschließlich Hamburg und Bremen (NS) sowie Schleswig-Holstein (SH), zum anderen die Bundesländer ohne Kernenergieerzeugung: Nordrhein-Westfalen, Rheinland-Pfalz und Saarland zusammengefasst zu einer Region Rest Westdeutschland (RW) sowie die fünf ostdeutschen Bundesländer einschließlich Berlin zusammengefasst in der Region Rest Ostdeutschland (RO).

Zur Abbildung des Stromaustausches mit dem Ausland, der entsprechend der harmonisierten Rahmenannahmen im Saldo Null ergibt, sind zusätzlich noch die Nachbarländer als Import- bzw. Exportregionen abgebildet. Die verschiedenen internen Regionen sind durch Austauschprozesse für Strom, Stein- und Braunkohle gekoppelt, so dass der Stromaustausch und der Transport der Kohlen mit dem Modell analysiert werden können.

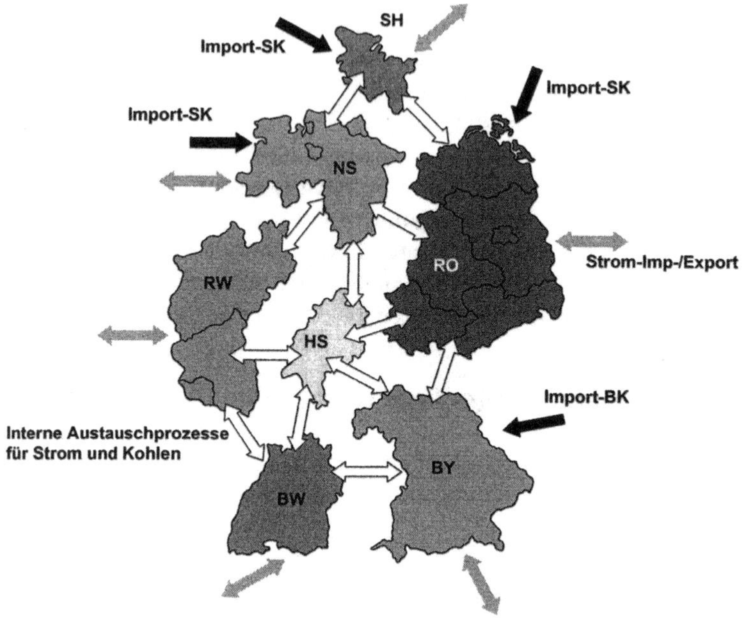

Abbildung 4–3: Modellregionen und Austauschprozesse

Der betrachtete Modellzeitraum von 1995-2030 ist in 10 Zeitperioden eingeteilt, wobei es sich bei den ersten vier Perioden um Einjahresperioden handelt, während die übrigen Perioden eine Dauer von drei Jahren besitzen. Zur Abbildung vereinfachter Jahresganglinien der Strom- und Wärmenachfrage ist das durch die Periode symbolisierte Durchschnittsjahr in die vier Zeitsegmente Winter-Tag, Winter-Nacht, Sommer-Tag und Sommer-Nacht eingeteilt. Weiterhin wurden eine Reservehaltung von 16 % der Nettoengpassleitung und ein Höchstlastfaktor von 14 % im Zeitsegment der Höchstlast angenommen.

Im Modell ist der existierende Kraftwerkspark zur Strom- und Fernwärmeerzeugung in jeder Region detailliert durch ca. 180 Prozesse repräsentiert. Bei der Stromerzeugung wird zwischen Hoch-, Mittel- und Niederspannung differenziert, so dass die Kosten für den Betrieb und den Ausbau der drei Spannungsnetze getrennt bilanziert werden können, um so beispielsweise eine eventuell auftretende Entlastung des Hochspannnungsnetzes durch verstärkte Einspeisung regenerativer Energiequellen in das Mittel- und Niederspannungsnetz berücksichtigen zu können. Bei der Wärmeerzeugung wird zwischen Fern- und Nahwärme unterschieden. Um insbesondere die Effekte und Auswirkungen eines Kernenergieausstiegs zu analysieren, werden die 19 Kernkraftwerke in Deutschland im Modell jeweils durch einzelne Prozesse mit individuellen Kostenparametern abgebildet. Emissionsseitig werden die Schadstoffe CO_2, CH_4, N_2O, NMKW, SO_2, NO_x und CO bilanziert.

4.3.2 Datentechnische Fundierung

Zu den Eingangsgrößen des Modells, die exogen vorgegeben werden müssen, gehören der heutige Kraftwerksbestand und dessen Altersstruktur, die zukünftige Entwicklung der Einstandspreise, die prognostizierte Strom- und Wärmenachfrage in jeder Region sowie die technisch-ökonomischen Daten der Technologien und Energieträger.

Für die Entwicklung der Energieträgerpreise und der Stromnachfrage sowie für den Reservefaktor und die zukünftigen energiepolitischen Rahmenannahmen bezüglich der Stein- und Braunkohle wurden die im Rahmen des Experimentes harmonisierten Annahmen zugrunde gelegt. Die Entwicklung des Fern- und Nahwärmeverbrauchs in Deutschland, die weiter für die sieben Modellregionen disaggregiert ist, zeigt Tabelle 4-1.

Tabelle 4–1: Nah- und Fernwärmeverbrauch in PJ in Deutschland

In PJ	2000	2005	2010	2015	2020	2025	2030
Nahwärme	30	31	33	34	34	35	36
Fernwärme	309	290	285	268	250	237	224

Die technisch-ökonomischen Daten der Kraftwerke entstammen weitgehend der IKARUS-Datenbank. Die angenommene Sterbelinie des Kraftwerksparks beruht auf einer IER-internen Kraftwerksdatenbank. Einsparmaßnahmen werden in der derzeitigen Modellversion nicht berücksichtigt. Weiterhin wird nur die öffentliche Erzeugung betrachtet, was mit Blick auf die Kernenergie durch die Beteiligung der Deutschen Bahn an den Kernkraftwerken Neckar I und II zu einer um 370 MW niedrigeren Nettoengpassleistung führt. Zur Kalibrierung des Modells wurde das Jahr 1997 verwendet. Zur Abdiskontierung wurde eine für alle Sektoren einheitliche reale Diskontrate von 5 % gewählt. Für die Abschreibungsdauer der Investitionen wurden in der Regel 17 Jahre angesetzt.

4.4 Modellergebnisse der Fallstudie

Im folgenden werden die Ergebnisse der Szenariorechnungen erläutert. Hierbei werden zunächst die elektrizitätswirtschaftlichen, kostenseitigen und ökologischen Effekte eines Kernenergieausstiegs für zwei Entwicklungspfade der zukünftigen Brennstoffpreise analysiert (Abschnitt 4.4.1.1 und 4.4.1.2). Der Preispfad FORUM entspricht der im ersten Modellexperiment /Forum 1999/ unterstellten Entwicklung der Primärenergieträgerpreise, während der Preispfad PROGNOS auf der in der neuesten Studie im Auftrag des BMWi /Prognos/EWI 1999/

angenommenen Entwicklung beruht. Das Preisniveau frei Kraftwerk bei PROGNOS ist für alle Energieträger außer dem Heizöl niedriger als beim FORUM. Während bei PROGNOS der Steinkohlepreis mit einem jährlichen Zuwachs von 0,26 % nahezu konstant ist, steigt er beim FORUM Preispfad mit 1,01 % pro Jahr an. Der Verlauf des Erdgaspreises bei PROGNOS beginnt im Jahr 2000 von einem niedrigeren Ausgangsniveau, die Wachstumsraten bei PROGNOS sind in den Folgejahren aber höher als beim FORUM Gaspreis. Insgesamt liegt jedoch im gesamten Betrachtungszeitraum der PROGNOS Gaspreis unter dem FORUM Gaspreis.

Für beide Preishypothesen werden jeweils fünf Szenarien untersucht. In dem sogenannten Basisszenario (F40 bzw. P40) wird von einer Nutzung der bestehenden Kernkraftwerke von 40 Zeitjahren ausgegangen und keine gezielte CO_2-Minderung verlangt. Die übrigen vier Szenarien, in denen die Nutzung der bestehenden Kernkraftwerke auf 25 Zeitjahre beschränkt ist, unterscheiden sich hinsichtlich der geforderten CO_2-Minderung. Auf diese Weise lässt sich der Zielkonflikt zwischen einem Kernenergieverzicht und dem gleichzeitigen Schutz des Klimas veranschaulichen und kostenmäßig bewerten. Es werden dabei folgende Ausstiegsvarianten untersucht:

- 25 Zeitjahre Nutzung der bestehenden Kernkraftwerke ohne CO_2-Minderung (F25, P25),
- 25 Zeitjahre Nutzung der bestehenden Kernkraftwerke und CO_2-Minderung entsprechend der Basisentwicklung (F25B, P25B),
- 25 Zeitjahre Nutzung der bestehenden Kernkraftwerke und CO_2-Minderung im Stromsektor in Anlehnung an das Kyoto-Ziel einer 21 %igen CO_2-Minderung in 2010 gegenüber 1990 (F25K, P25K),
- 25 Zeitjahre Nutzung der bestehenden Kernkraftwerke und einem gegenüber Kyoto verschärften Minderungspfad auf 28 % in 2010 (F25S, P25S).

Der gegenüber Kyoto verschärfte Minderungspfad im letzten Szenario trägt den Ergebnissen der Energiesystemmodellen Rechnung, wo die CO_2-Minderung im Strom- und Fernwärmeerzeugungssektor kostengünstiger als in den übrigen Sektoren ist, d. h. bei Betrachtung des gesamten Energiesystems würden diese Sektor überproportional zum Erreichen des Kyoto-Ziels beitragen.

Im Anschluss an die Diskussion der beiden Basisentwicklungen werden in Abschnitt 4.4.4 Ergebnisse von Variationen bezüglich des Stromverbrauchs, der Energieträgerpreise und der Nutzung der Kernenergie dargestellt.

4.4.1 Elektrizitätswirtschaftliche und energieseitige Effekte

4.4.1.1 FORUM Preispfad

In Abbildung 4-4 ist die Entwicklung der Nettoengpassleistung der Strom- und Fernwärmeversorgung der allgemeinen Versorgung bei einem Preispfad gemäß FORUM über der Zeit dargestellt. Im Basisszenario (F40) werden die außer Betrieb gehenden Kernkraftwerke weitestgehend durch Steinkohle ersetzt. Gegen Ende des Betrachtungszeitraums im Jahr 2030, in dem keine Kernkraftwerke mehr im Betrieb sind, besitzt die Steinkohle einen Anteil von 56 % an der Nettostromerzeugung. Die Leistung der Gaskraftwerke sinkt bis zum Jahr 2015 auf 2750 MW ab. In der Folgezeit steigt die Kapazität durch den Zubau von Erdgas-GuD Kraftwerken bis auf 9636 MW im Jahr 2030 an. Die Stromerzeugung aus Braunkohle nimmt kontinuierlich ab. Jedoch kommt es zu Ersatzinvestitionen von Braunkohlekraftwerken in Höhe von 9200 MW, um die vorgegebene Mindestmenge der Braunkohlenutzung gewährleisten zu können.

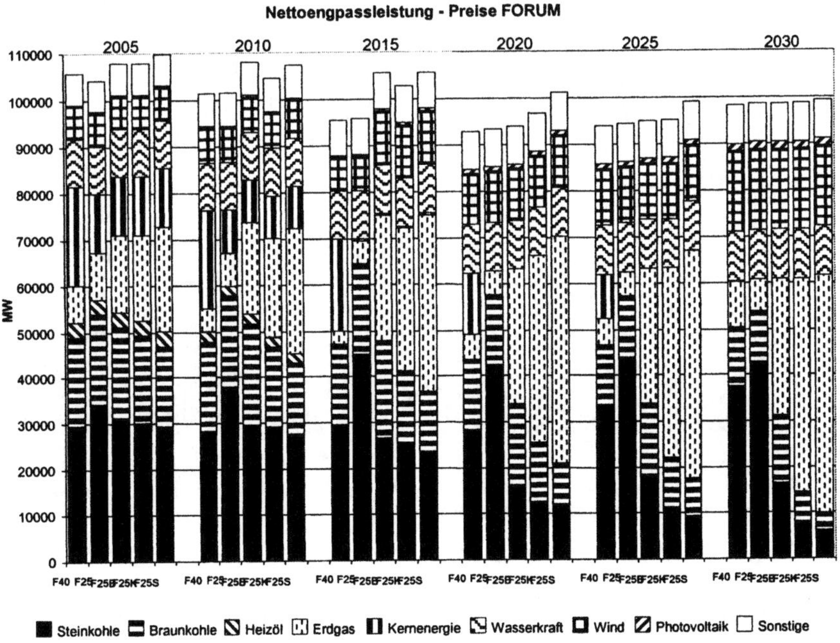

Abbildung 4–4: Nettoengpassleistung bei Energieträgerpreisen gemäß FORUM

Bei einem Ausstieg aus der Kernenergie nach 25 Zeitjahren geht das Kraftwerk Neckarwestheim 2 als letztes Kernkraftwerk 2014 außer Betrieb. Im Ausstiegsszenario ohne CO_2-Minderung (F25) erfolgt der Ersatz der Kernkraft fast ausschließlich durch Steinkohle. Im Jahr 2030 ergibt sich dann eine ähnliche Erzeugungsstruktur wie im Basisszenario, wobei der Anteil der Steinkohle an der Stromerzeugung auf Kosten der Braunkohle und des Erdgases auf 62 % ansteigt (Abbildung 4-5).

Unterstellt man bei einem Ausstieg denselben CO_2-Emissionspfad wie im Basisszenario, erfolgt der Ersatz nicht durch Steinkohle sondern durch Erdgas und im geringen Umfang durch Braunkohle. Die Stromerzeugung aus Erdgas besitzt gegen Ende des Modellzeitraums einen Anteil von 43 % an der Stromerzeugung, während der Anteil von Braunkohle und Steinkohle zusammen 42 % beträgt. Weiterhin ist zu beobachten, dass ein Zubau von Windkraftwerken in Höhe von ca. 4000 MW im Minderungsfall bereits 2015 erfolgt, während im Ausstiegsfall ohne Minderung erst 2020 ein vergleichbarer Anstieg der Windkapazität zu verzeichnen ist. Die übrigen regenerativen Energieträger spielen aufgrund ihrer hohen Kosten gegenüber konventionellen Technologien keine Rolle und werden nur entsprechend der vorgegebenen Mindesterzeugungsmengen genutzt.

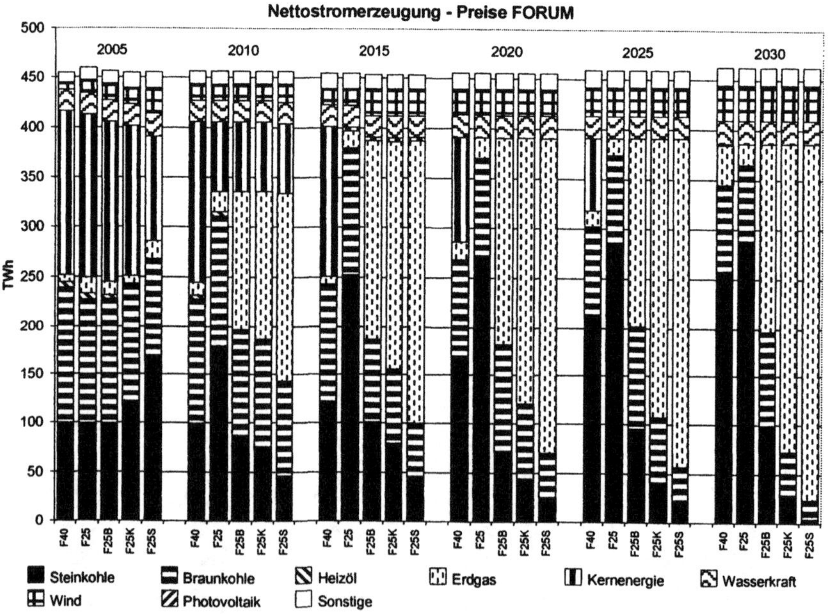

Abbildung 4–5: Nettostromerzeugung bei Energieträgerpreisen gemäß FORUM

Die Forderung einer CO_2-Minderung gemäß Kyoto im Szenario F25K führt beim FORUM Preispfad dazu, dass nicht nur außer Betrieb gehende Kernkraftwerke, sondern nun zum Teil auch Steinkohle- und Braunkohlekraftwerke durch Erdgaskraftwerke ersetzt werden. Bei verschärfter CO_2-Minderung im Szenario F25S verstärkt sich dieser Effekt noch so weit, dass sogar noch verfügbare Steinkohlekraftwerke durch Gaskraftwerke ersetzt werden, was eine im Vergleich zu den Szenarien F40 und F25 zwischenzeitlich höhere Gesamt-Nettoengpassleistung zur

Folge hat. Derselbe Effekt verursacht auch in den anderen beiden Minderungsszenarien F25B und F25K eine Erhöhung der insgesamt installierten Kapazität zwischen 2010 und 2015. Gegen Ende des Betrachtungszeitraumes haben sich die Nettoengpassleistungen in den verschiedenen Szenarien jedoch wieder auf einem Niveau von 98000 MW angeglichen. In allen Szenarien werden also bei einem nahezu konstanten Stromverbrauch vorhandene Überkapazitäten in Höhe von ca. 13000 MW abgebaut. Die Änderung der Nettostromerzeugung gegenüber dem Basisszenario ist in Abbildung 4-6 dargestellt.

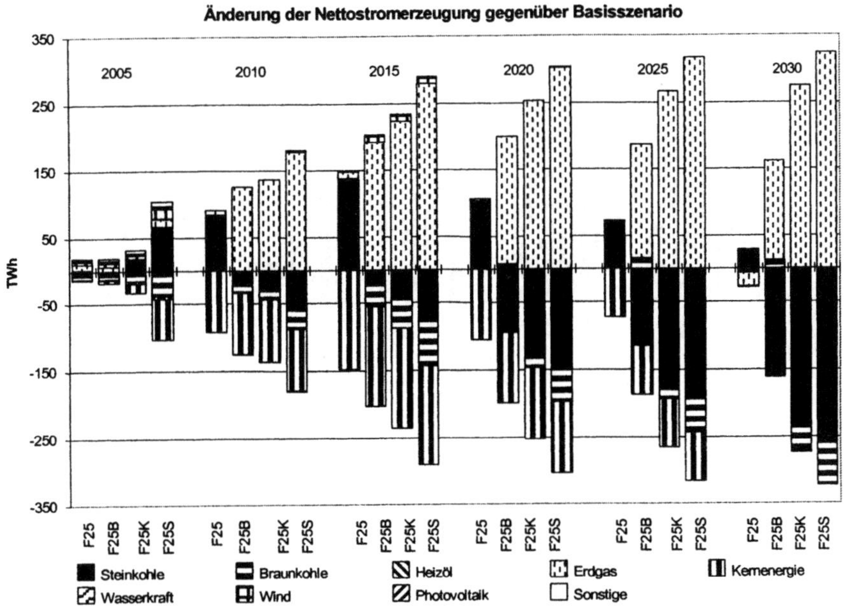

Abbildung 4–6: Änderung der Nettostromerzeugung in den Ausstiegsszenarien relativ zur Basisentwicklung

4.4.1.2 PROGNOS Preispfad

In Abbildung 4-7 ist die Entwicklung der Nettoengpassleistung für den Preispfad nach PROGNOS wiedergegeben. Im Basisszenario (P40) ist die Nettoleistung der Steinkohlekraftwerke im Jahr 2030 auf Kosten der Braunkohlekraftwerke um ca. 5000 MW höher als im Basisszenario mit FORUM Brennstoffpreisen. Dies lässt sich dadurch erklären, dass die Differenz zwischen den FORUM und PROGNOS Energieträgerpreisen für Steinkohle deutlich höher ist als für Braunkohle, so dass Steinkohle im Preisgefüge nach PROGNOS relativ gesehen günstiger ist als bei den FORUM Brennstoffpreisen.

Im Ausstiegsszenario P25 sind die Ergebnisse bei PROGNOS und FORUM Preisen sehr ähnlich, wobei auch hier wieder im PROGNOS Szenario gegen Ende des Betrachtungszeitraumes die Steinkohle gegenüber der Braunkohle stärker bevorzugt wird als im entsprechenden FORUM Szenario (Abbildung 4-8).

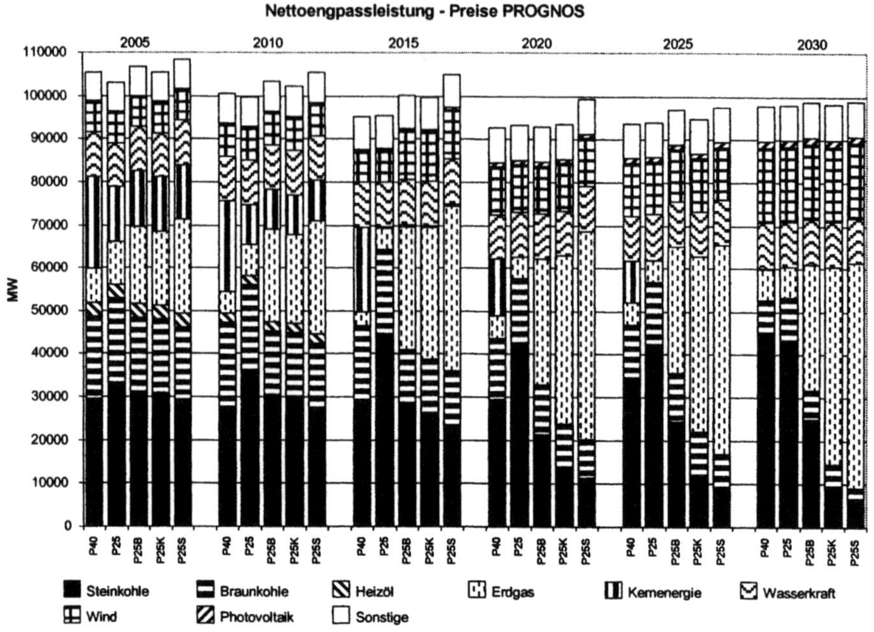

Abbildung 4–7: Nettoengpassleistung bei Energieträgerpreisen gemäß PROGNOS

In den Minderungsszenarien ergibt sich bei PROGNOS Preisen bis auf den angesprochenen stärkeren Einsatz der Steinkohle ein ähnliches Bild wie im FORUM Fall. Auch hier wird die Kernenergie durch Erdgas ersetzt und mit zunehmender CO_2-Minderung werden auch außer Betrieb gehende Stein- und Braunkohlekraftwerke durch Erdgas-GuD Kraftwerke ersetzt.

4.4.2 Kostenwirkungen

Die Kostenwirkungen eines Kernenergieausstiegs lassen sich aus dem Vergleich der Gesamtkosten der Ausstiegsszenarien mit der jeweiligen Basisentwicklung ermitteln. Die entsprechenden Mehrkosten eines Ausstiegs sind in Tabelle 4-2 für die FORUM und PROGNOS Preispfade aufgeführt. Die Ausstiegskosten der PROGNOS-Szenarien sind bedingt durch die günstigeren Brennstoffpreise deutlich niedriger als die der korrespondierenden FORUM Szenarien. Ebenso ist zu beobachten, dass in beiden Varianten die Differenz zwischen den Szenarien F25B und F25K bzw. P25B und P25K vergleichsweise gering ist. Dies lässt sich darauf zurückführen, dass die Stromerzeugungskosten der im Kyoto-Szenario hauptsächlich eingesetzten Erdgas-GuD Kraftwerke ab einer Volllaststundenzahl von

6000 h/a nahezu vergleichbar mit denen der im Szenario F25B bzw. P25B verwendeten Steinkohlekraftwerke sind.

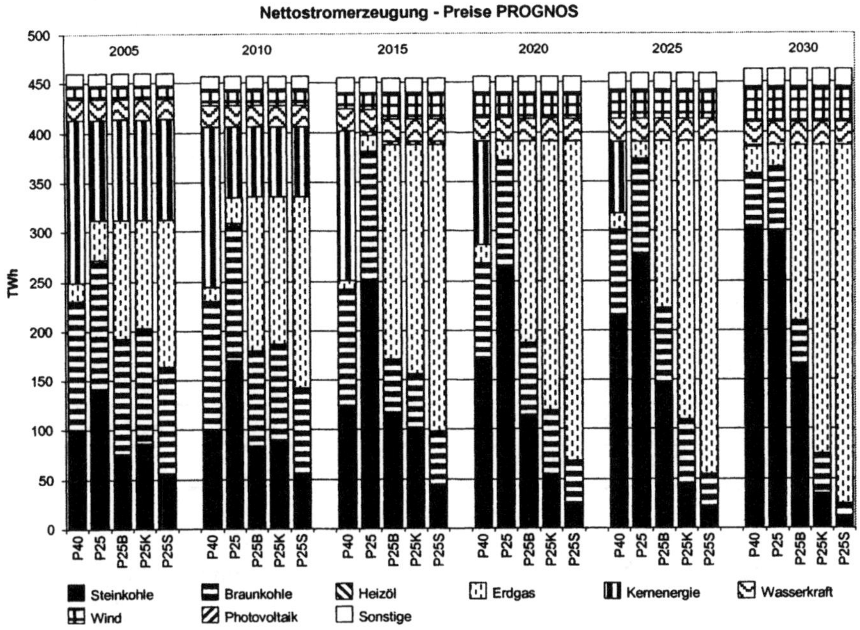

Abbildung 4–8: Nettostromerzeugung bei Energieträgerpreisen gemäß PROGNOS

Betrachtet man die Mehrkosten über der Zeit, ist festzustellen, dass im Ausstiegsfall ohne Minderung in der letzten Periode die Gesamtkosten unterhalb denen der Basisentwicklung liegen, da auf Grund der einzelwirtschaftlichen Betrachtungsweise in TIMES-GES im Ausstiegszenario die maximalen Mehrkosten im Jahr 2015 anfallen, während im Basisszenario die Kosten für den Ersatz der Kernkraftwerke 15 Jahre später auftreten.

4.4.3 Ökologische Effekte

Im Ausstiegsfall ohne CO_2-Minderung liegen unabhängig vom Preispfad die jährlichen CO_2-Emissionen bedingt durch den Ersatz der Kernkraftwerke durch Steinkohle um bis zu 109 Mio. t über denen der Basisentwicklung (Abbildung 4-9). Die CO_2-Emissionen der Szenarien bei einer Nutzung der bestehenden Kernkraftwerke von 40 Jahren und bei einer Nutzung der bestehenden Kernkraftwerke von 25 Jahren sind in beiden Preisvarianten nahezu identisch, was durch die vergleichbare Erzeugungsstruktur begründet ist. Die kumulierten Mehremissionen des Ausstiegsszenarios F25 bzw. P25 über dem gesamten Modellzeitraum betragen 1087 Mio. t CO_2.

Tabelle 4-2: Mehrkosten eines Kernenergieausstiegs für die Preisvarianten FORUM und PROGNOS

		Kumulierte Mehrkosten [Mrd. DM_{98}]	Jährliche Mehrkosten [Mrd. DM_{98}/a]	Auf 2000 abdiskontierte kumulierte Mehrkosten [Mrd. DM_{98}]
Preise FORUM				
25 Zeitjahre	F25	52,1	1,7	38,9
	F25B	86,8	2,8	61,8
	F25K	107,1	3,5	67,2
	F25S	134,0	4,3	84,1
Preise PROGNOS				
25 Zeitjahre	P25	33,4	1,0	27,4
	P25B	78,3	2,7	52,0
	P25K	96,5	3,3	56,7
	P25S	129,0	4,2	77,9

Des Weiteren ist zu beachten, dass bereits in den Basisentwicklungen in den Perioden 2005 und 2010 die Minderungsvorgabe nach Kyoto (in 2005 272 Mio. t bzw. in 2010 262 Mio. t) unterschritten wird (in 2005 mit 265,5 Mio. t bzw. in 2010 mit 257,3 Mio. t), was auf einem Rückgang der Braunkohleverstromung zurückzuführen ist. Da ab 2015 auch in den Basisszenarien vermehrt fossile Kraftwerke Kernkraftwerke ersetzen, steigen die Emissionen in den nachfolgenden Perioden wieder an. In den Ausstiegsszenarien mit CO_2-Minderung nach Kyoto werden in den Perioden 2005 und 2010 die erlaubten Emissionsmengen voll ausgeschöpft, da die in diesen Perioden stilllgelegten, CO_2-freien Kernkraftwerke durch fossil befeuerte Kraftwerke (hier Erdgas) ersetzt werden müssen, was zwangsläufig höhere Emissionen als in der Basisentwicklung bewirkt.

In den Ausstiegsszenarien mit CO_2-Minderung gemäß Basis (F25B, P25B) liegen die CO_2-Emissionen ab 2020 unter denen der Basisentwicklung. Dies lässt sich dadurch erklären, dass die Emissionen im Basisszenario bis 2015 leicht absinken und danach ansteigen. Um das Emissionsminimum der Basisentwicklung im Ausstiegsszenario 2015 zu erreichen, werden die Kernkraftwerke daher durch Erdgas-GuD Kraftwerke ersetzt, was in den Folgeperioden zu niedrigeren Emissionen als in der Basisentwicklung führt.

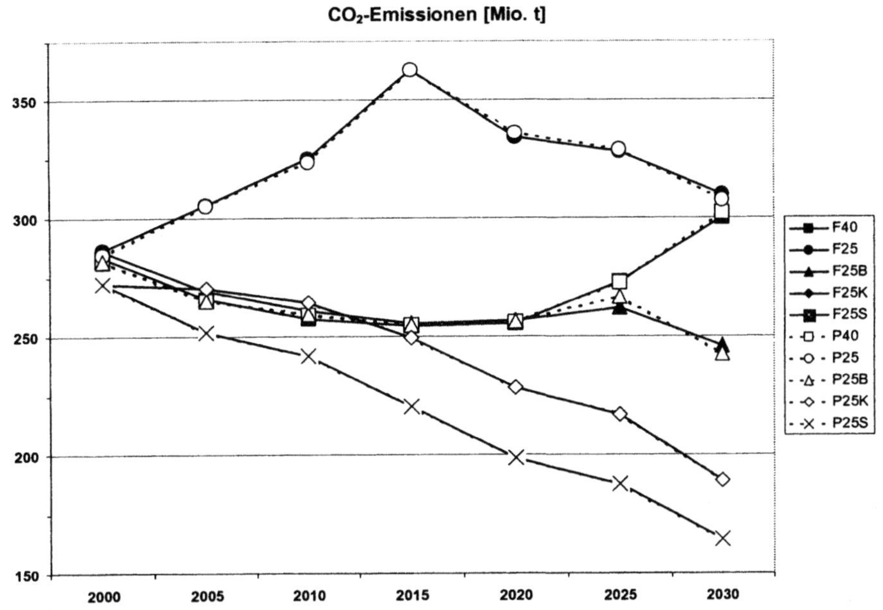

Abbildung 4–9: CO_2-Emissionen in den Preisvarianten FORUM und PROGNOS

4.4.4 Sensitivitätsanalysen

Folgende freiwillige Szenariovarianten der harmonisierten Rahmenannahmen wurden als Sensitivitäten gerechnet und sollen in den folgenden Abschnitten kurz erläutert werden:

- Stromverbrauch in Anlehnung an die Prognos/EWI-Studie /Prognos/EWI 1999/,
- Pool 30 Jahre, d. h. Beschränkung der insgesamt von allen Kernkraftwerken erzeugten Nettostrommenge, die sich unter der Annahme einer Nutzung jedes Kernkraftwerkes von 30 Volllastjahren ergibt,
- Nutzung der bestehenden Kernkraftwerke 40 Zeitjahre und CO_2-Minderung im Stromsektor in Anlehnung an Kyoto,
- Nutzung der bestehenden Kernkraftwerke 40 Zeitjahre sowie möglicher Zubau neuer Kernkraftwerke ab 2015 und CO_2-Minderung im Stromsektor in Anlehnung an Kyoto,
- Konstante Energieträgerpreise ab 2000 gemäß FORUM Preispfad.

4.4.4.1 Variation der Stromverbrauchsentwicklung

Während der in den beiden Preisvarianten FORUM und PROGNOS unterstellte Stromverbrauch für die allgemeine Versorgung von 1995 bis 2030 um 23,6 TWh nur leicht ansteigt, wird in der Prognos/EWI-Studie für denselben Zeitraum ein Anstieg des Stromverbrauchs von 85,4 TWh prognostiziert. Die Differenz basiert hauptsächlich auf unterschiedlichen Stromverbräuchen für Industrie und Haushalte (Abbildung 4-10).

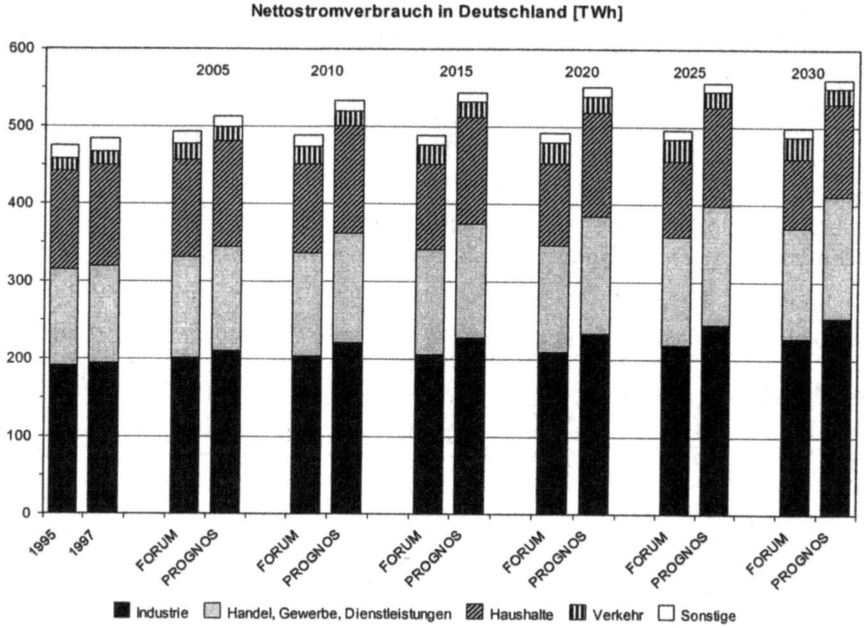

Abbildung 4–10: Nettostromverbräuche nach FORUM und PROGNOS

Unterstellt man nun einen Stromverbrauch gemäß PROGNOS, ergeben sich bei FORUM Preisen die in Tabelle 4-3 dargestellten Mehrkosten eines Ausstiegs. Die Mehrkosten eines Ausstiegs ohne Minderung (F25_PV) sowie bei Minderung gemäß Basis (F25BPV) sind nahezu identisch mit denen bei einem Stromverbrauch gemäß FORUM (vgl. Tabelle 4-2). Dies hängt damit zusammen, dass beim Ausstieg ohne Minderung in beiden Verbrauchsvarianten identische Ersatzoptionen nämlich Steinkohle gewählt werden, was gleiche Mehrkosten in den Szenarien F25 und F25_VP zur Folge hat. Obwohl das Niveau der CO_2-Emissionen beim PROGNOS-Verbrauch (2005: 283,7 Mio. t, 2010: 283,5 Mio. t, 2015: 298,7 Mio. t, 2020: 308,7 Mio. t, 2025: 326,7 Mio. t, 2030: 354,4 Mio. t) höher ist als beim FORUM, sind die Mehremissionen des Ausstiegs bedingt durch dieselben Ersatztechnologien gleich, so dass sich auch in den Szenarien F25BVP und F25B ungefähr gleiche Mehrkosten bei den beiden Verbrauchsvarianten ergeben.

Aufgrund der in absoluten Zahlen notwendigen höheren CO_2-Minderung in den Szenarien mit Minderung gemäß Kyoto (F25K, F25KPV) und mit verschärftem Minderungspfad (F25S, F25SPV) liegen die Kosten der PROGNOS-Verbrauchs-variante in diesen Fällen über denen der FORUM Variante.

Tabelle 4-3: Mehrkosten eines Kernenergieausstiegs für die Stromverbrauchsvariante PROGNOS

		Kumulierte Mehrkosten [Mrd. DM_{98}]	Jährliche Mehrkosten [Mrd. DM_{98}/a]	Auf 2000 abdiskontierte kumulierte Mehrkosten [Mrd. DM_{98}]
Verbrauch PROGNOS				
25 Zeitjahre	F25_PV	55,3	1,8	40,8
	F25BPV	88,0	2,8	62,9
	F25KPV	146,0	4,7	89,3
	F25SPV	197,1	6,4	115,7

4.4.4.2 Pool 30 Jahre

Im Szenario F30_VP wird die insgesamt von allen 19 Kernkraftwerksblöcken erzeugte Nettostrommenge auf diejenige Menge begrenzt, die sich unter der Annahme einer Nutzung jedes Kernkraftwerkes von 30 Volllastjahren ergibt. Es besteht somit die Möglichkeit vergleichsweise teure Kraftwerksblöcke vor dem Erreichen ihrer 30 Volllastjahre abzuschalten, um im Gegenzug kostengünstigere Blöcke länger betreiben zu können. Die Erzeugung von 30 Volllastjahren aller deutschen Kernkraftwerke entspricht einer Strommenge von 5599 TWh. Zieht man davon die bereits bis zum 31.12.1998 erzeugte Strommenge von 2362 TWh ab, ergibt sich ein Pool von 3229 TWh, der auf die Kernkraftwerke verteilt werden kann. Die technische Nutzungsdauer der Kernkraftwerke ist dabei auf 40 Zeitjahre begrenzt. Weiterhin werden keine CO_2-Minderungsziele unterstellt.

In Abbildung 4-11 wird die sich damit ergebende Verteilung der Pool-Menge auf die Kernkraftwerke mit der Nettostromerzeugung jedes Kraftwerkes unter der Annahme von 30 Volllastjahren verglichen.

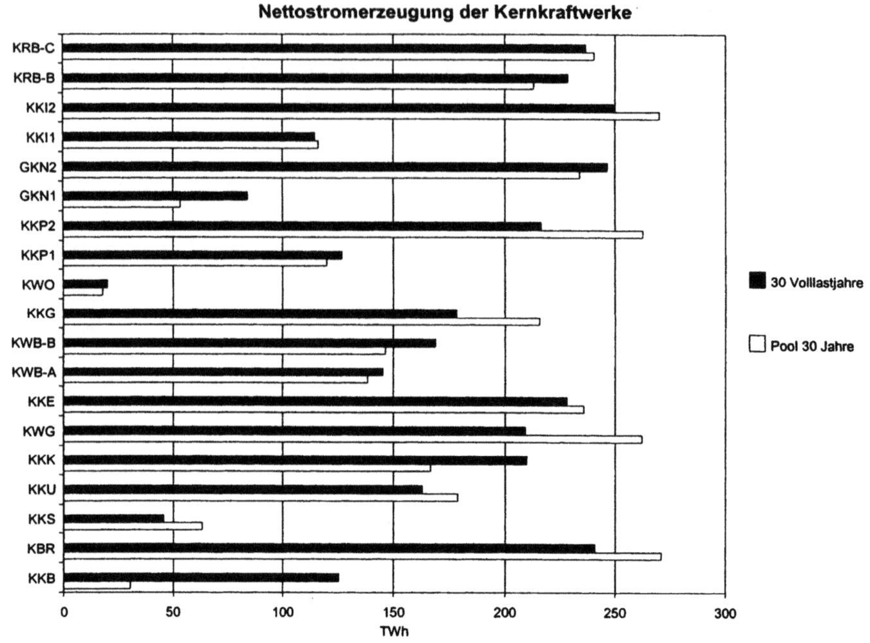

Abbildung 4–11: Nettostromerzeugung der 19 deutschen Kernkraftwerken ab dem 31.12.1998 bei Betrieb 30 Volllastjahre und bei einem Pool von 30 Volllastjahren

Es zeigt sich, dass in der Pool-Lösung die Stromerzeugung der Kraftwerksblöcke Isar 2, Philippsburg 2, Grafenrheinfeld, Grohnde und Brokdorf jeweils die 30 Volllastjahre entsprechende Erzeugung übersteigt, während die Erzeugung der Kraftwerke Neckarwestheim I, Biblis B und Brunsbüttel deutlich unterhalb der 30 Volllastjahren entsprechenden Erzeugung liegt. Die Unterschiede in den Nutzungsdauern sind auf die unterschiedlichen variablen Kosten der Kraftwerksblöcke zurückzuführen. So liegen die variablen Kosten der länger in Betrieb befindlichen Kraftwerke im Bereich von 0,99 Pf_{98}/kWh, während die Kosten der früher abgeschalteten Kraftwerke ungefähr 1,19 Pf_{98}/kWh betragen. Es wäre denkbar, dass die gesamte Erzeugung sich auf die kostengünstigsten Kernkraftwerke unter Beachtung der Kapazitäts- und Lebensdauerbeschränkungen konzentriert, was in den meisten Fällen einer Verlagerung der Kernenergieerzeugung von frühere in spätere Zeitperioden entspricht. Dieser Effekt ist jedoch nicht oder nur sehr begrenzt zu beobachten, da die in früheren Perioden eingesparte Strommenge durch andere Kraftwerkstypen mit in der Regel teureren variablen Kosten erzeugt werden müsste.

Die kumulierten laufenden Mehrkosten der Pool-Lösung (30 Volllastjahre) gegenüber dem Basisszenario (F40) betragen 22,0 Mrd. DM_{98}, gegenüber einem Betrieb von 30 Volllastjahren ohne Pool ergibt sich eine Kostenersparnis von 3

Mrd. DM_{98}. Der Ersatz der Kernkraft erfolgt hier, da keine Emissionsrestriktionen vorliegen, vor allem durch Steinkohle.

4.4.4.3 Kernenergie 40 Zeitjahre und Kyoto (F40K)

Zur besseren Einordnung der CO_2-Minderungskosten wird als weitere Sensitivität ein Szenario F40K betrachtet, das eine Nutzung der bestehenden Kernkraftwerke von 40 Zeitjahren unterstellt und eine CO_2-Minderung im Stromsektor gemäß Kyoto verlangt. In Abbildung 4-12 ist die Nettostromerzeugung für dieses Szenario dargestellt.

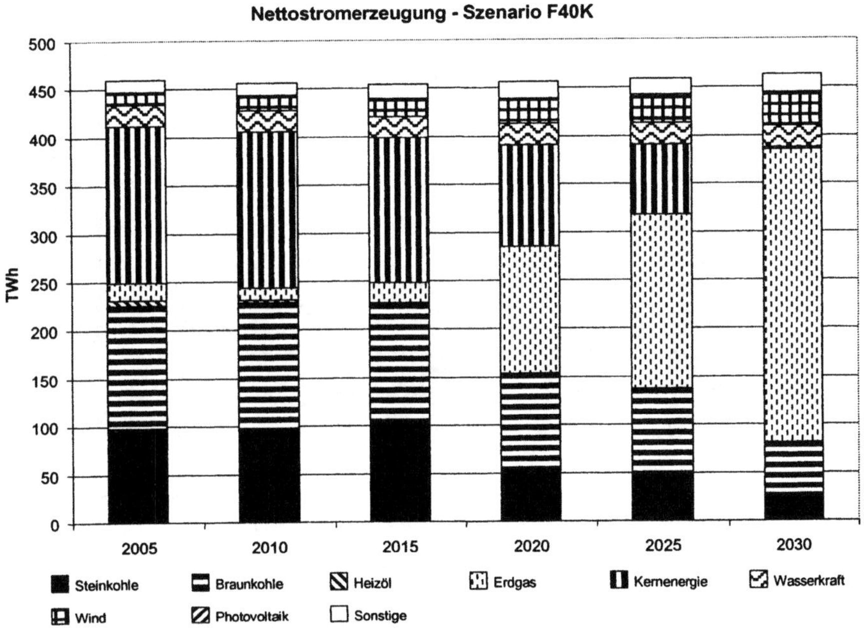

Abbildung 4–12: Nettostromerzeugung im Szenario F40K

Hier wird die Stromerzeugung aus Kernenergie durch die Erzeugung aus Erdgas ersetzt. Ab 2015 ersetzt zudem das Erdgas außer Betrieb gehende Stein- und Braunkohlekraftwerke. Die kumulierten laufenden Mehrkosten gegenüber dem Basisszenario (F40) belaufen sich auf 10,9 Mrd. DM_{98}, während die kumulierten laufenden Minderkosten gegenüber dem Ausstiegsszenario mit Minderung gemäß Kyoto (F25K) 96,2 Mrd. DM_{98} betragen. Die CO_2-Emissionen (2005: 264,7 Mio. t, 2010: 258 Mio. t, 2015: 249,2 Mio. t, 2020: 211 Mio. t, 2025: 208,6 Mio. t, 2030: 189 Mio. t) liegen nicht nur in den Perioden 2005 und 2010 sondern auch in 2020 und 2025 unter denen des Kyoto-Pfades, was dadurch zu erklären ist, dass im Modell zum Erfüllen der Emissionsbeschränkung in 2030 in den vorhergehenden Perioden schon Steinkohle- und Braunkohlekraftwerke durch erdgasbefeuerte Anlagen ersetzt werden.

4.4.4.4 Zubau der Kernenergie und Kyoto (KEZK)

Als Vergleich zu den bisher betrachteten Ausstiegsoptionen sollen die Ergebnisse eines Szenarios präsentiert werden, das den Zubau der Kernenergie ab dem Jahr 2015 erlaubt. Abbildung 4-13 zeigt die sich hieraus ergebende Nettoengpassleistung unter Berücksichtigung der CO_2-Minderung nach Kyoto. Es werden insgesamt 36200 MW an Kernkraft installiert (Ersatz und Zubau).

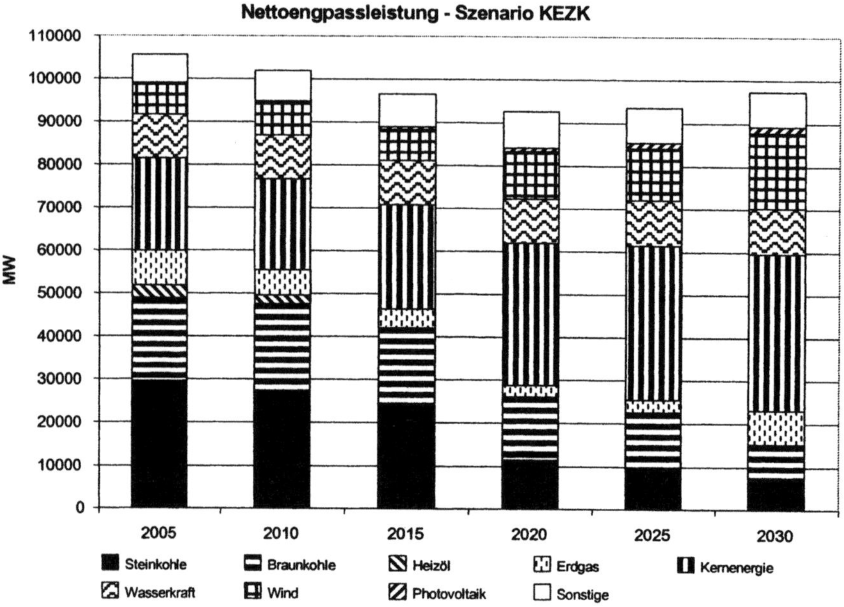

Abbildung 4–13: Nettoengpassleistung im Kernenergiezubau-Szenario

Die Stromerzeugung aus Kernenergie besitzt gegen Ende des Betrachtungszeitraumes einen Anteil von 63,5 % an der Nettostromerzeugung (Braunkohle 12,3 %, Erdgas 4,3 %, Steinkohle 3,2 %). Die CO_2-Emissionen befinden sich bereits ab 2005 unter den Vorgaben nach Kyoto (2005: 264 Mio. t, 2010: 256 Mio. t, 2015: 225,3 Mio. t, 2020: 141,8 Mio. t, 2025: 121,5 Mio. t, 2030: 89,3 Mio. t). Die kumulierten laufenden Kosten liegen um 54,8 Mrd. DM_{98} unter denen des Szenarios F40K und um 151,0 Mrd. DM_{98} unter denen des Szenarios F25K.

4.4.4.5 Konstante Energieträgerpreise

Aufgrund der Bedeutung der Energieträgerpreise für die Kosten eines Kernenergieausstiegs wurden als weitere Preisvariante konstante Energieträgerpreise auf dem Niveau des Jahres 2000 wie im FORUM Preispfad unterstellt. Die Entwicklung der Nettostromerzeugung für das Basisszenario und die vier Ausstiegsszenarien ist in Abbildung 4-14 dargestellt.

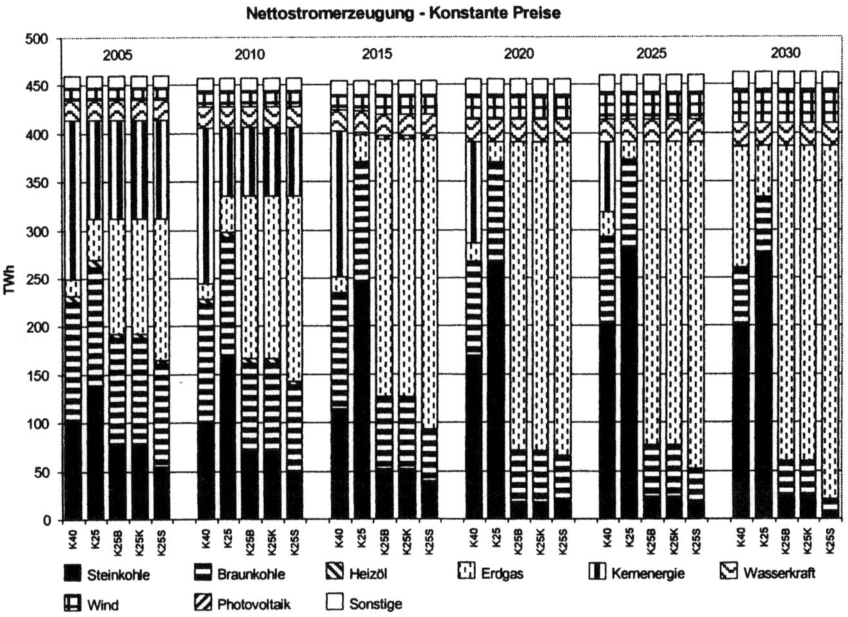

Abbildung 4–14: Nettostromerzeugung bei konstanten Energieträgerpreisen

Vergleicht man das Basisszenario bei konstanten Preisen mit dem bei FORUM Preisen, wird ersichtlich, dass gegen Ende des Betrachtungszeitraumes bei konstanten Preisen der Anteil des Erdgases an der Stromerzeugung 27 % beträgt, während sich dieser Wert bei FORUM Preisen nur auf 9 % beläuft. Bei konstanten Preisen erhöht sich in den letzten beiden Perioden der Anteil des Erdgases an der Stromerzeugung auf Kosten der Braun- und Steinkohleverstromung. Dementsprechend sind die CO_2-Emissionen in der Basisentwicklung bei konstanten Preisen (2005: 265,5 Mio. t, 2010: 257,2 Mio. t, 2015: 252,7 Mio. t, 2020: 255,2 Mio. t, 2025: 270,0 Mio. t, 2030: 263,8 Mio. t) niedriger als beim FORUM Preispfad. Im Ausstiegsszenario ohne Minderung (K25) erfolgt ähnlich wie bei FORUM Preisen der Ersatz der Kernkraftwerke hauptsächlich durch Steinkohlekraftwerke, wobei jedoch auch hier der Anteil des Erdgases an der Stromerzeugung 2030 höher ist als bei der FORUM Preisentwicklung. Bei CO_2-Emissionsrestriktionen ist auch bei konstanten Preisen Gas die Ersatzoption. Die Mehrkosten der Ausstiegsszenarien sind in Tabelle 4-4 zusammengefasst.

Die Mehrkosten im Ausstiegsszenario ohne Minderung (K25) sind vergleichbar mit den Mehrkosten bei FORUM Preisen und damit höher als die entsprechenden Differenzkosten bei PROGNOS Preisen. Hierbei ist jedoch zu beachten, dass es sich um Kostendifferenzen handelt.

Tabelle 4-4: Mehrkosten eines Kernenergieausstiegs bei konstanten Preisen

		Kumulierte Mehrkosten [Mrd. DM_{98}]	Jährliche Mehrkosten [Mrd. DM_{98}/a]	Auf 2000 abdiskontierte kumulierte Mehrkosten [Mrd. DM_{98}]
Konstante Preise				
25 Zeitjahre	K25	47,1	1,5	30,8
	K25B	81,3	2,6	51,1
	K25K	84,4	2,7	52,5
	K25S	109,9	3,5	67,7

Die absoluten Kosten bei konstanten Brennstoffpreisen liegen unter den entsprechenden Kosten der FORUM und PROGNOS Preisszenarien. Weiterhin ist zu bemerken, dass der Steinkohlepreis beim FORUM Preispfad bis 2015 nur verhältnismäßig leicht ansteigt. Daher sind die Mehrkosten eines Ausstiegs bei konstanten und FORUM Preisen ungefähr gleich hoch. Die Mehrkosten der Minderungsszenarien sind bei konstanten Preisen dagegen niedriger als bei den FORUM und PROGNOS Preisentwicklungen, da bei konstanten Preisen im Szenario K25K der Anteil des Erdgases an der Stromerzeugung höher ist als in den anderen beiden Preisvarianten, so dass die absolut zu mindernde CO_2-Menge in den Minderungsszenarien bei konstanten Preisen geringer ist.

4.5 Schlussbetrachtung

Mit dem Strommodell TIMES-GES, das den öffentlichen Kraftwerkspark zur Strom- und Fernwärmeerzeugung aufgeteilt in sieben Regionen abbildet, wurden die ökonomischen und umweltseitigen Auswirkungen eines Kernenergieausstiegs in Deutschland für den Zeitraum von 2000-2030 analysiert. Im Ausstiegsfall ist die Nutzung der bestehenden Kernkraftwerke auf 25 Zeitjahre begrenzt. Da sich Deutschland im Rahmen des Kyoto-Protokols zu einer 21 %igen Reduzierung der Treibhausgasemissionen gegenüber 1990 bis 2010 verpflichtet hat, wurden neben einem Ausstieg ohne Minderungsziel Ausstiegszenarien mit unterschiedlich strengen Minderungsvorgaben bezüglich CO_2, dem Hauptverursacher des Treibhauseffekts, betrachtet. Zur quantitativen Bewertung wurden die Ausstiegsszenarien mit einer Basisentwicklung ohne CO_2-Minderungsvorgabe und einer Nutzung der bestehenden Kernkraftwerke von 40 Zeitjahren verglichen. Durch die Länge des betrachteten Untersuchungszeitraumes sind die in das Modelle einfließenden Annahmen mit zunehmender Entfernung von dem heutigen Zeitpunkt mit wachsenden Unsicherheiten behaftet. Daher wurden zunächst zwei Grundvarianten FORUM und PROGNOS untersucht, die sich hinsichtlich der für die Ergebnisse besonders kritischen Energieträgerpreisentwicklung unterscheiden. Darüber hinaus wurden weitere Szenarien, die sich in der Nutzung der Kernenergie, im Stromverbrauchs und in den Energieträgerpreisen unterscheiden, berechnet. Die Szenarioannahmen lassen sich dabei generell in zwei Gruppen einteilen. Auf der einen Seite werden Eingangsgrößen des Modells variiert, die sich nur sehr schwer prognostizieren lassen, wie z. B. die zukünftigen Brennstoffpreise. Die Szenarien dienen somit dazu, verschiedene Zukunftsentwicklungen abzudecken. Zum anderen werden in den Szenarien unterschiedliche politische Handlungsoptionen, beispielsweise Nutzungsdauer der Kernenergie oder CO_2-Minderungsziele, durchgespielt.

Die Modellergebnisse der beiden Grundvarianten PROGNOS und FORUM zeigen, dass Steinkohle die Hauptersatzoption der Kernenergie in beiden Preisvarianten darstellt, wobei bedingt durch den günstigeren Steinkohlepreis beim PROGNOS Preispfad in den dortigen Szenarien die Steinkohle auf Kosten der Braunkohle bevorzugt wird. In den Minderungsszenarien ersetzt in beiden Preisvarianten die Stromerzeugung aus Erdgas-GuD Kraftwerken die Erzeugung aus Kernkraftwerken. Die kumulierten Mehrkosten im Ausstiegsszenario ohne Minderung betragen im Szenario F25 50,1 Mrd. DM_{98}, während die kumulierten laufenden Mehrkosten im entsprechenden Szenario P25 aufgrund der niedrigeren Brennstoffpreise mit 31,2 Mrd. DM_{98} zu beziffern sind. Die durch die CO_2-Minderung gemäß Kyoto verursachten kumulierten Mehrkosten belaufen sich in beiden Preisvarianten auf ungefähr 20 Mrd. DM_{98}. Dagegen betragen die Mehrkosten bei CO_2-Minderung gemäß Kyoto und einer Nutzung der bestehenden Kernkraftwerke von 40 Zeitjahren (F40K) gegenüber einer Nutzung von 40 Zeitjahren ohne CO_2-Minderung (F40) 14,6 Mrd. DM_{98}. Ermöglicht man den Zubau der Kernenergie sind gegenüber dem Szenario kumulierte laufende Minderkosten von 64,4 Mrd. DM_{98} zu verzeichnen.

Literatur

Goldstein, G., Kanudia, A., Kram, T., Loulou, R., Remme, U., Schaumann, P., Schwarz, A., Smekens, K., Tosato, G., Van Regemorter, D.: Systems Documentation, Description of MODEL Equations, URL: www.crt.umontreal.ca/~amit/THEMODEL

Prognos AG, EWI: Die längerfristige Entwicklung der Energiemärkte im Zeichen von Wettbewerb und Umwelt, Untersuchung im Auftrag des Bundesministeriums für Wirtschaft und Technologie, November 1999

Forum für Energiemodelle und Energiewirtschaftliche Systemanalysen in Deutschland (Hrsg.): Energiemodelle zum Klimaschutz in Deutschland: strukturelle und gesamtwirtschaftliche Auswirkungen aus nationaler Sicht, Physica-Verlag, 1999

Anhang 4: Ergebnistabellen zu den Szenariorechnungen mit TIMES-GES

Szenario Reporting Tabelle

Modell:	TIMES
Autor:	U. Remme, U.Fahl
Institution:	IER
Land:	
Szenario:	Kernkraft 40 Zeitjahre; keine Emissionsbeschränkung; Stromverbrauch Prognos
Datum:	05.06.00

		Einheit	1997	2000	2005	2010	2015	2020	2025	2030
1	Demographische Rahmenannahmen									
1.1	Bevölkerung	Mio.								
1.2	Anzahl der Haushalte	Mio.								
1.3	Anzahl der Wohnflächen	Mio. m²								
2	Ökonomische Rahmenannahmen									
2.1	Entwicklung des BIP	Mrd. DM_{91}								
2.2	Abschreibungsrate	% p. a.								
3	Energiepreise									
3.1	Steinkohle-küstennah	DM_{90}/GJ								
3.2	Steinkohle-küstenfern	DM_{90}/GJ								
3.3	Braunkohle	DM_{90}/GJ								
3.4	Heizöl, schwer	DM_{90}/GJ								
3.5	Heizöl, leicht	DM_{90}/GJ								
3.6	Erdgas A	DM_{90}/GJ								
3.7	Erdgas B	DM_{90}/GJ								
4	Struktur Stromnachfrage nach Sektoren									
4.1	Industrie	TWh								
4.2	Kleinverbraucher	TWh								
4.3	Haushalte	TWh								
4.4	Verkehr	TWh								
4.5	Sonstige	TWh								
4.6	Verluste	TWh								
4.7	Summe	TWh								
5	Netto-Engpaßleistung n. Energieträgern									
5.1	Steinkohle (inkl. Mischfeuerung)	MW		34643	30459	30259	35725	36324	41516	46988
5.2	Braunkohle	MW		21420	20760	23210	21150	17590	16060	13610
5.3	Heizöl	MW		4190	3153	2087	872	0	0	0
5.4	Erdgas	MW		11250	7958	5473	4308	6039	6159	11970
5.5	Kernenergie	MW		21450	21450	21230	19700	13190	9671	206
5.6	Wasserkraft	MW		10220	10250	10260	10380	10480	10530	10610
5.7	Wind	MW		4557	7129	7581	7188	11030	12220	17390
5.8	Photovoltaik	MW		95	155	210	444	902	1095	1526
5.9	Sonstige	MW		5651	6693	7029	7590	8125	8050	8178
5.10	Summe	MW		113477	108007	107359	107357	103680	105301	110478
6	Netto-Stromerzeugung n. Energieträgern									
6.1	Steinkohlen	TWh		101,6	107,9	120,4	171,8	219,3	264,4	324,4
6.2	Braunkohlen	TWh		138,7	135,8	138,6	130,7	115,2	105,5	90,6
6.3	Mineralöle	TWh		5,7	6,0	4,5	0,9	1,4	0,8	2,0
6.4	Naturgase	TWh		11,1	25,9	22,5	5,8	17,1	15,3	37,5
6.5	Kernenergie	TWh		165,3	163,8	162,1	152,7	105,1	72,3	1,7
6.6	Wasserkraft	TWh		21,5	21,6	21,8	22,3	22,7	22,9	23,3
6.7	Wind	TWh		7,2	13,4	16,1	15,8	25,3	28,0	33,6
6.8	Photovoltaik	TWh		0,0	0,1	0,1	0,4	0,8	1,0	1,4
6.9	Sonstige	TWh		10,0	11,8	12,9	14,6	16,4	16,9	18,1
6.10	Summe	TWh		461,1	486,4	499,1	514,8	523,3	527,1	532,6
7	Vollaststunden n. Energieträgern									
7.1	Steinkohlen	h/a		2933	3542	3980	4808	6037	6368	6903
7.2	Braunkohlen	h/a		6473	6541	5973	6180	6551	6568	6660
7.3	Mineralöle	h/a		1367	1901	2172	1065	0	0	0
7.4	Naturgase	h/a		984	3249	4102	1337	2824	2479	3135
7.5	Kernenergie	h/a		7705	7638	7636	7749	7969	7475	0
7.6	Wasserkraft	h/a		2102	2110	2121	2145	2168	2178	2198
7.7	Wind	h/a		1572	1881	2125	2194	2294	2295	1932
7.8	Photovoltaik	h/a		510	645	712	814	874	903	909
7.9	Sonstige	h/a		1773	1770	1829	1925	2021	2105	2207
7.10	Durchschnitt	h/a		4063	4503	4648	4795	5047	5006	4821

8	**Energieeinsatz zur Stromerz. n. Energieträgern**									
8.1	Steinkohle	PJ		1026	1088	1152	1529	1773	2119	2615
8.2	Braunkohle	PJ		1500	1399	1346	1248	1068	958	743
8.3	Heizöl	PJ		75	80	60	12	14	8	22
8.4	Erdgas	PJ		85	188	165	54	119	107	251
8.5	Kernenergie	PJ		6118	6067	6003	5653	3893	2677	62
8.6	Wasserkraft	PJ		77	78	78	80	82	83	84
8.7	Wind	PJ		26	48	58	57	91	101	121
8.8	Photovoltaik	PJ		0	0	1	1	3	4	5
8.9	Sonstige	PJ		58	69	75	85	96	99	107
8.10	Summe	PJ		8965	9018	8938	8719	7138	6156	4009
9	**Schadstoffemissionen**									
9.1	CO2-Emissionen	Mio. t		286,5	283,7	283,5	298,7	308,7	326,7	354,4
9.2	CH4-Emissionen	kt		16,8	18,0	18,5	19,3	19,6	19,6	19,4
9.3	N2O-Emissionen	kt		8,8	8,9	8,6	9,6	10,8	12,0	13,9
9.4	THG-Emissionen	Mio. t CO2		289,6	286,8	286,6	302,1	312,5	330,8	359,1
9.5	NOx-Emissionen	kt		1154,0	1095,0	1077,0	1031,0	942,9	888,4	777,5
9.6	SO2-Emissionen	kt		148,4	129,6	94,5	130,1	157,1	178,4	208,4
10	**Stromgestehungskosten**	Pf_{98}/kWh								
11	**Ausstiegskosten ***									
11.1	Mehrkosten	Mrd. DM_{98}								
11.2	Spezifische Mehrkosten	Pf_{98}/kWh								
11.3	Kumulierte Mehrkosten	Mrd. DM_{98}								
11.4	Durchschnittl. jährl. Mehrkosten	Mrd. DM_{98}/a								
11.5	Abdiskont. (2000) kumul. Mehrk	Mrd. DM_{98}								
11.6	Extremwert d. Kostenerhöhung	Pf_{98}/kWh								
11.7	Durchschnittl. Kostenerhöhung	Pf_{98}/kWh								

* Mehrkosten des Ausstiegs, d.h. gegenüber der Referenzentwicklung.
Die Ausstiegskosten, die unter 11.1 und 11.2 ausgewiesen sind, beziehen sich auf den jeweiligen Zeitpunkt bzw. die entsprechende Zeitperiode.
Dagegen beschreiben die Werte 11.3 bis 11.7 Kosten über den gesamten Zeithorizont.

Szenario Reporting Tabelle

Modell:	TIMES
Autor:	U. Remme, U.Fahl
Institution:	IER
Land:	
Szenario:	Kernkraft 25 Zeitjahre; keine Emissionsbeschränkung; Stromverbrauch Prognos
Datum:	05.06.00

		Einheit	1997	2000	2005	2010	2015	2020	2025	2030
1	**Demographische Rahmenannahmen**									
1.1	Bevölkerung	Mio.								
1.2	Anzahl der Haushalte	Mio.								
1.3	Anzahl der Wohnflächen	Mio. m^2								
2	**Ökonomische Rahmenannahmen**									
2.1	Entwicklung des BIP	Mrd. DM_{91}								
2.2	Abschreibungsrate	% p. a.								
3	**Energiepreise**									
3.1	Steinkohle-küstennah	DM_{99}/GJ								
3.2	Steinkohle-küstenfern	DM_{99}/GJ								
3.3	Braunkohle	DM_{99}/GJ								
3.4	Heizöl, schwer	DM_{99}/GJ								
3.5	Heizöl, leicht	DM_{99}/GJ								
3.6	Erdgas A	DM_{99}/GJ								
3.7	Erdgas B	DM_{99}/GJ								
4	**Struktur Stromnachfrage nach Sektoren**									
4.1	Industrie	TWh								
4.2	Kleinverbraucher	TWh								
4.3	Haushalte	TWh								
4.4	Verkehr	TWh								
4.5	Sonstige	TWh								
4.6	Verluste	TWh								
4.7	Summe	TWh								
5	**Netto-Engpaßleistung n. Energieträgern**									
5.1	Steinkohle (inkl. Mischfeuerung)	MW		34723	36815	42005	54897	52202	54012	53757
5.2	Braunkohle	MW		21420	20740	20980	19280	15780	14230	9576
5.3	Heizöl	MW		4190	3153	2087	872	0	0	0
5.4	Erdgas	MW		11260	9970	7538	6015	5715	5842	9563
5.5	Kernenergie	MW		20990	12730	9269	423	0	0	0
5.6	Wasserkraft	MW		10220	10250	10280	10380	10480	10530	10610
5.7	Wind	MW		4578	7129	7581	7426	11030	12220	17390
5.8	Photovoltaik	MW		95	155	210	444	902	1095	1526
5.9	Sonstige	MW		5651	6686	7015	7670	8134	8073	8178
5.10	Summe	MW		113128	107629	106965	107407	104223	106002	110600
6	**Netto-Stromerzeugung n. Energieträgern**									
6.1	Steinkohlen	TWh		103,0	155,7	209,2	314,7	333,9	349,5	366,9
6.2	Braunkohlen	TWh		138,9	135,6	134,3	126,8	103,0	93,3	63,8
6.3	Mineralöle	TWh		7,3	5,4	5,2	1,4	1,3	0,7	1,2
6.4	Naturgase	TWh		13,0	41,2	29,1	14,5	19,7	14,6	24,3
6.5	Kernenergie	TWh		160,3	101,4	70,2	3,4	0,0	0,0	0,0
6.6	Wasserkraft	TWh		21,5	21,6	21,8	22,3	22,7	22,9	23,3
6.7	Wind	TWh		7,2	13,4	16,1	16,5	25,3	28,0	33,6
6.8	Photovoltaik	TWh		0,0	0,1	0,1	0,4	0,8	1,0	1,4
6.9	Sonstige	TWh		10,0	11,8	12,8	14,6	16,4	16,9	18,1
6.10	Summe	TWh		461,1	486,3	498,9	514,6	523,2	527,1	532,5
7	**Vollaststunden n. Energieträgern**									
7.1	Steinkohlen	h/a		2966	4228	4979	5732	6396	6472	6825
7.2	Braunkohlen	h/a		6486	6539	6402	6578	6539	6557	6664
7.3	Mineralöle	h/a		1731	1698	2501	1588	0	0	0
7.4	Naturgase	h/a		1150	4136	3859	2418	3456	2501	2539
7.5	Kernenergie	h/a		7637	7967	7576	8136	0	0	0
7.6	Wasserkraft	h/a		2102	2110	2121	2145	2168	2178	2198
7.7	Wind	h/a		1565	1881	2125	2224	2294	2295	1932
7.8	Photovoltaik	h/a		510	645	712	814	874	903	909
7.9	Sonstige	h/a		1762	1771	1831	1908	2020	2099	2207
7.10	Durchschnitt	h/a		4076	4518	4664	4791	5020	4973	4815

8	**Energieeinsatz zur Stromerz. n. Energieträgern**									
8.1	Steinkohle	PJ		1042	1510	1907	2708	2725	2826	2995
8.2	Braunkohle	PJ		1495	1397	1346	1246	971	861	- 529
8.3	Heizöl	PJ		94	71	69	17	13	8	13
8.4	Erdgas	PJ		99	295	213	118	151	110	181
8.5	Kernenergie	PJ		5935	3755	2600	127	0	0	0
8.6	Wasserkraft	PJ		77	78	78	80	82	83	84
8.7	Wind	PJ		26	48	58	59	91	101	121
8.8	Photovoltaik	PJ		0	0	1	1	3	4	5
8.9	Sonstige	PJ		58	69	75	85	96	99	107
8.10	Summe	PJ		8827	7224	6347	4442	4131	4092	4034
9	**Schadstoffemissionen**									
9.1	CO2-Emissionen	Mio. t		289,2	324,8	354,5	409,8	386,0	381,0	359,9
9.2	CH4-Emissionen	kt		16,9	18,6	19,6	21,0	20,6	20,2	19,0
9.3	N2O-Emissionen	kt		8,9	10,5	16,4	18,9	19,0	19,2	19,5
9.4	THG-Emissionen	Mio. t CO2		292,3	328,5	360,0	416,1	392,3	387,4	366,3
9.5	NOx-Emissionen	kt		1154,0	1125,0	1129,0	1113,0	941,0	868,5	646,6
9.6	SO2-Emissionen	kt		149,2	157,3	146,0	212,7	227,5	229,0	237,4
10	**Stromgestehungskosten**	Pf.$_{98}$/kWh								
11	**Ausstiegskosten** *									
11.1	Mehrkosten	Mrd. DM$_{98}$			6,4	11,4	20,3	17,1	6,5	-7,0
11.2	Spezifische Mehrkosten	Pf.$_{98}$/kWh			0,3	0,5	0,8	0,7	0,2	-0,3
11.3	Kumulierte Mehrkosten	Mrd. DM$_{98}$	55,3							
11.4	Durchschnittl. jährl. Mehrkosten	Mrd. DM$_{98}$/a	1,8							
11.5	Abdiskont. (2000) kumul. Mehrk.	Mrd. DM$_{98}$	40,8							
11.6	Extremwert d. Kostenerhöhung	Pf.$_{98}$/kWh	0,8							
11.7	Durchschnittl. Kostenerhöhung	Pf.$_{98}$/kWh	0,4							

* Mehrkosten des Ausstiegs, d.h. gegenüber der Referenzentwicklung.
Die Ausstiegskosten, die unter 11.1 und 11.2 ausgewiesen sind, beziehen sich auf den jeweiligen Zeitpunkt bzw. die entsprechende Zeitperiode.
Dagegen beschreiben die Werte 11.3 bis 11.7 Kosten über den gesamten Zeithorizont.

Szenario Reporting Tabelle

Modell:	TIMES
Autor:	U. Remme, U.Fahl
Institution:	IER
Land:	
Szenario:	Kernkraft 25 Zeitjahre; Emissionsbeschränkung gemäß Referenz; Stromverbrauch Prognos
Datum:	05.06.00

		Einheit	1997	2000	2005	2010	2015	2020	2025	2030
1	Demographische Rahmenannahmen									
1.1	Bevölkerung	Mio.								
1.2	Anzahl der Haushalte	Mio.								
1.3	Anzahl der Wohnflächen	Mio. m²								
2	Ökonomische Rahmenannahmen									
2.1	Entwicklung des BIP	Mrd. DM_{91}								
2.2	Abschreibungsrate	% p. a.								
3	Energiepreise									
3.1	Steinkohle-küstennah	DM_{99}/GJ								
3.2	Steinkohle-küstenfern	DM_{99}/GJ								
3.3	Braunkohle	DM_{99}/GJ								
3.4	Heizöl, schwer	DM_{99}/GJ								
3.5	Heizöl, leicht	DM_{99}/GJ								
3.6	Erdgas A	DM_{99}/GJ								
3.7	Erdgas B	DM_{99}/GJ								
4	Struktur Stromnachfrage nach Sektoren									
4.1	Industrie	TWh								
4.2	Kleinverbraucher	TWh								
4.3	Haushalte	TWh								
4.4	Verkehr	TWh								
4.5	Sonstige	TWh								
4.6	Verluste	TWh								
4.7	Summe	TWh								
5	Netto-Engpaßleistung n. Energieträgern									
5.1	Steinkohle (inkl. Mischfeuerung)	MW		34633	31559	30449	30630	22501	25016	23613
5.2	Braunkohle	MW		21290	21300	24980	22950	19410	17880	17270
5.3	Heizöl	MW		4190	3153	2087	872	0	0	0
5.4	Erdgas	MW		11530	20300	23000	28570	32070	32040	32500
5.5	Kernenergie	MW		20990	12730	9269	423	0	0	0
5.6	Wasserkraft	MW		10220	10250	10280	10380	10480	10530	10610
5.7	Wind	MW		4557	7129	7581	12090	11800	12220	17390
5.8	Photovoltaik	MW		95	155	210	444	902	1095	1526
5.9	Sonstige	MW		5651	6721	7075	7725	8152	8039	8178
5.10	Summe	MW		113157	113297	114931	114084	105315	106820	111087
6	Netto-Stromerzeugung n. Energieträgern									
6.1	Steinkohlen	TWh		102,1	88,5	88,7	130,1	125,6	151,5	151,9
6.2	Braunkohlen	TWh		137,2	126,6	127,1	100,9	122,4	117,6	115,0
6.3	Mineralöle	TWh		4,1	3,0	0,6	0,8	0,2	0,0	0,0
6.4	Naturgase	TWh		20,7	120,6	161,9	214,3	208,0	189,2	189,2
6.5	Kernenergie	TWh		160,3	101,4	70,2	3,4	0,0	0,0	0,0
6.6	Wasserkraft	TWh		19,6	21,0	21,5	22,0	22,6	22,8	23,3
6.7	Wind	TWh		7,2	13,4	16,1	27,9	27,2	28,0	33,6
6.8	Photovoltaik	TWh		0,0	0,1	0,1	0,4	0,8	1,0	1,4
6.9	Sonstige	TWh		9,8	11,8	12,8	14,6	16,4	16,9	18,1
6.10	Summe	TWh		461,1	486,4	499,1	514,3	523,2	527,1	532,5
7	Vollaststunden n. Energieträgern									
7.1	Steinkohlen	h/a		2949	2805	2914	4247	5583	6055	6431
7.2	Braunkohlen	h/a		6446	5941	5087	4395	6307	6579	6662
7.3	Mineralöle	h/a		990	966	302	886	0	0	0
7.4	Naturgase	h/a		1798	5941	7040	7500	6484	5904	5822
7.5	Kernenergie	h/a		7637	7967	7576	8136	0	0	0
7.6	Wasserkraft	h/a		1916	2044	2089	2123	2155	2169	2198
7.7	Wind	h/a		1572	1881	2125	2309	2304	2295	1932
7.8	Photovoltaik	h/a		510	645	712	814	874	903	909
7.9	Sonstige	h/a		1734	1751	1810	1891	2014	2108	2207
7.10	Durchschnitt	h/a		4075	4293	4342	4508	4968	4935	4794

8	Energieeinsatz zur Stromerz. n. Energieträgern									
8.1	Steinkohle	PJ		1033	839	798	1156	1014	1210	1217
8.2	Braunkohle	PJ		1477	1287	1176	873	1108	1055	937
8.3	Heizöl	PJ		53	40	8	10	2	0	0
8.4	Erdgas	PJ		152	792	1052	1369	1295	1173	1173
8.5	Kernenergie	PJ		5935	3755	2600	127	0	0	0
8.6	Wasserkraft	PJ		71	75	77	79	81	82	84
8.7	Wind	PJ		26	48	58	101	98	101	121
8.8	Photovoltaik	PJ		0	0	1	1	3	4	5
8.9	Sonstige	PJ		57	69	75	85	96	99	107
8.10	Summe	PJ		8803	6905	5844	3802	3696	3725	3644
9	Schadstoffemissionen									
9.1	CO2-Emissionen	Mio. t		286,7	283,9	283,7	298,9	308,8	313,3	299,4
9.2	CH4-Emissionen	kt		16,6	17,3	17,3	17,4	19,0	19,0	18,5
9.3	N2O-Emissionen	kt		8,8	7,9	8,1	9,7	9,6	10,2	10,1
9.4	THG-Emissionen	Mio. t CO2		289,8	286,7	286,6	302,3	312,2	316,9	302,9
9.5	NOx-Emissionen	kt		1142,0	1071,0	1020,0	864,6	1020,0	984,9	897,1
9.6	SO2-Emissionen	kt		139,9	77,1	78,8	101,0	98,1	111,5	103,0
10	Stromgestehungskosten	Pf.$_{98}$/kWh								
11	Ausstiegskosten *									
11.1	Mehrkosten	Mrd. DM$_{98}$			9,2	19,6	29,7	23,3	5,2	0,1
11.2	Spezifische Mehrkosten	Pf.$_{98}$/kWh			0,4	0,8	1,2	0,9	0,2	0,0
11.3	Kumulierte Mehrkosten	Mrd. DM$_{98}$	88,0							
11.4	Durchschnittl. jährl. Mehrkosten	Mrd. DM$_{98}$/a	2,8							
11.5	Abdiskont. (2000) kumul. Mehrk.	Mrd. DM$_{98}$	62,9							
11.6	Extremwert d. Kostenerhöhung	Pf.$_{98}$/kWh	1,2							
11.7	Durchschnittl. Kostenerhöhung	Pf.$_{98}$/kWh	0,6							

* Mehrkosten des Ausstiegs, d.h. gegenüber der Referenzentwicklung.
Die Ausstiegskosten, die unter 11.1 und 11.2 ausgewiesen sind, beziehen sich auf den jeweiligen Zeitpunkt bzw. die entsprechende Zeitperiode.
Dagegen beschreiben die Werte 11.3 bis 11.7 Kosten über den gesamten Zeithorizont.

Szenario Reporting Tabelle

Modell:	TIMES
Autor:	U. Remme, U.Fahl
Institution:	IER
Land:	
Szenario:	Kernkraft 25 Zeitjahre; Emissionsbeschränkung gemäß Kyoto; Stromverbrauch Prognos
Datum:	05.06.00

		Einheit	1997	2000	2005	2010	2015	2020	2025	2030
1	Demographische Rahmenannahmen									
1.1	Bevölkerung	Mio.								
1.2	Anzahl der Haushalte	Mio.								
1.3	Anzahl der Wohnflächen	Mio. m^2								
2	Ökonomische Rahmenannahmen									
2.1	Entwicklung des BIP	Mrd. DM_{91}								
2.2	Abschreibungsrate	% p. a.								
3	Energiepreise									
3.1	Steinkohle-küstennah	DM_{98}/GJ								
3.2	Steinkohle-küstenfern	DM_{98}/GJ								
3.3	Braunkohle	DM_{98}/GJ								
3.4	Heizöl, schwer	DM_{98}/GJ								
3.5	Heizöl, leicht	DM_{98}/GJ								
3.6	Erdgas A	DM_{98}/GJ								
3.7	Erdgas B	DM_{98}/GJ								
4	Struktur Stromnachfrage nach Sektoren									
4.1	Industrie	TWh								
4.2	Kleinverbraucher	TWh								
4.3	Haushalte	TWh								
4.4	Verkehr	TWh								
4.5	Sonstige	TWh								
4.6	Verluste	TWh								
4.7	Summe	TWh								
5	Netto-Engpaßleistung n. Energieträgern									
5.1	Steinkohle (inkl. Mischfeuerung)	MW		34633	29349	27149	23180	11251	9315	6218
5.2	Braunkohle	MW		21240	17740	16090	13670	9982	8815	4163
5.3	Heizöl	MW		4190	3153	2087	872	0	0	0
5.4	Erdgas	MW		12220	25060	30970	44750	60290	60620	63800
5.5	Kernenergie	MW		20990	12730	9269	423	0	0	0
5.6	Wasserkraft	MW		10220	10250	10280	10380	10480	10530	10610
5.7	Wind	MW		4557	7129	7581	12090	11830	12220	17390
5.8	Photovoltaik	MW		95	155	210	444	902	1095	1526
5.9	Sonstige	MW		5651	6721	7075	7706	8154	8055	8188
5.10	Summe	MW		113797	112287	110711	113515	112889	110650	111895
6	Netto-Stromerzeugung n. Energieträgern									
6.1	Steinkohlen	TWh		82,1	66,7	56,3	50,9	31,8	26,5	3,4
6.2	Braunkohlen	TWh		133,2	112,2	95,3	58,2	49,5	40,5	21,9
6.3	Mineralöle	TWh		3,5	1,2	0,7	0,6	0,1	0,0	0,0
6.4	Naturgase	TWh		45,4	158,7	226,0	336,2	374,7	391,3	430,9
6.5	Kernenergie	TWh		160,3	101,4	70,2	3,4	0,0	0,0	0,0
6.6	Wasserkraft	TWh		19,6	21,0	21,5	22,0	22,6	22,8	23,3
6.7	Wind	TWh		7,2	13,4	16,1	27,9	27,3	28,0	33,6
6.8	Photovoltaik	TWh		0,0	0,1	0,1	0,4	0,8	1,0	1,4
6.9	Sonstige	TWh		9,8	11,8	12,8	14,6	16,4	16,9	18,1
6.10	Summe	TWh		461,1	486,4	499,1	514,3	523,2	527,1	532,5
7	Vollaststunden n. Energieträgern									
7.1	Steinkohlen	h/a		2371	2272	2075	2197	2824	2848	539
7.2	Braunkohlen	h/a		6271	6322	5922	4258	4963	4591	5256
7.3	Mineralöle	h/a		834	395	357	682	0	0	0
7.4	Naturgase	h/a		3718	6331	7296	7514	6215	6455	6754
7.5	Kernenergie	h/a		7637	7967	7576	8136	0	0	0
7.6	Wasserkraft	h/a		1918	2044	2089	2123	2155	2189	2198
7.7	Wind	h/a		1572	1881	2125	2309	2304	2295	1932
7.8	Photovoltaik	h/a		510	645	712	814	874	903	909
7.9	Sonstige	h/a		1737	1751	1810	1896	2015	2104	2205
7.10	Durchschnitt	h/a		4052	4332	4508	4531	4634	4764	4759

8	**Energieeinsatz zur Stromerz. n. Energieträgern**									
8.1	Steinkohle	PJ		816	647	523	475	276	227	28
8.2	Braunkohle	PJ		1433	1203	1013	596	490	381	175
8.3	Heizöl	PJ		44	15	9	8	1	0	0
8.4	Erdgas	PJ		325	1050	1488	2164	2317	2428	2682
8.5	Kernenergie	PJ		5935	3755	2600	127	0	0	0
8.6	Wasserkraft	PJ		71	75	77	79	81	82	84
8.7	Wind	PJ		26	48	58	101	98	101	121
8.8	Photovoltaik	PJ		0	0	1	1	3	4	5
8.9	Sonstige	PJ		57	69	75	85	96	99	107
8.10	Summe	PJ		8707	6863	5844	3637	3362	3323	3202
9	**Schadstoffemissionen**									
9.1	CO2-Emissionen	Mio. t		272,2	270,2	264,2	249,2	228,2	216,8	189,0
9.2	CH4-Emissionen	kt		16,1	16,6	16,3	15,4	15,3	14,8	13,6
9.3	N2O-Emissionen	kt		7,9	7,3	7,4	7,7	7,5	7,3	6,5
9.4	THG-Emissionen	Mio. t CO2		275,0	272,8	266,8	251,9	230,8	219,4	191,3
9.5	NOx-Emissionen	kt		1112,0	1021,0	925,0	695,1	616,8	549,3	419,7
9.6	SO2-Emissionen	kt		127,2	64,7	59,5	54,8	79,7	67,4	20,4
10	**Stromgestehungskosten**	Pf_{98}/kWh								
11	**Ausstiegskosten ***									
11.1	Mehrkosten	Mrd. DM_{98}			11,4	19,9	35,5	32,6	22,0	23,7
11.2	Spezifische Mehrkosten	Pf_{98}/kWh			0,5	0,8	1,4	1,3	0,8	0,9
11.3	Kumulierte Mehrkosten	Mrd. DM_{98}	146,4							
11.4	Durchschnittl. jährl. Mehrkosten	Mrd. DM_{98}/a	4,7							
11.5	Abdiskont. (2000) kumul. Mehrk.	Mrd. DM_{98}	89,3							
11.6	Extremwert d. Kostenerhöhung	Pf_{98}/kWh	1,6							
11.7	Durchschnittl. Kostenerhöhung	Pf_{98}/kWh	0,9							

* Mehrkosten des Ausstiegs, d.h. gegenüber der Referenzentwicklung.
Die Ausstiegskosten, die unter 11.1 und 11.2 ausgewiesen sind, beziehen sich auf den jeweiligen Zeitpunkt bzw. die entsprechende Zeitperiode.
Dagegen beschreiben die Werte 11.3 bis 11.7 Kosten über den gesamten Zeithorizont.

Szenario Reporting Tabelle

Modell:	TIMES
Autor:	U. Remme, U.Fahl
Institution:	IER
Land:	
Szenario:	Kernkraft 25 Zeitjahre; verschärfte Emissionsbeschränkung; Stromverbrauch Prognos
Datum:	05.06.00

		Einheit	1997	2000	2005	2010	2015	2020	2025	2030
1	Demographische Rahmenannahmen									
1.1	Bevölkerung	Mio.								
1.2	Anzahl der Haushalte	Mio.								
1.3	Anzahl der Wohnflächen	Mio. m^2								
2	Ökonomische Rahmenannahmen									
2.1	Entwicklung des BIP	Mrd. DM_{91}								
2.2	Abschreibungsrate	% p. a.								
3	Energiepreise									
3.1	Steinkohle-küstennah	DM_{99}/GJ								
3.2	Steinkohle-küstenfern	DM_{99}/GJ								
3.3	Braunkohle	DM_{99}/GJ								
3.4	Heizöl, schwer	DM_{99}/GJ								
3.5	Heizöl, leicht	DM_{99}/GJ								
3.6	Erdgas A	DM_{99}/GJ								
3.7	Erdgas B	DM_{99}/GJ								
4	Struktur Stromnachfrage nach Sektoren									
4.1	Industrie	TWh								
4.2	Kleinverbraucher	TWh								
4.3	Haushalte	TWh								
4.4	Verkehr	TWh								
4.5	Sonstige	TWh								
4.6	Verluste	TWh								
4.7	Summe	TWh								
5	Netto-Engpaßleistung n. Energieträgern									
5.1	Steinkohle (inkl. Mischfeuerung)	MW		34633	29339	27139	23180	11243	9315	6218
5.2	Braunkohle	MW		20600	17100	15450	13030	9162	7631	2979
5.3	Heizöl	MW		4190	3153	2087	872	0	0	0
5.4	Erdgas	MW		11940	29120	35720	50680	68610	70080	75310
5.5	Kernenergie	MW		20990	12730	9269	423	0	0	0
5.6	Wasserkraft	MW		10220	10250	10280	10380	10480	10530	10610
5.7	Wind	MW		4557	7129	7581	12090	12100	12220	27170
5.8	Photovoltaik	MW		95	155	210	444	902	1095	1526
5.9	Sonstige	MW		5651	6723	7076	7686	8160	8098	8189
5.10	Summe	MW		112877	115699	114812	118785	120657	118969	132002
6	Netto-Stromerzeugung n. Energieträgern									
6.1	Steinkohlen	TWh		89,6	38,6	37,7	31,2	6,2	5,3	0,0
6.2	Braunkohlen	TWh		127,8	105,6	79,0	34,9	27,6	15,6	0,0
6.3	Mineralöle	TWh		3,5	0,9	0,6	0,5	0,1	0,0	0,0
6.4	Naturgase	TWh		43,3	193,6	261,0	379,4	421,6	437,4	445,0
6.5	Kernenergie	TWh		160,3	101,4	70,2	3,4	0,0	0,0	0,0
6.6	Wasserkraft	TWh		19,6	21,0	21,5	22,0	22,6	22,8	23,3
6.7	Wind	TWh		7,2	13,4	16,1	27,9	27,9	28,0	44,1
6.8	Photovoltaik	TWh		0,0	0,1	0,1	0,4	0,8	1,0	1,4
6.9	Sonstige	TWh		9,8	11,8	12,8	14,6	16,4	16,9	18,1
6.10	Summe	TWh		461,1	486,4	499,1	514,3	523,2	527,1	531,9
7	Vollaststunden n. Energieträgern									
7.1	Steinkohlen	h/a		2588	1317	1390	1346	555	568	0
7.2	Braunkohlen	h/a		6203	6175	5113	2677	3009	2044	0
7.3	Mineralöle	h/a		834	286	305	564	0	0	0
7.4	Naturgase	h/a		3629	6649	7306	7486	6145	6242	5910
7.5	Kernenergie	h/a		7637	7967	7576	8136	0	0	0
7.6	Wasserkraft	h/a		1916	2044	2089	2123	2155	2169	2198
7.7	Wind	h/a		1572	1881	2125	2309	2307	2295	1623
7.8	Photovoltaik	h/a		510	645	712	814	874	903	909
7.9	Sonstige	h/a		1737	1751	1810	1900	2011	2093	2204
7.10	Durchschnitt	h/a		4085	4204	4347	4330	4336	4431	4030

8	**Energieeinsatz zur Stromerz. n. Energieträgern**									
8.1	Steinkohle	PJ		857	360	344	286	40	34	0
8.2	Braunkohle	PJ		1393	1143	844	347	265	130	- 0
8.3	Heizöl	PJ		44	11	8	6	1	0	0
8.4	Erdgas	PJ		310	1286	1716	2447	2604	2704	2737
8.5	Kernenergie	PJ		5935	3755	2600	127	0	0	0
8.6	Wasserkraft	PJ		71	75	77	79	81	82	84
8.7	Wind	PJ		26	48	58	101	101	101	159
8.8	Photovoltaik	PJ		0	0	1	1	3	4	5
8.9	Sonstige	PJ		57	69	75	85	96	99	107
8.10	Summe	PJ		8693	6748	5722	3480	3190	3154	3092
9	**Schadstoffemissionen**									
9.1	CO2-Emissionen	Mio. t		272,3	251,8	241,6	220,2	198,5	187,7	164,2
9.2	CH4-Emissionen	kt		16,1	16,0	15,3	14,0	14,0	13,4	12,7
9.3	N2O-Emissionen	kt		7,6	6,5	6,8	7,0	6,5	6,4	6,0
9.4	THG-Emissionen	Mio. t CO2		275,0	254,2	244,0	222,7	200,8	190,0	166,3
9.5	NOx-Emissionen	kt		1106,0	984,2	816,4	537,6	483,3	397,1	298,5
9.6	SO2-Emissionen	kt		82,0	49,6	48,5	44,7	31,0	27,7	14,6
10	**Stromgestehungskosten**	Pf$_{98}$/kWh								
11	**Ausstiegskosten** *									
11.1	Mehrkosten	Mrd. DM$_{98}$			12,7	25,5	44,7	42,9	31,1	39,0
11.2	Spezifische Mehrkosten	Pf$_{98}$/kWh			0,5	1,0	1,8	1,7	1,2	1,5
11.3	Kumulierte Mehrkosten	Mrd. DM$_{98}$	197,1							
11.4	Durchschnittl. jährl. Mehrkosten	Mrd. DM$_{98}$/a	6,4							
11.5	Abdiskont. (2000) kumul. Mehrk.	Mrd. DM$_{98}$	115,7							
11.6	Extremwert d. Kostenerhöhung	Pf$_{98}$/kWh	2,0							
11.7	Durchschnittl. Kostenerhöhung	Pf$_{98}$/kWh	1,3							

* Mehrkosten des Ausstiegs, d.h. gegenüber der Referenzentwicklung.
Die Ausstiegskosten, die unter 11.1 und 11.2 ausgewiesen sind, beziehen sich auf den jeweiligen Zeitpunkt bzw. die entsprechende Zeitperiode.
Dagegen beschreiben die Werte 11.3 bis 11.7 Kosten über den gesamten Zeithorizont.

Szenario Reporting Tabelle

Modell:	TIMES
Autor:	U. Remme, U.Fahl
Institution:	IER
Land:	
Szenario:	Kernkraft Pool 30a; keine Emissionsbeschränkung; Stromverbrauch MEXII
Datum:	05.06.00

		Einheit	1997	2000	2005	2010	2015	2020	2025	2030
1	**Demographische Rahmenannahmen**									
1.1	Bevölkerung	Mio.								
1.2	Anzahl der Haushalte	Mio.								
1.3	Anzahl der Wohnflächen	Mio. m^2								
2	**Ökonomische Rahmenannahmen**									
2.1	Entwicklung des BIP	Mrd. DM_{91}								
2.2	Abschreibungsrate	% p. a.								
3	**Energiepreise**									
3.1	Steinkohle-küstennah	DM_{99}/GJ								
3.2	Steinkohle-küstenfern	DM_{99}/GJ								
3.3	Braunkohle	DM_{99}/GJ								
3.4	Heizöl, schwer	DM_{99}/GJ								
3.5	Heizöl, leicht	DM_{99}/GJ								
3.6	Erdgas A	DM_{99}/GJ								
3.7	Erdgas B	DM_{99}/GJ								
4	**Struktur Stromnachfrage nach Sektoren**									
4.1	Industrie	TWh								
4.2	Kleinverbraucher	TWh								
4.3	Haushalte	TWh								
4.4	Verkehr	TWh								
4.5	Sonstige	TWh								
4.6	Verluste	TWh								
4.7	Summe	TWh								
5	**Netto-Engpaßleistung n. Energieträgern**									
5.1	Steinkohle (inkl. Mischfeuerung)	MW		34663	29749	28319	30950	33924	41710	41436
5.2	Braunkohle	MW		21420	19850	20910	18810	15290	13760	10930
5.3	Heizöl	MW		4190	3153	2087	872	0	0	0
5.4	Erdgas	MW		11250	7958	4997	2567	815	874	8112
5.5	Kernenergie	MW		21250	21250	21020	19490	12990	9465	0
5.6	Wasserkraft	MW		10220	10250	10280	10380	10480	10530	10610
5.7	Wind	MW		4557	7129	7581	7195	11030	12220	17390
5.8	Photovoltaik	MW		95	155	210	444	902	1095	1526
5.9	Sonstige	MW		5651	6688	7020	7583	8090	8043	8178
5.10	Summe	MW		113297	106182	102424	98291	93521	97697	98182
6	**Netto-Stromerzeugung n. Energieträgern**									
6.1	Steinkohlen	TWh		107,9	105,9	107,9	149,2	213,9	279,4	288,2
6.2	Braunkohlen	TWh		138,6	129,7	133,9	123,8	99,9	90,2	72,8
6.3	Mineralöle	TWh		4,9	6,4	3,5	1,1	0,2	0,1	0,0
6.4	Naturgase	TWh		8,0	15,4	7,9	2,3	9,5	4,3	25,4
6.5	Kernenergie	TWh		156,9	155,2	152,4	125,1	67,2	16,2	0,0
6.6	Wasserkraft	TWh		21,5	21,6	21,8	22,3	22,7	22,9	23,3
6.7	Wind	TWh		7,2	13,4	16,1	15,8	25,3	28,0	33,6
6.8	Photovoltaik	TWh		0,0	0,1	0,1	0,4	0,8	1,0	1,4
6.9	Sonstige	TWh		10,0	11,8	12,9	14,6	16,4	16,9	18,1
6.10	Summe	TWh		454,9	459,7	456,5	454,4	455,9	459,2	462,8
7	**Vollaststunden n. Energieträgern**									
7.1	Steinkohlen	h/a		3112	3560	3810	4819	6305	6699	6954
7.2	Braunkohlen	h/a		6470	6536	6403	6579	6534	6557	6664
7.3	Mineralöle	h/a		1173	2041	1667	1235	0	0	0
7.4	Naturgase	h/a		711	1930	1587	881	11604	4934	3137
7.5	Kernenergie	h/a		7383	7305	7249	6420	5175	1713	0
7.6	Wasserkraft	h/a		2102	2110	2121	2145	2168	2178	2198
7.7	Wind	h/a		1572	1881	2125	2194	2294	2295	1932
7.8	Photovoltaik	h/a		510	645	712	814	874	903	909
7.9	Sonstige	h/a		1767	1772	1831	1927	2029	2107	2207
7.10	Durchschnitt	h/a		4015	4329	4457	4623	4875	4701	4714

8	Energieeinsatz zur Stromerz. n. Energieträgern									
8.1	Steinkohle	PJ		1105	1086	1055	1349	1713	2221	2292
8.2	Braunkohle	PJ		1499	1350	1343	1222	946	837	601
8.3	Heizöl	PJ		64	86	46	14	2	1	0
8.4	Erdgas	PJ		65	115	64	23	68	31	157
8.5	Kernenergie	PJ		5810	5746	5640	4633	2489	600	0
8.6	Wasserkraft	PJ		77	78	78	80	82	83	84
8.7	Wind	PJ		26	48	58	57	91	101	121
8.8	Photovoltaik	PJ		0	0	1	1	3	4	5
8.9	Sonstige	PJ		58	89	75	85	96	99	107
8.10	Summe	PJ		8705	8579	8360	7465	5488	3977	3367
9	Schadstoffemissionen									
9.1	CO2-Emissionen	Mio. t		289,8	273,2	267,5	277,7	286,9	319,1	305,1
9.2	CH4-Emissionen	kt		16,9	17,8	18,2	18,9	18,9	19,2	18,2
9.3	N2O-Emissionen	kt		9,0	8,6	8,0	8,8	10,3	12,2	12,4
9.4	THG-Emissionen	Mio. t CO2		292,9	276,3	270,4	280,8	290,5	323,3	309,3
9.5	NOx-Emissionen	kt		1153,0	1055,0	1059,0	997,6	852,0	806,3	652,5
9.6	SO2-Emissionen	kt		150,2	127,8	89,1	112,3	148,7	182,1	177,3
10	Stromgestehungskosten	Pf.$_{98}$/kWh								
11	Ausstiegskosten *									
11.1	Mehrkosten	Mrd. DM$_{98}$			1,1	1,4	3,3	5,1	9,1	1,9
11.2	Spezifische Mehrkosten	Pf.$_{98}$/kWh			0,0	0,1	0,1	0,2	0,4	0,1
11.3	Kumulierte Mehrkosten	Mrd. DM$_{98}$	22,0							
11.4	Durchschnittl. jährl. Mehrkosten	Mrd. DM$_{98}$/a	0,7							
11.5	Abdiskont. (2000) kumul. Mehrk.	Mrd. DM$_{98}$	11,9							
11.6	Extremwert d. Kostenerhöhung	Pf.$_{98}$/kWh	0,4							
11.7	Durchschnittl. Kostenerhöhung	Pf.$_{98}$/kWh	0,2							

* Mehrkosten des Ausstiegs, d.h. gegenüber der Referenzentwicklung.
Die Ausstiegskosten, die unter 11.1 und 11.2 ausgewiesen sind, beziehen sich auf den jeweiligen Zeitpunkt bzw. die entsprechende Zeitperiode.
Dagegen beschreiben die Werte 11.3 bis 11.7 Kosten über den gesamten Zeithorizont.

Szenario Reporting Tabelle

Modell:	TIMES
Autor:	U. Remme, U.Fahl
Institution:	IER
Land:	
Szenario:	Kernkraft 40 Zeitjahre+Zubau; Emissionsbeschränkung gemäß Kyoto; Stromverbrauch MEXII
Datum:	05.06.00

		Einheit	1997	2000	2005	2010	2015	2020	2025	2030
1	Demographische Rahmenannahmen									
1.1	Bevölkerung	Mio.								
1.2	Anzahl der Haushalte	Mio.								
1.3	Anzahl der Wohnflächen	Mio. m^2								
2	Ökonomische Rahmenannahmen									
2.1	Entwicklung des BIP	Mrd. DM_{91}								
2.2	Abschreibungsrate	% p. a.								
3	Energiepreise									
3.1	Steinkohle-küstennah	DM_{99}/GJ								
3.2	Steinkohle-küstenfern	DM_{99}/GJ								
3.3	Braunkohle	DM_{99}/GJ								
3.4	Heizöl, schwer	DM_{99}/GJ								
3.5	Heizöl, leicht	DM_{99}/GJ								
3.6	Erdgas A	DM_{99}/GJ								
3.7	Erdgas B	DM_{99}/GJ								
4	Struktur Stromnachfrage nach Sektoren									
4.1	Industrie	TWh								
4.2	Kleinverbraucher	TWh								
4.3	Haushalte	TWh								
4.4	Verkehr	TWh								
4.5	Sonstige	TWh								
4.6	Verluste	TWh								
4.7	Summe	TWh								
5	Netto-Engpaßleistung n. Energieträgern									
5.1	Steinkohle (inkl. Mischfeuerung)	MW		34683	29509	27309	23350	11372	9366	6547
5.2	Braunkohle	MW		21020	19300	20220	18630	14760	13230	8574
5.3	Heizöl	MW		4190	3153	2087	872	0	0	0
5.4	Erdgas	MW		11250	8079	5826	4320	2627	2923	8077
5.5	Kernenergie	MW		21450	21450	21230	24370	33060	35950	36440
5.6	Wasserkraft	MW		10220	10250	10280	10380	10480	10530	10610
5.7	Wind	MW		4557	7129	7584	7306	11030	12220	17390
5.8	Photovoltaik	MW		95	155	210	444	902	1095	1526
5.9	Sonstige	MW		5651	6699	7037	7638	8186	8145	8178
5.10	Summe	MW		113117	105724	101783	97310	92417	93459	97342
6	Netto-Stromerzeugung n. Energieträgern									
6.1	Steinkohlen	TWh		91,4	97,1	94,3	78,2	19,7	12,5	15,1
6.2	Braunkohlen	TWh		132,4	126,0	129,2	122,5	99,3	89,0	57,1
6.3	Mineralöle	TWh		1,5	5,8	3,2	1,1	0,3	0,1	0,4
6.4	Naturgase	TWh		25,6	19,9	17,1	10,0	6,2	4,8	20,3
6.5	Kernenergie	TWh		165,3	163,8	161,8	189,3	265,2	284,0	293,6
6.6	Wasserkraft	TWh		21,5	21,6	21,8	22,3	22,7	22,9	23,3
6.7	Wind	TWh		7,2	13,4	16,1	16,1	25,3	28,0	33,6
6.8	Photovoltaik	TWh		0,0	0,1	0,1	0,4	0,8	1,0	1,4
6.9	Sonstige	TWh		10,1	11,9	12,8	14,6	16,4	16,9	18,1
6.10	Summe	TWh		454,9	459,7	456,5	454,4	455,9	459,2	462,9
7	Vollaststunden n. Energieträgern									
7.1	Steinkohlen	h/a		2635	3292	3454	3351	1736	1330	2313
7.2	Braunkohlen	h/a		6300	6530	6392	6575	6727	6724	6665
7.3	Mineralöle	h/a		356	1831	1520	1242	0	0	0
7.4	Naturgase	h/a		2277	2463	2934	2304	2344	1651	2508
7.5	Kernenergie	h/a		7705	7638	7620	7768	8023	7900	8057
7.6	Wasserkraft	h/a		2102	2110	2121	2145	2168	2178	2198
7.7	Wind	h/a		1572	1881	2124	2203	2294	2295	1932
7.8	Photovoltaik	h/a		510	645	712	814	874	903	909
7.9	Sonstige	h/a		1781	1769	1825	1917	2006	2080	2207
7.10	Durchschnitt	h/a		4022	4348	4485	4670	4934	4914	4755

8	**Energieeinsatz zur Stromerz. n. Energieträgern**									
8.1	Steinkohle	PJ		917	997	941	757	173	107	131
8.2	Braunkohle	PJ		1429	1321	1305	1211	946	830	476
8.3	Heizöl	PJ		17	76	42	14	3	1	4
8.4	Erdgas	PJ		186	147	125	73	41	31	126
8.5	Kernenergie	PJ		6118	6067	5990	7010	9822	10514	10870
8.6	Wasserkraft	PJ		77	78	78	80	82	83	84
8.7	Wind	PJ		26	48	58	58	91	101	121
8.8	Photovoltaik	PJ		0	0	1	1	3	4	5
8.9	Sonstige	PJ		59	69	75	85	96	99	107
8.10	Summe	PJ		8829	8804	8615	9289	11256	11770	11925
9	**Schadstoffemissionen**									
9.1	CO2-Emissionen	Mio. t		272,2	264,0	256,0	225,3	141,8	121,5	89,3
9.2	CH4-Emissionen	kt		16,2	17,5	17,9	18,0	16,6	15,9	14,4
9.3	N2O-Emissionen	kt		8,1	8,2	7,6	6,6	4,3	3,9	3,6
9.4	THG-Emissionen	Mio. t CO2		275,1	266,9	258,7	227,7	143,5	123,0	90,7
9.5	NOx-Emissionen	kt		1103,0	1033,0	1030,0	955,9	727,9	644,1	415,0
9.6	SO2-Emissionen	kt		134,2	123,9	80,5	72,6	73,9	60,7	28,8
10	**Stromgestehungskosten**	Pf.$_{98}$/kWh								
11	**Ausstiegskosten** *									
11.1	Mehrkosten	Mrd. DM$_{98}$			0,2	-0,3	2,6	-6,4	-14,8	-25,3
11.2	Spezifische Mehrkosten	Pf.$_{98}$/kWh			0,0	0,0	0,1	-0,3	-0,7	-1,2
11.3	Kumulierte Mehrkosten	Mrd. DM$_{98}$	-43,9							
11.4	Durchschnittl. jährl. Mehrkosten	Mrd. DM$_{98}$/a	-1,4							
11.5	Abdiskont. (2000) kumul. Mehrk.	Mrd. DM$_{98}$	-15,6							
11.6	Extremwert d. Kostenerhöhung	Pf.$_{98}$/kWh	0,2							
11.7	Durchschnittl. Kostenerhöhung	Pf.$_{98}$/kWh	-0,3							

* Mehrkosten des Ausstiegs, d.h. gegenüber der Referenzentwicklung.
Die Ausstiegskosten, die unter 11.1 und 11.2 ausgewiesen sind, beziehen sich auf den jeweiligen Zeitpunkt bzw. die entsprechende Zeitperiode.
Dagegen beschreiben die Werte 11.3 bis 11.7 Kosten über den gesamten Zeithorizont.

Szenario Reporting Tabelle

Modell:	TIMES
Autor:	U. Remme, U.Fahl
Institution:	IER
Land:	
Szenario:	Kernkraft 40 Zeitjahre; Emissionsbeschränkung gemäß Kyoto; Stromverbrauch MEXII
Datum:	05.06.200

		Einheit	1997	2000	2005	2010	2015	2020	2025	2030
1	Demographische Rahmenannahmen									
1.1	Bevölkerung	Mio.								
1.2	Anzahl der Haushalte	Mio.								
1.3	Anzahl der Wohnflächen	Mio. m^2								
2	Ökonomische Rahmenannahmen									
2.1	Entwicklung des BIP	Mrd. DM_{91}								
2.2	Abschreibungsrate	% p. a.								
3	Energiepreise									
3.1	Steinkohle-küstennah	DM_{95}/GJ								
3.2	Steinkohle-küstenfern	DM_{95}/GJ								
3.3	Braunkohle	DM_{95}/GJ								
3.4	Heizöl, schwer	DM_{95}/GJ								
3.5	Heizöl, leicht	DM_{95}/GJ								
3.6	Erdgas A	DM_{95}/GJ								
3.7	Erdgas B	DM_{95}/GJ								
4	Struktur Stromnachfrage nach Sektoren									
4.1	Industrie	TWh								
4.2	Kleinverbraucher	TWh								
4.3	Haushalte	TWh								
4.4	Verkehr	TWh								
4.5	Sonstige	TWh								
4.6	Verluste	TWh								
4.7	Summe	TWh								
5	Netto-Engpaßleistung n. Energieträgern									
5.1	Steinkohle (inkl. Mischfeuerung)	MW		34633	29639	27879	25510	13649	11627	8504
5.2	Braunkohle	MW		21010	19310	20070	18970	15100	13570	8917
5.3	Heizöl	MW		4190	3153	2087	872	0	0	0
5.4	Erdgas	MW		11250	7958	5110	5186	20470	27300	42710
5.5	Kernenergie	MW		21450	21450	21230	19700	13190	9671	206
5.6	Wasserkraft	MW		10220	10250	10280	10380	10480	10530	10650
5.7	Wind	MW		4557	7129	7584	8123	11030	12220	17390
5.8	Photovoltaik	MW		95	155	210	444	902	1095	1526
5.9	Sonstige	MW		5651	6693	7029	7592	8080	8038	8202
5.10	Summe	MW		113057	105737	101479	96777	92901	94051	98105
6	Netto-Stromerzeugung n. Energieträgern									
6.1	Steinkohlen	TWh		91,5	98,6	98,2	101,2	53,0	48,2	27,3
6.2	Braunkohlen	TWh		132,4	126,1	129,8	124,8	100,5	89,0	53,7
6.3	Mineralöle	TWh		1,4	5,8	2,7	1,0	0,3	0,1	0,0
6.4	Naturgase	TWh		25,6	18,2	13,0	20,7	131,7	180,7	303,6
6.5	Kernenergie	TWh		165,3	163,8	161,8	151,1	105,1	72,3	1,7
6.6	Wasserkraft	TWh		21,5	21,6	21,8	22,3	22,7	22,9	23,6
6.7	Wind	TWh		7,2	13,4	16,1	18,2	25,3	28,0	33,6
6.8	Photovoltaik	TWh		0,0	0,1	0,1	0,4	0,8	1,0	1,4
6.9	Sonstige	TWh		10,0	11,8	12,8	14,6	16,4	16,9	18,1
6.10	Summe	TWh		454,9	459,7	456,4	454,3	455,8	459,2	462,8
7	Vollaststunden n. Energieträgern									
7.1	Steinkohlen	h/a		2643	3328	3523	3968	3883	4149	3205
7.2	Braunkohlen	h/a		6300	6533	6465	6577	6653	6557	6019
7.3	Mineralöle	h/a		344	1845	1278	1204	0	0	0
7.4	Naturgase	h/a		2274	2292	2553	3989	6433	6619	7108
7.5	Kernenergie	h/a		7705	7638	7620	7672	7969	7475	0
7.6	Wasserkraft	h/a		2102	2110	2121	2145	2168	2178	2213
7.7	Wind	h/a		1572	1881	2124	2237	2294	2295	1932
7.8	Photovoltaik	h/a		510	645	712	814	874	903	909
7.9	Sonstige	h/a		1776	1770	1827	1927	2032	2108	2201
7.10	Durchschnitt	h/a		4024	4347	4497	4695	4906	4883	4718

8	**Energieeinsatz zur Stromerz. n. Energieträgern**									
8.1	Steinkohle	PJ		919	1010	980	953	444	393	223
8.2	Braunkohle	PJ		1429	1322	1317	1229	959	828	429
8.3	Heizöl	PJ		16	77	36	13	3	1	0
8.4	Erdgas	PJ		186	136	99	141	808	1106	1855
8.5	Kernenergie	PJ		6118	6067	5990	5595	3893	2677	62
8.6	Wasserkraft	PJ		77	78	78	80	82	83	85
8.7	Wind	PJ		26	48	58	65	91	101	121
8.8	Photovoltaik	PJ		0	0	1	1	3	4	5
8.9	Sonstige	PJ		58	69	75	85	96	99	107
8.10	Summe	PJ		8830	8808	8633	8163	6377	5291	2887
9	**Schadstoffemissionen**									
9.1	CO2-Emissionen	Mio. t		272,2	264,7	258,0	249,2	211,0	208,6	189,0
9.2	CH4-Emissionen	kt		16,2	17,5	17,9	18,4	17,3	16,7	14,9
9.3	N2O-Emissionen	kt		8,1	8,3	7,8	7,5	6,5	6,5	6,4
9.4	THG-Emissionen	Mio. t CO2		275,1	267,6	260,8	251,9	213,4	211,0	191,3
9.5	NOx-Emissionen	kt		1103,0	1033,0	1028,0	988,2	825,7	766,7	538,2
9.6	SO2-Emissionen	kt		134,1	124,6	99,6	85,9	82,1	56,1	33,4
10	**Stromgestehungskosten**	$Pf._{98}$/kWh								
11	**Ausstiegskosten ***									
11.1	Mehrkosten	Mrd. DM_{98}			0,3	-0,1	-1,0	-1,4	1,5	11,6
11.2	Spezifische Mehrkosten	$Pf._{98}$/kWh			0,0	0,0	0,0	-0,1	0,1	0,5
11.3	Kumulierte Mehrkosten	Mrd. DM_{98}	10,9							
11.4	Durchschnittl. jährl. Mehrkosten	Mrd. DM_{98}/a	0,4							
11.5	Abdiskont. (2000) kumul. Mehrk.	Mrd. DM_{98}	3,2							
11.6	Extremwert d. Kostenerhöhung	$Pf._{98}$/kWh	0,8							
11.7	Durchschnittl. Kostenerhöhung	$Pf._{98}$/kWh	0,1							

* Mehrkosten des Ausstiegs, d.h. gegenüber der Referenzentwicklung.
Die Ausstiegskosten, die unter 11.1 und 11.2 ausgewiesen sind, beziehen sich auf den jeweiligen Zeitpunkt bzw. die entsprechende Zeitperiode.
Dagegen beschreiben die Werte 11.3 bis 11.7 Kosten über den gesamten Zeithorizont.

5 E^3Net-D2

ULRICH FAHL, MARKUS BLESL

Institut für Energiewirtschaft und Rationelle Energieanwendung (IER),
Universität Stuttgart

5.1 Einleitung

Ziel der Forschungsarbeiten am Institut für Energiewirtschaft und Rationelle Energieanwendung (IER) der Universität Stuttgart war in den letzten Jahren die Entwicklung und Bereitstellung eines Instrumentariums, mit dessen Hilfe Fragestellungen aus dem Energie und Umweltbereich problemadäquat beantwortet werden können. Das am IER entwickelte MESAP[35]-System /Schaumann, Schlenzig 1997; Schlenzig, Reuter 1996/ ist ein PC-basiertes entscheidungsunterstützendes System zur Evaluierung von Handlungsmöglichkeiten und Strategien auf betrieblicher, kommunaler, regionaler, nationaler und internationaler Ebene. MESAP unterstützt alle Phasen des strukturierten Planungsprozesses, alle wesentlichen Informationen zu einer Fallstudie werden in einer einzigen Datenbank gespeichert und dokumentiert. Dies umfasst Probleme, Ziele, Systembeschreibung, untersuchte Maßnahmen, Szenarios, Daten, mathematische Modellbeschreibung, Gestaltung der Fallstudien, Modellergebnisse, Analysereports und Bewertungsschema. Die übersichtliche Strukturierung und vollständige Unterstützung des Planungsprozesses sowie die ausführlichen Dokumentationsmöglichkeiten, gepaart mit benutzerfreundlichen Retrievalfunktionen, schaffen die Grundlage für die notwendige Transparenz und Nachvollziehbarkeit der Planung.

Kernidee des Konzepts von MESAP ist die Standardisierung der Datenschnittstelle für Energiesystemdaten. Dies wird durch eine klare Trennung von der Topologie des Energiesystems, der Datenbasis und der mathematischen Struktur des Modells erreicht. Die Topologie der Energiesysteme wird dabei generell in Form eines Netzwerks, dem „Referenzenergiesystem" (RES), abgebildet. Entsprechend dieser Philosophie wird im Folgenden in Abschnitt 5.2 die methodische Fundierung des Energiesystemmodells E^3Net erläutert, woran sich in Abschnitt 5.3 die Beschreibung des Referenzenergiesystems und der Datenbasis für die vorliegende Anwendung für Deutschland anschließt. Zuvor wird jedoch noch näher auf die Struktur von MESAP eingegangen.

---

35 MESAP = **M**odulare **E**nergie**S**ystem**A**nalyse und -**P**lanung

Jedes MESAP-Planungsinstrument besitzt die selbe Architektur. So steht jedem MESAP-Planungsinstrument die einheitliche Bedienoberfläche von MESAP und die entscheidungsunterstützenden Komponenten für die verschiedenen Schritte der Energieplanung zur Verfügung. In Abbildung 5-1 sind am Beispiel des Planungsinstrumentes MESAP/E^3Net alle relevanten Module eines MESAP-Planungsinstrumentes dargestellt. Zusätzlich zu den allgemeinen Komponenten (NetWork, Navigator, Case-Manager, Analyst) kommen noch das dem gewählten Ansatz zugrunde liegende mathematische Modul (für MESAP/E^3Net der GAMS-Modellgenerator E^3Net) und im Fall von MESAP/E^3Net die Schnittstelle E^3X/RImp zum Datenaustausch zwischen dem GAMS-Modell und der Datenbank hinzu.

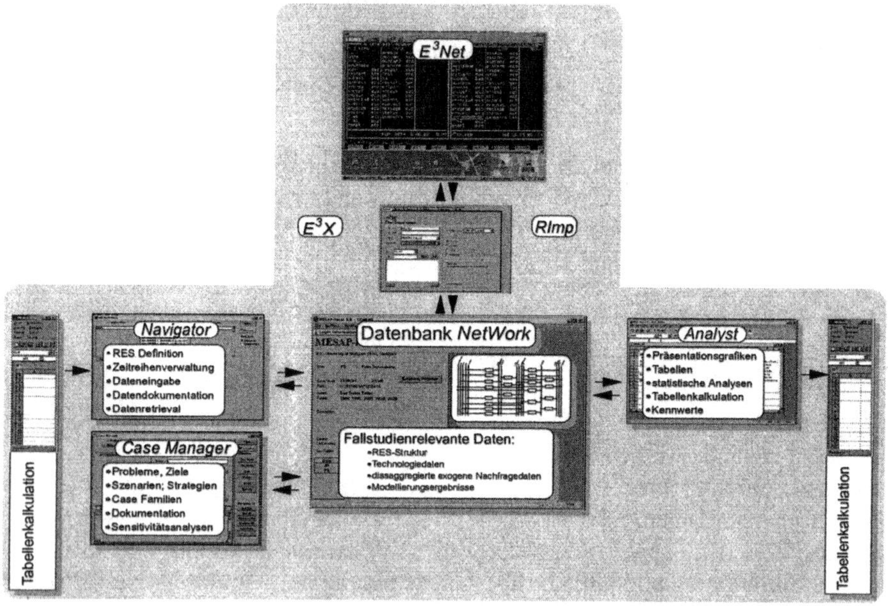

Abbildung 5-1: Architektur eines MESAP-Planungsinstrumentes am Beispiel MESAP/-E^3Net

MESAP bietet eine "Windows"-orientierte benutzerfreundliche grafische Bedienoberfläche mit einer menügesteuerten Programmablaufsteuerung und einer maskenorientierten Dateneingabe. Konsistenzchecks fangen mögliche Fehler schon während der Dateneingabe ab. Ein kontextsensitives Hilfesystem erklärt die Funktionalität des Programms. MESAP ist auf allen Computernetzwerken multiuserfähig. Eine Client-Server Implementierung ist konzeptionell vorgesehen.

5.2 Methodischer Ansatz

E^3Net stellt eine Weiterentwicklung des Energiemodells EFOM-ENV dar, welches in den frühen siebziger Jahren durch die Europäische Union entwickelt wurde. E^3Net dient zur Analyse der Entwicklung des Energiesystems unter vorzugebenden Rahmenbedingungen. Es eignet sich auf Grund seiner flexiblen Struktur zur Untersuchung betrieblicher, kommunaler, regionaler, nationaler und multinationaler Energiesysteme. Der Modellgenerator E^3Net wurde aus Gründen der Portierbarkeit in der allgemeinen Modellierungssprache GAMS entwickelt. Zur Kommunikation mit der Datenbank NetWork wurden die Transformationsprogramme E^3X/RImp (vgl. Abbildung 5-1) in der Programmiersprache Visual Basic entwickelt.

Vorrangige Zielsetzung bei der Modellentwicklung von E^3Net war die flexible Struktur, um eine einfache Anpassung der mathematischen Modellformulierung an die jeweilige Problemstellung zu gewährleisten. Entsprechend zeichnet sich E^3Net durch folgende Charakteristika aus /Rüffler u. a. 1998; Läge 2000/: beliebige Anzahl der Prozesse, die im Modell berücksichtigt werden können, regional/-sektoral disaggregierbar, beliebige Anzahl von Perioden, variable Periodenlängen und beliebige unterjährige Auflösung auf bis zu zwei Zeitsegmentebenen, intertemporale Zeitbehandlung, beliebige/austauschbare Zielfunktion, Flexibilität bezüglich der Änderung und Erweiterung der zugrunde liegenden Modellmathematik, integrierter Dekompositionsalgorithmus mit verteilter Berechnung, gemischt-ganzzahlige Modellierung von Technologien und Maßnahmen (Berücksichtigung von Baugrößenklassen oder Transaktionskosten von Energie-Effizienz-Programmen), Kopplung an ein makroökonomisches Ein-Sektoren-Wachstumsmodell (E^3Net-MACRO), Berücksichtigung preiselastischer Nachfragefunktionen mit einem nichtlinearen Modellansatz (E^3Net-MICRO).

E^3Net ist ein Schema zur Erzeugung von Modellen mit Zeithorizonten von mehreren Jahrzehnten. Die Zeithorizonte sind in sogenannte "Perioden" zu unterteilen, deren Länge in der Regel 5 bis 10 Jahre beträgt, allgemein kann die Länge der Perioden jedoch frei gewählt werden. Jeweils das letzte Jahr einer Periode dient als Beispieljahr. Die anderen Jahre der Periode sind nicht explizit im Modell dargestellt. Die Periode Null besteht aus einem einzigen Jahr, dem sogenannten Basisjahr. Zwischen den Perioden eines Modellsystems bestehen im Allgemeinen Verbindungen in Form von intertemporalen Funktionen, die die Entscheidungsvariablen mehrerer Perioden miteinander verknüpfen. E^3Net-Modelle sind also im Allgemeinen Mehrperiodenmodelle oder dynamische Modelle, optional kann E^3Net auch zur Bildung statischer Modelle oder dynamisch-rekursiver Modelle verwendet werden. Jedes Beispieljahr einer Periode kann nochmals in Zeitsegmente aufgeteilt werden, um so beispielsweise jahreszeitliche oder tägliche Schwankungen im Energiebedarf abbilden zu können. E^3Net erlaubt eine Aufteilung des Jahres in beliebig viele Saisonalsegmente oder eine Modellierung in Form von Lastganglinien. Die Segmentierungstiefe kann innerhalb eines Modells unterschiedlich sein.

Durch Links und Knoten, Modellperioden und Zeitsegmente ist die Raum/Zeit-Topologie des Modells definiert und damit dessen qualitativer Aspekt. Die quantitative Information über das zu bildende Modellsystem ist in Attributen enthalten, die im Wesentlichen in folgende Klassen eingeteilt werden können:

- Aktivitätsattribute beschränken Energie oder Materialflüsse durch bestimmte Links oder setzen Zu- oder Abflüsse aus einem Knoten in ein bestimmtes (variables) Verhältnis;
- Kapazitätsattribute beschränken den Kapazitätszubau;
- Kostenattribute beschreiben variable, fixe und Investitionskosten der Anlagen;
- Technologieattribute beschreiben sonstige, zur Beschreibung der Anlage notwendige, Attribute (Lebensdauer, Verfügbarkeit, Wirkungsgrade, ...).

Für jeden Baustein des RES wird eine Energie- oder Mengebilanz aufgestellt. Kapazitäts-Aktivitäts-Restriktionen modellieren hierbei die oberen Schranken der Energieflüsse, da diese durch die vorhandenen Anlagenkapazitäten und die Verfügbarkeitsraten begrenzt werden. Unter dem Begriff informationelle Gleichungen werden Beziehungen verstanden, bei denen nicht die Energie-, sondern die Informationsübertragung im Vordergrund steht. Eine vorgegebene Beschränkung auf den Marktanteil einer Technologie ist ein Beispiel hierfür.

Die Ziele bei der Optimierung eines Energiesystems können vielfältig sein. In jenen Fällen, in denen eine kostenoptimale Lösung gesucht wird, beschreibt die Zielfunktion die gesamten Kosten des Energiesystems im betrachteten Zeitraum. Als Kostenterme gehen dann Investitionen, Steuern, fixe und variable Betriebskosten, Bewachungs- und Stillegungskosten in die Zielfunktion ein. Zusätzlich ist E^3Net auch mit Attributen zu den externen Kosten und zu den Transaktionskosten ausgestattet. Ebenso besteht die Möglichkeit, Exporterlöse, Subventionen und den Restwert von Anlagen bei deren Stillegung als Gutschrift in der Zielfunktion zu berücksichtigen. Weiterhin kann zwischen einer allgemeinen und einer sektorspezifischen Diskontrate unterschieden werden, die widerspiegelt, dass z. B. private Haushalte eine andere Erwartung an die Amortisierung einer Investition stellen, wie es auf der anderen Seite Industriebetriebe tun. Schließlich kann noch eine von der technischen Nutzungsdauer abweichende Abschreibungsdauer spezifiziert werden. Durch Angabe von Rahmenbedingungen lassen sich dann unterschiedliche Fragestellungen formulieren, beispielsweise das Erreichen von Treibhausgasminderungszielen bei Kostenoptimierung oder die kostenoptimale Beschaffungsplanung von Energieversorgungsunternehmen unter Einhaltung technischer und ökologischer Randbedingungen. Als Ergebnis des Optimierungslaufes erhält man die Ausgestaltung des Technologiebestandes, d. h. Art und Umfang der Technologien, und den benötigten Energieeinsatz, differenziert nach Energieträgern.

5.3 Referenzenergiesystem und datentechnische Fundierung

Entsprechend der in Abschnitt 5.1 erläuterten MESAP-Philosophie wird für eine konkrete Anwendung des Modellgenerators E^3Net zwischen der Modellstruktur in Form des Referenzenergiesystems und der datenmäßigen Beschreibung des Modells unterschieden.

5.3.1 Referenzenergiesystem

Die Beschreibung der sektoralen Modellaggregierung erfolgt in E[3]Net in Form von Referenzenergiesystemen (RES). Das RES dient dabei als Referenz für die Anordnung aller Prozesse und Güter (Energieträger), deren heutiger oder zukünftiger Einsatz mit dem Modell untersucht werden soll. Im RES werden nur qualitative Zusammenhänge dargestellt, d. h., es werden noch keine zahlenmäßigen und funktionalen Beziehungen angegeben. Das graphische Modell beinhaltet jedoch eine zeitliche Komponente, da es schon Zukunftsoptionen enthält.

Für E[3]Net existiert ein Referenzenergiesystem für Stuttgart, Mannheim und Rottweil, für Baden-Württemberg, Bayern und Niedersachsen, für Österreich, Frankreich, Großbritannien, Spanien, Griechenland, Portugal, Finnland, Polen und Slowenien, aber auch für Teilsysteme, wie z. B. für den Kraftwerkspark Baden-Württembergs oder der neuen Bundesländer oder für den deutschen Raumwärmemarkt. Für die EU-15 ist ein RES im Aufbau. Für Deutschland gibt es drei verschiedene RES: Ein sehr detailliertes RES, das zwischen den alten Bundesländern und den neuen Bundesländern unterscheidet, wobei ca. 2200 Prozesse behandelt werden, und das für die vorliegende Analyse verwendet wird (E[3]Net-D2). Des Weiteren existiert ein aggregiertes RES mit ca. 600 Prozessen für Deutschland insgesamt. Zusätzlich wurde auch das RES des IKARUS-LP-Modells für E[3]Net umgesetzt. An dieser Aufzählung wird bereits deutlich, wie flexibel das Energiesystemmodell E[3]Net genutzt werden kann.

In E[3]Net-D2 wird das gesamte Energiesystem in Abhängigkeit von der vorzugebenden Nachfrage nach Nutzenergie bzw. Energiedienstleistungen bis zur Primärenergie abgebildet. Innerhalb des Modells werden sowohl die Förderung, die Aufbereitung, die Umwandlung, der Transport, die Verteilung und der Endverbrauch aller nutzbaren Energieträger als auch alle wesentlichen derzeit genutzten Techniken zur Wandlung und Nutzung dieser Energieträger betrachtet. Ebenso werden Optionen zur Verbesserung der Wirkungsgrade dieser Techniken, einschließlich der gekoppelten Erzeugung von Strom und Wärme, Möglichkeiten zur Energieeinsparung bei den Endverbrauchern, dargestellt als Einspartechnologien, und ein großes Bündel zukünftiger, heute bereits bekannter Möglichkeiten zur Energiebereitstellung, Energienutzung und Energieeinsparung, wie z. B. alternative Kraftstoffe und Antriebstechniken im Verkehr, in E[3]Net-D2 modelliert. Transport- und Verteilungsverbindungen zwischen den Subsystemen gewährleisten die Berücksichtigung von damit verbundenen Kosten und Verlusten. Eine Erweiterung um die klimarelevanten Prozesse, die nicht dem Energiesektor zuzurechnen sind, ist leicht möglich. Sie sind derzeit jedoch nicht mit in das RES aufgenommen, da hier eine entsprechende Datenbasis zu den Minderungsprozessen fehlt.

Für das Energiesystem wird in der Regel zunächst eine Hauptsektorierung nach Energiewirtschaftszweigen und Energieverbrauchergruppen vorgenommen. In der vorliegenden Studie erfolgt eine Aufschlüsselung der Nachfrage in E[3]Net-D2, jeweils getrennt für die alten und die neuen Bundesländer, in folgender Struktur:

Haushalte – Ein- und Zweifamilienhäuser (Raumwärme, Warmwasser) – Mehrfamilienhäuser (Raumwärme, Warmwasser) – Sonstiger Strombedarf; Kleinverbraucher – Raumwärmeintensive Sektoren (Raumwärme, Prozesswärme und Warmwasser, Sonstiger Strombedarf) – Prozessenergieintensive Sektoren (Landwirtschaft, Baugewerbe, Handwerk/Kleinindustrie, Mobiler Kraftbedarf); Verkehr – Personenverkehr (Nahverkehr, Fernverkehr) – Güterverkehr (Nah- und Fernverkehr); Industrie – Steine und Erden – Eisenschaffende – NE-Metalle – Chemie – Zellstoff, Papier, Pappe – Glas – Nahrungs- und Genussmittel – Sonstige Industrie.

Die Umwandlungssektoren werden in E^3Net-D2 im detaillierten RES für die alten und die neuen Bundesländer jeweils in folgende Bereiche unterschieden: Öffentliche Stromversorgung, Öffentliche Heizwerke und Heizkraftwerke, Industrielle Dampf- und Stromerzeugung; Raffinerie, Import und Transport von Raffinerieprodukten; Konventionelle Kohleaufbereitung, Kohleveredelung; Gasversorgung; Erneuerbare Energiequellen; Wasserstoff; Nichtenergetischer Verbrauch. Die Kernenergie wird hier über einen Prozess für die Altanlagen im Stromerzeugungssektor mit betrachtet. Dabei erfolgt eine detaillierte Erfassung der Struktur der Altanlagen über eine Vorberechnung, die entsprechend der Szenariokonstruktion in das Modell integriert wird. Des Weiteren ist im Kontext des Modellexperimentes II von Bedeutung, dass für den Transport der Primärenergieträger zu den Kraftwerken jeweils entsprechende Transportprozesse modelliert sind, die sowohl über Kosten- sowie ggf. auch über Transportverluste charakterisiert sind. Bei der Steinkohle wird dabei zwischen küstennaher und küstenferner Verstromung differenziert, beim Erdgas wird ein Transportkostenaufschlag vorgenommen, der sich an den in der Vergangenheit zu beobachtenden Differenzen zwischen Kraftwerkspreisen ohne Steuern und Grenzübergangspreisen orientiert.

5.3.2 Datentechnische Fundierung

Neben den strukturellen Informationen, die sich im RES äußern, werden weitere quantitative Informationen in Form von Zeitreihen von Attributen (bspw. Entwicklung des Wirkungsgrades eines Kraftwerkstyps) eingegeben. Vorgegeben werden bei der Optimierung in der Regel der anfängliche Anlagenbestand im Ausgangszustand, die zukünftige Entwicklung der Einstandspreise, der energie- und umweltpolitischen Rahmenbedingungen und der Energienachfrage sowie die die Technologien und Güter charakterisierenden Parameter.

Bei der vorliegenden Anwendung von E^3Net-D2 entstammt ein Großteil dieser quantitativen Informationen zu den (Bestands- und Zukunfts-)Techniken aus der IKARUS Technikdatenbank sowie deren fortlaufenden Aktualisierung. Diese Datenquelle wird mit Informationen aus anderen Untersuchungen, wie z. B. /Altner u. a. 1995; ESSO 1998; Fahl u. a. 1997; Kaltschmitt, Wiese 1997; Krüger u. a. 1997/, abgesichert und ergänzt. Dies bedeutet, dass bei den Stromerzeugungssystemen hier für die wichtigsten fossilen Kraftwerke die gemeinsamen Vorgaben für das Modellexperiment genutzt wurden. Es ist aber zu berücksichtigen, dass die detaillierte Struktur von E^3Net-D2 noch weitere Prozesse im Stromerzeugungsbereich beinhaltet, wie z. B. weitere fossile Kraftwerke, Kraft-Wärme-Kopplungs-Anlagen, weitere erneuerbare Stromerzeugungstechniken, insbesondere auf der Basis von Biomassen, sowie für zukünftige Jahre z. B. auch Brennstoffzellen-Kraftwerke.

Die zusätzlich benötigten Informationen zur Entwicklung der jeweiligen Nachfragegrößen, zu den energiepolitischen Rahmenbedingungen und zur Entwicklung der Preise für die Eingangsgüter (in der Regel die Grenzübergangswerte) wurden im Modellexperiment auf aggregierter Ebene vereinheitlicht[36] (vgl. Tabelle A-1 und Tabelle A-2 im Anhang A).

In der vorliegenden Anwendung für Deutschland wird in E^3Net-D2 das Jahr 1990 als Basisjahr verwendet. Das erste Modelljahr ist das Jahr 1995, das auch zusammen mit Informationen für das Jahr 1997 als Grundlage für die Kalibrierung des Modells verwendet wurde. Dies bedeutet, dass das Modell für das erste berechnete Jahr 1995 als Ergebnis nahezu exakt die Energiebilanz Deutschlands in diesem Jahr ausweist. Weitere Betrachtungsjahre sind 2005, 2010, 2015, 2020 und 2030. Als Abschreibungszeitraum wurde die jeweilige technische Nutzungsdauer verwendet (gesamtwirtschaftliche Betrachtung) bei einem realen Diskontsatz von 5 %. Dabei werden neben den direkten Treibhausgasen (CO_2, CH_4, N_2O) auch weitere Schadstoffe im Modell erfasst: SO_2, NO_x, NMKW und CO.

5.4 Modellergebnisse der Fallstudie

Im Folgenden werden die Ergebnisse der Szenariorechnungen erläutert, die mittels des Energiesystemmodells E^3Net-D2 bezüglich der Wirkungen eines vorzeitigen Kernenergieausstieges in Deutschland erzielt wurden. Eine umfassende Analyse der Machbarkeit und der Konsequenzen eines Kernenergieverzichtes hat dabei unterschiedliche Auswirkungsbereiche zu betrachten. Ein Verzicht auf die Kernenergie wird sich zunächst einmal auf den Kraftwerkspark und die Stromerzeugung selbst auswirken. Dabei ist zu prüfen, inwieweit der Ausfall der Kraftwerksleistung durch bestehende Anlagen, den Neubau von fossilen oder regenerativen Kraftwerken, durch zusätzliche Stromimporte oder durch die Stromeinsparung kompensiert werden kann. Die frühzeitigen Investitionen in neue Kraftwerke und die eventuellen höheren Erzeugungskosten dieser Anlagen werden zu Veränderungen der gesamten Stromgestehungskosten führen. Schließlich werden durch die veränderte Struktur der Stromerzeugung auch noch die Emissionen von Luftschadstoffen betroffen sein. Wesentliches Ergebnis dieser direkten elektrizitäts-

---

36 Hier ist anzumerken, dass für die einzelnen Modellgruppen keine Beschränkung auf den Import von Steinkohlen vorgegeben ist. Im IKARUS-MARKAL-Modell wurde jedoch eine solche Restriktion mit behandelt.

bzw. energiewirtschaftlichen Auswirkungen sind Aussagen zur technischen Machbarkeit eines Kernenergieverzichts, zur kostenmäßigen Belastung der Elektrizitätserzeugung und der Energieversorgung sowie zu den emissionsseitigen Wirkungen.

Die grundsätzliche Vorgehensweise zur Ermittlung der Konsequenzen eines Verzichtes auf eine weitere Kernenergienutzung mit dem Energiesystemmodell E^3Net-D2 besteht darin, die Folgewirkungen in Bezug auf eine Basisentwicklung zu bestimmen. Somit werden zu Beginn die über die unterschiedlichen Energiepreisentwicklungen (FORUM bzw. PROGNOS) charakterisierten beiden Basisszenarios beschrieben (vgl. Abschnitt 5.4.1), die eine Nutzung der bestehenden Kernkraftwerke für 40 Zeitjahre (F40 bzw. P40) beinhalten. In Abschnitt 5.4.2 werden dann die elektrizitäts- und energiewirtschaftlichen Konsequenzen eines Kernenergieausstieges in Deutschland nach einer Nutzung der bestehenden Kernkraftwerke von 25 Zeitjahren analysiert (F25 bzw. P25). Bezüglich der Auswahl der Ersatzoptionen für die außer Betrieb gehenden Kernkraftwerke werden die Energieversorgungsunternehmen aus Diversifizierungsgründen und in Folge der unterschiedlichen Stärken und Schwächen der einzelnen Kraftwerkstypen eine reine Gasersatzstrategie ebenso wenig durchführen wie eine reine Kohleersatzstrategie. In den mit dem Energiesystemmodell E^3Net-D2 analysierten Ausstiegsszenarios wird jedoch rein unter Kostenminimierungsgesichtspunkten entschieden, welche Kraftwerke zugebaut werden, und wie diese dann zum Einsatz kommen, so dass damit eine Untergrenze der kostenseitigen Wirkungen des Kernenergieausstieges ermittelt wird (vgl. Abschnitt 5.4.3).

Eine weitere Dimension ergibt sich durch die Berücksichtigung von CO_2-Emissionsobergrenzen (vgl. Abschnitt 5.4.4). Zum einen wird in den sogenannten Minderungsszenarios untersucht, ob es in den Ausstiegsszenarios nach 25 Zeitjahren (F25B bzw. P25B) gelingt, aufbauend auf den entsprechenden Grundvarianten (F25 bzw. P25), das CO_2-Emissionsniveau der Basisszenarios (F40 bzw. P40) zu erreichen. Damit soll der Zielkonflikt zwischen einem Kernenergieverzicht und dem Schutz des Klimas veranschaulicht und gleichzeitig kostenmäßig bewertet werden. Zum anderen werden noch Szenariorechnungen durchgeführt, die die Kernenergienutzung in den Kontext einer weiter reichenden CO_2-Emissionsminderung in Anlehnung an die Kyoto-Beschlüsse stellen (F25K bzw. P25K).

Die Szenarioanalysen der Grundvarianten werden über entsprechende Sensitivitätsanalysen (vgl. Abschnitt 5.4.5) auf die Robustheit der Ergebnisse überprüft.

5.4.1 Basisszenarios

Bezüglich der Entwicklung des Endenergieverbrauchs ist zunächst hervorzuheben, dass es in den Basisszenarios, in denen eine vollständige (ungehemmte) Ausschöpfung wirtschaftlicher Einsparpotentiale angenommen ist, unter den vorgegebenen Annahmen zur Bevölkerungs- und Wirtschaftsentwicklung zu einer weiteren Senkung des Endenergieverbrauchs in Deutschland kommt. Dabei weist die Entwicklung im Vergleich der beiden Preispfade (FORUM, PROGNOS) einen nahezu identischen Verlauf auf. Beim (tendenziell niedrigeren) PROGNOS-Pfad liegen die Verbrauchswerte leicht höher mit einer maximalen Abweichung von 0,5 % gegenüber dem FORUM-Preispfad. Bis zum Jahr 2030 beträgt damit die Reduktion des Endenergieverbrauchs ca. 13 % im Vergleich zum Jahr 1997 (vgl. Tabelle 5-1).

Tabelle 5-1: Endenergieverbrauch nach Sektoren in den Basisszenarios (F40 bzw. P40) in Deutschland in PJ (1 PJ = 34,12 kt SKE)

	Industrie	Kleinverbraucher	Haushalte	Verkehr	GESAMT
1990	2978	1706	2380	2377	9440
1995	2474	1579	2655	2614	9322
1996	2424	1691	2975	2617	9707
1997	2459	1536	2837	2638	9469
	Basisszenario mit FORUM-Preisen (F40)				
2005	2323	1674	2607	2744	9348
2010	2177	1603	2380	2762	8922
2015	2152	1535	2319	2747	8753
2020	2128	1467	2257	2722	8573
2030	2053	1360	2032	2803	8248
	Basisszenario mit PROGNOS-Preisen (P40)				
2005	2323	1675	2607	2744	9348
2010	2179	1608	2411	2762	8960
2015	2156	1537	2351	2747	8791
2020	2134	1466	2290	2722	8612
2030	2061	1360	2060	2803	8284

Diese Entwicklung ist auf Grund der vorliegenden Annahmen zu den spezifischen Strom- und Brennstoffverbräuchen (Energieeffizienz) und zur Wohnflächen- und Wirtschaftsentwicklung vor allem durch den Sektor Haushalte und durch die Industrie geprägt. Bei den Haushalten werden im Jahr 2030 nur noch 72 % der Endenergie des Jahres 1997 benötigt. Der Endenergieverbrauch des Industriesektors liegt im Jahr 2030 trotz einer weiter zunehmenden industriellen Produktion um 16 % niedriger als 1997. Demgegenüber steigt im Kleinverbrauchssektor auf Grund des wirtschaftlichen Strukturwandels hin zum Dienstleistungssektor der Endenergieverbrauch zunächst noch an, um dann aber im Jahr 2030 um 11 % unter dem Wert des Jahres 1997 liegen zu kommen. Im Verkehrssektor wächst der Endenergieverbrauch trotz einer stark steigenden Verkehrsleistung zunächst bis 2020 nur um 3 % gegenüber 1997. Danach werden nur noch geringere Verbrauchsverbesserungen unterstellt, so dass sich zwischen 2020 und 2030 ein Zuwachs des Endenergieverbrauchs im Verkehr von nochmals 3 % ergibt.

Bei der Entwicklung der Energieträgerstruktur des Endenergiebedarfs in Deutschland in den Basisszenarios ist – wiederum nahezu unabhängig von dem unterstellten Energiepreispfad – ein Rückgang der Kohlenprodukte zu verzeichnen (vgl. Abbildung 5-2). Die Kohlenprodukte trugen im Jahr 1997 zu 6,1 % zum Endenergieverbrauch bei und verringern ihren Anteil bis zum Jahr 2030 auf rund 3,7 %. Dieser Rückgang erstreckt sich über alle Sektoren des Energieverbrauchs. Auf Grund der Entwicklung des Endenergieverbrauchs im Verkehr ist die Verwendung von Mineralölprodukten insgesamt beim Endenergieverbrauch anteilsmäßig leicht steigend (48,7 % in 2030 gegenüber 46,1 % in 1997), während die Gase ihren Anteil von 25,3 % (1997) zunächst halten können, um danach bis zum Jahr 2030 einen Rückgang auf 20,7 % aufzuweisen. Dies ist in erster Linie auf die Entwicklung des Raumwärmeverbrauchs in den Sektoren Haushalte und Kleinverbraucher zurückzuführen, da der weitere Rückgang des Wärmebedarfs einer Ausweitung des Gaseinsatzes auf der Ebene der Endenergie entgegensteht.

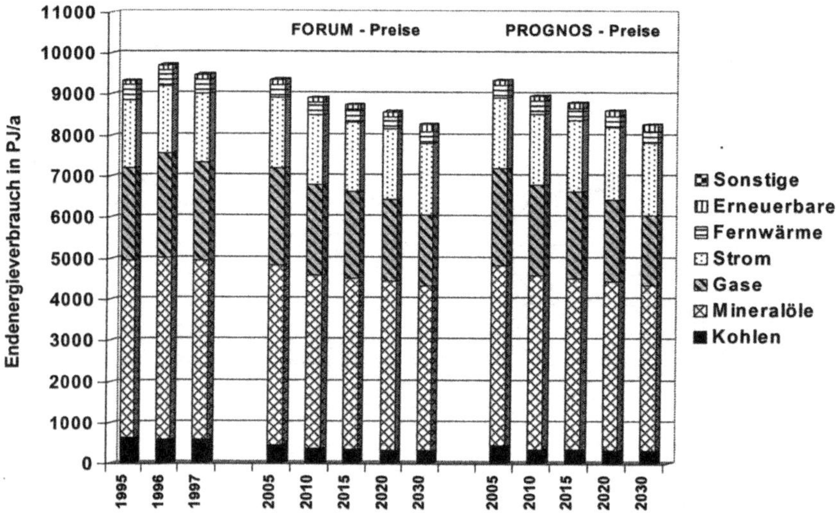

Abbildung 5-2: Endenergieverbrauch nach Energieträgern in den Basisszenarios (F40 bzw. P40) in Deutschland

Der Endenergieverbrauch an Strom wächst zwischen 1997 und 2030 um ca. 6,0 % oder jahresdurchschnittlich um 0,18 %/a (vgl. Tabelle 5-2). Dabei erfolgt ein Anstieg hauptsächlich in den Sektoren Industrie (z. B. zunehmende Automatisierung) und Kleinverbraucher (wachsende Bedeutung des Dienstleistungssektors und verstärkter Technikeinsatz in diesen Bereichen). Demgegenüber steht ein langfristig rückläufiger Stromverbrauch bei den Haushalten sowohl im Wärmemarkt als auch bei den Elektrogeräten. Die Nah- und Fernwärme hält in der unterstellten Entwicklung ihren Beitrag an der Endenergienachfrage von rund 3,7 % im 1997 über den gesamten Betrachtungszeitraum nahezu konstant (3,5 % in 2030). Absolut liegt der Verbrauch der Nah- und Fernwärme mit 284 PJ im Jahr 2030 deutlich

(18 %) unter dem Wert des Jahres 1997 mit 349 PJ. Auch hier macht sich die Entwicklung des Wärmebedarfs der Haushalte und Kleinverbraucher verbrauchsmindernd bemerkbar.

Tabelle 5-2: Endenergieverbrauch an Strom nach Sektoren in den Basisszenarios (F40 bzw. P40) in Deutschland in TWh

	Industrie	Kleinverbraucher	Haushalte	Verkehr	GESAMT
1990	207,5	108,3	116,4	13,9	446,1
1995	190,4	124,3	127,1	16,1	457,9
1996	188,1	122,2	134,4	16,4	461,1
1997	194,4	124,6	131,1	16,6	466,7
	Basisszenario mit FORUM-Preisen (F40)				
2005	201	130	126	21	477
2010	202	133	115	23	472
2015	205	135	109	25	474
2020	209	138	105	27	479
2030	227	142	89	29	488
	Basisszenario mit PROGNOS-Preisen (P40)				
2005	201	130	126	21	477
2010	202	133	123	23	481
2015	205	135	118	25	483
2020	209	138	114	27	489
2030	227	142	92	29	491

Für die zukünftige Struktur des Stromerzeugungssystems sind zum einen die Entwicklung der Stromnachfrage (vgl. Tabelle 5-2) und zum anderen die bestehenden Kraftwerkskapazitäten sowie die sich aus ihrer Altersstruktur ergebenden Ersatzzeitpunkte (hier wurde im Wesentlichen auf die Vorgaben des Modellexperimentes II aufgesetzt) relevant. Daraus folgen die jeweils notwendigen Neubaukapazitäten, die entsprechend der zu dem Investitionszeitpunkt bestehenden Investitionskosten und Energieträgerpreiserwartungen getätigt werden. Bei der Entscheidung, welche Technologien für den Neubau herangezogen werden, ist nochmals vor Augen zu halten, dass im Rahmen des Modellexperimentes bei der Anwendung von E^3Net-D2 von einer gesamtwirtschaftlichen Betrachtungsweise ausgegangen wird, d. h., die Anlagen werden über die technische Nutzungsdauer abgeschrieben und es wird von einer einheitlichen realen Diskontrate von 5 % ausgegangen. Hieraus resultiert, dass in den Basisszenarios, bei einem vorgegebenen Auslaufen der Kernenergie nach 40 Zeitjahren Nutzungsdauer, der über die vorgegebenen Mindestmengen der erneuerbaren Energien hinaus notwendige Zubau im Wesentlichen durch Kohlekraftwerke erfolgt. Dies ist wiederum unabhängig vom unterstellten Energiepreispfad. Somit sind auch die für das Erdgas leicht günstigeren Relativpreisverhältnisse des FORUM-Preispfades nicht ausreichend, um hier einen verstärkten Zubau von Erdgas-GuD-Kraftwerken beobachten zu können.

Auch hier liegen im Vergleich die Gesamtkosten (einschließlich Transportkosten) beim Erdgas höher als bei der Kohle.

Auf der Basis der neu zugebauten Kraftwerke und unter Nutzung der zu den jeweiligen Zeitschritten noch vorhandenen Altkapazitäten ergibt sich – bei einem vorgegebenen Stromaußenhandelssaldo von Null – die in Abbildung 5-3 dargestellte Entwicklung der Nettostromerzeugung in den Basisszenarios in Deutschland.

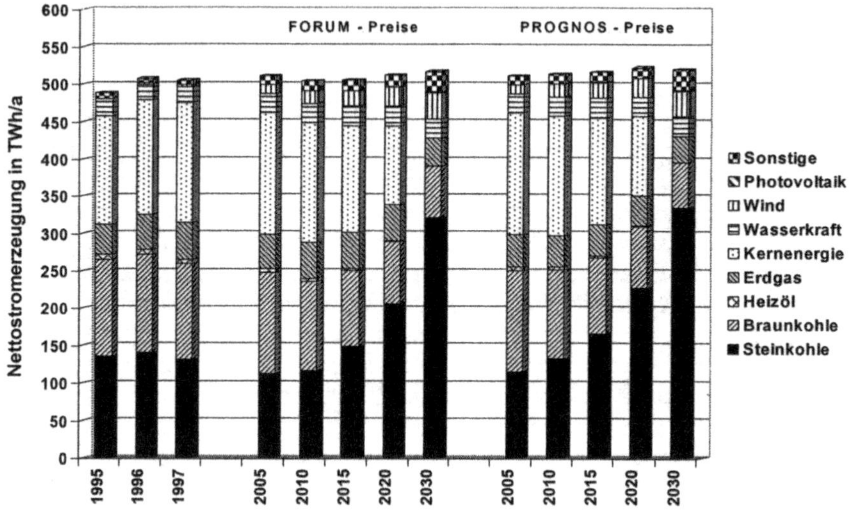

Abbildung 5-3: Nettostromerzeugung nach Energieträgern in den Basisszenarios (F40 bzw. P40) in Deutschland

Insgesamt steigt die Nettostromerzeugung von 504,8 TWh im Jahr 1997 über 503,9 TWh (FORUM) bzw. 513,4 TWh (PROGNOS) im Jahr 2010 sowie 512,1 bzw. 521,9 TWh im Jahr 2020 auf 516,9 bzw. 520,1 TWh im Jahr 2030. Gemäß der Szenariokonstruktion ist die Kernenergie bis zum Jahre 2020 noch mit einem beachtlichen Anteil an der Stromerzeugung beteiligt. Der Beitrag der Kernenergie an der Strombereitstellung beträgt im Jahr 2005 rund 32,0 %, im Jahr 2015 noch 28,5 bzw. 27,9 % und im Jahr 2020 ca. 20,7 bzw. 20,4 %. Ab dem Jahr 2015 hat dabei die Stromerzeugung aus Steinkohle schon den Beitrag der Kernenergie übertroffen. Ihr Anteil an der Strombereitstellung beträgt in den Basisszenarios im Jahr 2020 ca. 40,3 bzw. 43,5 %. Im Jahr 2030 erreichen die Steinkohlekraftwerke einen Anteil von 62,0 bzw. 64,4 % und die Erdgaskraftwerke von 7,2 bzw. 6,6 % an der Nettostromerzeugung.

Zusätzlich sollen vorgabegemäß die erneuerbaren Energiequellen zur Stromerzeugung beitragen. Dabei verzeichnen sowohl die Windenergie (33,6 TWh in 2030 gegenüber 3,0 TWh in 1997), die Photovoltaik (1,4 TWh in 2030) als auch die

Biomassen (27,9 TWh in 2030 gegenüber 5,9 TWh in 1997) einen Zuwachs, der für die Basisszenarios als Mindestmengen vorgegeben wurde. Schließlich erhöht auch die Wasserkraft ihren Beitrag noch von 20,3 TWh in 1997 auf 26,5 TWh in 2030. Sie nähert sich damit ihren Potenzialgrenzen weiter an, ist dann aber unter den erneuerbaren Energiequellen nach der Windenergie nur noch diejenige mit dem zweitgrößten Anteil an der Nettostromerzeugung. Insgesamt beträgt der Beitrag der regenerativen Energien an der Nettostromerzeugung in den Basisszenarios in Deutschland ca. 17,3 % im Jahr 2030.

Der sich aus der Entwicklung des Endenergieverbrauchs (vgl. Tabelle 5-2), der Strombereitstellung (vgl. Abbildung 5-3) und des Verbrauchs im übrigen Umwandlungsbereich ergebende Primärenergieverbrauch in Deutschland ist für die Basisszenarios in Abbildung 5-4 dargestellt. Im Jahr 1997 belief sich der Primärenergieverbrauch in Deutschland auf ca. 14509 PJ (495 Mio. t SKE). Die folgende Entwicklung in den Basisszenarios ist auch auf der Ebene der Primärenergie wiederum nahezu unabhängig vom Energiepreispfad. Bis zum Jahr 2005 sinkt der Primärenergieverbrauch um rund 4,5 % auf 13854 PJ (FORUM) bzw. 13865 PJ (PROGNOS). Danach machen sich die Energieeffizienzverbesserungen auf der Nachfrageseite, bei der Stromerzeugung und bei den übrigen Umwandlungssektoren zunehmend bemerkbar. Der Primärenergieverbrauch sinkt über 13158 bzw. 13275 PJ im Jahr 2010 und 12329 bzw. 12439 PJ im Jahr 2020 auf 11492 bzw. 11517 PJ im Jahr 2030. Somit beträgt der Rückgang des Primärenergieverbrauchs bis zum Jahr 2030 ca. 21 % im Vergleich zum Jahr 1997. Die im Vergleich zur Entwicklung des Endenergieverbrauchs stärkeren Rückgänge des Primärenergieverbrauchs sind zum Teil auch mit der unterschiedlichen primärenergetischen Bewertung der einzelnen Energieträger auf der Basis der Wirkungsgradmethode[37] verbunden.

Der Primärenergieverbrauch in Deutschland beruhte im Jahr 1997 zu rund 25,1 % auf Kohle (davon waren ca. 56 % Steinkohle), zu ca. 39,6 % auf Mineralöl, zu etwa 20,6 % auf Erdgas, zu rd. 12,8 % auf Kernenergie und zu rund 1,9 % auf erneuerbaren Energiequellen (Wasserkraft, Holz, Müll, Klärgas usw.). Die Entwicklung des Beitrags der einzelnen Energieträger zum Primärenergieverbrauch in den Basisszenarios weist starke Unterschiede auf (vgl. Abbildung 5-4). Der Anteil der Kohle (Stein- und Braunkohle) ist zunächst bis 2005 rückläufig auf 20,6 bzw. 21,1 % und steigt dann, bedingt durch den verstärkten Einsatz in der Stromerzeugung, wieder auf 23,5 bzw. 24,7 % im Jahr 2020 bzw. 31,2 bzw. 31,6 % im Jahr 2030. Dabei wird der Zuwachs durch die Steinkohle verursacht, während die Braunkohle eine stark rückläufige Entwicklung aufweist. Insgesamt entspricht dies einem Kohleeinsatz von 2899 bzw. 3075 PJ im Jahr 2020 bzw. 3591 bzw.

---

37 Nach der Wirkungsgradmethode wird der primärenergetische Beitrag der Kernenergie zur Stromerzeugung pauschal mit einem Bruttowirkungsgrad von 33 % erfasst, während die Stromerzeugung aus Wasserkraft, Windenergie und Photovoltaik sowie der Stromimport mit einem Wirkungsgrad von 100 % bilanziert werden.

3638 PJ im Jahr 2030 gegenüber 3634 PJ im Jahr 1997. Der Anteil des Mineralöls am Primärenergieverbrauch in den Basisszenarios wächst im Betrachtungszeitraum von 39,6 % im Jahr 1997 auf 42,3 bzw. 42,1 % im Jahr 2020. Diesen Beitrag kann das Mineralöl im folgenden Jahrzehnt dann noch weiter auf 43,9 bzw. 44,0 % ausbauen.

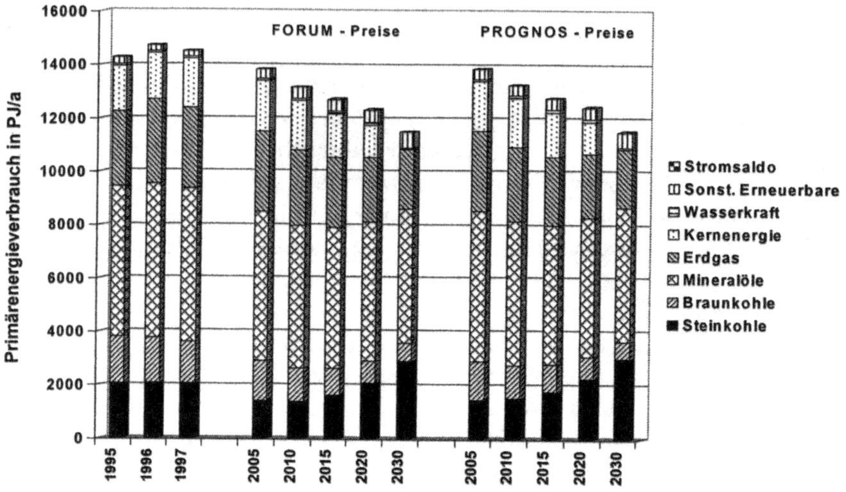

Abbildung 5-4: Primärenergieverbrauch nach Energieträgern in den Basisszenarios (F40 bzw. P40) in Deutschland

Auch das Erdgas kann seinen Anteil am Primärenergieverbrauch zunächst noch weiter steigern. Der Beitrag wächst von 20,6 % im Jahr 1997 auf 21,6 bzw. 21,5 % im Jahr 2005. Danach macht sich auf der Primärenergieebene der rückläufige Einsatz des Erdgases bei der Endenergie bemerkbar, so dass der Anteil des Erdgases am Primärenergieverbrauch auf 19,0 bzw. 18,6 % im Jahr 2030 sinkt. Dies bedeutet einen Primärenergieeinsatz von rd. 2992 PJ im Jahr 1997, der auf 2988 bzw. 2984 PJ im Jahr 2005, 2417 bzw. 2364 PJ im Jahr 2020 und 2182 bzw. 2137 PJ im Jahr 2030 zurückgeht. Der Einsatz erneuerbarer Energiequellen steigert sich gegenüber 1997 bis zum Jahr 2030 um rund 145 %. Ihr Anteil am Primärenergieverbrauch wächst dadurch von ca. 1,9 % im Jahr 1997 über 3,3 % im Jahr 2005 und 4,6 % im Jahr 2020 auf 5,9 % im Jahr 2030. Die Entwicklung des Nettostromimports liegt für das Modellexperiment auf Grund der Vorgabe eines ausgeglichenen Außenhandelssaldos schon fest. Ebenso ist durch die Szenariokonstruktion der Beitrag der Kernenergie durch das Auslaufen der Stromerzeugung in bestehenden Kernkraftwerken nach 40 Zeitjahren Betriebsdauer in absoluten Werten schon vorgegeben. Anteilsmäßig bedeutet dies bei der resultierenden Entwicklung des Primärenergieverbrauchs, dass die Kernenergie im Jahr 2005 einen Anteil von 13,6 % und im Jahr 2010 noch einen Anteil von 14,1 % am Primärenergieverbrauch in Deutschland hält gegenüber 12,8 % im Jahr 1997, worauf sich eine Reduktion auf 9,9 % im Jahr 2020 und entsprechend 0,0 % im Jahr 2030 anschließt.

Die Entwicklung beim Energieverbrauch der einzelnen Verbrauchergruppen und bei der Struktur des Energieträgereinsatzes schlägt sich auch entsprechend bei der Entwicklung der energiebedingten Emissionen in Deutschland in den Basisszenarios nieder. So sinken beispielsweise die energiebedingten CO_2-Emissionen in den Basisszenarios gegenüber dem Jahr 1997 um rund 17 % bis zum Jahr 2015 ab, solange noch ein Großteil der Kernkraftwerke in Betrieb bleibt (vgl. Abbildung 5-5). Diese Gesamtentwicklung ist bei einem mit geringeren Raten rückläufigen Endenergie- und Primärenergieverbrauch durch den steigenden Anteil der CO_2-günstigeren Energieträger Erdgas, Kernenergie und den erneuerbaren Energiequellen an der Energiebereitstellung in Deutschland bedingt.

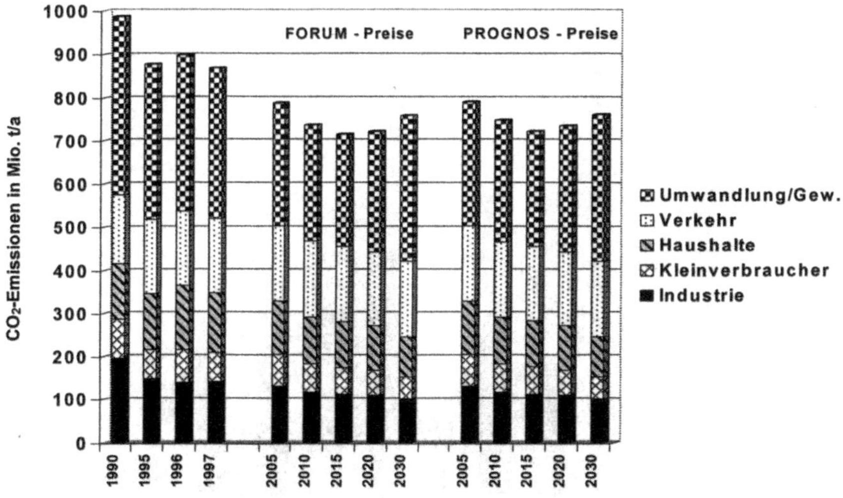

Abbildung 5-5: Energiebedingte CO_2-Emissionen nach Sektoren in den Basisszenarios (F40 bzw. P40) in Deutschland

Der Kernenergieausstieg und der Ersatz des Kernenergiestromes durch Strom im Wesentlichen aus Steinkohlekraftwerken bringt es dann mit sich, dass im Laufe der Jahre die CO_2-Emissionen wieder steigen. Dieser Anstieg vollzieht sich allein in der Stromerzeugung, wie Abbildung 5-5 zeigt, wodurch auch die energiebedingten CO_2-Emissionen in Deutschland insgesamt wieder zunehmen. So wird im Jahr 2020 mit 721 Mio. t CO_2 (FORUM) bzw. 734 Mio. t CO_2 (PROGNOS) wieder ein Anstieg bemerkbar, der sich bis zum Jahr 2030 auf 759 bzw. 761 Mio. t CO_2 fortsetzt. Im Jahr 2030 werden damit in den Basisszenarios in Deutschland ca. 44,5 % der energiebedingten CO_2-Emissionen von der Energieumwandlung und -gewinnung verursacht, gegenüber 40,1 % im Jahr 1997. Gegenüber der Situation im Jahr 1990, das üblicherweise als Bezugspunkt für die Entwicklung der CO_2-Emissionen verwendet wird, bedeutet dies, dass im Jahr 2005 die energiebedingten CO_2-Emissionen um 20,1 bzw. 19,9 %, im Jahr 2010 um 25,2 bzw. 24,2 %, im Jahr 2015 um 27,6 bzw. 26,8 %, im Jahr 2020 um 27,0 bzw. 25,6 % und im Jahr 2030 um 23,1 bzw. 22,9 % niedriger liegen. Insgesamt wird somit durch den Kernenergieausstieg in den Basisszenarios die Tendenz sinkender energiebedingter CO_2-Emissionen gestoppt.

Auch bei den energiebedingten NO_x- und SO_2-Emissionen wird im Zuge des Kernenergieausstiegs die Entwicklung fallender Emissionswerte gebremst (vgl. Abbildung 5-6). Die Reduktion bei den NO_x-Emissionen, die im Wesentlichen durch den Verkehrssektor geprägt ist, wobei sich insbesondere die weitere Durchdringung des Pkw-Bestandes mit Katalysatorfahrzeugen emissionsmindernd auswirkt, beträgt insgesamt bis zum Jahr 2030 dann rund 55 % gegenüber 1990.

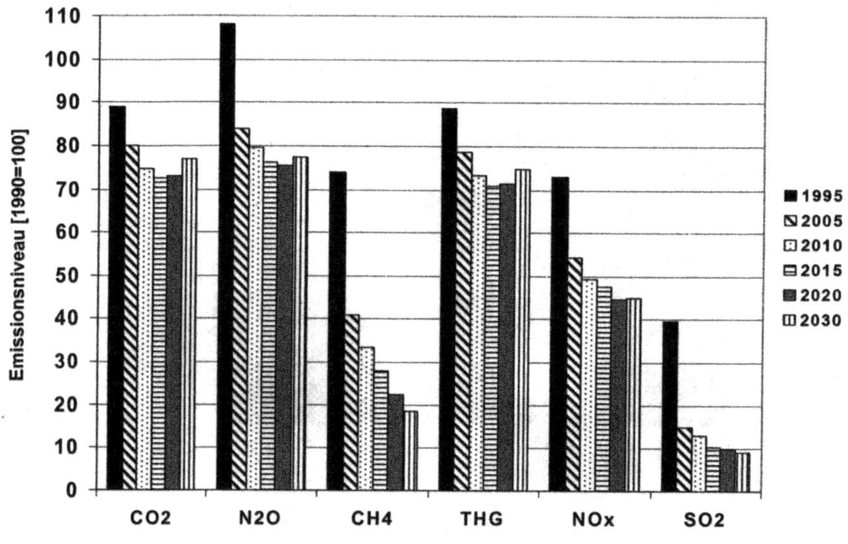

Abbildung 5-6: Entwicklung der energiebedingten Emissionen im Basisszenario mit FORUM-Preisen (F40) in Deutschland im Vergleich zum Jahr 1990

Die Verminderung der SO_2-Emissionen beläuft sich auf rund 90 % bis zum Jahr 2015 gegenüber 1990, bedingt durch die Nachrüstung der Kraftwerke in den neuen Bundesländern und die unterstellte Einführung von schwefelärmeren Kraftstoffen, wie es die entsprechende EU-Richtlinie vorsieht. Der Einsatz der Steinkohle in der Stromerzeugung führt danach dazu, dass die SO_2-Emissionen nur noch leicht sinken, so dass im Jahr 2030, bezogen auf 1990, das Emissionsniveau um rund 91 % niedriger ist.

5.4.2 Elektrizitäts- und energiewirtschaftliche Effekte

Zur Ermittlung der energiekosten- und umweltseitigen Effekte eines vorzeitigen Kernenergieverzichtes in Deutschland wird im Sinne der Minimierung der elektrizitäts- und energiewirtschaftlichen Kostenwirkungen eines vorzeitigen Kernenergieausstieges in den Modellrechnungen mit E^3Net-D2 angenommen, dass sowohl Nachfragereaktionen als auch angebotsseitige Maßnahmen möglich sind. D. h., falls es im liberalisierten Markt zu einer deutlichen Erhöhung der Strompreise im Falle eines vorzeitigen Kernenergieverzichts käme, müssten die hiervon ausgehenden strukturellen Wirkungen mit berücksichtigt werden. Das betrifft einerseits weitere Möglichkeiten für eine dann wirtschaftliche Stromeinsparung, die zu einer Reduktion der Stromnachfrage führen kann. Andererseits könnten sich mit steigenden Strompreisen auch die Bedingungen für die Stromerzeugung aus regenerativen Quellen weiter verbessern. Bei einer Berücksichtigung der unter den jeweiligen Randbedingungen über die Mindestnutzung in den Basisszenarios hinausgehenden wirtschaftlichen Beiträge dieser Quellen wird dann für die Ausstiegsszenarios angenommen, dass das restliche Leistungs- und Arbeitsdefizit in Folge des Wegfalls der Kernkraftwerke, differenziert für die Lastbereiche, nach Kostenminimierungsüberlegungen gedeckt wird. Zusätzlich ist unterstellt, dass die notwendigen Ersatzbauten für neue Kraftwerke in dem entsprechenden Zeitrahmen auch realisiert werden können. So würde in den Ausstiegsszenarios nach 25 Zeitjahren gegenüber den Basisszenarios bereits bis zum Jahr 2005 insgesamt eine Leistung von 8245 MW in Kernkraftwerken wegfallen. Ein Ersatz durch den Neubau von Kraftwerken (11 Blöcke a 750 MW) scheint von den reinen Bauzeiten her grundsätzlich möglich zu sein. Als kritisch könnten sich indes die Genehmigungsverfahren erweisen, die sehr stark gestrafft werden müssten, um einen solchen Zeitplan einhalten zu können.

Die Konsequenzen eines vorzeitigen Kernenergieverzichtes bezüglich der Nettostromerzeugung in Deutschland zeigt Abbildung 5-7 in Abhängigkeit von den beiden Energiepreispfaden als Veränderung zu dem jeweiligen Basisszenario. Der nicht mehr verfügbare Strom aus Kernkraftwerken wird zum überwiegenden Teil durch Strom aus Kohlekraftwerken ersetzt, die auf Grund der niedrigeren Brennstoffkosten in der Grundlast betrieben werden.

Bezüglich des Erdgaseinsatzes in der Verstromung unterscheiden sich die Ergebnisse in Abhängigkeit vom Energiepreispfad. Während im PROGNOS-Preispfad nur vorübergehend bestehende Erdgaskraftwerke stärker ausgelastet werden, der leistungsmäßige Ersatz jedoch nahezu vollständig durch Steinkohle erfolgt, wird beim FORUM-Preispfad in der ersten Periode bis 2005 der Ersatz vor allem durch den Neubau von Erdgas-GuD-Kraftwerken vorgenommen. Danach verschieben sich auch bei diesem Preispfad die Preisverhältnisse immer stärker zu Gunsten der Steinkohle, so dass in den folgenden Perioden auch beim FORUM-Preispfad Steinkohlekraftwerke die wegfallende Kernkraftwerksleistung ersetzen. Die in der ersten Periode zugebauten Erdgas-GuD-Kraftwerke werden jedoch über den gesamten Betrachtungszeitraum zur Stromerzeugung genutzt.

Der Beitrag der regenerativen Energien geht bei beiden Preispfaden nicht über den entsprechenden Wert der Basisszenarios hinaus. Ursache hierfür sind die günstigen Erzeugungskosten der fossilen Kraftwerke, die einer Konkurrenzfähigkeit der Stromerzeugung aus erneuerbaren Energiequellen im Falle des Kernenergieausstiegs entgegensteht. Dies zeigt, dass die oftmals aufkommende Behauptung, dass die Kernenergie die verstärkte Nutzung erneuerbarer Energiequellen behindere, nicht zutrifft. Entscheidend ist die Kostengünstigkeit, die auch im Vergleich mit den fossilen Kraftwerken zu Ungunsten der erneuerbaren Energiequellen ausfällt.

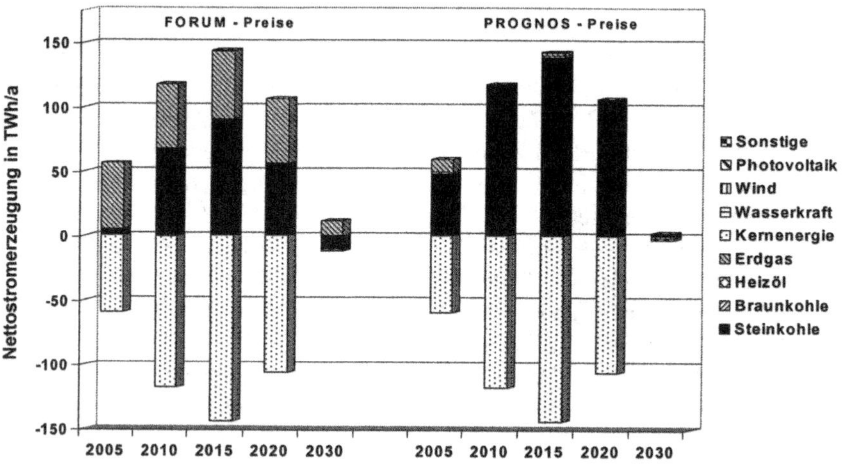

Abbildung 5-7: Veränderung der Nettostromerzeugung in Deutschland in den Ausstiegsszenarios nach 25 Zeitjahren (F25 bzw. P25) gegenüber den jeweiligen Basisszenarios (F40 bzw. P40)

Bei einem kaum veränderten Endenergieverbrauch gegenüber den Basisszenarios (F40 bzw. P40) ergeben sich aus den Veränderungen innerhalb der Stromerzeugung in den Ausstiegsszenarios nach 25 Zeitjahren (F25 bzw. P25) die in Abbildung 5-8 dargestellten Veränderungen beim Primärenergieverbrauch nach Energieträgern in Deutschland im Vergleich zum jeweiligen Basisszenario. Durch den vollständigen Kernenergieverzicht ab dem Jahr 2014 entfällt in der deutschen Primärenergiebilanz eine Energiequelle, die im Jahr 1997 zu 12,8 % zum Primärenergieverbrauch beigetragen hat. Der fast ausschließliche Ersatz der Kernenergie durch Steinkohle (PROGNOS-Preispfad) bzw. durch Steinkohle und Erdgas (FORUM-Preispfad) führt dazu, dass sich im Jahr 2005 der Primärenergieverbrauch zu 21,6 % (FORUM-Preise) bzw. 23,5 % (PROGNOS-Preise) aus Kohlen, zu 41,6 bzw. 41,2 % aus Mineralölen und zu 24,6 bzw. 23,2 % aus Gasen zusammensetzt. Bis zum Jahr 2020 verschiebt sich dann die Primärenergieverbrauchsstruktur weiter zu Gunsten von Kohle (und Erdgas). Im Jahr 2020 werden vom deutschen Primärenergieverbrauch der Szenarios Ausstieg nach 25 Zeitjahren ca. 28,2 bzw. 32,5 % durch Kohlen, rund 23,0 bzw. 19,6 % durch Gase und etwa 44,0 bzw. 43,4 % durch Mineralöle bereitgestellt. Schließlich ergibt sich im Jahr 2030 ein Anteil der Kohlen von 30,6 bzw. 31,8 %, der Gase von 19,5 bzw. 18,5 % und der Mineralöle von 44,0 bzw. 43,9 % am Primärenergieverbrauch in Deutschland. Am Ende des Betrachtungszeitraums deckt sich somit die Struktur des Primärenergieverbrauchs in Deutschland in den Szenarios Ausstieg nach 25 Zeitjahren nahezu – aber nicht vollständig – mit denjenigen der Basisszenarios.

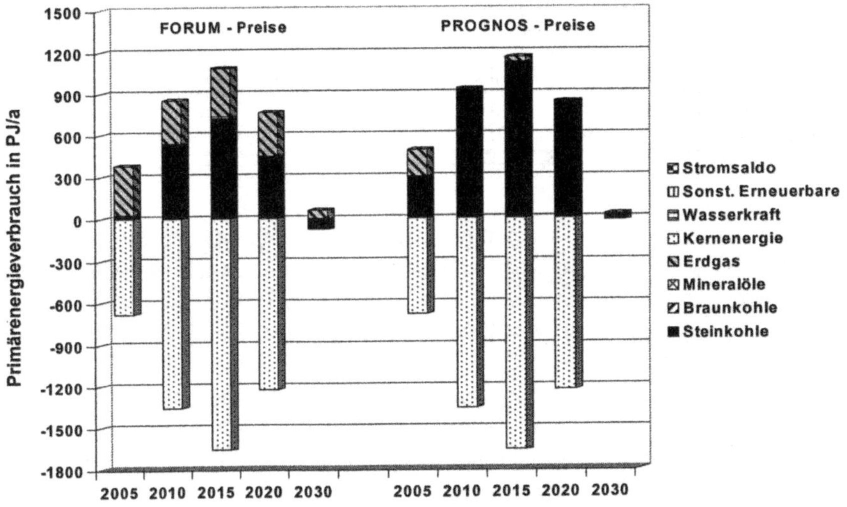

Abbildung 5-8: Veränderung des Primärenergieverbrauchs in Deutschland in den Ausstiegsszenarios nach 25 Zeitjahren (F25 bzw. P25) gegenüber den jeweiligen Basisszenarios (F40 bzw. P40)

5.4.3 Kostenwirkungen

Die kostenseitigen Konsequenzen eines vorzeitigen Verzichtes auf die Kernenergie können nun aus einem Vergleich der Gesamtkosten der Ausstiegsszenarios (F25 bzw. P25) mit den Basisszenarios (F40 bzw. P40) in Abhängigkeit von der Energiepreisentwicklung ermittelt werden. Dabei ist folglich zu berücksichtigen, dass jeweils die Vergleichsbasis auch mit den selben Preisannahmen gebildet werden muss. Die entsprechenden Kostenangaben sind in Tabelle 5-3 aufgeführt. Neben den in Tabelle 5-3 dargestellten kumulierten, auf das Jahr 2000 abdiskontierten Kostendifferenzen, auf die nicht weiter eingegangen werden soll, interessieren insbesondere die in den einzelnen Jahren anfallenden Mehrkosten, die dann zu den gesamten Mehrkosten aufsummiert werden können. Dabei ist zu berücksichtigen, dass es sich um Kostenangaben in realen Werten handelt, d. h., es sind inflationsbereinigte Werte in Preisen von 1998. Es zeigt sich, dass das Ausstiegsszenario nach 25 Zeitjahren über die beiden Energiepreisvarianten hinweg zu Mehrkosten zwischen 40,4 und 69,0 Mrd. DM_{98} bzw. zu durchschnittlichen jährlichen Mehrkosten zwischen 1,30 und 2,23 Mrd. DM_{98} führt.

Tabelle 5-3: Kostenkonsequenzen eines vorzeitigen Kernenergieausstiegs nach 25 Zeitjahren in Deutschland

Preisbasis	**Abdiskontierte kumulierte Mehrkosten (2000)** [Mrd. DM_{98}]	**Kumulierte Mehrkosten** [Mrd. DM_{98}]	**Durchschnittl. jährliche Mehrkosten** [Mrd. DM_{98}/a]	**Durchschnittl. Kostenerhöhung** [Pf_{98}/kWh_{el}]
FORUM	44,8	69,0	2,23	0,44
PROGNOS	24,5	40,4	1,30	0,25

Bezogen auf die gesamte Stromerzeugung ergeben sich Differenzen bei den Stromerzeugungskosten, die in den Szenarios Ausstieg nach 25 Zeitjahren im Jahr 2014 ihr Maximum erreichen. Dies ist bedingt durch die notwendigen Ersatzinvestitionen und den Übergang von Uran zu Erdgas bzw. Steinkohle als Brennstoff. Durch die in E^3Net-D2 umgesetzte Kostenkalkulation mittels Annuitäten werden diese Extremwerte jedoch weitgehend ausgeglichen, so dass sich eine verflachter Verlauf der Zusatzkosten ergibt. Über den Zeitraum zwischen 2000 und 2030 hinweg beträgt die durchschnittliche Kostenerhöhung bei FORUM-Preisen rund 0,44 Pf_{98}/kWh_{el} bzw. bei PROGNOS-Preisen ca. 0,25 Pf_{98}/kWh_{el}.

5.4.4 Ökologische Effekte

In den Ausstiegsszenarios nach 25 Zeitjahren (F25 bzw. P25) werden insgesamt im Jahr 2010 rund 92,1 % (FORUM-Preise) bzw. 92,2 % (PROGNOS-Preise) des Primärenergieverbrauchs aus fossilen Energieträgern bereitgestellt. Im Jahr 2015 beträgt der Anteil ca. 95,6 bzw. 95,8 % und im Jahr 2020 rund 95,2 bzw. 95,5 %. Dies äußert sich dann in der Entwicklung der energiebedingten CO_2-Emissionen in den Szenarios Ausstieg nach 25 Zeitjahren (vgl. Abbildung 5-9), in dem das Emissionsniveau im Jahr 2015 um rund 88 bzw. 111 Mio. t CO_2 oder 12,3 bzw. 15,3 % über den Werten der Basisszenarios liegt. Die Erhöhung der energiebedingten CO_2-Emissionen durch den vorzeitigen Kernenergieverzicht geht dann in den Folgejahren wieder zurück, um schließlich bis zum Jahr 2030 insgesamt wieder auf das Niveau der Basisszenarios zu sinken. In Absolutwerten liegen damit die energiebedingten CO_2-Emissionen in den Ausstiegsszenarios vorübergehend (2005 bis 2020) nahezu auf einem konstanten Niveau von 800 bis 830 Mio. t CO_2.

Diese Entwicklung bei den energiebedingten CO_2-Emissionen läßt sich auch auf die der gesamten energiebedingten Treibhausgasemissionen übertragen.

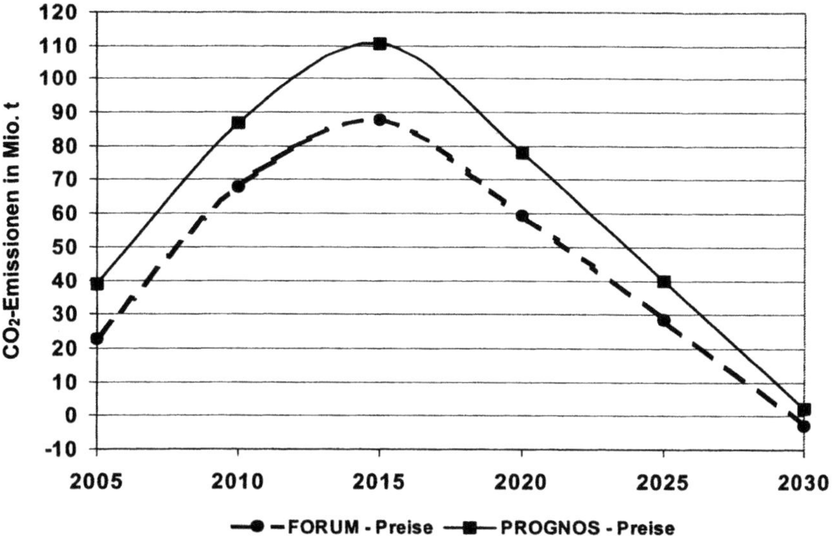

Abbildung 5-9: Veränderung der CO_2-Emissionen in Deutschland in den Ausstiegsszenarios nach 25 Zeitjahren (F25 bzw. P25) gegenüber den jeweiligen Basisszenarios (F40 bzw. P40)

Durch den Ausstieg aus der Kernenergienutzung ergeben sich nicht nur Veränderungen bei den Treibhausgasemissionen in Deutschland. Auch die Emissionen von Luftschadstoffen werden von dem Kernenergieverzicht negativ betroffen. So steigen beispielsweise die NO_x-Emissionen der Stromerzeugung wieder deutlich an. Bis zum Jahr 1997 konnten die NO_x-Emissionen der Kraftwerke auf rund 329 kt gesenkt werden, gegenüber ca. 576 kt im Jahr 1990. Mit dem Kernenergieausstieg steigen die NO_x-Emissionen der Kraftwerke gegenüber den Basisszenarios kurzfristig um bis zu 83 kt (vgl. Abbildung 5-10). Das bedeutet für die in den Basisszenarios bis auf rund 230 kt sinkenden NO_x-Emissionen der Stromerzeugung, dass sich in den Ausstiegsszenarios nach 25 Zeitjahren in diesem Emittentenbereich ein gegenüber 1997 nahezu konstanter Emissionsverlauf einstellt. Eine vergleichbare Entwicklung ist auch bei den anderen energiebedingten Schadstoffemissionen zu beobachten.

In den in Abschnitt 5.4.3 genannten Werten bezüglich der kostenseitigen Effekte eines vorzeitigen Kernenergieverzichts sind die externen Kosten einer möglichen Klimaveränderung durch die Anreicherung von Spurengasen in der Atmosphäre nicht erfasst. Um auch die unterschiedlichen Emissionsniveaus an Treibhausgasen zu berücksichtigen und damit eine kostenmäßige Bewertung dieser Differenzen vornehmen zu können, wurden für die Ausstiegsszenarios Analysen durchgeführt, für die die CO_2-Emissionen der Basisszenarios (vgl. Abschnitt 5.4.1) als obere Grenze vorgegeben wurde. Die in den jeweiligen Ausstiegsszenarios notwendigen Emissionsminderungen können in diesen sog. Minderungsszenarios (F25B bzw. P25B) bei den Modellrechnungen mit dem Energiesystemmodell E^3Net-D2 dabei sowohl in der Stromerzeugung aber auch in den übrigen Sektoren, sowohl auf der Endenergieebene als auch im Umwandlungssektor, erbracht werden.

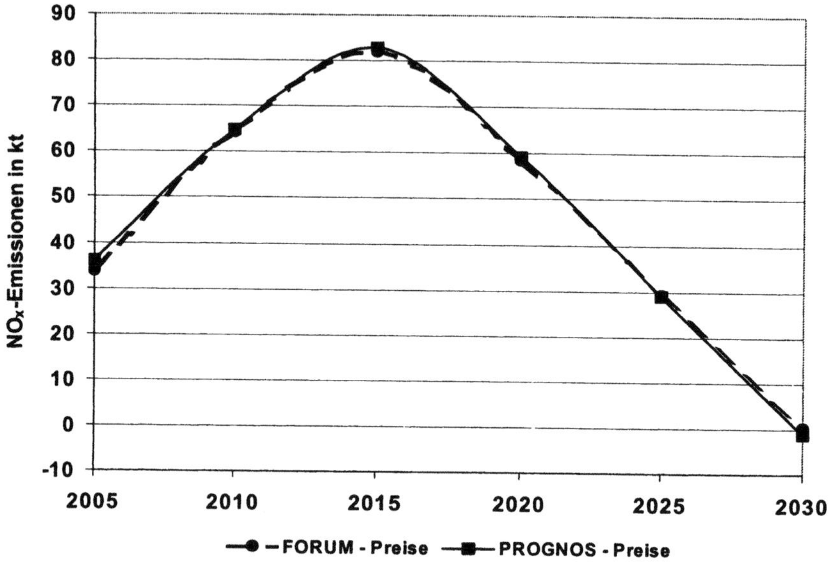

Abbildung 5-10: Veränderung der NO_x-Emissionen der Strom- und Fernwärmeerzeugung in Deutschland in den Ausstiegsszenarios nach 25 Zeitjahren (F25 bzw. P25) gegenüber den jeweiligen Basisszenarios (F40 bzw. P40)

Es zeigt sich, dass die Forderung, im Falle eines Kernenergieausstiegs keine verstärkte Belastung des Klimas in Kauf zu nehmen, die Kostenkonsequenzen des Ausstiegs deutlich erhöht, und zwar (vgl. Tabelle 5-4)

- bei der FORUM-Preisentwicklung um 37,3 Mrd. DM_{98} bzw. 1,20 Mrd. DM_{98} pro Jahr auf 106,3 Mrd. DM_{98} bzw. 3,43 Mrd. DM_{98} pro Jahr,
- bei der PROGNOS-Preisentwicklung um 61,5 Mrd. DM_{98} bzw. 1,99 Mrd. DM_{98} pro Jahr auf 101,9 Mrd. DM_{98} bzw. 3,29 Mrd. DM_{98} pro Jahr.

Diese Zahlen verdeutlichen den Zielkonflikt zwischen Klimaschutz und Kernenergieausstieg, selbst für den Fall, dass die bis zum Ende des Betrachtungszeitraums nur um ca. 23 % gegenüber 1990 auf rund 760 Mio. t sinkenden energiebedingten CO_2-Emissionen der Basisszenarios nicht überschritten werden sollen. In den Minderungsszenarios (F25B bzw. P25B) ergibt sich gegenüber den Ausstiegsszenarios nach 25 Zeitjahren ohne Emissionsbeschränkung (F25 bzw. P25), dass dann bei beiden Energiepreispfaden Erdgas-GuD-Kraftwerke die wesentliche Ersatzoption für die vorzeitig außer Betrieb gehenden Kernkraftwerke darstellen. Dies reicht nahezu schon aus, um das Emissionsniveau der Basisszenarios zu erreichen. Geringe zusätzliche Minderungsbeiträge werden noch durch einen verstärkten Einsatz von Biomassen sowie im Haushalts- und im Industriesektor erbracht (vgl. Tabelle A-3 im Anhang).

Tabelle 5-4: Kumulierte Mehrkosten der Minderungsszenarios und der Kyoto-Szenarios, bezogen auf das jeweilige Basisszenario (F40 bzw. P40) im Vergleich zu den Mehrkosten der Ausstiegsszenarios

in Mrd. DM_{98}	**Minderungs-szenarios**	**Kyoto-Szenarios**	**Ausstiegs-szenarios**
FORUM – Preise	F25B: 106,3	F25K: 107,8	F25: 69,0
PROGNOS – Preise	P25B: 101,9	P25K: 110,0	P25: 40,4

Seit mehreren Jahren wird sowohl auf regionaler, auf nationaler als auch auf internationaler Ebene über die Notwendigkeit diskutiert, die Treibhausgasemissionen zu senken, um dem anthropogen bedingten Treibhauseffekt entgegenzuwirken. Während auf internationaler Ebene mit dem Kyoto Protokoll zum ersten Mal ein verbindlicher Rahmen für die Reduktion der Treibhausgase besteht, liegt auf nationaler Ebene sowohl die Selbstverpflichtung der Bundesregierung, die CO_2-Emissionen bis zum Jahr 2005 um 25 % gegenüber dem Emissionsniveau des Jahres 1990 zu senken, als auch der in Folge der Kyoto-Verpflichtungen zugesagte Beitrag Deutschlands im Rahmen der Minderungserfordernisse der EU vor, wonach die Treibhausgasemissionen für die Periode 2008 bis 2012 um 21 % gegenüber 1990 zu mindern sind. Entsprechend der Vorgaben des Modellexperimentes wird für die folgenden Szenarioanalysen, die sogenannten Kyoto-Szenarios, beispielhaft angenommen, dass die CO_2-Emissionen in Deutschland im Jahr 2005 unter 809 Mio. t (18 % gegenüber 1990) liegen sollen, im Jahr 2010 unter 780 Mio. t (21 %), im Jahr 2015 unter 740 Mio. t (25 %), im Jahr 2020 unter 692 Mio. t (30 %) und im Jahr 2030 unter 563 Mio. t (43 %). Damit würden die CO_2-Emissionen pro Kopf im Jahr 2030 bei der vorgegebenen Bevölkerungsentwicklung auf rund 7,3 t CO_2 pro Kopf und Jahr sinken und somit noch um mehr als 80 % über dem heutigen Weltdurchschnitt liegen.

In den Basisszenarios mit einer Nutzung der bestehenden Kernkraftwerke für 40 Zeitjahre (F40 bzw. P40) würde dieser Kyoto-Zielpfad bereits in den Jahren 2005, 2010 und 2015 unterschritten werden. Da in den Kyoto-Szenarios jedoch von einem vorzeitigen Kernenergieverzicht nach 25 Zeitjahren ausgegangen wird (F25K bzw. P25K), sind die Minderungserfordernisse auf die jeweiligen Ausstiegsszenarios der Grundvarianten (F25 bzw. P25) zu beziehen (vgl. Abbildung 5-11). Dabei zeigt sich, dass bei den Modellrechnungen mit E^3Net-D2 die zuvor betrachteten Minderungsszenarios (F25B bzw. P25B) in den früheren Zeitperioden eine höhere CO_2-Minderung gegenüber den Ausstiegsszenarios (F25 bzw. P25) verlangen als die Kyoto-Szenarios (F25K bzw. P25K).

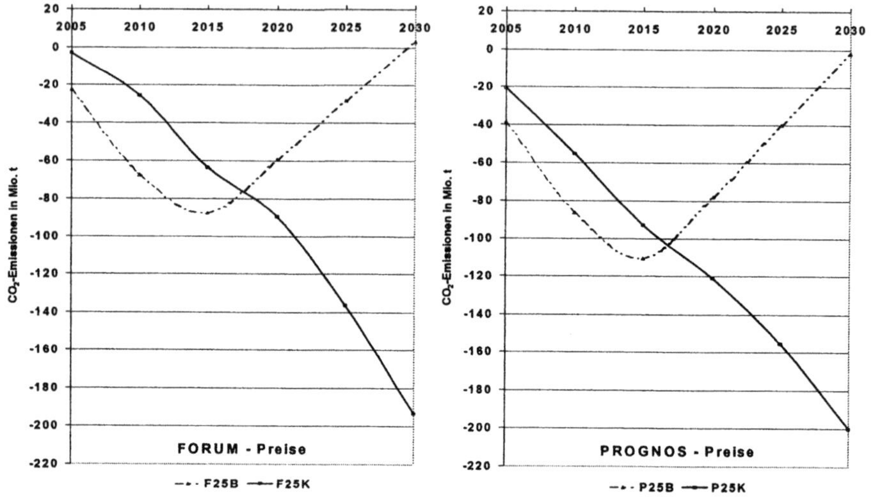

Abbildung 5-11: Notwendige Reduktion der CO_2-Emissionen in den Kyoto-Szenarios (F25K bzw. P25K) und in den Minderungsszenarios (F25B bzw. P25B) gegenüber den jeweiligen Ausstiegsszenarios (F25 bzw. P25)

Für die Kyoto-Szenarios (F25K bzw. P25K) erscheint es möglich, die vorgegebene Minderung der CO_2-Emissionen mit technischen Maßnahmen (Energieeinsparung, Energieträgersubstitution, erneuerbare Energiequellen) zu erreichen. Es zeigt sich, dass im Falle der verschärften Emissionsanforderungen der Kyoto-Szenarios auch die übrigen Sektoren des Energiesystems zur Emissionsminderung beitragen. Dies gilt insbesondere für den Haushalts- und Kleinverbrauchsbereich und in etwas reduzierterem Umfang auch für die Industrie. Der Verkehrssektor ist nur mit geringen Beiträgen an der Emissionsminderung beteiligt. Dabei ist jedoch zu berücksichtigen, dass bereits in den Basisszenarios die CO_2-Emissionen des Verkehrs nur leicht ansteigen, so dass darüber hinausgehende Minderungen nur mit vergleichsweise hohen Kosten möglich sind. Die größten Minderungsbeiträge werden jedoch auch in den Kyoto-Szenarios durch den Umwandlungssektor erbracht, wo nun neben einem über den reinen Ersatz der Kernkraftwerke hinausgehenden Zubau an Erdgas-GuD-Kraftwerken auch die Biomasse nochmals verstärkt eingesetzt wird. Unter diesen verschärften Minderungsanforderungen erfolgt dabei auch ein wesentlicher Ausbau der Kraft-Wärme-Kopplung auf der Basis von Erdgas und Biomassen in der Stromerzeugung.

Die Realisierung der CO_2-Emissionsminderung in Deutschland ist in den Kyoto-Szenarios mit einer weiteren Erhöhung der Ausstiegskosten (vgl. Tabelle 5-4) verbunden. Die über den Zeitraum bis 2030 sich ergebenden kumulierten Mehrkosten eines Kernenergieausstiegs liegen zwischen 107,8 Mrd. DM_{98} oder 3,48 Mrd. DM_{98}/a (FORUM-Preise) und 110,0 Mrd. DM_{98} oder 3,55 Mrd. DM_{98}/a (PROGNOS-Preise). Die gegenüber den Minderungsszenarios (F25B bzw. P25B) nur geringfügig höheren Zusatzkosten der Kyoto-Szenarios (F25K bzw. P25K) sind dabei durch den zeitlich unterschiedlichen Verlauf der notwendigen CO_2-Emissionsreduktion gegenüber den Ausstiegsszenarios (F25 bzw. P25) bedingt (vgl. Abbildung 5-11).

5.4.5 Sensitivitätsanalysen

Viele der dem Modellexperiment II zugrunde liegenden Vereinbarungen zu einzelnen Parametern unterliegen einer zum Teil heftigen Diskussion. Beispiele hierfür sind die Ausstiegsfristen (Sofortausstieg bis zum Jahr 2005 bis hin zu einem Betrieb der bestehenden Kernkraftwerke über 40 Vollastjahre und mehr), die Entwicklung der Weltenergiepreise oder generell die Bedeutung der Kernenergie im Kontext des Klimaschutzes. Der Variation dieser Parameter und ihrem Einfluss auf die Ergebnisse wird – in aller Kürze – in den im Folgenden diskutierten Sensitivitätsanalysen nachgegangen. Dabei wird in der Regel von der FORUM-Preisentwicklung ausgegangen.

Ausstiegsfristen

In den Grundszenarios (Basis (F40), F25, F25B, F25K) wird von einer technischen Nutzungsdauer der Kernkraftwerke in Deutschland von 40 bzw. von 25 Zeitjahren ausgegangen. Im Rahmen der Sensitivitätsanalysen werden zwei Varianten betrachtet, die einerseits einen Ausstieg aus der Kernenergienutzung nach 35 Zeitjahren (F35) bzw. andererseits nach 40 Vollastjahren (F40_V) betrachten. Der letztere Fall entspricht dabei in etwa einer Nutzung der bestehenden Kernkraftwerke für 46 Zeitjahre. Damit steht im Vergleich zum Ausstiegsszenario F25 eine um rund 1546 TWh bzw. um ca. 3511 TWh höhere Stromerzeugung aus Kernkraftwerken zur Verfügung.

Wesentliches Ergebnis dieser Varianten ist, dass damit zum einen die jeweiligen Ersatzoptionen lediglich mit entsprechender Verzögerung greifen müssen, wobei die Wahl der Ersatzoptionen nicht beeinflusst wird, und zum anderen die Ausstiegskosten wesentlich gemindert werden. Im Vergleich zum Basisszenario (F40) betragen die kumulierten Mehrkosten bei einem Ausstieg nach 35 Zeitjahren (F35) noch 35,6 Mrd. DM_{98} oder 1,15 Mrd. DM_{98}/a gegenüber 69,0 Mrd. DM_{98} bzw. 2,23 Mrd. DM_{98}/a bei einem Ausstieg nach 25 Zeitjahren (F25). Die Verlängerung der Laufzeit der Kernkraftwerke auf 40 Volllastjahre (F40_V) erbringt gegenüber dem Basisszenario (F40) eine Kostenersparnis um 63,2 Mrd. DM_{98} oder 2,04 Mrd. DM_{98}/a bzw. gegenüber dem Ausstiegsszenario nach 25 Zeitjahren (F25) um 132,2 Mrd. DM_{98} bzw. 4,27 Mrd. DM_{98}/a. Hierin kommen vor allem die zum Ende des Betrachtungszeitraums steigenden fossilen Energieträgerpreise zum Ausdruck, so dass die gegenüber dem Basisszenario (F25) im Mittel um rund 6,5 Zeitjahre längere Nutzung der Kernkraftwerke im Ausstiegsszenario nach 40 Vollastjahren (F40_V) nahezu die selbe Kostendifferenz ausmacht wie die um 15 Zeitjahre verkürzte Lebensdauer des Ausstiegsszenarios nach 25 Zeitjahren (F25) (vgl. auch Abbildung 5-12).

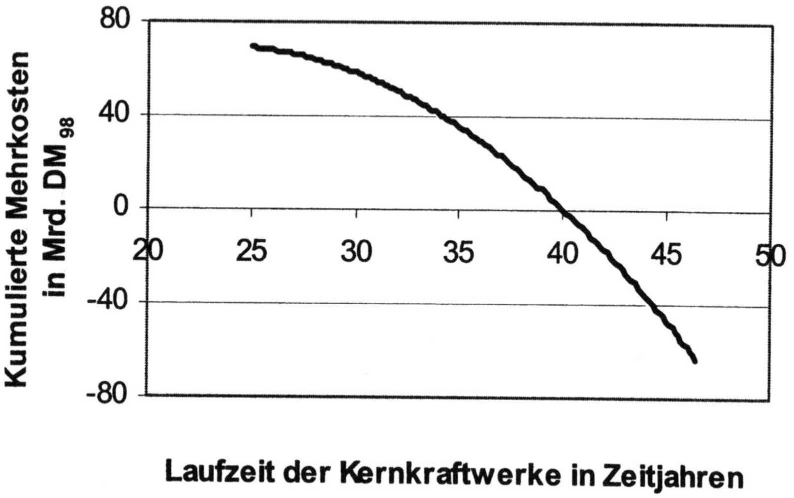

Abbildung 5-12: Mehrkosten eines Kernenergieausstiegs in kumulierten Werten in Abhängigkeit von der Laufzeit der Kernkraftwerke in Zeitjahren (FORUM-Preisentwicklung)

Kernenergie und Klimaschutz

In den Grundszenarios mit den FORUM-Preisannahmen wurden die Ergebnisse des Ausstiegsszenarios nach 25 Zeitjahren unter Einhaltung der CO_2-Minderungsziele nach Kyoto (F25K) den Ergebnissen des Basisszenarios gegenübergestellt, das von einer Nutzung der bestehenden Kernkraftwerke für 40 Zeitjahre ohne zusätzliche Klimaschutzmaßnahmen (F40) ausgeht. Eine weitere Vergleichsmöglichkeit resultiert, in dem auch bei einem Betrieb der Kernkraftwerke über 40 Zeitjahre die Einhaltung der Kyoto-Ziele verlangt wird (F40K). Dabei ist zu berücksichtigen, dass im Basisszenario F40 bereits in den Jahren 2005, 2010 und 2015 das zur Erfüllung der Kyoto-Ziele notwendige CO_2-Emissionsniveau unterschritten wird. Somit würden im Szenario F40K erst nach dem Jahr 2015 zusätzliche Maßnahmen notwendig. Da jedoch das Energiesystemmodell E^3Net-D2 ein intertemporales Modell mit vollständiger Voraussicht ist, wird das sich verschärfende Minderungsziel bereits in den früheren Jahren mit in die Entscheidung aufgenommen. Dies führt dazu, dass – auch schon in den früheren Jahren – der Ersatz der Kernenergie nicht mehr wie im Basisszenario durch Kohlekraftwerke sondern durch Erdgas-GuD-Kraftwerke erfolgt. Dafür werden ältere Kohlekraftwerke mit einer höheren Auslastung betrieben, da hier die Betriebskosten günstiger sind als bei den neuen Erdgaskraftwerken. Des Weiteren werden Energieeinsparmaßnahmen bei den Endverbrauchern durchgeführt, so dass der Endenergieverbrauch des Szenarios F40K im Jahr 2030 um 1,9 % niedriger liegt als im Basisszenario (F40).

Die kumulierten Mehrkosten des Szenarios F40K gegenüber dem Basisszenario (F40) belaufen sich auf insgesamt 47,3 Mrd. DM_{98} oder 1,53 Mrd. DM_{98}/a, wobei der Großteil der Mehraufwendungen zum Ende des Betrachtungszeitraumes anfällt. Damit betragen die kumulierten Mehrkosten des Ausstiegsszenarios nach 25 Zeitjahren mit Kyoto-Zielerreichung (F25K) gegenüber dem Szenario F40K noch 60,5 Mrd. DM_{98} oder 1,95 Mrd. DM_{98}/a.

In den Kyoto-Szenarios wird für das Jahr 2005 eine Reduktion der energiebedingten CO_2-Emissionen um 18 % gegenüber dem Jahr 1990 unterstellt. Damit würde aber das nationale Ziel einer Minderung der CO_2-Emissionen um 25 % bis zum Jahr 2005 gegenüber 1990 deutlich verfehlt werden. Um diesem Gesichtspunkt Rechnung zu tragen, wurde eine Sensitivitätsanalyse durchgeführt, bei der die CO_2-Reduktionsquoten der Kyoto-Szenarios jeweils um 7 %-Punkte erhöht wurden, d. h. bis auf maximal 50 % CO_2-Minderung im Jahr 2030 gegenüber 1990. Dann würden die CO_2-Reduktionen in der Stromerzeugung noch einmal wesentlich verschärft, so dass hier langfristig auch die erneuerbaren Energien, einschließlich der Photovoltaik, größere Beiträge leisten müssten, und auch bei den Endverbrauchern einschließlich dem Verkehr müssten die Emissionsreduktionen noch einmal verstärkt werden. Diese verschärften Minderungserfordernisse äußern sich dann in Mehrkosten des Szenarios „Nationales Ziel" bei einer Nutzung der Kernkraftwerke für 25 Zeitjahre unter FORUM-Preisen gegenüber dem Basisszenario (F40) von rund 350 Mrd. DM_{98}.

Die Bedeutung der Kernenergie für den Klimaschutz wird auch deutlich, wenn nicht nur ein Weiterbetrieb der bestehenden Kernkraftwerke über einen längeren Zeitraum unterstellt wird, sondern wenn zusätzlich ein weiterer Zubau der CO_2-freien Stromerzeugung aus Kernenergie zugelassen wird. Damit steht im Energiesystem eine weitere relativ kostengünstige CO_2-Minderungsmaßnahme zur Verfügung. Hier liegen bei gleichzeitiger Einhaltung des Kyoto-Zieles die kumulierten Mehrkosten um 105,0 Mrd. DM_{98} bzw. 3,39 Mrd. DM_{98}/a niedriger als im Basisszenario (F40). In Falle einer Zubaumöglichkeit werden nicht nur die nach 40 Zeitjahren außer Betrieb gehenden Kernkraftwerke ersetzt, sondern bis zum Jahr 2030 erfolgt ein zusätzlicher Bau von 8,8 GW an Kernkraftwerksleistung, so dass in 2030 mit 30,2 GW die Kernkraftwerke rund 31 % der installierten Leistung und mit 241,7 TWh ca. 46,6 % der Nettostromerzeugung in Deutschland abdecken.

Energiepreisentwicklung

Die Annahmen zur Entwicklung der Weltenergiepreise bzw. der Grenzübergangswerte sind wesentliche exogene Größen für die Entwicklung der Energiewirtschaft in Deutschland. Diesem Gesichtspunkt wurde bereits in den Grundvarianten durch die Betrachtung zweier Preisentwicklungen (FORUM und PROGNOS) Rechnung getragen. Beide Entwicklungen gehen von wieder steigenden Preisen für die fossilen Energieträger aus, wobei sich jeweils im Zeitablauf die Preisrelation zu Gunsten der Steinkohle verbessert (vgl. Tabelle A-1). Diesen Entwicklungen wird im Folgenden noch eine Variante gegenübergestellt, die von auf dem Niveau von 2000 konstanten Energiepreisen gemäß der FORUM-Preisentwicklung ausgeht.

Es zeigt sich, dass dann bereits im Basisszenario und im Ausstiegsszenario ohne weitere Emissionsbeschränkung Erdgas-GuD-Kraftwerke die Steinkohlekraftwerke als wesentliche Ersatzoption für die Kernkraftwerke ablösen. Damit betragen die kumulierten Ausstiegskosten des Szenarios K25 noch 26,1 Mrd. DM_{98} oder 0,84 Mrd. DM_{98}/a im Vergleich zum Basisszenario K40, das auch von konstanten Energiepreisen ausgeht. Des Weiteren sind die CO_2-Emissionen des Basisszenarios K40 mit 789,3 Mio. t CO_2 in 2005, 740,1 Mio. t CO2 in 2010, 701,6 Mio. t CO_2 in 2015, 676,8 Mio. t CO_2 in 2020 und 658,9 Mio. t CO_2 in 2030 (vgl. Abbildung 5-13) noch einmal wesentlich niedriger als in den Basisszenarios mit steigenden (FORUM- bzw. PROGNOS-) Preisen (F40 bzw. P40). Der Maximalwert der Zusatzemissionen im Ausstiegsszenario K25 beläuft sich – begründet über den überwiegenden Ersatz durch Erdgas sowie die unterschiedliche Fahrweise der älteren Kohlekraftwerke – im Jahr 2015 auf 45,5 Mio. t CO_2.

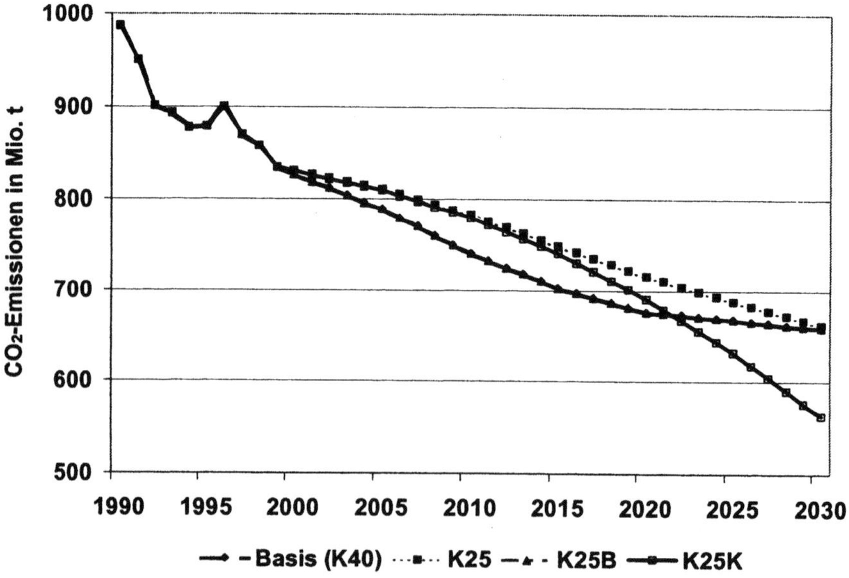

Abbildung 5-13: Energiebedingte CO_2-Emissionen in Deutschland im Vergleich der Szenarios mit konstanten Energiepreisen (Basis (K40), K25, K25B, K25K))

Damit sind die zusätzlichen Minderungserfordernisse in dieser Szenariogruppe wesentlich schwächer als in den Grundvarianten, um wieder das Emissionsniveau des Basisszenarios bzw. das Kyoto-Ziel erreichen zu können. Entsprechend betragen hier die kumulierten Mehrkosten gegenüber dem Basisszenario nur rund 49,3

Mrd. DM_{98} oder 1,59 Mrd. DM_{98}/a zur Erreichung des CO_2-Emissionsniveaus des Basisszenarios bzw. ca. 47,1 Mrd. DM_{98} oder 1,52 Mrd. DM_{98}/a im Kyoto-Fall. Hier ist es nun kostenintensiver, das Emissionsniveau des Basisszenarios zu erreichen, was in etwa auch aus dem Kurvenverlauf der drei Szenarios ersichtlich wird (vgl. Abbildung 5-13).

5.5 Zusammenfassung

Das Energiesystemmodell E^3Net ist in das am IER Stuttgart entwickelte MESAP-Planungsinstrumentarium integriert. Kernidee des Konzepts von MESAP ist die Standardisierung der Datenschnittstelle für Energiesystemdaten. Dies wird durch eine klare Trennung von der Topologie des Energiesystems, der Datenbasis und der mathematischen Struktur des Modells erreicht. Die mathematische Struktur, der Modellgenerator E^3Net, wurde in der allgemeinen Modellierungssprache GAMS entwickelt. Die Topologie der Energiesysteme wird in E^3Net generell in Form eines Netzwerks, dem „Referenzenergiesystem" (RES), abgebildet. Für Deutschland wird im sogenannten E^3Net-D2-Modell das gesamte Energiesystem in Abhängigkeit von der vorzugebenden Nachfrage nach Nutzenergie bzw. Energiedienstleistungen bis zur Primärenergie, differenziert für die alten und die neuen Bundesländer, modelliert. Für das Energiesystem wird zunächst eine Hauptsektorierung nach Energiewirtschaftszweigen und Energieverbrauchergruppen vorgenommen. Dabei werden rund 2200 Prozesse berücksichtigt. Ein Großteil der quantitativen Informationen zu den (Bestands- und Zukunfts-)Techniken stammt aus der IKARUS Technikdatenbank und deren fortlaufenden Aktualisierung. Diese Datenquelle wird mit Informationen aus anderen Untersuchungen abgesichert und ergänzt.

Aus den im Rahmen des Modellexperimentes II mit dem Energiesystemmodell E^3Net-D2 durchgeführten Analysen zu den Auswirkungen eines vorzeitigen Verzichtes auf die Nutzung der Kernenergie kann zusammenfassend die Schlussfolgerung gezogen werden, dass bezüglich der Ersatzoptionen ohne Berücksichtigung emissionsseitiger Restriktionen bei einer Minimierung der kostenseitigen Konsequenzen im Wesentlichen auf fossile Kraftwerke zurückgegriffen würde. Die Entscheidung zwischen Steinkohle- und Erdgaskraftwerken ist dabei vor allem durch die unterstellte Energiepreisentwicklung bestimmt. Die erneuerbaren Energiequellen haben als Ersatzoption nur eine sehr geringe Bedeutung. Werden zusätzlich Emissionsbeschränkungen berücksichtigt, so wird nahezu unabhängig von den analysierten Energiepreispfaden der überwiegende Teil des Ersatzes der Kernenergie durch Erdgas-GuD-Kraftwerke getätigt. Mit steigenden Minderungserfordernissen kommen auch die Biomassen und verstärkte Emissionsminderungen in den übrigen Sektoren (insbesondere Haushalte und Kleinverbraucher sowie vorübergehend in der Industrie) zum Tragen.

Bezüglich der kostenseitigen Konsequenzen (vgl. Tabelle A-4 im Anhang) belaufen sich die über den Betrachtungszeitraum kumulierten reinen Ausstiegskosten bei einer Laufzeit der bestehenden Kernkraftwerke von 25 Zeitjahren gegenüber dem jeweils vergleichbaren Basisszenario mit einer Laufzeit von 40 Zeitjahren zwischen 32,2 Mrd. DM_{98} und 69,0 Mrd. DM_{98}, bedingt durch die unterschiedlichen Energiepreispfade. Wie die durchgeführten Sensitivitätsanalysen zeigen, sind diese Mehrkosten dabei relativ stark abhängig von den unterstellten Ausstiegsfristen. Werden zusätzlich Emissionsbeschränkungen berücksichtigt, so steigen die Mehrkosten auf bis zu 110 Mrd. DM_{98} (Kyoto-Szenarios) bzw. 350 Mrd. DM_{98} (Nationales Ziel). Dabei ist jedoch zu beachten, dass auch im Falle einer Nutzung der Kernenergie für 40 Zeitjahre und gleichzeitiger Einhaltung der Kyoto-Ziele Mehrkosten gegenüber den Basisszenarios von rund 47 Mrd. DM_{98} entstehen würden. Dieser Fall tritt nicht ein, wenn ein Zubau an neuen Kernkraftwerken zugelassen würde. Dann könnten die Minderungserfordernisse des Kyoto-Szenarios erreicht und gleichzeitig eine Kosteneinsparung gegenüber dem Basisszenario von rund 105 Mrd. DM_{98} erzielt werden.

Literatur

Altner, G., Dürr, H.P., Michelsen, G. und J. Nitsch: Zukünftige Energiepolitik Vorrang für rationelle Energienutzung und regenerative Energiequellen, Bonn 1995

ESSO AG: Esso Energieprognose 1998, Hamburg 1998

Fahl, U. und P. Schaumann: Energie und Klima als Optimierungsproblem am Beispiel Niedersachsen, Forschungsbericht des Instituts für Energiewirtschaft und Rationelle Energieanwendung, Band 34, Stuttgart 1996

Fahl, U., Schaumann, P., Läge, E. und S. Molt: Klimaverträgliche Entwicklungen der deutschen Energieversorgung Technische Möglichkeiten und wirtschaftliche Konsequenzen, in: Hake, J.-Fr. und P. Markewitz (Hrsg.): Modellinstrumente für CO_2-Minderungsstrategien, Jülich 1997

Fahl, U., Blesl, M., Herrmann, D., Kemfert, C., Remme, U., Specht, H. und A. Voß: Bedeutung der Kernenergie für die Energiewirtschaft in Baden-Württemberg – Auswirkungen eines Kernenergieausstiegs, Forschungsbericht des Instituts für Energiewirtschaft und Rationelle Energieanwendung, Band 62, Stuttgart 1999

Kaltschmitt, M. und A. Wiese (Hrsg.): Erneuerbare Energien – Systemtechnik, Wirtschaftlichkeit, Umweltaspekte, Springer, Berlin u. a. 1997

Krüger, R., Liebscher, P. und U. Fahl: Alternative Kraftstoffe – Möglichkeiten zur Minderung der VOC-Emissionen im Straßenpersonenverkehr von Baden-Württemberg, ecomed, Landsberg/Lech 1997

Läge, E.: Entwicklung des Energiesektors im Spannungsfeld von Klimaschutz und Ökonomie – Integration ökonomischer und prozeßtechnischer Effekte in einer Systemanalyse am Beispiel Deutschlands, Dissertation in Vorbereitung, Stuttgart 2000

Läge, E., Molt, S. und A. Voß: Klimaschutzstrategien für Deutschland nach Kyoto, in: Läge, E., Schaumann P. und U. Fahl (Hrsg.): Treibhausgasminderung in Deutschland zwischen nationalen Zielen und internationalen Verpflichtungen, Jülich 1999

PROGNOS, EWI: Die längerfristige Entwicklung der Energiemärkte im Zeichen von Wettbewerb und Umwelt, Studie im Auftrag des Bundesministeriums für Wirtschaft und Technologie, PROGNOS-Studie 5615302, Basel 1999

Rüffler, W., Kühner, R. und P. Schaumann: Mathematische Beschreibung des Modellsystems E^3Net, Institut für Energiewirtschaft und Rationelle Energieanwendung, Arbeitspapier, Stuttgart 1998

Schaumann, P. und C. Schlenzig: MESAP III ein Werkzeug für Energie und Umweltmanagement. In: Energiemodelle in der Bundesrepublik Deutschland – Stand der Entwicklung. Proceedings des IKARUS-Workshops am 24. und 25. Januar 1996, Haus der Wirtschaft, Stuttgart, hrsg. von Molt, S. und U. Fahl, Jülich 1997

Schaumann, P. und O. Schweike: Entwicklung eines Computermodells mit linearer Optimierung zur Abbildung eines regionalisierten Energiesystems am Beispiel Gesamtdeutschlands, Wissenschaftliche Berichte der Hochschule für Technik, Wirtschaft und Sozialwesen (FH) Zittau/Görlitz, Nr. 1481, Heft 39, Zittau 1995

Schaumann, P., Blesl, M., Böhringer, C., Fahl, U., Kühner, R., Läge, E., Molt, S., Schlenzig, C., Stuible, A. und A. Voß: Einbindung des ECOLOG-Modells 'E^{3}Net' und Integration neuer methodischer Ansätze in das IKARUS-Instrumentarium (ECOLOG II), Forschungsbericht des Instituts für Energiewirtschaft und Rationelle Energieanwendung, Band 49, Stuttgart 1998

Schlenzig, C. und A. Reuter: MESAP-III: An Information and Decision Support System for Energy and Environmental Planning. In: Carraro, C. und A. Haurie (Hrsg.): Operations Research and Environmental Management, Kluwer Academic Publishers, Dordrecht, Netherlands, 1996

Anhang 5-A: Entwicklung von Energiepreisen, energiepolitischen Rahmenannahmen und zusammengefasste Szenarioergebnisse

Tabelle A-1: Energiepreisentwicklung (Grenzübergangswerte)

Energieträger	Einheit	1995	1998	2005	2010	2015	2020	2030
FORUM – Preise								
Steinkohlen	DM_{98}/GJ	2,79	2,49	6,09	6,74		8,03	10,08
Rohöl	DM_{98}/GJ	4,53	3,98	3,55	3,74		4,13	4,55
Erdgas A	DM_{98}/GJ	3,98	4,25	4,88	5,53		6,83	8,94
Erdgas B	DM_{98}/GJ			6,09	6,91		8,54	11,18
PROGNOS – Preise								
Steinkohlen	DM_{98}/GJ	2,79	2,49	2,69	2,65	2,72	2,69	2,76
Rohöl	DM_{98}/GJ	4,53	3,98	5,24	5,31	5,78	6,56	8,46
Erdgas A	DM_{98}/GJ	3,98	4,25	3,92	4,29	4,94	5,81	8,04
Erdgas B	DM_{98}/GJ			4,90	5,36	6,18	7,27	10,05
Konstante Preise								
Steinkohlen	DM_{98}/GJ	2,79	2,49	3,00	3,41	3,59	3,96	4,37
Rohöl	DM_{98}/GJ	4,53	3,98	5,11	5,85	6,47	7,71	9,68
Erdgas A	DM_{98}/GJ	3,98	4,25	4,37	4,68	5,31	6,56	8,58
Erdgas B	DM_{98}/GJ			5,46	5,85	6,63	8,20	10,73

Quelle: FEES-MEX I, PROGNOS/EWI

Erdgas B entspricht einem Mengenkontingent an Import-Erdgas, auf das ein Preisaufschlag von etwa 25 % gegenüber Erdgas A zu zahlen ist. Entsprechend der Vorgaben in IKARUS ist der Erdgas B Importpreis für die Importmengen oberhalb von 3500 PJ pro Jahr zu zahlen.

Tabelle A-2: Energiepolitische Annahmen zur heimischen Kohlenutzung und zur Kernenergie

	1995	1997	2005	2010	2015	2020	2030
Steinkohle Mindestmenge in PJ	1595	1392	700	530	415	300	210
Braunkohle West Mindestmenge in PJ	911	911	810	690	570	450	200
Braunkohle Ost Mindestmenge in PJ	798	797	640	550	450	350	150
Kernenergie (Potent.Nettostrom. in TWh) 40 Zeitjahre	144,9	161,3	163,5	160,8	144,0	106,2	0,0
25 Zeitjahre	144,9	161,3	104,2	43,2	0,0	0,0	0,0

Tabelle A-3: Energiebedingte CO_2-Emissionen nach Sektoren im Szenariovergleich

in Mio. t		Industrie	Klein-verbraucher	Haushalte	Verkehr	Umwandlung Gewinnung	Summe
	1990	196	91	128	159	413	**987**
	1995	148	68	129	173	359	**877**
	1996	140	75	150	172	361	**898**
	1997	143	66	138	173	348	**868**
F40	**2005**	131	74	122	176	286	**790**
	2010	116	68	108	176	270	**738**
	2015	112	63	106	174	261	**716**
	2020	109	59	104	171	278	**721**
	2030	101	51	93	176	338	**759**
F25	**2005**	132	74	122	176	307	**812**
	2010	116	68	108	176	338	**805**
	2015	112	63	106	174	349	**804**
	2020	109	59	104	171	338	**780**
	2030	101	51	93	176	335	**756**
F25B	**2005**	126	74	119	176	294	**790**
	2010	108	68	105	176	281	**738**
	2015	108	63	103	174	268	**716**
	2020	109	59	101	171	282	**721**
	2030	97	52	91	176	343	**759**
F25K	**2005**	131	74	122	176	306	**809**
	2010	117	68	108	176	310	**780**
	2015	111	63	103	174	289	**740**
	2020	109	59	101	171	251	**691**
	2030	103	44	76	176	164	**563**
P40	**2005**	131	74	122	176	287	**791**
	2010	115	69	108	176	281	**748**
	2015	112	63	106	174	267	**722**
	2020	110	59	104	171	291	**734**
	2030	101	51	92	176	339	**761**
P25	**2005**	132	74	122	176	325	**830**
	2010	115	68	108	176	367	**835**
	2015	112	63	106	174	378	**833**
	2020	110	59	104	171	368	**812**
	2030	101	51	93	176	341	**763**
P25B	**2005**	125	74	122	176	294	**791**
	2010	111	68	108	176	285	**748**
	2015	110	63	106	174	269	**722**
	2020	110	59	104	171	291	**734**
	2030	103	51	94	176	337	**761**
P25K	**2005**	131	74	122	176	306	**809**
	2010	118	69	109	176	309	**780**
	2015	112	63	105	174	286	**740**
	2020	113	59	101	171	247	**691**
	2030	106	44	79	176	158	**563**

Tabelle A-4: Kostenkonsequenzen eines Kernenergieausstieges für die verschiedenen Variationen

		Kumulierte Mehrkosten [Mrd. DM98]	Jährliche Mehrkosten [Mrd. DM98/a]	Auf 2000 abdiskontierte kumulierte Mehrkosten [Mrd. DM98]
FORUM - Preise				
25 Zeitjahre	**ohne Minderung**	69,0	2,23	44,8
	wie Basis	106,3	3,43	64,3
	Kyoto	107,8	3,48	60,4
	Nationales Ziel	353,8	11,41	193,2
35 Zeitjahre	**ohne Minderung**	35,6	1,15	19,0
40 Vollastjahre	**ohne Minderung**	-63,2	-2,04	-26,7
40 Zeitjahre	**Kyoto**	47,3	1,53	23,9
Zubau		-105,0	-3,39	-38,4
PROGNOS - Preise				
25 Zeitjahre	**ohne Minderung**	40,4	1,30	24,5
	wie Basis	101,9	3,29	57,1
	Kyoto	110,0	3,55	58,3
Konstante Preise				
25 Zeitjahre	**ohne Minderung**	32,2	1,04	24,9
	wie Basis	49,3	1,59	32,2
	Kyoto	47,1	1,52	28,0

Anhang 5-B: Ergebnistabellen zu den Szenariorechnungen mit E^3Net-D2

Szenario Reporting Tabelle

Modell:	E3Net-D2
Autor:	Markus Blesl; Ulrich Fahl
Institution:	IER - Institut für Energiewirtschaft und Rationelle Energieanwendung Hessbrühlstr. 49 a; 70565 Stuttgart; Tel: 0711-780-6130 ; email:uf@ier.uni-stuttgart.de Universität Stuttgart
Land:	Deutschland, regionalisiert
Szenario:	Basisszenario 40 Zeitjahre (FORUM Preise) - F40
Datum	10.04.00

		Einheit	1995	1997	2005	2010	2015	2020	2025	2030
1	**Demographische Rahmenannahmen**									
1.1	Bevölkerung	Mio.								
1.2	Anzahl der Haushalte	Mio.								
1.3	Anzahl der Wohnflächen	Mio. m²								
2	**Ökonomische Rahmenannahmen**									
2.1	Entwicklung des BIP	Mrd. DM91								
2.2	Abschreibungsrate	% p. a.			5,0	5,0	5,0	5,0		5,0
3	**Energiepreise**									
3.1	Importpreis Rohöl	DM98/GJ								
3.2	Importpreis Erdgas	DM98/GJ								
3.3	Importpreis Steinkohle	DM98/GJ								
4	**Struktur EEV nach Energieträgern**									
4.1	Kohlen	PJ			435	352	336	321		305
4.2	Mineralölprodukte	PJ			4399	4231	4178	4124		4026
4.3	Gase	PJ			2354	2198	2103	1985		1723
4.4	Strom	PJ			1718	1700	1706	1726		1756
4.5	Fernwärme	PJ			317	316	300	283		280
4.6	Erneuerbare	PJ			126	126	130	133		179
4.7	Sonstige (Methanol, Wasserstof	PJ			0	0	0	0		0
4.8	Summe	PJ			9348	8922	8753	8573		8268
5	**Struktur EEV nach Sektoren**									
5.1	Industrie	PJ			2323	2177	2152	2128		2053
5.2	Kleinverbraucher	PJ			1674	1603	1535	1467		1360
5.3	Haushalte	PJ			2607	2380	2319	2257		2032
5.4	Verkehr	PJ			2744	2762	2747	2722		2803
6	**Struktur Stromnachfrage nach Sektoren**									
6.1	Industrie	TWh			201	202	205	209		227
6.2	Kleinverbraucher	TWh			130	133	135	138		142
6.3	Haushalte	TWh			126	115	109	105		89
6.4	Verkehr	TWh			21	23	25	27		29
7	**Netto-Engpaßleistung n. Energieträgern**									
7.1	Steinkohle (inkl. Mischfeuerung)	MW			22359	18626	23565	32857		50465
7.2	Braunkohle	MW			21856	20306	19210	15539		9506
7.3	Heizöl	MW			4520	3326	2279	2085		1800
7.4	Erdgas	MW			17359	17400	15388	15547		15470
7.5	Kernenergie	MW			21006	20668	19251	13062		0
7.6	Wasserkraft	MW			4493	4623	4665	4728		4503
7.7	Wind	MW			4939	6447	7822	9260		12759
7.8	Photovoltaik	MW			92	183	437	789		1518
7.9	Sonstige	MW			394	516	583	650		697
7.10	Summe	MW			97017	92095	93200	94497		96718

8	Netto-Stromerzeugung n. Energieträgern									
8.1	Steinkohlen	TWh			112,4	116,5	148,1	206,5		320,7
8.2	Braunkohlen	TWh			134,8	119,2	101,7	82,3		69,8
8.3	Mineralöle	TWh			4,9	4,2	2,9	1,6		0,0
8.4	Naturgase	TWh			46,0	47,1	47,6	48,1		37,0
8.5	Kernenergie	TWh			163,5	160,8	144,0	106,2		0,0
8.6	Wasserkraft	TWh			25,0	25,9	26,2	26,6		26,5
8.7	Wind	TWh			12,5	17,0	20,6	24,4		33,6
8.8	Photovoltaik	TWh			0,1	0,2	0,4	0,7		1,4
8.9	Sonstige	TWh			11,4	12,9	14,2	15,8		27,9
8.10	Summe	TWh			510,6	503,9	505,7	512,1		516,9
9	Energieeinsatz zur Stromerz. n. Energieträgern									
9.1	Steinkohle	PJ								
9.2	Braunkohle	PJ								
9.3	Heizöl	PJ								
9.4	Erdgas	PJ								
9.5	Kernenergie	PJ								
9.6	Wasserkraft	PJ								
9.7	Wind	PJ								
9.8	Photovoltaik	PJ								
9.9	Sonstige	PJ								
9.10	Summe	PJ								
10	Struktur Primärenergieverbrauch									
10.1	Steinkohlen	PJ			1426	1386	1625	2082		2908
10.2	Braunkohlen	PJ			1473	1256	1010	817		683
10.3	Mineralöle	PJ			5627	5359	5287	5217		5045
10.4	Erdgas	PJ			2988	2802	2606	2417		2182
10.5	Kernenergie	PJ			1887	1856	1662	1226		0
10.6	Wasserkraft	PJ			90	93	94	96		95
10.7	sonst. Erneuerbare	PJ			363	406	439	474		579
10.8	Importsaldo Strom	PJ			0	0	0	0		0
10.9	Summe (incl. Müll)	PJ			13854	13159	12724	12329		11493
11	Schadstoffemissionen									
11.1	CO2-Emissionen	Mio. t			789,5	737,6	715,9	720,9		758,7
11.2	CH4-Emissionen	kt			725,3	594,5	493,8	394,4		328,7
11.3	N2O-Emissionen	kt			31,0	29,4	28,2	27,9		28,6
11.4	THG-Emissionen	Mio. t CO2			814,3	759,2	735,0	737,8		774,5
11.5	NOx-Emissionen	kt			1424,6	1294,0	1247,8	1172,5		1179,2
11.6	SO2-Emissionen	kt			754,7	662,3	523,9	501,8		466,5
12	Ausstiegskosten *									
12.1	Mehrkosten	Mrd. DM98								
12.2	Spezifische Mehrkosten	Pf.98/kWh								
12.3	Kumulierte Mehrkosten	Mrd. DM98								
12.4	Durchschnittl. jährl. Mehrkosten	Mrd. DM98/a								
12.5	Abdiskont. (2000) kumul. Mehrk.	Mrd. DM98								
12.6	Extremwert d. Kostenerhöhung	Pf.98/kWh								
12.7	Durchschnittl. Kostenerhöhung	Pf.98/kWh								

* Mehrkosten des Ausstiegs, d.h. gegenüber der Referenzentwicklung.
Die Ausstiegskosten, die unter 12.1 und 12.2 ausgewiesen sind, beziehen sich auf den jeweiligen Zeitpunkt bzw. die entsprechende Zeitperiode.
Dagegen beschreiben die Werte 12.3 bis 12.7 Kosten über den gesamten Zeithorizont.

Szenario Reporting Tabelle

Modell:	E3Net-D2
Autor:	Markus Blesl; Ulrich Fahl
Institution:	IER - Institut für Energiewirtschaft und Rationelle Energieanwendung Hessbrühlstr. 49 a; 70565 Stuttgart; Tel: 0711-780-6130 ; email:uf@ier.uni-stuttgart.de Universität Stuttgart
Land:	Deutschland, regionalisiert
Szenario:	Kernenergieausstieg 25 Zeitjahre (FORUM Preise) - F25
Datum:	10.04.00

		Einheit	1997	2000	2005	2010	2015	2020	2025	2030
1	Demographische Rahmenannahmen									
1.1	Bevölkerung	Mio.								
1.2	Anzahl der Haushalte	Mio.								
1.3	Anzahl der Wohnflächen	Mio. m²								
2	Ökonomische Rahmenannahmen									
2.1	Entwicklung des BIP	Mrd. DM91								
2.2	Abschreibungsrate	% p. a.			5,0	5,0	5,0	5,0		5,0
3	Energiepreise									
3.1	Importpreis Rohöl	DM98/GJ								
3.2	Importpreis Erdgas	DM98/GJ								
3.3	Importpreis Steinkohle	DM98/GJ								
4	Struktur EEV nach Energieträgern									
4.1	Kohlen	PJ			435	352	336	321		305
4.2	Mineralölprodukte	PJ			4399	4231	4177	4124		4026
4.3	Gase	PJ			2364	2199	2103	1985		1719
4.4	Strom	PJ			1707	1699	1706	1726		1756
4.5	Fernwärme	PJ			317	316	300	283		283
4.6	Erneuerbare	PJ			126	126	130	133		158
4.7	Sonstige (Methanol, Wasserstof	PJ			0	0	0	0		0
4.8	Summe	PJ			9347	8922	8753	8573		8247
5	Struktur EEV nach Sektoren									
5.1	Industrie	PJ			2323	2177	2152	2128		2053
5.2	Kleinverbraucher	PJ			1673	1603	1535	1467		1360
5.3	Haushalte	PJ			2607	2380	2319	2257		2032
5.4	Verkehr	PJ			2744	2762	2747	2722		2803
6	Struktur Stromnachfrage nach Sektoren									
6.1	Industrie	TWh			201	202	205	209		227
6.2	Kleinverbraucher	TWh			127	133	136	138		142
6.3	Haushalte	TWh			125	115	109	105		89
6.4	Verkehr	TWh			21	23	25	27		29
7	Netto-Engpaßleistung n. Energieträgern									
7.1	Steinkohle (inkl. Mischfeuerung)	MW			22359	27860	36623	40557		49037
7.2	Braunkohle	MW			21857	20306	19210	15539		9506
7.3	Heizöl	MW			4520	3326	3204	1815		1050
7.4	Erdgas	MW			23837	23878	21901	21275		17698
7.5	Kernenergie	MW			13062	5280	0	0		0
7.6	Wasserkraft	MW			4493	4623	4736	4728		4503
7.7	Wind	MW			4939	6447	7822	9260		12759
7.8	Photovoltaik	MW			92	183	437	789		1518
7.9	Sonstige	MW			394	516	583	650		697
7.10	Summe	MW			95552	92418	94516	94613		96766

8	**Netto-Stromerzeugung n. Energieträgern**									
8.1	Steinkohlen	TWh			117,5	184,0	237,3	262,8		310,2
8.2	Braunkohlen	TWh			134,8	119,2	101,7	82,3		69,8
8.3	Mineralöle	TWh			5,0	4,2	4,0	1,6		0,0
8.4	Naturgase	TWh			96,8	96,9	100,9	98,0		48,8
8.5	Kernenergie	TWh			104,2	43,2	0,0	0,0		0,0
8.6	Wasserkraft	TWh			25,0	25,9	26,6	26,6		26,5
8.7	Wind	TWh			12,5	17,0	20,6	24,4		33,6
8.8	Photovoltaik	TWh			0,1	0,2	0,4	0,7		1,4
8.9	Sonstige	TWh			11,4	12,9	14,2	15,8		26,7
8.10	Summe	TWh			507,4	503,5	505,7	512,1		517,0
9	**Energieeinsatz zur Stromerz. n. Energieträgern**									
9.1	Steinkohle	PJ								
9.2	Braunkohle	PJ								
9.3	Heizöl	PJ								
9.4	Erdgas	PJ								
9.5	Kernenergie	PJ								
9.6	Wasserkraft	PJ								
9.7	Wind	PJ								
9.8	Photovoltaik	PJ								
9.9	Sonstige	PJ								
9.10	Summe	PJ								
10	**Struktur Primärenergieverbrauch**									
10.1	Steinkohlen	PJ			1454	1920	2344	2528		2831
10.2	Braunkohlen	PJ			1473	1256	1010	817		683
10.3	Mineralöle	PJ			5630	5359	5296	5217		5045
10.4	Erdgas	PJ			3335	3117	2956	2732		2241
10.5	Kernenergie	PJ			1203	498	0	0		0
10.6	Wasserkraft	PJ			90	93	96	96		95
10.7	sonst. Erneuerbare	PJ			363	406	439	474		579
10.8	Importsaldo Strom	PJ			0	0	0	0		0
10.9	Summe (incl. Müll)	PJ			13548	12650	12143	11864		11475
11	**Schadstoffemissionen**									
11.1	CO2-Emissionen	Mio. t			812,2	805,3	803,6	780,4		755,9
11.2	CH4-Emissionen	kt			730,2	598,7	499,1	398,4		329,1
11.3	N2O-Emissionen	kt			31,7	32,0	31,5	30,1		28,4
11.4	THG-Emissionen	Mio. t CO2			837,3	827,8	823,8	798,1		771,6
11.5	NOx-Emissionen	kt			1458,5	1358,3	1329,8	1230,8		1179,4
11.6	SO2-Emissionen	kt			773,7	699,3	758,0	532,8		460,3
12	**Ausstiegskosten ***									
12.1	Mehrkosten	Mrd. DM98			10,8	16,2	27,2	7,0		7,8
12.2	Spezifische Mehrkosten	Pf.98/kWh								
12.3	Kumulierte Mehrkosten	Mrd. DM98	69,0							
12.4	Durchschnittl. jährl. Mehrkosten	Mrd. DM98/a	2,23							
12.5	Abdiskont. (2000) kumul. Mehrk	Mrd. DM98	44,8							
12.6	Extremwert d. Kostenerhöhung	Pf.98/kWh								
12.7	Durchschnittl. Kostenerhöhung	Pf.98/kWh	0,44							

* Mehrkosten des Ausstiegs, d.h. gegenüber der Referenzentwicklung.
Die Ausstiegskosten, die unter 12.1 und 12.2 ausgewiesen sind, beziehen sich auf den jeweiligen Zeitpunkt bzw. die entsprechende Zeitperiode.
Dagegen beschreiben die Werte 12.3 bis 12.7 Kosten über den gesamten Zeithorizont.

Szenario Reporting Tabelle

Modell:	E3Net-D2
Autor:	Markus Blesl; Ulrich Fahl
Institution:	IER - Institut für Energiewirtschaft und Rationelle Energieanwendung Hessbrühlstr. 49 a; 70565 Stuttgart; Tel: 0711-780-6130 ; email:uf@ier.uni-stuttgart.de Universität Stuttgart
Land:	Deutschland, regionalisiert
Szenario:	Kernenergieausstieg 25 Zeitjahre Minderungsziel Basis (FORUM Preise) - F25B
Datum:	10.04.00

		Einheit	1997	2000	2005	2010	2015	2020	2025	2030
1	**Demographische Rahmenannahmen**									
1.1	Bevölkerung	Mio.								
1.2	Anzahl der Haushalte	Mio.								
1.3	Anzahl der Wohnflächen	Mio. m²								
2	**Ökonomische Rahmenannahmen**									
2.1	Entwicklung des BIP	Mrd. DM91								
2.2	Abschreibungsrate	% p. a.			5,0	5,0	5,0	5,0		5,0
3	**Energiepreise**									
3.1	Importpreis Rohöl	DM98/GJ								
3.2	Importpreis Erdgas	DM98/GJ								
3.3	Importpreis Steinkohle	DM98/GJ								
4	**Struktur EEV nach Energieträgern**									
4.1	Kohlen	PJ			425	325	321	320		301
4.2	Mineralölprodukte	PJ			4305	4127	4094	4077		4010
4.3	Gase	PJ			2413	2251	2093	1970		1716
4.4	Strom	PJ			1676	1678	1699	1726		1756
4.5	Fernwärme	PJ			316	322	303	284		268
4.6	Erneuerbare	PJ			132	154	154	153		157
4.7	Sonstige (Methanol, Wasserstof	PJ			0	0	0	0		0
4.8	Summe	PJ			9266	8858	8663	8531		8209
5	**Struktur EEV nach Sektoren**									
5.1	Industrie	PJ			2309	2159	2137	2126		2052
5.2	Kleinverbraucher	PJ			1673	1599	1533	1467		1360
5.3	Haushalte	PJ			2540	2337	2247	2217		1993
5.4	Verkehr	PJ			2744	2762	2747	2722		2803
6	**Struktur Stromnachfrage nach Sektoren**									
6.1	Industrie	TWh			201	202	205	209		227
6.2	Kleinverbraucher	TWh			127	133	135	138		142
6.3	Haushalte	TWh			117	109	107	105		89
6.4	Verkehr	TWh			21	23	25	27		29
7	**Netto-Engpaßleistung n. Energieträgern**									
7.1	Steinkohle (inkl. Mischfeuerung)	MW			21879	16906	22908	23153		40207
7.2	Braunkohle	MW			21838	20319	17321	15553		9586
7.3	Heizöl	MW			4520	2076	1857	1815		0
7.4	Erdgas	MW			27279	35768	36907	36907		26601
7.5	Kernenergie	MW			13062	5280	0	0		0
7.6	Wasserkraft	MW			4493	4623	4736	4728		4503
7.7	Wind	MW			4939	6447	7822	9260		12759
7.8	Photovoltaik	MW			92	183	437	789		1518
7.9	Sonstige	MW			387	1342	1170	1254		1299
7.10	Summe	MW			98489	92945	93158	93458		96472

8	Netto-Stromerzeugung n. Energieträgern									
8.1	Steinkohlen	TWh			87,0	56,0	56,2	135,0		248,8
8.2	Braunkohlen	TWh			134,7	119,9	91,8	82,4		70,4
8.3	Mineralöle	TWh			4,1	3,4	3,0	1,6		0,0
8.4	Naturgase	TWh			119,4	210,0	281,7	216,7		106,4
8.5	Kernenergie	TWh			104,2	43,2	0,0	0,0		0,0
8.6	Wasserkraft	TWh			25,0	25,9	26,6	26,6		26,5
8.7	Wind	TWh			12,5	17,0	20,6	24,4		33,6
8.8	Photovoltaik	TWh			0,1	0,2	0,4	0,7		1,4
8.9	Sonstige	TWh			11,4	17,9	19,3	20,7		26,6
8.10	Summe	TWh			498,4	493,4	499,5	508,1		513,7
9	Energieeinsatz zur Stromerz. n. Energieträgern									
9.1	Steinkohle	PJ								
9.2	Braunkohle	PJ								
9.3	Heizöl	PJ								
9.4	Erdgas	PJ								
9.5	Kernenergie	PJ								
9.6	Wasserkraft	PJ								
9.7	Wind	PJ								
9.8	Photovoltaik	PJ								
9.9	Sonstige	PJ								
9.10	Summe	PJ								
10	Struktur Primärenergieverbrauch									
10.1	Steinkohlen	PJ			1270	897	855	1517		2331
10.2	Braunkohlen	PJ			1473	1251	910	817		688
10.3	Mineralöle	PJ			5513	5228	5288	5161		5030
10.4	Erdgas	PJ			3444	3793	4089	3454		2592
10.5	Kernenergie	PJ			1203	498	0	0		0
10.6	Wasserkraft	PJ			90	93	96	96		95
10.7	sonst. Erneuerbare	PJ			371	546	564	583		610
10.8	Importsaldo Strom	PJ			0	0	0	0		0
10.9	Summe (incl. Müll)	PJ			13364	12306	11802	11628		11346
11	Schadstoffemissionen									
11.1	CO2-Emissionen	Mio. t			789,5	737,6	715,9	720,9		758,7
11.2	CH4-Emissionen	kt			734,7	606,5	504,5	404,5		331,4
11.3	N2O-Emissionen	kt			30,9	28,8	27,0	27,1		27,1
11.4	THG-Emissionen	Mio. t CO2			816,4	761,3	734,9	742,7		778,2
11.5	NOx-Emissionen	kt			1435,3	1301,7	1295,7	1233,3		1296,3
11.6	SO2-Emissionen	kt			707,3	580,2	514,3	475,5		444,2
12	Ausstiegskosten *									
12.1	Mehrkosten	Mrd. DM98			16,5	19,3	37,9	13,4		19,2
12.2	Spezifische Mehrkosten	Pf.98/kWh								
12.3	Kumulierte Mehrkosten	Mrd. DM98	106,3							
12.4	Durchschnittl. jährl. Mehrkosten	Mrd. DM98/a	3,43							
12.5	Abdiskont. (2000) kumul. Mehrk	Mrd. DM98	64,3							
12.6	Extremwert d. Kostenerhöhung	Pf.98/kWh								
12.7	Durchschnittl. Kostenerhöhung	Pf.98/kWh								

* Mehrkosten des Ausstiegs, d.h. gegenüber der Referenzentwicklung.
Die Ausstiegskosten, die unter 12.1 und 12.2 ausgewiesen sind, beziehen sich auf den jeweiligen Zeitpunkt bzw. die entsprechende Zeitperiode.
Dagegen beschreiben die Werte 12.3 bis 12.7 Kosten über den gesamten Zeithorizont.

Szenario Reporting Tabelle

Modell:	E3Net-D2
Autor:	Markus Blesl; Ulrich Fahl
Institution:	IER - Institut für Energiewirtschaft und Rationelle Energieanwendung Hessbrühlstr. 49 a; 70565 Stuttgart; Tel: 0711-780-6130 ; email:uf@ier.uni-stuttgart.de Universität Stuttgart
Land:	Deutschland, regionalisiert
Szenario:	Kernenergieausstieg 25 Zeitjahre Minderungsziel Kyoto (FORUM Preise) - F25K
Datum:	10.04.00

		Einheit	1997	2000	2005	2010	2015	2020	2025	2030
1	Demographische Rahmenannahmen									
1.1	Bevölkerung	Mio.								
1.2	Anzahl der Haushalte	Mio.								
1.3	Anzahl der Wohnflächen	Mio. m²								
2	Ökonomische Rahmenannahmen									
2.1	Entwicklung des BIP	Mrd. DM91								
2.2	Abschreibungsrate	% p. a.			5,0	5,0	5,0	5,0		5,0
3	Energiepreise									
3.1	Importpreis Rohöl	DM98/GJ								
3.2	Importpreis Erdgas	DM98/GJ								
3.3	Importpreis Steinkohle	DM98/GJ								
4	Struktur EEV nach Energieträgern									
4.1	Kohlen	PJ			435	355	318	299		237
4.2	Mineralölprodukte	PJ			4396	4237	4139	4041		3676
4.3	Gase	PJ			2353	2198	2111	2031		1635
4.4	Strom	PJ			1719	1694	1703	1719		1711
4.5	Fernwärme	PJ			319	312	307	303		478
4.6	Erneuerbare	PJ			126	126	145	165		168
4.7	Sonstige (Methanol, Wasserstoi	PJ			0	0	0	0		0
4.8	Summe	PJ			9347	8922	8723	8558		7904
5	Struktur EEV nach Sektoren				9269					
5.1	Industrie	PJ			2323	2177	2150	2122		1855
5.2	Kleinverbraucher	PJ			1674	1602	1535	1468		1331
5.3	Haushalte	PJ			2606	2381	2291	2247		1915
5.4	Verkehr	PJ			2744	2762	2747	2722		2803
6	Struktur Stromnachfrage nach Sektoren									
6.1	Industrie	TWh			201	202	205	209		219
6.2	Kleinverbraucher	TWh			130	133	135	136		140
6.3	Haushalte	TWh			126	113	108	105		87
6.4	Verkehr	TWh			21	23	25	27		29
7	Netto-Engpaßleistung n. Energieträgern									
7.1	Steinkohle (inkl. Mischfeuerung)	MW			22203	18275	16920	12756		6011
7.2	Braunkohle	MW			21856	20281	17676	15514		8493
7.3	Heizöl	MW			4520	3576	3307	2565		1800
7.4	Erdgas	MW			25439	33091	42004	47673		55875
7.5	Kernenergie	MW			13062	5280	0	0		0
7.6	Wasserkraft	MW			4493	4623	4736	4728		4503
7.7	Wind	MW			4939	6447	7822	9260		19066
7.8	Photovoltaik	MW			92	183	437	789		1518
7.9	Sonstige	MW			395	445	385	533		578
7.10	Summe	MW			96998	92199	93287	93818		97843

8	Netto-Stromerzeugung n. Energieträgern									
8.1	Steinkohlen	TWh			110,0	115,1	92,6	65,9		10,2
8.2	Braunkohlen	TWh			134,8	119,1	95,6	83,9		35,6
8.3	Mineralöle	TWh			4,8	4,3	4,0	1,8		0,0
8.4	Naturgase	TWh			108,0	162,6	241,1	273,6		273,1
8.5	Kernenergie	TWh			104,2	43,2	0,0	0,0		0,0
8.6	Wasserkraft	TWh			25,0	25,9	26,6	26,6		26,5
8.7	Wind	TWh			12,5	17,0	20,6	24,4		49,1
8.8	Photovoltaik	TWh			0,1	0,2	0,4	0,7		1,4
8.9	Sonstige	TWh			11,4	14,4	23,4	32,4		105,1
8.10	Summe	TWh			510,9	501,7	504,3	509,3		501,0
9	Energieeinsatz zur Stromerz. n. Energieträgern									
9.1	Steinkohle	PJ								
9.2	Braunkohle	PJ								
9.3	Heizöl	PJ								
9.4	Erdgas	PJ								
9.5	Kernenergie	PJ								
9.6	Wasserkraft	PJ								
9.7	Wind	PJ								
9.8	Photovoltaik	PJ								
9.9	Sonstige	PJ								
9.10	Summe	PJ								
10	Struktur Primärenergieverbrauch									
10.1	Steinkohlen	PJ			1409	1363	1181	956		400
10.2	Braunkohlen	PJ			1473	1256	931	817		355
10.3	Mineralöle	PJ			5624	5365	5298	5128		4658
10.4	Erdgas	PJ			3375	3542	3891	3857		3512
10.5	Kernenergie	PJ			1203	498	0	0		0
10.6	Wasserkraft	PJ			90	93	96	96		95
10.7	sonst. Erneuerbare	PJ			363	422	557	693		1563
10.8	Importsaldo Strom	PJ			0	0	0	0		0
10.9	Summe (incl. Müll)	PJ			13538	12540	11954	11547		10584
11	Schadstoffemissionen									
11.1	CO2-Emissionen	Mio. t			809,0	779,5	740,0	690,6		562,5
11.2	CH4-Emissionen	kt			729,3	602,5	506,6	410,5		332,4
11.3	N2O-Emissionen	kt			31,5	30,4	28,1	25,7		20,5
11.4	THG-Emissionen	Mio. t CO2			836,2	803,7	759,4	712,6		582,5
11.5	NOx-Emissionen	kt			1459,9	1373,4	1345,2	1246,6		1372,9
11.6	SO2-Emissionen	kt			749,0	666,6	628,4	423,0		261,0
12	Ausstiegskosten *									
12.1	Mehrkosten	Mrd. DM98			11,8	17,0	31,7	16,4		30,9
12.2	Spezifische Mehrkosten	Pf.98/kWh								
12.3	Kumulierte Mehrkosten	Mrd. DM98	107,8							
12.4	Durchschnittl. jährl. Mehrkosten	Mrd. DM98/a	3,48							
12.5	Abdiskont. (2000) kumul. Mehrk.	Mrd. DM98	60,4							
12.6	Extremwert d. Kostenerhöhung	Pf.98/kWh								
12.7	Durchschnittl. Kostenerhöhung	Pf.98/kWh								

* Mehrkosten des Ausstiegs, d.h. gegenüber der Referenzentwicklung.
Die Ausstiegskosten, die unter 12.1 und 12.2 ausgewiesen sind, beziehen sich auf den jeweiligen Zeitpunkt bzw. die entsprechende Zeitperiode.
Dagegen beschreiben die Werte 12.3 bis 12.7 Kosten über den gesamten Zeithorizont.

Szenario Reporting Tabelle

Modell:	E3Net-D2
Autor:	Markus Blesl; Ulrich Fahl
Institution:	IER - Institut für Energiewirtschaft und Rationelle Energieanwendung Hessbrühlstr. 49 a; 70565 Stuttgart; Tel: 0711-780-6130 ; email:uf@ier.uni-stuttgart.de Universität Stuttgart
Land:	Deutschland, regionalisiert
Szenario:	Basisszenario 40 Zeitjahre (PROGNOS Preise) - P40
Datum:	10.04.00

		Einheit	1997	2000	2005	2010	2015	2020	2025	2030
1	Demographische Rahmenannahmen									
1.1	Bevölkerung	Mio.								
1.2	Anzahl der Haushalte	Mio.								
1.3	Anzahl der Wohnflächen	Mio. m²								
2	Ökonomische Rahmenannahmen									
2.1	Entwicklung des BIP	Mrd. DM91								
2.2	Abschreibungsrate	% p. a.			5,0	5,0	5,0	5,0		5,0
3	Energiepreise									
3.1	Importpreis Rohöl	DM98/GJ								
3.2	Importpreis Erdgas	DM98/GJ								
3.3	Importpreis Steinkohle	DM98/GJ								
4	Struktur EEV nach Energieträgern									
4.1	Kohlen	PJ			435	351	337	323		308
4.2	Mineralölprodukte	PJ			4400	4235	4182	4129		4039
4.3	Gase	PJ			2352	2201	2104	1986		1705
4.4	Strom	PJ			1719	1731	1739	1759		1767
4.5	Fernwärme	PJ			317	316	299	282		288
4.6	Erneuerbare	PJ			125	126	129	132		177
4.7	Sonstige (Methanol, Wasserstof	PJ			0	0	0	0		0
4.8	Summe	PJ			9348	8960	8791	8612		8285
5	Struktur EEV nach Sektoren									
5.1	Industrie	PJ			2323	2179	2156	2134		2061
5.2	Kleinverbraucher	PJ			1675	1608	1537	1466		1360
5.3	Haushalte	PJ			2607	2411	2351	2290		2060
5.4	Verkehr	PJ			2744	2762	2747	2722		2803
6	Struktur Stromnachfrage nach Sektoren									
6.1	Industrie	TWh			201	202	205	209		227
6.2	Kleinverbraucher	TWh			130	133	135	138		142
6.3	Haushalte	TWh			126	123	118	114		92
6.4	Verkehr	TWh			21	23	25	27		29
7	Netto-Engpaßleistung n. Energieträgern									
7.1	Steinkohle (inkl. Mischfeuerung)	MW			22998	20474	26267	35849		52658
7.2	Braunkohle	MW			21856	20280	19275	15514		8384
7.3	Heizöl	MW			4520	3326	2059	2065		1800
7.4	Erdgas	MW			16712	16753	14897	14791		14858
7.5	Kernenergie	MW			21006	20668	19251	13062		0
7.6	Wasserkraft	MW			4493	4623	4665	4728		4503
7.7	Wind	MW			4939	6447	7822	9260		12759
7.8	Photovoltaik	MW			92	183	437	789		1518
7.9	Sonstige	MW			394	520	637	649		696
7.10	Summe	MW			97011	93275	95310	96707		97175

8	**Netto-Stromerzeugung n. Energieträgern**									
8.1	Steinkohlen	TWh			115,2	132,3	166,4	227,1		334,8
8.2	Braunkohlen	TWh			134,8	119,0	101,5	81,7		61,5
8.3	Mineralöle	TWh			4,8	4,7	2,9	1,6		0,0
8.4	Naturgase	TWh			43,5	40,7	40,5	40,2		34,4
8.5	Kernenergie	TWh			163,5	160,8	144,0	106,2		0,0
8.6	Wasserkraft	TWh			25,0	25,9	26,2	26,6		26,5
8.7	Wind	TWh			12,5	17,0	20,6	24,4		33,6
8.8	Photovoltaik	TWh			0,1	0,2	0,4	0,7		1,4
8.9	Sonstige	TWh			11,4	12,9	13,2	13,5		27,9
8.10	Summe	TWh			510,9	513,4	515,7	521,9		520,1
9	**Energieeinsatz zur Stromerz. n. Energieträgern**									
9,1	Steinkohle	PJ								
9.2	Braunkohle	PJ								
9.3	Heizöl	PJ								
9.4	Erdgas	PJ								
9.5	Kernenergie	PJ								
9.6	Wasserkraft	PJ								
9.7	Wind	PJ								
9.8	Photovoltaik	PJ								
9.9	Sonstige	PJ								
9.10	Summe	PJ								
10	**Struktur Primärenergieverbrauch**									
10.1	Steinkohlen	PJ			1446	1524	1783	2258		3028
10.2	Braunkohlen	PJ			1473	1256	1015	817		610
10.3	Mineralöle	PJ			5624	5374	5223	5233		5069
10.4	Erdgas	PJ			2984	2766	2559	2364		2137
10.5	Kernenergie	PJ			1887	1856	1662	1226		0
10.6	Wasserkraft	PJ			90	93	94	96		95
10.7	sonst. Erneuerbare	PJ			361	406	426	445		578
10.8	Importsaldo Strom	PJ			0	0	0	0		0
10.9	Summe (incl. Müll)	PJ			13866	13275	12761	12438		11517
11	**Schadstoffemissionen**									
11.1	CO_2-Emissionen	Mio. t			790,9	748,4	722,4	733,9		760,5
11.2	CH_4-Emissionen	kt			725,3	594,1	493,1	394,0		326,3
11.3	N_2O-Emissionen	kt			31,1	29,9	28,5	28,4		28,7
11.4	THG-Emissionen	Mio. t CO_2			815,8	770,2	741,6	751,0		776,2
11.5	NO_x-Emissionen	kt			1426,3	1303,6	1255,6	1177,0		1178,2
11.6	SO_2-Emissionen	kt			756,9	684,1	456,1	518,1		470,4
12	**Ausstiegskosten ***									
12.1	Mehrkosten	Mrd. DM98								
12.2	Spezifische Mehrkosten	Pf.98/kWh								
12.3	Kumulierte Mehrkosten	Mrd. DM98								
12.4	Durchschnittl. jährl. Mehrkosten	Mrd. DM98/a								
12.5	Abdiskont. (2000) kumul. Mehrk.	Mrd. DM98								
12.6	Extremwert d. Kostenerhöhung	Pf.98/kWh								
12.7	Durchschnittl. Kostenerhöhung	Pf.98/kWh								

* Mehrkosten des Ausstiegs, d.h. gegenüber der Referenzentwicklung.
Die Ausstiegskosten, die unter 12.1 und 12.2 ausgewiesen sind, beziehen sich auf den jeweiligen Zeitpunkt bzw. die entsprechende Zeitperiode.
Dagegen beschreiben die Werte 12.3 bis 12.7 Kosten über den gesamten Zeithorizont.

Szenario Reporting Tabelle

Modell:	E3Net-D2
Autor:	Markus Blesl; Ulrich Fahl
Institution:	IER - Institut für Energiewirtschaft und Rationelle Energieanwendung Hessbrühlstr. 49 a; 70565 Stuttgart; Tel: 0711-780-6130 ; email:uf@ier.uni-stuttgart.de Universität Stuttgart
Land:	Deutschland, regionalisiert
Szenario:	Kernenergieausstieg 25 Zeitjahre (PROGNOS Preise) - P25
Datum:	10.04.00

		Einheit	1997	2000	2005	2010	2015	2020	2025	2030
1	**Demographische Rahmenannahmen**									
1.1	Bevölkerung	Mio.								
1.2	Anzahl der Haushalte	Mio.								
1.3	Anzahl der Wohnflächen	Mio. m²								
2	**Ökonomische Rahmenannahmen**									
2.1	Entwicklung des BIP	Mrd. DM91								
2.2	Abschreibungsrate	% p. a.			5,0	5,0	5,0	5,0		5,0
3	**Energiepreise**									
3.1	Importpreis Rohöl	DM98/GJ								
3.2	Importpreis Erdgas	DM98/GJ								
3.3	Importpreis Steinkohle	DM98/GJ								
4	**Struktur EEV nach Energieträgern**									
4.1	Kohlen	PJ			435	351	337	323		308
4.2	Mineralölprodukte	PJ			4400	4236	4183	4130		4039
4.3	Gase	PJ			2352	2200	2107	1986		1711
4.4	Strom	PJ			1719	1731	1735	1757		1767
4.5	Fernwärme	PJ			318	317	300	282		282
4.6	Erneuerbare	PJ			125	126	129	132		156
4.7	Sonstige (Methanol, Wasserstof	PJ			0	0	0	0		0
4.8	Summe	PJ			9348	8960	8790	8610		8264
5	**Struktur EEV nach Sektoren**				9269					
5.1	Industrie	PJ			2323	2179	2156	2134		2061
5.2	Kleinverbraucher	PJ			1675	1608	1537	1466		1360
5.3	Haushalte	PJ			2607	2411	2350	2289		2040
5.4	Verkehr	PJ			2744	2762	2747	2722		2803
6	**Struktur Stromnachfrage nach Sektoren**									
6.1	Industrie	TWh			201	202	205	209		227
6.2	Kleinverbraucher	TWh			130	133	135	138		142
6.3	Haushalte	TWh			126	123	117	113		92
6.4	Verkehr	TWh			21	23	25	27		29
7	**Netto-Engpaßleistung n. Energieträgern**									
7.1	Steinkohle (inkl. Mischfeuerung)	MW			27597	36559	46081	50225		53159
7.2	Braunkohle	MW			21856	20280	19275	15514		8384
7.3	Heizöl	MW			4520	3326	2840	1815		1650
7.4	Erdgas	MW			16712	16753	14959	14041		13933
7.5	Kernenergie	MW			13062	5280	0	0		0
7.6	Wasserkraft	MW			4493	4623	4736	4728		4503
7.7	Wind	MW			4939	6447	7822	9260		12759
7.8	Photovoltaik	MW			92	183	437	789		1518
7.9	Sonstige	MW			385	511	636	648		705
7.10	Summe	MW			93655	93962	96786	97020		96611

8	**Netto-Stromerzeugung n. Energieträgern**									
8.1	Steinkohlen	TWh			163,4	249,9	305,4	332,9		337,4
8.2	Braunkohlen	TWh			134,8	119,0	101,5	81,7		61,5
8.3	Mineralöle	TWh			6,0	4,7	4,0	1,8		0,0
8.4	Naturgase	TWh			53,4	40,7	42,9	40,3		33,1
8.5	Kernenergie	TWh			104,2	43,2	0,0	0,0		0,0
8.6	Wasserkraft	TWh			25,0	25,9	26,6	26,6		26,5
8.7	Wind	TWh			12,5	17,0	20,6	24,4		33,6
8.8	Photovoltaik	TWh			0,1	0,2	0,4	0,7		1,4
8.9	Sonstige	TWh			11,4	12,9	13,2	13,5		26,7
8.10	Summe	TWh			510,8	513,4	514,6	521,6		520,2
9	**Energieeinsatz zur Stromerz. n. Energieträgern**									
9.1	Steinkohle	PJ								
9.2	Braunkohle	PJ								
9.3	Heizöl	PJ								
9.4	Erdgas	PJ								
9.5	Kernenergie	PJ								
9.6	Wasserkraft	PJ								
9.7	Wind	PJ								
9.8	Photovoltaik	PJ								
9.9	Sonstige	PJ								
9.10	Summe	PJ								
10	**Struktur Primärenergieverbrauch**									
10.1	Steinkohlen	PJ			1739	2454	2893	3095		3056
10.2	Braunkohlen	PJ			1473	1256	1015	817		610
10.3	Mineralöle	PJ			5632	5375	5298	5232		5067
10.4	Erdgas	PJ			3173	2766	2590	2367		2138
10.5	Kernenergie	PJ			1203	498	0	0		0
10.6	Wasserkraft	PJ			90	93	96	96		95
10.7	sonst. Erneuerbare	PJ			361	406	426	446		565
10.8	Importsaldo Strom	PJ			0	0	0	0		0
10.9	Summe (incl. Müll)	PJ			13672	12848	12318	12051		11531
11	**Schadstoffemissionen**									
11.1	CO2-Emissionen	Mio. t			829,7	834,9	833,0	811,8		762,5
11.2	CH4-Emissionen	kt			728,1	595,4	495,8	395,3		326,7
11.3	N2O-Emissionen	kt			32,6	33,7	33,1	31,8		28,8
11.4	THG-Emissionen	Mio. t CO2			855,1	857,8	853,7	829,9		778,3
11.5	NOx-Emissionen	kt			1462,3	1368,4	1338,2	1236,0		1177,0
11.6	SO2-Emissionen	kt			797,2	748,9	805,1	577,5		470,4
12	**Ausstiegskosten ***									
12.1	Mehrkosten	Mrd. DM98			6,2	12,1	16,5	3,7		1,9
12.2	Spezifische Mehrkosten	Pf.98/kWh								
12.3	Kumulierte Mehrkosten	Mrd. DM98	40,4							
12.4	Durchschnittl. jährl. Mehrkosten	Mrd. DM98/a	1,30							
12.5	Abdiskont. (2000) kumul. Mehrk.	Mrd. DM98	24,5							
12.6	Extremwert d. Kostenerhöhung	Pf.98/kWh								
12.7	Durchschnittl. Kostenerhöhung	Pf.98/kWh	0,25							

* Mehrkosten des Ausstiegs, d.h. gegenüber der Referenzentwicklung.
Die Ausstiegskosten, die unter 12.1 und 12.2 ausgewiesen sind, beziehen sich auf den jeweiligen Zeitpunkt bzw. die entsprechende Zeitperiode.
Dagegen beschreiben die Werte 12.3 bis 12.7 Kosten über den gesamten Zeithorizont.

Szenario Reporting Tabelle

Modell:	E3Net-D2
Autor:	Markus Blesl; Ulrich Fahl
Institution:	IER - Institut für Energiewirtschaft und Rationelle Energieanwendung Hessbrühlstr. 49 a; 70565 Stuttgart; Tel: 0711-780-6130 ; email:uf@ier.uni-stuttgart.de Universität Stuttgart
Land:	Deutschland, regionalisiert
Szenario:	Kernenergieausstieg 25 Zeitjahre Minderungsziel Basis (PROGNOS Preise) - P25B
Datum:	10.04.00

		Einheit	1997	2000	2005	2010	2015	2020	2025	2030
1	Demographische Rahmenannahmen									
1.1	Bevölkerung	Mio.								
1.2	Anzahl der Haushalte	Mio.								
1.3	Anzahl der Wohnflächen	Mio. m²								
2	Ökonomische Rahmenannahmen									
2.1	Entwicklung des BIP	Mrd. DM91								
2.2	Abschreibungsrate	% p. a.			5,0	5,0	5,0	5,0		5,0
3	Energiepreise									
3.1	Importpreis Rohöl	DM98/GJ								
3.2	Importpreis Erdgas	DM98/GJ								
3.3	Importpreis Steinkohle	DM98/GJ								
4	Struktur EEV nach Energieträgern									
4.1	Kohlen	PJ			412	338	328	324		308
4.2	Mineralölprodukte	PJ			4343	4200	4144	4117		4034
4.3	Gase	PJ			2424	2231	2104	1997		1757
4.4	Strom	PJ			1676	1686	1703	1727		1764
4.5	Fernwärme	PJ			314	310	295	280		270
4.6	Erneuerbare	PJ			132	142	138	133		129
4.7	Sonstige (Methanol, Wasserstof	PJ			0	0	0	0		0
4.8	Summe	PJ			9303	8907	8712	8578		8262
5	Struktur EEV nach Sektoren				9224					
5.1	Industrie	PJ			2312	2164	2143	2132		2061
5.2	Kleinverbraucher	PJ			1673	1599	1532	1466		1359
5.3	Haushalte	PJ			2574	2382	2289	2259		2038
5.4	Verkehr	PJ			2744	2762	2747	2722		2803
6	Struktur Stromnachfrage nach Sektoren									
6.1	Industrie	TWh			201	202	205	209		227
6.2	Kleinverbraucher	TWh			127	133	135	138		142
6.3	Haushalte	TWh			117	111	108	105		91
6.4	Verkehr	TWh			21	23	25	27		29
7	Netto-Engpaßleistung n. Energieträgern									
7.1	Steinkohle (inkl. Mischfeuerung)	MW			21879	16906	23397	25322		51047
7.2	Braunkohle	MW			21771	20319	17365	15552		8415
7.3	Heizöl	MW			4520	2326	2429	2065		250
7.4	Erdgas	MW			27162	35487	36587	36586		26989
7.5	Kernenergie	MW			13062	5280	0	0		0
7.6	Wasserkraft	MW			4493	4623	4736	4728		4503
7.7	Wind	MW			4939	6447	7822	9260		12759
7.8	Photovoltaik	MW			92	183	437	789		1518
7.9	Sonstige	MW			382	473	616	648		700
7.10	Summe	MW			98300	92044	93387	94951		106181

8	**Netto-Stromerzeugung n. Energieträgern**									
8.1	Steinkohlen	TWh			86,9	69,9	65,1	152,4		325,1
8.2	Braunkohlen	TWh			134,2	119,9	91,5	82,0		61,5
8.3	Mineralöle	TWh			4,0	3,8	4,0	1,6		0,0
8.4	Naturgase	TWh			120,1	207,1	282,9	210,3		58,1
8.5	Kernenergie	TWh			104,2	43,2	0,0	0,0		0,0
8.6	Wasserkraft	TWh			25,0	25,9	26,6	26,6		26,5
8.7	Wind	TWh			12,5	17,0	20,6	24,4		33,6
8.8	Photovoltaik	TWh			0,1	0,2	0,4	0,7		1,4
8.9	Sonstige	TWh			11,4	12,9	13,7	14,4		13,9
8.10	Summe	TWh			498,4	499,9	504,8	512,4		520,1
9	**Energieeinsatz zur Stromerz. n. Energieträgern**									
9.1	Steinkohle	PJ								
9.2	Braunkohle	PJ								
9.3	Heizöl	PJ								
9.4	Erdgas	PJ								
9.5	Kernenergie	PJ								
9.6	Wasserkraft	PJ								
9.7	Wind	PJ								
9.8	Photovoltaik	PJ								
9.9	Sonstige	PJ								
9.10	Summe	PJ								
10	**Struktur Primärenergieverbrauch**									
10.1	Steinkohlen	PJ			1256	947	898	1664		2941
10.2	Braunkohlen	PJ			1473	1251	912	817		610
10.3	Mineralöle	PJ			5554	5312	5298	5212		5051
10.4	Erdgas	PJ			3470	3864	4193	3458		2274
10.5	Kernenergie	PJ			1203	498	0	0		0
10.6	Wasserkraft	PJ			90	93	96	96		95
10.7	sonst. Erneuerbare	PJ			371	421	440	458		521
10.8	Importsaldo Strom	PJ			0	0	0	0		0
10.9	Summe (incl. Müll)	PJ			13417	12386	11837	11704		11493
11	**Schadstoffemissionen**									
11.1	CO_2-Emissionen	Mio. t			790,9	748,4	722,4	733,9		760,5
11.2	CH_4-Emissionen	kt			734,3	607,6	505,2	405,5		329,9
11.3	N_2O-Emissionen	kt			30,9	29,3	27,3	27,7		28,8
11.4	THG-Emissionen	Mio. t CO_2			817,8	772,2	741,4	756,2		780,8
11.5	NO_x-Emissionen	kt			1435,9	1299,3	1293,7	1231,6		1202,2
11.6	SO_2-Emissionen	kt			701,2	585,1	463,0	478,1		462,7
12	**Ausstiegskosten ***									
12.1	Mehrkosten	Mrd. DM98			8,2	15,1	32,2	14,1		32,3
12.2	Spezifische Mehrkosten	Pf.98/kWh								
12.3	Kumulierte Mehrkosten	Mrd. DM98	101,9							
12.4	Durchschnittl. jährl. Mehrkosten	Mrd. DM98/a	3,29							
12.5	Abdiskont. (2000) kumul. Mehrk.	Mrd. DM98	57,1							
12.6	Extremwert d. Kostenerhöhung	Pf.98/kWh								
12.7	Durchschnittl. Kostenerhöhung	Pf.98/kWh								

* Mehrkosten des Ausstiegs, d.h. gegenüber der Referenzentwicklung.
Die Ausstiegskosten, die unter 12.1 und 12.2 ausgewiesen sind, beziehen sich auf den jeweiligen Zeitpunkt bzw. die entsprechende Zeitperiode.
Dagegen beschreiben die Werte 12.3 bis 12.7 Kosten über den gesamten Zeithorizont.

Szenario Reporting Tabelle

Modell:	E3Net-D2
Autor:	Markus Blesl; Ulrich Fahl
Institution:	IER - Institut für Energiewirtschaft und Rationelle Energieanwendung Hessbrühlstr. 49 a; 70565 Stuttgart; Tel: 0711-780-6130 ; email:uf@ier.uni-stuttgart.de Universität Stuttgart
Land:	Deutschland, regionalisiert
Szenario:	Kernenergieausstieg 25 Zeitjahre Minderungsziel Kyoto (PROGNOS Preise) - P25K
Datum:	10.04.00

		Einheit	1997	2000	2005	2010	2015	2020	2025	2030
1	**Demographische Rahmenannahmen**									
1.1	Bevölkerung	Mio.								
1.2	Anzahl der Haushalte	Mio.								
1.3	Anzahl der Wohnflächen	Mio. m²								
2	**Ökonomische Rahmenannahmen**									
2.1	Entwicklung des BIP	Mrd. DM91								
2.2	Abschreibungsrate	% p. a.			5,0	5,0	5,0	5,0		5,0
3	**Energiepreise**									
3.1	Importpreis Rohöl	DM98/GJ								
3.2	Importpreis Erdgas	DM98/GJ								
3.3	Importpreis Steinkohle	DM98/GJ								
4	**Struktur EEV nach Energieträgern**									
4.1	Kohlen	PJ			435	356	322	306		229
4.2	Mineralölprodukte	PJ			4401	4246	4176	4105		3715
4.3	Gase	PJ			2351	2201	2063	1950		1607
4.4	Strom	PJ			1719	1700	1706	1719		1692
4.5	Fernwärme	PJ			318	310	297	284		445
4.6	Erneuerbare	PJ			125	127	145	164		165
4.7	Sonstige (Methanol, Wasserstof	PJ			0	0	0	0		0
4.8	Summe	PJ			9348	8939	8710	8528		7853
5	**Struktur EEV nach Sektoren**									
5.1	Industrie	PJ			2323	2180	2151	2122		1803
5.2	Kleinverbraucher	PJ			1674	1609	1538	1468		1331
5.3	Haushalte	PJ			2607	2389	2274	2216		1915
5.4	Verkehr	PJ			2744	2762	2747	2722		2803
6	**Struktur Stromnachfrage nach Sektoren**									
6.1	Industrie	TWh			201	202	205	209		214
6.2	Kleinverbraucher	TWh			130	133	135	136		140
6.3	Haushalte	TWh			126	115	109	105		87
6.4	Verkehr	TWh			21	23	25	27		29
7	**Netto-Engpaßleistung n. Energieträgern**									
7.1	Steinkohle (inkl. Mischfeuerung)	MW			22355	18232	18189	13750		7006
7.2	Braunkohle	MW			21855	20280	17791	15513		8505
7.3	Heizöl	MW			4520	3576	3154	2315		1500
7.4	Erdgas	MW			25320	33331	40121	47527		53904
7.5	Kernenergie	MW			13062	5280	0	0		0
7.6	Wasserkraft	MW			4493	4623	4736	4728		4503
7.7	Wind	MW			4939	6447	7822	9260		19494
7.8	Photovoltaik	MW			92	183	437	789		1518
7.9	Sonstige	MW			389	471	420	527		527
7.10	Summe	MW			97025	92422	92670	94410		96957

8	Netto-Stromerzeugung n. Energieträgern									
8.1	Steinkohlen	TWh			111,2	115,2	101,3	67,0		15,1
8.2	Braunkohlen	TWh			134,8	119,0	94,7	82,6		35,5
8.3	Mineralöle	TWh			4,8	4,5	4,0	1,7		0,0
8.4	Naturgase	TWh			106,9	165,9	240,7	285,1		277,2
8.5	Kernenergie	TWh			104,2	43,2	0,0	0,0		0,0
8.6	Wasserkraft	TWh			25,0	25,9	26,6	26,6		26,5
8.7	Wind	TWh			12,5	17,0	20,6	24,4		50,1
8.8	Photovoltaik	TWh			0,1	0,2	0,4	0,7		1,4
8.9	Sonstige	TWh			11,4	12,9	17,4	21,8		90,0
8.10	Summe	TWh			511,0	503,7	505,6	509,8		495,9
9	Energieeinsatz zur Stromerz. n. Energieträgern									
9.1	Steinkohle	PJ								
9.2	Braunkohle	PJ								
9.3	Heizöl	PJ								
9.4	Erdgas	PJ								
9.5	Kernenergie	PJ								
9.6	Wasserkraft	PJ								
9.7	Wind	PJ								
9.8	Photovoltaik	PJ								
9.9	Sonstige	PJ								
9.10	Summe	PJ								
10	Struktur Primärenergieverbrauch									
10.1	Steinkohlen	PJ			1419	1373	1266	967		429
10.2	Braunkohlen	PJ			1473	1256	926	807		355
10.3	Mineralöle	PJ			5625	5384	5298	5200		4703
10.4	Erdgas	PJ			3375	3570	3842	3857		3527
10.5	Kernenergie	PJ			1203	498	0	0		0
10.6	Wasserkraft	PJ			90	93	96	96		95
10.7	sonst. Erneuerbare	PJ			361	404	488	569		1389
10.8	Importsaldo Strom	PJ			0	0	0	0		0
10.9	Summe (incl. Müll)	PJ			13546	12579	11916	11495		10499
11	Schadstoffemissionen									
11.1	CO2-Emissionen	Mio. t			809,0	779,5	740,0	690,6		562,5
11.2	CH4-Emissionen	kt			729,2	602,8	504,7	406,2		331,8
11.3	N2O-Emissionen	kt			31,6	30,4	28,2	25,7		20,4
11.4	THG-Emissionen	Mio. t CO2			836,2	803,7	759,4	712,5		582,5
11.5	NOx-Emissionen	kt			1458,4	1360,9	1330,7	1228,2		1349,7
11.6	SO2-Emissionen	kt			750,2	670,6	624,3	408,7		251,5
12	Ausstiegskosten *									
12.1	Mehrkosten	Mrd. DM98			7,0	13,4	26,2	17,4		45,9
12.2	Spezifische Mehrkosten	Pf.98/kWh								
12.3	Kumulierte Mehrkosten	Mrd. DM98	110,0							
12.4	Durchschnittl. jährl. Mehrkosten	Mrd. DM98/a	3,55							
12.5	Abdiskont. (2000) kumul. Mehrk.	Mrd. DM98	58,3							
12.6	Extremwert d. Kostenerhöhung	Pf.98/kWh								
12.7	Durchschnittl. Kostenerhöhung	Pf.98/kWh								

* Mehrkosten des Ausstiegs, d.h. gegenüber der Referenzentwicklung.
Die Ausstiegskosten, die unter 12.1 und 12.2 ausgewiesen sind, beziehen sich auf den jeweiligen Zeitpunkt bzw. die entsprechende Zeitperiode.
Dagegen beschreiben die Werte 12.3 bis 12.7 Kosten über den gesamten Zeithorizont.

6 IKARUS-MARKAL

Armin Kraft, Peter Markewitz, Andreas Nollen, Stefan Vögele

Programmgruppe Systemforschung und Technologische Entwicklung (STE)
Forschungszentrum Jülich GmbH

6.1 Einleitung

Aufgabe des Modellexperiments ist es, ausgehend von gleichen Rahmendaten die Ergebnisse der im einzelnen eingesetzten Modelle zu vergleichen und evtl. Unterschiede oder Gemeinsamkeiten am Beispiel eines möglichen Kernenergieausstiegs herauszuarbeiten. Hierbei galt es, auf die bereits im Modellexperiment I /Forum 1999/ gewonnenen Erkenntnisse aufzusetzen, diese zu vertiefen sowie die Modelle, die nicht am Modellexperiment I teilgenommen haben, in die Analysen mit einzubeziehen.

Zu diesem Zweck wurden zwischen den Teilnehmern vereinbart, vier Grundszenarien zu rechnen, für die Rahmendaten (z.B. Bevölkerungsentwicklung, energierelevante Nachfragen etc.), energiepolitische Vorgaben (z.B. Rolle der deutschen Steinkohleförderung etc.) sowie CO_2-Restriktionen einvernehmlich festgelegt wurden. Wie aus Tabelle 6-1 hervorgeht, unterscheiden sich die vier Grundvarianten lediglich durch die unterstellten Lebensdauern der Kernkraftwerke, die als Kalenderjahre zu verstehen sind, sowie durch die Vorgabe von CO_2-Restriktionen.

Zu einem späteren Zeitpunkt wurde entschieden, diese vier Grundszenarien zusätzlich mit geänderten Energieträgerimportpreisen zu rechnen, die sich an dem aktuellen Prognos/EWI-Gutachten /Prognos-EWI 1999/ orientieren, das vom Bundesministerium für Wirtschaft und Technologie in Auftrag gegeben wurde.

Zusätzlich war es den Teilnehmern freigestellt, Sensitivitätsrechnungen durchzuführen. In diesem Kontext wurden mit dem IKARUS-MARKAL-Modell Rechnungen durchgeführt, denen unterschiedliche Preisentwicklungen für die jeweiligen Energieträger zugrunde liegen. Darüber hinaus wurden verschiedene Strompoolvarianten analysiert.

Tabelle 6-1: Szenarien des Modellexperiments II

	Abkürzung	Lebensdauer von Kernkraftwerken	CO_2-Restriktion
Referenzszenario	F40	40 Jahre	keine
Variante 1	F25	25 Jahre	keine
Variante 2	F25B	25 Jahre	Emissionen wie im Referenzszenario
Variante 3	F25K	25 Jahre	Einhaltung des Kyotoziels sowie weitere Reduktionen über das Jahr 2010 hinaus
Obige Grundvarianten wurden ebenfalls mit der Energieträgerimportpreisentwicklung nach Prognos/EWI gerechnet. Die entsprechenden Abkürzungen lauten: P40, P25, P25B, P25K			

6.2 Methodischer Ansatz

Die im nachfolgenden erläuterten Szenarien wurden mit dem IKARUS-Mehrperiodenmodell gerechnet, das die Energieflüsse, Energieumwandlungstechniken, Emissionen und Kosten des gesamten Energiesystems der Bundesrepublik Deutschland abbildet. Herbei handelt es sich um ein Optimierungsmodell, das nach dem Verfahren der Linearen Programmierung arbeitet. Zielfunktion sind die abdiskontierten Systemkosten des gesamten Betrachtungszeitraums (perfect forsight), wobei die Restwerte der letzten Periode gutgeschrieben werden. Vor dem Hintergrund der Analyse von Klimagasreduktionsstrategien wurde die Modellstruktur im Rahmen des IKARUS-Projektes erarbeitet und ist originärer Bestandteil des quasi-statischen IKARUS-Optimierungsmodells /Martinsen u.a. 1998/. Aufbauend auf diese Struktur wurde mit Hilfe des MARKAL-Modellgenerierungssystems /Fishbone u.a. 1983, IEA 1999/ ein Mehrperiodenmodell entwickelt. /vgl. Kraft 1997/ Modelliert wurden insgesamt 9 Fünfjahresperioden für den Zeitraum von 1990 bis 2030. Die Jahresangaben sind jeweils als Mitteljahr einer Periode zu verstehen. Die maximal mögliche Anzahl sind 16 Perioden beliebiger Menge. Der Datensatz beschreibt das Energiesystem der Bundesrepublik Deutschland ohne eine weitere regionalisierte Auflösung. Prinzipiell ist mit dem MARKAL-Generierungssystem auch eine regionalisierte Betrachtungsweise möglich. Nicht implementiert sind Nachfrage-Elastizitäten. Um makroökonomische Konsistenz zu gewährleisten, werden die Modellnachfragen auf der Basis der Modellläufe des Makroökonomischen Informationssystems (MIS) erhoben und exogen vorgegeben. Prinzipiell ist eine endogene makroökonomische Ankopplung (z.B. via Markal-Makro) möglich. Für die folgenden Untersuchungen wurde jedoch auf eine Kopplung verzichtet.

6.3 Modellierung der Stromerzeugung

Stromerzeugungstechniken sind hauptsächlich im Umwandlungssektor aber auch in geringerem Umfang in den Endverbrauchssektoren Haushalte und Industrie abgebildet. Im Umwandlungssektor findet sich die öffentliche Elektrizitätswirtschaft sowie die Fernwärme- und Nahwärmewirtschaft. Die industrielle Stromerzeugung (überwiegend KWK-Anlagen) ist im Industriesektor abgebildet während im Haushaltssektor dezentrale Stromerzeugungstechniken wie beispielsweise Kleinst-BHKW oder Photovoltaikanlagen berücksichtigt sind. Zur Erzeugung von Strom stehen dem Modell eine Vielzahl von Kraftwerkstechniken und –typen zur Verfügung, die sowohl den heutigen Bestand als auch zukünftige Erzeugungsmöglichkeiten beschreiben. Eine Zusammenstellung wichtiger Zukunftstechniken ist in Tabelle 6-2 enthalten. Zubauoptionen für Kernkraftwerke sind zwar im Modell enthalten; diese wurden allerdings gemäß den MEX-Vereinbarungen ausgeschlossen.

Die Zeitabhängigkeit der Stromnachfrage und Stromerzeugung wird durch sechs Zeitbereiche (Sommer, Winter, Übergang jeweils Tag/Nacht) abgebildet. Bei allen stromverbrauchenden Endverbrauchstechnologien wird über Faktoren festgelegt, wie sich der Stromverbrauch auf die sechs Bereiche aufteilt. Für Erzeugungstechniken (insbesondere Wasser-, Wind- und Solarkraftwerke) wird ebenfalls eine tageszeitliche Charakteristik vorgegeben. Die sechs Bilanzgleichungen für die erzeugte Elektrizität stellen dann sicher, dass in jedem der sechs Zeitfenster mindestens soviel Strom erzeugt wie verbraucht wird, wobei die Netzverluste mit eingeschlossen sind.

Zusätzlich muss die installierte Kraftwerkskapazität die maximal auftretende Spitzenlast zuzüglich eines Reservezuschlags abdecken. Die Spitzenlast wird in der Art berücksichtigt, indem jeder Kraftwerkstechnologie ein Faktor zugeordnet wird, der angibt welchen Beitrag diese Technologie zur Spitzenlastdeckung leisten kann. Der Reservefaktor wurde im Rahmen des Modellexperiments von den Projektbeteiligten mit 16,5% (bezogen auf die gesamte installierte Kraftwerksleistung) festgelegt. Dieser Faktor beinhaltet die erforderliche Reserveleistung auf der Deckungsseite, die Reserveleistung auf der Bedarfsseite sowie die freie Leistung. Der Faktor umfasst somit nicht die sogenannte "nicht einsetzbare" Leistung. Zum Vergleich: Der wie oben definierte Reservefaktor betrug im Jahr 1998 etwa 25%. Der im Modellexperiment verwendete Faktor liegt somit deutlich niedriger. Ursache hierfür ist, dass im Zuge der Liberalisierung von einem Abbau der momentanen Überkapazitäten ausgegangen wird.

Tabelle 6-2: Übersicht wichtiger zukünftiger Stromerzeugungstechniken

Steinkohle	• mit ultrakritischen Dampfzuständen • Integr. Kohlevergasung	*Regenerative*	• BHKW - Deponiegas - Biogas - Klärgas - Rapsöl • Biomasse-KWK • Wasserkraft • Photovoltaik • Müll-HKW • Wind - Küstenstandort - Binnenland - Offshore
Braunkohle	• BoA-Plus • Integr. Kohlevergasung		
Erdgas	• Gasturbinen • GuD-Anlagen	*Sonstige*	• Wasserstofftechniken • Brennstoffzellen

6.3.1 Datentechnische Fundierung

Bei den Modelldaten ist zwischen den Rahmendaten sowie den eigentlichen Technologiebeschreibungen zu unterscheiden. Gegenüber dem Modellexperiment I wurden die Rahmendaten (Nachfragen, Energieträgerimportpreise etc.) nahezu unverändert gelassen. Gleiches gilt für die Technologiebeschreibungen. Da die im Modell verwendeten Daten bereits im Rahmen des ersten Modellexperiments ausführlich beschrieben wurden /vergl. Kraft u.a. 1999/, konzentriert sich die nachfolgende Datenbeschreibung lediglich auf den Stromerzeugungssektor. Im nachfolgenden sind die Daten einiger wichtiger Kraftwerkstypen aufgelistet.

- Daten von Neubaukraftwerken

Tabelle 6-3 enthält eine Auswahl von Kosten und Wirkungsgrade zu einzelnen Kraftwerkstypen, die bei den Modellrechnungen eine wichtige Rolle spielen. Die Investitionskosten enthalten sowohl Bauherreneigenleistungen wie auch Bauzinsen. Berechnet man die Stromgestehungskosten für die einzelnen Kraftwerkstypen, zeigt sich, daß für einige Auslastungsbereiche die Unterschiede nicht besonders gravierend sind. Ein kleine Variation der Energieträgerpreise kann somit u.U. große Auswirkungen auf das Modellergebnis haben, wie im nachfolgenden noch am Beispiel der Sensitivitätsrechnungen gezeigt wird.

Tabelle 6-3: Daten ausgewählter Neubaukraftwerke

	Erdgas GuD	**Steinkohle (konventionell)**	**Steinkohle (ultra-krit.)**	**Braunkohle (BoA-Plus)**
Investkosten (DM/kW)	1250	2160	2300	2900
Fixe Kosten (DM/kW)	35,7	59,6	66	75
Variable Kosten[1] (Pf/kWh)	0,1	0,4	0,4	0,5
Nettonutzungsgrad (%)	55	42	46	44

1) ohne Brennstoffkosten

- Kraftwerksbestand

Während die technische Lebensdauer der Kernkraftwerke in den jeweiligen Szenarien in einer Bandbreite von 25 bis 40 Jahren variiert wird, liegt diese für die anderen Kraftwerkstypen fest. Die Lebensdauer der fossilbefeuerten Kraftwerke wurde einheitlich mit 35 Jahren angenommen. Die in Abbildung 6-1 dargestellte Sterbelinie des bundesdeutschen fossilen Kraftwerksparks wurde auf der Basis von Einzelblöcken berechnet /Markewitz, Nollen 1999/. Hierbei wurde unterstellt, dass Kohlekraftwerke, die im Zuge der Großfeuerungsanlagenverordnung nachgerüstet und damit einhergehend auch modernisiert wurden, bis mindestens 15 Jahre nach der erfolgten Nachrüstung betrieben werden. Die Sterbelinie repräsentiert somit die Weiterentwicklung des heutigen fossilbefeuerten Bestandes ohne weiteren Zubau. Hierbei sind auch heute im Bau oder in der Planung befindliche Anlagen enthalten.

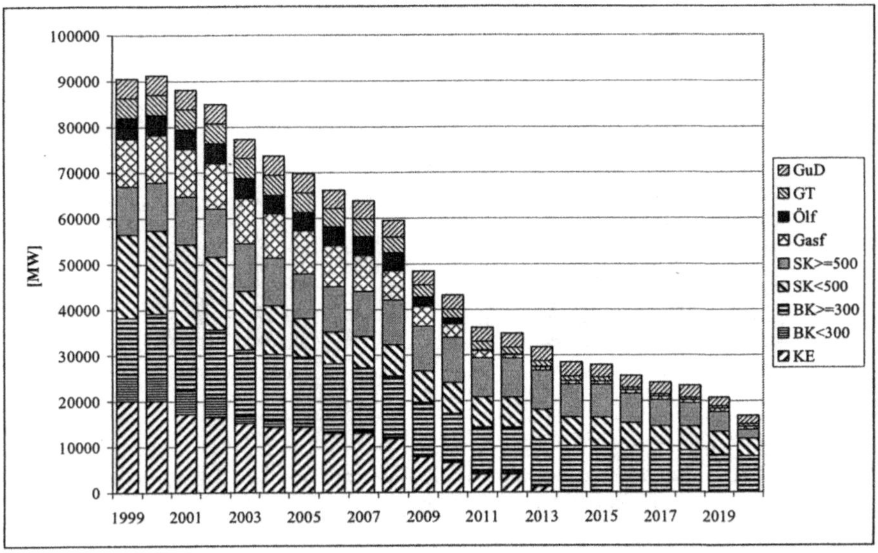

Abbildung 6-1: Sterbelinie des öffentlichen fossilen Kraftwerksparks bei einer technischen Lebensdauer von 35 Jahren /Markewitz, Nollen 1999/

6.4 Modellergebnisse der Fallstudie

6.4.1 Grundszenarien

Abbildung 6-2 enthält den Stromverbrauch des Referenzszenarios F40 (40 Jahre Lebensdauer) sowie der Ausstiegsvariante F25 (25 Jahre Lebensdauer ohne Emissionsbegrenzung). Es zeigt sich, dass die zu ersetzende Kernkraftwerkskapazität im wesentlichen durch zusätzliche Erdgaskapazität in Form von GuD-Kraftwerken substituiert wird. Zum Ende des Betrachtungszeitraums erhöht sich der Anteil steinkohlebefeuerter Kraftwerke, sowohl im Referenz- als auch im Ausstiegsszenario. Ursache hierfür ist die zugrundeliegenden Preisentwicklung für Erdgas und Steinkohle, bei der der Erdgaspreis deutlich stärker ansteigt als der Importkohlepreis. Diese Differenz, die zum Ende des Betrachtungszeitraums am größten ist, führt unter Berücksichtigung der für die jeweiligen Anlagen unterstellten Wirkungsgrade und Kosten zu der zuvor skizzierten Entwicklung.

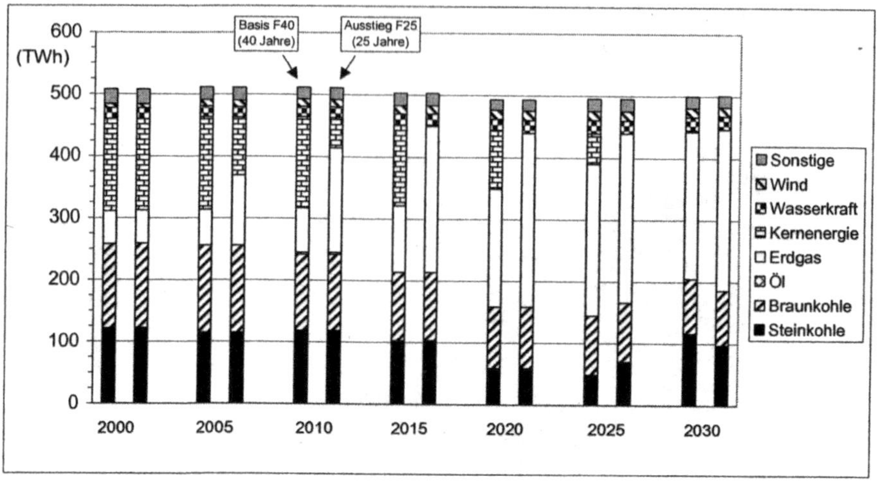

Abbildung 6-2: Stromerzeugung im MEX-Basisszenario und dem Ausstiegsszenario ohne Emissionsrestriktionen

Es fällt auf, dass bereits in der Referenzentwicklung als Ersatz altersbedingter Bestandsabnahmen Kapazitäten auf Erdgasbasis hinzu gebaut werden, so dass bereits ab dem Jahr 2020 die Erdgasverstromung mit ca. 38% den Hauptanteil an der gesamten Stromerzeugung besitzt. Die GuD-Kapazität (inkl. Gasturbinen) beträgt im Jahr 2020 etwa 49 GW und wird mit durchschnittlich 3800 Volllaststunden in der Mittellast gefahren. Braun- und Steinkohlenkraftwerke werden hingegen in der Grundlast betrieben. Eine Reduzierung der Lebensdauer von Kernkraftwerken auf 25 Kalenderjahren wirkt sich insbesondere auf den Zeitraum zwischen Jahr 2005 und 2020 aus; danach gleicht sich die Struktur der Stromerzeugung bis zum Jahr 2030 wieder an. Innerhalb der besagten Zeitperiode liegt die Erdgasverstromung zeitweise doppelt so hoch wie im Referenzszenario. Dies wird zum einen durch einen weiteren Kapazitätszubau und zum anderen durch eine höhere Auslastung erreicht, die in einem Bereich von etwa 4300 h liegt. Der Beitrag der Stromerzeugung auf Basis erneuerbarer Energien bleibt gegenüber dem Referenzszenario unverändert und stellt somit keine Substitutionsalternative unter kosteneffizienten Gesichtspunkten dar. Darüber hinaus bleiben auch die Energieverbräuche der Endverbrauchssektoren nahezu konstant, was interessanterweise auch bei den E^3Net-Rechnungen festzustellen ist.

Die CO_2-Mehremissionen eines vorzeitigen Ausstiegs liegen in dem Betrachtungszeitraum zwischen 25 und 45 Mio. t pro Jahr. Durch das Setzen einer Emissionsrestriktion müssen diese Mehremissionen der Variante F25B eingespart werden. Dies geschieht zum einen durch eine weitere Zunahme der Erdgasverstromung sowie durch ein Zurückfahren der Steinkohleverstromung (vgl. Abb. 6-3).

Die Emissionsbilanzen der Endverbrauchssektoren bleiben nahezu unverändert, was ebenfalls auch Ergebnis der E³Net-Rechungen ist.

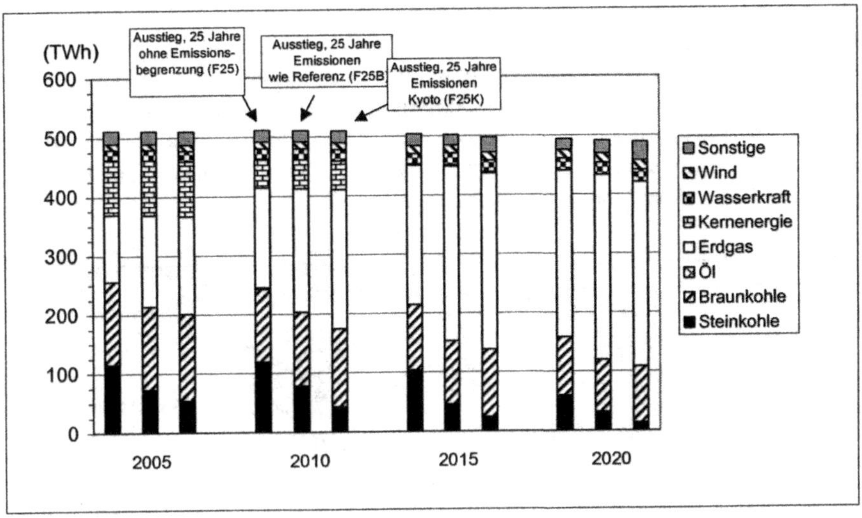

Abbildung 6-3: Stromerzeugung in den MEX-Ausstiegsszenarien

Eine Verschärfung der CO_2-Restriktion entsprechend dem vereinbarten Kyoto-Emissionsminderungspfad (F25K) führt zu einem weiteren Ausbau der Erdgasverstromung zu Lasten der Steinkohleverstromung. (Abb. 6-3) Der Anteil des Erdgases an der Gesamtstromerzeugung beträgt im Jahr 2020 ca. 64%; die mittlere Auslastung beträgt etwa 5500 Stunden. Um das Minderungsziel von 40% bis zum Jahr 2030 einhalten zu können, wird der Anteil der Steinkohleverstromung quasi auf Null zurückgefahren. Dagegen steigt die Stromerzeugung auf Basis von Windkraft im Jahr 2030 auf fast 53 TWh an bei einer installierter Leistung von ca. 25 GW. Im Gegensatz zu den vorherigen Szenarien müssen zur Einhaltung der CO_2-Minderungsziele auch Maßnahmen in den Endverbrauchssektoren ergriffen werden. Hierbei spielen Wärmedämmmaßnahmen sowie Energieträgerwechsel in den Sektoren Haushalt und Kleinverbrauch eine entscheidende Rolle. Die gegenüber der Referenzentwicklung zur Erreichung der Minderungsziele notwendige Emissionsreduktion teilt sich bis zum Jahr 2020 etwa zu je 50% auf den Umwandlungssektor sowie auf die Endverbrauchssektoren auf. Nach dem Jahr 2020 trägt der Umwandlungssektor die Hauptlast der Emissionsminderung.

- Prognos/EWI-Preisvariante

Abbildung 6-4 verdeutlicht die Unterschiede der in dieser Variante zugrunde gelegten Importenergieträgerpreise am Beispiel von Steinkohle und Erdgas. Während bei der MEX-Preisentwicklung von einer Verteuerung der Steinkohle über den Betrachtungszeitraum ausgegangen wird, wird in der Prognos/EWI-Preisvariante ein Stagnieren des Steinkohlepreises angenommen. Dies führt dazu, dass im Jahr 2030 der Prognos/EWI-Steinkohlepreis mit 2,76 DM/GJ um ca. 40% niedriger liegt als in der MEX-Grundvariante. In beiden Entwicklungen wird von steigenden Erdgaspreisen ausgegangen, wobei das Preisniveau in der Prognos/EWI-Entwicklung deutlich niedriger liegt.

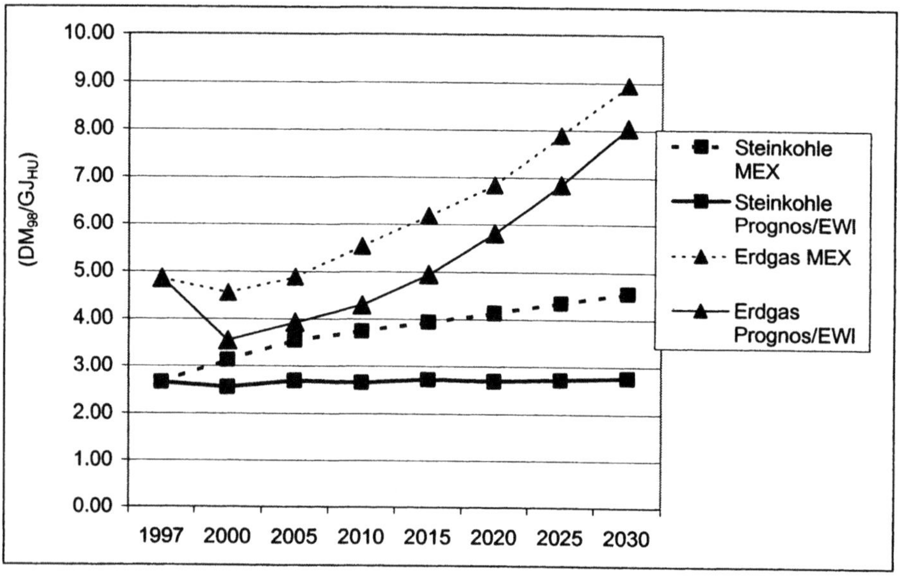

Abbildung 6-4: Vergleich der Importenergiepreise (MEX – Prognos/EWI)

Die unterschiedlichen Annahmen führen dazu, dass das Preisverhältnis Steinkohle zu Erdgas in der Prognos/EWI-Entwicklung deutlich niedriger liegt (vgl. Abbildung 6-5).

Dies bewirkt, dass im Vergleich zum MEX-Referenzszenario in den letzten drei Perioden eine deutliche Zunahme der Steinkohlenverstromung festzustellen ist. (vgl. Abbildung 6-6) Die Steinkohlenverstromung besitzt im Jahr 2030 einen Anteil von ca. 41%, wohingegen der Anteil in der vergleichbaren MEX-Variante (F25) mit ca. 23% deutlich niedriger liegt. Im Fall eines vorzeitigen Ausstiegs aus der Kernenergie (25 Kalenderjahre) nimmt sowohl die Erdgas- als auch die Kohleverstromung deutlich zu, während die Stromerzeugung auf Basis der anderen Energieträger nahezu unverändert bleibt.

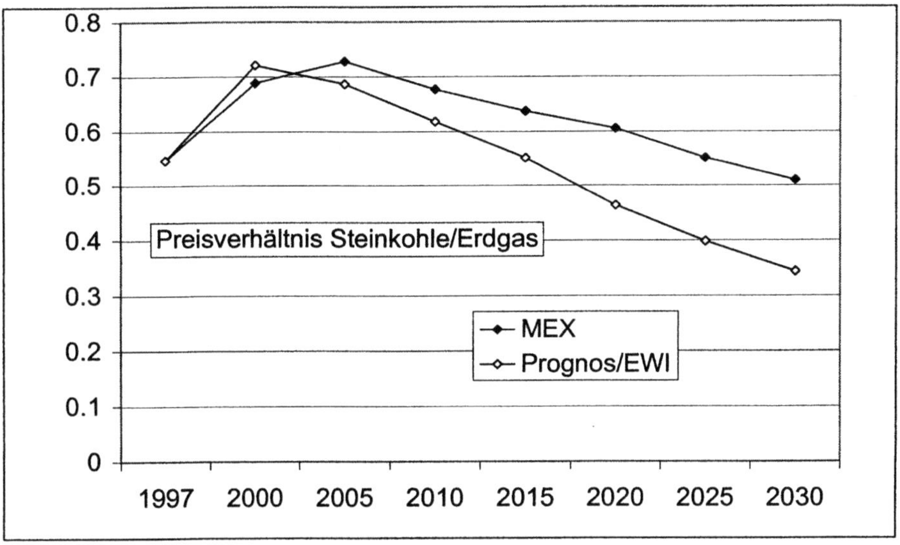

Abbildung 6-5: Preisverhältnis Steinkohle zu Erdgas (MEX – Prognos/EWI)

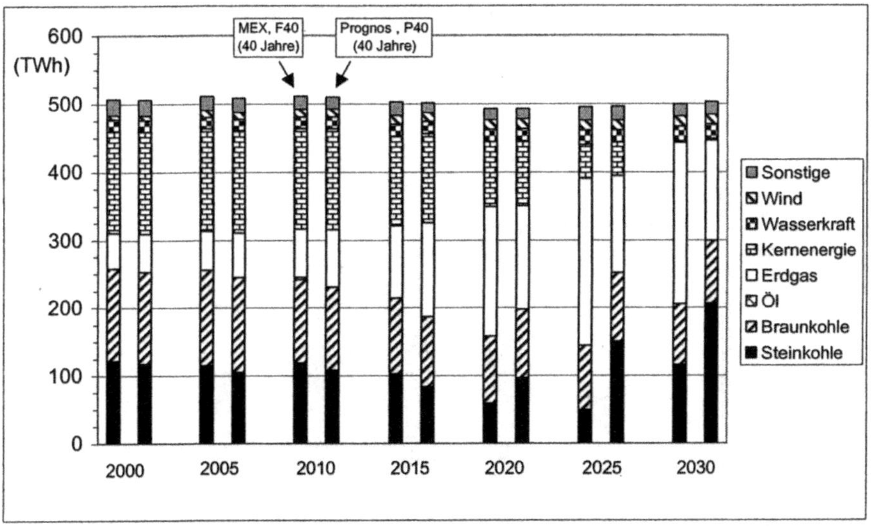

Abbildung 6-6: Stromerzeugung in den beiden Referenzszenarien (40 Jahre Betriebsdauer)

Ab dem Jahr 2020 nähern sich die Verstromungsanteile wieder denen der Referenzvariante an, so dass im Jahr 2030 kaum noch Unterschiede bestehen. Die Steinkohlenkapazität erreicht im Jahr 2030 einen Wert von ca. 28 GW (etwa heutiges Niveau), wobei die Anlagen in der Grundlast gefahren werden. Erdgaskraftwerke werden hingegen im unteren Mittellastbereich betrieben.

Lagen die durch den vorzeitigen Kernenergieausstieg bedingten CO_2-Mehremissionen in der MEX-Grundvariante (F25) für den betreffenden Zeitraum (2005 bis 2020) noch bei jährlich 20 – 45 Mio. t, liegen sie im vergleichbaren Prognos/EWI-Szenario (P25) aufgrund der höheren Kohleverstromung mit etwa 20 – 60 Mio. t deutlich höher. (vgl. Abb. 6-7) Über den Betrachtungszeitraum kumuliert, werden etwa 800 Mio. t (F25) bis 970 Mio. t (P25) Kohlendioxid emittiert. D.h. ein mit 25 Jahren anvisierter Kernenergieausstieg hat kumulierte Mehremissionen zur Folge, die größenordnungsmäßig mit der heutigen jährlichen CO_2-Gesamtemission der Bundesrepublik Deutschland vergleichbar sind.

Begrenzt man die CO_2-Emissionen auf die Emissionen der Referenzentwicklung (Variante P25B), erhöht sich die Erdgasverstromung zu Lasten der Steinkohleverstromung. Wie bereits in der MEX-Grundvariante (F25) geschieht die Minderung ausschließlich im Umwandlungssektor. Die entsprechende GuD-Kraftwerkskapazität liegt ab dem Jahr 2020 um ca. 10 GW höher als im Fall ohne Emissionsrestriktion. Die Vorgabe der restriktiveren CO_2-Minderungsziele (P25K) führt zu einer drastischen Erhöhung der Erdgasverstromung, deren Höhe sich vom vergleichbaren MEX-Szenario (F25K) kaum unterscheidet. Vergleicht man die Minderungsbeiträge der Endverbrauchssektoren in den beiden Szenarien (vgl. Abbildung 6-7), sind kaum Unterschiede festzustellen. Die Veränderung der Energiepreise (insbesondere des Erdgaspreises) führt nicht zu einer signifikanten Änderung der endverbrauchsseitigen Minderungsstrategien in den jeweiligen Szenarien.

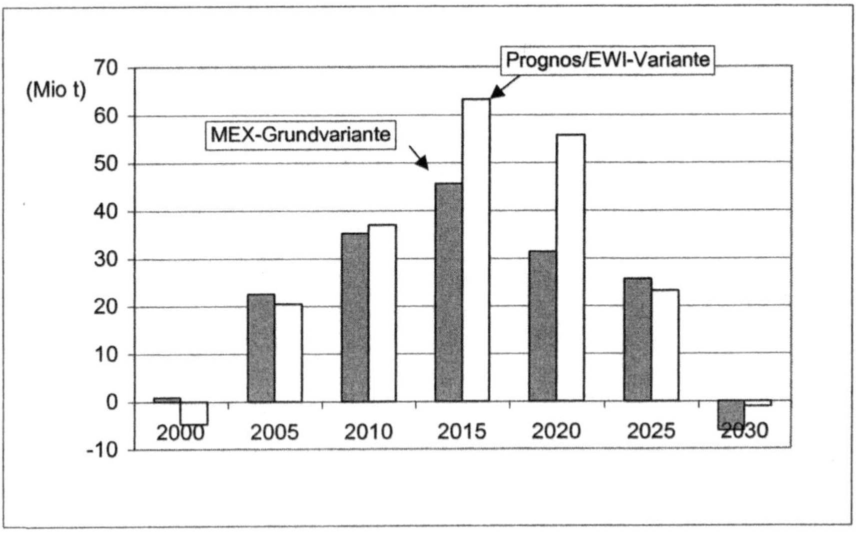

Abbildung 6-7: Vergleich der CO_2-Mehremissionen in den beiden Referenzszenarien (40 Jahre Betriebsdauer)

- Kosten

Die kumulierten nicht abdiskontierten Mehrkosten für die jeweiligen Szenarien und den unterstellten Preisentwicklungen sind in Abb. 6-8 dargestellt. Hieraus geht hervor, dass die Kosten eines Kernenergieausstiegs weit unter den Kosten liegen, die durch die Einhaltung der Minderungsziele entstehen. Aufgrund der niedrigeren Energiepreise in der Prognos/EWI-Preisvariante liegen die Kosten eines Ausstiegs ohne Emissionsreduktion (Variante P25) deutlich niedriger als in der MEX-Grundvariante. Da das CO_2-Emissionsniveau wegen der höheren Kohleverstromung in der Prognos/EWI-Variante höher liegt, sind zum Erreichen der gesetzten Kyoto-Emissionsziele größere Anstrengungen erforderlich, die wiederum mit höheren Mehrkosten verbunden sind. Dies lässt sich auch an den spezifischen Minderungskosten ablesen, die im Fall der Prognos/EWI-Variante im Jahr 2020 bei über 200 DM/tCO_2 liegen, während der vergleichbare Wert der MEX-Variante ca. 110 DM/tCO_2 beträgt.

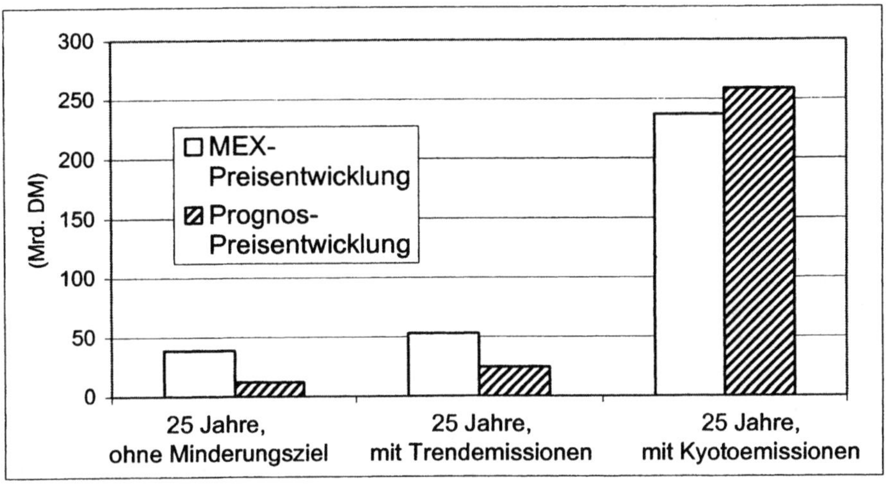

Abbildung 6-8: Kumulierte Mehrkosten (nicht abdiskontiert) der Ausstiegsszenarien

6.4.2 Sensitivitätsanalysen

Im Rahmen des Modellexperiments wurde vereinbart, neben den zuvor skizzierten Grundvarianten Rechnungen im Sinne von Sensitivitäten durchzuführen. Mit dem IKARUS-MARKAL-Modell wurden folgende Varianten gerechnet:

Tabelle 6-4: Sensitivitäten von Importenergieträgerpreisen

Niedrigpreisszenario	Referenz (F25)	Hochpreisszenario
Primärenergie: ± 0%	Primärenergie: 12085 PJ	Primärenergie: ± 0%
Endenergie: +1%	Endenergie: 8745 PJ	Endenergie: -1%
Gasverstromung: +14%	Gasverstromung: 191 TWh	Gasverstromung: -44%
Kohleverstromung: -16%	Kohleverstromung: 158 TWh	Kohleverstromung: +48%
CO_2: -1%	CO_2: 727 Mio. t	CO_2: +4%
Kumulierte Ausstiegskosten 26,2 Mrd. DM	Kumulierte Ausstiegskosten 39 Mrd. DM	Kumulierte Ausstiegskosten 51,5 Mrd. DM

- Sensitivitäten von Importenergieträgerpreisen

Zu diesem Zweck werden ein Hoch- sowie ein Niedrigpreisszenario definiert, die sich von der MEX-Preisentwicklung durch unterschiedliche Preise für Erdgas sowie Mineralölprodukte abgrenzen. Alle anderen Energieträgerpreise sind mit denen der MEX-Grundvariante identisch. In der Hochpreisvariante wird eine Preissteigerungsrate von jährlich 3% (Zum Vergleich: MEX-Grundvariante 2%/a) ausgegangen. Im Niedrigpreisszenario wird eine Steigerungsrate von jährlich 1% zugrunde gelegt. Einen groben Ergebnisüberblick für das Jahr 2020 enthält Tabelle 6-4. Dargestellt sind die Ergebnisse unter der Prämisse einer Lebensdauer für Kernkraftwerke von 25 Jahren. Sie sind somit vergleichbar mit denen der MEX-Ausstiegsvariante ohne Emissionsrestriktion (F25). Ein Verringern der Erdgas- sowie Erdölpreise führt zu einer weiteren Zunahme der Gasverstromung um ca. 14%, wobei Kohlestrom substituiert wird. Sowohl in der Hochpreis- als auch in der Niedrigpreisvariante wird der Endenergieverbrauch nur marginal beeinflusst. Eine Erhöhung der Energiepreise hat weitaus größere Auswirkungen, indem ab dem Jahr 2020 die Kohleverstromung massiv anwächst und in der letzten Periode auch eine Erhöhung der Braunkohleverstromung erfolgt. Verglichen mit der MEX-Variante wird die Erdgasverstromung zurückgefahren. Dies führt wiederum zu einer nicht vernachlässigbaren Erhöhung der CO_2-Emissionen um etwa 4%. Hinsichtlich der Ausstiegskosten zeigen sich für die Preisvarianten deutliche Unterschiede. Die Bandbreite der kumulierten Mehrkosten (nicht diskontiert) reicht von ca. 26 Mrd. DM (Niedrigpreisvariante) bis zu fast 52 Mrd. DM im Fall des Hochpreisszenarios. Interessant ist auch ein Vergleich mit dem zuvor skizzierten Prognos/EWI-Preisszenario. Die Kosten dieses Szenario liegen mit ca. 12 Mrd. DM deutlich unter denen des Niedrigpreisszenarios. Ursache hierfür ist der deutlich geringere von Prognos vorgegebene Importkohlepreis.

Insgesamt zeigen sowohl die Preisvarianten wie auch die Prognos/EWI-Variante, dass die Vorgaben der Energieträgerpreise einen großen Einfluss auf die Szenarioergebnisse besitzen. Ganz entscheidend wirkt sich dies auf den Stromerzeugungssektor aus. In Korrelation mit den unterstellten Wirkungsgraden sowie Kosten für die jeweiligen Kraftwerkstypen können Brennstoffpreisveränderungen, wie zuvor skizziert, zu sehr unterschiedlichen Ausstiegsstrategien führen.

- Strompoolvarianten

Ob und inwieweit eine Differenzierung zwischen alten und neuen Kernkraftwerken einen Einfluss auf eine Ausstiegsstrategie hat, wurde in Form von Poolvarianten (Abb. 6-9) analysiert. Hierbei wurde wie folgt vorgegangen: Ausgehend von einer Lebensdauer von 30 Kalenderjahren wurde die kumulierte Stromerzeugung für den Zeitraum von 2000 bis 2030 errechnet (Variante 30 a). Daran anschließend wurde eine Variante (Pool A) gerechnet, in der älteren Anlagen (Inbetriebnahme vor 1980) ein Lebensdauerbonus gestattet wird, der es erlaubt, diese Anlagen länger als 30 Jahre zu betreiben. Gleichzeitig werden neue Anlagen mit einem Malus versehen, so dass 30 Kalenderjahre nicht erreicht werden. Insgesamt dürfen die Kernkraftwerke maximal die gleiche Strommenge produzieren wie die zuvor berechnete kumulierte Strommenge. In der Variante Pool B wurde genau umgekehrt verfahren: Neuen Anlagen wird ein Bonus gegeben, während ältere Anlagen vor Erreichen der 30 Kalenderjahre abgeschaltet werden. Schließlich wurde eine dritte Variante (Pool C) gerechnet, die die Strommenge des Referenzszenarios (Variante 30a) als kumulierten Wert vorgibt, und das Modell selber entscheidet, wann Anlagen abgeschaltet werden. Vergleicht man die abdiskontierten kumulierten Mehrkosten mit dem MEX-Referenzszenario liegen die Werte aller Szenarien etwa um 12 Mrd. DM höher, wobei diese sich wiederum untereinander kaum unterscheiden. Lediglich die Kosten der Pool C-Variante liegen etwas niedriger. Rechnet man die Varianten mit den Kyoto-Minderungsvorgaben des Modellexperiments, stellt die Variante Pool C erwartungsgemäß die kostengünstigste Strategie dar. Die abdiskontierten Mehrkosten liegen etwa um 12% niedriger als die der anderen Varianten, da in diesem Szenario auch in späteren Perioden bis zum Jahr 2030 noch Restkapazitäten der Kernkraftwerke zur Verfügung stehen.

Als Ergebnis bleibt festzuhalten, dass die Varianten mit Ausnahme der Variante Pool C hinsichtlich der Kosten nur geringfügig unterscheiden, was eigentlich nicht den Erwartungen entspricht. Der Grund hierfür liegt in der Abbildung der Kernkraftwerke, die nicht als Einzelanlagen sondern als "ältere" und "neuere" Anlagen modelliert sind. Eine feinere Auflösung der Anlagen würde individuelle Charakteristika von Einzelanlagen berücksichtigen und zu einem sicherlich anderen Ergebnis führen. Insofern sind die zuvor skizzierten Strompoolvarianten eher im Sinne von Spielvarianten zu sehen, deren Aussagekraft nur sehr begrenzt ist. Abschließend sei angemerkt, dass es im ureigenen Sinne nicht Aufgabe eines die gesamte nationale Energiewirtschaft abbildenden Energiesystemmodells ist, Aussagen zu Einzelanlagen zu treffen. Fragestellungen solcher Art lassen sich mit Strommodellen beantworten, wie sie auch im Rahmen des Modellexperiments eingesetzt wurden und die den Kraftwerkspark der Bundesrepublik Deutschland detailliert in Form von Einzelblöcken detailliert abbilden.

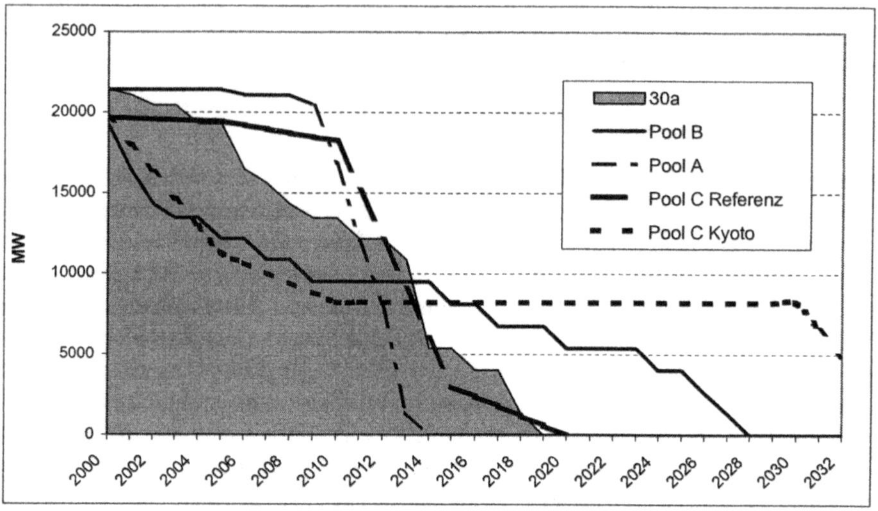

Abbildung 6-9: Gerechnete Strompoolvarianten

Literatur

Fishbone, L.G., Giesen, G., Goldstein, G., Hymmen, A., Stocks, K.J., Vos, H., Wilde, D., Zölicher, R., Balzer, C. und Abilock, H.: User's Guide for Markal. A Multi-Period, Linear-Programming Model for Energy Systems Analysis, Forschungszentrum Jülich, 1983

International Energy Agency (IEA), Energy Technology Systems Analysis Programme: Dealing with Uncertainty together. Summary of Annex VI (1996-1998), Paris October 1999

Forum für Energiemodelle und Energiewirtschaftliche Systemanalysen (Hrsg.): Energiemodelle zum Klimaschutz in Deutschland. Strukturelle und gesamtwirtschaftliche Auswirkungen aus nationaler Perspektive. Physica-Verlag 1999

Kraft, A.: Einsatz der linearen Programmierung zur Analyse des energiewirtschaftlichen Potentials von Brennstoffzellen, Diplomarbeit an der Rheinisch-Westfälischen Technischen Hochschule Aachen, Lehrstuhl für Technische Informatik und Computerwissenschaften. Aachen, 1997

Kraft, A., Markewitz, P., Martinsen, D.: IKARUS-Markal. In: /Forum 1999/ S. 248-280

Markewitz, P., Nollen, A.: Die Altersstruktur sowie Fortschreibung des deutschen Kraftwerksparks. VDI Berichte 1495 (Entwicklungslinien in der Energie- und Kraftwerkstechnik), S. 83-94, VDI-Verlag, 1999

Martinsen, D., Markewitz, P., Walbeck, M., Jagodzinski, P., Müller, D.: Das IKARUS-Optimierungsmodell. In: Modelle für die Analyse energiebedingter Klimagasreduktionsstrategien. (Hrsg. Markewitz et al.), Schriften des Forschungszentrums Jülich Reihe Umwelt, Band 7, S. 57-138, Jülich 1998

Prognos AG, Energiewirtschaftliches Institut an der Universiät Köln (EWI): Die längerfristige Entwicklung der Energiemärkte im Zeichen von Wettbewerb und Umwelt. Gutachten für das Bundesministerium für Wirtschaft und Technologie, Berlin 1999

Anhang 6: Ergebnistabellen zu den Szenariorechnungen mit IKARUS-MARKAL

Szenario Reporting Tabelle

Modell:	IKARUS-MARKAL
Autor:	P. Markewitz, A. Kraft, D. Martinsen, S. Vögele
Institution:	Forschungszentrum Jülich GmbH / Programmgruppe STE
Land:	D
Szenario:	25 Jahre Laufzeit ohne Minderungsziele (F25)
Datum:	22.05.00

		Einheit	1997	2000	2005	2010	2015	2020	2025	2030
1	Demographische Rahmenannahmen									
1.1	Bevölkerung	Mio.	wie MEX I							
1.2	Anzahl der Haushalte	Mio.	wie MEX I							
1.3	Anzahl der Wohnflächen	Mio. m²	wie MEX I							
2	Ökonomische Rahmenannahmen									
2.1	Entwicklung des BIP	Mrd. DM_{91}	wie MEX I							
2.2	Abschreibungsrate	% p. a.	wie MEX I							
3	Energiepreise									
3.1	Importpreis Rohöl	DM_{98}/GJ	wie MEX I							
3.2	Importpreis Erdgas	DM_{98}/GJ	wie MEX I							
3.3	Importpreis Steinkohle	DM_{98}/GJ	wie MEX I							
4	Struktur EEV nach Energieträgern									
4.1	Kohlen	PJ	878	806	638	579	521	460	475	456
4.2	Mineralölprodukte	PJ	4339	4352	4482	4468	4466	4247	4345	4391
4.3	Gase	PJ	1994	2036	2010	2014	2010	2144	2091	2109
4.4	Strom	PJ	1668	1683	1699	1703	1681	1652	1661	1684
4.5	Fernwärme	PJ	330	324	304	276	199	187	165	157
4.6	Erneuerbare	PJ	79	78	75	69	62	55	49	50
4.7	Sonstige (Methanol, Wasserstof	PJ	0	0	0	0	0	0	0	0
4.8	Summe	PJ	**9289**	**9279**	**9208**	**9110**	**8939**	**8745**	**8786**	**8846**
5	Struktur EEV nach Sektoren									
5.1	Industrie	PJ	2573	2542	2367	2304	2233	2139	2225	2306
5.2	Kleinverbraucher	PJ	1601	1616	1633	1601	1563	1522	1496	1494
5.3	Haushalte	PJ	2639	2577	2543	2497	2436	2378	2320	2269
5.4	Verkehr	PJ	2475	2545	2665	2707	2707	2706	2745	2777
6	Struktur Stromnachfrage nach Sektoren									
6.1	Industrie	TWh	197	198	196	199	202	202	215	228
6.2	Kleinverbraucher	TWh	122	121	119	117	115	113	112	112
6.3	Haushalte	TWh	131	134	141	141	135	130	122	115
6.4	Verkehr	TWh	13	14	16	15	15	14	12	14
7	Netto-Engpaßleistung n. Energieträgern									
7.1	Steinkohle (inkl. Mischfeuerung)	MW	29	30	21	18	14	8	10	13
7.2	Braunkohle	MW	20	20	20	17	16	14	14	13
7.3	Heizöl	MW	5	4	4	1	0	0	0	0
7.4	Erdgas	MW	25	25	29	44	55	61	61	60
7.5	Kernenergie	MW	21	21	13	7	0	0	0	0
7.6	Wasserkraft	MW	7	7	7	7	7	8	8	8
7.7	Wind	MW	2	3	5	6	7	8	8	8
7.8	Photovoltaik	MW	0	0	0	0	0	0	0	0
7.9	Sonstige	MW	2	1	1	1	1	1	1	1
7.10	Summe	MW	**111**	**111**	**101**	**102**	**101**	**100**	**100**	**103**
8	Netto-Stromerzeugung n. Energieträgern									
8.1	Steinkohlen	TWh	120	122	115	119	103	59	70	97
8.2	Braunkohlen	TWh	131	136	141	123	111	100	95	89
8.3	Mineralöle	TWh	0	0	0	3	0	0	0	0
8.4	Naturgase	TWh	59	53	113	169	236	281	274	281
8.5	Kernenergie	TWh	145	148	93	49	2	0	0	0
8.6	Wasserkraft	TWh	17	17	17	17	17	21	21	21
8.7	Wind	TWh	5	7	10	12	13	15	15	15
8.8	Photovoltaik	TWh	0	0	0	0	0	0	0	0
8.9	Sonstige	TWh	26	24	21	19	20	18	20	18
8.10	Summe	TWh	**503**	**507**	**510**	**510**	**502**	**493**	**495**	**501**

9	Energieeinsatz zur Stromerz. n. Energieträgern									
9.1	Steinkohle	PJ	1180	1187	1094	1118	933	511	585	782
9.2	Braunkohle	PJ	1359	1364	1349	1152	1017	892	849	786
9.3	Heizöl	PJ	2	0	2	27	0	0	0	0
9.4	Erdgas	PJ	562	500	921	1158	1545	1781	1714	1616
9.5	Kernenergie	PJ	1663	1692	1068	557	28	0	0	0
9.6	Wasserkraft	PJ	63	62	61	62	63	75	75	75
9.7	Wind	PJ	17	23	37	42	48	53	53	53
9.8	Photovoltaik	PJ	0	0	0	0	0	0	0	0
9.9	Sonstige	PJ	80	79	86	70	53	31	26	23
9.10	Summe	PJ	**4925**	**4907**	**4619**	**4185**	**3687**	**3343**	**3303**	**3334**
10	Struktur Primärenergieverbrauch									
10.1	Steinkohlen	PJ	1999	1965	1770	1780	1526	1069	1141	1331
10.2	Braunkohlen	PJ	1661	1615	1509	1310	1159	1000	929	875
10.3	Mineralöle	PJ	5452	5304	5437	5442	5421	5195	5291	5328
10.4	Erdgas	PJ	2740	2693	3078	3325	3684	4080	3990	3900
10.5	Kernenergie	PJ	1663	1692	1068	557	28	0	0	0
10.6	Wasserkraft	PJ	63	62	61	62	63	75	75	75
10.7	sonst. Erneuerbare	PJ	172	194	205	189	178	160	153	153
10.8	Importsaldo Strom	PJ	0	0	0	0	0	0	0	0
10.9	Summe (incl. Müll)	PJ	**13750**	**13525**	**13128**	**12665**	**12059**	**11577**	**11581**	**11662**
11	Schadstoffemissionen									
11.1	CO2-Emissionen	Mio. t	841	835	844	837	816	760	761	769
11.2	CH4-Emissionen	kt	821,4	723	538	451	387	322	295	268
11.3	N2O-Emissionen	kt	24,8	25	24	23	22	19	19	19
11.4	THG-Emissionen	Mio. t CO2	865,5	857,6	863,0	854,2	830,4	772,5	772,9	780,7
11.5	NOx-Emissionen	kt	2299,8	2128	1778	1801	1813	1834	1925	1992
11.6	SO2-Emissionen	kt	1083,3	864	690	592	476	340	337	341
12	Ausstiegskosten *									
12.1	Mehrkosten	Mrd. DM98			0,6	1,3	2,1	1,9	1,5	0,4
12.2	Spezifische Mehrkosten	Pf.98/kWh			0,12	0,27	0,44	0,40	0,31	0,08
12.3	Kumulierte Mehrkosten	Mrd. DM98	38,5							
12.4	Durchschnittl. jährl. Mehrkosten	Mrd. DM98/a	1,3							
12.5	Abdiskont. (2000) kumul. Mehrk.	Mrd. DM98	17,67							
12.6	Extremwert d. Kostenerhöhung	Pf.98/kWh	0,44							
12.7	Durchschnittl. Kostenerhöhung	Pf.98/kWh	0,27							

Anmerkungen

Block 7 enthält die Nettoleistungen aller Kraftwerke und KWK-Anlagen exklusive der industriellen Stromerzeugung

Unter "Wasserkraft"sind auch die Pumpspeicherkraftwerke enthalten

Block 8 enthält die gesamte Stromerzeugung, die industrielle Erzeugung ist unter "Sonstige" bilanziert

Block 9 enthält den Primärenergieeinsatz zur Stromerzeugung inklusive KWK-Anlagen exklusive Industrielle Anlagen

Block 11 weist bei Emissionen außer CO2 z.T. noch Lücken in den Daten auf

Szenario Reporting Tabelle

Modell:	IKARUS-MARKAL
Autor:	P. Markewitz, A. Kraft, D. Martinsen, S. Vögele
Institution:	Forschungszentrum Jülich GmbH / Programmgruppe STE
Land:	D
Szenario:	30 Jahre Laufzeit ohne Minderungsziele (F30)
Datum:	06.06.00

		Einheit	1997	2000	2005	2010	2015	2020	2025	2030
1	**Demographische Rahmenannahmen**									
1.1	Bevölkerung	Mio.	wie MEX I							
1.2	Anzahl der Haushalte	Mio.	wie MEX I							
1.3	Anzahl der Wohnflächen	Mio. m²	wie MEX I							
2	**Ökonomische Rahmenannahmen**									
2.1	Entwicklung des BIP	Mrd. DM_{91}	wie MEX I							
2.2	Abschreibungsrate	% p. a.	wie MEX I							
3	**Energiepreise**									
3.1	Importpreis Rohöl	DM_{99}/GJ	wie MEX I							
3.2	Importpreis Erdgas	DM_{99}/GJ	wie MEX I							
3.3	Importpreis Steinkohle	DM_{99}/GJ	wie MEX I							
4	**Struktur EEV nach Energieträgern**									
4.1	Kohlen	PJ	878	806	638	579	521	460	476	455
4.2	Mineralölprodukte	PJ	4339	4352	4482	4468	4466	4242	4331	4376
4.3	Gase	PJ	1994	2036	2010	2014	2010	2148	2102	2117
4.4	Strom	PJ	1668	1683	1699	1703	1681	1652	1661	1683
4.5	Fernwärme	PJ	330	324	304	276	199	187	165	157
4.6	Erneuerbare	PJ	79	78	75	69	62	55	49	50
4.7	Sonstige (Methanol, Wasserstof	PJ	0	0	0	0	0	0	0	0
4.8	Summe	PJ	**9289**	**9279**	**9208**	**9110**	**8939**	**8745**	**8785**	**8838**
5	**Struktur EEV nach Sektoren**									
5.1	Industrie	PJ	2573	2542	2367	2304	2233	2139	2225	2299
5.2	Kleinverbraucher	PJ	1601	1618	1633	1601	1563	1522	1495	1493
5.3	Haushalte	PJ	2639	2577	2543	2497	2436	2378	2320	2269
5.4	Verkehr	PJ	2475	2545	2665	2707	2707	2706	2745	2777
6	**Struktur Stromnachfrage nach Sektoren**									
6.1	Industrie	TWh	197	198	196	199	202	202	215	227
6.2	Kleinverbraucher	TWh	122	121	119	117	115	113	112	112
6.3	Haushalte	TWh	131	134	141	141	135	130	122	115
6.4	Verkehr	TWh	13	14	16	15	15	14	12	14
7	**Netto-Engpaßleistung n. Energieträgern**									
7.1	Steinkohle (inkl. Mischfeuerung)	MW	29	30	21	18	14	8	10	13
7.2	Braunkohle	MW	20	20	20	17	16	14	14	13
7.3	Heizöl	MW	5	4	4	1	0	0	0	0
7.4	Erdgas	MW	25	25	25	38	50	61	61	60
7.5	Kernenergie	MW	21	21	18	13	6	0	0	0
7.6	Wasserkraft	MW	7	7	7	7	7	8	8	8
7.7	Wind	MW	2	3	5	6	7	8	8	8
7.8	Photovoltaik	MW	0	0	0	0	0	0	0	0
7.9	Sonstige	MW	2	1	1	1	1	1	1	1
7.10	Summe	MW	**111**	**111**	**101**	**103**	**101**	**100**	**100**	**102**
8	**Netto-Stromerzeugung n. Energieträgern**									
8.1	Steinkohlen	TWh	120	122	115	119	103	59	72	98
8.2	Braunkohlen	TWh	131	136	141	123	111	100	95	89
8.3	Mineralöle	TWh	0	0	0	3	0	0	0	0
8.4	Naturgase	TWh	59	53	79	126	196	279	272	259
8.5	Kernenergie	TWh	145	148	128	92	42	2	0	0
8.6	Wasserkraft	TWh	17	17	17	17	17	21	21	21
8.7	Wind	TWh	5	7	10	12	13	15	15	15
8.8	Photovoltaik	TWh	0	0	0	0	0	0	0	0
8.9	Sonstige	TWh	26	24	21	19	20	18	20	18
8.10	Summe	TWh	**503**	**507**	**510**	**510**	**502**	**493**	**495**	**500**

9	**Energieeinsatz zur Stromerz. n. Energieträgern**									
9.1	Steinkohle	PJ	1180	1187	1094	1118	933	511	600	790
9.2	Braunkohle	PJ	1359	1364	1349	1152	1017	892	849	786
9.3	Heizöl	PJ	2	0	2	27	0	0	0	0
9.4	Erdgas	PJ	562	500	693	879	1296	1770	1703	1607
9.5	Kernenergie	PJ	1663	1692	1468	1053	478	22	0	0
9.6	Wasserkraft	PJ	63	62	61	62	63	75	75	75
9.7	Wind	PJ	17	23	37	42	48	53	53	53
9.8	Photovoltaik	PJ	0	0	0	0	0	0	0	0
9.9	Sonstige	PJ	80	79	86	70	53	31	26	23
9.10	Summe	PJ	**4925**	**4907**	**4790**	**4403**	**3889**	**3353**	**3306**	**3334**
10	**Struktur Primärenergieverbrauch**									
10.1	Steinkohlen	PJ	1999	1965	1770	1780	1526	1069	1157	1337
10.2	Braunkohlen	PJ	1661	1615	1509	1310	1159	1000	929	874
10.3	Mineralöle	PJ	5452	5304	5437	5443	5422	5190	5277	5313
10.4	Erdgas	PJ	2740	2693	2848	3045	3433	4072	3990	3900
10.5	Kernenergie	PJ	1663	1692	1468	1053	478	22	0	0
10.6	Wasserkraft	PJ	63	62	61	62	63	75	75	75
10.7	sonst. Erneuerbare	PJ	172	194	205	189	178	160	153	153
10.8	Importsaldo Strom	PJ	0	0	0	0	0	0	0	0
10.9	Summe (incl. Müll)	PJ	**13750**	**13525**	**13297**	**12881**	**12259**	**11587**	**11582**	**11652**
11	**Schadstoffemissionen**									
11.1	CO2-Emissionen	Mio. t	841	835	831	822	802	759	761	769
11.2	CH4-Emissionen	kt	821,4	723	537	450	386	322	295	268
11.3	N2O-Emissionen	kt	24,8	25	24	23	21	19	19	19
11.4	THG-Emissionen	Mio. t CO2	865,5	857,6	850,0	838,4	816,3	771,7	773,4	780,2
11.5	NOx-Emissionen	kt	2299,8	2128	1758	1777	1791	1833	1925	1991
11.6	SO2-Emissionen	kt	1083,3	864	690	592	476	339	338	340
12	**Ausstiegskosten ***									
12.1	Mehrkosten	Mrd. DM98			0,2	0,7	1,4	1,8	1,4	0,3
12.2	Spezifische Mehrkosten	Pf.98/kWh			0,04	0,15	0,30	0,37	0,29	0,05
12.3	Kumulierte Mehrkosten	Mrd. DM98	28,5							
12.4	Durchschnittl. jährl. Mehrkosten	Mrd. DM98/a	1,0							
12.5	Abdiskont. (2000) kumul. Mehrk.	Mrd. DM98	12,12							
12.6	Extremwert d. Kostenerhöhung	Pf.98/kWh	0,37							
12.7	Durchschnittl. Kostenerhöhung	Pf.98/kWh	0,20							

Anmerkungen

Block 7 enthält die Nettoleistungen aller Kraftwerke und KWK-Anlagen exklusive der industriellen Stromerzeugung

Unter "Wasserkraft" sind auch die Pumpspeicherkraftwerke enthalten

Block 8 enthält die gesamte Stromerzeugung, die industrielle Erzeugung ist unter "Sonstige" bilanziert

Block 9 enthält den Primärenergieeinsatz zur Stromerzeugung inklusive KWK-Anlagen exklusive Industrielle Anlagen

Block 11 weist bei Emissionen außer CO2 z.T. noch Lücken in den Daten auf

Szenario Reporting Tabelle

Modell:	IKARUS-MARKAL
Autor:	P. Markewitz, A. Kraft, D. Martinsen, S. Vögele
Institution:	Forschungszentrum Jülich GmbH / Programmgruppe STE
Land:	D
Szenario:	25 Jahre Laufzeit mit Emissionsstabilisierung (nur CO2), Trendszenario (F25B)
Datum:	22.05.00

		Einheit	1997	2000	2005	2010	2015	2020	2025	2030
1	**Demographische Rahmenannahmen**									
1.1	Bevölkerung	Mio.	wie MEX I							
1.2	Anzahl der Haushalte	Mio.	wie MEX I							
1.3	Anzahl der Wohnflächen	Mio. m²	wie MEX I							
2	**Ökonomische Rahmenannahmen**									
2.1	Entwicklung des BIP	Mrd. DM_{91}	wie MEX I							
2.2	Abschreibungsrate	% p. a.	wie MEX I							
3	**Energiepreise**									
3.1	Importpreis Rohöl	DM_{99}/GJ	wie MEX I							
3.2	Importpreis Erdgas	DM_{99}/GJ	wie MEX I							
3.3	Importpreis Steinkohle	DM_{99}/GJ	wie MEX I							
4	**Struktur EEV nach Energieträgern**									
4.1	Kohlen	PJ	877	805	635	575	518	487	460	451
4.2	Mineralölprodukte	PJ	4341	4353	4470	4356	4341	4336	4518	4550
4.3	Gase	PJ	1993	2035	1994	2070	2093	1963	1900	1953
4.4	Strom	PJ	1668	1683	1698	1703	1677	1645	1656	1681
4.5	Fernwärme	PJ	329	324	306	294	217	187	165	157
4.6	Erneuerbare	PJ	79	78	75	69	62	55	49	50
4.7	Sonstige (Methanol, Wasserstoff	PJ	0	0	0	0	0	0	0	0
4.8	Summe	PJ	**9288**	**9277**	**9178**	**9067**	**8908**	**8673**	**8749**	**8842**
5	**Struktur EEV nach Sektoren**									
5.1	Industrie	PJ	2573	2542	2340	2281	2222	2117	2198	2296
5.2	Kleinverbraucher	PJ	1601	1616	1633	1598	1558	1501	1503	1501
5.3	Haushalte	PJ	2637	2574	2540	2494	2434	2375	2320	2268
5.4	Verkehr	PJ	2477	2546	2665	2694	2694	2680	2728	2777
6	**Struktur Stromnachfrage nach Sektoren**									
6.1	Industrie	TWh	197	198	196	199	201	201	213	227
6.2	Kleinverbraucher	TWh	122	121	119	117	115	113	112	112
6.3	Haushalte	TWh	131	134	141	141	135	129	122	115
6.4	Verkehr	TWh	13	14	16	15	15	15	13	14
7	**Netto-Engpaßleistung n. Energieträgern**									
7.1	Steinkohle (inkl. Mischfeuerung)	MW	29	30	21	18	14	8	6	9
7.2	Braunkohle	MW	20	20	20	18	16	14	14	13
7.3	Heizöl	MW	5	4	4	1	0	0	0	0
7.4	Erdgas	MW	25	25	29	44	54	60	63	64
7.5	Kernenergie	MW	21	21	13	7	0	0	0	0
7.6	Wasserkraft	MW	7	7	7	7	8	8	8	8
7.7	Wind	MW	2	3	5	6	7	8	9	8
7.8	Photovoltaik	MW	0	0	0	0	0	0	0	0
7.9	Sonstige	MW	2	1	1	1	1	1	1	1
7.10	Summe	MW	**111**	**111**	**101**	**102**	**101**	**99**	**101**	**102**
8	**Netto-Stromerzeugung n. Energieträgern**									
8.1	Steinkohlen	TWh	120	122	72	78	46	31	47	66
8.2	Braunkohlen	TWh	131	136	141	125	107	87	72	91
8.3	Mineralöle	TWh	0	0	0	1	0	0	0	0
8.4	Naturgase	TWh	59	54	154	209	295	313	315	289
8.5	Kernenergie	TWh	145	148	93	49	2	0	0	0
8.6	Wasserkraft	TWh	17	17	18	19	20	21	21	21
8.7	Wind	TWh	5	7	10	12	13	16	18	15
8.8	Photovoltaik	TWh	0	0	0	0	0	0	0	0
8.9	Sonstige	TWh	26	24	21	19	18	22	20	18
8.10	Summe	TWh	**503**	**507**	**510**	**510**	**501**	**490**	**493**	**500**

9	**Energieeinsatz zur Stromerz. n. Energieträgern**									
9.1	Steinkohle	PJ	1181	1189	685	734	415	267	402	538
9.2	Braunkohle	PJ	1356	1359	1349	1152	956	760	614	788
9.3	Heizöl	PJ	4	0	2	5	0	0	0	0
9.4	Erdgas	PJ	561	500	1282	1427	1928	1987	1971	1802
9.5	Kernenergie	PJ	1663	1692	1068	557	28	0	0	0
9.6	Wasserkraft	PJ	63	62	64	67	71	75	75	75
9.7	Wind	PJ	17	23	37	42	48	57	65	53
9.8	Photovoltaik	PJ	0	0	0	0	0	0	0	0
9.9	Sonstige	PJ	81	82	88	71	53	31	26	23
9.10	Summe	PJ	**4925**	**4907**	**4576**	**4056**	**3499**	**3177**	**3153**	**3278**
10	**Struktur Primärenergieverbrauch**									
10.1	Steinkohlen	PJ	1999	1965	1346	1338	965	834	946	1093
10.2	Braunkohlen	PJ	1657	1608	1499	1287	1075	842	692	887
10.3	Mineralöle	PJ	5450	5300	5419	5306	5287	5287	5473	5495
10.4	Erdgas	PJ	2740	2693	3419	3650	4151	4080	4020	3900
10.5	Kernenergie	PJ	1663	1692	1068	557	28	0	0	0
10.6	Wasserkraft	PJ	63	62	64	67	71	75	75	75
10.7	sonst. Erneuerbare	PJ	172	194	192	190	178	163	164	153
10.8	Importsaldo Strom	PJ	0	0	0	0	0	0	0	0
10.9	Summe (incl. Müll)	PJ	**13744**	**13514**	**13008**	**12395**	**11756**	**11281**	**11370**	**11603**
11	**Schadstoffemissionen**									
11.1	CO2-Emissionen	Mio. t	840	834	821	801	770	727	731	761
11.2	CH4-Emissionen	kt	821,6	724	539	453	389	321	293	267
11.3	N2O-Emissionen	kt	24,7	25	23	22	20	18	17	18
11.4	THG-Emissionen	Mio. t CO2	865,2	856,8	839,6	817,8	784,2	739,5	742,8	772,0
11.5	NOx-Emissionen	kt	2300,8	2128	1749	1776	1794	1814	1900	1993
11.6	SO2-Emissionen	kt	1086,5	866	625	524	402	322	325	347
12	**Ausstiegskosten ***									
12.1	Mehrkosten	Mrd. DM98			1,1	1,7	2,6	2,7	2,1	0,4
12.2	Spezifische Mehrkosten	Pf.98/kWh			0,23	0,35	0,55	0,57	0,45	0,08
12.3	Kumulierte Mehrkosten	Mrd. DM98	52,6							
12.4	Durchschnittl. jährl. Mehrkosten	Mrd. DM98/a	1,8							
12.5	Abdiskont. (2000) kumul. Mehrk	Mrd. DM98	24,45							
12.6	Extremwert d. Kostenerhöhung	Pf.98/kWh	0,57							
12.7	Durchschnittl. Kostenerhöhung	Pf.98/kWh	0,37							

Anmerkungen

Block 7 enthält die Nettoleistungen aller Kraftwerke und KWK-Anlagen exklusive der industriellen Stromerzeugung

Unter "Wasserkraft"sind auch die Pumpspeicherkraftwerke enthalten

Block 8 enthält die gesamte Stromerzeugung, die industrielle Erzeugung ist unter "Sonstige" bilanziert

Block 9 enthält den Primärenergieeinsatz zur Stromerzeugung inklusive KWK-Anlagen exklusive industrielle Anlagen

Block 11 weist bei Emissionen außer CO2 z.T. noch Lücken in den Daten auf

Szenario Reporting Tabelle

Modell:	IKARUS-MARKAL
Autor:	P. Markewitz, A. Kraft, D. Martinsen, S. Vögele
Institution:	Forschungszentrum Jülich GmbH / Programmgruppe STE
Land:	D
Szenario:	25 Jahre Laufzeit mit Emissionsreduktiuon gem. Kyotovorgaben und Fortschreibung (nur CO2) (F25K)
Datum:	22.05.00

		Einheit	1997	2000	2005	2010	2015	2020	2025	2030
1	**Demographische Rahmenannahmen**									
1.1	Bevölkerung	Mio.	wie MEX I							
1.2	Anzahl der Haushalte	Mio.	wie MEX I							
1.3	Anzahl der Wohnflächen	Mio. m²	wie MEX I							
2	**Ökonomische Rahmenannahmen**									
2.1	Entwicklung des BIP	Mrd. DM_{91}	wie MEX I							
2.2	Abschreibungsrate	% p. a.	wie MEX I							
3	**Energiepreise**									
3.1	Importpreis Rohöl	DM_{99}/GJ	wie MEX I							
3.2	Importpreis Erdgas	DM_{99}/GJ	wie MEX I							
3.3	Importpreis Steinkohle	DM_{99}/GJ	wie MEX I							
4	**Struktur EEV nach Energieträgern**									
4.1	Kohlen	PJ	876	805	624	572	458	424	381	336
4.2	Mineralölprodukte	PJ	4326	4341	4135	4136	4148	3888	3459	2984
4.3	Gase	PJ	2002	2037	2286	2193	2109	2156	2326	2375
4.4	Strom	PJ	1668	1683	1696	1700	1664	1640	1659	1678
4.5	Fernwärme	PJ	324	323	307	299	236	188	167	271
4.6	Erneuerbare	PJ	79	78	75	69	62	55	128	187
4.7	Sonstige (Methanol, Wasserstof	PJ	0	0	0	0	0	0	36	45
4.8	Summe	PJ	**9276**	**9266**	**9124**	**8970**	**8677**	**8352**	**8156**	**7876**
5	**Struktur EEV nach Sektoren**									
5.1	Industrie	PJ	2575	2542	2331	2271	2180	2095	2152	2229
5.2	Kleinverbraucher	PJ	1601	1616	1627	1591	1540	1488	1419	1369
5.3	Haushalte	PJ	2638	2577	2500	2422	2297	2141	1987	1814
5.4	Verkehr	PJ	2462	2532	2665	2685	2659	2628	2598	2601
6	**Struktur Stromnachfrage nach Sektoren**									
6.1	Industrie	TWh	197	198	196	199	200	201	213	226
6.2	Kleinverbraucher	TWh	122	121	119	117	115	113	116	117
6.3	Haushalte	TWh	131	134	140	141	131	126	116	106
6.4	Verkehr	TWh	13	14	16	15	16	16	15	18
7	**Netto-Engpaßleistung n. Energieträgern**									
7.1	Steinkohle (inkl. Mischfeuerung)	MW	29	30	21	18	14	8	6	6
7.2	Braunkohle	MW	20	20	21	19	17	16	15	14
7.3	Heizöl	MW	5	4	4	1	0	0	0	0
7.4	Erdgas	MW	25	25	28	42	52	57	57	58
7.5	Kernenergie	MW	21	21	13	7	0	0	0	0
7.6	Wasserkraft	MW	7	7	7	7	8	8	8	8
7.7	Wind	MW	2	3	5	6	7	8	20	26
7.8	Photovoltaik	MW	0	0	0	0	0	0	0	0
7.9	Sonstige	MW	2	1	1	1	1	1	1	4
7.10	Summe	MW	**111**	**111**	**101**	**102**	**100**	**98**	**108**	**116**
8	**Netto-Stromerzeugung n. Energieträgern**									
8.1	Steinkohlen	TWh	120	122	54	43	24	14	0	0
8.2	Braunkohlen	TWh	131	136	146	131	113	94	67	39
8.3	Mineralöle	TWh	2	0	0	0	0	0	0	0
8.4	Naturgase	TWh	57	53	165	235	298	312	325	324
8.5	Kernenergie	TWh	145	148	93	49	2	0	0	0
8.6	Wasserkraft	TWh	17	17	18	19	20	21	23	23
8.7	Wind	TWh	5	7	10	12	14	16	43	53
8.8	Photovoltaik	TWh	0	0	0	0	0	0	0	0
8.9	Sonstige	TWh	26	24	22	20	25	31	33	53
8.10	Summe	TWh	**503**	**507**	**509**	**509**	**496**	**488**	**491**	**493**

9	**Energieeinsatz zur Stromerz. n. Energieträgern**								
9.1	Steinkohle	PJ	1180	1187	509	397	209	111	0	0
9.2	Braunkohle	PJ	1359	1364	1349	1152	956	763	538	309
9.3	Heizöl	PJ	17	0	1	0	0	0	0	0
9.4	Erdgas	PJ	548	498	1370	1620	1971	1987	2054	2043
9.5	Kernenergie	PJ	1663	1692	1068	557	28	0	0	0
9.6	Wasserkraft	PJ	63	62	64	67	71	75	83	83
9.7	Wind	PJ	17	23	37	42	50	58	95	119
9.8	Photovoltaik	PJ	0	0	0	0	0	0	0	0
9.9	Sonstige	PJ	80	79	88	72	82	75	68	236
9.10	Summe	PJ	**4927**	**4905**	**4488**	**3909**	**3366**	**3070**	**2839**	**2790**
10	**Struktur Primärenergieverbrauch**									
10.1	Steinkohlen	PJ	1999	1965	1157	1005	736	599	455	410
10.2	Braunkohlen	PJ	1660	1613	1490	1284	1028	834	597	369
10.3	Mineralöle	PJ	5449	5298	5058	5054	5055	4799	4336	3753
10.4	Erdgas	PJ	2740	2693	3826	3965	4232	4326	4624	4721
10.5	Kernenergie	PJ	1663	1692	1068	557	28	0	0	0
10.6	Wasserkraft	PJ	63	62	64	67	71	75	83	83
10.7	sonst. Erneuerbare	PJ	172	194	192	178	195	209	305	708
10.8	Importsaldo Strom	PJ	0	0	0	0	0	0	0	0
10.9	Summe (incl. Müll)	PJ	**13746**	**13517**	**12855**	**12110**	**11345**	**10843**	**10399**	**10043**
11	**Schadstoffemissionen**									
11.1	CO2-Emissionen	Mio. t	841	834	799	770	731	683	623	555
11.2	CH4-Emissionen	kt	816,4	720	542	454	380	321	288	255
11.3	N2O-Emissionen	kt	24,8	25	22	20	19	17	14	12
11.4	THG-Emissionen	Mio. t CO2	865,4	856,3	817,2	785,8	744,8	694,4	633,7	564,0
11.5	NOx-Emissionen	kt	2290,5	2121	1732	1753	1742	1750	1765	1764
11.6	SO2-Emissionen	kt	1095,6	863	564	471	342	271	198	138
12	**Ausstiegskosten ***									
12.1	Mehrkosten	Mrd. DM98			2,0	3,0	5,5	6,6	12,9	28,5
12.2	Spezifische Mehrkosten	Pf.98/kWh			0,41	0,61	1,16	1,41	2,73	6,02
12.3	Kumulierte Mehrkosten	Mrd. DM98	236,6							
12.4	Durchschnittl. jährl. Mehrkosten	Mrd. DM98/a	9,8							
12.5	Abdiskont. (2000) kumul. Mehrk.	Mrd. DM98	82,10							
12.6	Extremwert d. Kostenerhöhung	Pf.98/kWh	6,02							
12.7	Durchschnittl. Kostenerhöhung	Pf.98/kWh	2,06							

Anmerkungen

Block 7 enthält die Nettoleistungen aller Kraftwerke und KWK-Anlagen exklusive der industriellen Stromerzeugung

Unter "Wasserkraft"sind auch die Pumpspeicherkraftwerke enthalten

Block 8 enthält die gesamte Stromerzeugung, die industrielle Erzeugung ist unter "Sonstige" bilanziert

Block 9 enthält den Primärenergieeinsatz zur Stromerzeugung inklusive KWK-Anlagen exklusive Industrielle Anlagen

Block 11 weist bei Emissionen außer CO2 z.T. noch Lücken in den Daten auf

Szenario Reporting Tabelle

Modell:	IKARUS-MARKAL
Autor:	P. Markewitz, A. Kraft, D. Martinsen, S. Vögele
Institution:	Forschungszentrum Jülich GmbH / Programmgruppe STE
Land:	D
Szenario:	Basis-Szenario / Preisentwicklung nach Prognos (P40)
Datum:	22.05.00

		Einheit	1997	2000	2005	2010	2015	2020	2025	2030
1	**Demographische Rahmenannahmen**									
1.1	Bevölkerung	Mio.	wie MEX I							
1.2	Anzahl der Haushalte	Mio.	wie MEX I							
1.3	Anzahl der Wohnflächen	Mio. m²	wie MEX I							
2	**Ökonomische Rahmenannahmen**									
2.1	Entwicklung des BIP	Mrd. DM_{91}	wie MEX I							
2.2	Abschreibungsrate	% p. a.	wie MEX I							
3	**Energiepreise**									
3.1	Importpreis Rohöl	DM_{90}/GJ		5,17	5,24	5,31	5,78	6,56	7,45	8,46
3.2	Importpreis Erdgas	DM_{90}/GJ		3,54	3,92	4,29	4,94	5,81	6,84	8,04
3.3	Importpreis Steinkohle	DM_{90}/GJ		2,55	2,69	2,65	2,72	2,69	2,72	2,76
4	**Struktur EEV nach Energieträgern**									
4.1	Kohlen	PJ	878	806	641	580	523	483	481	459
4.2	Mineralölprodukte	PJ	4314	4315	4507	4497	4533	4462	4557	4688
4.3	Gase	PJ	2021	2070	2022	2046	2006	1973	1943	1872
4.4	Strom	PJ	1668	1683	1700	1705	1684	1657	1664	1688
4.5	Fernwärme	PJ	318	316	296	269	196	185	166	157
4.6	Erneuerbare	PJ	79	78	76	69	62	56	49	50
4.7	Sonstige (Methanol, Wasserstof	PJ	0	0	0	0	0	0	0	0
4.8	Summe	PJ	**9278**	**9268**	**9241**	**9166**	**9005**	**8815**	**8860**	**8914**
5	**Struktur EEV nach Sektoren**									
5.1	Industrie	PJ	2574	2641	2387	2326	2256	2162	2238	2324
5.2	Kleinverbraucher	PJ	1601	1615	1634	1602	1564	1533	1532	1522
5.3	Haushalte	PJ	2639	2577	2555	2531	2478	2414	2345	2291
5.4	Verkehr	PJ	2464	2534	2665	2707	2707	2706	2745	2777
6	**Struktur Stromnachfrage nach Sektoren**									
6.1	Industrie	TWh	197	198	196	200	202	203	216	229
6.2	Kleinverbraucher	TWh	122	121	119	117	115	113	112	112
6.3	Haushalte	TWh	131	134	141	141	136	130	122	115
6.4	Verkehr	TWh	13	14	16	15	15	14	12	14
7	**Netto-Engpaßleistung n. Energieträgern**									
7.1	Steinkohle (inkl. Mischfeuerung)	MW	27	27	17	15	12	13	21	28
7.2	Braunkohle	MW	20	19	19	17	16	14	14	13
7.3	Heizöl	MW	5	4	4	1	0	0	0	0
7.4	Erdgas	MW	20	20	26	34	41	44	43	45
7.5	Kernenergie	MW	21	21	21	21	19	14	7	0
7.6	Wasserkraft	MW	7	7	7	7	7	7	7	8
7.7	Wind	MW	2	3	5	6	7	8	8	8
7.8	Photovoltaik	MW	0	0	0	0	0	0	0	0
7.9	Sonstige	MW	2	1	1	1	1	1	1	1
7.10	Summe	MW	**105**	**105**	**101**	**103**	**103**	**101**	**101**	**103**
8	**Netto-Stromerzeugung n. Energieträgern**									
8.1	Steinkohlen	TWh	118	117	105	108	84	97	151	206
8.2	Braunkohlen	TWh	131	135	139	122	103	101	101	93
8.3	Mineralöle	TWh	2	0	0	0	0	0	0	0
8.4	Naturgase	TWh	60	57	66	85	138	153	143	147
8.5	Kernenergie	TWh	144	149	150	147	131	95	50	3
8.6	Wasserkraft	TWh	17	17	17	18	17	18	18	21
8.7	Wind	TWh	5	7	10	12	13	15	15	15
8.8	Photovoltaik	TWh	0	0	0	0	0	0	0	0
8.9	Sonstige	TWh	26	24	21	17	14	15	20	18
8.10	Summe	TWh	**502**	**506**	**508**	**510**	**501**	**492**	**496**	**502**

9	**Energieeinsatz zur Stromerz. n. Energieträgern**									
9.1	Steinkohle	PJ	1178	1177	1025	1037	772	804	1222	1633
9.2	Braunkohle	PJ	1362	1368	1349	1152	955	913	908	829
9.3	Heizöl	PJ	22	0	2	3	0	0	0	0
9.4	Erdgas	PJ	577	536	535	599	900	991	896	920
9.5	Kernenergie	PJ	1653	1704	1717	1684	1501	1089	567	29
9.6	Wasserkraft	PJ	63	62	61	66	63	64	64	75
9.7	Wind	PJ	17	23	37	42	48	53	53	53
9.8	Photovoltaik	PJ	0	0	0	0	0	0	0	0
9.9	Sonstige	PJ	80	79	86	69	53	28	27	23
9.10	Summe	PJ	**4952**	**4951**	**4812**	**4653**	**4292**	**3942**	**3737**	**3561**
10	**Struktur Primärenergieverbrauch**									
10.1	Steinkohlen	PJ	2002	1965	1770	1735	1417	1409	1812	2210
10.2	Braunkohlen	PJ	1668	1627	1509	1296	1083	999	989	908
10.3	Mineralöle	PJ	5403	5222	5371	5351	5375	5297	5504	5638
10.4	Erdgas	PJ	2785	2768	2703	2790	3027	3109	3008	2947
10.5	Kernenergie	PJ	1653	1704	1717	1684	1501	1089	567	29
10.6	Wasserkraft	PJ	63	62	61	62	63	64	64	75
10.7	sonst. Erneuerbare	PJ	179	194	205	188	177	160	151	153
10.8	Importsaldo Strom	PJ	0	0	0	0	0	0	0	0
10.9	Summe (incl. Müll)	PJ	**13752**	**13542**	**13335**	**13105**	**12642**	**12127**	**12095**	**11960**
11	**Schadstoffemissionen**									
11.1	CO2-Emissionen	Mio. t	843	836	822	799	761	749	791	825
11.2	CH4-Emissionen	kt	818,2	721	536	449	384	318	291	264
11.3	N2O-Emissionen	kt	25,0	25	24	23	20	19	21	22
11.4	THG-Emissionen	Mio. t CO2	868,0	858,4	840,5	814,9	775,0	761,9	803,4	836,8
11.5	NOx-Emissionen	kt	2294,2	2120	1749	1746	1745	1782	1905	1990
11.6	SO2-Emissionen	kt	1099,5	877	719	614	492	406	401	427
12	**Ausstiegskosten ***									
12.1	Mehrkosten	Mrd. DM98								
12.2	Spezifische Mehrkosten	Pf.98/kWh								
12.3	Kumulierte Mehrkosten	Mrd. DM98								
12.4	Durchschnittl. jährl. Mehrkosten	Mrd. DM98/a								
12.5	Abdiskont. (2000) kumul. Mehrk	Mrd. DM98								
12.6	Extremwert d. Kostenerhöhung	Pf.98/kWh								
12.7	Durchschnittl. Kostenerhöhung	Pf.98/kWh								

Anmerkungen

Block 7 enthält die Nettoleistungen aller Kraftwerke und KWK-Anlagen exklusive der industriellen Stromerzeugung

Unter "Wasserkraft" sind auch die Pumpspeicherkraftwerke enthalten

Block 8 enthält die gesamte Stromerzeugung, die industrielle Erzeugung ist unter "Sonstige" bilanziert

Block 9 enthält den Primärenergieeinsatz zur Stromerzeugung inklusive KWK-Anlagen exklusive Industrielle Anlagen

Block 11 weist bei Emissionen außer CO2 z.T. noch Lücken in den Daten auf

Szenario Reporting Tabelle

Modell:	IKARUS-MARKAL
Autor:	P. Markewitz, A. Kraft, D. Martinsen, S. Vögele
Institution:	Forschungszentrum Jülich GmbH / Programmgruppe STE
Land:	D
Szenario:	25 Jahre Laufzeit ohne Minderungsziele / Preisentwicklung nach Prognos (P25)
Datum:	22.05.00

		Einheit	1997	2000	2005	2010	2015	2020	2025	2030
1	Demographische Rahmenannahmen									
1.1	Bevölkerung	Mio.	wie MEX I							
1.2	Anzahl der Haushalte	Mio.	wie MEX I							
1.3	Anzahl der Wohnflächen	Mio. m²	wie MEX I							
2	Ökonomische Rahmenannahmen									
2.1	Entwicklung des BIP	Mrd. DM_{91}	wie MEX I							
2.2	Abschreibungsrate	% p. a.	wie MEX I							
3	Energiepreise									
3.1	Importpreis Rohöl	DM_{98}/GJ		5,17	5,24	5,31	5,78	6,56	7,45	8,46
3.2	Importpreis Erdgas	DM_{98}/GJ		3,54	3,92	4,29	4,94	5,81	6,84	8,04
3.3	Importpreis Steinkohle	DM_{98}/GJ		2,55	2,69	2,65	2,72	2,69	2,72	2,76
4	Struktur EEV nach Energieträgern									
4.1	Kohlen	PJ	878	806	639	580	523	500	481	466
4.2	Mineralölprodukte	PJ	4295	4309	4500	4495	4505	4459	4559	4699
4.3	Gase	PJ	2030	2071	2026	2046	2027	1959	1942	1870
4.4	Strom	PJ	1668	1683	1700	1705	1684	1657	1664	1688
4.5	Fernwärme	PJ	329	323	299	271	203	187	165	157
4.6	Erneuerbare	PJ	79	78	76	69	62	56	49	50
4.7	Sonstige (Methanol, Wasserstof	PJ	0	0	0	0	0	0	0	0
4.8	Summe	PJ	**9280**	**9270**	**9239**	**9166**	**9004**	**8818**	**8860**	**8931**
5	Struktur EEV nach Sektoren									
5.1	Industrie	PJ	2573	2542	2386	2326	2256	2164	2238	2333
5.2	Kleinverbraucher	PJ	1601	1616	1633	1602	1563	1534	1532	1530
5.3	Haushalte	PJ	2639	2577	2555	2531	2477	2414	2345	2291
5.4	Verkehr	PJ	2467	2537	2665	2707	2707	2706	2745	2777
6	Struktur Stromnachfrage nach Sektoren									
6.1	Industrie	TWh	197	198	196	200	202	203	216	229
6.2	Kleinverbraucher	TWh	122	121	119	117	115	113	112	112
6.3	Haushalte	TWh	131	134	141	141	136	130	122	115
6.4	Verkehr	TWh	13	14	16	15	15	14	12	14
7	Netto-Engpaßleistung n. Energieträgern									
7.1	Steinkohle (inkl. Mischfeuerung)	MW	29	30	21	18	18	21	24	28
7.2	Braunkohle	MW	20	20	20	17	16	14	14	13
7.3	Heizöl	MW	5	4	4	1	0	0	0	0
7.4	Erdgas	MW	25	25	29	44	50	48	47	46
7.5	Kernenergie	MW	21	21	13	7	0	0	0	0
7.6	Wasserkraft	MW	7	7	7	7	7	7	7	8
7.7	Wind	MW	2	3	5	6	7	8	8	8
7.8	Photovoltaik	MW	0	0	0	0	0	0	0	0
7.9	Sonstige	MW	2	1	1	1	1	1	1	1
7.10	Summe	MW	**111**	**111**	**101**	**102**	**101**	**99**	**100**	**103**
8	Netto-Stromerzeugung n. Energieträgern									
8.1	Steinkohlen	TWh	120	122	114	117	132	151	177	203
8.2	Braunkohlen	TWh	131	136	141	123	105	100	95	89
8.3	Mineralöle	TWh	1	0	0	2	1	0	0	0
8.4	Naturgase	TWh	57	53	112	171	211	187	170	156
8.5	Kernenergie	TWh	145	148	93	49	2	0	0	0
8.6	Wasserkraft	TWh	17	17	17	17	17	18	18	21
8.7	Wind	TWh	5	7	10	12	13	15	15	15
8.8	Photovoltaik	TWh	0	0	0	0	0	0	0	0
8.9	Sonstige	TWh	26	24	21	17	20	22	20	19
8.10	Summe	TWh	**502**	**506**	**508**	**508**	**501**	**492**	**496**	**502**

9	**Energieeinsatz zur Stromerz. n. Energieträgern**									
9.1	Steinkohle	PJ	1178	1184	1089	1101	1174	1253	1437	1617
9.2	Braunkohle	PJ	1356	1359	1349	1152	956	892	849	786
9.3	Heizöl	PJ	13	0	2	20	6	0	0	0
9.4	Erdgas	PJ	549	494	925	1173	1394	1192	1066	959
9.5	Kernenergie	PJ	1663	1692	1068	557	28	0	0	0
9.6	Wasserkraft	PJ	63	62	61	62	63	64	64	75
9.7	Wind	PJ	17	23	37	42	48	53	53	53
9.8	Photovoltaik	PJ	0	0	0	0	0	0	0	0
9.9	Sonstige	PJ	80	79	86	69	53	29	27	25
9.10	Summe	PJ	**4919**	**4893**	**4617**	**4177**	**3721**	**3483**	**3496**	**3516**
10	**Struktur Primärenergieverbrauch**									
10.1	Steinkohlen	PJ	1999	1965	1770	1780	1799	1900	2029	2210
10.2	Braunkohlen	PJ	1658	1610	1502	1289	1077	978	929	865
10.3	Mineralöle	PJ	5403	5222	5363	5365	5371	5313	5506	5650
10.4	Erdgas	PJ	2758	2723	3093	3370	3532	3299	3176	2987
10.5	Kernenergie	PJ	1663	1692	1068	557	28	0	0	0
10.6	Wasserkraft	PJ	63	62	61	62	63	64	64	75
10.7	sonst. Erneuerbare	PJ	172	194	205	189	177	160	153	153
10.8	Importsaldo Strom	PJ	0	0	0	0	0	0	0	0
10.9	Summe (incl. Müll)	PJ	**13716**	**13467**	**13063**	**12610**	**12048**	**11714**	**11857**	**11940**
11	**Schadstoffemissionen**									
11.1	CO2-Emissionen	Mio. t	838	831	842	836	824	805	814	823
11.2	CH4-Emissionen	kt	819,4	721	538	451	387	319	292	264
11.3	N2O-Emissionen	kt	24,8	25	24	24	23	22	22	22
11.4	THG-Emissionen	Mio. t CO2	862,6	853,7	861,2	852,3	839,0	818,3	826,8	835,7
11.5	NOx-Emissionen	kt	2291,0	2120	1775	1801	1815	1837	1929	1992
11.6	SO2-Emissionen	kt	1091,5	873	717	620	530	447	409	426
12	**Ausstiegskosten** *									
12.1	Mehrkosten	Mrd. DM98		0,4	0,2	0,3	1,1	0,9	-0,1	-0,8
12.2	Spezifische Mehrkosten	Pf.98/kWh		0,08	0,04	0,06	0,22	0,18	-0,03	-0,17
12.3	Kumulierte Mehrkosten	Mrd. DM98	11,9							
12.4	Durchschnittl. jährl. Mehrkosten	Mrd. DM98/a	0,3							
12.5	Abdiskont. (2000) kumul. Mehrk	Mrd. DM98	8,49							
12.6	Extremwert d. Kostenerhöhung	Pf.98/kWh	0,22							
12.7	Durchschnittl. Kostenerhöhung	Pf.98/kWh	0,06							

Anmerkungen

Block 7 enthält die Nettoleistungen aller Kraftwerke und KWK-Anlagen exklusive der industriellen Stromerzeugung

Unter "Wasserkraft"sind auch die Pumpspeicherkraftwerke enthalten

Block 8 enthält die gesamte Stromerzeugung, die industrielle Erzeugung ist unter "Sonstige" bilanziert

Block 9 enthält den Primärenergieeinsatz zur Stromerzeugung inklusive KWK-Anlagen exklusive Industrielle Anlagen

Block 11 weist bei Emissionen außer CO2 z.T. noch Lücken in den Daten auf

Szenario Reporting Tabelle

Modell:	IKARUS-MARKAL
Autor:	P. Markewitz, A. Kraft, D. Martinsen, S. Vögele
Institution:	Forschungszentrum Jülich GmbH / Programmgruppe STE
Land:	D
Szenario:	25 Jahre Laufzeit mit Emissionsstabilisierung (nur CO2), Trendszenario / Preisentwicklung nach Prognos (P25B)
Datum:	22.05.00

		Einheit	1997	2000	2005	2010	2015	2020	2025	2030
1	**Demographische Rahmenannahmen**									
1.1	Bevölkerung	Mio.	wie MEX I							
1.2	Anzahl der Haushalte	Mio.	wie MEX I							
1.3	Anzahl der Wohnflächen	Mio. m²	wie MEX I							
2	**Ökonomische Rahmenannahmen**									
2.1	Entwicklung des BIP	Mrd. DM_{91}	wie MEX I							
2.2	Abschreibungsrate	% p. a.	wie MEX I							
3	**Energiepreise**									
3.1	Importpreis Rohöl	DM_{90}/GJ		5,17	5,24	5,31	5,78	6,56	7,45	8,46
3.2	Importpreis Erdgas	DM_{90}/GJ		3,54	3,92	4,29	4,94	5,81	6,84	8,04
3.3	Importpreis Steinkohle	DM_{90}/GJ		2,55	2,69	2,65	2,72	2,69	2,72	2,76
4	**Struktur EEV nach Energieträgern**									
4.1	Kohlen	PJ	877	805	626	574	506	496	479	466
4.2	Mineralölprodukte	PJ	4257	4267	4479	4435	4475	4440	4502	4567
4.3	Gase	PJ	2062	2107	2018	2011	1987	1933	1974	1982
4.4	Strom	PJ	1668	1683	1701	1702	1675	1652	1664	1688
4.5	Fernwärme	PJ	329	324	293	290	213	187	165	157
4.6	Erneuerbare	PJ	79	78	75	69	62	55	49	50
4.7	Sonstige (Methanol, Wasserstof	PJ	0	0	0	0	0	0	0	0
4.8	Summe	PJ	**9272**	**9264**	**9193**	**9081**	**8917**	**8763**	**8834**	**8909**
5	**Struktur EEV nach Sektoren**									
5.1	Industrie	PJ	2573	2541	2354	2276	2214	2149	2236	2332
5.2	Kleinverbraucher	PJ	1601	1616	1633	1601	1563	1533	1532	1530
5.3	Haushalte	PJ	2638	2577	2541	2497	2433	2375	2320	2270
5.4	Verkehr	PJ	2460	2530	2665	2707	2707	2706	2745	2777
6	**Struktur Stromnachfrage nach Sektoren**									
6.1	Industrie	TWh	197	198	197	199	201	203	216	229
6.2	Kleinverbraucher	TWh	122	121	119	117	115	113	112	112
6.3	Haushalte	TWh	131	134	141	141	135	129	122	115
6.4	Verkehr	TWh	13	14	16	15	15	14	12	14
7	**Netto-Engpaßleistung n. Energieträgern**									
7.1	Steinkohle (inkl. Mischfeuerung)	MW	29	30	21	18	14	9	14	22
7.2	Braunkohle	MW	20	20	20	17	16	14	14	13
7.3	Heizöl	MW	5	4	4	1	0	0	0	0
7.4	Erdgas	MW	25	25	29	44	54	59	57	53
7.5	Kernenergie	MW	21	21	13	7	0	0	0	0
7.6	Wasserkraft	MW	7	7	7	7	8	8	7	7
7.7	Wind	MW	2	3	5	6	7	8	8	8
7.8	Photovoltaik	MW	0	0	0	0	0	0	0	0
7.9	Sonstige	MW	2	1	1	1	1	1	1	1
7.10	Summe	MW	**111**	**111**	**101**	**102**	**101**	**98**	**100**	**103**
8	**Netto-Stromerzeugung n. Energieträgern**									
8.1	Steinkohlen	TWh	120	122	83	72	29	64	105	157
8.2	Braunkohlen	TWh	131	136	141	123	105	85	95	89
8.3	Mineralöle	TWh	2	0	0	0	0	0	0	0
8.4	Naturgase	TWh	57	53	143	217	312	285	242	206
8.5	Kernenergie	TWh	145	148	93	49	2	0	0	0
8.6	Wasserkraft	TWh	17	17	17	17	20	19	18	18
8.7	Wind	TWh	5	7	10	12	13	15	15	15
8.8	Photovoltaik	TWh	0	0	0	0	0	0	0	0
8.9	Sonstige	TWh	26	24	21	18	17	22	20	18
8.10	Summe	TWh	**502**	**505**	**508**	**507**	**498**	**490**	**495**	**502**

9	**Energieeinsatz zur Stromerz. n. Energieträgern**									
9.1	Steinkohle	PJ	1179	1186	788	685	255	552	861	1250
9.2	Braunkohle	PJ	1356	1359	1349	1152	956	759	849	786
9.3	Heizöl	PJ	18	0	2	0	0	0	0	0
9.4	Erdgas	PJ	544	493	1173	1485	2048	1831	1513	1265
9.5	Kernenergie	PJ	1663	1692	1068	557	28	0	0	0
9.6	Wasserkraft	PJ	63	62	61	62	71	68	66	64
9.7	Wind	PJ	17	23	37	42	48	53	53	53
9.8	Photovoltaik	PJ	0	0	0	0	0	0	0	0
9.9	Sonstige	PJ	80	79	86	72	55	31	26	25
9.10	Summe	PJ	**4920**	**4894**	**4565**	**4056**	**3460**	**3294**	**3368**	**3443**
10	**Struktur Primärenergieverbrauch**									
10.1	Steinkohlen	PJ	1999	1965	1451	1292	808	1128	1422	1836
10.2	Braunkohlen	PJ	1657	1608	1491	1286	1062	843	929	865
10.3	Mineralöle	PJ	5376	5176	5328	5271	5312	5278	5448	5512
10.4	Erdgas	PJ	2779	2759	3335	3650	4167	3916	3664	3412
10.5	Kernenergie	PJ	1663	1692	1068	557	28	0	0	0
10.6	Wasserkraft	PJ	63	62	61	62	71	68	66	64
10.7	sonst. Erneuerbare	PJ	172	194	192	190	165	125	149	153
10.8	Importsaldo Strom	PJ	0	0	0	0	0	0	0	0
10.9	Summe (incl. Müll)	PJ	**13709**	**13456**	**12926**	**12309**	**11614**	**11358**	**11678**	**11841**
11	**Schadstoffemissionen**									
11.1	CO2-Emissionen	Mio. t	836	829	822	798	761	749	780	802
11.2	CH4-Emissionen	kt	817,5	720	539	452	386	321	293	266
11.3	N2O-Emissionen	kt	24,9	25	23	22	19	17	20	21
11.4	THG-Emissionen	Mio. t CO2	860,9	851,9	840,3	814,7	774,5	761,4	792,7	814,2
11.5	NOx-Emissionen	kt	2284,4	2115	1749	1780	1791	1822	1931	1997
11.6	SO2-Emissionen	kt	1094,7	869	647	546	421	383	366	392
12	**Ausstiegskosten ***									
12.1	Mehrkosten	Mrd. DM98		0,6	0,6	0,8	1,9	1,0	0,1	-0,4
12.2	Spezifische Mehrkosten	Pf.98/kWh		0,11	0,12	0,17	0,40	0,22	0,02	-0,08
12.3	Kumulierte Mehrkosten	Mrd. DM98	24,4							
12.4	Durchschnittl. jährl. Mehrkosten	Mrd. DM98/a	0,7							
12.5	Abdiskont. (2000) kumul. Mehrk	Mrd. DM98	14,86							
12.6	Extremwert d. Kostenerhöhung	Pf.98/kWh	0,40							
12.7	Durchschnittl. Kostenerhöhung	Pf.98/kWh	0,14							

Anmerkungen

Block 7 enthält die Nettoleistungen aller Kraftwerke und KWK-Anlagen exklusive der industriellen Stromerzeugung

Unter "Wasserkraft" sind auch die Pumpspeicherkraftwerke enthalten

Block 8 enthält die gesamte Stromerzeugung, die industrielle Erzeugung ist unter "Sonstige" bilanziert

Block 9 enthält den Primärenergieeinsatz zur Stromerzeugung inklusive KWK-Anlagen exklusive Industrielle Anlagen

Block 11 weist bei Emissionen außer CO2 z.T. noch Lücken in den Daten auf

Szenario Reporting Tabelle

Modell:	IKARUS-MARKAL
Autor:	P. Markewitz, A. Kraft, D. Martinsen, S. Vögele
Institution:	Forschungszentrum Jülich GmbH / Programmgruppe STE
Land:	D
Szenario:	25 Jahre Laufzeit mit Emissionsreduktiuon gem. Kyotovorgaben und Fortschreibung (nur CO_2) / Preise nach Prognos (P25K)
Datum:	22.05.00

		Einheit	1997	2000	2005	2010	2015	2020	2025	2030
1	**Demographische Rahmenannahmen**									
1.1	Bevölkerung	Mio.	wie MEX I							
1.2	Anzahl der Haushalte	Mio.	wie MEX I							
1.3	Anzahl der Wohnflächen	Mio. m^2	wie MEX I							
2	**Ökonomische Rahmenannahmen**									
2.1	Entwicklung des BIP	Mrd. DM_{91}	wie MEX I							
2.2	Abschreibungsrate	% p. a.	wie MEX I							
3	**Energiepreise**									
3.1	Importpreis Rohöl	DM_{99}/GJ		5,17	5,24	5,31	5,78	6,56	7,45	8,46
3.2	Importpreis Erdgas	DM_{99}/GJ		3,54	3,92	4,29	4,94	5,81	6,84	8,04
3.3	Importpreis Steinkohle	DM_{99}/GJ		2,55	2,69	2,65	2,72	2,69	2,72	2,76
4	**Struktur EEV nach Energieträgern**									
4.1	Kohlen	PJ	876	805	627	564	450	415	374	329
4.2	Mineralölprodukte	PJ	4286	4289	4159	4145	4143	3949	3434	3043
4.3	Gase	PJ	2043	2093	2308	2227	2192	2152	2394	2383
4.4	Strom	PJ	1668	1683	1699	1688	1651	1635	1657	1675
4.5	Fernwärme	PJ	320	316	287	296	210	188	174	245
4.6	Erneuerbare	PJ	79	78	75	69	62	55	128	187
4.7	Sonstige (Methanol, Wasserstof	PJ	0	0	0	0	0	0	36	45
4.8	Summe	PJ	**9272**	**9263**	**9155**	**8988**	**8708**	**8394**	**8197**	**7908**
5	**Struktur EEV nach Sektoren**									
5.1	Industrie	PJ	2575	2541	2343	2273	2183	2091	2150	2229
5.2	Kleinverbraucher	PJ	1601	1616	1628	1591	1540	1487	1419	1369
5.3	Haushalte	PJ	2638	2577	2519	2430	2299	2162	2006	1825
5.4	Verkehr	PJ	2458	2529	2665	2694	2686	2654	2623	2624
6	**Struktur Stromnachfrage nach Sektoren**									
6.1	Industrie	TWh	197	198	196	199	200	201	213	226
6.2	Kleinverbraucher	TWh	122	121	119	117	115	113	116	117
6.3	Haushalte	TWh	131	134	141	138	128	125	116	106
6.4	Verkehr	TWh	13	14	16	15	15	15	15	17
7	**Netto-Engpaßleistung n. Energieträgern**									
7.1	Steinkohle (inkl. Mischfeuerung)	MW	27	27	17	15	12	4	4	3
7.2	Braunkohle	MW	20	19	21	19	18	16	16	15
7.3	Heizöl	MW	5	4	4	1	0	0	0	0
7.4	Erdgas	MW	20	20	32	43	50	58	60	62
7.5	Kernenergie	MW	21	21	13	7	0	0	0	0
7.6	Wasserkraft	MW	7	7	7	7	8	8	8	8
7.7	Wind	MW	2	3	5	7	8	12	21	26
7.8	Photovoltaik	MW	0	0	0	0	0	0	0	0
7.9	Sonstige	MW	2	1	1	1	2	2	1	5
7.10	Summe	MW	**105**	**104**	**100**	**100**	**97**	**99**	**110**	**118**
8	**Netto-Stromerzeugung n. Energieträgern**									
8.1	Steinkohlen	TWh	117	117	56	38	23	12	0	0
8.2	Braunkohlen	TWh	131	135	145	131	113	94	67	39
8.3	Mineralöle	TWh	2	0	0	0	0	0	0	0
8.4	Naturgase	TWh	60	58	161	231	284	305	326	320
8.5	Kernenergie	TWh	144	148	93	49	2	0	0	0
8.6	Wasserkraft	TWh	17	17	17	19	20	21	23	23
8.7	Wind	TWh	5	7	10	13	15	22	39	48
8.8	Photovoltaik	TWh	0	0	0	0	0	0	0	0
8.9	Sonstige	TWh	26	24	25	23	34	31	33	62
8.10	Summe	TWh	**502**	**505**	**507**	**503**	**490**	**484**	**489**	**492**

9	**Energieeinsatz zur Stromerz. n. Energieträgern**									
9.1	Steinkohle	PJ	1177	1174	551	366	209	114	0	0
9.2	Braunkohle	PJ	1362	1368	1349	1152	955	761	537	309
9.3	Heizöl	PJ	20	0	2	0	0	0	0	0
9.4	Erdgas	PJ	582	548	1261	1694	1979	1990	2097	1975
9.5	Kernenergie	PJ	1651	1692	1068	557	28	0	0	0
9.6	Wasserkraft	PJ	63	62	61	67	71	75	83	83
9.7	Wind	PJ	17	23	37	45	53	77	112	136
9.8	Photovoltaik	PJ	0	0	0	0	0	0	0	0
9.9	Sonstige	PJ	80	79	88	72	84	76	69	390
9.10	Summe	PJ	**4950**	**4947**	**4417**	**3954**	**3378**	**3093**	**2897**	**2893**
10	**Struktur Primärenergieverbrauch**									
10.1	Steinkohlen	PJ	2002	1965	1226	969	742	599	453	409
10.2	Braunkohlen	PJ	1663	1618	1491	1274	1020	826	590	363
10.3	Mineralöle	PJ	5384	5189	4998	4972	4961	4752	4211	3793
10.4	Erdgas	PJ	2814	2803	3735	4108	4346	4342	4758	4657
10.5	Kernenergie	PJ	1651	1692	1068	557	28	0	0	0
10.6	Wasserkraft	PJ	63	62	61	67	71	75	83	83
10.7	sonst. Erneuerbare	PJ	179	194	205	184	199	229	334	884
10.8	Importsaldo Strom	PJ	0	0	0	0	0	0	0	0
10.9	Summe (incl. Müll)	PJ	**13754**	**13522**	**12784**	**12131**	**11367**	**10822**	**10429**	**10189**
11	**Schadstoffemissionen**									
11.1	CO2-Emissionen	Mio. t	841	834	799	770	731	683	623	555
11.2	CH4-Emissionen	kt	816,9	719	542	453	378	319	287	253
11.3	N2O-Emissionen	kt	25,2	25	23	20	19	17	14	13
11.4	THG-Emissionen	Mio. t CO2	866,3	856,8	817,4	785,8	744,7	694,3	633,7	564,0
11.5	NOx-Emissionen	kt	2287,5	2115	1741	1743	1747	1767	1782	1812
11.6	SO2-Emissionen	kt	1102,2	872	587	469	319	278	186	154
12	**Ausstiegskosten ***									
12.1	Mehrkosten	Mrd. DM98		0,1	1,5	3,2	5,9	6,6	14,5	33,4
12.2	Spezifische Mehrkosten	Pf.98/kWh		0,02	0,30	0,65	1,25	1,42	3,09	7,06
12.3	Kumulierte Mehrkosten	Mrd. DM98	258,6							
12.4	Durchschnittl. jährl. Mehrkosten	Mrd. DM98/a	9,3							
12.5	Abdiskont. (2000) kumul. Mehrk.	Mrd. DM98	86,93							
12.6	Extremwert d. Kostenerhöhung	Pf.98/kWh	7,06							
12.7	Durchschnittl. Kostenerhöhung	Pf.98/kWh	1,97							

Anmerkungen

Block 7 enthält die Nettoleistungen aller Kraftwerke und KWK-Anlagen exklusive der industriellen Stromerzeugung

Unter "Wasserkraft" sind auch die Pumpspeicherkraftwerke enthalten

Block 8 enthält die gesamte Stromerzeugung, die industrielle Erzeugung ist unter "Sonstige" bilanziert

Block 9 enthält den Primärenergieeinsatz zur Stromerzeugung inklusive KWK-Anlagen exklusive Industrielle Anlagen

Block 11 weist bei Emissionen außer CO2 z.T. noch Lücken in den Daten auf

7 Wuppertal Modellinstrumentarium

Manfred Fischedick, Thomas Hanke, Stefan Lechtenböhmer

Wuppertal Institut für Klima, Umwelt, Energie GmbH
im Wissenschaftszentrum Nordrhein-Westfalen

7.1 Einleitung

Die Diskussion um den Einsatz der Kernenergie wird sehr kontrovers geführt. Nicht nur im gesellschaftlichen Rahmen sondern auch auf wissenschaftlicher Ebene werden dabei verschiedene Zukünfte für die Energieversorgung für möglich gehalten und dabei insbesondere auch die Bedeutung der Kernenergie für den Klimaschutz unterschiedlich bewertet.

Im Rahmen des hier durchgeführten Modellexperimentes sind vor diesem Hintergrund für die zukünftige Nutzung der Kernenergie verschiedene Variationsrechnungen (inkl. Sensitivitätsbetrachtungen) mit unterschiedlichen Modellsystemen vergleichend durchgeführt worden und die resultierenden Unterschiede aufgezeigt und diskutiert worden. An diesem Modellvergleich hat sich auch dass Wuppertal Institut mit seinem Modellinstrumentarium beteiligt. Wie im nachfolgenden Abschnitt noch im Detail dargestellt wird, unterscheidet sich der vom Wuppertal Institut verwendete Modellansatz deutlich von den anderen, im Rahmen des Modellexperimentes verwendeten Verfahren. Im Gegensatz zu den übrigen energietechnischen bottom up-Modellen basiert er nicht auf einem Optimierungsansatz, sondern stellt ein heuristisches Verfahren dar. Mit Hilfe eines Simulationsmodells wird versucht Expertenwissen, das auf realen energiepolitischen Zusammenhängen und nicht auf theoretischen und idealisierten Modellansätzen basiert, in unterschiedliche Entwicklungspfade für das Energiesystem zu übersetzen.

Aufgrund der andersartigen Vorgehensweise ist der Modellvergleich damit nicht nur aus inhaltlichen Gründen (welche Auswirkungen hat ein „vorzeitiger" Ausstieg aus der Kernenergie) von hohem Interesse, sondern insbesondere auch aus methodischen Gesichtspunkten. Weichen die Ergebnisse der Berechnungen signifikant von denjenigen der Optimierungsmodelle ab, oder führt die Umsetzung von Expertenwissen implizit auch zu einer vergleichbaren Entwicklung. Wo zeigen sich besonders deutliche Unterschiede zwischen idealisiertem Modellverhalten und realen politischen Entscheidungsprozessen.

7.2 Methodischer Ansatz

Die Erfahrungen der letzten Jahrzehnte haben gezeigt, dass die Entwicklung des Energiesystems nicht vorhersehbar ist. Alle in der Vergangenheit vorgelegten Prognosen wiesen gegenüber der real eingetretenen Entwicklung mehr oder weniger große Abweichungen auf. Energieprognosen im klassischen Sinne spielen für die Energiepolitik daher keine maßgebliche Rolle mehr. Heute wird versucht, im Rahmen von Szenarioanalysen die Bandbreite möglicher Entwicklungen aufzuzeigen und jeweils zu identifizieren, welche Entwicklung unter Zugrundelegung unterschiedlicher Randbedingungen zu erwarten ist. Einen aus technologischer Sichtweise sehr tiefgehenden Einblick in das Energiesystem ermöglicht dabei die Arbeit mit sog. bottom up Modellen (z. B. IKARUS, E3NET). Üblicherweise wird hier mit Hilfe eines Optimierungsalgorhythmusses versucht, ausgerichtet auf eine Zielfunktion „optimale" Entwicklungspfade für das Energiesystem zu beschreiben. Die Energiepolitik erhält hierdurch wichtige und z. T. sehr detaillierte Hinweise über die wesentlichen Bereiche, in denen vor dem Hintergrund der gesetzten Ziele Veränderungen zu erwarten bzw. notwendig sind.

Das Modellinstrumentarium des Wuppertal Instituts, das ebenfalls zu den bottom up Modellen zu zählen ist, wählt einen anderen Weg. Hier wird versucht (eine detaillierte Modellbeschreibung findet sich in (Wuppertal Institut 2000)) Entwicklungspfade des Energiesystems auf der Basis eines akteurs- und politiknahen Ansatz darzustellen. Als wesentlichstes Hilfsmittel dient dabei das Instrument der Expertenschätzung. Abgeschätzt wird jeweils bezugnehmend auf eine Referenzentwicklung zum einen, welche Veränderungen überhaupt (politisch) instrumentierbar sind und zum zweiten, im welchem Umfang diese Veränderungen unter verschiedenen Randbedingungen (praktisch) umsetzbar sind.

Gegenüber der abstrakten Orientierung an den reinen technischen Veränderungsmöglichkeiten hat diese Vorgehensweise den Vorteil, dass für den politischen Handlungsträger sofort darstellbar ist, welche Maßnahmen (mit welcher Umsetzungstiefe, -breite und -widerstand) für welche erreichbare Wirkung umzusetzen sind bzw. umgekehrt, welche Wirkung mit Maßnahmen welcher Umsetzungstiefe, -breite und -widerstand realisierbar ist. Diesem Vorteil steht allerdings der Nachteil gegenüber, dass die Summe aller umgesetzten Veränderungen nicht zwingend zu einem mathematischen Optimum führen muss, sondern u. U. im Sinne der Zielfunktion von Optimierungsmodellen ggf. nur suboptimale Lösungen (dafür aber mit hoher Praxisnähe) beschrieben werden. In diesem Verständnis ist der Modellansatz des Wuppertal Instituts nicht als Ersatz, sondern als Ergänzung der Durchführung von Rechnungen mit Optimierungsmodellen zu sehen.

Für die Bewertung verschiedener Maßnahmen wurde eine Kategorisierung von o/+ bis +++ eingeführt, die jeweils mit steigender Tendenz die gegenüber dem Trend abweichende Umsetzungsintensität beschreibt. Der zentrale, die Maßnahmen einordnende Begriff der Umsetzungsintensität versucht dabei im wesentlichen die Tiefe und Breite der mit der Maßnahmenumsetzung verbundenen Intervention in das bestehende System ebenso aufzugreifen, wie die zu erwartenden Widerstände gegenüber der Umsetzung.

Im Rahmen von Szenarioanalysen können so über alle Handlungsebenen hinweg Maßnahmen mit gleicher oder unterschiedlicher Umsetzungsintensität zu Maßnahmenbündeln/Handlungspaketen zusammengefasst werden und hinsichtlich ihrer Wirkung beurteilt werden. Tabelle 7-1 stellt eine derartige Bewertung am Beispiel der Substitutionsmöglichkeiten von Nachtspeicherheizungen dar. Damit liegt eine weitreichende Diskussionsgrundlage über die Zielerreichung bestimmter energiepolitischer Vorgaben vor, die letztlich für die zielorientierte und politiknahe Konzeption von Szenarien mit den üblichen Szenariomethoden genutzt werden kann.

Tabelle 7-1: Bewertungsbogen für die Substitution von Nachtspeicherheizungen im Haushaltsbereich durch unterschiedliche Instrumentengruppen

Bereich / Instrument	**Wirkung**	**Umsetzungs-intensität**	**Bemerkung / flankierende Maßnahme**
Neuanschlüsse (rd. 840.000 Whg. bis 2020 mit rd. 9,5 TWh Stromeinsatz)			
Begründungspflicht + SVE Heizungsbau & Stromwirtschaft	ca. 80 % Potentialausschöpfung	+	ggf. in ESVO verankern; Beschränkung der Sondertarife, ggf. Rücknahme von Sondertarifen; entspr. Beratung
Neueinsatzverbot in Geb. > 70 kWh/m^2*a	ca. 95 % Potentialausschöpfung	++	ggf. in ESVO verankern; zus. Beschränkung entsprechender Sondertarife
Bestehende Heizungen (rd. 2,3 Mio. Whg. mit von 27 auf 22,3 TWh sink. Stromeinsatz)			
Förderprogramme I (etwa heutige Höhe)	ca. 25 % Potentialausschöpfung	+	Bundesweit z.B. über Energiesparfonds, Kredite o.ä.; Problem: zersplitterte Eigentümersituation
Förderprogramme II (10.000 DM/Whg.)	ca. 60 % Potentialausschöpfung	++	s.o.; besser dotiert; ggf. zinsloser Kredit über gesamte Kosten analog PV-Förderung
Voller Ökosteuersatz auch für best. NSP	alleine: ca. 20 %, mit FP II: ca. 75 %	++	kann flankierend zu Förderprogrammen und/oder ordnungsrechtlichen Maßnahmen ergriffen werden
Erneuerungsverbot	80 - 90 % Potentialausschöpfung	+++	z.B. in ESVO zu regeln; kann durch Förderung ergänzt werden; Problem: selten Totalerneuerung
Nachrüstpflicht	100 % Potentialausschöpfung	+++	z.B. in ESVO zu regeln; kann durch Förderung ergänzt werden

Quelle: Schätzung Wuppertal Institut 2000

Derartige Bewertungen wurden für die gesamte Bandbreite der zur Verfügung stehenden CO_2-Minderungsoptionen durchgeführt. Dabei zeigt sich bereits, dass für die Erreichung maßgeblicher CO_2-Minderungsziele die Umsetzung einer Vielzahl von Maßnahmen in allen energieverbrauchenden Bereichen (vgl. Abbildung 7-1) und ein umfangreicher Maßnahmenmix notwendig sind (vgl. Abbildung 7-2).

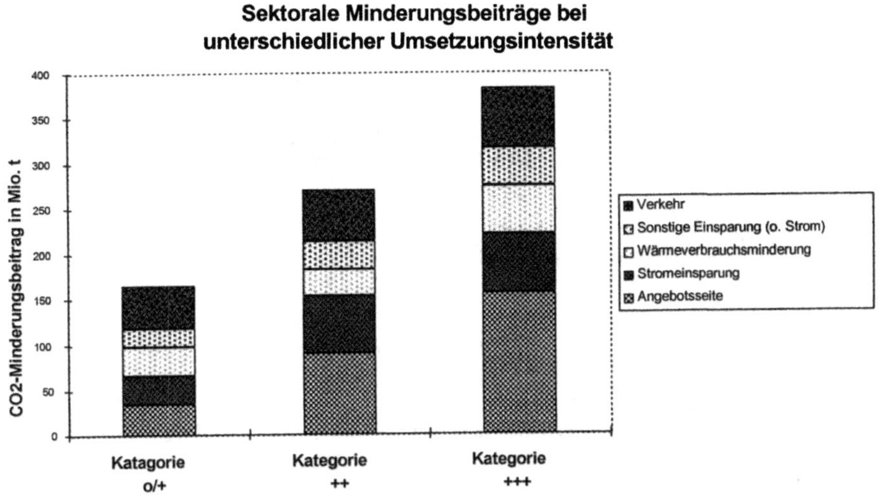

Abbildung 7-1: Realisierbare CO_2-Minderungsbeiträge in Abhängigkeit der Umsetzungsintensität

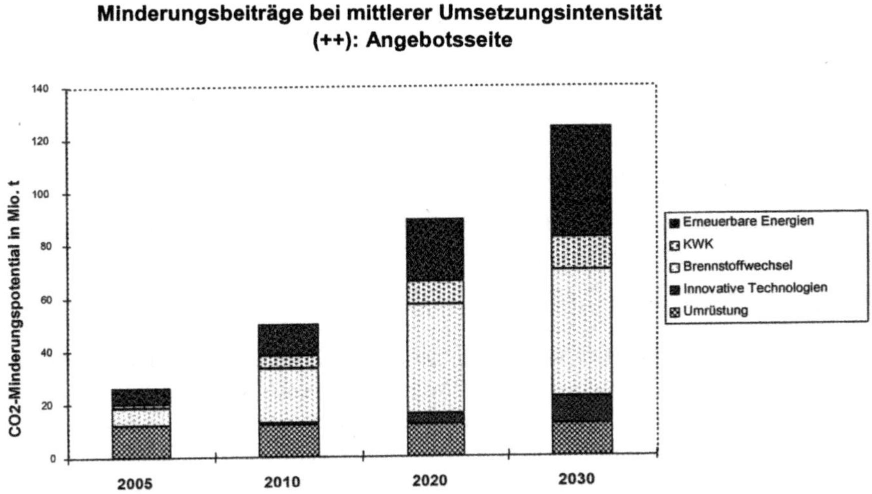

Abbildung 7-2: Realisierbare CO_2-Minderungsbeiträge bei mittlerer Umsetzungsintensität auf der Angebotsseite

Abbildung 7-3 stellt darüber hinaus in Abhängigkeit der Umsetzungsintensität die nachfrageseitigen Möglichkeiten zur Stromeinsparung in den verschiedenen Sektoren dar.

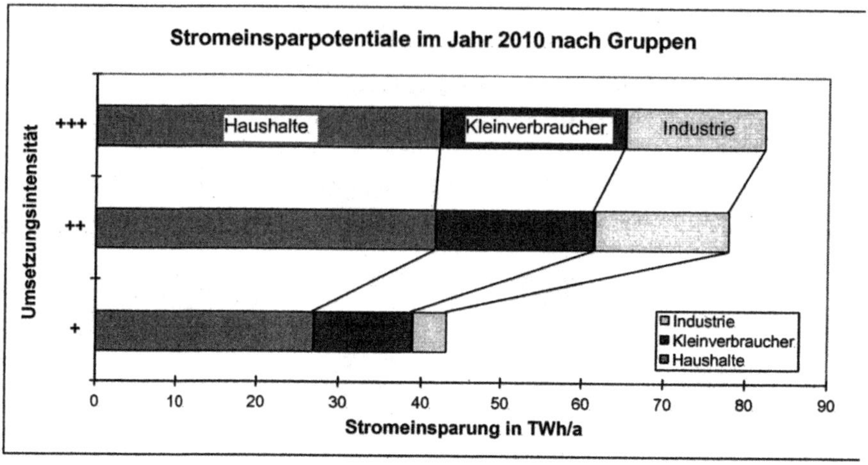

Abbildung 7-3: Realisierbares Stromeinsparpotential in Abhängigkeit der Umsetzungsintensität

Im Rahmen der durchgeführten Untersuchung ist für die Szenarioerstellung ein sog. technologieorientiertes bottom-up Simulationsmodell verwendet worden. Im Gegensatz zu makroökonomischen Modellen ermöglicht dieser Ansatz eine detaillierte Abbildung der im Rahmen der Energieversorgung und -anwendung maßgeblichen Prozesse. Das Modell ist modulartig aufgebaut. In Bezug auf die anstehende Fragestellung sind dabei von besonderer Bedeutung

- das Stromeinsparmodell
- das Raumwärme- und Warmwassermodell
- das Angebotsmodell (inkl. zusammenfassende Erstellung von Energie- und Emissionsbilanzen) und letztlich
- die (angebotsseitige) Differenzkostenmethodik.

Das Stromeinsparmodell ermöglicht die modelltechnische Übersetzung konkreter technik- und zielgruppenspezifischer Programme (z. B. Verringerung der Stand-By-Verluste). Für jedes Programm wird dabei unter Berücksichtigung der Reinvestitionszyklen und unter Einhaltung vorgegebener Kosten- und Wirtschaftlichkeitsgesichtspunkte das jeweilige, in verschiedenen Stützjahren umsetzbare, Stromeinsparpotential ermittelt.

Im Raumwärme- und Warmwassermodell können auf der Basis eines Gebäudebestands- und -ausbaumodells, in dem 40 charakteristische Gebäudetypen mit ihren jeweiligen energetisch relevanten Bauteilen betrachtet werden, sehr detailliert unterschiedliche Sanierungs- und Zubauvarianten (z. B. Umsetzung der geplanten Energieeinsparverordnung oder weitergehender Maßnahmen) nachgebildet werden. Ebenso können voneinander abweichende Ersatzstrategien für den Heizungsbestand untersucht werden.

Das Angebotsmodell gliedert sich in verschiedene Submodelle (z. B. Stromerzeugung, Fernwärmebereitstellung, Raffinerie), die letztlich in einer Primär- und CO_2-Bilanz münden. Im umfangreichen Stromerzeugungsmodul wird eine detaillierte Energie- und Leistungsbilanz erstellt. Zwischen den Submodellen kommt es bezüglich des Energieverbrauchs im Umwandlungsbereich zu Wechselwirkungen (z. B. HEL-Einsatz in der Stromerzeugung führt zu einer erhöhten Anforderung bei den Raffinerien, während der Stromverbrauch der Raffinerien u. U. auf den Stromerzeugungsbereich rückwirkt), die berücksichtigt werden.

Alle Submodelle sind sehr stark prozessorientiert aufgebaut und folgen der Systematik des Referenzenergiesystems (vgl. Abbildung 7-4)[38]. D. h. es erfolgt jeweils eine Verknüpfung zwischen Gütern auf der einen Seite (z. B. Steinkohle, Strom) und Technologien auf der anderen Seite. Als Verknüpfungsfaktoren sind dabei in der Regel durchschnittliche Jahresnutzungsgrade die entscheidende Größenordnung. Die anteilige Bedeutung der verschiedenen Technologien leitet sich aus der Vorgabe technologiespezifischer Marktanteile (z. B. Anteil der Kraft-Wärme-Kopplung auf Erdgasbasis an der Deckung der Stromnachfrage) ab. Diese stellen dabei das Bindeglied zu der zuvor diskutierten politiknahen Abschätzung von Maßnahmenwirkungen dar. Während diese Größen in LP-Modellen (modell-)endogen unter Berücksichtigung verschiedener Restriktionen (Bounds) ermittelt werden, erfolgt die Bestimmung der Marktanteile im Rahmen des Wuppertal Instrumentariums auf der Basis von Expertenwissen.

Ausgehend von der Fragestellung „welche volkswirtschaftlichen Auswirkungen sind mit dem Ausstieg aus der Kernenergie verbunden“ basiert die hier angewendete Kostenbewertung zunächst auf der Methode einer segmentbezogenen Differenzkostenanalyse. Das im Rahmen dieser Analyse betrachtete Segment des Energiesystems enthält den noch bestehenden Kernkraftwerkspark, die unmittelbar als Ersatz für die im Zeitverlauf stillgelegten Kernkraftwerke eingesetzten - je nach Szenario möglicherweise voneinander abweichenden - Kraftwerke sowie den darüber hinausgehend verbleibenden, ebenfalls bestimmten szenariospezifischen Veränderungen unterworfenen, übrigen Kraftwerkspark.

---

38 Damit wird eine vergleichbare Systematik verwendet wie im Simulationsansatz PLANET des MESAP Modellinstrumentariums des IER in Stuttgart.

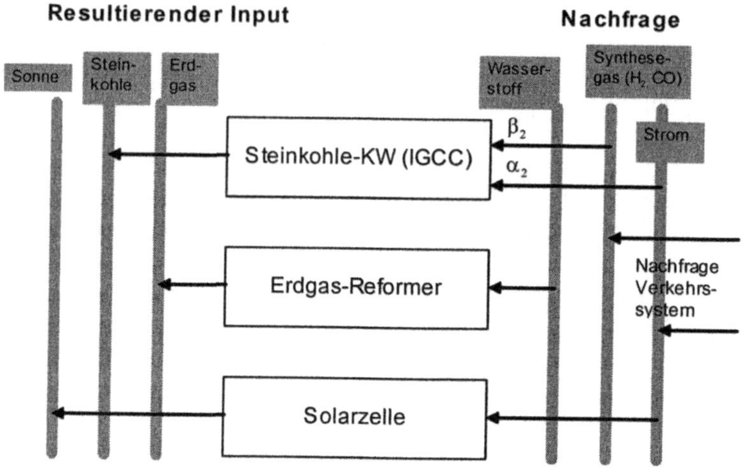

Abbildung 7-4: Beispielhafte Darstellung des Grundprinzips des Referenzenergiesystems

Für die Bestimmung der Kapital- und Betriebskosten der Kernkraftwerke wird dabei ein eigenständiges, jedes einzelne Kraftwerk mit seinen jeweiligen Spezifika abbildendes Kostenmodell eingesetzt. Betrachtet werden dabei nicht nur die Kosten für den eigentlichen Betrieb, sondern auch notwendige Aufwendungen für Entsorgung und Rückbau der Anlagen (Rückstellungen). D. h. das Berechnungsverfahren bestimmt u. a. kernkraftwerksscharf welche fixen jährliche Kosten der Kernenergie nach Abschaltung (Betriebs-, Versicherungs- , Personalkosten etc.) vermieden werden können sowie welche Aufwendungen für Kapitaldienst, Entsorgung und Rückbau (Nachbetriebsphase) noch nicht einbehalten wurden. Im Modell wird zudem die Umsetzung von Stromeinsparpotentialen in den Berechnungen kostenseitig im Detail erfasst. Bezogen auf die anderen Bereiche, die zwar keinen direkten Einfluss auf den Ausstieg aus der Kernenergie haben, sehr wohl aber in Bezug auf die Umsetzung einer Klimaschutzstrategie von Bedeutung sind, beschränkt sich die hier vorliegende Betrachtung kostenseitig auf Plausibilitätsbetrachtungen.

7.3 Datentechnische Fundierung

Das Modellinstrumentarium des Wuppertal Institut baut traditionsgemäß auf den jeweils aktuellen Trendprognosen von Prognos auf, d. h. in diesem Fall auf dem Energiereport III (Prognos/EWI 1999). Ausgehend von dieser „base line" werden dann mit dem zuvor beschriebenen Hilfsmittel der Expertenschätzung Veränderungen des Energiesystems modelliert. Um eine Vergleichbarkeit mit den anderen Modellergebnissen im Rahmen dieses Modellexperimentes herstellen zu können, musste ein eigenes Trendszenario gerechnet und in diesem Modifikationen gegenüber den ursprünglichen Prognos-Annahmen implementiert werden. Die Veränderungen beziehen sich dabei vor allem auf die

- Verwendung einheitlicher Energieträgerpreise innerhalb des Modellexperimentes
- die Festsetzung einer Betriebsdauer von 40 Jahren für die Kernkraftwerke (statt 35 bei Prognos) und
- die Zugrundelegung eines ausgeglichenen Import-/Exportsaldos im Zeitverlauf

Im Gegensatz dazu wurden die ursprünglichen Rahmenannahmen von Prognos/EWI bezüglich der demografischen und wirtschaftlichen Entwicklungen beibehalten auch wenn diese leicht von den Vorgaben des Modellexperimentes abweichen (vgl. Tabelle 7-2). Sensitivitätsrechnungen haben aber gezeigt, dass diese Abweichungen in Summe nur einen geringen Einfluss auf die für diesen Modellvergleich relevanten Bereiche der Entwicklung von Stromnachfrage und -erzeugung haben. Ohnehin kommt es im Rahmen der Ergebnisanalyse in aller erster Linie auf den Vergleich der Abweichungen zwischen den verschiedenen (jeweils mit dem gleichen Modellinstrumentarium berechneten) Szenarien an und nicht auf den Vergleich jeweils gleicher, allerdings mit unterschiedlichen Modellen berechneter Szenarien. Insofern nivellieren sich die Auswirkungen der unterschiedlichen Ursprungsdaten in Bezug auf den hier relevanten Szenariovergleich.

Tabelle 7-2: Vergleich wesentlicher demografischen und wirtschaftlichen Rahmendaten zwischen Prognos/EWI und MEX

Bev. in Mio.	**1995**	**1997**	**2005**	**2010**	**2015**	**2020**
Prognos 98 *)		82,7	*82,6*	82,6	*81,7*	80,8
Prognos 99		82,1	*82,9*	82,7	*82,0*	81,0
MEX	81,4		83,8	83,4	82,3	81,2
BIP in Mrd. DM91	**1995**	**1997**	**2005**	**2010**	**2015**	**2020**
Prognos 98 *)		3121	*3698*	4059	*4429*	4798
Prognos 99		3121	*3669*	4059	*4429*	4798
MEX	3014		3672	4013	4403	4792

Außer bei den demografischen und wirtschaftlichen Rahmenannahmen unterscheiden sich die Vorgaben für die einzelnen, innerhalb des Modellexperimentes verwendeten Input-Daten auch für die kraftwerksspezifischen Kosten. Für die strategischen Kraftwerksoptionen Erdgas-GUD, Stein- und Braunkohle führen die Annahmen zu dem Ergebnis, dass Stein- und Braunkohlekraftwerke im Bereich der oberen Grundlast (> 7.000 Vollaststunden) zu etwa jeweils gleichen Stromgestehungskosten einsetzbar sind und bei dieser und höheren Auslastungen zu günstigeren Beschaffungspreisen führen als Erdgas-GUD-Kraftwerke. Spätestens im Bereich von unterhalb von 6.500 Vollaststunden sind Gaskraftwerke deutlich wettbewerbsfähiger. Unter Einbeziehung von Mineralölsteuern verschiebt sich dieser Bereich auf eine Auslastungsgrenze von etwa 5.000 h/a. Im Vergleich zu den anderen Modellsystemen sind hier damit eher günstigere Randbedingungen für den Erdgaseinsatz im Bereich der Stromerzeugung unterstellt worden. Diese decken sich jedoch weitgehend mit Annahmen, wie sie von DIW, Öko-Institut und anderen getroffen werden (vgl. Öko-Institut 1999).

Aufgrund der hohen Abhängigkeit der Ergebnisse von der unterstellten Entwicklung der Energieträgerpreise ist in den Modellrechnungen neben den MEX-Vorgaben auch eine Sensititivitätsrechnung auf der Basis der Preisannahmen des Energiereports III (Prognos/EWI 1999) durchgeführt worden. Die beiden Institute gehen dabei insgesamt von einem geringeren Energieträgerpreisniveau aus, wenngleich die relativen Preisanstiege vergleichbar sind (vgl. Tabelle 7-3).

Tabelle 7-3: Energieträgerpreisentwicklung nach MEX und Prognos/EWI (in Pf je kWh: jeweils ohne Energie- und Mehrwertsteuer) frei Kraftwerk (Hu)

Modellexperiment					
	1997	**2005**	**2010**	**2020**	**2030**
Steinkohlen	1,18	1,36	1,43	1,56	1,72
Braunkohlen	1,15	1,15	1,19	1,28	1,37
Heizöl	1,91	2,69	2,94	3,45	4,30
Erdgas	2,24	2,30	2,52	2,97	3,71
Zuwächse gg. Vorperiode in %/a					
Steinkohlen		1,76	0,99	0,92	0,95
Braunkohlen		0,02	0,68	0,70	0,68
Heizöl		4,39	1,81	1,59	2,23
Erdgas		0,33	1,84	1,66	2,24
Prognos/EWI-Energiereport III					
	1997	**2005**	**2010**	**2020**	**2030**
Steinkohlen	1,18	1,12	1,11	1,09	1,12
Braunkohlen	1,15	1,12	1,12	1,12	1,12
Heizöl	1,91	2,25	2,59	3,31	3,30
Erdgas	2,24	2,15	2,27	2,81	3,61
Zuwächse gg. Vorperiode in %/a					
Steinkohlen		-0,67	-0,22	-0,12	0,24
Braunkohlen		-0,37	0,00	0,00	0,00
Heizöl		2,06	2,81	2,51	-0,04
Erdgas		-0,52	1,12	2,16	2,53

Neben den Brennstoffkosten sind noch zusätzliche Kostengrößen zu betrachten. Dabei ist in Bezug auf den Ersatz der Kernkraftwerke insbesondere auch die Stromeinsparung als wesentliche Möglichkeit für eine zukünftige klimaverträglichere Energieversorgung zu berücksichtigen. Grundsätzlich sind diesbezüglich zwei Kostenkategorien zu berücksichtigen. Dies sind zum einen zusätzliche Brennstoff-, Kapital- und Betriebskosten, die entstehen, wenn stromverwendende Technologien durch solche ohne Stromeinsatz substituiert werden (z. B. elektrische Nachtspeicherheizungen durch Gas-Brennwertkessel). Zum anderen kann von sinkenden Kosten für die Wartung, die Instandhaltung und den Ausbau der

Stromtransport- und -verteilungsnetze ausgegangen werden. In der Grundvariante wird unterstellt, dass diese Kosten jeweils in der Größenordnung von rund 1 Pf/kWh eingesparter Stromerzeugung liegen und sich gegenseitig kompensieren. Für die resultierende Netzkosteneinsparungen liegt dieser Wert eher an der unteren Grenze und berücksichtigt lediglich Einspareffekte auf den höheren Spannungsebenen.

Aus sachlichen Gründen spricht daher viel dafür, sich an höheren Netzkosteneinsparungen zu orientieren. Dies zeigt bereits ein Vergleich mit den derzeit im Rahmen der modifizierten Verbändevereinbarung zur Regelung von Netzzugang und -benutzung gewährten Netzgutschriften für dezentrale Erzeugungsanlagen (als Anrechung von realen Netzkosteneinsparungen), die je nach Einspeisestelle bei über 3 Pf/kWh (z. T. sogar bei über 6 Pf/kWh) liegen können. Technisch gesehen führt die Stromeinsparung (bezogen auf die lokale Netzentlastung bei ähnlicher zeitlicher Charakteristik, d. h. vor allem Vollaststunden) zum gleichen Ergebnis wie die dezentrale Einspeisung, womit ihr grundsätzlich die höchsten Netzkostengutschriften zuzuordnen wären. Fasst man den Einspareffekt dementsprechend weiter und berücksichtigt auch die Einsparungen auf den unteren Spannungsebenen ist von Netzkosteneinsparungen von rund 3,2 Pf/kWh auszugehen. Bei den im folgenden durchgeführten Kostenberechnungen ist dieser Effekt jeweils berücksichtigt worden, indem in der Regel zwei Kostengrößen angegeben werden (normale und hohe Netzkostengutschrift).

7.4 Modellergebnisse der Fallstudie

7.4.1 Referenzszenario

Basierend auf den Vorgaben für das Modellexperiment ist zunächst eine Referenzentwicklung bestimmt worden. Danach kommt es zu einem moderaten Rückgang des Endenergie- und einem aufgrund überproportionaler Effizienzsteigerungen im Umwandlungsbereich etwas deutlicheren Rückgang des Primärenergieverbrauchs im betrachteten Zeitverlauf. Primärenergieseitig sinkt die Nachfrage nach Energieträgern mittel- bis langfristig ab. Der Primärenergieverbrauch reduziert sich nach einem kurzfristigen Anstieg von 14.596 PJ in 1997 auf 14.681 PJ in 2010 und dann auf 13.752 PJ (13.084 PJ) in 2020 (2030). Während vor allem der Steinkohleeinsatz im Zeitverlauf stark rückläufig ist, erhöht sich die Verwendung von Erdgas signifikant. Die im Jahr 2030 zur Anwendung kommende Erdgasmenge liegt um rund 46 % oberhalb des Niveaus des Jahres 1997. Im Vergleich hierzu eher moderate Zuwächse weisen demgegenüber im Trend die erneuerbaren Energien auf. Ihr Primärenergieanteil steigt von rund 2,5 % in 1997 auf 6,6 % in 2030. Endenergieseitig kommt vor allem Strom im Zeitverlauf eine stärkere Bedeutung zu. Während die Nachfrage nach Mineralöl- und Kohleprodukten stark rückläufig ist, der Erdgasverbrauch der Verbraucher außerhalb des Kraftwerksbereichs in etwa konstant bleibt, steigt die Nachfrage nach Strom um rund 0,6 %/a an.

Im Rahmen der Trendentwicklung werden die Klimaschutzziele der Bundesregierung deutlich verfehlt. Die CO_2-Emissionen sinken bis zum Jahr 2010 um 13,2 % gegenüber dem Ausgangsniveau des Jahres 1990. Längerfristig wird eine Reduzierung der CO_2-Emissionen um knapp 20 % erreicht. Im Vergleich dazu weisen die anderen Energiesystemmodelle insbesondere bis zum Jahr 2010 mit 18,7 % (IKARUS) bzw. 25,1 % (E3NET) höhere Minderungsraten auf. Der signifikante Unterschied in den Modellergebnissen ist auf die methodischen Unterschiede zurückzuführen. Während in IKARUS und E3NET auch in der Basisvariante (Trendszenario: Basis (F40)) von idealisierten Bedingungen ausgegangen wird und sich ein unter Trendbedingungen optimales Energiesystem herausbildet, werden bei der Anwendung des Modellinstrumentarium des Wuppertal Instituts die Vielzahl an Hemmnissen, die der Umsetzung bestimmter aus volkswirtschaftlicher Sicht durchaus effizienter Maßnahmen entgegenstehen, berücksichtigt. Dementsprechend weist das Trendszenario des Wuppertal Instituts (Basis (F40)) einen deutlich höheren Primär- und Endenergieverbrauch auf als die beiden anderen Modelle. Signifikante Unterschiede stellen sich dabei vor allem auch in Bezug auf die resultierende Stromnachfrage ein. Während sich beispielsweise in der IKARUS Basisvariante die Nettostromerzeugung im Zeitverlauf nur geringfügig ändert, erhöht sich diese im Trendszenario des Wuppertal Instituts gegenüber dem Jahr 1997 um 46,2 TWh bis zum Jahr 2010 bzw. sogar um 86,7 TWh bis zum Ende des Betrachtungszeitraums, dem Jahr 2030. Dies entspricht prozentualen Veränderungen von rund 8,8 % bis 2010 und 16,6 % bis 2030.

Der Vergleich der beiden unterschiedlichen Szenarioansätze macht deutlich, dass das deutsche Energiesystem durch sehr hohe „no regret"-Potenziale in Bezug auf die Energie- und insbesondere Stromeinsparung gekennzeichnet ist. Dabei handelt es sich um Einsparmöglichkeiten, die aus Kostengesichtspunkten rentabel sind (in den idealisierten Optimierungsmodellen deshalb ausgeschöpft werden), deren Umsetzung unter realen Bedingungen aber gehemmt ist. Für die Energiepolitik bilden gerade diese Potentiale eine lukrative Möglichkeit, ohne zusätzliche Kosten (für die Umsetzung der Maßnahmen fallen allerdings Transaktionskosten an) gegenüber Trendbedingungen einen deutlichen Beitrag zur CO_2-Minderung zu leisten. Sie sollten daher prioritär umgesetzt werden.

7.4.2 Kompatibilität von Klimaschutz und Kernenergieausstieg

Abweichend von dem zuvor dargestellten Trendszenario sind im Rahmen der Arbeiten für das Modellexperiment II auch unterschiedliche Klimaschutzvarianten betrachtet worden. Im Zentrum des Interesses stand dabei die Frage, ob sich ein „vorzeitiger" Ausstieg aus der Kernenergie mit den Klimaschutzzielen der Bundesregierung und deren Fortschreibung vereinbaren lässt und welche Maßnahmen hierfür ggf. zu treffen sind. Entsprechend der Vorgaben für das Modellexperiment wurde dabei unterstellt, dass die CO_2-Emissionen bis zum Jahr 2005 um 18 %, bis 2010 um 21 % (Kyoto-Ziel), bis 2020 in Fortschreibung der Kyoto-Ziele um 30 % und bis 2030 um 43 % zu mindern sind.

Vor dem Hintergrund dieser Fragestellung ist unter Zugrundelegung der in Kapitel 7-2 beschriebenen Methodik für jede Umsetzungsintensitätsstufe zunächst bestimmt worden, welche CO_2-Minderungsziele unter Berücksichtigung unterschiedlicher Betriebszeiträume für die Kernkraftwerke mit der vollständigen Umsetzung der identifizierten Maßnahmen erreicht werden kann. Danach ergeben sich folgende Ergebnisse:

- das maximale CO_2-Minderungspotential des Maßnahmenpaketes "+" beträgt unabhängig von der Betriebszeit der Kernkraftwerke maximal 33 % in 2030 gegenüber dem Ausgangsniveau des Jahres 1990, d. h. auch mit moderaten energiepolitischen Maßnahmen kann bereits ein nennenswerter Minderungseffekt erreicht werden.
- unabhängig von den zugrundelegten AKW-Betriebsjahren können die langfristigen CO_2-Ziele (Minderung von 43 % bis zum Jahr 2030) aber bereits mit Maßnahmen der Kategorie „++“ deutlich überschritten werden
- selbst wenn man auf der Basis des Maßnahmenpaketes "++" einen - gegenüber Trendbedingungen - vorzeitigen Ausstieg aus der Kernenergie (maximal 25 Jahre Betriebszeit) unterstellt, können die definierten Klimaschutzanforderungen über den gesamten Betrachtungszeitraum erfüllt werden. Mit Ausnahme des kurz- bis mittelfristigen Zeithorizontes (d. h. bis 2010) gilt dies auch für Maßnahmen der Kategorie "+".
- betrachtet man neben den hier im Rahmen des Modellexperimentes zugrundegelegten Klimaschutzzielen auch das Selbstverpflichtungsziel der Bundesregierung, den CO_2-Ausstoß bis zum Jahr 2005 um 25 % gegenüber 1990 zu reduzieren, lässt sich feststellen, dass diese Zielsetzung unabhängig von der weiteren Nutzung der Kernkraftwerke selbst mit der vollständigen Ausschöpfung von Maßnahmen der Kategorie "+++" verfehlt wird. Es kann nur dann erreicht werden, wenn ein Teil der für den späteren Zeitverlauf vorgesehenen Maßnahmen in der Umsetzung vorgezogen werden kann. Die Differenz zur Zielsetzung verringert sich allerdings deutlich (rund 2,5 Prozentpunkte), wenn man den Überkompensationsbeitrag durch die möglichen zeitgleichen Minderungserfolge bei anderen Treibhausgasen miteinbezieht.

Auf der Basis dieser zunächst eher allgemeinen Betrachtungen ist im Rahmen der Arbeiten für das Modellexperiment insbesondere ein detailliertes Szenario „Klimaschutz und 25 Betriebsjahre (F25K)“ entwickelt worden. Die wesentlichen Ergebnisse dieses Szenarios (im Vergleich zur Trendentwicklung) werden nachfolgend dokumentiert.

7.4.2.1 Elektrizitätswirtschaftliche und energieseitige Effekte

Schon ein erster Vergleich der resultierenden Ergebnisse für den Primärenergieverbrauch zeigt, dass der Energieeinsparung eine Schlüsselrolle für die sich im Rahmen des Szenarios F25K stellende doppelte Anforderung zukommt (vgl. Abbildung 7-5). Der Primärenergieverbrauch sinkt bereits im Jahr 2010 auf 12.687 PJ ab und liegt damit um rund 13,6 % unterhalb des entsprechenden Niveaus des Trendszenarios. Bis zum Jahr 2030 sinkt er weiter ab auf 10.668 PJ, was einer Reduzierung um 18,3 % gegenüber dem Trendszenario und 26,8 % gegenüber dem Ausgangsniveau des Jahres 1997 entspricht.

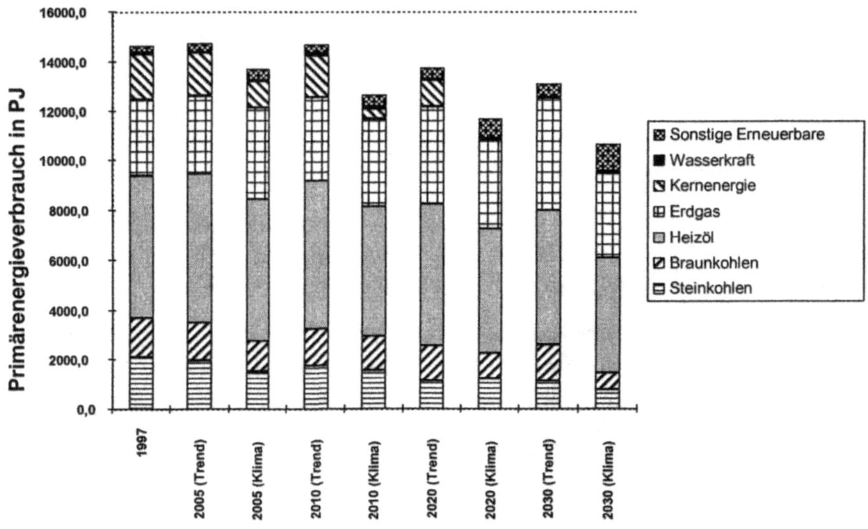

Abbildung 7-5: Entwicklung des Primärenergieverbrauchs im Szenariovergleich Basis F(40) und F25K

Im Vergleich zum Trendszenario nimmt dabei insbesondere der Braunkohleeinsatz sowie die Verwendung von Mineralölprodukten signifikant ab. Dagegen steigt der Erdgasverbrauch gegenüber Trendbedingungen zunächst an, um dann aber auch mittel- bis langfristig unterhalb das Trendniveau abzusinken. Der Anteil von Erdgas liegt in beiden Szenarien im Jahr 2030 bei etwa einem Drittel (im Vergleich dazu betrug der Anteil im Jahr 1997 ca. 21 %). Erdgas schließt hinsichtlich der relativen Anteile damit zunehmend zum Öl auf, dass aber auch weiterhin der dominierende Energieträger bleiben wird.

Endenergieseitig stellen sich vergleichbare prozentuale Veränderungen zwischen den beiden untersuchten Entwicklungspfaden ein (vgl. Abbildung 7-6). Die deutlichsten Abweichungen betreffen die Entwicklung der Stromnachfrage. Während diese im Trend kontinuierlich, wenngleich auch nur in moderaten Raten ansteigt, ist diese nach einem kurzen Anstieg bis zum Jahr 2005 im Szenario F25K rückläufig und liegt im Jahr 2030 um rund 2 % unterhalb des Ausgangsniveaus des Jahres 1997.

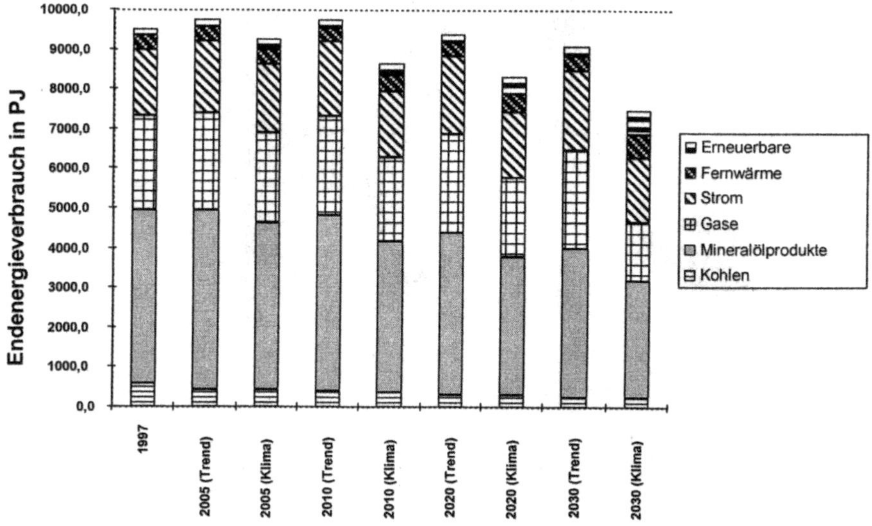

Abbildung 7-6: Entwicklung des Endenergieverbrauchs im Szenariovergleich Basis F(40) und F25K

Der verstärkten Stromeinsparung kommt dabei für die klimaverträgliche Kompensation des gegenüber dem Trendszenario verringerten Beitrags der nuklearen Stromerzeugung (112,2 TWh in 2010 und 95,1 TWh in 2020; entsprechend 19,7 bzw. 16,2 % der gesamten Nettostromerzeugung) eine ganz entscheidende Bedeutung zu. Dabei ist davon ausgegangen worden, dass nicht nur die zuvor schon angesprochenen „no regret"-Potenziale ausgeschöpft werden können, sondern auch darüber hinausgehend noch weitere Stromeinsparpotentiale realisiert werden. Erstere nehmen allerdings mit zwei Dritteln in 2010 und sogar drei Vierteln in 2030 den größten Anteil ein.

In Bezug auf den Stromerzeugungsmix zeigen sich aber weitere signifikante Abweichungen zwischen den beiden Szenarien, die in Abbildung 7-8 dargestellt sind. Dies betrifft insbesondere kurz- bis mittelfristig eine Reduzierung der Steinkohleverstromung und längerfristig einen deutlichen Rückgang des Braunkohleeinsatzes zur Stromerzeugung. Aufgefangen wird dies zunächst vor allem durch ein Vorziehen eines ohnehin auch im Trend zu erwartenden Anstiegs der Erdgasverstromung (unter Klimaschutzbedingungen vor allem auch in KWK-Anlagen) sowie mittel- bis längerfristig auch der erneuerbaren Energien (Biomasse, Wasserkraft- und Solarstromimport).

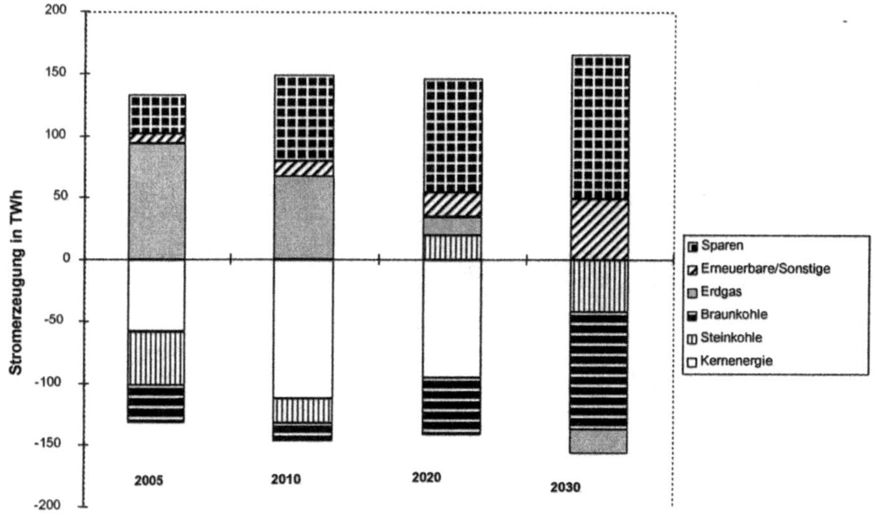

Abbildung 7-7: Abweichung der Stromerzeugung zwischen den Szenarien „Trend" und „Klimaschutz und 25 Betriebsjahre"

7.4.2.2 Kostenwirkungen

Auf der Basis der dargestellten Veränderungen in Bezug auf die Entwicklung der Primärenergie- und Endenergienachfrage sowie des Stromerzeugungsmixes führt das Szenario F25K unter Berücksichtigung der hier durchgeführten eingeschränkten Kostenbetrachtungen (kostenseitig beschränkt sich die Analyse auf den Bereich der Stromerzeugung inklusive Stromeinsparung) zu kumulierten Mehrkosten (für den gesamten Betrachtungszeitraum von 2000 bis 2030) von 85,1 Mrd. DM. Die Schwankungsbreite zwischen den jeweils im Jahresverlauf aufzubringenden Zusatzmitteln ist dabei mit 2,7 bis 3,5 Mrd. DM/a vergleichsweise gering. Umgerechnet auf die im Zeitverlauf erzeugte Strommenge belaufen sich die Differenzkosten auf 0,48 Pf/kWh$_{el}$. Der entsprechende abdiskontierte kumulierte Differenzkostenbetrag beläuft sich für dieses Szenario auf 43,3 Mrd. DM.

Die resultierenden Mehrkosten werden dabei maßgeblich durch die Annahmen zu den Kosten für die Umsetzung der Stromeinsparmaßnahmen geprägt. Geht man abweichend von der Basisvariante davon aus, dass höhere Netzkosteneinsparungen zu veranschlagen sind (3,2 Pf/kWh statt 1 Pf/kWh in der Basisvariante), was angesichts der insbesondere mittel- bis langfristig zu erwartenden strukturellen Minderaufwendungen für Netzverstärkung, -ertüchtigung und -ausbau gerechtfertigt erscheint, reduzieren sich die abdiskontierten kumulierten Mehrkosten auf 22,9 Mrd. DM. Die jährlichen Zusatzkosten würden damit deutlich unterhalb von einer Milliarde DM liegen und damit bereits in der Nähe des Unsicherheitsbereichs von Energiesystemmodellrechnungen.

Neben den Bereichen Stromerzeugung sowie Stromeinsparung sind auch in anderen Sektoren im Rahmen des Klimaschutzszenarios im Vergleich zur Trendentwicklung eine Vielzahl von Maßnahmen umzusetzen, die zum Teil auch zu Mehrkosten führen könnten. Im Unterschied zu dem bisher hier kostenmäßig betrachteten Sektor ist das Ausmaß der Realisierung von Klimaschutzmaßnahmen im Bereich Gebäudesanierung aber weniger durch Kostengesichtspunkte begrenzt, als vielmehr durch die Implementierbarkeit und die Reichweite möglicher Maßnahmen. Dies gilt vor allem hinsichtlich der jährlichen Sanierungsrate, die nicht beliebig erhöht werden kann, sondern durch ein Maximum, dass im Rahmen der hier durchgeführten Rechnungen mit 3 %/a angenommen wurde, limitiert ist. Aus gesamtwirtschaftlicher Sichtweise sind die meisten der einbezogenen Minderungsmaßnahmen im Gebäudebereich kosteneffizient und wirken für das Gesamtszenario kostenmindernd[39]. Aufgrund der Tatsache, dass im privaten wie insbesondere im gewerblichen Bereich von deutlich kürzeren Kapitalrückflusszeiten ausgegangen wird, werden sie aber nur mit einer massiven Anschubfinanzierung (seitens öffentlicher Stellen oder innovativer anderer Finanzierungsmöglichkeiten) umgesetzt werden können.

Auch in den anderen hier nicht explizit in der Kostenrechnung berücksichtigten Sektoren ist eine Vielzahl von Klimaschutzmaßnahmen ohne Zusatzkosten oder sogar zu Minderkosten realisierbar. Dies gilt insbesondere auch für den Sektor Verkehr, in dem sich die Maßnahmen schwerpunktmäßig auf Effizienzsteigerungen fokussieren, die aufgrund zu erwartender Masseneffekte kostengünstig erschlossen werden dürften.

Unter Zugrundelegung der hier im Rahmen des Modellexperimentes formulierten Klimaschutzziele (Minderung der CO_2-Emissionen bis zum Jahr 2030 um 43 %) kann demnach davon ausgegangen werden, dass eine klimaschutzorientierte Substitutionsstrategie des bestehenden Kernkraftwerksparks auch unter der Voraussetzung einer gegenüber Trendbedingungen deutlich schnelleren Beendigung der Nutzung der Kernenergie zu keinen untragbaren Belastungen für die Volkswirtschaft führen wird. Zudem zeigen die hier durchgeführten Analysen, dass in erster Linie die ohnehin notwendigen Klimaschutzinvestitionen für die resultierende Mehrbelastung gegenüber dem Trend verantwortlich sind und erst in zweiter Linie die vorzeitige Außerbetriebnahme der Kernkraftwerke. Dieses Ergebnis wird durch eine Vielzahl von durchgeführten Sensitivitätsanalysen gestützt (vgl. Kapitel 4.3).

Die ausgewiesenen Ergebnisse berücksichtigen nicht, die sich aus einer Klimaschutz- und Ausstiegsstrategie mit hoher Wahrscheinlichkeit induzierten positiven

---

39 Dabei ist von einer im Zeitverlauf sukzessive ansteigenden Kostenentlastung auszugehen, die am Ende des Betrachtungszeitraums bis auf max 4,8 Mrd DM (Barwert bezogen auf das Jahr 2000) ansteigt.

Nebeneffekte (z. B. Beschäftigungs- und Exportimpulse durch eine beschleunigte Markteinführung von Technologien aus den Bereichen rationelle Energieanwendung und erneuerbare Energien. Unter Einbeziehung dieser Effekte ist das Szenario F25K kostenseitig positiver zu beurteilen.

7.4.2.3 Ökologische Effekte

Aufgrund der auch kurz- bis mittelfristig zur Verfügung stehenden Alternativen Stromeinsparung und forcierter Gaseinsatz ist bis zum Jahr 2010 eine weitgehend klimaneutrale Kompensation des wegfallenden Kernenergiebeitrags möglich. Der Bereich der Stromerzeugung kann darüber hinaus allerdings zunächst nicht zu der im Szenario F25K geforderten deutlichen Verminderung des CO_2-Ausstoßes gegenüber dem Trendszenario beitragen (vgl. Abbildung 7-8). Erst nach dem Jahr 2015 und insbesondere nach 2020, wenn auch unter den hier unterstellten Trendbedingungen (40 Betriebsjahre) die Kernkraftwerke nach und nach außer Betrieb gehen, stellt sich im Klimaschutzszenario bezogen auf die Stromerzeugung ein geringerer CO_2-Ausstoß ein.

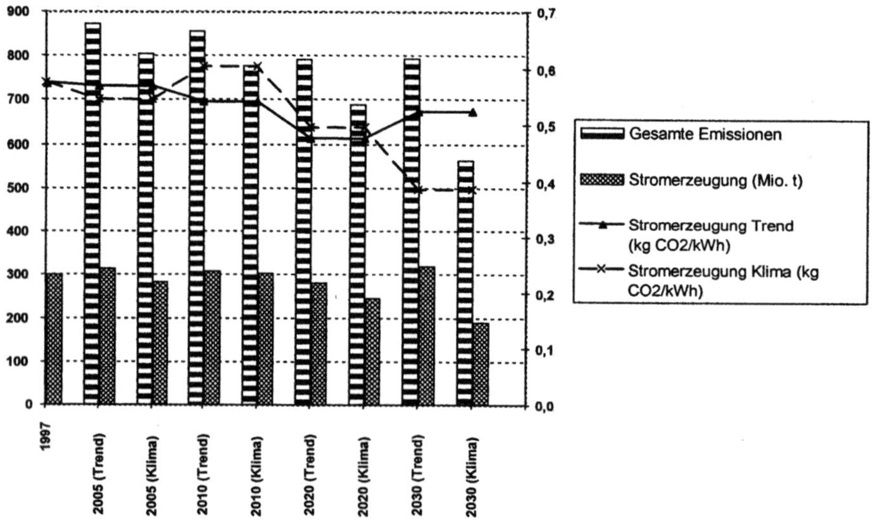

Abbildung 7-8: Entwicklung der absoluten und spezifischen CO_2-Emissionen im Szenariovergleich Basis F(40) und F25K

Entsprechend der Entwicklung der absoluten CO_2-Emissionen sowie der unter Klimaschutzbedingungen hohen Bedeutung der Stromeinsparung zeigt sich auch eine unterschiedliche Entwicklung der spezifischen auf die Stromerzeugung bezogenen Emissionen. Diese steigen im Szenario F25K bis zum Jahr 2010 - im Gegensatz zum Trendszenario - zunächst an, nähern sich bis zum Jahr 2020 nahezu wieder dem weiterhin rückläufigen Niveau des Trendszenarios und unterschreiten die zwischen 2020 und 2030 aufgrund des dann stark zurückgehenden Kernenergiebeitrags steigende Trendmarke im Jahr 2030 dann sogar deutlich. Am Ende des Betrachtungszeitraums liegen die spezifischen CO_2-Emissionen mit knapp 0,39 kg CO_2/kWh um rund 1/3 unterhalb des Niveaus des Jahres 1997.

7.4.3 Sensitivitätsanalysen

Im Rahmen der Arbeiten für das Modellexperiment sind auf der Basis der beiden zuvor dargestellten Szenarien zahlreiche Sensitivitätsanalysen durchgeführt worden. Dies betrifft sowohl Variationen der Szenario-Zielrichtung als aber auch die Analyse der Ergebnisveränderung bei einer Variation von Einzelgrößen. Hinsichtlich der Zielvarianten wurde abweichend vom Szenario F25K unterschieden zwischen

- der Verringerung der Klimaschutzanforderungen auf die auch unter Trendbedingungen erreichten Minderungseffekte (F25B)
- der Erhöhung der Klimaschutzanforderungen gegenüber den Vorgaben des Modellexperimentes (F25K+: CO_2-Minderungsziele bezogen auf 1990 von 25 % in 2005, 30 % in 2010, 40 % in 2020 und 50 % in 2030) und
- der Verlängerung der Betriebszeit der Kernkraftwerke auf 40 Jahre (F40K).

Abbildung 7-9 stellt die Wirkung der vorgenommenen Veränderungen auf die resultierenden Kosten gegenüber.

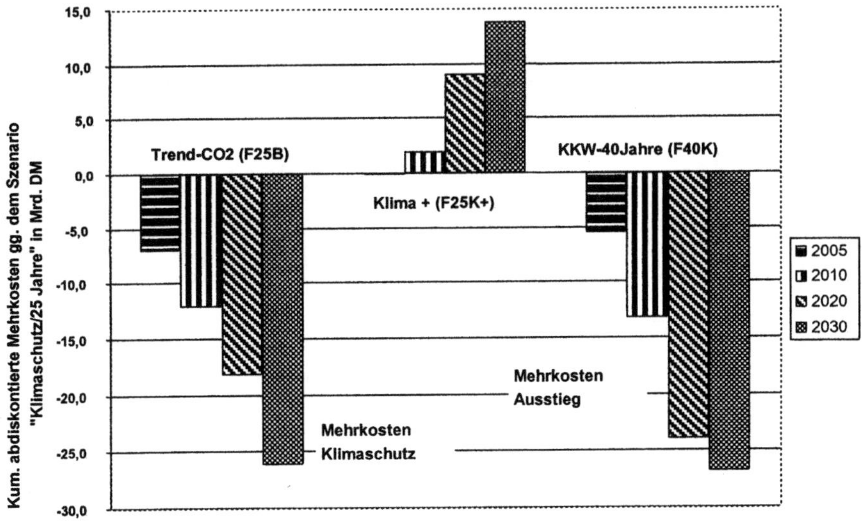

Abbildung 7-9: Ergebnisse der Sensitivitätsanalysen für eine Variation der Zielgrößen

Danach verringern sich die Kosten (kumulierte abdiskontierte Mehrkosten) bei gleicher Betriebszeit der Kernkraftwerke über den gesamten Betrachtungszeitraum um 26,2 Mrd. DM, wenn auf ein Einhalten bestimmter über den Trend hinausgehender CO_2-Minderungen verzichtet wird. Zu vergleichbaren Kostenminderungen kommt man, wenn die Betriebszeit der Kernkraftwerke auf 40 Jahre verlängert wird. Dagegen sind zusätzliche Aufwendungen in der Größenordnung von 13,8 Mrd. DM notwendig, wenn über die bisherigen Annahmen hinaus weitergehende Klimaschutzziele vorgegeben werden.

Weitere Sensitivitätsrechnungen sind in Bezug auf die Veränderung von Einzelvariablen durchgeführt worden (vgl. Abbildung 7-10). Dies betrifft im Vergleich zum Ausgangsszenario F25K

- die Annahme eines nur dem Trend entsprechenden Beitrags der Photovoltaik zur Stromerzeugung. Im Klimaschutzszenario ist bisher von einem deutlich höheren Beitrag von 3,9 TWh im Jahr 2030 (statt 0,6 TWh im Trend) ausgegangen worden, der als notwendige erste Ausbaustufe für einen unter weitergehenden Klimaschutzbedingungen nach dem Jahr 2030 erforderlichen signifikanten Ausbau der Photvoltaik vorausgesetzt wurde.
- die Annahme um 25 % geringerer Investitionskosten für die Realisierung von Stromeinsparmaßnahmen und
- die Annahme eines insgesamt (bei vergleichbaren Steigerungsraten) geringeren Erdgaspreises für den Einsatz in Kraftwerken

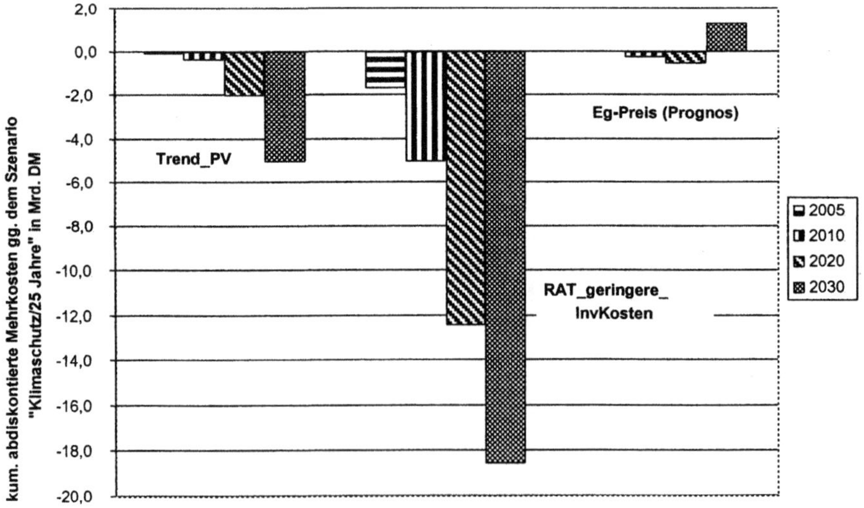

Abbildung 7-10: Ergebnisse der Sensitivitätsanalysen für eine Variation spezifischer Kenngrößen

Die Kostenanalysen für den Gesamtkraftwerkspark hängen sehr sensitiv von diesen Kenngrößen ab. Dies betrifft insbesondere die unterstellten spezifischen Kapitalkosten für die Stromeinsparung, für die basierend auf den Erfahrungen mit Lernkurven aus anderen Bereichen erhebliche Kostendegressionen nicht auszuschließen sind. Diese könnten zu Minderkosten von insgesamt bis zu 18,6 Mrd. DM führen. Zum anderen betrifft dies die in den Klimaschutzszenarien berücksichtigten Aufwendungen für die verstärkte Nutzung der photovoltaischen Stromerzeugung, die hier aufgrund der ihr zuzuweisenden Mehrkosten von kumuliert 5,1 Mrd. DM nicht als least cost Klimaschutzoption zu verstehen sind, sondern aus langfristigen Versorgungsgründen sowie aus technologie- und entwicklungspolitischen Aspekten notwendig erscheinen.

Letztlich wirken sich auch die Energieträgerpreise (vor allem der Erdgaspreis) sensitiv auf die resultierenden Differenzkosten aus. Geht man abweichend von den Vorgaben des Modellexperimentes gemäß den Angaben von Prognos/EWI im Energiereport III von geringeren Erdgaspreisen aus und ändert auch entsprechend alle anderen Energieträgerpreise, werden die Erwartungen signifikanter Preisänderungen allerdings nicht erfüllt. Die resultierenden Differenzkosten des Ausstiegspfades liegen sogar geringfügig oberhalb der Kosten der FORUM-Preisannahmen. Maßgeblich für dieses (unerwartete) Ergebnis ist die Tatsache, dass nach den hier vorliegenden Rechenergebnissen auch unter Trendbedingungen im hohen Maße Erdgas in der Stromerzeugung zum Einsatz kommt. Preisänderungen im Erdgaspreis nivellieren sich daher bei der Angabe von Differenzkosten gegenüber der Trendentwicklung. Auch der im Klimaschutz und Ausstiegsfall gewählte Technologiemix zeigt sich relativ unverändert gegenüber den Preisannahmen. Zum einen ist dies darauf zurückzuführen, dass für die Entscheidung für eine Stromerzeugungsoption in erster Linie nicht die absoluten Energieträgerpreise, sondern die Relationen zu den Preisen der Konkurrenzenergieträger maßgeblich sind. Zum anderen sind die Freiheitsgrade in der Wahl der Stromerzeugungstechnologien unter Klimaschutzbedingungen bei weitgehend ausgeschöpften Einsparpotentialen begrenzt. Allein aus Klimaschutzgründen muss Erdgas zum Einsatz kommen.

Abbildung 7-11 stellt alle gerechneten Szenarien noch einmal in der Übersicht dar. Dabei ist zu beachten, dass sich die ausgewiesenen Mehrkosten der ersten Szenarien auf die Trendentwicklung unter Zugrundelegung der FORUM-Energieträgerpreisannahmen beziehen, während der letzte Entwicklungspfad in Beziehung gesetzt worden ist zu den resultierenden Kosten der Trendentwicklung unter Zugrundelegung der Prognos/EWI-Energieträgerpreisannahmen.

Die Kostenanalysen zeigen letztlich, dass insbesondere unter Berücksichtigung einer höheren, aber in Anlehnung an die Verbändevereinbarung zu Fragen des Netzzugangs und -benutzung durchaus gerechtfertigten Netzkosteneinsparung für die Umsetzung von Stromeinsparmaßnahmen nur vergleichsweise geringe Mehrkosten gegenüber Trendbedingungen für den Ausstiegs- und Klimaschutzpfad resultieren (vgl. Abbildung 7-12).

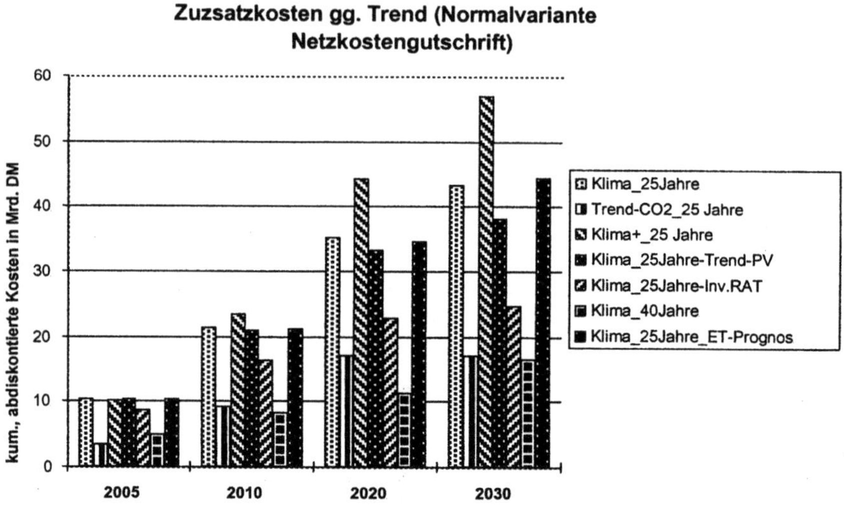

Abbildung 7-11: Resultierende Mehrkosten der betrachteten Varianten des Szenarios F25K gegenüber dem Trendszenario (Netzkostengutschrift Stromeinsparung 1 Pf/kWh)

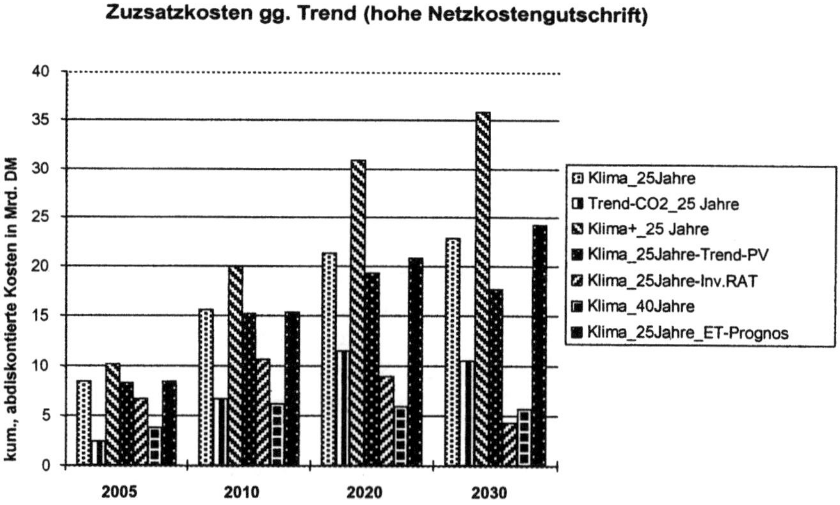

Abbildung 7-12: Resultierende Mehrkosten der betrachteten Varianten des Szenarios F25K gegenüber dem Trendszenario (Netzkostengutschrift Stromeinsparung 3,2 Pf/kWh)

Dies gilt insbesondere bei einer Kumulation unterschiedlicher, für die Stromeinsparung optimistischer Vorgaben. Mit kumulierten abdiskontierten Mehraufwendungen von rund 40 Mrd. DM bis zum Jahr 2030 liegen die Kosten deutlich unterhalb der (normalen) Investitionen der Strombranche und kommen nicht einmal ansatzweise in die Nähe der für den Steinkohlebergbau aufgewendeten Zuwendungen.

Anhang 7: Ergebnistabellen zu den Szenariorechnungen mit dem WMI

Szenario Reporting Tabelle

Modell:	Modellfamilie Planet-WI
Autor:	Fischedick, M., Hanke, T., Lechtenböhmer, S.
Institution:	Wuppertal Institut für Klima Umwelt Energie GmbH im Wissenschaftszentrum Nordrhein-Westfalen
Land:	Deutschland
Szenario:	**Klimaschutz_MEX-Vorgabe/KKW 25 Jahre (ET-Preise nach prognos) (P25K)**
Datum:	27.03.00

		Einheit	1997	2000	2005	2010	2015	2020	2025	2030
1	Demographische Rahmenannahmen									
1.1	Bevölkerung	Mio.	82,1		82,9	82,7	82,0	81,0	79,9	78,9
1.2	Anzahl der Haushalte	Mio.	36,37		37,44	37,77	37,97	38,17	38,31	38,45
1.3	Anzahl der Wohnflächen	Mio. m?	3110,0		3590,0	3778,0	3944,5	4111,0	4198,5	4286,0
2	Ökonomische Rahmenannahmen									
2.1	Entwicklung des BIP	Mrd. DM91	3121,0		3668,7	4058,8	4428,5	4797,6	5166,7	5535,8
2.2	Abschreibungsrate	% p. a.								
2.3	Zinssatz (international)	% p. a.								
2.4	technischer Fortschritt	% p. a.								
3	Energiepreise									
3.1	Steinkohle-küstennah	DM98/GJ		2,55	2,69	2,65	2,72	2,69	2,72	2,76
3.2	Steinkohle-küstenfern	DM98/GJ		3,00	3,14	3,10	3,14	3,07	3,10	3,14
3.3	Braunkohle	DM98/GJ		3,10	3,10	3,10	3,10	3,10	3,10	3,10
3.4	Heizöl, schwer	DM98/GJ		4,61	4,80	5,00	5,43	6,00	6,63	7,33
3.5	Heizöl, leicht	DM98/GJ		9,93	10,14	10,36	10,97	11,92	12,94	14,06
3.6	Erdgas A	DM98/GJ		5,60	5,97	6,31	7,03	7,81	8,83	10,03
3.7	Erdgas B	DM98/GJ		6,48	6,95	7,39	8,26	9,26	10,54	12,04
4	Struktur Stromnachfrage nach Sektoren									
4.1	Industrie	TWh	194,44		201,17	198,33	203,18	208,03	204,82	201,61
4.2	Kleinverbraucher	TWh	124,61		128,18	128,62	129,58	130,55	125,59	120,64
4.3	Haushalte	TWh	131,10		123,02	110,73	103,40	96,07	86,04	76,01
4.4	Verkehr	TWh	16,67		18,33	19,44	20,00	20,56	21,78	23,00
4.5	Sonstige	TWh	29,98		23,14	17,91	16,73	15,56	15,48	15,40
4.6	Verluste	TWh	30,24		27,79	26,06	26,01	25,97	25,88	25,80
4.7	Summe	TWh	527,04		521,63	501,09	498,91	496,73	479,60	462,47
5	Netto-Engpaßleistung n. Energieträgern									
5.1	Steinkohle (inkl. Mischfeuerung)	MW	32570,0		17630,9	21121,8	20328,3	19534,8	15346,8	11158,8
5.2	Braunkohle	MW	19390,0		12232,6	14848,5	14581,4	14314,3	12024,7	9735,1
5.3	Heizöl	MW	8408,0		3490,3	2608,9	2620,1	2631,3	2380,4	2129,5
5.4	Erdgas	MW	20652,0		34304,5	32455,0	34050,2	35645,5	38777,5	41909,4
5.5	Kernenergie	MW	21107,0		13115,8	5292,7	2646,3	0,0	0,0	0,0
5.6	Wasserkraft	MW	8844,0		9531,2	9858,4	9932,7	10007,0	10016,5	10025,9
5.7	Wind	MW	2075,0		8372,3	12009,4	14909,2	17808,9	21454,3	25099,7
5.8	Photovoltaik	MW	42,0		332,4	633,1	1080,2	1527,4	2816,8	4106,3
5.9	Sonstige	MW	1153,0		2149,8	2626,8	4080,8	5634,8	8032,0	10529,2
5.10	Summe	MW	114241,0		101159,8	101454,7	104229,3	107004,0	110849,0	114693,9
6	Netto-Stromerzeugung n. Energieträgern									
6.1	Steinkohlen	TWh	**144,40**		115,36	126,81	121,1	115,32	90,0	64,69
6.2	Braunkohlen	TWh	**128,18**		108,05	124,80	121,6	118,30	98,7	79,00
6.3	Mineralöle	TWh	**6,02**		3,65	2,51	2,5	2,49	2,2	1,98
6.4	Naturgase	TWh	**55,62**		157,11	155,88	172,6	189,39	216,2	242,94
6.5	Kernenergie	TWh	**162,19**		95,08	38,38	19,2	0,00	0,0	0,00
6.6	Wasserkraft	TWh	**20,65**		21,29	22,72	23,0	23,36	23,4	23,45
6.7	Wind	TWh	**3,00**		15,07	21,62	26,8	32,06	38,6	45,18
6.8	Photovoltaik	TWh	**0,04**		0,29	0,57	1,0	1,41	2,7	3,90
6.9	Sonstige	TWh	**3,00**		6,16	7,76	11,1	14,54	23,7	32,87
6.10	Summe	TWh	**523,09**		522,06	501,04	499,0	496,87	495,4	494,00
7	Vollaststunden n. Energieträgern									
7.1	Steinkohlen	h/a	4433,5		6542,8	6003,6	5955,5	5903,4	5864,6	5796,8
7.2	Braunkohlen	h/a	6610,7		8832,8	8405,1	8336,2	8264,8	8204,3	8115,5
7.3	Mineralöle	h/a	715,6		1046,9	960,6	952,5	944,5	936,9	927,5
7.4	Naturgase	h/a	2693,0		4580,0	4802,9	5069,9	5313,1	5574,5	5796,8
7.5	Kernenergie	h/a	7684,1		7249,3	7251,5	7251,5	#DIV/0!	#DIV/0!	#DIV/0!
7.6	Wasserkraft	h/a	2334,9		2234,2	2304,4	2319,7	2334,8	2336,7	2338,5
7.7	Wind	h/a	1445,8		1800,0	1800,0	1800,0	1800,0	1800,0	1800,0
7.8	Photovoltaik	h/a	952,4		875,0	900,0	917,7	925,0	943,2	950,0
7.9	Sonstige	h/a	2603,7		2863,1	2952,8	2731,7	2626,8	2951,2	3121,8
7.10	Durchschnitt	h/a	4578,9		5160,8	4938,5	4787,1	4643,5	4469,5	4307,1

8	Energieeinsatz zur Stromerz. n. Energieträgern									
8.1	Steinkohle	PJ	1380,4		1072,3	1163,6	1015,0	866,3	667,7	469,2
8.2	Braunkohle	PJ	1321,0		1046,9	1182,6	1039,0	895,4	738,5	581,5
8.3	Heizöl	PJ	53,9		30,1	18,1	17,7	17,2	14,6	12,0
8.4	Erdgas	PJ	462,5		1247,2	1169,3	1190,4	1211,5	1358,2	1504,8
8.5	Kernenergie	PJ	1824,6		1069,7	431,8	215,9	0,0	0,0	0,0
8.6	Wasserkraft	PJ	74,3		76,7	81,8	82,9	84,1	84,3	84,4
8.7	Wind	PJ	10,8		54,3	77,8	96,6	115,4	139,0	162,6
8.8	Photovoltaik	PJ	0,1		1,0	2,1	3,6	5,1	9,6	14,0
8.9	Sonstige	PJ	30,3		57,6	71,1	94,0	117,0	176,8	236,5
8.10	Summe	PJ	5158,1		4655,8	4198,1	3755,1	3312,0	3188,6	3065,2
9	Schadstoffemissionen									
9.1	CO2-Emissionen	Mio. t	864,5		808,3	779,3	734,2	689,1	625,6	562,0
9.2	CH4-Emissionen	kt								
9.3	N2O-Emissionen	kt								
9.4	THG-Emissionen	Mio. t CO2								
9.5	NOx-Emissionen	kt								
9.6	SO2-Emissionen	kt								
10	Stromgestehungskosten	Pf.98/kWh	7,57		7,53	7,44	7,59	7,74	8,18	8,61
11	Ausstiegskosten *									
11.1	Mehrkosten	Mrd. DM98		0,584	3,507	2,924	2,853	2,782	3,387	3,993
11.2	Spezifische Mehrkosten	Pf.98/kWh		0,112	0,634	0,514	0,493	0,473	0,565	0,655
11.3	Kumulierte Mehrkosten	Mrd. DM98		0,584	12,274	28,058	42,464	56,514	72,239	90,993
11.4	Durchschnittl. jährl. Mehrkosten	Mrd. DM98/a		0,584	2,046	2,551	2,654	2,691	2,778	2,935
11.5	Abdiskont. (2000) kumul. Mehrk.	Mrd. DM98		0,584	10,460	21,207	28,868	34,724	39,836	44,616
11.6	Extremwert d. Kostenerhöhung	Pf.98/kWh		0,112	0,634	0,634	0,634	0,634	0,634	0,655
11.7	Durchschnittl. Kostenerhöhung	Pf.98/kWh		0,112	0,380	0,464	0,476	0,477	0,488	0,510
12	Ausstiegskosten (inkl. Netzkostengutschrift)*,**									
12.1	Mehrkosten	Mrd. DM98		0,472	2,833	1,487	1,147	0,806	1,150	1,493
12.2	Spezifische Mehrkosten	Pf.98/kWh		0,090	0,512	0,261	0,198	0,137	0,192	0,245
12.3	Kumulierte Mehrkosten	Mrd. DM98		0,472	9,914	20,041	26,455	31,168	36,230	43,008
12.4	Durchschnittl. jährl. Mehrkosten	Mrd. DM98/a		0,472	1,652	1,822	1,653	1,484	1,393	1,387
12.5	Abdiskont. (2000) kumul. Mehrk.	Mrd. DM98		0,472	8,449	15,408	18,836	20,812	22,453	24,178
12.6	Extremwert d. Kostenerhöhung	Pf.98/kWh		0,090	0,512	0,512	0,512	0,512	0,512	0,512
12.7	Durchschnittl. Kostenerhöhung	Pf.98/kWh		0,090	0,307	0,332	0,297	0,263	0,245	0,241

* Mehrkosten des Ausstiegs, d.h. gegenüber der Referenzentwicklung.
Die Ausstiegskosten, die unter 11.1 und 11.2 ausgewiesen sind, beziehen sich auf den jeweiligen Zeitpunkt bzw. die entsprechende Zeitperiode.
Dagegen beschreiben die Werte 11.3 bis 11.7 Kosten über den gesamten Zeithorizont.

** Im Zuge der Umsetzung von Stromeinsparmaßnahmen wird hier von der Einbeziehung einer höheren Netzkostengutschrift (Vermeidung von Ertüchtigungs- und Wartungskosten) in der Größenordnung von 3,2 Pf/kWh ausgegangen (in der Normavariante werden 1,04 Pf/kWh unterstellt)

zusätzliche Angaben für Systemmodelle

		Einheit	1997	2000	2005	2010	2015	2020	2025	2030
4	Struktur EEV nach Energieträgern									
4.1	Kohlen	PJ	577,9		430,6	379,3	339,6	300,0	270,1	240,3
4.2	Mineralölprodukte	PJ	4361,0		4192,6	3780,5	3624,1	3467,6	3212,8	2957,9
4.3	Gase	PJ	2400,0		2293,6	2123,9	2062,5	2001,1	1733,8	1466,5
4.4	Strom	PJ	1662,0		1695,7	1646,1	1643,0	1640,0	1634,6	1629,3
4.5	Fernwärme	PJ	349,0		377,1	417,1	440,6	464,1	518,9	573,7
4.6	Erneuerbare	PJ	167,5		273,9	311,0	375,7	440,5	526,1	611,7
4.7	Sonstige (Methanol, Wasserstoff	PJ	0,0		0,0	0,0	0,0	0,0	0,0	0,0
4.8	Summe	PJ	9517,4		9263,6	8657,8	8485,6	8313,3	7896,3	7479,3
10	Struktur Primärenergieverbrauch									
10.1	Steinkohlen	PJ	2086,5		1546,0	1593,2	1421,5	1249,8	1016,9	784,0
10.2	Braunkohlen	PJ	1576,3		1212,7	1332,5	1180,5	1028,5	867,3	706,2
10.3	Mineralöle	PJ	5733,7		5661,5	5234,3	5122,1	5009,9	4790,7	4571,5
10.4	Erdgas	PJ	3069,2		3703,4	3499,0	3513,2	3527,3	3464,2	3401,1
10.5	Kernenergie	PJ	1824,6		1069,7	431,8	215,9	0,0	0,0	0,0
10.6	Wasserkraft	PJ	74,3		76,7	81,8	82,9	84,1	84,3	84,4
10.7	sonst. Erneuerbare	PJ	239,0		426,9	514,5	637,7	761,0	941,6	1122,2
10.8	Importsaldo Strom	PJ	-7,2		0,0	0,0	0,0	0,0	0,0	0,0
10.9	Summe (incl. Müll)	PJ	14596,4		13696,7	12687,1	12173,9	11660,6	11174,4	10688,2

Szenario Reporting Tabelle

Modell:	Modellfamilie Planet-WI
Autor:	Fischedick, M., Hanke, T., Lechtenböhmer, S.
Institution:	Wuppertal Institut für Klima Umwelt Energie GmbH im Wissenschaftszentrum Nordrhein-Westfalen
Land:	Deutschland
Szenario:	**Klimaschutz_WI-Vorgabe/KKW 25 Jahre (erhöhte KS-Anforderungen)**
Datum:	27.03.00

		Einheit	1997	2000	2005	2010	2015	2020	2025	2030
1	**Demographische Rahmenannahmen**									
1.1	Bevölkerung	Mio.	82,1		82,9	82,7	82,0	81,0	79,9	78,9
1.2	Anzahl der Haushalte	Mio.	36,37		37,44	37,77	37,97	38,17	38,31	38,45
1.3	Anzahl der Wohnflächen	Mio. m?	3110,0		3590,0	3778,0	3944,5	4111,0	4198,5	4286,0
2	**Ökonomische Rahmenannahmen**									
2.1	Entwicklung des BIP	Mrd. DM91	3121,0		3668,7	4058,8	4428,5	4797,6	5166,7	5535,8
2.2	Abschreibungsrate	% p. a.								
2.3	Zinssatz (international)	% p. a.								
2.4	technischer Fortschritt	% p. a.								
3	**Energiepreise**									
3.1	Steinkohle-küstennah	DM98/GJ		3,12	3,55	3,74	3,94	4,12	4,34	4,55
3.2	Steinkohle-küstenfern	DM98/GJ		3,56	3,99	4,18	4,38	4,56	4,78	4,99
3.3	Braunkohle	DM98/GJ		3,15	3,20	3,31	3,43	3,55	3,67	3,80
3.4	Heizöl, schwer	DM98/GJ		4,31	4,95	5,45	5,94	6,44	7,25	8,06
3.5	Heizöl, leicht	DM98/GJ		6,51	7,48	8,18	8,88	9,58	10,76	11,94
3.6	Erdgas A	DM98/GJ		7,03	7,39	8,00	8,63	9,25	10,27	11,30
3.7	Erdgas B	DM98/GJ		8,17	8,61	9,39	10,17	10,96	12,25	13,53
4	**Struktur Stromnachfrage nach Sektoren**									
4.1	Industrie	TWh	194,44		194,38	188,06	191,65	195,24	194,95	194,67
4.2	Kleinverbraucher	TWh	124,61		124,09	122,52	121,30	120,09	117,53	114,96
4.3	Haushalte	TWh	131,10		113,57	97,77	86,93	76,10	70,64	65,18
4.4	Verkehr	TWh	16,67		18,33	19,44	20,00	20,56	21,78	23,00
4.5	Sonstige	TWh	29,98		22,13	16,74	15,39	14,04	14,31	14,58
4.6	Verluste	TWh	30,24		26,59	24,39	23,95	23,50	23,98	24,46
4.7	Summe	TWh	527,04		499,09	468,91	459,22	449,54	443,19	436,85
5	**Netto-Engpaßleistung n. Energieträgern**									
5.1	Steinkohle (inkl. Mischfeuerung)	MW	32570,0		16492,9	18271,9	14277,9	10284,0	7694,6	5105,2
5.2	Braunkohle	MW	19390,0		11142,3	12662,6	11053,5	9444,5	7695,6	5946,7
5.3	Heizöl	MW	8408,0		3340,6	2429,8	2362,7	2295,5	2129,5	1963,5
5.4	Erdgas	MW	20652,0		32614,9	31975,7	36351,9	40728,0	43219,6	45711,1
5.5	Kernenergie	MW	21107,0		13115,8	5292,7	2646,3	0,0	0,0	0,0
5.6	Wasserkraft	MW	8844,0		9608,1	10000,1	10019,2	10038,3	10038,3	10038,3
5.7	Wind	MW	2075,0		9238,0	13605,6	16802,8	20000,0	23333,3	26666,7
5.8	Photovoltaik	MW	42,0		455,0	696,7	1310,5	1924,3	3304,3	4684,2
5.9	Sonstige	MW	1153,0		2470,7	2989,4	5084,8	7180,1	9704,8	12229,5
5.10	Summe	MW	114241,0		98478,4	97924,4	99909,7	101894,9	107120,1	112345,3
6	**Netto-Stromerzeugung n. Energieträgern**									
6.1	Steinkohlen	TWh	**144,40**		107,88	110,22	86,6	62,98	46,7	30,43
6.2	Braunkohlen	TWh	**128,18**		98,39	106,94	94,0	80,98	65,3	49,63
6.3	Mineralöle	TWh	**6,02**		3,50	2,35	2,3	2,25	2,1	1,87
6.4	Naturgase	TWh	**55,62**		149,33	154,31	189,4	224,49	248,5	272,47
6.5	Kernenergie	TWh	**162,19**		95,08	38,38	19,2	0,00	0,0	0,00
6.6	Wasserkraft	TWh	**20,65**		21,63	23,33	23,4	23,50	23,5	23,50
6.7	Wind	TWh	**3,00**		16,63	24,49	30,2	36,00	42,0	48,00
6.8	Photovoltaik	TWh	**0,04**		0,40	0,63	1,2	1,78	3,1	4,45
6.9	Sonstige	TWh	**3,00**		6,68	8,62	13,2	17,80	27,8	37,85
6.10	Summe	TWh	**523,09**		499,51	469,28	459,5	449,78	459,0	468,20
7	**Vollaststunden n. Energieträgern**									
7.1	Steinkohlen	h/a	4433,5		6540,9	6032,5	6065,6	6124,4	6070,1	5960,7
7.2	Braunkohlen	h/a	6610,7		8830,2	8445,5	8500,4	8574,2	8485,6	8345,0
7.3	Mineralöle	h/a	715,6		1046,5	965,2	972,3	979,9	967,8	953,7
7.4	Naturgase	h/a	2693,0		4578,6	4826,0	5210,3	5512,0	5749,3	5960,7
7.5	Kernenergie	h/a	7684,1		7249,3	7251,5	7251,5	#DIV/0!	#DIV/0!	#DIV/0!
7.6	Wasserkraft	h/a	2334,9		2251,1	2333,4	2337,2	2341,0	2341,0	2341,0
7.7	Wind	h/a	1445,8		1800,0	1800,0	1800,0	1800,0	1800,0	1800,0
7.8	Photovoltaik	h/a	952,4		875,0	900,0	918,4	925,0	942,7	950,0
7.9	Sonstige	h/a	2603,7		2704,3	2884,4	2598,3	2479,1	2867,0	3094,7
7.10	Durchschnitt	h/a	4578,9		5072,3	4792,3	4599,5	4414,2	4284,8	4167,5

8	Energieeinsatz zur Stromerz. n. Energieträgern									
8.1	Steinkohle	PJ	1380,4		999,7	1004,0	734,7	465,4	338,8	212,3
8.2	Braunkohle	PJ	1321,0		951,2	1008,8	809,1	609,5	485,3	361,2
8.3	Heizöl	PJ	53,9		28,5	16,3	15,6	15,0	13,1	11,1
8.4	Erdgas	PJ	462,5		1184,6	1155,9	1295,6	1435,2	1560,9	1686,6
8.5	Kernenergie	PJ	1824,6		1069,7	431,8	215,9	0,0	0,0	0,0
8.6	Wasserkraft	PJ	74,3		77,9	84,0	84,3	84,6	84,6	84,6
8.7	Wind	PJ	10,8		59,9	88,2	108,9	129,6	151,2	172,8
8.8	Photovoltaik	PJ	0,1		1,4	2,3	4,3	6,4	11,2	16,0
8.9	Sonstige	PJ	30,3		62,5	79,0	111,8	144,6	208,1	271,6
8.10	Summe	PJ	5158,1		4435,4	3870,2	3380,3	2890,3	2853,2	2816,2
9	Schadstoffemissionen									
9.1	CO2-Emissionen	Mio. t	864,5		759,5	705,2	648,4	591,7	544,2	496,6
9.2	CH4-Emissionen	kt								
9.3	N2O-Emissionen	kt								
9.4	THG-Emissionen	Mio. t CO2								
9.5	NOx-Emissionen	kt								
9.6	SO2-Emissionen	kt								
10	Stromgestehungskosten	Pf.98/kWh	7,57		7,91	8,16	8,37	8,59	9,04	9,49
11	Ausstiegskosten *									
11.1	Mehrkosten	Mrd. DM98		0,577	3,460	4,202	4,408	4,614	4,356	4,099
11.2	Spezifische Mehrkosten	Pf.98/kWh		0,110	0,625	0,738	0,762	0,784	0,727	0,672
11.3	Kumulierte Mehrkosten	Mrd. DM98		0,577	12,111	31,636	53,263	75,919	98,214	119,221
11.4	Durchschnittl. jährl. Mehrkosten	Mrd. DM98/a		0,577	2,018	2,876	3,329	3,615	3,777	3,846
11.5	Abdiskont. (2000) kumul. Mehrk.	Mrd. DM98		0,577	10,321	23,519	35,004	44,432	51,717	57,095
11.6	Extremwert d. Kostenerhöhung	Pf.98/kWh		0,110	0,625	0,738	0,762	0,784	0,784	0,784
11.7	Durchschnittl. Kostenerhöhung	Pf.98/kWh		0,110	0,375	0,523	0,597	0,641	0,663	0,668
12	Ausstiegskosten (inkl. Netzkostengutschrift)*,**									
12.1	Mehrkosten	Mrd. DM98		0,569	3,415	2,503	2,312	2,121	1,728	1,335
12.2	Spezifische Mehrkosten	Pf.98/kWh		0,109	0,617	0,440	0,399	0,360	0,288	0,219
12.3	Kumulierte Mehrkosten	Mrd. DM98		0,569	11,953	26,291	38,231	49,215	58,640	66,103
12.4	Durchschnittl. jährl. Mehrkosten	Mrd. DM98/a		0,569	1,992	2,390	2,389	2,344	2,255	2,132
12.5	Abdiskont. (2000) kumul. Mehrk.	Mrd. DM98		0,569	10,186	19,974	26,331	30,914	34,002	35,920
12.6	Extremwert d. Kostenerhöhung	Pf.98/kWh		0,109	0,617	0,617	0,617	0,617	0,617	0,617
12.7	Durchschnittl. Kostenerhöhung	Pf.98/kWh		0,109	0,370	0,435	0,429	0,416	0,396	0,370

* Mehrkosten des Ausstiegs, d.h. gegenüber der Referenzentwicklung.
Die Ausstiegskosten, die unter 11.1 und 11.2 ausgewiesen sind, beziehen sich auf den jeweiligen Zeitpunkt bzw. die entsprechende Zeitperiode.
Dagegen beschreiben die Werte 11.3 bis 11.7 Kosten über den gesamten Zeithorizont.

** Im Zuge der Umsetzung von Stromeinsparmaßnahmen wird hier von der Einbeziehung einer höheren Netzkostengutschrift (Vermeidung von Ertüchtigungs- und Wartungskosten) in der Größenordnung von 3,2 Pf/kWh ausgegangen (in der Normavariante werden 1,04 Pf/kWh unterstellt)

zusätzliche Angaben für Systemmodelle

		Einheit	1997	2000	2005	2010	2015	2020	2025	2030
4	Struktur EEV nach Energieträgern									
4.1	Kohlen	PJ	578		424,6	373,0	336,5	300	270,1	240
4.2	Mineralölprodukte	PJ	4361		3950,9	3442,7	3273,3	3104	2925,3	2747
4.3	Gase	PJ	2400		2122,3	1861,9	1806,0	1750	1500,8	1251
4.4	Strom	PJ	1662		1622,6	1540,5	1512,4	1484	1514,6	1545
4.5	Fernwärme	PJ	349		393,8	455,8	466,8	478	531,8	586
4.6	Erneuerbare	PJ	168		285,8	323,2	413,1	503	585,2	667
4.7	Sonstige (Methanol, Wasserstof	PJ	0		0,0	0,0	0,0	0	0,0	0
4.8	Summe	PJ	**9517**		8800,1	7997,0	7808,1	**7619**	7327,8	**7036**
10	Struktur Primärenergieverbrauch									
10.1	Steinkohlen	PJ	2086		1469,4	1431,7	1141,4	851	689,9	528,7
10.2	Braunkohlen	PJ	1576		1119,9	1164,5	954,5	745	615,9	487,3
10.3	Mineralöle	PJ	5734		5403,0	4873,8	4747,4	4621	4483,8	4346,8
10.4	Erdgas	PJ	3069		3469,2	3226,9	3363,2	3499	3434,0	3368,6
10.5	Kernenergie	PJ	1825		1069,7	431,8	215,9	0	0,0	0,0
10.6	Wasserkraft	PJ	74		77,9	84,0	84,3	85	84,6	84,6
10.7	sonst. Erneuerbare	PJ	239		451,5	550,0	709,6	869	1046,3	1223,4
10.8	Importsaldo Strom	PJ	-7		0,0	0,0	0,0	0	0,0	0,0
10.9	Summe (incl. Müll)	PJ	**14596**		13060,5	**11762,9**	11216,3	**10670**	10366,0	10062,3

Szenario Reporting Tabelle

Modell:	Modellfamilie Planet-WI
Autor:	Fischedick, M., Hanke, T., Lechtenböhmer, S.
Institution:	Wuppertal Institut für Klima Umwelt Energie GmbH im Wissenschaftszentrum Nordrhein-Westfalen
Land:	Deutschland
Szenario:	**Klimaschutz_WI-Vorgabe/KKW 40 Jahre (erhöhte KS-Anforderungen)**
Datum:	27.03.00

		Einheit	1997	2000	2005	2010	2015	2020	2025	2030
1	**Demographische Rahmenannahmen**									
1.1	Bevölkerung	Mio.	82,1		82,9	82,7	82,0	81,0	79,9	78,9
1.2	Anzahl der Haushalte	Mio.	36,37		37,44	37,77	37,97	38,17	38,31	38,45
1.3	Anzahl der Wohnflächen	Mio. m?	3110,0		3590,0	3778,0	3944,5	4111,0	4198,5	4286,0
2	**Ökonomische Rahmenannahmen**									
2.1	Entwicklung des BIP	Mrd. DM91	3121,0		3668,7	4058,8	4428,5	4797,6	5166,7	5535,8
2.2	Abschreibungsrate	% p. a.								
2.3	Zinssatz (international)	% p. a.								
2.4	technischer Fortschritt	% p. a.								
3	**Energiepreise**									
3.1	Steinkohle-küstennah	DM98/GJ		3,12	3,55	3,74	3,94	4,12	4,34	4,55
3.2	Steinkohle-küstenfern	DM98/GJ		3,56	3,99	4,18	4,38	4,56	4,78	4,99
3.3	Braunkohle	DM98/GJ		3,15	3,20	3,31	3,43	3,55	3,67	3,80
3.4	Heizöl, schwer	DM98/GJ		4,31	4,95	5,45	5,94	6,44	7,25	8,06
3.5	Heizöl, leicht	DM98/GJ		6,51	7,48	8,18	8,88	9,58	10,76	11,94
3.6	Erdgas A	DM98/GJ		7,03	7,39	8,00	8,63	9,25	10,27	11,30
3.7	Erdgas B	DM98/GJ		8,17	8,61	9,39	10,17	10,96	12,25	13,53
4	**Struktur Stromnachfrage nach Sektoren**									
4.1	Industrie	TWh	194,44		195,35	198,74	200,85	202,97	198,82	194,67
4.2	Kleinverbraucher	TWh	124,61		124,68	128,86	127,63	126,41	120,68	114,96
4.3	Haushalte	TWh	131,10		114,93	111,25	99,71	88,17	76,67	65,18
4.4	Verkehr	TWh	16,67		18,33	19,44	20,00	20,56	21,78	23,00
4.5	Sonstige	TWh	29,98		23,42	18,94	17,41	15,88	15,72	15,55
4.6	Verluste	TWh	30,24		26,76	26,13	25,56	24,99	24,73	24,46
4.7	Summe	TWh	527,04		503,48	503,35	491,16	478,98	458,40	437,83
5	**Netto-Engpaßleistung n. Energieträgern**									
5.1	Steinkohle (inkl. Mischfeuerung)	MW	32570,0		20511,4	18058,5	16516,2	14973,9	11506,6	8039,3
5.2	Braunkohle	MW	19390,0		13095,8	12704,4	12529,9	12355,3	10800,3	9245,2
5.3	Heizöl	MW	8408,0		3754,7	2835,8	2762,5	2689,3	2349,6	2009,8
5.4	Erdgas	MW	20652,0		19003,4	22459,6	23995,0	25530,3	32582,0	39633,7
5.5	Kernenergie	MW	21107,0		21107,0	20766,7	16941,3	13115,9	6557,9	0,0
5.6	Wasserkraft	MW	8844,0		9597,4	9820,2	9918,9	10017,6	10028,0	10038,3
5.7	Wind	MW	2075,0		9117,8	11579,7	15064,9	18550,0	22608,3	26666,7
5.8	Photovoltaik	MW	42,0		438,0	616,0	1138,8	1661,6	3172,9	4684,2
5.9	Sonstige	MW	1153,0		2379,0	2553,4	4341,9	6130,4	9164,0	12197,6
5.10	Summe	MW	114241,0		99004,6	101394,4	103209,4	105024,3	108769,6	112514,8
6	**Netto-Stromerzeugung n. Energieträgern**									
6.1	Steinkohlen	TWh	**144,40**		120,41	100,19	91,8	83,40	65,2	46,91
6.2	Braunkohlen	TWh	**128,18**		103,79	98,68	97,5	96,34	85,9	75,53
6.3	Mineralöle	TWh	**6,02**		3,53	2,52	2,5	2,40	2,1	1,88
6.4	Naturgase	TWh	**55,62**		78,09	99,69	113,8	127,98	179,6	231,28
6.5	Kernenergie	TWh	**162,19**		153,01	150,59	122,8	95,09	47,5	0,00
6.6	Wasserkraft	TWh	**20,65**		21,58	22,55	23,0	23,41	23,5	23,50
6.7	Wind	TWh	**3,00**		16,41	20,84	27,1	33,39	40,7	48,00
6.8	Photovoltaik	TWh	**0,04**		0,38	0,55	1,0	1,54	3,0	4,45
6.9	Sonstige	TWh	**3,00**		6,40	7,63	11,7	15,82	26,8	37,70
6.10	Summe	TWh	**523,09**		503,61	503,25	491,3	479,37	474,3	469,26
7	**Vollaststunden n. Energieträgern**									
7.1	Steinkohlen	h/a	4433,5		5870,6	5548,2	5558,0	5569,8	5662,7	5835,5
7.2	Braunkohlen	h/a	6610,7		7925,3	7767,5	7782,4	7797,8	7957,0	8169,8
7.3	Mineralöle	h/a	715,6		939,3	887,7	889,4	891,2	909,4	933,7
7.4	Naturgase	h/a	2693,0		4109,4	4438,6	4744,1	5012,8	5513,2	5835,5
7.5	Kernenergie	h/a	7684,1		7249,3	7251,5	7250,9	7250,0	7250,0	#DIV/0!
7.6	Wasserkraft	h/a	2334,9		2248,7	2296,4	2316,9	2336,9	2339,0	2341,0
7.7	Wind	h/a	1445,8		1800,0	1800,0	1800,0	1800,0	1800,0	1800,0
7.8	Photovoltaik	h/a	952,4		875,0	900,0	918,2	925,0	943,5	950,0
7.9	Sonstige	h/a	2603,7		2688,7	2989,0	2700,4	2580,2	2920,2	3091,0
7.10	Durchschnitt	h/a	4578,9		5086,7	4963,3	4760,3	4564,3	4360,7	4170,6

8	**Energieeinsatz zur Stromerz. n. Energieträgern**									
8.1	Steinkohle	PJ	1380,4		1120,9	911,5	766,6	621,8	478,9	335,9
8.2	Braunkohle	PJ	1321,0		1004,9	930,5	828,8	727,2	641,3	555,5
8.3	Heizöl	PJ	53,9		28,9	18,2	17,3	16,4	13,8	11,2
8.4	Erdgas	PJ	462,5		615,1	743,4	781,8	820,3	1126,7	1433,1
8.5	Kernenergie	PJ	1824,6		1721,4	1694,1	1382,0	1069,8	534,9	0,0
8.6	Wasserkraft	PJ	74,3		77,7	81,2	82,7	84,3	84,4	84,6
8.7	Wind	PJ	10,8		59,1	75,0	97,6	120,2	146,5	172,8
8.8	Photovoltaik	PJ	0,1		1,4	2,0	3,8	5,5	10,8	16,0
8.9	Sonstige	PJ	30,3		59,8	69,9	98,8	127,7	199,1	270,5
8.10	Summe	PJ	5158,1		4689,1	4525,9	4059,5	3593,1	3236,3	2879,6
9	**Schadstoffemissionen**									
9.1	CO2-Emissionen	Mio. t	864,5		739,4	689,7	640,6	591,6	542,6	493,7
9.2	CH4-Emissionen	kt								
9.3	N2O-Emissionen	kt								
9.4	THG-Emissionen	Mio. t CO2								
9.5	NOx-Emissionen	kt								
9.6	SO2-Emissionen	kt								
10	**Stromgestehungskosten**	Pf.98/kWh	7,57		7,64	7,73	7,97	8,22	8,79	9,37
11	**Ausstiegskosten ***									
11.1	Mehrkosten	Mrd. DM98		0,326	1,953	1,732	2,081	2,429	2,914	3,399
11.2	Spezifische Mehrkosten	Pf.98/kWh		0,062	0,353	0,304	0,359	0,413	0,486	0,557
11.3	Kumulierte Mehrkosten	Mrd. DM98		0,326	6,836	15,939	25,645	37,093	50,693	66,717
11.4	Durchschnittl. jährl. Mehrkosten	Mrd. DM98/a		0,326	1,139	1,449	1,603	1,766	1,950	2,152
11.5	Abdiskont. (2000) kumul. Mehrk	Mrd. DM98		0,326	5,826	12,016	17,157	21,912	26,335	30,420
11.6	Extremwert d. Kostenerhöhung	Pf.98/kWh		0,062	0,353	0,353	0,359	0,413	0,486	0,557
11.7	Durchschnittl. Kostenerhöhung	Pf.98/kWh		0,062	0,212	0,264	0,288	0,313	0,342	0,374
12	**Ausstiegskosten (inkl. Netzkostengutschrift)*,****									
12.1	Mehrkosten	Mrd. DM98		0,242	1,451	0,755	0,458	0,161	0,262	0,364
12.2	Spezifische Mehrkosten	Pf.98/kWh		0,046	0,262	0,133	0,079	0,027	0,044	0,060
12.3	Kumulierte Mehrkosten	Mrd. DM98		0,242	5,078	10,245	13,130	14,527	15,635	17,253
12.4	Durchschnittl. jährl. Mehrkosten	Mrd. DM98/a		0,242	0,846	0,931	0,821	0,692	0,601	0,557
12.5	Abdiskont. (2000) kumul. Mehrk	Mrd. DM98		0,242	4,327	7,879	9,428	10,022	10,380	10,791
12.6	Extremwert d. Kostenerhöhung	Pf.98/kWh		0,046	0,262	0,262	0,262	0,262	0,262	0,262
12.7	Durchschnittl. Kostenerhöhung	Pf.98/kWh		0,046	0,157	0,170	0,147	0,123	0,106	0,097

* Mehrkosten des Ausstiegs, d.h. gegenüber der Referenzentwicklung.
Die Ausstiegskosten, die unter 11.1 und 11.2 ausgewiesen sind, beziehen sich auf den jeweiligen Zeitpunkt bzw. die entsprechende Zeitperiode.
Dagegen beschreiben die Werte 11.3 bis 11.7 Kosten über den gesamten Zeithorizont.

** Im Zuge der Umsetzung von Stromeinsparmaßnahmen wird hier von der Einbeziehung einer höheren Netzkostengutschrift (Vermeidung von Ertüchtigungs- und Wartungskosten) in der Größenordnung von 3,2 Pf/kWh ausgegangen (in der Normavariante werden 1,04 Pf/kWh unterstellt)

zusätzliche Angaben für Systemmodelle

		Einheit	1997	2000	2005	2010	2015	2020	2025	2030
4	**Struktur EEV nach Energieträgern**									
4.1	Kohlen	PJ	578		446	395	367,9	341	290,6	240
4.2	Mineralölprodukte	PJ	4361		3847	3603	3333,4	3064	2797,0	2530
4.3	Gase	PJ	2400		2150	2076	1968,9	1862	1531,1	1200
4.4	Strom	PJ	1662		1633	1650	1614,3	1578	1561,6	1545
4.5	Fernwärme	PJ	349		372	416	449,0	482	528,8	575
4.6	Erneuerbare	PJ	168		209	225	288,7	353	444,5	536
4.7	Sonstige (Methanol, Wasserstof	PJ	0		0	0	0,0	0	0,0	0
4.8	Summe	PJ	**9517**		**8657**	**8365**	8022,3	**7680**	7153,7	**6628**
10	**Struktur Primärenergieverbrauch**									
10.1	Steinkohlen	PJ	2086		1619	1368	1212,6	1057	859,0	661
10.2	Braunkohlen	PJ	1576		1196	1101	993,2	885	787,9	691
10.3	Mineralöle	PJ	5734		5076	4776	4463,6	4151	3839,9	3529
10.4	Erdgas	PJ	3069		3055	3137	3104,9	3072	3082,2	3092
10.5	Kernenergie	PJ	1825		1721	1694	1382,0	1070	534,9	0
10.6	Wasserkraft	PJ	74		78	81	82,7	84	84,4	85
10.7	sonst. Erneuerbare	PJ	239		369	424	558,2	692	890,8	1089
10.8	Importsaldo Strom	PJ	-7		0	0	0,0	0	0,0	0
10.9	Summe (incl. Müll)	PJ	**14596**		**13115**	**12583**	11797,2	**11012**	10090,5	**9169**

Szenario Reporting Tabelle

Modell:	Modellfamilie Planet-WI
Autor:	Fischedick, M., Hanke, T., Lechtenböhmer, S.
Institution:	Wuppertal Institut für Klima Umwelt Energie GmbH im Wissenschaftszentrum Nordrhein-Westfalen
Land:	Deutschland
Szenario:	**Klimaschutz_MEX-Vorgabe/KKW 40 Jahre**
Datum:	27.03.00

		Einheit	1997	2000	2005	2010	2015	2020	2025	2030
1	**Demographische Rahmenannahmen**									
1.1	Bevölkerung	Mio.	82,1		82,9	82,7	82,0	81,0	79,9	78,9
1.2	Anzahl der Haushalte	Mio.	36,37		37,44	37,77	37,97	38,17	38,31	38,45
1.3	Anzahl der Wohnflächen	Mio. m?	3110,0		3590,0	3778,0	3944,5	4111,0	4198,5	4286,0
2	**Ökonomische Rahmenannahmen**									
2.1	Entwicklung des BIP	Mrd. DM91	3121,0		3668,7	4058,8	4428,5	4797,6	5166,7	5535,8
2.2	Abschreibungsrate	% p. a.								
2.3	Zinssatz (international)	% p. a.								
2.4	technischer Fortschritt	% p. a.								
3	**Energiepreise**									
3.1	Steinkohle-küstennah	DM98/GJ		3,12	3,55	3,74	3,94	4,12	4,34	4,55
3.2	Steinkohle-küstenfern	DM98/GJ		3,56	3,99	4,18	4,38	4,56	4,78	4,99
3.3	Braunkohle	DM98/GJ		3,15	3,20	3,31	3,43	3,55	3,67	3,80
3.4	Heizöl, schwer	DM98/GJ		4,31	4,95	5,45	5,94	6,44	7,25	8,06
3.5	Heizöl, leicht	DM98/GJ		6,51	7,48	8,18	8,88	9,58	10,76	11,94
3.6	Erdgas A	DM98/GJ		7,03	7,39	8,00	8,63	9,25	10,27	11,30
3.7	Erdgas B	DM98/GJ		8,17	8,61	9,39	10,17	10,96	12,25	13,53
4	**Struktur Stromnachfrage nach Sektoren**									
4.1	Industrie	TWh	194,44		205,44	211,98	215,07	218,17	209,89	201,61
4.2	Kleinverbraucher	TWh	124,61		130,75	136,73	137,78	138,83	129,74	120,64
4.3	Haushalte	TWh	131,10		128,97	127,97	119,93	111,90	93,95	76,01
4.4	Verkehr	TWh	16,67		18,33	19,44	20,00	20,56	21,78	23,00
4.5	Sonstige	TWh	29,98		23,78	19,47	18,11	16,75	16,08	15,40
4.6	Verluste	TWh	30,24		28,55	28,29	28,10	27,92	26,86	25,80
4.7	Summe	TWh	527,04		535,82	543,88	539,01	534,13	498,30	462,47
5	**Netto-Engpaßleistung n. Energieträgern**									
5.1	Steinkohle (inkl. Mischfeuerung)	MW	32570,0		19207,2	19354,6	18561,0	17767,4	14463,1	11158,8
5.2	Braunkohle	MW	19390,0		13383,0	12813,2	12418,1	12023,0	10879,1	9735,1
5.3	Heizöl	MW	8408,0		3837,1	2950,4	2936,3	2922,3	2525,9	2129,5
5.4	Erdgas	MW	20652,0		25810,1	28205,8	30987,1	33768,4	37838,9	41909,4
5.5	Kernenergie	MW	21107,0		21107,0	20766,7	16941,3	13115,9	6557,9	0,0
5.6	Wasserkraft	MW	8844,0		9469,3	9604,8	9793,5	9982,2	10004,0	10025,9
5.7	Wind	MW	2075,0		7675,0	9154,9	12611,9	16068,9	20584,3	25099,7
5.8	Photovoltaik	MW	42,0		233,5	519,4	865,8	1212,1	2659,2	4106,3
5.9	Sonstige	MW	1153,0		1923,9	2156,5	3204,4	4252,3	7390,7	10529,2
5.10	Summe	MW	114241,0		102646,1	105526,3	108319,4	111112,4	112903,2	114693,9
6	**Netto-Stromerzeugung n. Energieträgern**									
6.1	Steinkohlen	TWh	**144,40**		117,42	111,52	106,5	101,55	83,1	64,69
6.2	Braunkohlen	TWh	**128,18**		110,45	103,36	99,8	96,21	87,6	79,00
6.3	Mineralöle	TWh	**6,02**		3,75	2,72	2,7	2,67	2,3	1,98
6.4	Naturgase	TWh	**55,62**		110,45	130,02	151,9	173,71	208,3	242,94
6.5	Kernenergie	TWh	**162,19**		153,01	150,59	122,8	95,09	47,5	0,00
6.6	Wasserkraft	TWh	**20,65**		21,03	21,61	22,4	23,26	23,4	23,45
6.7	Wind	TWh	**3,00**		13,81	16,48	22,7	28,92	37,1	45,18
6.8	Photovoltaik	TWh	**0,04**		0,20	0,47	0,8	1,12	2,5	3,90
6.9	Sonstige	TWh	**3,00**		5,88	7,01	9,5	12,06	22,5	32,87
6.10	Summe	TWh	**523,09**		536,01	543,78	539,2	534,58	514,3	494,00
7	**Vollaststunden n. Energieträgern**									
7.1	Steinkohlen	h/a	4433,5		6113,4	5762,0	5739,8	5715,6	5746,9	5796,8
7.2	Braunkohlen	h/a	6610,7		8253,1	8066,8	8035,3	8001,8	8052,7	8115,5
7.3	Mineralöle	h/a	715,6		978,1	921,9	918,2	914,5	920,0	927,5
7.4	Naturgase	h/a	2693,0		4279,4	4609,6	4900,8	5144,0	5505,5	5796,8
7.5	Kernenergie	h/a	7684,1		7249,3	7251,5	7250,9	7250,0	7250,0	#DIV/0!
7.6	Wasserkraft	h/a	2334,9		2220,3	2250,4	2290,8	2329,7	2334,2	2338,5
7.7	Wind	h/a	1445,8		1800,0	1800,0	1800,0	1800,0	1800,0	1800,0
7.8	Photovoltaik	h/a	952,4		875,0	900,0	917,5	925,0	944,3	950,0
7.9	Sonstige	h/a	2603,7		3055,2	3250,3	2974,9	2835,3	3039,4	3121,8
7.10	Durchschnitt	h/a	4578,9		5221,9	5153,0	4977,7	4811,2	4555,2	4307,1

8	Energieeinsatz zur Stromerz. n. Energieträgern									
8.1	Steinkohle	PJ	1380,4		1092,2	1018,8	889,8	760,8	615,0	469,2
8.2	Braunkohle	PJ	1321,0		1070,6	975,6	850,9	726,1	653,8	581,5
8.3	Heizöl	PJ	53,9		31,0	20,1	19,6	19,0	15,5	12,0
8.4	Erdgas	PJ	462,5		873,9	973,3	1042,4	1111,6	1308,2	1504,8
8.5	Kernenergie	PJ	1824,6		1721,4	1694,1	1382,0	1069,8	534,9	0,0
8.6	Wasserkraft	PJ	74,3		75,7	77,8	80,8	83,7	84,1	84,4
8.7	Wind	PJ	10,8		49,7	59,3	81,7	104,1	133,4	162,6
8.8	Photovoltaik	PJ	0,1		0,7	1,7	2,9	4,0	9,0	14,0
8.9	Sonstige	PJ	30,3		55,0	64,4	80,2	95,9	166,2	236,5
8.10	Summe	PJ	5158,1		4970,3	4885,2	4430,1	3975,1	3520,2	3065,2
9	Schadstoffemissionen									
9.1	CO2-Emissionen	Mio. t	864,5		807,9	778,8	733,2	687,7	624,8	562,0
9.2	CH4-Emissionen	kt								
9.3	N2O-Emissionen	kt								
9.4	THG-Emissionen	Mio. t CO2								
9.5	NOx-Emissionen	kt								
9.6	SO2-Emissionen	kt								
10	Stromgestehungskosten	Pf.98/kWh	7,57		7,59	7,51	7,72	7,94	8,59	9,25
11	Ausstiegskosten *									
11.1	Mehrkosten	Mrd. DM98		0,277	1,664	0,498	0,634	0,771	1,772	2,774
11.2	Spezifische Mehrkosten	Pf.98/kWh		0,053	0,301	0,087	0,110	0,131	0,296	0,455
11.3	Kumulierte Mehrkosten	Mrd. DM98		0,277	5,825	10,647	13,545	17,126	23,984	35,852
11.4	Durchschnittl. jährl. Mehrkosten	Mrd. DM98/a		0,277	0,971	0,968	0,847	0,816	0,922	1,157
11.5	Abdiskont. (2000) kumul. Mehrk.	Mrd. DM98		0,277	4,964	8,313	9,846	11,332	13,538	16,548
11.6	Extremwert d. Kostenerhöhung	Pf.98/kWh		0,053	0,301	0,301	0,301	0,301	0,301	0,455
11.7	Durchschnittl. Kostenerhöhung	Pf.98/kWh		0,053	0,180	0,176	0,152	0,145	0,162	0,201
12	Ausstiegskosten (inkl. Netzkostengutschrift)*,**									
12.1	Mehrkosten	Mrd. DM98		0,215	1,291	0,270	-0,060	-0,390	-0,058	0,274
12.2	Spezifische Mehrkosten	Pf.98/kWh		0,041	0,233	0,047	-0,010	-0,066	-0,010	0,045
12.3	Kumulierte Mehrkosten	Mrd. DM98		0,215	4,519	7,912	8,272	6,982	6,028	6,735
12.4	Durchschnittl. jährl. Mehrkosten	Mrd. DM98/a		0,215	0,753	0,719	0,517	0,332	0,232	0,217
12.5	Abdiskont. (2000) kumul. Mehrk.	Mrd. DM98		0,215	3,851	6,221	6,429	5,905	5,583	5,756
12.6	Extremwert d. Kostenerhöhung	Pf.98/kWh		0,041	0,233	0,233	0,233	0,233	0,233	0,233
12.7	Durchschnittl. Kostenerhöhung	Pf.98/kWh		0,041	0,140	0,131	0,093	0,059	0,041	0,038

* Mehrkosten des Ausstiegs, d.h. gegenüber der Referenzentwicklung.
Die Ausstiegskosten, die unter 11.1 und 11.2 ausgewiesen sind, beziehen sich auf den jeweiligen Zeitpunkt bzw. die entsprechende Zeitperiode.
Dagegen beschreiben die Werte 11.3 bis 11.7 Kosten über den gesamten Zeithorizont.

** Im Zuge der Umsetzung von Stromeinsparmaßnahmen wird hier von der Einbeziehung einer höheren Netzkostengutschrift (Vermeidung von Ertüchtigungs- und Wartungskosten) in der Größenordnung von 3,2 Pf/kWh ausgegangen (in der Normavariante werden 1,04 Pf/kWh unterstellt)

zusätzliche Angaben für Systemmodelle

		Einheit	1997	2000	2005	2010	2015	2020	2025	2030
4	Struktur EEV nach Energieträgern									
4.1	Kohlen	PJ	578		432,2	383	341,5	300	270,1	240,3
4.2	Mineralölprodukte	PJ	4361		4340,0	4201	3966,3	3732	3344,8	2957,9
4.3	Gase	PJ	2400		2367,6	2358	2284,8	2212	1839,0	1466,5
4.4	Strom	PJ	1662		1741,8	1786	1774,9	1763	1696,3	1629,3
4.5	Fernwärme	PJ	349		376,9	416	438,6	461	517,6	573,7
4.6	Erneuerbare	PJ	168		264,4	289	340,0	391	501,2	611,7
4.7	Sonstige (Methanol, Wasserstoff	PJ	0		0,0	0	0,0	0	0,0	0,0
4.8	Summe	PJ	**9517**		9522,9	**9433**	9146,1	**8859**	8169,1	7479,3
10	Struktur Primärenergieverbrauch									
10.1	Steinkohlen	PJ	2086		1567,4	1452	1297,9	1144	963,9	784,0
10.2	Braunkohlen	PJ	1576		1236,4	1125	992,1	859	782,5	706,2
10.3	Mineralöle	PJ	5734		5819,7	5684	5488,5	5293	4932,1	4571,5
10.4	Erdgas	PJ	3069		3405,6	3542	3591,2	3641	3521,0	3401,1
10.5	Kernenergie	PJ	1825		1721,4	1694	1382,0	1070	534,9	0,0
10.6	Wasserkraft	PJ	74		75,7	78	80,8	84	84,1	84,4
10.7	sonst. Erneuerbare	PJ	239		409,9	467	572,3	678	899,8	1122,2
10.8	Importsaldo Strom	PJ	-7		0,0	0	0,0	0	0,0	0,0
10.9	Summe (incl. Müll)	PJ	**14596**		14236,0	**14042**	13404,7	**12767**	11727,7	10688,2

8 LEAN

Heinz Welsch, Carsten Ochsen

Institut VWL I, Universität Oldenburg

8.1 Einleitung

Innerhalb des Modellexperimentes II des Forums für Energiemodelle und Energiewirtschaftliche Systemanalysen in Deutschland wurden mit Hilfe des Modellsystems LEAN Simulationsrechnungen zu den Auswirkungen eines vorzeitigen Verzichts auf Kernenergienutzung in Deutschland durchgeführt. Konkret wurden die Auswirkungen einer Beschränkung der Nutzungsdauer bestehender Kernkraftwerke auf 25 Kalenderjahre ("Ausstiegsfall") im Vergleich zu einer Nutzungsdauer von 40 Kalenderjahren ("Basisfall") untersucht, wobei in beiden Fällen ein Verzicht auf Kapazitätszubau vorausgesetzt ist.

Bei den Simulationsrechnungen wurden die harmonisierten Rahmenannahmen des Modellexperimentes II bezüglich der Förderung deutscher Steinkohle, der Nutzung regenerativer Energieträger und der Importenergiepreise zugrunde gelegt. Auf Rechnungen aufgrund der Energiepreisprojektionen laut PROGNOS wurde verzichtet.

Beim Basisfall wurde davon ausgegangen, daß die gesamtwirtschaftlichen CO_2-Emissionen keiner Beschränkung unterliegen. Der Ausstiegsfall wurde demgegenüber unter drei verschiedenen Prämissen hinsichtlich der Entwicklung der CO_2-Emissionen simuliert:

- Keine Beschränkung der Emissionen.
- Beschränkung der Emissionen auf die Emissionsentwicklung des Basisfalles.
- Beschränkung der Emissionen gemäß den Reduktionszielen des Kyoto-Protokolls bzw. deren Fortschreibung jenseits des Jahres 2010.

Sofern Emissionsbeschränkungen angesetzt sind, wird als Lenkungsinstrument eine geeignet bemessene CO_2-Steuer unterstellt, deren Aufkommen zur Senkung der Lohnnebenkosten eingesetzt wird.

Zusätzlich zu diesen Rechnungen wurden Sensitivitätsrechnungen in Hinblick auf zwei Modellparameter durchgeführt: Die Elastizität des Einsatzverhältnisses der fossilen Energieträger bezüglich der zugehörigen Preisverhältnisse und die Elastizität des Importstromanteils bezüglich des Preisverhältnisses zwischen Importstrom und im Inland hergestelltem Strom.

8.2 Methodischer Ansatz

Im Simulationsmodell LEAN ist der Elektrizitätssektor abweichend von den übrigen Wirtschaftsbereichen in einer Weise modelliert, die es insbesondere erlaubt, modellexogene Vorgaben zur Kernenergienutzung (wie auch zur Nutzung regenerativer Energieträger) und ihre sektoralen und gesamtwirtschaftlichen Auswirkungen adäquat abzubilden. Im folgenden wird zunächst das disaggregierte gesamtwirtschaftliche Modell und daran anschließend das Submodell des Elektrizitätssektors beschrieben

8.2.1 Das gesamtwirtschaftliche Modell

Bei LEAN handelt es sich um ein sequentiell-dynamisches berechenbares allgemeines Gleichgewichtsmodell mit 13 Sektoren, das in Zeitschritten von einem Jahr gelöst wird. Eingesetzt wurde die Version TCM, d.h. ein Zwei-Regionen-Modell für Westdeutschland und die übrige EU12. Für die beiden Modellregionen wird eine einheitliche Währung unterstellt. Zwischen EU und übriger Welt herrscht ein flexibler Wechselkurs.

Eine detaillierte Beschreibung der Grundstruktur findet sich in Welsch (1996). Im folgenden wird eine kurze Charakterisierung in Hinblick auf die Außenwirtschaft, den Staat, den Arbeitsmarkt, den Kapitalmarkt sowie die Modellierung der Produktion und der Haushalte gegeben.

Der Außenhandel wird sektoral differenziert nach dem Armington-Ansatz abgebildet, d.h. gleichartige Güter unterschiedlicher geographischer Herkunft sind unvollkommene Substitute füreinander. Für die Importe bedeutet dies, dass die gesamte inländische Nachfrage nach einem Gut preisabhängig auf inländische Produktion und Importe allokiert wird. Abweichend hiervon ist der Import von Steinkohle modelliert. Die Fördermenge heimischer Steinkohle wird exogen vorgegeben, wobei deren Preis auf den Importkohlepreis herabsubventioniert wird. Die Lücke zwischen der Steinkohlenachfrage und der inländischen Förderung wird durch Importe geschlossen.

Die Exportnachfrage ergibt sich durch preisabhängige Allokation der Exporte der gesamten EU auf Exporte (West-)Deutschlands und der übrigen EU. Dadurch ist insbesondere der Einfluss einseitiger CO_2-Minderungsmaßnahmen Deutschlands auf die internationale Wettbewerbsfähigkeit Deutschlands abbildbar. Die Leistungsbilanzen der beiden Modellregionen werden durch den Außenhandel bestimmt und unterliegen keiner exogenen Beschränkung. Allerdings ändert sich der Wechselkurs der EU gegenüber der übrigen Welt aufgrund einer Reaktionsfunktion in Abhängigkeit von der konsolidierten Leistungsbilanz der Gesamt-EU. Die entsprechende Reaktionselastizität ist so eingestellt, dass der Leistungsbilanzsaldo am Ende des Simulationszeitraumes nicht größer als zwei Prozent des BIP ist.

Die Staatsausgaben sind durch eine konstante Quote an das BIP gekoppelt. Die Staatseinnahmen bestehen aus Produktionssteuern und eventuellen CO_2-Steuern.

Der Faktor Arbeit wird als intersektoral homogen und mobil unterstellt, während zwischen den Modellregionen Immobilität herrscht. Daraus folgt die Einheitlichkeit des Lohnsatzes in jeder Region. Die Lohnentwicklung basiert auf einer gewerkschaftlichen Lohnfunktion, nach der der Lohn sich aufgrund der Preisentwicklung, der gemessenen Arbeitsproduktivität und der Beschäftigungssituation bildet. Die Summe der zu diesem Lohn auftretenden sektoralen Arbeitsnachfragen ergibt die gesamtwirtschaftliche Beschäftigung.

Der Kapitalstock folgt einer sektoralen Kapitalbestandsrechnung. Die sektoralen Investitionen beruhen auf intertemporaler Kostenminimierung. Im Ergebnis hängen die Investitionen vom Realzins, den erwarteten Preisen der variablen Faktoren und der erwarteten Nachfrage ab (flexibler Akzelerator). Für die Preise gelten hierbei myopische Erwartungen, während die Nachfrageerwartungen durch Fortschreibung der Outputentwicklung der jeweils letzten beiden Jahre gebildet werden. Der Realzins ist einheitlich für die beiden Modellregionen. Er stellt die Closure-Variable des Modells dar, d.h. er wird als implizite Variable derart bestimmt, dass für die Gesamt-EU Konsistenz zwischen Ersparnis, Investitionen, Budgetsaldo und Außenbeitrag herrscht. Die Einheitlichkeit des Realzinses impliziert vollkommene Mobilität des Finanzkapitals. Das physische Kapital verteilt sich derart auf die Sektoren und Regionen, dass der erwartete Nettogrenzertrag ausgeglichen wird.

Die Produktion der einzelnen Sektoren wird durch geschachtelte CES-Produktionsfunktionen beschrieben. Auf der obersten Stufe sind die Nichtenergie-Vorleistungen sowie ein Aggregat aus Energie, Kapital und Arbeit (EKL) durch feste Inputkoeffizienten an den Output gekoppelt. EKL separiert sich in Arbeit und ein Energie-Kapitalaggregat. Energie ist zusammengesetzt aus Elektrizität und einem Brennstoffaggregat. Das Brennstoffaggregat besteht aus Steinkohle, Braunkohle, Mineralöl und Gas.

Der Haushaltssektor wird durch einen repräsentativen Haushalt pro Modellregion erfasst, der durch eine Stone-Geary-Nutzenfunktion (Lineares Ausgabensystem) charakterisiert ist.

Die exogenen Variablen, die das dynamische Verhalten des Modells im Basis-Fall bestimmen, sind die Welt-Importnachfrage und die Welt-Exportpreise. Die Welt-Exportpreise, d.h. Importpreise der EU aus der übrigen Welt (gerechnet in der Währung der übrigen Welt), werden mit Ausnahme der Energieträgerpreise als real konstant angenommen. Darüber hinaus wird das dynamische Verhalten durch die autonomen Effizienzfaktoren von Arbeit, Kapital und Energie bestimmt. Im

Fall der CO_2-Minderung kommt die CO_2-Steuer als weiterer exogener Einflussfaktor hinzu.

8.2.2 Das Elektrizitätsmodell

Die Modellierung des Elektrizitätssektors weicht von der Modellierung der anderen Sektoren dadurch ab, dass die Elektrizitätserzeugung in energetischen statt in monetären Einheiten abgebildet wird. Hierdurch soll, in Verbindung mit einer geeignet gewählten Form der Produktionsfunktion, das energietechnisch und CO_2-ökonomisch wichtige Konzept des Umwandlungswirkungsgrades erfasst werden[40]. Da die Stromerzeugungstechnologien je nach Brennstoff ein stark variierendes Verhältnis von Brennstoff- zu Kapitalkosten aufweisen, wird die Stromerzeugung differenziert nach Einsatzbrennstoff modelliert.

Der Stromoutput EL setzt sich additiv aus fossil erzeugtem Strom (EL_F), Kernenergie (EL_N) und sonstigem Strom (EL_R) zusammen. Der gesamte fossil erzeugte Strom wird nach den vier fossilen Einsatzbrennstoffen in vier verschiedene Stromarten differenziert. Diese werden durch den jeweiligen Brennstoff- und Kapitaleinsatz erklärt[41].

Die nukleare Stromerzeugung EL_N und die sonstige nicht fossile (regenerative) Erzeugung EL_R werden als exogene Variable behandelt[42], so dass sich bei gegebener Gesamterzeugung die fossile Erzeugung residual ergibt:

$$EL_F = EL - EL_N - EL_R \tag{8-1}$$

Im Gegensatz zur Aufteilung in fossil und nicht fossil erzeugten Strom wird hinsichtlich der Nutzung der einzelnen fossilen Energieträger (Steinkohle, Braunkohle, Öl, Gas) ein Kostenminimierungskalkül unterstellt, wobei die einzelnen Brennstoffe unvollkommene Substitute füreinander sind. Die unvollkommene Substituierbarkeit reflektiert überwiegend die Tatsache, dass die einzelnen Brennstoffe in unterschiedlichen Lastbereichen eingesetzt werden[43]. Ferner kommen darin bei-

---

40 Energetisch ist der Stromoutput stets kleiner als der Brennstoffinput, während bei Messung von Output und Input in monetären Einheiten (zu konstanten Preisen) das Gegenteil der Fall ist.

41 Der Arbeits- und Vorleistungseinsatz wird bei der Verbindung mit dem gesamtwirtschaftlichen Modell berücksichtigt. Die Lieferungen des Stromsektors an sich selbst werden als Input für die Teilaktivität "Stromverteilung" interpretiert und als Vorleistung behandelt.

42 Hierdurch wird insbesondere der politische Charakter der Kernenergienutzung zum Ausdruck gebracht. Bei der übrigen nichtfossilen Erzeugung handelt es sich überwiegend um Wasserkraft, deren Einsatz ebenfalls weitgehend nichtökonomischen Bestimmungsgründen unterliegt. Ähnliches gilt für die Wind- und Solarenergie.

43 Auf eine explizite Modellierung der Lastbereiche wird verzichtet.

spielsweise Erwägungen zur Versorgungssicherheit und sonstige Brennstoffpräferenzen zum Ausdruck.

Unter der Annahme, dass die unvollkommene Substituierbarkeit durch eine Präferenzfunktion vom CES-Typ beschrieben werden kann, lauten die kostenminimierenden Nachfragefunktionen nach Strom aus dem fossilen Brennstoff i wie folgt:

$$EL_i = \lambda d_i^\sigma \left(\frac{PEL_F}{PEL_i} \right)^\sigma \cdot EL_F, \qquad (8\text{-}2)$$

wobei PEL_F das Preisaggregat fossil erzeugten Stroms und PEL_i der Preis des Stromes aus Brennstoff i ist. Der Skalierungsfaktor λ wird derart justiert, dass $\sum_i EL_i = EL_F$ gilt. Die Nachfragefunktionen beschreiben also die kostenminimierende Zusammensetzung einer bestimmten Summe fossil erzeugten Stromes bei CES-förmigen Brennstoffpräferenzen.

Die fossile Stromerzeugung wird als Ergebnis des Einsatzes von Brennstoff und Kapital gemäß folgender Produktionsfunktion modelliert:

$$EL_i = a_i \left(FEL_i - EL_i \right)^{b_i} \cdot \left(K_i' \right)^{1-b_i} \ . \qquad (8\text{-}3)$$

Hierbei sind sowohl der Stromoutput (EL_i) als auch der Brennstoffeinsatz (FEL_i) in energetischen Einheiten gemessen. Da der Wirkungsgrad den Wert Eins nicht überschreiten kann, gilt $FEL_i - EL_i \geq 0$[44]. K_i' bezeichnet den Kapitaleinsatz in „Effizienzeinheiten"; der jeweilige (eigene) Faktor der Kapitaleffizienz bildet technische Wirkungsgradverbesserungen ab.

Offensichtlich hat die postulierte Produktionsfunktion die Eigenschaft, dass nur bei unendlichem Kapitaleinsatz K_i' der Wirkungsgrad Eins (d.h. $EL_i = FEL_i$) möglich ist. Weiterhin kann man zeigen, dass die Substitutionselastizität zwischen Brennstoff und Kapital zwischen Null und Eins liegt, wobei Null der Grenzwert ist, wenn der Wirkungsgrad gegen Eins geht.

Behandelt man Kapital als quasi-fixen Faktor, kann man die Produktionsfunktion nach dem Brennstoffbedarf als Funktion des Output und des bestehenden Kapitalstocks auflösen:

---

44 Die Spezifikation (8-3) wäre bei monetär gemessenen Mengeneinheiten sinnlos.

$$\mathrm{FEL}_i = \mathrm{EL}_i + \left(\frac{\mathrm{EL}_i}{a_i \left(K_i^{'} \right)^{1/b_i}} \right)^{1/b_i} \tag{8-4}$$

Der erforderliche Brennstoffeinsatz ist also um so kleiner, je größer die Kapitalintensität und die Kapitaleffizienz sind. Da die Kapitalintensität vom Brennstoffpreis abhängt (siehe unten), hängt der Brennstoffbedarf langfristig ebenfalls vom Brennstoffpreis ab.

Der Kapitalbestand am Anfang jeder Periode ist das Ergebnis eines kostenminimierenden Investitionskalküls in der Vorperiode. Bei statischen Preiserwartungen und in Abwesenheit von Anpassungskosten erhält man den optimalen (geplanten) Kapitalbestand (in Effizienzeinheiten) wie folgt:

$$\mathrm{KP}_i^{'} = \frac{1}{a_i} \left(\frac{1 - b_i}{b_i} \right)^{b_i} \left(\frac{\mathrm{PFEL}_i}{\mathrm{uc}_i^{'}} \right)^{b_i} \cdot \mathrm{E}(\mathrm{EL}_i) \tag{8-5}$$

wobei PFEL_i der Preis von Brennstoff i in energetischen Einheiten ist und $\mathrm{E}(\mathrm{El}_i)$ die erwartete Stromnachfrage.

Im Fall der nichtfossilen Erzeugung wird statt dessen von festen Inputkoeffizienten für (Effizienz-) Kapital und Brennstoff ausgegangen[45].

Andere Produktionsinputs (Arbeit und Vorleistungen) werden proportional zur *gesamten* Stromerzeugung gesetzt.

Der Strompreis wird aufgrund der Durchschnittskosten bestimmt, welche aus den zu den obigen Mengenaggregatoren dualen Kostenfunktionen abgeleitet werden. Bei gegebenen Inputpreisen und gegebener Stromnachfrage, wie sie aus dem gesamtwirtschaftlichen Modell resultieren, hängt der Strompreis also vom Brennstoffmix und vom Kapital-Brennstoffverhältnis für jede Erzeugungstechnologie ab. Der so bestimmte Strompreis fließt in das gesamtwirtschaftliche Modell zurück.

8.3 Datentechnische Fundierung

Das Modell ist auf die Input-Output-Tabellen des Jahres 1985 für Westdeutschland und die übrige EU kalibriert. Hinzu kommen Investitions- und Kapitaldaten,

---

45 Bei der "sonstigen" nichtfossilen Erzeugung (Wasserkraft, Solar- und Windenergie etc.) ist der Brennstoff-Inputkoeffizient offensichtlich Null.

Energie- und Emissionsdaten sowie Außenhandelsdaten zur Bestimmung des Welthandelsvolumens.

Für den autonomen faktorvermehrenden technischen Fortschritt gelten folgende Annahmen.

Energie:	1,5 %/a,
Arbeit:	1,8 %/a.

Die Annahmen zu den Substitutionselastizitäten lauten wie folgt.

Exporte übrige Welt/Exporte EU:	0,1-1,6
Exporte Deutschland/Exporte übrige EU:	0,1-4,0
Inlandsproduktion/Import:	0,1-4,0
(Energie-Kapital)/Arbeit	0,6
Energie/Kapital:	0,3-0,7
Elektrizität/Brennstoffe:	0,6
Brennstoff/Brennstoff:	0,8

Die Substitutionselastizitäten zwischen Gütern der EU und der übrigen Welt sind wegen Transportkosten und größerer Produktheterogenität niedriger als diejenigen innerhalb der EU. Für die außenhandelsintensiven Sektoren ist der jeweils höchste angegebene Wert (1,6 bzw. 4,0) angesetzt. Diese Werte orientieren sich in ihrer Größenordnung an Welsch (2000). Niedrigere Werte sind insbesondere für private und öffentliche Dienste sowie die Braunkohle angenommen. Steinkohle wird abweichend von der Armington-Annahme als homogenes Gut behandelt.

Die Substitutionselastizität zwischen Energie und Kapital ist in Abhängigkeit von der Zusammensetzung des jeweiligen Kapitalstocks (Ausrüstungen/Bauten) sektoral differenziert angesetzt. Für Energie vs. Ausrüstungen wird einheitlich ein Wert von 0,3 angenommen und für Energie vs. Bauten ein Wert von 0,9.

Besonders bedeutsam für die Auswirkungen eines Kernenergieausstiegs ist einerseits die Substitutionselastizität zwischen den fossilen Erzeugungstechniken im Stromsektor (siehe Gleichung (2)) und andererseits die Substitutionselastizität zwischen importiertem und im Inland erzeugtem Strom. Beide sind in Hinblick auf Erwägungen zur Versorgungssicherheit mit dem niedrigen Wert von 0,2 angesetzt. Jedoch wurden Sensitivitätsrechnungen mit deutlich höheren Werten dieser Parameter durchgeführt.

Die Elastizität des Lohnes hinsichtlich der Beschäftigung beträgt 1,5. Die Welt-Importnachfrage wächst mit jährlich 2 Prozent.

8.4 Modellergebnisse der Fallstudie

8.4.1 Basisfall und allgemeine Ergebnisse

Als Hintergrund für die Darstellung der Auswirkungen eines Kernenergieausstiegs ist es nützlich, die Entwicklung einiger Schlüsselvariablen im Basisfall zu betrachten. Der Basisfall ist gekennzeichnet durch eine vorgegebene Nutzungsdauer der Kernkraftwerke von 40 Zeitjahren und einen Verzicht auf Zubau von Kernkraftwerkskapazität. Der Tabelle 8-1 ist zu entnehmen, dass im Basisfall die Entwicklung der Stromerzeugung hinter der gesamtwirtschaftlichen Entwicklung (BIP) zurückbleibt. Dies ist in der zweiten Dekade ausgeprägter als in der ersten. Andererseits ist der Zuwachs an fossilen Energieträgern zur Elektrizitätserzeugung deutlich höher als die Zunahme der gesamten Elektrizitätserzeugung. Dieser Effekt entsteht durch die divergierende Entwicklung der Kernenergiekapazität auf der einen Seite und der Stromnachfrage auf der anderen Seite. In der ersten Dekade ist die Kernenergiekapazität zunächst mehr oder weniger konstant, während die Elektrizitätsnachfrage kontinuierlich steigt. In der zweiten Dekade ist ein deutlicher Rückgang der Kernenergie zu verzeichnen, wobei die Elektrizitätsnachfrage weiterhin ansteigt. Die resultierende Angebotslücke wird mit einer Kapazitätsausweitung bei der fossilen Stromerzeugung geschlossen. Diese im Laufe der Zeit zunehmende Kapazitätsausweitung der fossilen Stromerzeugung führt zu einem steigenden Elektrizitätspreis, wodurch sich erklärt, warum das Elektrizitäts-BIP-Verhältnis in der zweiten Dekade stärker als in der ersten fällt. Der wachsende Anteil an fossilen Energieträgern zur Stromerzeugung führt indes zu einem Anstieg der CO_2-Emissionen. Die Entwicklung der einzelnen fossilen Energieträger ist recht ausgeglichen, was unsere Annahme einer sehr geringen Substitutionselastizität zwischen den Energieträgern widerspiegelt.

Tabelle 8-1: Entwicklung der Schlüsselvariablen in Basisfall (prozentuale jährliche Änderungsraten)

	2000 - 2010	2010 - 2020
BIP	2.0	1.9
Elektrizitätserzeugung	1.3	1.0
- Steinkohle	2.0	2.9
- Braunkohle	2.3	3.1
- Mineralöl	2.0	2.8
- Gas	2.1	2.9
Elektrizitätspreis	-0.2	0.3
CO_2-Emissionen	0.7	1.1

Alle nachfolgend diskutierten und dargestellten Ergebnisse beziehen sich auf diese Basis-Entwicklung und sind ausgedrückt als prozentuale Abweichungen zwischen dem jeweiligen Ausstiegsszenario und dem Basisfall

Eine generelle Eigenschaft der hier vorgestellten Simulationen ist, dass in 2015 (in diesem Jahr ist der Kernenergieausstieg vollzogen) die Differenz zwischen der im Basis- und im Ausstiegsfall jeweils noch vorhandenen Kernenergie am größten ist. Durch direkte und indirekte Wirkungen überträgt sich dieser Sachverhalt nahezu auf alle anderen untersuchten Größen und führt aufgrund dessen dazu, dass die meisten prozentualen Abweichungen in den verglichenen Szenarien hier am höchsten sind. Wie nicht anders zu erwarten nähern sich die verglichenen Werte danach wieder an. Einige der untersuchten Effekte verändern ihr Vorzeichen im Verlauf des untersuchten Zeitraums, da sie das Nettoergebnis von entgegen wirkenden partiellen Effekten sind, deren Gewicht im Laufe der Zeit variiert.

8.4.2 Elektrizitätswirtschaftliche Effekte

Die elektrizitätswirtschaftlichen Auswirkungen der reduzierten Kernenergie-Nutzungsdauer sind in Tabelle 8-2 dargestellt, wobei nach den verschiedenen Annahmen zu den CO_2-Emissionen differenziert wird.

8.4.2.1 Ausstieg ohne Minderungsziel

Ein grundlegender Effekt des (beschleunigten) Ausstiegs ist der Anstieg des Elektrizitätspreises. Dieser spiegelt den Kosteneffekt des Ersatzes von Kernenergie durch andere Energieträger wieder. Der Preisanstieg erreicht mit fast 12 % sein Maximum in 2010 und geht danach zurück, was in erster Linie an der dann günstigeren Kohlepreisentwicklung liegt.

Der Anstieg des Elektrizitätspreises zieht einen Rückgang der Elektrizitätsnachfrage nach sich, der in 2010 mit rund 5 % etwa 40 % so stark ist wie der Preisanstieg. Die verbleibende Angebotslücke wird durch die verschiedenen fossilen Erzeugungstechniken annähernd proportional geschlossen.

8.4.2.2 Ausstieg mit CO_2-Trendvorgabe

Verglichen mit dem vorangegangenen Ausstiegsszenario ist der Effekt des Ausstiegs auf den Elektrizitätspreis nun deutlich stärker. Auffällig ist, dass der Preisanstieg bereits im Jahr 2005 sehr stark ist und bis 2015 in der selben Größenordnung bleibt.

Zum Verständnis dieses Ergebnisses ist zu bemerken, dass der Preisanstieg in diesem Szenario die Summe aus reinen 'Ausstiegskosten' und der Belastung der Brennstoffe mit CO_2-Steuern ist. Wie weiter unten dargestellt, ist die CO_2-Steuer in 2005 höher als in 2010 und 2015. Dies ergibt sich daraus, dass in 2010 und 2015 die oben dargestellten reinen 'Ausstiegskosten' so hoch sind, dass eine weniger hohe Steuer zur Erreichung des Emissionszieles erforderlich ist als in 2005.

Der gesamte Preisanstieg, der sich aus beiden Komponenten zusammensetzt, ist nunmehr in 2005-2015 relativ konstant.

Auch hier zieht der Anstieg des Elektrizitätspreises einen Elektrizitätsnachfragerückgang nach sich, der zwischen einem Viertel und der Hälfte des Preisanstiegs liegt. Die anfangs geringere Eigenpreiselastizität beruht darauf, dass wegen der Steuerbelastung die Substitution von Strom durch Brennstoffe seitens der Stromnachfrager eingeschränkt wird.

Der Zuwachs der jeweiligen fossilen Energieträger ist nun etwas ungleichmäßiger. Insbesondere profitiert Gas gegenüber Braunkohle von der geringeren Belastung mit der Steuer.

8.4.2.3 *Ausstieg mit CO_2-Kyoto-Vorgabe*

Verglichen mit den ersten beiden Ausstiegsfällen ist der Kosteneffekt, der durch den Bedarf an Ersatzkapazität entsteht, hier relativ unbedeutend. Der alles überlagernde Effekte geht von der CO_2-Steuer aus. Die Entwicklungen des Elektrizitätspreises und der Elektrizitätserzeugung zeigen einen monotonen Anstieg bzw. Rückgang, welche die Zunahme der geforderten CO_2-Vermeidung im Vergleich zum Basisfall reflektieren. Die fossilen Energieträger entwickeln sich nun deutlich unterschiedlich, wobei die Divergenz zwischen Braunkohle und Gas nun besonders ausgeprägt ist. In 2020 ist die geforderte CO_2-Rückführung so stark, dass Braunkohle und Steinkohle trotz Kernenergieausstiegs einen Rückgang im Vergleich zum Basisfall aufweisen. Lediglich Mineralöl und Gas erfahren bis zum Ende des Betrachtungszeitraums noch einen Zubau.

Tabelle 8-2: Effekte im Elektrizitätssektor (prozentuale Veränderung zum Basisfall)

	2000	2005	2010	2015	2020
	Ausstieg ohne CO_2-Minderungsziel				
Erzeugung	-0.02	-2.29	-5.14	-4.37	-2.59
- Steinkohle	0.10	16.93	27.84	31.98	19.33
- Braunkohle	0.07	16.06	25.08	30.04	18.03
- Mineralöl	0.09	16.73	27.09	31.53	18.99
- Gas	0.10	16.92	28.03	32.04	19.44
Elektrizitätspreis	0.06	5.02	11.96	8.46	5.21
	Ausstieg mit CO_2-Trendvorgabe				
Erzeugung	-0.04	-4.11	-7.27	-7.65	-5.33
- Steinkohle	0.08	15.40	24.69	28.09	16.55
- Braunkohle	0.02	8.95	20.89	22.70	12.69
- Mineralöl	0.09	18.48	25.93	30.24	17.43
- Gas	0.11	18.78	26.18	30.44	17.87
Elektrizitätspreis	0.12	15.36	13.99	15.1	8.88
	Ausstieg mit CO_2-Kyoto-Vorgabe				
Erzeugung	-0.96	-7.52	-13.95	-19.82	-24.07
- Steinkohle	-0.94	9.62	14.96	10.84	-6.70
- Braunkohle	-3.07	2.64	7.21	1.62	-15.92
- Mineralöl	0.28	16.58	23.23	23.26	6.15
- Gas	0.34	15.70	21.28	19.11	1.45
Elektrizitätspreis	3.47	26.91	37.8	61.14	80.78

8.4.3 Auswirkungen in sonstigen Sektoren

Die Effekte des Ausstiegs auf andere Sektoren hängen davon ab, inwieweit ein bestimmter Sektor vom Anstieg des Elektrizitätspreises einerseits und vom Nachfrageimpuls aufgrund des Zubaus fossiler Kraftwerke andererseits betroffen ist.

8.4.3.1 Ausstieg ohne Minderungsziel

In der Tabelle 8-3 sind die Auswirkungen des Ausstiegs auf die sektoralen Energiepreisindizes abgebildet. Diese können als Indikator für die Anfälligkeit eines Sektors gegenüber hohen Elektrizitätspreisen angesehen werden. Gemessen hieran sind der Bau- sowie der Transportsektor weit weniger betroffen als die Agrarwirtschaft, das Verarbeitende Gewerbe und die Dienstleistungen. Diese Ergebnisse spiegeln die relative Stromintensität der Sektoren wieder.

Bei der Betrachtung der sektoralen Bruttoproduktionswerte (Tabelle 8-4) dieser Sektoren ergibt sich kein klares Wirkungsmuster. Dies beruht darauf, dass hier verstärkt inter-industrieelle Nachfrageeffekte von Bedeutung sind, die teilweise ein kompliziertes Muster aufweisen. Der einzig deutlich sichtbare Effekt ist die durch den Zubau der fossilen Kraftwerke verstärkte Nachfrage nach Ausrüstungsgütern. Dieser Nachfrageeffekt überwiegt die durch den Energiepreis erhöhten Kosten. Somit wäre die Ausrüstungsindustrie ein klarer Gewinner eines derartigen Kernenergieausstiegs.

Insgesamt sind die meisten sektoralen Effekte zwar negativ aber noch moderat.

8.4.3.2 Ausstieg mit CO_2-Trendvorgabe

Die Entwicklungen der sektoralen Energiepreise reflektiert nun nicht nur die Verteuerung der Elektrizität, sondern auch die CO_2-Steuern auf die eingesetzten fossilen Brennstoffe. Demnach sind die Auswirkungen jetzt für alle Sektoren wesentlich stärker. Die zeitliche Entwicklung der Preiseffekte ist weitgehend durch diejenige der CO_2-Steuer geprägt. Beim Vergleich der Sektoren sind der Bau- und der Transportsektor nunmehr nur noch etwas weniger betroffen als die Agrarwirtschaft, das Verarbeitende Gewerbe und die Dienstleistungen.

Bei der Betrachtung der sektoralen Bruttoproduktionswerte muss nun berücksichtigt werden, dass durch die Rückgabe der CO_2-Steuer in Form niedrigerer Lohnkosten tendenziell die Angebotsseite gestärkt wird. Die Auswirkungen auf den sektoralen Output hängen nun also nicht nur vom Energiepreiseffekt und dem Nachfrageeffekt durch Kraftwerkszubau ab, sondern auch von der Lohnkostensenkung. Im Ergebnis wirkt sich dies um das Jahr 2005 positiv auf alle Sektoren aus. Im sektoralen Vergleich schneidet die Ausrüstungsgüterindustrie weiterhin am besten ab.

8.4.3.3 Ausstieg mit CO_2-Kyoto-Vorgabe

Die Effekte der CO_2-Steuer und ihrer Rückgabe werden in diesem Fall weiter verstärkt. Dies wirkt sich in einem starken Anstieg der Energiepreise und einem kurzfristigen Boom der Nicht-Energiesektoren aus, der aber mit Ausnahme der Ausrüstungs- und Konsumgüterindustrie langfristig in eine negative Entwicklung umschlägt.

Tabelle 8-3: Effekte auf sektorale Energiepreise (prozentuale Veränderung zum Basisfall)

	2000	2005	2010	2015	2020
	Ausstieg ohne CO_2-Minderungsziel				
Agrarwirtschaft	0.02	1.85	4.38	3.02	1.86
Grundstoffe	0.02	1.61	3.70	2.61	1.60
Ausrüstungen	0.04	2.79	6.52	4.58	2.81
Konsumgueter	0.03	2.57	5.99	4.20	2.58
Bauten	0.01	0.32	0.89	0.54	0.34
Transport	0.01	0.89	2.18	1.45	0.90
Dienstleistungen	0.03	2.54	5.97	4.16	2.56
Staat	0.03	2.44	5.70	3.98	2.45
	Ausstieg mit CO_2-Trendvorgabe				
Agrarwirtschaft	0.08	11.23	8.27	9.82	5.59
Grundstoffe	0.10	15.23	10.29	12.98	7.31
Ausrüstungen	0.09	12.87	10.06	11.64	6.71
Konsumgueter	0.09	12.81	9.80	11.48	6.61
Bauten	0.06	9.23	5.62	7.41	4.10
Transport	0.07	9.85	6.53	8.20	4.59
Dienstleistungen	0.09	12.09	9.42	10.88	6.25
Staat	0.09	12.27	9.36	10.95	6.28
	Ausstieg mit CO_2-Kyoto-Vorgabe				
Agrarwirtschaft	3.37	26.58	35.46	62.59	88.01
Grundstoffe	4.97	38.55	51.32	91.92	130.72
Ausrüstungen	3.52	27.83	37.85	65.70	91.34
Konsumgueter	3.60	28.40	38.47	67.18	93.80
Bauten	3.31	26.38	34.28	63.07	91.05
Transport	3.29	26.11	34.27	62.07	88.75
Dienstleistungen	3.36	26.56	35.90	62.34	86.71
Staat	3.46	27.42	37.07	64.86	90.67

Tabelle 8-4: Effekte auf die sektoralen Bruttoproduktionswerte (prozentuale Veränderung zum Basisfall)

	2000	2005	2010	2015	2020
	Ausstieg ohne CO_2-Minderungsziel				
Agrarwirtschaft	0.00	0.17	-0.18	-0.17	-0.06
Grundstoffe	0.00	0.48	-0.10	0.10	0.40
Ausrüstungen	0.01	0.56	0.43	-0.06	0.67
Konsumgueter	0.00	0.37	-0.01	-0.01	0.29
Bauten	0.02	-0.35	0.78	-1.68	0.05
Transport	0.00	0.14	-0.03	-0.31	0.10
Dienstleistungen	0.00	0.02	-0.04	-0.51	-0.06
Staat	0.00	-0.05	0.09	-0.19	0.00
	Ausstieg mit CO_2-Trendvorgabe				
Agrarwirtschaft	0.00	1.65	-0.41	-0.25	-1.19
Grundstoffe	-0.01	3.74	-2.40	-1.68	-2.34
Ausrüstungen	0.02	8.43	-2.14	1.48	1.08
Konsumgueter	0.00	3.89	-0.50	1.01	0.31
Bauten	0.06	9.90	-8.95	-5.11	-3.93
Transport	0.01	3.32	-1.15	-0.06	-0.38
Dienstleistungen	0.01	3.30	-1.44	-0.68	-1.09
Staat	0.00	-0.50	0.65	-0.66	-0.68
	Ausstieg mit CO_2-Kyoto-Vorgabe				
Agrarwirtschaft	-0.07	1.08	-0.90	-1.37	-2.79
Grundstoffe	-0.21	1.74	-3.93	-4.32	-5.45
Ausrüstungen	0.92	8.66	-0.51	3.15	4.78
Konsumgueter	0.14	3.64	0.02	1.62	1.89
Bauten	2.48	11.42	-7.76	-6.56	-6.21
Transport	0.30	3.11	-0.89	-0.12	-0.08
Dienstleistungen	0.48	3.36	-1.05	-0.70	-1.07
Staat	-0.02	0.14	1.84	1.62	2.09

8.4.4 Gesamtwirtschaftliche und ökologische Effekte

8.4.4.1 Ausstieg ohne Minderungsziel

Die makroökonomischen Effekte des Kernenergieausstieges beruhen einerseits auf den gestiegenen Strompreisen und andererseits auf dem benötigten Kapazitätsersatz durch fossile Kraftwerke Sowohl das BIP als auch die Beschäftigung reagieren insgesamt relativ moderat auf diese Impulse. Wie der Tabelle 8-5 zu entnehmen ist, sind die maximalen negativen Abweichungen des BIP mit rund 0,5 % und der Beschäftigung mit 0,4 % relativ gering. Diese Effekte treten im Jahr 2015 auf, d.h. zu einem Zeitpunkt, in dem der Zubaubedarf fossiler Kraftwerke bereits abklingt, der Preiseffekt aber noch erheblich ist. In den vorhergehenden Jahren halten sich in Hinblick auf das BIP die beiden Teileffekte in etwa die Waage. In Hinblick auf die Beschäftigung dominiert kurz- bis mittelfristig der Zubaueffekt, so dass sich für 2005 bis 2010 ein Beschäftigungsanstieg ergibt.

Anders verhält es sich dagegen mit den CO_2-Emissionen. Hier ist ein recht deutlicher Zuwachs von bis zu annähernd 9 % zu verzeichnen.

8.4.4.2 Ausstieg mit CO_2-Trendvorgabe

Wird der CO_2-Anstieg durch eine CO_2-Steuer unterbunden, so ergibt sich aufgrund der damit ermöglichten Lohnkostensenkung zunächst eine Steigerung von Beschäftigung und BIP, da in 2005 ein sehr hohes Steuervolumen zur Verfügung steht. Der dem zugrunde liegende vergleichsweise hohe Steuersatz in 2005 beruht darauf, dass in diesem Jahr der rein ausstiegsbedingte Strompreisanstieg noch sehr moderat und deshalb als CO_2-Bremse allein wenig wirksam ist. Bei im Laufe der Zeit stärkeren Strompreissteigerungen fällt die erforderliche Steuer moderater aus.

Sowohl das BIP als auch die Beschäftigung zeigen sich deshalb jetzt erheblich stärkeren Schwankungen ausgesetzt. Sowohl die maximalen negativen Abweichungen des BIP mit rund 1,6 % und der Beschäftigung mit rund 2 % als auch die Zunahmen mit bis zu 4 % bzw. 7 % sind deutlich höher als vorher. Während das BIP für die drei Zeitpunkte zwischen 2010 und 2020 wegen des abnehmenden Zubaubedarfs jeweils negative Werte aufweist, wird die Beschäftigung durch die Lohnkostensenkung weitgehend gestützt. Lediglich in 2010 bewirkt der starke BIP-Rückgang in Verbindung mit der niedrigen CO_2-Steuer einen Beschäftigungsrückgang.

8.4.4.3 Ausstieg mit CO_2-Kyoto-Vorgabe

In diesem Fall ist eine deutlich höhere, kontinuierlich ansteigende CO_2-Steuer erforderlich, um die Kyoto-Vorgaben einzuhalten. Insgesamt ergibt sich ein weitgehend positiver Effekt auf die Beschäftigung. Lediglich in 2010, wenn durch den nachlassenden Zubaubedarf ein BIP-Rückgang eintritt, ergibt sich auch ein leichter Rückgang der Beschäftigung.

Tabelle 8-5: Makroökonomische und ökologische Effekte (prozentuale Veränderung zum Basisfall)

	2000	2005	2010	2015	2020
	Ausstieg ohne CO_2-Minderungsziel				
BIP	0.00	0.06	-0.08	-0.51	0.02
Beschäftigung	0.00	0.25	0.28	-0.39	0.50
CO_2-Emissionen	0.04	4.40	8.36	8.92	6.25
	Ausstieg mit CO_2-Trendvorgabe				
BIP	0.01	3.86	-1.58	-0.51	-0.82
Beschäftigung	0.02	6.98	-2.03	0.68	0.96
CO_2-Steuer(ECU pro Tonne.)	0.04	7.84	4.80	6.95	3.91
	Ausstieg mit CO_2-Kyoto-Vorgabe				
BIP	0.52	4.14	-0.69	0.28	0.45
Beschäftigung	0.90	7.52	-0.30	2.84	5.07
CO_2-Steuer(ECU pro Tonne.)	2.62	23.64	32.95	65.30	101.35

8.4.5 Sensitivitätsanalysen

Wie oben schon erwähnt, sind zwei Sensitivitätsanalysen vorgenommen worden. Einmal ist eine höhere Brennstoffsubstitutionselastizität unterstellt worden (statt 0,2 jetzt 0,8) und im anderen Fall ist die Außenhandelselastizität im Stromsektor erhöht worden (statt 0,2 nun 10,0). Im ersten Fall ist das Ziel einen größeren Strukturwandel im Kraftwerkspark zuzulassen, und in der zweiten Sensitivität wird ein verstärkter Stromhandel mit dem Ausland ermöglicht. In beiden Fällen gibt es keine CO_2-Beschränkungen. Die genannten Parametervariationen sind sowohl auf den Basisfall als auch auf den Ausstiegsfall (ohne Minderungsziel) angewendet worden.

Die makroökonomischen und sektoralen Entwicklungen werden hier nicht mehr dargestellt, da sie nur unbedeutend von den bereits bekannten abweichen. Somit beschränken sich die Auswirkungen der Sensitivitätsrechnungen auf den Elektrizitätssektor.

Für die erhöhte Elastizität der Brennstoffsubstitution sind die Effekte auf den elektrizitätserzeugenden Sektor in der Tabelle 8-.6 abgebildet. Verglichen mit den

Entwicklungen unter der Standardparametrisierung zeigt sich für die Steinkohle in der Zeit zwischen 2005 und 2015 (also des vorzeitigen Kernenergieausstieges) eine erhöhte Verwendung von rund zwei Prozentpunkten. Nach 2015 nimmt diese Differenz wieder ab. Für die Braunkohle ist der Anstieg zeitweilig um bis zu knapp 4 Prozentpunkte reduziert. Auch hier kommt es danach wieder zu einer Annäherung. Die Gasverwendung steigt in der Ausstiegsphase um bis zu 2,7 Prozentpunkte stärker, wobei auch hier am Ende eine Annäherung erfolgt. Die Effekte für den Bereich Mineralöl sind nur sehr gering und praktisch unbedeutend. Während des vorzeitigen Kernenergieausstiegs wird also bei dieser Sensitivität auf einen Teil der Braunkohle verzichtet und statt dessen mehr Gas und mehr Steinkohle verwendet. Die hierdurch bewirkte leichte Verminderung des CO_2-Ausstoßes von 0,1 Prozentpunkten ist jedoch sehr gering. Auch der Elektrizitätspreis und die Erzeugung sind insgesamt ebenfalls kaum verändert.[46]

Tabelle 8-6: Effekte auf den Elektrizitätssektor (prozentuale Veränderung zum Basisfall)

	2000	2005	2010	2015	2020
Steinkohle	0.11	17.96	29.85	34.01	20.53
Braunkohle	0.06	13.61	20.83	26.11	15.98
Mineralöl	0.08	16.74	26.99	32.11	19.45
Gas	0.12	18.02	30.73	34.21	20.79

Die Effekte des Kernenergieausstiegs bei erhöhter Außenhandelselastizität weisen eine deutlichere Abweichung auf (Tabelle 8-7). Die Entwicklung des Elektrizitätspreises führt dazu, dass verstärkt Strom aus dem Ausland nachgefragt wird. Somit geht die inländische Erzeugung nicht nur wegen der geringeren Nachfrage sondern auch wegen des erhöhten Stromimports zurück. Für die fossilen Energieträger bedeutet das, im Vergleich zur Standardparametrisierung, einen zeitweilig um 2,5 – 3 Prozentpunkte reduzierten Anstieg. Die fossilen Energieträger sind hiervon in sehr ähnlicher Weise betroffen. Letztlich ist der erhöhte Stromimport ein Substitut für sonst im höheren Maße importierte Steinkohle und Gas. Die vergleichsweise geringere Stromerzeugung im Inland hat natürlich auch einen positiven Effekte auf den inländischen CO_2-Ausstoß. In 2010 ist der Ausstoß um gut einen Prozentpunkt geringer. Diese Differenz nimmt anschließend wieder ab.

46 CO_2-Emission, Elektrizitätspreis und Elektrizitätserzeugung sind aufgrund ihrer sehr geringen Veränderung nicht in der Tabelle dargestellt.

Tabelle 8-7: Effekte auf den Elektrizitätssektor und die Emissionen (prozenuale Veränderung zum Basisfall)

	2000	2005	2010	2015	2020
Gesamt	-0.03	-2.75	-6.61	-6.03	-4.05
- Steinkohle	0.09	15.85	24.95	29.30	17.51
- Braunkohle	0.07	15.14	22.77	27.13	15.91
- Mineralöl	0.08	15.71	24.38	28.74	17.05
- Gas	0.09	15.82	25.06	29.46	17.70
Elektrizitätspreis	0.06	4.7	10.93	8.6	5.49
CO_2-Emissionen	0.04	4.04	7.24	8.5	5.92

Insgesamt haben beide Parametervariationen eine recht moderate Wirkung auf die elektrizitätswirtschaftlichen und eine vernachlassigbare Wirkung auf die gesamtwirtschaftlichen Effekte des Kernenergieausstiegs.

8.5 Zusammenfassung

Die mit LEAN durchgeführten Simulationsrechnungen zu einem vorzeitigen Kernenergieausstieg haben gezeigt, dass die Ergebnisse sehr stark von dem zusätzlich definierten Ziel einer Reduktion des CO_2-Ausstoßes abhängen. Wird hier kein Ziel vorgegeben, steigen die CO_2-Emissionen um bis zu 9 % an. Aufgrund des Strukturwandels im Kraftwerkspark steigt der Elektrizitätspreis um bis zu 12 % an und die Gesamterzeugung geht zeitweilig um 5 % zurück. Die gesamtwirtschaftlichen Effekte sind insgesamt gering, wobei der Beschäftigungseffekt überwiegend positiv ist. Auf der sektoralen Ebene zieht die Ausrüstungsgüterindustrie einen eindeutigen Nutzen aus dem Kernenergieausstieg.

Bei einer CO_2-Emissionsvorgabe gemäß Basisfall sind die Auswirkungen bereits drastischer. So steigt der Strompreis zwischenzeitlich um 15 %, während die Gesamterzeugung nun schon um über 7% zurückgeht. Das CO_2-Ziel wird aber auch durch einen vergleichsweise geringeren Kraftwerkszubau an Braunkohle und erhöhten Zubau an Gas erreicht. Die Entwicklung des BIP liegt zunächst über und anschließend unter dem Basislauf. Die Beschäftigungseffekte sind aufgrund der Lohnentlastung insgesamt höher als im ersten Szenario.

Die deutlichsten Auswirkungen des vorzeitigen Kernenergieausstieges sind in Verbindung mit der Einhaltung des Kyoto-Abkommens zu erwarten. Der Elektrizitätspreis steigt im gesamten Verlauf kontinuierlich an und erreicht in 2020 ein

Niveau, das 80% über dem Basisfall liegt. Dementsprechend hat die Erzeugung eine kontinuierlich negative Entwicklung und weist für 2020 einen um 24 % geringeren Wert aus. Die Verwendung der Braun- und Steinkohle geht nach dem Kernenergieausstieg sogar unter das Niveau des Basisfalls zurück. Die gesamtwirtschaftlichen Effekte sind in diesem Szenario insgesamt positiv. Das BIP liegt zumeist über seinem Wert im Basisfall, und auch die sektoralen Gewinner profitieren nun erheblich mehr von der Entwicklung. Die Entwicklung der Beschäftigung zeigt, dass die Verbindung aus vorzeitigem Kernenergieausstieg und Einhaltung der Kyoto-Ziele für deutlich mehr Arbeitsplätze sorgt.

Die untersuchten Parameteränderungen haben insgesamt einen vernachlässigbaren Effekt auf die Gesamtwirtschaft. Die erhöhte Elastizität bei der Brennstoffsubstitution ergibt lediglich im Bereich der Elektrizitätserzeugung Veränderungen. Hier wird in stärkerem Maße Braunkohle durch Steinkohle und Gas substituiert. Bei der erhöhten Außenhandelselastizität steigen erwartungsgemäß die Stromimporte, was zu einer weiteren Reduktion der inländischen Produktion führt. Die fossilen Energieträger sind hiervon gleichermaßen negativ betroffen. Die hierdurch bewirkte leichte CO_2-Ausstoßreduktion ist jedoch recht gering.

Die Ergebnisse zeigen, dass ein vorzeitiger Kernenergieausstieg nicht im Konflikt mit ökonomischen Entwicklungen stehen muss. Sofern keine CO_2-Beschränkung beispielsweise durch eine entsprechende Steuer vorgenommen wird, besteht jedoch ein Konflikt mit der Umwelt. Das dritte Ausstiegsszenario hat gezeigt, dass eine CO_2-Ausstoßminderung gemäß Kyoto insgesamt sowohl zu ökonomisch als auch ökologisch positiven Entwicklungen führen kann, und sich durch einen vorgezogenen Kernenergieausstieg nicht zu einen unerreichbaren Ziel entwickelt.

Literatur

Welsch, H.: *Klimaschutz, Energiepolitik und Gesamtwirtschaft: Eine allgemeine Gleichgewichtsanalyse für die Europäische Union*, München, 1996

Welsch, H.: *Umweltsteuern und internationaler Wettbewerb in einem multiregionalen Simulationsmodell.* In: Rengeling, H.-W. (Hrsg.), *Instrumente des Umweltschutzes im Wirkungsverbund*, Köln, 2000

Anhang 8: Ergebnistabellen zu den Szenariorechnungen mit LEAN

Szenarienvergleich: Basis - 25 Zeitjahre-Ausstieg ohne Minderungsziel						
Prozentuale Veränderungen gegenüber Basisfall						
	1995	2000	2005	2010	2015	2020
Europaeische Union:						
Leistungsbilanz	0	-0,06	3,49	-4,71	6,5	0,55
Wechselkurs	0	0	0,03	0,06	0,03	-0,01
Realzins (%-Punkte)	0	0	0	0	0	-0,01
Deutschland:						
Emissionen und Energieaufkommen:						
CO2-Steuer(ECU p.t.)	0	0	0	0	0	0
CO2-Emissionen	0	0,04	4,4	8,36	8,92	6,25
Primaerenergie	0	0	-2,29	-4,03	-5,44	-3,44
Steinkohle	0	0,06	7,16	13,33	14,89	9,98
Braunkohle	0	0,07	11,57	21,71	22,51	14,84
Mineraloel	0	0	0,24	0,6	0,15	0,32
Gas	0	0,01	1,24	2,36	2,42	1,88
Endenergie	0	0	-0,44	-0,9	-1,2	-0,57
Elektrizitaetserzeugung:						
Gesamt	0	-0,02	-2,29	-5,14	-4,37	-2,59
Steinkohle	0	0,1	16,93	27,84	31,98	19,33
Braunkohle	0	0,07	16,06	25,08	30,04	18,03
Mineraloel	0	0,09	16,73	27,09	31,53	18,99
Gas	0	0,1	16,92	28,03	32,04	19,44
Kernenergie	0	-0,22	-38,53	-74,79	-100	-100
Erneuerbare	0	0	0	0	0	0

Gesamtwirtschaft:						
BIP	0	0	0,06	-0,08	-0,51	0,02
Konsum	0	0	-0,1	-0,18	-0,65	-0,16
Investition	0	0,04	-0,61	1,72	-2,44	0,07
Export	0	0	0,6	-0,13	0,58	0,47
Import	0	0,01	-0,17	0,75	-0,44	0,08
Beschaeftigung	0	0	0,25	0,28	-0,39	0,5
Kapitalstock	0	0	0,02	-0,01	-0,15	-0,34
Preisniveau	0	0,01	-0,32	0,29	-0,49	-0,02
Leistungsbilanz	0	-0,12	6,38	-6,88	8,94	2,88
Lohnsumme	0	0	-0,47	0,05	-0,87	-0,53
Lohnsatz	0	0	-0,72	-0,23	-0,48	-1,02
Lohnquote	0	0	-0,11	-0,15	0,2	-0,33
Gewinnsumme	0	0,01	-0,15	0,49	-1,46	0,44
Terms of Trade	0	0,02	-0,76	0,88	-1,01	-0,39
Sektorale Bruttoproduktionswerte:						
Steinkohle	0	0	0	0	0	0
Braunkohle	0	0,15	11,54	21,55	22,36	14,77
Mineraloel	0	0	0,26	0,55	0,16	0,32
Gas	0	0,01	1,09	2,06	2,17	1,72
Elektrizitaet	0	-0,02	-2,29	-5,14	-4,37	-2,59
Agrarwirtschaft	0	0	0,17	-0,18	-0,17	-0,06
Grundstoffe	0	0	0,48	-0,1	0,1	0,4
Ausruestungen	0	0,01	0,56	0,43	-0,06	0,67
Konsumgueter	0	0	0,37	-0,01	-0,01	0,29
Bauten	0	0,02	-0,35	0,78	-1,68	0,05
Transport	0	0	0,14	-0,03	-0,31	0,1
Dienstleistungen	0	0	0,02	-0,04	-0,51	-0,06
Staat	0	0	-0,05	0,09	-0,19	0
Preise der Energieträger:						
Steinkohle	0	0	0	0	0	0
Braunkohle	0	0,05	3,97	8,54	7,84	4,85
Mineraloel	0	0	-0,04	0,09	-0,02	0
Gas	0	0,01	0,78	1,43	1,14	0,69
Elektrizitaet	0	0,06	5,02	11,96	8,46	5,21
Sektorale Energiepreise:						
Agrarwirtschaft	0	0,02	1,85	4,38	3,02	1,86
Grundstoffe	0	0,02	1,61	3,7	2,61	1,6
Ausruestungen	0	0,04	2,79	6,52	4,58	2,81
Konsumgueter	0	0,03	2,57	5,99	4,2	2,58
Bauten	0	0,01	0,32	0,89	0,54	0,34
Transport	0	0,01	0,89	2,18	1,45	0,9
Dienstleistungen	0	0,03	2,54	5,97	4,16	2,56
Staat	0	0,03	2,44	5,7	3,98	2,45

Sektorale Güterpreise:						
Agrarwirtschaft	0	0	0,03	0,16	-0,01	0,1
Grundstoffe	0	0	-0,13	0,15	-0,14	-0,11
Ausruestungen	0	0	-0,29	0,09	-0,29	-0,28
Konsumgueter	0	0	-0,19	0,07	-0,2	-0,16
Bauten	0	0,01	-0,59	0,29	-0,84	-0,41
Transport	0	0	-0,35	0,1	-0,36	-0,2
Dienstleistungen	0	0,01	-0,41	0,2	-0,69	-0,01
Staat	0	0	-0,54	0	-0,45	-0,62
Sektorale Outputpreise:						
Agrarwirtschaft	0	0	0,04	0,19	-0,02	0,14
Grundstoffe	0	0	-0,17	0,17	-0,18	-0,14
Ausruestungen	0	0	-0,36	0,1	-0,36	-0,34
Konsumgueter	0	0	-0,24	0,08	-0,26	-0,19
Bauten	0	0,01	-0,6	0,29	-0,85	-0,41
Transport	0	0	-0,37	0,1	-0,39	-0,21
Dienstleistungen	0	0,01	-0,42	0,2	-0,7	-0,01
Staat	0	0	-0,55	0	-0,45	-0,62
Sektorale Güterpreise relativ zur EU:						
Agrarwirtschaft	0	0	0,02	0,09	-0,01	0,11
Grundstoffe	0	0	-0,09	0,07	-0,09	-0,06
Ausruestungen	0	0	-0,17	0,03	-0,17	-0,15
Konsumgueter	0	0	-0,16	0,03	-0,16	-0,11
Bauten	0	0,01	-0,34	0,16	-0,47	-0,22
Transport	0	0	-0,26	0,07	-0,27	-0,14
Dienstleistungen	0	0,01	-0,36	0,18	-0,6	-0,02
Staat	0	0	-0,5	0,01	-0,4	-0,56
Sektorale Güterpreise relativ zur Welt:						
Agrarwirtschaft	0	0	0	0,1	-0,03	0,11
Grundstoffe	0	0	-0,14	0,08	-0,14	-0,09
Ausruestungen	0	0	-0,27	0,03	-0,27	-0,23
Konsumgueter	0	0	-0,2	0,02	-0,21	-0,14
Bauten	0	0,01	-0,43	0,18	-0,6	-0,27
Transport	0	0	-0,29	0,06	-0,3	-0,15
Dienstleistungen	0	0,01	-0,39	0,16	-0,64	-0,01
Staat	0	0	-0,55	-0,04	-0,45	-0,59

Szenarienvergleich: Basis - 25 Zeitjahre-Ausstieg mit Trendvorgabe						
Prozentuale Veränderungen gegenüber Basisfall						
	1995	2000	2005	2010	2015	2020
Europaeische Union:						
Leistungsbilanz	0	-0,13	-6,4	19,27	11,19	-3,6
Wechselkurs	0	0	0,02	-0,29	-0,54	-0,65
Realzins (%-Punkte)	0	0	-0,01	-0,03	-0,04	-0,05
Deutschland:						
Emissionen und Energieaufkommen:						
CO2-Steuer(ECU p.t.)	0	0,04	7,84	4,8	6,95	3,91
CO2-Emissionen	0	0	0	0	0	0
Primaerenergie	0	-0,03	-5,29	-10,18	-12,05	-8,33
Steinkohle	0	0,01	2,26	4,81	5,99	4,32
Braunkohle	0	-0,07	-4,8	-1,7	-3,28	-2,18
Mineraloel	0	0	-0,51	-2,67	-2,98	-2,17
Gas	0	0	0,61	-0,5	-0,64	-0,75
Endenergie	0	-0,03	-2,97	-4,93	-5,82	-4,22
Elektrizitaetserzeugung:						
Gesamt	0	-0,04	-4,11	-7,27	-7,65	-5,33
Steinkohle	0	0,08	15,4	24,69	28,09	16,55
Braunkohle	0	0,02	8,95	20,89	22,7	12,69
Mineraloel	0	0,09	18,48	25,93	30,24	17,43
Gas	0	0,11	18,78	26,18	30,44	17,87
Kernenergie	0	-0,22	-38,53	-74,79	-100	-100
Erneuerbare	0	0	0	0	0	0
Gesamtwirtschaft:						
BIP	0	0,01	3,86	-1,58	-0,51	-0,82
Konsum	0	0,01	2,64	-1,39	-0,73	-0,9
Investition	0	0,11	15,82	-13,63	-7,76	-6
Export	0	-0,01	2,15	1,04	2,16	1,35
Import	0	0,02	2,07	-2,93	-2,22	-1,33
Beschaeftigung	0	0,02	6,98	-2,03	0,68	0,96
Kapitalstock	0	0	-0,39	-0,89	-2,64	-3,92
Preisniveau	0	0,02	1,35	-1,71	-1,36	-0,37
Leistungsbilanz	0	-0,3	-3,96	34,64	37,34	23,52
Lohnsumme	0	0,01	-0,27	-2,44	-3,71	-3,62
Lohnsatz	0	-0,01	-6,78	-0,41	-4,37	-4,54
Lohnquote	0	-0,01	-3,57	0,94	-1,04	-1,77
Gewinnsumme	0	0,05	10,61	-5,1	-0,76	1,4
Terms of Trade	0	0,04	-0,08	-3,93	-4,29	-2,65

Sektorale Bruttoproduktionswerte:						
Steinkohle	0	0	0	0	0	0
Braunkohle	0	0	-4,72	-1,74	-3,31	-2,24
Mineraloel	0	-0,01	-0,52	-2,69	-3,04	-2,28
Gas	0	0	0,58	-0,45	-0,63	-0,81
Elektrizitaet	0	-0,04	-4,11	-7,27	-7,65	-5,33
Agrarwirtschaft	0	0	1,65	-0,41	-0,25	-1,19
Grundstoffe	0	-0,01	3,74	-2,4	-1,68	-2,34
Ausruestungen	0	0,02	8,43	-2,14	1,48	1,08
Konsumgueter	0	0	3,89	-0,5	1,01	0,31
Bauten	0	0,06	9,9	-8,95	-5,11	-3,93
Transport	0	0,01	3,32	-1,15	-0,06	-0,38
Dienstleistungen	0	0,01	3,3	-1,44	-0,68	-1,09
Staat	0	0	-0,5	0,65	-0,66	-0,68
Preise der Energieträger:						
Steinkohle	0	0,18	28,72	16,69	23,02	12,34
Braunkohle	0	0,53	95,13	63,02	90,78	52,45
Mineraloel	0	0,05	8,61	4,92	6,74	3,69
Gas	0	0,06	10,02	5,47	7,8	4,41
Elektrizitaet	0	0,12	15,36	13,99	15,1	8,88
Sektorale Energiepreise:						
Agrarwirtschaft	0	0,08	11,23	8,27	9,82	5,59
Grundstoffe	0	0,1	15,23	10,29	12,98	7,31
Ausruestungen	0	0,09	12,87	10,06	11,64	6,71
Konsumgueter	0	0,09	12,81	9,8	11,48	6,61
Bauten	0	0,06	9,23	5,62	7,41	4,1
Transport	0	0,07	9,85	6,53	8,2	4,59
Dienstleistungen	0	0,09	12,09	9,42	10,88	6,25
Staat	0	0,09	12,27	9,36	10,95	6,28
Sektorale Güterpreise:						
Agrarwirtschaft	0	0,01	0,83	-0,51	-0,25	-0,03
Grundstoffe	0	0,01	-0,1	0,04	0,06	0,22
Ausruestungen	0	0,01	-1,23	-0,97	-1,86	-1,58
Konsumgueter	0	0	-0,71	-0,73	-1,29	-0,98
Bauten	0	0,03	0,07	-3,57	-3,89	-2,93
Transport	0	0,01	-0,73	-1,32	-1,82	-1,09
Dienstleistungen	0	0,02	1,78	-2,31	-1,66	-0,26
Staat	0	0	-3,66	-0,33	-2,45	-2,18
Sektorale Outputpreise:						
Agrarwirtschaft	0	0,01	1,14	-0,59	-0,15	0,18
Grundstoffe	0	0,01	-0,13	0,12	0,19	0,41
Ausruestungen	0	0,01	-1,49	-1,12	-2,16	-1,81
Konsumgueter	0	0,01	-0,89	-0,84	-1,48	-1,08
Bauten	0	0,03	0,07	-3,58	-3,9	-2,94
Transport	0	0,01	-0,79	-1,42	-1,95	-1,16
Dienstleistungen	0	0,02	1,81	-2,35	-1,68	-0,26
Staat	0	0	-3,67	-0,33	-2,46	-2,19

Sektorale Güterpreise relativ zur EU:						
Agrarwirtschaft	0	0	0,73	-0,22	0,2	0,44
Grundstoffe	0	0	-0,07	0,16	0,26	0,4
Ausruestungen	0	0	-0,69	-0,44	-0,87	-0,68
Konsumgueter	0	0	-0,55	-0,42	-0,76	-0,49
Bauten	0	0,01	0,05	-1,92	-2,09	-1,55
Transport	0	0,01	-0,56	-0,94	-1,3	-0,75
Dienstleistungen	0	0,02	1,52	-2,04	-1,51	-0,31
Staat	0	0	-3,3	-0,25	-2,18	-1,95
Sektorale Güterpreise relativ zur Welt:						
Agrarwirtschaft	0	0	0,8	-0,22	0,28	0,59
Grundstoffe	0	0,01	-0,11	0,27	0,49	0,71
Ausruestungen	0	0	-1,08	-0,61	-1,18	-0,86
Konsumgueter	0	0	-0,68	-0,44	-0,75	-0,38
Bauten	0	0,02	0,05	-2,36	-2,49	-1,79
Transport	0	0,01	-0,6	-0,96	-1,3	-0,68
Dienstleistungen	0	0,02	1,62	-2,03	-1,35	-0,03
Staat	0	0	-3,55	-0,11	-2,01	-1,68

Szenarienvergleich: Basis - 25 Zeitjahre-Ausstieg gemäß Kyotovorgabe						
Prozentuale Veränderungen gegenüber Basisfall						
	1995	2000	2005	2010	2015	2020
Europaeische Union:						
Leistungsbilanz	0	-4,71	-6,76	25,35	32,88	28,23
Wechselkurs	0	0,03	0,08	-0,38	-0,84	-1,35
Realzins (%-Punkte)	0	0,01	0,01	-0,03	-0,06	-0,09
Deutschland:						
Emissionen und Energieaufkommen:						
CO2-Steuer(ECU p.t.)	0	2,62	23,64	32,95	65,3	101,35
CO2-Emissionen	0	-2,18	-10,53	-15,84	-24,16	-32,43
Primaerenergie	0	-1,58	-13,27	-22,4	-31,5	-35,77
Steinkohle	0	-2,5	-10,08	-13,94	-22,43	-32,12
Braunkohle	0	-7,01	-27,26	-32,71	-41,79	-51,25
Mineraloel	0	-0,63	-5,38	-10,09	-15,96	-20,67
Gas	0	-0,51	-4,37	-9,49	-17,05	-24,22
Endenergie	0	-1,42	-9,08	-14,79	-21,85	-27,07
Elektrizitaetserzeugung:						
Gesamt	0	-0,96	-7,52	-13,95	-19,82	-24,07
Steinkohle	0	-0,94	9,62	14,96	10,84	-6,7
Braunkohle	0	-3,07	2,64	7,21	1,62	-15,92
Mineraloel	0	0,28	16,58	23,23	23,26	6,15
Gas	0	0,34	15,7	21,28	19,11	1,45
Kernenergie	0	-0,22	-38,53	-74,79	-100	-100
Erneuerbare	0	0	0	0	0	0
Gesamtwirtschaft:						
BIP	0	0,52	4,14	-0,69	0,28	0,45
Konsum	0	0,39	2,55	-1,29	-1,17	-1,48
Investition	0	4,36	18,66	-11,19	-9,62	-9,28
Export	0	-0,51	1,13	0,86	2,53	3
Import	0	0,82	1,89	-3,83	-4,72	-4,94
Beschaeftigung	0	0,9	7,52	-0,3	2,84	5,07
Kapitalstock	0	0	-0,06	-0,51	-2,18	-3,87
Preisniveau	0	0,8	2,45	-0,49	0,02	1,32
Leistungsbilanz	0	-11,04	-10,94	40,96	65,06	73,97
Lohnsumme	0	0,56	0,11	-2,87	-5,35	-7,17
Lohnsatz	0	-0,33	-6,89	-2,57	-7,96	-11,66
Lohnquote	0	-0,47	-3,59	0,38	-1,52	-3,23
Gewinnsumme	0	1,96	11,07	-3,94	-1,11	1,8
Terms of Trade	0	1,33	0,75	-4,65	-7,07	-7,71

Sektorale Bruttoproduktionswerte:						
Steinkohle	0	0	0	0	0	0
Braunkohle	0	-6,95	-27,13	-32,67	-41,8	-51,22
Mineraloel	0	-0,67	-5,39	-10,08	-16	-20,81
Gas	0	-0,48	-3,93	-9,1	-16,7	-24,03
Elektrizitaet	0	-0,96	-7,52	-13,95	-19,82	-24,07
Agrarwirtschaft	0	-0,07	1,08	-0,9	-1,37	-2,79
Grundstoffe	0	-0,21	1,74	-3,93	-4,32	-5,45
Ausruestungen	0	0,92	8,66	-0,51	3,15	4,78
Konsumgueter	0	0,14	3,64	0,02	1,62	1,89
Bauten	0	2,48	11,42	-7,76	-6,56	-6,21
Transport	0	0,3	3,11	-0,89	-0,12	-0,08
Dienstleistungen	0	0,48	3,36	-1,05	-0,7	-1,07
Staat	0	-0,02	0,14	1,84	1,62	2,09
Preise der Energieträger:						
Steinkohle	0	10,92	86,58	114,64	216,44	319,92
Braunkohle	0	29,91	287,59	413,07	829,56	1288,81
Mineraloel	0	3,24	25,92	33,48	62,24	90,42
Gas	0	3,18	27,4	37,31	72,18	107,19
Elektrizitaet	0	3,47	26,91	37,8	61,14	80,78
Sektorale Energiepreise:						
Agrarwirtschaft	0	3,37	26,58	35,46	62,59	88,01
Grundstoffe	0	4,97	38,55	51,32	91,92	130,72
Ausruestungen	0	3,52	27,83	37,85	65,7	91,34
Konsumgueter	0	3,6	28,4	38,47	67,18	93,8
Bauten	0	3,31	26,38	34,28	63,07	91,05
Transport	0	3,29	26,11	34,27	62,07	88,75
Dienstleistungen	0	3,36	26,56	35,9	62,34	86,71
Staat	0	3,46	27,42	37,07	64,86	90,67
Sektorale Güterpreise:						
Agrarwirtschaft	0	0,21	1,17	-0,05	0,34	0,76
Grundstoffe	0	0,33	0,84	0,83	0,98	1,14
Ausruestungen	0	0,24	-0,9	-1,26	-2,77	-3,63
Konsumgueter	0	0,18	-0,43	-0,84	-1,73	-2,13
Bauten	0	0,97	0,91	-3,88	-5,71	-6,66
Transport	0	0,39	-0,2	-1,28	-2,1	-2,11
Dienstleistungen	0	0,87	2,62	-1,49	-1,12	0,28
Staat	0	0,09	-3,36	-1,26	-4,16	-5,94
Sektorale Outputpreise:						
Agrarwirtschaft	0	0,27	1,58	0,06	0,76	1,51
Grundstoffe	0	0,4	1,01	1,1	1,4	1,72
Ausruestungen	0	0,29	-1,11	-1,46	-3,21	-4,17
Konsumgueter	0	0,21	-0,55	-0,95	-1,96	-2,35
Bauten	0	0,97	0,92	-3,89	-5,73	-6,68
Transport	0	0,42	-0,22	-1,37	-2,25	-2,24
Dienstleistungen	0	0,88	2,67	-1,52	-1,13	0,29
Staat	0	0,09	-3,37	-1,27	-4,17	-5,95

Sektorale Güterpreise relativ zur EU:						
Agrarwirtschaft	0	0,14	0,96	0,24	0,92	1,61
Grundstoffe	0	0,18	0,47	0,68	0,96	1,26
Ausruestungen	0	0,12	-0,54	-0,59	-1,28	-1,59
Konsumgueter	0	0,12	-0,37	-0,48	-0,99	-1,1
Bauten	0	0,54	0,5	-2,1	-3,07	-3,54
Transport	0	0,28	-0,17	-0,91	-1,49	-1,45
Dienstleistungen	0	0,76	2,27	-1,34	-1,08	0,08
Staat	0	0,08	-3,05	-1,09	-3,7	-5,29
Sektorale Güterpreise relativ zur Welt:						
Agrarwirtschaft	0	0,17	1,06	0,31	1,13	2,02
Grundstoffe	0	0,26	0,66	1,03	1,53	2,07
Ausruestungen	0	0,18	-0,84	-0,79	-1,73	-2,08
Konsumgueter	0	0,14	-0,47	-0,46	-0,91	-0,87
Bauten	0	0,67	0,61	-2,55	-3,65	-4,11
Transport	0	0,3	-0,2	-0,91	-1,44	-1,28
Dienstleistungen	0	0,79	2,38	-1,25	-0,76	0,69
Staat	0	0,06	-3,31	-0,95	-3,45	-4,84

Sensitivitätsrechnung: Basis - 25 Jahre-Ausstieg o. M., erhöhte Brennstoffsubstitution						
Prozentuale Veränderungen gegenüber Basisfall						
	1995	2000	2005	2010	2015	2020
Europaeische Union:						
Leistungsbilanz	0	-0,06	3,47	-4,73	6,43	0,61
Wechselkurs	0	0	0,03	0,06	0,03	-0,01
Realzins (%-Punkte)	0	0	0	0	0	-0,01
Deutschland:						
Emissionen und Energieaufkommen:						
CO2-Steuer(ECU p.t.)	0	0	0	0	0	0
CO2-Emissionen	0	0,04	4,41	8,26	8,8	6,1
Primaerenergie	0	0	-2,27	-4,05	-5,5	-3,53
Steinkohle	0	0,06	7,52	14,17	15,33	10,17
Braunkohle	0	0,07	10,76	18,69	20,47	13,31
Mineraloel	0	0	0,22	0,57	0,1	0,28
Gas	0	0,01	1,27	2,49	2,44	1,89
Endenergie	0	0	-0,47	-0,9	-1,2	-0,55
Elektrizitaetserzeugung:						
Gesamt	0	-0,02	-2,38	-5,19	-4,32	-2,47
Steinkohle	0	0,11	17,96	29,85	34,01	20,53
Braunkohle	0	0,06	13,61	20,83	26,11	15,98
Mineraloel	0	0,08	16,74	26,99	32,11	19,45
Gas	0	0,12	18,02	30,73	34,21	20,79
Kernenergie	0	-0,22	-38,53	-74,79	-100	-100
Erneuerbare	0	0	0	0	0	0
Gesamtwirtschaft:						
BIP	0	0	0,03	-0,08	-0,53	0,02
Konsum	0	0	-0,12	-0,18	-0,67	-0,16
Investition	0	0,04	-0,68	1,72	-2,44	0,07
Export	0	0	0,58	-0,1	0,56	0,47
Import	0	0,01	-0,17	0,77	-0,43	0,08
Beschaeftigung	0	0	0,21	0,29	-0,42	0,49
Kapitalstock	0	0	0,02	-0,02	-0,16	-0,34
Preisniveau	0	0,01	-0,32	0,28	-0,48	-0,01
Leistungsbilanz	0	-0,12	6,31	-6,82	8,74	2,86
Lohnsumme	0	0	-0,47	0,03	-0,87	-0,53
Lohnsatz	0	0	-0,68	-0,26	-0,45	-1,01
Lohnquote	0	0	-0,08	-0,16	0,22	-0,33
Gewinnsumme	0	0,01	-0,22	0,49	-1,49	0,42
Terms of Trade	0	0,02	-0,75	0,87	-0,98	-0,39

Sektorale Bruttoproduktionswerte:						
Steinkohle	0	0	0	0	0	0
Braunkohle	0	0,07	10,67	18,64	20,34	13,23
Mineraloel	0	0	0,24	0,52	0,12	0,29
Gas	0	0,01	1,11	2,17	2,19	1,73
Elektrizitaet	0	-0,02	-2,38	-5,19	-4,32	-2,47
Agrarwirtschaft	0	0	0,16	-0,18	-0,19	-0,07
Grundstoffe	0	0	0,45	-0,08	0,07	0,39
Ausruestungen	0	0,01	0,51	0,45	-0,09	0,66
Konsumgueter	0	0	0,35	0	-0,03	0,28
Bauten	0	0,02	-0,4	0,78	-1,69	0,05
Transport	0	0	0,12	-0,02	-0,32	0,1
Dienstleistungen	0	0	0	-0,04	-0,52	-0,06
Staat	0	0	-0,05	0,08	-0,19	0
Preise der Energieträger:						
Steinkohle	0	0	0	0	0	0
Braunkohle	0	0,04	3,68	7,39	7,24	4,46
Mineraloel	0	0	-0,04	0,09	-0,02	0
Gas	0	0,01	0,8	1,48	1,14	0,68
Elektrizitaet	0	0,06	5,17	12,03	8,29	4,92
Sektorale Energiepreise:						
Agrarwirtschaft	0	0,02	1,91	4,4	2,95	1,75
Grundstoffe	0	0,02	1,65	3,71	2,55	1,51
Ausruestungen	0	0,03	2,87	6,55	4,47	2,65
Konsumgueter	0	0,03	2,64	6,01	4,11	2,43
Bauten	0	0,01	0,33	0,89	0,53	0,32
Transport	0	0,01	0,92	2,19	1,42	0,84
Dienstleistungen	0	0,03	2,61	5,99	4,06	2,41
Staat	0	0,03	2,51	5,72	3,9	2,31
Sektorale Güterpreise:						
Agrarwirtschaft	0	0	0,03	0,16	-0,01	0,1
Grundstoffe	0	0	-0,13	0,14	-0,13	-0,11
Ausruestungen	0	0	-0,28	0,08	-0,27	-0,27
Konsumgueter	0	0	-0,18	0,07	-0,19	-0,15
Bauten	0	0,01	-0,59	0,27	-0,83	-0,4
Transport	0	0	-0,34	0,08	-0,35	-0,19
Dienstleistungen	0	0,01	-0,43	0,18	-0,68	-0,01
Staat	0	0	-0,52	-0,02	-0,42	-0,61
Sektorale Outputpreise:						
Agrarwirtschaft	0	0	0,03	0,19	-0,02	0,14
Grundstoffe	0	0	-0,16	0,16	-0,17	-0,13
Ausruestungen	0	0	-0,35	0,09	-0,34	-0,33
Konsumgueter	0	0	-0,24	0,07	-0,25	-0,19
Bauten	0	0,01	-0,59	0,27	-0,83	-0,4
Transport	0	0	-0,37	0,09	-0,38	-0,2
Dienstleistungen	0	0,01	-0,44	0,19	-0,69	-0,01
Staat	0	0	-0,52	-0,02	-0,42	-0,62

Sektorale Güterpreise relativ zur EU:						
Agrarwirtschaft	0	0	0,02	0,1	-0,01	0,11
Grundstoffe	0	0	-0,09	0,07	-0,09	-0,06
Ausruestungen	0	0	-0,17	0,03	-0,16	-0,15
Konsumgueter	0	0	-0,15	0,03	-0,16	-0,11
Bauten	0	0,01	-0,34	0,15	-0,46	-0,21
Transport	0	0	-0,26	0,06	-0,26	-0,14
Dienstleistungen	0	0,01	-0,37	0,17	-0,59	-0,01
Staat	0	0	-0,48	-0,01	-0,38	-0,55
Sektorale Güterpreise relativ zur Welt:						
Agrarwirtschaft	0	0	0	0,1	-0,03	0,11
Grundstoffe	0	0	-0,14	0,08	-0,14	-0,09
Ausruestungen	0	0	-0,27	0,02	-0,26	-0,23
Konsumgueter	0	0	-0,2	0,01	-0,2	-0,13
Bauten	0	0,01	-0,43	0,17	-0,59	-0,27
Transport	0	0	-0,29	0,05	-0,29	-0,15
Dienstleistungen	0	0,01	-0,4	0,15	-0,64	-0,01
Staat	0	0	-0,53	-0,06	-0,42	-0,58

Sensitivitätsrechnung: Basis - 25 Jahre-Ausstieg o. M., erhöhte Außenhandelselastizität im Stromsektor

Prozentuale Veränderungen gegenüber Basisfall

	1995	2000	2005	2010	2015	2020
Europaeische Union:						
Leistungsbilanz	0	-0,05	3,76	-3,5	6,99	0,09
Wechselkurs	0	0	0,03	0,05	0	-0,03
Realzins (%-Punkte)	0	0	0	0	-0,01	-0,01
Deutschland:						
Emissionen und Energieaufkommen:						
CO2-Steuer(ECU p.t.)	0	0	0	0	0	0
CO2-Emissionen	0	0,04	4,04	7,24	8,5	5,92
Primaerenergie	0	-0,01	-2,54	-4,82	-5,77	-3,74
Steinkohle	0	0,06	6,65	11,7	14,14	9,42
Braunkohle	0	0,07	10,61	18,76	21,88	14,55
Mineraloel	0	0	0,2	0,45	0,1	0,24
Gas	0	0,01	1,15	2,04	2,25	1,68
Endenergie	0	0	-0,44	-0,89	-1,22	-0,66
Elektrizitaetserzeugung:						
Gesamt	0	-0,03	-2,75	-6,61	-6,03	-4,05
Steinkohle	0	0,09	15,85	24,95	29,3	17,51
Braunkohle	0	0,07	15,14	22,77	27,13	15,91
Mineraloel	0	0,08	15,71	24,38	28,74	17,05
Gas	0	0,09	15,82	25,06	29,46	17,7
Kernenergie	0	-0,22	-38,53	-74,79	-100	-100
Erneuerbare	0	0	0	0	0	0
Gesamtwirtschaft:						
BIP	0	0	0,04	-0,15	-0,48	-0,07
Konsum	0	0	-0,11	-0,25	-0,65	-0,25
Investition	0	0,04	-0,8	0,97	-2,72	-0,28
Export	0	0	0,66	0,06	0,84	0,55
Import	0	0,01	-0,2	0,62	-0,47	0,08
Beschaeftigung	0	0	0,24	0,19	-0,25	0,47
Kapitalstock	0	0	0,01	-0,05	-0,24	-0,47
Preisniveau	0	0,01	-0,37	0,11	-0,6	-0,03
Leistungsbilanz	0	-0,12	7,02	-4,55	11,12	3,47
Lohnsumme	0	0	-0,52	-0,16	-1,11	-0,71
Lohnsatz	0	0	-0,76	-0,35	-0,87	-1,17
Lohnquote	0	0	-0,1	-0,11	0,09	-0,39
Gewinnsumme	0	0,01	-0,24	0,16	-1,36	0,42
Terms of Trade	0	0,02	-0,85	0,56	-1,3	-0,47

Sektorale Bruttoproduktionswerte:						
Steinkohle	0	0	0	0	0	0
Braunkohle	0	0,07	10,55	18,63	21,76	14,49
Mineraloel	0	0	0,22	0,42	0,13	0,24
Gas	0	0,01	1,01	1,79	2,02	1,53
Elektrizitaet	0	-0,03	-2,75	-6,61	-6,03	-4,05
Agrarwirtschaft	0	0	0,19	-0,16	-0,12	-0,15
Grundstoffe	0	0	0,51	-0,01	0,31	0,39
Ausruestungen	0	0,01	0,56	0,39	0,18	0,66
Konsumgueter	0	0	0,39	0,03	0,15	0,26
Bauten	0	0,02	-0,47	0,37	-1,81	-0,19
Transport	0	0	0,13	-0,07	-0,24	0,04
Dienstleistungen	0	0	0,01	-0,11	-0,5	-0,16
Staat	0	0	-0,03	0,1	-0,19	-0,02
Preise der Energieträger:						
Steinkohle	0	0	0	0	0	0
Braunkohle	0	0,05	3,58	7,23	7,45	4,68
Mineraloel	0	0	-0,05	0,06	-0,05	-0,01
Gas	0	0,01	0,71	1,23	1,05	0,65
Elektrizitaet	0	0,06	4,7	10,93	8,6	5,49
Sektorale Energiepreise:						
Agrarwirtschaft	0	0,02	1,73	4	3,05	1,95
Grundstoffe	0	0,02	1,5	3,36	2,61	1,67
Ausruestungen	0	0,03	2,61	5,94	4,62	2,95
Konsumgueter	0	0,03	2,4	5,45	4,24	2,7
Bauten	0	0,01	0,29	0,79	0,53	0,36
Transport	0	0,01	0,83	1,98	1,46	0,94
Dienstleistungen	0	0,03	2,37	5,44	4,2	2,68
Staat	0	0,03	2,28	5,19	4,02	2,57
Sektorale Güterpreise:						
Agrarwirtschaft	0	0	0,03	0,13	-0,01	0,11
Grundstoffe	0	0	-0,16	0,08	-0,23	-0,14
Ausruestungen	0	0	-0,32	-0,01	-0,43	-0,33
Konsumgueter	0	0	-0,21	0	-0,3	-0,19
Bauten	0	0,01	-0,67	0,04	-1,11	-0,52
Transport	0	0	-0,38	-0,03	-0,51	-0,22
Dienstleistungen	0	0,01	-0,47	0	-0,79	-0,03
Staat	0	0	-0,59	-0,13	-0,72	-0,72
Sektorale Outputpreise:						
Agrarwirtschaft	0	0	0,03	0,15	-0,01	0,16
Grundstoffe	0	0	-0,2	0,09	-0,28	-0,17
Ausruestungen	0	0	-0,39	-0,02	-0,53	-0,4
Konsumgueter	0	0	-0,27	0	-0,37	-0,23
Bauten	0	0,01	-0,67	0,04	-1,11	-0,53
Transport	0	0	-0,42	-0,03	-0,55	-0,24
Dienstleistungen	0	0,01	-0,48	0	-0,81	-0,03
Staat	0	0	-0,59	-0,13	-0,72	-0,72

Sektorale Güterpreise relativ zur EU:						
Agrarwirtschaft	0	0	0,02	0,08	0,01	0,13
Grundstoffe	0	0	-0,1	0,03	-0,14	-0,07
Ausruestungen	0	0	-0,19	-0,02	-0,24	-0,18
Konsumgueter	0	0	-0,17	-0,01	-0,22	-0,13
Bauten	0	0,01	-0,38	0,02	-0,61	-0,28
Transport	0	0	-0,29	-0,02	-0,37	-0,16
Dienstleistungen	0	0	-0,41	0,01	-0,69	-0,03
Staat	0	0	-0,54	-0,12	-0,65	-0,65
Sektorale Güterpreise relativ zur Welt:						
Agrarwirtschaft	0	0	0	0,08	-0,01	0,14
Grundstoffe	0	0	-0,16	0,03	-0,2	-0,1
Ausruestungen	0	0	-0,3	-0,05	-0,38	-0,26
Konsumgueter	0	0	-0,22	-0,04	-0,28	-0,15
Bauten	0	0,01	-0,48	0,01	-0,78	-0,35
Transport	0	0	-0,32	-0,04	-0,41	-0,17
Dienstleistungen	0	0	-0,44	-0,01	-0,73	-0,02
Staat	0	0	-0,59	-0,16	-0,7	-0,67

9 NEWAGE-D

Ulrich Fahl, Claudia Kemfert

Institut für Energiewirtschaft und Rationelle Energieanwendung (IER), Universität Stuttgart

9.1 Einleitung

Die Ermittlung der Auswirkungen eines Kernenergieverzichts ist ein komplexes Unterfangen, weil über die direkten elektrizitätsseitigen Struktur-, Kosten- und Umwelteffekte hinaus, indirekte, durch den Kernenergieausstieg induzierte Effekte in anderen Bereichen wie der übrigen Energiewirtschaft, den anderen Bereichen der Volkswirtschaft und auf den internationalen Energiemärkten zu erwarten sind, die wiederum auf den Bereich der Elektrizitätswirtschaft zurück wirken können. Ohne Anspruch auf Vollständigkeit seien als weitere Effekte, die im Rahmen einer umfassenden Konsequenzenanalyse zu betrachten wären, die Auswirkungen auf die Sicherheit der Versorgung, das verfügbare Potential an wirtschaftlich gewinnbaren Energieressourcen, das Investitionsklima in Deutschland sowie die internationale Weiterentwicklung der Sicherheit kerntechnischer Anlagen genannt. Einige der zuvor angesprochenen Auswirkungsbereiche entziehen sich derzeit einer quantitativen Ermittlung. Ein weiteres Analyseproblem bei der Ermittlung der Auswirkungen eines Kernenergieausstiegs resultiert aus den notwendigerweise weit in die Zukunft reichenden Betrachtungszeiträumen und den damit verbundenen Unsicherheiten von Einflußfaktoren, die für die Konsequenzen eines Kernenergieverzichts von Bedeutung sein können. Diesen Unsicherheiten ist im Rahmen der Konsequenzenanalysen Rechnung zu tragen, um zu belastbaren Aussagen bezüglich der Größenordnung und der mit dem Kernenergieausstieg verbundenen Effekte zu kommen.

Vor diesem Hintergrund werden im Rahmen des Modellexperimentes II mit dem Energiewirtschaftsmodell NEWAGE-D wichtige gesamtwirtschaftliche und umweltseitige Effekte eines Kernenergieausstiegs für Deutschland ermittelt. Die Vorgehensweise zur Ermittlung der Auswirkungen eines Kernenergieausstiegs besteht darin, die Folgewirkungen in Bezug auf eine Referenzentwicklung mit Einsatz von Kernenergie zu bestimmen. Mittels modellgestützter Szenarioanalysen lassen sich die Ausstiegseffekte analytisch sauber ermitteln, aber auch die Zielkonflikte z. B. zwischen den gesamtwirtschaftlichen Folgen sowie den Umweltwirkungen alternativer Ersatz- und Anpassungsstrategien herausarbeiten. Zur Berücksichtigung unsicherer Einflußfaktoren werden die Szenarioanalysen durch Sensitivitätsrechnungen abgesichert.

Während im Modellexperiment II die Annahmen zur Referenzentwicklung und zu einigen anderen Größeren weitgehend harmonisiert wurden, gibt es hinsichtlich der Wahl von Systemelementen und den Hypothesen zu Wirkungsbeziehungen Unterschiede in den Wirtschaftsmodellen. Diese Unterschiede spiegeln die alternativen Auffassungen von einer angemessenen Komplexitätsreduktion oder wirtschaftstheoretischer Zusammenhänge der "Modellbauer" wider. Hieraus können sich bei den Ausstiegsanalysen nicht nur quantitative, sondern sogar qualitative Unterschiede in den wirtschaftlichen Effekten ergeben. Letztendlich bleibt es dann wiederum Aufgabe der Entscheidungsträger, zu prüfen, welche Annahmen bzw. Vereinfachungen und damit Simulationsergebnisse sie am plausibelsten halten. Vor diesem Hintergrund sind auch die Simulationsergebnisse mit dem gesamtwirtschaftlichen Modellsystem NEWAGE-D einzuordnen.

9.2 Methodischer Ansatz

Die energiewirtschaftlichen Anpassungs- und Kosteneffekte eines Kernenergieausstiegs verursachen auf Grund der vielfältigen Wechselwirkungen der Energieversorgung mit den anderen Bereichen der Volkswirtschaft auch in diesen Bereichen Anpassungen und Belastungen, die von allen Wirtschaftsubjekten, d. h. Produzenten und Konsumenten, getragen werden müssen. Unter den gesamtwirtschaftlichen Auswirkungen sind dabei insbesondere die Auswirkungen auf die Wettbewerbsfähigkeit und Produktion der verschiedenen Wirtschaftssektoren, auf die Beschäftigung sowie als resultierender Gesamteffekt auf das gesamtwirtschaftliche Bruttosozial- bzw. Bruttoinlandsprodukt von Bedeutung. Eine sachgerechte Quantifizierung der gesamtwirtschaftlichen Effekte ist ein komplexes Unterfangen, das mit einer Reihe von methodischen Problemen verbunden ist, auf die zunächst eingegangen werden soll.

Die vorzeitige Stillegung von Kernkraftwerken bedeutet nicht nur einen erheblichen Einschnitt in die Produktions- und Erzeugungsstrukturen der Energieversorgungsunternehmen, sondern wird zudem Auswirkungen auf wichtige Zuliefererbranchen und letztendlich sämtliche Sektoren und Wirtschaftszweige der Volkswirtschaft haben. Die Volkswirtschaft ist stetig dynamischen Veränderungsprozessen unterworfen, welche in jedem Modellinstrumentarium nur teilweise abgebildet werden können. Energiepreisänderungen im Inland oder auf dem internationalen Markt induzieren z. B. ein verändertes Produktionsverhalten, aber auch Nachfrageverhalten, welche wiederum Preis- und Mengeneffekte innerhalb der Volkswirtschaften nach sich ziehen. Aus diesem Grund ist es wichtig, ein Analyseinstrumentarium zu nutzen, das Verflechtungen der verschiedenen Sektoren und Bereiche einer Volkswirtschaft erfaßt. Darüber hinaus ist es entscheidend, dass alle wesentlichen ökonomischen Produktions- und Verhaltensreaktionen in einem konsistenten Rahmen abgebildet werden, um so relevante Rückwirkungseffekte (*feedback* Effekte) und Wechselwirkungen (*spill-over* Effekte) zu integrieren.

Volkswirtschaftliche Modelle, die auf einer Input-Output-Tabelle basieren und das volkswirtschaftliche Gleichgewicht von Angebot und Nachfrage über einen Gleichgewichtspreis der jeweiligen zeitlichen Zielperioden bestimmen, sind methodisch gut fundiert, um die komplexen Wirkungszusammenhänge konsistent zu erfassen. In einem dynamischen allgemeinen Gleichgewichtsmodell können die komplexen Wechselwirkungen von volkswirtschaftlichen Veränderungsprozessen auf inländische Produktion, Investitionen, Beschäftigung, Wettbewerbsfähigkeit und Auswirkungen auf die Umwelt abgebildet werden.

Deshalb wird für die hier anstehenden Untersuchungen ein volkswirtschafliches Modell des allgemeinen Gleichgewichts verwendet, um die gesamtwirtschaftlichen Auswirkungen eines Kernenergieausstiegs abzuschätzen. Auf der Grundlage plausibler, mikroökonomisch fundierter Verhaltensannahmen werden die Auswirkungen des vorzeitigen Kernenergieausstiegs auf Produktions- und Konsumstrukturen, Beschäftigung und funktionale Einkommensverteilung sowie auf aggregierte wirtschaftspolitische Indikatoren, wie z. B. das Bruttoinlandsprodukt oder die Außenhandelsbilanz simuliert /Shoven, Whalley 1992/. Ein geschlossener, totalanalytischer Ansatz gewährleistet methodische Konsistenz bei der Berücksichtigung von Wechselwirkungen (sog. *spill-over-* und *feed-back*-Effekte) auf nationalen und internationalen Märkten.

Bei der Koordination der Angebots- und Nachfrageentscheidungen der individuellen Wirtschaftssubjekte auf unterschiedlichen Märkten spielen flexible Preise eine zentrale Rolle. Sie übernehmen Signal-, Kompensations- und Lenkungsfunktionen /Faber u. a. 1990/. Der Kritik an idealisierenden Marktmechanismen begegnet die angewandte Gleichgewichtsmodellierung zunehmend durch die Berücksichtigung von Marktunvollkommenheiten über Preisrestriktionen (z. B. Mindestlöhne, monopolistische Preissetzung) oder Mengenrestriktionen (z. B. Importquoten, Ausstiegs-/Zubaurestriktionen für Kernenergie).

Die im Rahmen des Modellexperiments II definierten Ausstiegsszenarien wurden mit dem am IER entwickelten Modellinstrumentarium NEWAGE (National, European, World-wide Applied General Equilibrium modeling system) durchgeführt /Böhringer 1997/. Dabei handelt es sich um ein System von berechenbaren Allgemeinen Gleichgewichtsmodellen, das eine hohe Flexibilität in Hinblick auf regionale, sektorale und zeitliche Dimensionen gewährleistet. Konkret wurde die Deutschlandkomponente des Modellsystems eingesetzt (NEWAGE-D), das eine problemgerechte Simulation der gesamtwirtschaftlichen Auswirkungen eines vorzeitigen Kernenergieausstieges auf die deutsche Volkswirtschaft erlaubt.

Bevor im sich anschließenden Kapitel auf die Simulationsergebnisse und ihre Interpretation eingegangen wird, soll zunächst die Struktur und Parametrisierung des zugrunde gelegten Modells der deutschen Volkswirtschaft dargestellt werden. Um ein Mindestmaß an Allgemeinverständlichkeit zu gewährleisten, erfolgt diese Darstellung auf nichttechnischer Ebene. Für eine mathematisch-analytische Beschreibung des Modells wird auf /Böhringer u. a. 1997/ verwiesen.

Aus Abbildung 9-1 und Tabelle 9-1 sind Grundstruktur und sektorale Disaggregierung des für die Ausstiegsanalysen verwendeten Modells ersichtlich. Auf der Produktionsseite werden in Anlehnung an die Input-Output-Systematik des Statistischen Bundesamts 10 Industriesektoren unterschieden. Da der vorzeitige Kernenergieausstieg sich zunächst in der Elektrizitätswirtschaft und der übrigen Energiewirtschaft bemerkbar macht, kommt der Beschreibung der Energieangebotsseite besondere Bedeutung zu. Die Abbildung von insgesamt 6 Energiesektoren (Erdöl, Gas, Mineralölprodukte, Steinkohle, Braunkohle, Strom) ermöglicht eine differenzierte Betrachtung der Schadstoffintensitäten und Substitutionsmöglichkeiten unterschiedlicher Energieträger. Zusätzlich wird auch der Einsatz von Kernbrennstoffen in der Stromerzeugung über die Vorleistungslieferung des Chemiesektors an die Stromerzeugung berücksichtigt, so dass ein Parameter in dem Modell vorhanden ist, mit dem die unterschiedliche Nutzung der Kernenergie in den Szenarioanalysen gesteuert werden kann.

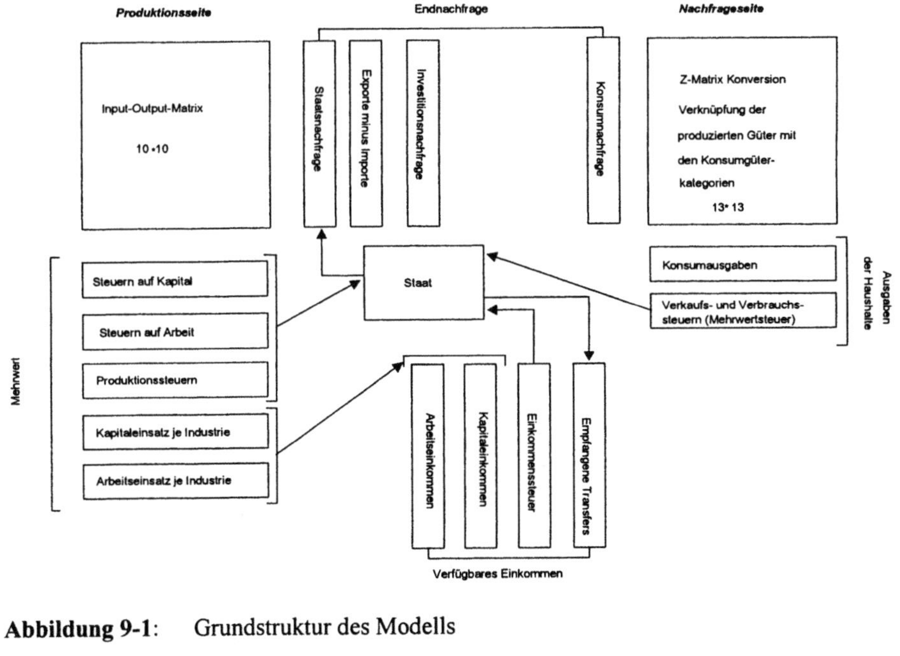

Abbildung 9-1: Grundstruktur des Modells

Bei der Darstellung der Nichtenergiesektoren berücksichtigt das Modell wichtige branchenspezifische Unterschiede in den Faktorintensitäten, dem Grad an Faktorsubstitutionsmöglichkeiten und den Preiselastizitäten der Güternachfrage, um den durch den vorzeitigen Kernenergieausstieg induzierten Strukturwandel in der industriellen Produktion analysieren zu können. Ein wesentliches Kriterium für die

Zusammenfassung verschiedener Einzelsektoren zu einer übergeordneten Branche ist die CO_2-Intensität und damit die potentielle Betroffenheit des Sektors durch Klimaschutzmaßnahmen.

Tabelle 9-1: Disaggregierung nach Produktions- und Konsumgütern

Klassifizierung der Produktionsgüter (Sektoren)*		Klassifizierung der Konsumgüterkategorien	
1	Steinkohle (SIO: 6**)	1	Nahrungsmittel und Getränke
2	Braunkohle (SIO: 59**)	2	Tabakwaren
3	Gas (SIO: 4)	3	Bekleidung
4	Erdöl (SIO: 8)	4	Schuhe
5	Mineralölprodukte (SIO: 10)	5	Wohnungsmieten
6	Strom (SIO: 3)	6	Energie (ohne Kraftstoffe)
7	Chemische Erzeugnisse (SIO: 9)	7	Güter für die Haushaltsführung
8	Eisen- und Stahlerzeugnisse (SIO: 16)	8	Güter für die Gesundheitspflege
9	Andere energieintensive Güter (SIO: 1, 2, 7, 11-15, 17-20, 28, 32, 33)	9	Güter für die Körperpflege
10	Macro (SIO: 5, 21-31, 34-58)	10	Güter für den Verkehr (inkl. Kraftstoffe)
		11	Nachrichtenübermittlung
		12	Güter für Bildung, Unterhaltung, Freizeit
**	Zusätzliche Sektoren: Steinkohle und Braunkohle sind Subsektoren des Kohlesektors 6 (SIO).	13	Güter für die persönliche Ausstattung, Güter sonstiger Art

* Einteilung nach SIO (System of Production Sectors for Input-Output-Computations)

Bem.: Kernbrennstoffe zur Stromerzeugung werden im Modell separat erfaßt und entsprechen der Vorleistungslieferung des Chemiesektors an den Stromsektor.

Auf der Nachfrageseite werden in Anlehnung an die Einkommens- und Verbrauchsstatistiken des Statistischen Bundesamts 13 Konsumgüterkategorien unterschieden, die sich jeweils aus einer Kombination der 10 Produktionsgüter ergeben.

Produktion

Unternehmer maximieren durch Investitions- und Produktionsentscheidungen den Wert ihrer Firma im Zeitablauf. Geschachtelte, separierbare Kostenfunktionen mit konstanten Substitutionselastizitäten (CES) beschreiben die Substitutionsmöglichkeiten in der heimischen Produktion zwischen Kapital, Arbeit (englisch: Labour), Energie- und Materialinputs (KLEM). Das Materialaggregat setzt sich in allen Sektoren aus nichtenergetischen Inputs zusammen, die in einem fixen Einsatzverhältnis zueinander stehen. Innerhalb des Energieaggregats werden die Substitutionsmöglichkeiten zwischen verschiedenen Energieträgern über geschachtelte CES-Funktionen beschrieben. Die flexible KLEM-Spezifikation von Technologien erlaubt eine umfassende Darstellung von Substitutionsmöglichkeiten in der Produktion, einschließlich der Energieträgersubstitution innerhalb des Energieaggregats (*fuel-switch*) und der Substitution zwischen Energie und anderen Produktionsfaktoren (Energieeinsparung).

Für die Produktionssektoren werden Energievorleistungen in (emissionsrelevanten) energetischen Verbrauch und (nicht emissionsrelevanten) nichtenergetischen Verbrauch unterschieden. Der nichtenergetische Verbrauch wird im Materialaggregat berücksichtigt, während der energetische Verbrauch dem Energieaggregat zugeordnet wird. Die Unterscheidung zwischen diesen beiden Energieverwendungsarten ist für eine verursachergerechte Emissionsbesteuerung wichtig, da nur der energetische Verbrauch zu Emissionen führt.

Die Anpassung von physikalischem und menschlichem Kapital (Maschinen bzw. Arbeitsqualifikation) an sich ändernde wirtschaftspolitische Rahmenbedingungen ist kurz- bzw. mittelfristig nur beschränkt möglich und mit Anpassungskosten verbunden. Um den Unterschieden zwischen langfristigen und kurzfristigen Kostenfunktionen Rechnung zu tragen, wird die Produktion durch einen partiellen *putty-clay* Ansatz beschrieben, der kurzfristige Anpassungskosten berücksichtigt. In den Simulationsrechungen wird unterstellt, dass der größte Teil des anfänglichen Kapitalstocks fix an Technologien gebunden ist und Substitutionsmöglichkeiten zwischen Produktionsinputs nur für neue Investitionen und einen Bruchteil des anfänglichen Kapitalstocks bestehen.

Konsum

Die Beschränkung der Analyse auf intertemporale und intersektorale Allokationswirkungen des vorzeitigen Kernenergieausstiegs (Effizienzanalyse) erlaubt eine vereinfachte Darstellung der Haushaltsseite durch einen repräsentativen Verbraucher. Dieser verteilt sein Lebenseinkommen über den Planungszeitraum nutzenmaximal auf den Konsum der unterschiedlichen Perioden. In jeder Periode sieht sich der repräsentative Verbraucher einer Wahl zwischen Gegenwartskonsum (Freizeit und Güterkonsum) und zukünftigem Konsum mittels Sparen gegenüber.

Die intertemporale Allokation des Konsums und damit die Sparentscheidungen werden durch die Zeitpräferenz bestimmt, welche im Gleichgewicht dem internationalen Zinssatz entspricht. Zur Spezifizierung der Verbraucherpräferenzen wird eine intertemporal separierbare Nutzenfunktion verwendet, bei der sich der intraperiodige Konsumnutzen als eine geschachtelte CES-Funktion von Freizeit und Konsum ergibt.

Faktormärkte

Primärfaktoren sind Arbeit und Kapital. Das Arbeitsangebot ist durch die Nachfrage nach Freizeit elastisch, wobei die Präferenzen zwischen Freizeit und Arbeit konsistent mit der empirisch beobachtbaren Elastizität des Arbeitsangebots kalibriert sind. Die Gesamtausstattung der Volkswirtschaft mit potentieller Arbeitszeit (d. h. tatsächliche Arbeitszeit und Freizeit) wird über eine exogene Wachstumsrate fortgeschrieben, was letztlich äquivalent zur Annahme eines arbeitsvermehrenden technischen Fortschritts ist. Die Kapitalstöcke entwickeln sich in Abhängigkeit von den Abschreibungen und der Investitionstätigkeit. Der Faktor Arbeit ist zwischen den Sektoren beweglich, auf internationaler Ebene jedoch immobil. Beim

Faktor Kapital wird zwischen sektorspezifischem (gebundenem) Kapital und intersektoral sowie international mobilem Kapital unterschieden.

In den Simulationsrechnungen werden wettbewerbliche Kapitalmärkte unterstellt, auf denen flexible Preise für den Ausgleich von Angebot und Nachfrage sorgen. Der Arbeitsmarkt wird hingegen auf Basis der Philipps-Hypothese, d. h. unter Berücksichtigung von unfreiwilliger Arbeitslosigkeit als Funktion der Reallohnhöhe, modelliert.

Staat

Der Staat sorgt für die Bereitstellung öffentlicher Güter (Unterrichtsleistungen, allg. Verwaltungsleistungen, Investitionen der öffentlichen Hand etc.) und den Transfer von Sozialleistungen (Kranken-, Renten-, Arbeitslosenversicherung etc.). Die damit verbundenen Ausgaben müssen über Steuern (inkl. Sozialabgaben) gedeckt werden. Im Modell werden dabei alle größenordnungsmäßig bedeutsamen Steuern und Sozialabgaben in ihren Verzerrungswirkungen auf die Märkte abgebildet. Die Budgetbedingung des Staates ist in NEWAGE-D intertemporal definiert. Der Staat kann also zu jedem Zeitpunkt die Schuldenaufnahme erhöhen bzw. Schulden abbauen; über den gesamten Zeithorizont gesehen darf sich aber seine Nettoschuldner- bzw. Nettogläubigerposition gegenüber der Referenzentwicklung nicht verändern.

Investitions- und Sparverhalten

Das Investitions- und Sparniveau wird endogen durch Unternehmer und Haushalte mit rationalen Erwartungen bestimmt, die den Gegenwartswert von Unternehmen bzw. den Konsumnutzen über den Planungshorizont maximieren. Geeignete Bedingungen für das Investitionsverhalten in der letzten Modellperiode stellen dabei sicher, dass die Simulationsergebnisse in vorgelagerten Zeitperioden unabhängig von der Wahl des Modellhorizonts sind (sog. *terminal constraints* – vgl. /Lau u. a. 1997/).

Außenhandel

Bei der Darstellung des Außenhandels wird angenommen, dass Deutschland durch die Höhe seiner Ex- und Importe die Preise auf den Weltmärkten nicht beeinflussen kann (konstante *terms of trade*). Inländische und ausländische Produkte der gleichen Kategorie werden als unvollkommene Substitute in Import und Export betrachtet. So hat zum Beispiel Wein aus Frankreich für den deutschen Konsumenten eine andere Qualität als Wein aus Deutschland.

Die inländische Nachfrage nach Importen ergibt sich aus dem Kostenminimierungskalkül von Unternehmen und Haushalten. Die Exporte einer Industrie leiten sich aus der Zielsetzung ab, die Produktionsgewinne aus inländischem Absatz und Exportabsatz zu maximieren.

Über den Planungszeitraum muß sich ein außenwirtschaftliches Gleichgewicht einstellen, da längerfristig internationale Forderungen bzw. Verbindlichkeiten beglichen werden müssen. Ein flexibler Wechselkurs sorgt dafür, dass sich Importe und Exporte (inkl. internationaler Kapitalflüsse) über den Zeithorizont wertmäßig ausgleichen und sich kurz- bis mittelfristige Leistungsbilanzverschiebungen langfristig nicht zu einem dauerhaften Leistungsbilanzungleichgewicht entwickeln.

9.3 Datentechnische Fundierung: Parametrisierung – Kalibrierung

Die Analyse und der Vergleich von alternativen Politikstrategien erfordern einen Bezugspunkt, mit Hilfe dessen die Kosteneffizienz gemessen werden kann. Die Kosten einer Strategie werden dann als Differenz zum Kostenniveau in der Referenzsituation – dem sog. *business-as-usual* (BaU) – gemessen.

Wie bei angewandten Gleichgewichtsanalysen üblich, wird das Modell auf der Basis eines Ausgangsgleichgewichts "kalibriert". Dabei werden die Parameter von funktionalen Formen (die zur Beschreibung der Produktionsmöglichkeiten und Präferenzen dienen) aus gegebenen Daten für Mengen, Preise und Elastizitäten so bestimmt, dass die numerische Lösung des Gleichgewichtsmodells gerade die Referenzsituation reproduziert. Bei der Erstellung eines mikroökonomisch konsistenten Datensatzes müssen Informationen aus verschiedenen Datenquellen (Input-Output-Tabellen, Einkommens- und Verbrauchsstichproben, Steuerstatistiken etc.) miteinander abgeglichen werden. Für die Simulationen im Modellexperiment II wird auf die konsistenten gesamt- und energiewirtschaftlichen Datensätze für Gesamtdeutschland im Jahr 1991 zurückgegriffen.

Elastizitäten spielen für die quantitativen Effekte von Politikeingriffen eine wesentliche Rolle. Die Substitutionsmöglichkeiten zwischen verschiedenen Inputs und die Transformationsmöglichkeiten zwischen verschiedenen Outputs werden über Substitutions- und Transformationselastizitäten ausgedrückt, die die relative Änderung der Input-Output-Verhältnisse in Folge einer relativen Änderung der zugehörigen Preisverhältnisse angeben. Auf der Inputseite sind Substitutionselastizitäten ein Maß für die Leichtigkeit, mit der ein bestimmter Output aus unterschiedlichen Inputkombinationen (Technologien) produziert werden kann. Eine Substitutionselastizität von unendlich impliziert, dass alternative Inputkombinationen vollkommen gleichwertig sind, so dass die Technologiewahl bei kostenminimierender Produktionsweise allein von den Preisen der Inputs abhängt. Dagegen drückt eine Substitutionselastizität von Null aus, dass es keine technologischen Alternativen gibt und der Inputmix vollständig unabhängig von der relativen Preisstruktur der Inputs vorgegeben ist. Die Höhe der Substitutionselastizität (Transformationselastizität) bestimmt auf der Produktionsseite die ökonomischen Kosten von Anpassungsprozessen an geänderte Rahmenbedingungen: Je geringer die Substitutionselastizität (Transformationselastizität), desto teurer werden Substitutionsvorgänge (Transformationsvorgänge) auf der Inputseite (Outputseite).

Analoges gilt für die Beschreibung der Anpassungsreaktionen auf der Konsumentenseite.

Tabelle 9-2 gibt einen Überblick wichtiger Elastizitäten für die im Modellexperiment II eingesetzte Modellversion. Die Werte für Elastizitäten wurden als exogene Schätzungen nach Sichtung der einschlägigen Literatur übernommen.

Tabelle 9-2: Übersicht wichtiger Elastizitäten

Index	Beschreibung	Wert
σ_{KLEM}	Substitutionselastizität zwischen Materialinputs und dem Aggregat aus Kapital, Arbeit und Energie	0
σ_{KLE}	Substitutionselastizität zwischen dem Energieaggregat und dem Aggregat aus Kapital und Arbeit	0.5
σ_{KL}	Substitutionselastizität zwischen Kapital und Arbeit	1
σ_{COA}	Substitutionselastizität zwischen Kohle und dem Aggregat aus Strom und anderen fossilen Energieinputs (Öl und Gas)	0.25
σ_{ELE}	Substitutionselastizität zwischen Strom und dem Aggregat aus Öl und Gas	1
σ_{FOS}	Substitutionselastizität zwischen Gas und Öl	2
σ_{NEC}	Substitutionselastizität zwischen dem Energieaggregat und dem nicht-energetischen Konsum auf Haushaltsebene	0.3
σ_{NC}	Substitutionselastizität zwischen verschiedenen nicht-energetischen Konsumgüter auf der Haushaltsebene	1
σ_{EC}	Substitutionselastizität zwischen verschiedenen Energieträgern in der aggregierten Energienachfrage der Haushalte	2
σ_{DM}	Substitutionselastizität zwischen heimisch produzierten Gütern und Import	4
σ_{DX}	Transformationselastizität zwischen Güterproduktion für den heimischen Markt und Güterproduktion für den Exportmarkt	4
σ_{LS}	(unkompensierte) Elastizität des Arbeitsangebots	0.15
σ_{L}	Intertemporale Substitutionselastizität des Konsums	0.5

Wie schon in Kapitel 9.2 erwähnt, bestimmen Marktunvollkommenheiten in der Ausgangsituation, wie z. B. ein stark leistungshemmendes Steuersystem oder institutionelle Hemmnisse auf dem Arbeitsmarkt, die Modellergebnisse in erheblichem Maße. Hinsichtlich des Zusammenhangs zwischen der Kernenergienutzung und dem Klimaschutz ist auch die Referenzentwicklung der Emissionen eine zentrale Determinate. Bei Vorgabe der zeitlichen Emissionsminderungsziele gegenüber einem Referenzjahr (1990 für das Modellexperiment II) ist die Höhe der marginalen Vermeidungskosten und damit auch indirekt der gesamtwirtschaftlichen Effekte von den effektiven Minderungsanforderungen abhängig. Letztere ergeben sich als Differenz zwischen den BaU-Emissionen und dem exogen vorgegeben Zielpfad für die Emissionen. Für das Modellexperiment II wurde NEWAGE-D über die endogene Bestimmung von autonomen Energieeffizienzverbesserungen auf eine Entwicklung der CO_2-Emissionen auf konstantem Niveau im Referenzszenario kalibriert.

9.4 Modellergebnisse der Fallstudie

Verglichen werden die Ergebnisse unterschiedlicher Szenarien (vgl. Tabelle 9-3), welche auf Annahmen und Prämissen der im vorherigen Kapitel erläuterten Parametrisierung und Kalibrierung basieren. Zum einen wird ein Szenario betrachtet, in dem von einer steigenden Wirtschaftsentwicklung im Zeitablauf ausgegangen wird und Kernenergie mit einer Lebensdauer der Anlagen von 40 Jahren weiter zur Stromerzeugung verwendet wird (*Basisfall*). Dem Basisfall stehen verschiedene Kernenergieausstiegsszenarien gegenüber, in denen nach 25 Zeitjahren die Kernenergienutzung zur Elektrizitätserzeugung beendet wird. Innerhalb dieser Ausstiegsszenarien werden unterschiedliche Emissionsentwicklungen berücksichtigt. Alle Szenarien werden in einem komparativen Vergleich dem Basisfall gegenübergestellt. Dabei wird generell von der FORUM Preisentwicklung ausgegangen.

Tabelle 9-3: Definition von Kernenergieausstiegsszenarien für Deutschland

Szenario	Bezeichnung
Basisfall: Auslaufen der Kernenergie nach 40 Zeitjahren	Basisfall (F40)
Ausstieg nach 25 Zeitjahren	F25
Ausstieg nach 25 Zeitjahren mit CO_2-Emissionen wie im **B**asisfall	F25B
Ausstieg nach 25 Zeitjahren mit CO_2-**Z**iel	F25Z

Im Basisfall (A40) wird, wie bereits erwähnt, von einer Laufzeit der derzeitigen Kernkraftwerke von 40 Jahren ausgegangen und es werden keine Klimaschutzziele z. B. in Form von zu erreichenden CO_2-Reduktionen vorgegeben. Um nun die in den Kernenergieausstiegsvarianten zunehmenden Treibhausgasemissionen in den Rahmen der Bewertung der Ausstiegskonsequenzen mit einbeziehen zu können, werden bei den Ausstiegsszenarios Varianten betrachtet. So sollen zum einen wieder die CO_2-Emissionen des Basisfalles erreicht werden (B-Fälle). In einem weiteren Szenario (Z-Fälle) sind CO_2-Emissionsminderungen für Deutschland zu erreichen, die sich an den EU-Verpflichtungen des Kyoto-Protokolls und den daraus für Deutschland abgeleiteten Minderungspflichten orientieren (2005: -18 %, 2010: -21 %, 2015: -25 %, 2020: -30 %, 2025: -36 %, 2030: -43 %, jeweils im Vergleich zu den Emissionen des Jahres 1990).

In den Simulationen wird die ökologische Treffsicherheit von Klimaschutzpolitiken dadurch gewährleistet, dass das Emissionsminderungsziel als Mengenrestriktion im Modell implementiert wird. Konkret definiert der Staat zu jedem Zeitpunkt ein Budget an handelbaren CO_2-Emissionsrechten, die von Industrie und Haushalten für produktions- oder konsumbedingte CO_2-Emissionen gekauft werden müssen. Der Marktpreis (Knappheitspreis) für die Emissionsrechte entspricht formal genau derjenigen CO_2-Steuer, die der Staat erheben muß, um die gesamtwirtschaftliche CO_2-Emissionsrestriktion nicht zu überschreiten. In diesem Sinne wird im Folgenden der Begriff CO_2-Steuer als zielführendes Instrument der Klimapolitik verwendet. Das Aufkommen aus der Erhebung der CO_2-Steuer (bzw. dem Verkauf von Emissionsrechten) fließt dabei direkt in den Staatshaushalt. Derjenige Teil der Staatseinnahmen, der über den Finanzierungsbedarf für öffentliche Dienstleistungen bzw. Transfers hinausgeht, kann dann im Rahmen einer aufkommensneutralen Steuerreform zur Senkung bestehender Steuern verwendet werden. Entsprechend der Ergebnisse des Modellexperimentes I /Böhringer 1999/ werden die Überschußeinnahmen zur Senkung der Abgabenlast auf den Faktor Kapital verwendet.

Die sektoralen und gesamtwirtschaftlichen Effekte des vorzeitigen Kernenergieverzichtes nach 25 Zeitjahren werden für alle Varianten der Emissionsentwicklung im Vergleich zum Referenzfall mit einer Nutzung der bestehenden Kernkraftwerke für 40 Zeitjahre quantifiziert. Bei den numerischen Simulationsrechnungen geht es also weniger um eine Zukunftsprognose der wirtschaftlichen Entwicklung, sondern um die vergleichende Analyse von Politikszenarien in bezug auf eine plausible Referenzentwicklung. Der Wert der szenariengestützten Analyse liegt damit nicht in zeitpunktbezogenen Absolutaussagen, sondern in Relativaussagen. Dies erlaubt insbesondere den Vorteilsvergleich alternativer Politikszenarien (hier: Kernenergiepolitik) in Hinblick auf wichtige Kriterien wie Beschäftigungseffekte oder gesamtwirtschaftliche Einkommensveränderungen.

9.4.1 Elektrizitätswirtschaftliche Effekte

Im volkswirtschaftlichen Zusammenhang bedeutet ein Kernenergieausstieg, dass auf andere Energiearten zur Elektrizitätserzeugung ausgewichen werden muß, was besagt, dass einerseits die bisherigen Investitionen zur Herstellung von Strom durch Kernenergie in Erzeugungsanlagen, die noch nicht abgeschrieben sind, als sogenannte gestrandete Kosten – *stranded investments* oder auch *stranded costs* – anfallen und damit unter Umständen einen erheblichen Kostenfaktor darstellen. Andererseits müssen Investitionen in neue Anlagen und Technologien erfolgen. Dies bedeutet volkswirtschaftlich zum einen, dass diese zusätzlichen Investitionen neue Produktions- und Beschäftigungswirkungen nach sich ziehen, welche einerseits direkt durch die Investition in neue Anlagen und andererseits durch die Wartung und den Betrieb der neuen Anlagen verursacht werden können. Zum anderen hat dies aber zur Folge, dass Investitionen an anderer Stelle vermindert oder verdrängt werden (*crowding out*). Somit müssen die positiven Effekte von zusätzlichen Investitionen den negativen Effekten durch *crowding out* gegengerechnet werden. Denn Investitionserhöhungen an einer Stelle der Volkswirtschaft bewirken, dass Investitionen an anderer Stelle zurückgehen. Selbst wenn es unter Wettbewerbsbedingungen noch möglich wäre, erhöhte Stromkosten über den Preis auf die Nachfrager überwälzen zu können, reduziert dies Ausgaben an anderer Stelle, die übrige Nachfrage geht zurück (Budgeteffekt).

Insgesamt ergeben sich durch die *stranded costs* und durch die Kosten der neuen Erzeugungsanlagen erhöhte Kosten für die Elektrizitätserzeuger, was die Gewinne und damit die Exportmöglichkeiten vermindert und zudem die Energieimporte steigen läßt. In den zum Ersatz der Kernkraftwerke eingesetzten Kohle- und Gaskraftwerken – auf Grund der Relativpreisentwicklung mit einem deutlichen Plus für die Kohlekraftwerke – wird Strom teurer produziert als bisher in Kernkraftwerken. Als Folge der gestiegenen Produktionskosten erhöhen die Stromerzeuger ihre Preise. Die Stromnachfrager reagieren hierauf entsprechend der unterstellten Preiselastizitäten, die jedoch, aufbauend auf den Ergebnissen der Bottom-up-Modelle, vergleichsweise niedrig angesetzt sind. Auf die geringere Stromnachfrage reagieren die Stromerzeuger wieder mit einer Preissenkung, bis sich ein Gleichgewicht einstellt. Insgesamt ergibt sich in diesem Wechselspiel für das Ausstiegsszenario (F25) eine Erhöhung der Strompreise um 8 % bei einem Produktionsrückgang um 0,4 %. Diese Preis- und Mengeneffekte verstärken sich, wenn zusätzlich Klimaschutzziele eingehalten werden sollen. Die Produktionsrückgänge im Stromsektor erreichen dann bis zu 1,7 %. Dabei ist festzustellen, dass der intertemporale Modellansatz dazu führt, dass es zu keinen starken Ausschlägen in einzelnen Modellzeitpunkten kommt, sondern dass die Effekte über den Betrachtungszeitraum relativ geglättet verlaufen.

9.4.2 Außenhandel

In den Modellsimulationen mit NEWAGE-D wird vorgegeben, dass ein Überschuß bzw. Defizit der Leistungsbilanz im intertemporalen Vergleich zum Referenzszenario konstant gehalten wird. In anderen Worten: Durch den vorzeitigen Kernenergieverzicht sollte sich die Nettoschuldner- bzw. Nettogläubigerposition eines Landes langfristig nicht verändern. Zudem wird unterstellt, dass Deutschland durch die Höhe seines Exportangebots bzw. seiner Importnachfrage die Weltmarktpreise nicht (zu eigenen Gunsten) verändern kann. Ebenso ist für die Grundvarianten vorgegeben, dass der Stromaußenhandelssaldo sich zu Null ergibt, was jedoch nicht ausschließt, dass Stromimporte bzw. –exporte getätigt werden können. Darüber hinaus ist durch diese Annahmen auch nicht vorgegeben, dass der vorzeitige Kernenergieausstieg nicht zu Änderungen im Außenhandel mit entsprechenden Wohlfahrtseffekten führen könnte. Denn die dynamischen Anpassungsprozesse, welche durch ein verändertes inländisches Preisniveau ausgelöst werden, sind nicht zu vernachlässigen. Werden im Inland die Produkte teurer, so können die Exporte abnehmen, was durch Kostenerhöhung bei den Produzenten noch verstärkt werden kann. Hiermit werden Importe im Vergleich billiger, welche deshalb ansteigen können. Dadurch verändern sich die Deviseneinnahmen und Ausgaben und damit die Zahlungsbilanz einer Volkswirtschaft. Internationale Preisänderungen spielen zudem eine entscheidende Rolle.

Die Struktur des Außenhandels ändert sich entsprechend dem Prinzip des komparativen Vorteils. Durch die Substitution von Kernenergie durch Steinkohle und Gas kommt es zu vermehrten Importen dieser Güter. Zu den Verlierern zählen bei einem vorzeitigen Kernenergieverzicht energie- und exportintensive Sektoren, die bei gegebenen Weltmarktpreisen auf Grund der erhöhten inländischen Produktionskosten weniger wettbewerbsfähig sind. Der Verlust an Wettbewerbsfähigkeit äußert sich in einer starken Abnahme der Exporte (vgl. Eisen und Stahl oder andere energieintensive Industrien) bzw. in einem Rückgang von Importen, die mit der Abnahme der inländischen Produktion bzw. dem Energieverbrauch korreliert sind.

Insgesamt sind jedoch in dem Ausstiegsfall ohne zusätzliche Klimaschutzmaßnahmen die resultierenden Außenhandelseffekte relativ gering, wenn man von den höheren Importen an Steinkohle und Erdgas zur Ersatzstromerzeugung absieht. Bei zusätzlichen Klimaschutzzielen führt die damit einhergehende Besteuerung heimischer und importierter fossiler Energieträger zu einer Verringerung des Handelsvolumens in Richtung Autarkie, was einen Rückgang der Wohlfahrtsgewinne aus internationalem Handel (durch verringerten Austausch bzw. Spezialisierung) impliziert.

9.4.3 Wirtschaftsentwicklung (Wohlfahrtseffekte)

Die resultierende Größe zur Abschätzung der volkswirtschaftlichen Auswirkungen ist das Bruttoinlandsprodukt. In Abbildung 9-2 ist die Veränderung des realen Bruttoinlandsprodukts in Deutschland in Mrd. DM_{98} in den Kernenergieausstiegsszenarien als Abweichung zum Basisfall (F40) dargestellt.

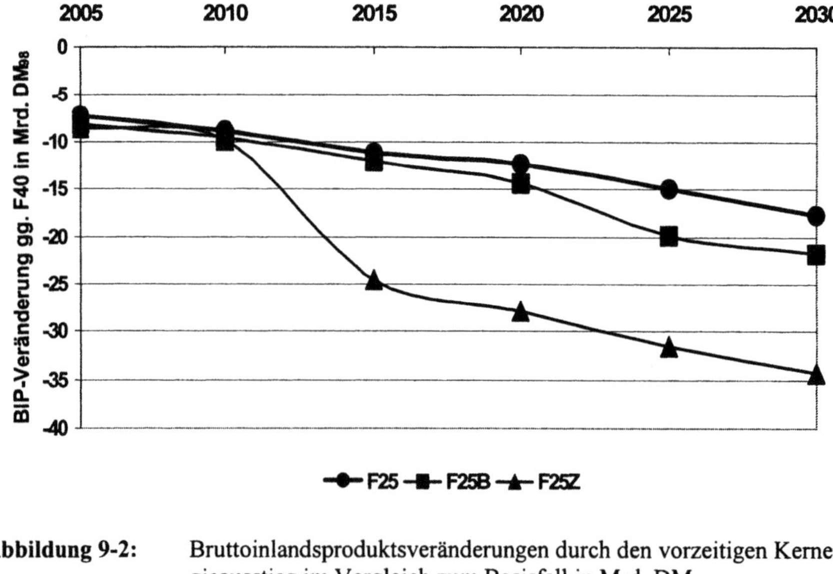

Abbildung 9-2: Bruttoinlandsproduktsveränderungen durch den vorzeitigen Kernenergieausstieg im Vergleich zum Basisfall in Mrd. DM_{98}

Es zeigt sich, dass die Kernenergieausstiegsvarianten mit CO_2-Emissionsbeschränkungen grundsätzlich zu höheren Bruttoinlandsproduktsverlusten führen. Der größte Bruttoinlandsproduktsrückgang in Deutschland tritt im Jahr 2030 im Ausstiegsszenario nach 25 Zeitjahren mit CO_2-Emissionsrestriktion gemäß Kyoto in Höhe von ca. 34 Mrd. DM_{98} auf, wohingegen in allen anderen Szenarien mit geringeren Bruttoinlandsproduktsrückgängen zu rechnen ist. Tabelle 9-4 zeigt die prozentualen Veränderungen des Bruttoinlandsprodukts in der Relation zum Basisfall. Dabei ist zu erkennen, dass sich die langfristigen BIP-Wachstumsraten in den Kernenergieausstiegsszenarien nach Beendigung der Kernenergienutzung gegen Ende des Betrachtungszeitraumes wieder den Wachstumsraten des Basisfalls angleichen. Auf Grund der BIP-Verluste und des dadurch niedrigeren BIP-Niveaus bleibt aber auch bei vergleichbaren Wachstumsraten das Bruttoinlandsprodukt bis zum Ende des Betrachtungszeitraumes unter dem des Basisfalls.

Tabelle 9-4: Prozentuale BIP-Veränderungen zum Basisfall

	2005	**2010**	**2015**	**2020**	**2025**	**2030**
F25	-0,170	-0,190	-0,219	-0,220	-0,245	-0,265
F25B	-0,189	-0,203	-0,235	-0,256	-0,325	-0,325
F25Z	-0,198	-0,211	-0,478	-0,498	-0,514	-0,512

9.4.4 Sektorale Effekte

In der sektoralen Verteilung zeigt sich, dass vor allem die Energiesektoren und energieintensive Branchen Produktions- und Wertschöpfungsverluste hinnehmen müssen (vgl. Tabelle 9-5). Alle anderen Sektoren haben durch negative spill-over und Rückwirkungseffekte aufgrund erhöhter Kosten und Preise ebenso mit Produktionsrückgängen zu rechnen.

Tabelle 9-5: Produktions- und Beschäftigungsveränderung in 2030 gegenüber dem Basisfall (F40) (in %)

	F25		F25B		F25Z	
	Produktion	Beschäftigung	Produktion	Beschäftigung	Produktion	Beschäftigung
Steinkohle	-0,347	-0,251	-0,580	-0,159	-0,766	-0,290
Braunkohle	-0,039	-0,295	-0,370	-0,310	-0,488	-0,159
Gas	-0,016	-0,251	-0,358	-0,295	-0,473	-0,359
Erdöl	-0,189	-0,128	-0,895	-0,167	-1,181	-0,258
Mineralölprodukte	-0,142	-0,194	-3,580	-0,112	-4,726	-0,299
Elektrizität	-0,298	-0,258	-1,250	-0,314	-1,650	-0,567
Eisen- u. Stahlerzeugn.	-0,185	-0,247	-2,890	-0,385	-3,815	-0,621
Chemische Produkte	-0,137	-0,182	-2,750	-0,236	-3,630	-0,412
Amd. energieint. Güter	-0,483	-0,178	-3,980	-0,218	-5,254	-0,396
Macro	-0,223	-0,131	-3,690	-0,234	-4,871	-0,485

9.4.5 Beschäftigung und Lohn

Im volkswirtschaftlichen Zusammenhang haben die in Abschnitt 9.4.3 dargestellten Effekte natürlich auch Auswirkungen auf die Beschäftigungsentwicklung in Deutschland. Von einem Kernenergieausstieg direkt betroffen sind zunächst einmal die Beschäftigten in den Kernkraftwerken und im kerntechnischen Bereich. Bei der Ermittlung der gesamten Beschäftigungseffekte mit NEWAGE-D werden diese Beschäftigungseffekte in der kerntechnischen Industrie summarisch miterfaßt, ohne dass sie im einzelnen ausgewiesen werden können.

Die sektoralen Beschäftigungseffekte werden durch die Überlagerung von Niveau-(Output)- und Substitutionseffekten bestimmt. Der Niveaueffekt ist eindeutig bestimmt. Ein Rückgang der sektoralen Produktion führt zu einer sinkenden Arbeitsnachfrage. Der Substitutionseffekt muß hingegen nicht eindeutig bestimmt sein. Im konkreten Fall wirkt sich der Substitutionseffekt jedoch positiv auf die Arbeitsnachfrage aus. Die erhöhten Strom- bzw. Energiepreise verringern den Einsatz von Energie in der sektoralen Produktion und damit die Produktivität von Arbeit. Dies führt zu einem Sinken der realen Faktorentlohnung und damit zu einer relativen Verbilligung des Faktors Arbeit gegenüber Energie. Je größer der sektorale Wertschöpfungsanteil des Faktors Arbeit ist, umso mehr wirkt der Substitutionseffekt dem Niveaueffekt entgegen. Neben dem direkten Preiseinfluß auf die Faktorentlohnung hängt das Ausmaß des Substitutionseffekts von zwei weiteren Komponenten ab. Zum einen von den Kreuzpreiselastizitäten in der sektoralen Produktion, d. h. von den Substitutionsmöglichkeiten zwischen verschiedenen Inputs. Zum anderen im Falle der Klimaschutzszenarien noch von der Art der Steuerrückverteilung, die sich direkt auf die Faktorpreisverhältnisse auswirkt (Rückverteilungseffekt).

Insgesamt sind die in Abschnitt 9.4.1 erläuterten Produktionsrückgänge in Folge eines Kernenergieausstieges für Deutschland mit den in Abbildung 9-3 dargestellten Beschäftigungseffekten verbunden. Es zeigt sich, dass netto ein Beschäftigungsrückgang von maximal ca. 130000 Personen im Jahre 2015 im Szenario eines Kernenergieausstieges nach 25 Zeitjahren und gleichzeitiger CO_2-Emissionsbeschränkung (F25Z) im Vergleich zum Basisfall zu erwarten ist (vgl. Abbildung 9-3). Somit werden nicht nur, wie bereits oben erwähnt, die Kernenergiebetriebe direkt betroffen, sondern zusätzlich die gesamten volkswirtschaftlichen Branchen negativ tangiert. Ein Kernenergieausstieg nach 25 Zeitjahren ohne CO_2-Emissionsbeschränkungen (F25) induziert, wie bereits in der Entwicklung des Bruttoinlandsprodukts gesehen, geringere negative Entwicklungen der Beschäftigten (vgl. Abbildung 9-3). Wie zu ersehen ist, kann der Investitionseffekt in neue Anlagen und der Substitutionseffekt den negativen Beschäftigungseffekt durch erhöhte Kosten und Produktionseinbrüche nicht überkompensieren. Dabei ist zusätzlich zu berücksichtigen, dass mittelfristig die durch den vorzeitigen Kernenergieausstieg erhöhten Strom- bzw. Energiepreise zu einem Produktivitätsverlust führen. Die gesamtwirtschaftlichen Einkommensverluste im Rahmen des Kernenergieverzichts werden auf die Arbeitnehmer über fallende Reallöhne abgewälzt. Die negativen Beschäftigungseffekte dominieren insgesamt das Geschehen.

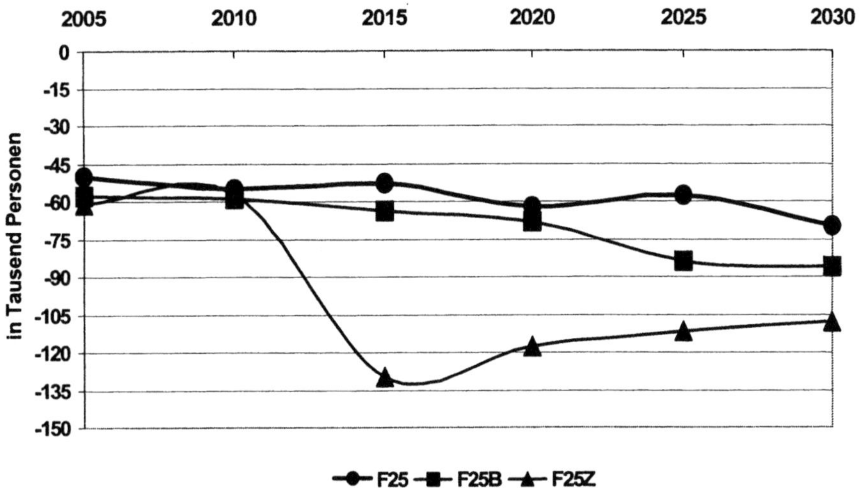

Abbildung 9-3: Beschäftigungsentwicklung in Deutschland im Vergleich zum Basisfall

In der sektoralen Struktur zeigt sich (vgl. Tabelle 9-5), dass die Sektoren des Verarbeitendes Gewerbe und vor allem die Dienstleistungsbranche auf Grund des hohen Beschäftigtenanteils vergleichsweise die größten absoluten Beschäftigungseinbußen im Zeitablauf zu verzeichnen haben. Bis zum Jahre 2015 kommt es dabei im Szenario Ausstieg nach 25 Zeitjahren zu starken Beschäftigteneinbußen, die danach kontinuierlich auf Grund der steigenden Produktivitäten wieder abnehmen. Ebenso ist der Sektor Handel, Verkehr und Nachrichten mit überproportionalen Beschäftigungsrückgängen betroffen.

9.4.6 Emissionsentwicklung und CO_2-Steuersatz

Abbildung 9-4 veranschaulicht die Auswirkungen des vorzeitigen Kernenergieausstiegs auf die Entwicklung der CO_2-Emissionen. Insgesamt beträgt die maximale Erhöhung im Ausstiegsszenario nach 25 Zeitjahren (F25) rund 58 Mio. t CO_2 oder 6 % gegenüber dem Basisszenario mit einer Nutzung der bestehenden Kernkraftwerke für 40 Zeitjahre (F40). Zusätzlich sind in Abbildung 9-4 auch die CO_2-Minderungen dargestellt, die notwendig sind, um von dem Emissionsniveau des Ausstiegsszenarios (F25) auf einen Emissionspfad zu gelangen, der die Kyoto-Ziele einhält (F25Z). In Kombination mit Abbildung 9-5 wird der zu erwartende monotone Zusammenhang zwischen der Höhe der Minderungsanforderung und den Grenzkosten der Vermeidung, d. h. der CO_2-Steuer, ersichtlich.

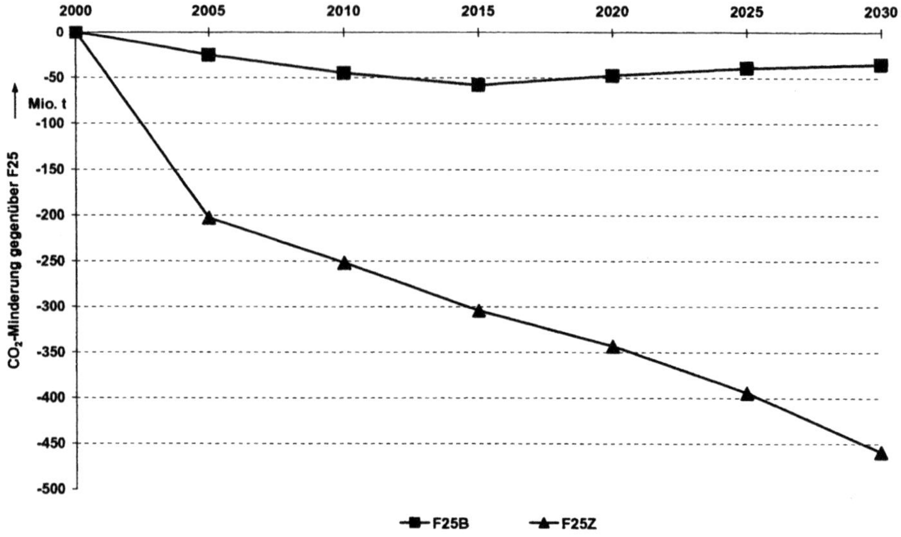

Abbildung 9-4: Notwendige CO_2-Minderung gegenüber dem Ausstiegsszenario F25

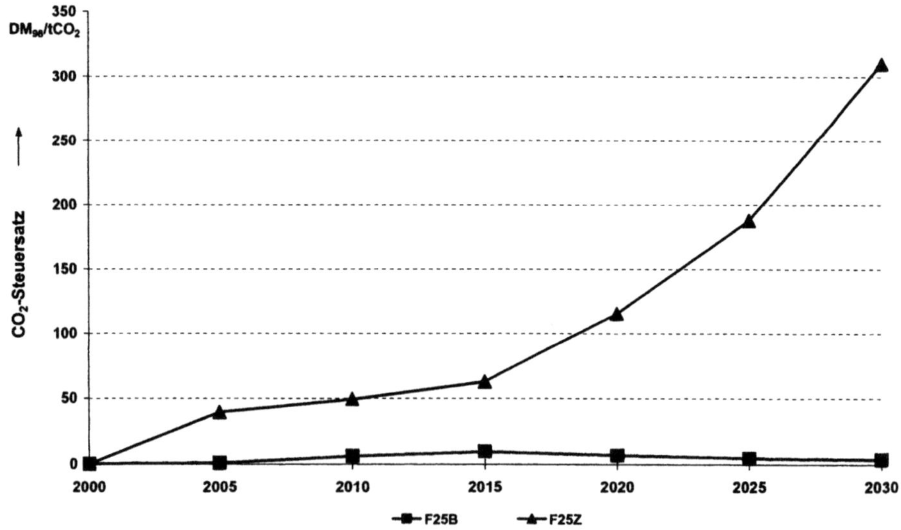

Abbildung 9-5: CO_2-Steuern (marginale Vermeidungskosten)

Je höher das Minderungsziel, um so teurer werden auf der Produktionsseite die technischen Maßnahmen zur CO_2-Vermeidung (Energieeinsparung bzw. *fuel-switch*). Analoges gilt für die Konsumseite, wo die Einschränkungen für die Verbraucher zunehmend mit Nutzenverzicht bzw. Wohlfahrtsverlusten gegenüber dem Referenzszenario verbunden sind. Im Szenario F25B ist eine CO_2-Steuer von bis zu 10 DM_{98}/t CO_2 im Jahr 2015 notwendig, um ausgehend von dem Kernenergieausstiegsszenario nach 25 Zeitjahren (F25), wieder das CO_2-Emissionsniveau des Basisfalls (F40) (konstant gegenüber 1990) zu erreichen. In dem Kyoto-Szenario (F25Z) beträgt der maximale Steuersatz ca. 310 DM_{98}/t CO_2, um im Jahr 2030 eine Minderung der CO_2-Emissionen um rund 460 Mio. t CO_2 gegenüber dem Ausstiegsszenario F25 zu ermöglichen.

9.4.7 Sensitivitätsanalysen

Um die Ergebnisse der Modellrechnungen mit NEWAGE-D abzusichern, wurden noch zwei Gruppen von Sensitivitätsanalysen durchgeführt. Zum einen wurde die Bedeutung des Stromimports untersucht und zum anderen wurde eine Variation der Ausstiegsfristen vorgenommen.

Bei den Sensitivitätsbetrachtungen zum Stromimport wurde die Annahme aufgehoben, dass der Stromaußenhandelssaldo sich zu Null ergeben soll. Damit stehen zusätzliche Optionen zur Verfügung, den wegfallenden Kernenergiestrom in den Ausstiegsszenarien zu ersetzen. Somit sind auch die Auswirkungen des vorzeitigen Kernenergieverzichtes in diesen Sensitivitätsanalysen gegenüber den Ergebnissen der Grundvarianten abgeschwächt. Diese Tendenz ist zum einen jedoch nur vorübergehend und zum anderen nicht so stark ausgeprägt, dass die Grundaussagen der Ausstiegsanalysen in Frage gestellt würden.

Für die Variation der Ausstiegsfristen (vgl. Tabelle 9-6) wurde zum einen unterstellt, dass ein Kernenergieausstieg vor dem Jahr 2005 erfolgen soll (F2005), und zum anderen eine Variante untersucht, die von einer Nutzung der Kernkraftwerke für 35 Zeitjahre ausgeht (F35). In diesen Fällen wurde auch wieder die Bedeutung der CO_2-Emissionen mit berücksichtigt, in dem analysiert wurde, welche Effekte resultieren, wenn wieder das Emissionsniveau des Basisfalls erreicht werden soll (F2005B bzw. F35B). Zusätzlich wurde noch eine Sensitivität betrachtet, die zwar auch von dem nationalen Kyoto-Ziel für das Jahr 2010 ausgeht (-21 % gegenüber 1990), die für die weiteren Zukunftsjahre jedoch eine gegenüber dem Kyoto-Szenario der Grundvariante (F25Z) abgeschwächte Emissionsanforderung unterstellt (-24 % in 2015, -27 % in 2020, -30 % in 2025, -33 % in 2030) (F25C, F2005C, F35C).

Es ergibt sich, dass ein Kernenergieausstieg nach 25 bzw. 35 Zeitjahren Betriebsdauer geringere negative Auswirkungen auf die Volkswirtschaft und damit auf das Bruttoinlandsprodukt hat als ein Kernenergieausstieg bis zum Jahr 2005. Bei einem späteren Ausstieg aus der Kernenergienutzung zur Elektrizitätserzeugung kommt es entsprechend später zu Bruttoinlandsproduktsverlusten, welche im Umfang jedoch nicht einem frühen Ausstieg bis zum Jahre 2005 entsprechen. Kumuliert über den gesamten Betrachtungszeitraum tritt der größte Bruttoinlandsproduktsrückgang in Deutschland im Ausstiegsszenario bis zum Jahr 2005 mit CO_2-

Emissionsrestriktion (F2005C) in Höhe von ca. 730 Mrd. DM_{98} auf, wohingegen in allen anderen Szenarien mit geringeren Bruttoinlandsproduktsrückgängen zu rechnen ist).

Tabelle 9-6: Definition der Sensitivitätsanalysen bezüglich der Ausstiegsfristen im Vergleich zu den Grundvarianten

Szenario	Bezeichnung
Basisfall: Auslaufen der Kernenergie nach 40 Zeitjahren	Basisfall (F40)
Ausstieg nach 25 Zeitjahren	F25
Ausstieg nach 25 Zeitjahren mit CO_2-Emissionen wie im **B**asisfall	F25B
Ausstieg nach 25 Zeitjahren mit Kyoto-**Z**iel	F25Z
Ausstieg nach 25 Zeitjahren mit **C**O_2-Ziel	F25C
Ausstieg bis 2005	F2005
Ausstieg bis 2005 mit CO_2-Emissionen wie im **B**asisfall	F2005B
Ausstieg bis 2005 mit **C**O_2-Ziel	F2005C
Ausstieg nach 35 Zeitjahren	F35
Ausstieg nach 35 Zeitjahren mit CO_2-Emissionen wie im **B**asisfall	F35B
Ausstieg nach 35 Zeitjahren mit **C**O_2-Ziel	F35C

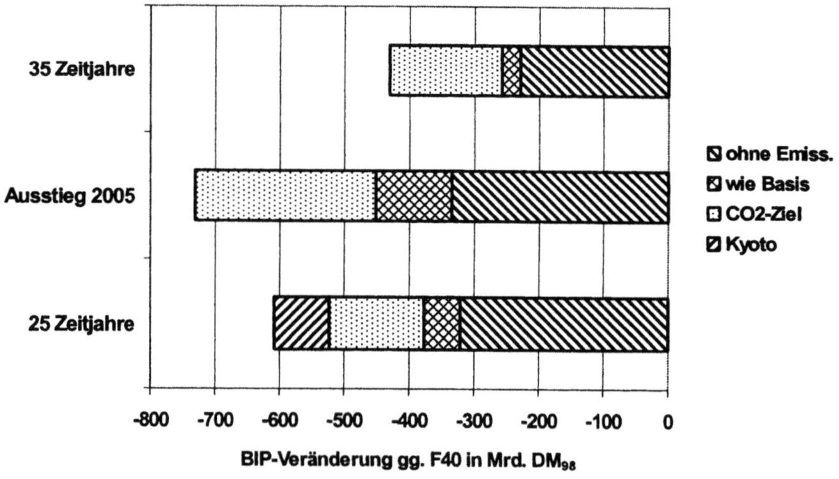

Abbildung 9-6: Kumulierte Bruttoinlandsproduktveränderungen durch den vorzeitigen Kernenergieausstieg im Vergleich zum Basisfall in Mrd DM_{98}

9.5 Zusamenfassung

Die Simulationsergebnisse deuten darauf hin, dass ein vorzeitiger Kernenergieverzicht mittel- bis langfristig zu einem Zielkonflikt mit anderen wirtschaftspolitischen Zielsetzungen wie materiellem Wohlstand und Beschäftigung führt. Dieser Zielkonflikt wird zusätzlich verschärft, wenn gleichzeitig keine zusätzliche CO_2-Emissionserhöhung zugelassen werden soll, bzw. noch einmal wesentlich weiter verstärkt, wenn die Minderungsziele der Kyoto-Vereinbarung und deren Fortschreibung erreicht werden sollen. Dieses Ergebnis ist letztlich auf die im Falle des vorzeitigen Kernenergieausstiegs anfallenden stranded costs bei den Kernkraftwerken und die höheren Kosten der Ersatzoptionen zurückzuführen. Die mit einer vorzeitigen Stillegung der Kernkraftwerke verbundene Umstrukturierung des Kraftwerksparks und die daraus resultierenden Kosteneffekte führen auf Grund der engen Verflechtung der Elektrizitätswirtschaft mit den anderen Bereichen der Volkswirtschaft zu Belastungen und Anpassungen, die von allen Wirtschaftssubjekten, d. h. Produzenten und Konsumenten, zu tragen sind.

Die simulierten Kosten des vorzeitigen Kernenergieverzichts können durch die ggfs. auftretende Risikoreduktion, die bislang nicht mit betrachtet wird, mehr als ausgeglichen werden. Sie sagen daher nichts über die gesellschaftliche Vorteilhaftigkeit einer Ausstiegsstrategie aus. Vor diesem Hintergrund dienen die durchgeführten Kosten-Wirksamkeits-Analysen lediglich dem Vorteilsvergleich alternativer Strategien. Die für die einzelnen Bereiche der Volkswirtschaft durchaus unterschiedlichen Effekte lassen sich dabei zusammenfassend als Auswirkungen auf das Bruttoinlandsprodukt und die Beschäftigung darstellen. Sie werden im Rahmen des Modellexperiment II mit Hilfe des sektoralen, dynamischen allgemeinen Gleichgewichtsmodells NEWAGE-D für Gesamtdeutschland abgeschätzt.

Die sich in den Ausstiegsszenarien ergebenden Bruttoinlandsproduktsverluste liegen im Fall eines Kernenergieausstiegs nach 25 Zeitjahren ohne zusätzliche Klimaschutzmaßnahmen für Deutschland in der Größenordnung von rund 10,3 Mrd. DM_{98}/a, aufkumuliert bis zum Jahr 2030 bei gut 320 Mrd. DM_{98}. Sollen in den Ausstiegsfällen die Treibhausgasemissionen nicht über die des Referenzfalles ansteigen oder sogar die Kyoto-Ziele erreicht werden, so führt dies zu weiter steigenden Bruttoinlandsproduktverlusten. Die sich im Bruttoinlandsproduktsverlust widerspiegelnden sektoralen Produktionsrückgänge in Folge eines vorzeitigen Kernenergieausstiegs bleiben nicht ohne Auswirkungen auf die Beschäftigungssituation. Die Arbeitsplatzverluste liegen beim Kernenergieausstieg nach 25 Zeitjahren bei gleichzeitiger Emissionsreduktion bei rund 130000 Arbeitsplätzen.

Die durchgeführten Sensitivitätsanalysen zeigen die Robustheit der Ergebnisse. Werden zusätzliche Stromimporte zugelassen, so werden die Auswirkungen des vorzeitigen Kernenergieverzichts zwar abgeschwächt, die Effekte bleiben in ihrer Grundtendenz jedoch erhalten. Zusätzlich wird durch die Sensitivitätsanalysen deutlich, dass die Wahl der Ausstiegsfristen einen erheblichen Einfluss auf die volkswirtschaftlichen Auswirkungen eines vorzeitigen Kernenergieausstiegs hat.

Literatur

Böhringer, C.: NEWAGE – Modellinstrumentarium zur gesamtwirtschaftlichen Analyse von Energie- und Umweltpolitiken, in: Molt, S. und U. Fahl (Hrsg.): Energiemodelle in der Bundesrepublik Deutschland – Stand der Entwicklung, Jülich 1997, S. 99-122

Böhringer, C.: NEWAGE, in: Forum für Energiemodelle und Energiewirtschaftliche Systemanalysen in Deutschland (Hrsg.): Energiemodelle zum Klimaschutz in Deutschland – Strukturelle und gesamtwirtschaftliche Auswirkungen aus nationaler Perspektive, Physica-Verlag, Heidelberg 1999, S. 191-213

Böhringer, C., Rutherford, T. F. und A. Pahlke: Environmental Tax Reforms and the Prospects for a Double Dividend, Diskussionspapier, IER, Universität Stuttgart, 1997

Böhringer, C., Pahlke, A., Vöhringer, F., Fahl, U. und A. Voß: Ökosteuerstudien – ein kritischer Vergleich, in: Energiewirtschaftliche Tagesfragen, 1998, 3, S. 167-172

Faber, M. u. a.: Das Mengenproblem in der Abfallwirtschaft, in: Spektrum der Wissenschaft, 1990, 6, S. 46-58

Lau, M., Rutherford, T. F. und A. Pahlke: Modeling Economic Adjustment: A Primer in Dynamic General Equilibrium Analysis, 1997

Shoven, J. B. und J. Whalley: Applying General Equilibrium, Cambridge University Press., 1992

Anhang 9: Ergebnistabellen zu den Szenariorechnungen mit NEWAGE-D

FEES Modellexperiment II *NEWAGE Modellrechnungen* Claudia Kemfert, 22.2.2000

Ergebnisse in Abweichung zum Basisfall; CO2_F40, CO2_F25, CO2_DEL in Mio. t; CO2_TAX in DM91/t CO2

Szenarien: Basis: Kernenergieausstieg nach 40 Jahren, keine CO2 Begrenzung

1. Szenario: F25: Ausstieg nach 25 Zeitjahren

Kernenergie wird als Vorleistungsgut vom Chemischen Sektor definiei

Kernenergie zur Produktion als Input Faktor verwendet

Substitutionselastizität zu fossil fuels: 0,25

Stromhandelssaldo = 0

Angaben in Abweichung zum Basisfall

	2005	2010	2015	2020	2025	2030
GDP	-0,17	-0,19	-0,21	-0,22	-0,245	-0,265
CO2_F40	986,8	986,8	986,8	986,8	986,8	986,8
CO2_F25	1012,3	1031,8	1044,9	1034,3	1026,1	1022,1
CO2_DEL	25,5	45,0	58,1	47,5	39,3	35,3
CO2_PRO	2,6	4,6	5,9	4,8	4,0	3,6
CO2_TAX	-	-	-	-	-	-
Beschäftigte						
	2005	**2010**	**2015**	**2020**	**2025**	**2030**
ELE	-0,158	-0,278	-0,284	-0,298	-0,297	-0,258
GAS	-0,019	-0,125	-0,258	-0,287	-0,254	-0,251
HCO	-0,145	-0,158	-0,198	-0,214	-0,284	-0,295
SCO	-0,178	-0,195	-0,215	-0,223	-0,248	-0,251
CRU	-0,013	-0,048	-0,089	-0,114	-0,120	-0,128
CHM	-0,137	-0,139	-0,157	-0,161	-0,174	-0,182
OIL	-0,164	-0,171	-0,182	-0,186	-0,191	-0,194
ORE	-0,187	-0,198	-0,210	-0,214	-0,235	-0,247
OEIS	-0,148	-0,159	-0,167	-0,169	-0,172	-0,178
Y	-0,084	-0,095	-0,096	-0,124	-0,135	-0,131
Produktion						
	2005	**2010**	**2015**	**2020**	**2025**	**2030**
ELE	-0,198	-0,257	-0,375	-0,387	-0,389	-0,298
GAS	-0,019	-0,026	-0,030	-0,037	-0,026	-0,016
HCO	-0,028	-0,029	-0,031	-0,034	-0,038	-0,039
SCO	-0,254	-0,284	-0,295	-0,314	-0,325	-0,347
CRU	-0,124	-0,127	-0,135	-0,157	-0,168	-0,189
CHM	-0,058	-0,085	-0,095	-0,124	-0,131	-0,137
OIL	-0,840	-0,095	-0,102	-0,121	-0,134	-0,142
ORE	-0,095	-0,103	-0,124	-0,137	-0,148	-0,185
OEIS	-0,124	-0,247	-0,285	-0,358	-0,475	-0,483
Y	-0,120	-0,135	-0,158	-0,195	-0,210	-0,223
Importe						
	2005	**2010**	**2015**	**2020**	**2025**	**2030**
ELE	-0,015	-0,016	-0,018	-0,019	-0,020	-0,021
GAS	-0,021	-0,034	-0,035	-0,037	0,040	-0,051
SCO	-0,015	-0,016	-0,012	0,010	0,012	0,013
CRU	-0,024	-0,025	-0,026	-0,031	-0,034	-0,038
CHM	-0,009	-0,009	-0,010	-0,012	-0,013	-0,015
OIL	-0,015	-0,017	-0,018	-0,019	-0,019	-0,021
ORE	-0,031	-0,037	-0,039	-0,041	-0,042	-0,048
OEIS	-0,008	-0,010	-0,013	-0,014	-0,019	-0,021
Y	-0,018	-0,019	-0,021	-0,025	-0,028	-0,029
Exporte						
	2005	**2010**	**2015**	**2020**	**2025**	**2030**
ELE	-0,018	-0,019	-0,020	-0,024	-0,027	-0,028
GAS	-0,002	-0,004	-0,005	-0,008	-0,009	-0,010
HCO	-0,013	-0,015	-0,017	-0,019	-0,024	-0,028
CHM	-0,002	-0,003	-0,005	-0,006	-0,008	-0,009
OIL	-0,015	-0,017	-0,018	-0,019	-0,021	-0,024
ORE	-0,010	-0,021	-0,028	-0,034	-0,058	-0,084
OEIS	-0,003	-0,008	-0,009	-0,010	-0,013	-0,014
Y	-0,015	-0,019	-0,021	-0,024	-0,026	-0,028

Sektoren:
ELE: Electricity
GAS: Natural Gas
HCO: Hard Coal
SCO: Soft Coal
CRU: Crude Oil
CHM: Chemical
OIL: Mineral Oil Products
ORE: Iron and Steel
OEIS: Other Energy Intensive Sectors
Y: Rest of Industry

FEES Modellexperiment II *NEWAGE Modellrechnungen* Claudia Kemfert, 22.2.2000

Ergebnisse in Abweichung zum Basisfall; CO2_F40, CO2_F25M, CO2_DEL in Mio. t; CO2_TAX in DM91/t CO2

Szenarien: Basis: Kernnergieausstieg nach 40 Jahren, keine CO2 Begrenzung

2. Szenario: F25M: Ausstieg nach 25 Zeitjahren mit CO2-Trendvorgabe

Kernenergie wird als Vorleistungsgut vom Chemischen Sektor definier
Kernenergie zur Produktion als Input Faktor verwendet
Substitutionselastizität zu fossil fuels: 0,25
Stromhandelssaldo = 0

Angaben in Abweichung zum Basisfall

	2005	2010	2015	2020	2025	2030
GDP	-0,189	-0,203	-0,235	-0,256	-0,323	-0,325
CO2_F40	986,8	986,8	986,8	986,8	986,8	986,8
CO2_F25M	986,8	986,8	986,8	986,8	986,8	986,8
CO2_DEL	0,0	0,0	0,0	0,0	0,0	0,0
CO2_PRO	0,0	0,0	0,0	0,0	0,0	0,0
CO2_TAX	0,8	5,2	8,2	5,8	3,9	3,1
Beschäftigte						
	2005	**2010**	**2015**	**2020**	**2025**	**2030**
ELE	-0,118	-0,214	-0,240	-0,284	-0,284	-0,314
GAS	-0,158	-0,195	-0,214	-0,275	-0,285	-0,295
HCO	-0,189	-0,210	-0,216	-0,275	-0,286	-0,310
SCO	-0,095	-0,102	-0,105	-0,121	-0,134	-0,159
CRU	-0,102	-0,112	-0,124	-0,135	-0,154	-0,167
CHM	-0,184	-0,195	-0,199	-0,277	-0,234	-0,236
OIL	-0,125	-0,142	-0,157	-0,187	-0,114	-0,112
ORE	-0,199	-0,289	-0,310	-0,314	-0,348	-0,385
OEIS	-0,184	-0,195	-0,199	-0,262	-0,217	-0,218
Y	-0,199	-0,210	-0,213	-0,215	-0,224	-0,234
Produktion						
	2005	**2010**	**2015**	**2020**	**2025**	**2030**
ELE	-0,58	-0,70	-0,75	-0,82	-0,95	-1,25
GAS	-0,24	-0,26	-0,28	-0,30	-0,36	-0,36
HCO	-0,15	-0,19	-0,24	-0,31	-0,34	-0,37
SCO	-0,30	-0,31	-0,45	-0,49	-0,51	-0,58
CRU	-0,48	-0,56	-0,61	-0,69	-0,79	-0,90
CHM	-1,95	-2,10	-2,31	-2,49	-2,58	-2,75
OIL	-2,54	-2,84	-2,92	-3,10	-3,24	-3,58
ORE	-1,83	-1,92	-1,98	-2,14	-2,46	-2,89
OEIS	-3,12	-3,42	-3,54	-3,67	-3,84	-3,98
Y	-2,45	-3,12	-3,42	-3,59	-3,89	-3,69
Importe						
	2005	**2010**	**2015**	**2020**	**2025**	**2030**
ELE	-0,069	-0,078	-0,098	-0,112	-0,117	-0,129
GAS	-0,096	-0,166	-0,191	-0,218	0,235	-0,313
SCO	-0,071	-0,079	-0,066	0,059	0,070	0,080
CRU	-0,110	-0,122	-0,142	-0,183	-0,200	-0,233
CHM	-0,041	-0,044	-0,055	-0,071	-0,076	-0,092
OIL	-0,069	-0,083	-0,098	-0,112	-0,112	-0,129
ORE	-0,142	-0,181	-0,213	-0,241	-0,247	-0,295
OEIS	-0,037	-0,049	-0,071	-0,082	-0,112	-0,129
Y	-0,082	-0,093	-0,115	-0,147	-0,164	-0,178
Exporte						
	2005	**2010**	**2015**	**2020**	**2025**	**2030**
ELE	-0,082	-0,093	-0,109	-0,141	-0,158	-0,172
GAS	-0,009	-0,020	-0,027	-0,047	-0,053	-0,061
HCO	-0,060	-0,073	-0,093	-0,112	-0,141	-0,154
CHM	-0,009	-0,015	-0,027	-0,035	-0,047	-0,055
OIL	-0,069	-0,083	-0,098	-0,112	-0,123	-0,147
ORE	-0,046	-0,103	-0,158	-0,214	-0,357	-0,437
OEIS	-0,014	-0,039	-0,049	-0,059	-0,076	-0,086
Y	-0,069	-0,093	-0,115	-0,141	-0,153	-0,172

Sektoren:
ELE: Electricity
GAS: Natural Gas
HCO: Hard Coal
SCO: Soft Coal
CRU: Crude Oil
CHM: Chemical
OIL: Mineral Oil Products
ORE: Iron and Steel
OEIS: Other Energy Intensive Sectors
Y: Rest of Industry

FEES Modellexperiment II *NEWAGE Modellrechnungen* Claudia Kemfert, 22.2.2000

Ergebnisse in Abweichung zum Basisfall; CO2_F40, CO2_F25Z, CO2_DEL in Mio. t; CO2_TAX in DM91/t CO2

Szenarien: Basis: Kernnergieausstieg nach 40 Jahren, keine CO2 Begrenzung

3. Szenario: F25Z: Ausstieg nach 25 Zeitjahren mit Kyoto-Ziel

Kernenergie wird als Vorleistungsgut vom Chemischen Sektor definiei
Kernenergie zur Produktion als Input Faktor verwendet
Substitutionselastizität zu fossil fuels: 0,25
Stromhandelssaldo = 0

Angaben in Abweichung zum Basisfall

	2005	2010	2015	2020	2025	2030
GDP	-0,198	-0,211	-0,478	-0,498	-0,514	-0,512
CO2_F40	986,8	986,8	986,8	986,8	986,8	986,8
CO2_F25Z	809,2	779,6	740,1	690,8	631,6	562,5
CO2_DEL	-177,6	-207,2	-246,7	-296,0	-355,2	-424,3
CO2_PRO	-18,0	-21,0	-25,0	-30,0	-36,0	-43,0
CO2_TAX	33,6	42,1	53,4	98,5	160,2	264,3
Beschäftigte						
	2005	**2010**	**2015**	**2020**	**2025**	**2030**
ELE	-0,258	-0,298	-0,312	-0,345	-0,358	-0,567
GAS	-0,134	-0,158	-0,189	-0,258	-0,269	-0,359
HCO	-0,189	-0,195	-0,214	-0,246	-0,125	-0,159
SCO	-0,132	-0,158	-0,195	-0,258	-0,289	-0,290
CRU	-0,135	-0,158	-0,189	-0,190	-0,195	-0,258
CHM	-0,195	-0,214	-0,258	-0,315	-0,359	-0,412
OIL	-0,158	-0,169	-0,214	-0,234	-0,246	-0,299
ORE	-0,285	-0,312	-0,324	-0,357	-0,596	-0,621
OEIS	-0,158	-0,210	-0,221	-0,258	-0,390	-0,396
Y	-0,234	-0,289	-0,321	-0,357	-0,451	-0,485
Produktion						
	2005	**2010**	**2015**	**2020**	**2025**	**2030**
ELE	-0,73	-0,88	-0,96	-1,08	-1,25	-1,65
GAS	-0,30	-0,33	-0,36	-0,39	-0,47	-0,47
HCO	-0,19	-0,24	-0,30	-0,41	-0,45	-0,49
SCO	-0,38	-0,39	-0,57	-0,64	-0,67	-0,77
CRU	-0,60	-0,71	-0,77	-0,90	-1,03	-1,18
CHM	-2,46	-2,65	-2,93	-3,26	-3,38	-3,63
OIL	-3,20	-3,58	-3,71	-4,06	-4,24	-4,73
ORE	-2,31	-2,42	-2,51	-2,80	-3,22	-3,81
OEIS	-3,93	-4,31	-4,50	-4,81	-5,03	-5,25
Y	-3,09	-3,93	-4,34	-4,70	-5,10	-4,87
Importe						
	2005	**2010**	**2015**	**2020**	**2025**	**2030**
ELE	-0,069	-0,082	-0,105	-0,116	-0,149	-0,159
GAS	-0,096	-0,174	-0,204	-0,226	0,298	-0,386
SCO	-0,071	-0,083	-0,070	0,061	0,089	0,098
CRU	-0,110	-0,128	-0,152	-0,190	-0,253	-0,287
CHM	-0,041	-0,046	-0,058	-0,073	-0,097	-0,113
OIL	-0,069	-0,087	-0,105	-0,116	-0,142	-0,159
ORE	-0,142	-0,189	-0,228	-0,251	-0,313	-0,363
OEIS	-0,037	-0,051	-0,076	-0,086	-0,142	-0,159
Y	-0,082	-0,097	-0,123	-0,153	-0,209	-0,219
Exporte						
	2005	**2010**	**2015**	**2020**	**2025**	**2030**
ELE	-0,082	-0,097	-0,117	-0,147	-0,201	-0,212
GAS	-0,009	-0,020	-0,029	-0,049	-0,067	-0,076
HCO	-0,060	-0,077	-0,099	-0,116	-0,179	-0,212
CHM	-0,009	-0,015	-0,029	-0,037	-0,060	-0,068
OIL	-0,069	-0,087	-0,105	-0,116	-0,156	-0,181
ORE	-0,046	-0,108	-0,164	-0,208	-0,345	-0,425
OEIS	-0,014	-0,041	-0,053	-0,061	-0,097	-0,106
Y	-0,069	-0,097	-0,112	-0,124	-0,131	-0,152

Sektoren:
ELE: Electricity
GAS: Natural Gas
HCO: Hard Coal
SCO: Soft Coal
CRU: Crude Oil
CHM: Chemical
OIL: Mineral Oil Products
ORE: Iron and Steel
OEIS: Other Energy Intensive Sectors
Y: Rest of Industry

10 PACE

Christoph Böhringer, Andreas Löschel, Andreas Rohde
Zentrum für Europäische Wirtschaftsforschung GmbH (ZEW), Mannheim

10.1 Einleitung

Der politisch gewollte Ausstieg aus der friedlichen Nutzung der Kernenergie für die Stromerzeugung wird zu wirtschaftlichen Anpassungsreaktionen führen. Auch auf die CO_2-Bilanz bzw. die Kosten der Erreichung von Klimaschutzzielen kann der Verzicht auf Kernenergie erhebliche Auswirkungen haben. In welche Richtung die ökonomischen und ökologischen Effekte eines beschleunigten Kernenergieausstiegs gehen und in welcher Größenordnung sie zu erwarten sind, wurde innerhalb des Modellexperiments II des Forums für Energiemodelle und Energiewirtschaftliche Systemanalysen in Deutschland (FEES) untersucht. Das ZEW beteiligte sich mit dem angewandten allgemeinen Gleichgewichtsmodell PACE (*P*olicy *A*nalysis based on *C*omputable *E*quilibrium) an der Vergleichsstudie. Als Referenz für beschleunigte Ausstiegsszenarien wurde das:

- Basisszenario (F40): Ausstieg aus der Kernenergienutzung nach 40 Kalenderjahren, keine Minderungsziele für CO_2-Emissionen;

unterstellt. Das erste Szenario für einen gegenüber dem Referenzszenario beschleunigten Atomenergieausstieg wurde ohne zusätzliche Emissionsminderungsrestriktion festgelegt:

- Ausstiegsszenario (F25): Ausstieg aus der Kernenergienutzung nach 25 Kalenderjahren, keine Minderungsziele für CO_2-Emissionen;

Darüber hinaus wurden zwei Szenarien konstruiert, in denen der Klimaschutz – gemessen an den CO_2-Emissionen – eine zusätzlich einschränkende Rolle spielt:

- Ausstiegsszenario mit Basisemissionen (F25B): Ausstieg aus der Kernenergienutzung nach 25 Kalenderjahren Einhaltung eines Emissionspfades wie im Basisszenario;
- Ausstiegsszenario unter Einhaltung der Emissionsziele des Kyoto-Protokolls sowie deren Fortschreibung für die Jahre nach 2010 (F25K): Ausstieg aus der Kernenergienutzung nach 25 Kalenderjahren sowie Reduktion der Treibhausgasemissionen (hier beschränkt auf CO_2) um -21% in 2010 bezogen auf das

Basisjahr 1990. Es wird unterstellt, dass das Emissionsniveaus in 2000 linear über den Zeitraum von 10 Jahren auf das Zielniveau in 2010 reduziert werden muss. Nach 2010 müssen die Emissionen konstant auf dem Niveau von 2010 gehalten werden.

Die Beschränkung der Emissionen wird durch Auferlegung einer dem Ziel entsprechend ausgestalteten CO_2-Steuer erreicht.

Im folgenden wird zunächst das Modell PACE in seinen Grundzügen näher vorgestellt. Innerhalb der Modellstruktur wird hier aufgrund der Fragestellung ein besonderer Schwerpunkt auf die modelltechnische Abbildung der Kernenergie gelegt. Eine Beschreibung der in das Modell eingehenden Daten schließt den technischen Teil ab. Im zweiten Teil werden anschließend die Resultate der Simulationsrechnungen ausführlich vorgestellt. Die Simulationsergebnisse der entsprechenden Szenarien sind jeweils als Abweichungen vom Basisfall (F40) zu verstehen.

10.2 Methodischer Ansatz

Mit dem in der Simulation verwendeten allgemeinen Gleichgewichtsmodell PACE lassen sich die ökonomischen und ökologischen Wirkungen von wirtschaftspolitischen Maßnahmen auf sektoraler sowie gesamtwirtschaftlicher Ebene simulieren. Die totalanalytische Sichtweise in einem in sich geschlossenen Modell gewährleistet, dass wichtige Interaktionen zwischen verschiedenen Märkten (sog. spill-over-/feed-back-Effekte) konsistent berücksichtigt werden. Die Anpassungsreaktionen der verschiedenen Akteure einer Volkswirtschaft auf veränderte wirtschaftliche bzw. wirtschaftspolitische Rahmenbedingungen sind durch plausible, mikroökonomisch fundierte Verhaltensannahmen gestützt.

Das Modellinstrument PACE kann in regionaler Dimension je nach Fragestellung problemadäquat angepasst werden. Neben existierenden mehrregionalen Welt- und Europa-Versionen kam für das Modellexperiment die nationale Variante zum Einsatz. Im Folgenden wird zunächst die Basisstruktur des Modells skizziert, danach wird die Spezifikation der Kernenergie als wichtige Modellerweiterung gesondert dargestellt; schließlich wird kurz auf die Parametrisierung des Modells eingegangen.

10.2.1 Modellstruktur

In der Produktion werden 18 Sektoren unterschieden (siehe Tabelle 10-1), die eine ausreichende Differenzierung der Energieangebotsseite und der energie- bzw. CO_2-intensiven Produktion gewährleisten. Für alle Sektoren werden separierbare, mehrfach geschachtelte, CES-Produktionsfunktionen (*C*onstant *E*lasticity of *S*ubstitution) unterstellt. Über die Wahl der Schachtelung (Nesting) und der Substitutionselastizitäten werden die Substitutionsmöglichkeiten zwischen verschiedenen Faktorinputs in der Produktion charakterisiert. Hierbei wurde nach Möglichkeit auf ökonometrische Schätzungen in der einschlägigen Literatur zurückgegriffen. Als Produktionsfaktoren gehen Arbeit, Kapital, Energie sowie nichtenergetische Vorleistungen (Material) in die Gütererzeugung ein.

Tabelle 10-1: Produktionssektoren des PACE-Modells

Nr.	Produktionssektor	R59-Code (Eurostat-Klassifikation)
1	Kohle	031,033
2	Rohöl	071
3	Erdgas	075,098
4	Mineralöl	073
5	Strom	097, 099
6	Landwirtschaft	010
7	Chemie	170
8	Lebensmittel	310, 33, 350, 370, 390
9	Maschinen	190, 210, 230, 250
10	NE-Metalle	137
11	Nichtmetalle	151, 153, 155, 157
12	Eisen und Stahl	135, 136
13	Papier, Pappe	471, 473
14	Transportausrüstungen	270, 290
15	Textilien, Leder	410, 430
16	Transport	611, 613, 617, 631, 633, 650
17	Holz, Holzprodukte	450
18	Übrige Produkte	095, 490, 510, 530, 550, 570, 590, 670, 690, 710, 730, 750, 770, 790, 810, 850, 890, 930

Die Firmen stehen im vollkommenen Wettbewerb untereinander, so dass die Produktmärkte als vollkommen angenommen werden können. Dies gilt auch für die übrigen Märkte.

Der zur Produktion erforderliche Kapitalstock wird über Investitionen angepasst. Die Investitionsnachfrage wird mit der gesamtwirtschaftlichen Ersparnis über den modellendogen bestimmten Realzins abgeglichen. Das Sparverhalten ist dabei konsistent auf eine empirisch beobachtbare Elastizität in Bezug auf die Nettoverzinsung kalibriert. Über den Zeitablauf wird der volkswirtschaftliche Kapitalstock entlang einer Sequenz von statischen Gleichgewichtslösungen fortgeschrieben (sog. dynamisch-rekursiver Modellansatz).

Der Haushaltssektor wird über einen repräsentativen Agenten abgebildet, der - gegeben seines verfügbaren Einkommens - den Nutzen aus Konsum und Freizeit maximiert. Das Nutzenmaximierungskalkül des Haushalts ist durch ein genestetes CES-Funktionssystem beschrieben. Die Arbeitsangebotsentscheidung ist konsistent auf eine empirisch beobachtbare Elastizität in Bezug auf den Reallohn kalibriert.

Während das Arbeitsangebot aus der Haushaltsentscheidung abgeleitet wird, bestimmt sich die Arbeitsnachfrage aus den jeweiligen Faktornachfragefunktionen der einzelnen Sektoren. Es wird dabei davon ausgegangen, dass der Faktor Arbeit intersektoral mobil ist. Der Ausgleich von Angebot und Nachfrage am Arbeitsmarkt wird über einen flexiblen Lohnsatz gewährleistet.

Der Staat stellt öffentliche Güter zur Verfügung. Diese werden über die realen Staatsausgaben erfasst, die exogen in das Modell Eingang finden und vom Haushaltssektor über Steuern gegenfinanziert werden. Zusätzliches Steueraufkommen das nicht zur Finanzierung des exogen vorgegebenen öffentlichen Güterangebots benötigt wird, wird pauschal an die Haushalte zurückverteilt.

Der Außenhandel ist durch den sog. Armington-Ansatz charakterisiert. Kerngedanke dieser Formulierung ist die Annahme nicht vollständiger Substituierbarkeit von inländischen und ausländischen Gütern. In Hinblick auf Kohle, Rohöl und Gas wird von dieser Annahme abgewichen und Homogenität zwischen inländischer Produktion und ausländischem Angebot unterstellt. Deutschland wird im internationalen Handel als kleine offene Volkswirtschaft (*small open economy*-Annahme) gesehen, die zu einem gegebenen Weltmarktpreis beliebig viel importieren oder exportieren kann; die sog. *Terms of Trade* sind damit vorgegeben. Schließlich wird davon ausgegangen, dass ein Kernenergieausstiegs die Außenhandelsbilanz nicht nachhaltig beeinflusst. Ein flexibler Wechselkurs sorgt dafür, dass der Außenhandel bis auf eine durch das Referenzszenario exogen vorgegebene Saldogröße ausgeglichen ist.

10.2.2 Abbildung der Kernenergie

Hinsichtlich der zu bearbeitenden Fragestellung kommt der Darstellung der Kernenergie im Modell eine besondere Bedeutung zu. PACE unterscheidet im Stromsektor nukleare und nicht-nukleare Produktion von Strom. Für die nicht-nukleare Stromerzeugung wird eine aggregierte CES-Produktionstechnologie unterstellt, in der die Einsatzfaktoren flexibel an geänderte Preisverhältnisse angepasst werden können. Die Stromproduktionsmöglichkeiten aus Kernenergie sind durch den bestehenden Kraftwerkspark festgelegt und werden als Leontief-Technologie mit fixen Einsatzverhältnissen beschrieben.

In der Simulation von Ausstiegsszenarien wird die zulässige Produktion von Nuklearstrom über eine Quote beschränkt. Diese ist durch die jeweils zulässige wirtschaftliche Nutzungsdauer – im Basisszenario (F40) 40 Zeitjahre, in den Szenarios mit vorzeitigem Ausstieg 25 Zeitjahre – sowie die damit verbundene Kapazität des in Deutschland vorhandenen Kraftwerksbestandes gegeben.

10.3 Datentechnische Fundierung

Wie bei angewandten Gleichgewichtsanalysen üblich, wird das Modell auf Grundlage eines konsistenten Ausgangsdatensatzes parmetrisiert ("kalibriert"). Dieser Datensatz basiert auf Input-Output-Tabellen für das Jahr 1985 (EUROSTAT ...), der entsprechend der seitherigen wirtschaftlichen Entwicklung fortgeschrieben bzw. aktualisiert wurde. Wichtige Elastizitäten des Modells sind in Tabelle 10-2 dokumentiert.

Tabelle 10-2: Substitutionselastizitäten in PACE (Deutschland-Version)

	Wert
Substitutionselastizität zw. heimischen / importierten Strom (Armington-Annahme)	4
.....	
Elastizität der Beschäftigung bzgl. des Reallohnsatzes:	0.1
Elastizität des Sparens bzgl. der Nettoverzinsung:	0.5
Angebotselastizität der fossilen Energieerzeugung	1

Die ökonomischen und ökologischen Folgen eines beschleunigten Ausstiegs aus der Kernenergie hängen entscheidend von der wirtschaftlichen sowie emissionsseitigen Referenzentwicklung ab. Für das vergleichende Modellexperiment wurden einheitliche Vorgaben für zentrale Größen wie Bruttosozialprodukt, Energieerzeugungsstruktur, CO_2-Emissionen etc. im Referenzpfad getroffen. Allerdings sind diese exogenen Größen in einem gesamtwirtschaftlichen Modell mit elastischen Angebots- und Nachfragestrukturen in der Regel nicht konsistent bzw. exakt zu reproduzieren. Angesichts der Bedeutung der energiewirtschaftlichen Rahmenannahmen für das Modellexperiment wurde PACE so kalibriert, dass exogene Vorgaben zur Energieproduktions- bzw. Energieverbrauchsstruktur möglichst weitgehend berücksichtigt wurden. Bei gesetzten (potenziellen) gesamtwirtschaftlichen Wachstumsraten läuft dies im wesentlichen auf die Bestimmung sektorspezifischer Effizienzparameter für den Energieverbrauch hinaus (vgl. hierzu Böhringer, Jensen und Rutherford 2000).

10.4 Modellergebnisse der Fallstudie

Innerhalb des Modellexperimentes wurden neben dem Basisszenario (F40) drei Ausstiegsszenarien (F25) gerechnet, in denen die Nutzung der Kernenergie auf 25 Zeitjahre beschränkt wird. Für zwei Ausstiegsszenarien wurden zusätzlich noch Klimaschutzaspekte berücksichtigt, indem die zulässigen CO_2-Emissionen begrenzt wurden. Im nachfolgenden Teil werden die mit PACE ermittelten Wirkungen des vorzeitigen Ausstiegs aus der Kernenergie mit Hinblick auf die Energieeinsatzstruktur in der Stromerzeugung, sektorale und gesamtwirtschaftliche Kenngrößen sowie auf die CO_2-Emissionen vorgestellt. Die Resultate werden jeweils als prozentuale Abweichung vom Basisszenario (F40) angegeben.

10.4.1 Elektrizitätswirtschaftliche Effekte

Die Auswirkungen einer verkürzten Nutzungsdauer der Kernenergie für die Elektrizitätswirtschaft sind in Tabelle 10-3 dargestellt.

Tabelle 10-3: Elektrizitätswirtschaftliche Effekte

	2005	2010	2015	2020
	Szenario F25: Ausstieg ohne CO_2-Minderungsziel			
Stromerzeugung	-8,29	-15,35	-7,19	-1,80
Kohle	18,11	31,49	33,21	19,02
Gas	18,11	31,49	33,21	19,02
Mineralöl	18,10	31,46	33,16	18,97
	Szenario F25B: Ausstieg mit CO_2-Trend-Minderungsziel			
Stromerzeugung	-12,32	-22,13	-14,78	-6,93
Kohle	-0,60	-1,44	-0,92	0,03
Gas	35,56	69,46	83,30	51,19
Mineralöl	10,47	19,30	20,84	11,99
	Szenario F25K: Ausstieg mit CO_2-Kyoto-Minderungsziel			
Stromerzeugung	-15,08	-28,03	-24,88	-22,33
Kohle	-12,97	-26,70	-38,51	-47,98
Gas	47,81	100,11	141,83	142,55
Mineralöl	5,23	8,71	4,44	-8,97

In Ausstiegsfall ohne Einhaltung von CO_2-Minderungszielen (F25) kommt es in den Jahren 2005 und 2010 zu einer deutlichen Verringerung der Stromproduktion, bevor sich die Stromerzeugung in der Folgedekade wieder an die Entwicklung des Basisszenarios annähert. Ein beschleunigter Kernenergieausstieg erfordert zusätzliche, nicht-nukleare Stromerzeugungskapazitäten, was sich in höheren Strompreisen niederschlägt. Als Reaktion auf die höheren Strompreise geht die Stromnachfrage zurück. Ab 2015 sind auch im Basisszenario verstärkt Ersatzkapazitäten für Kernenergie notwendig, sodass die Abweichungen der beschleunigten Ausstiegsszenarien gegenüber dem Basisszenario hinsichtlich der Stromproduktion wieder abnehmen. Im Ausstiegsszenario F25 ohne CO_2-Minderungsziel wird Kernenergie vor allem durch erhöhten Einsatz von Gas- und Kohlekraft ersetzt (die prozentuale Zunahme an Mineralöl relativiert sich angesichts der in absoluten Zahlen vernachlässigbaren Bedeutung für die Stromerzeugung). Der verstärkte Einsatz fossiler Energien geht einher mit einer deutlichen Zunahme der CO_2-Emissionen (siehe auch Tabelle 10-7). Um im Ausstiegsszenario F25B zu gewährleisten, dass die CO_2-Emissionen des Basisszenarios bei einem beschleunigten Atomausstieg nicht überschritten werden, muss als Lenkungsmaßnahme eine CO_2-Steuer eingesetzt werden. Infolge der Emissionssteuer wird Gas in der Stromerzeugung noch wichtiger, während Kohle als kohlenstoffintensiver Energieträger zurückgedrängt wird. Die vorgenannten Effekte verstärken sich erwartungsgemäß für das Szenario F25K, in dem die Emissionsminderungsziele weiter verschärft werden.

10.4.2 Außenhandel

Tabelle 10-4 zeigt die aggregierten Effekte auf den Außenhandel, welche sich aus den veränderten Export- und Importströmen auf sektoraler Ebene (siehe Tabellen 10-8 und 10-9 im Anhang) ergeben. Die aggregierten Effekte sind als Veränderungen des Werts aller Exporte bzw. Importe gegenüber dem Referenzwert im Basisszenario zu interpretieren. Gemäss Annahme (siehe Abschnitt 10.2.1) ist der Außenhandelssaldo dabei für alle Szenarien konstant vorgeben. Daraus folgt, dass die Wertzu(-ab)nahme der Exporte mit einer Wertzu(-ab)nahme der Importe einher gehen muss.

Tabelle 10-4: Aggregierte außenwirtschaftliche Effekte

	2005	2010	2015	2020
	Szenario F25: Ausstieg ohne CO_2-Minderungsziel			
Exporte	1,01	1,55	1,54	0,81
Importe	1.15	1.76	1.74	0.91
	Szenario F25B: Ausstieg mit CO_2-Trend-Minderungsziel			
Exporte	-0,18	-0,26	-0,46	-0,49
Importe	-0.21	-0.31	-0.52	-0.56
	Szenario F25K: Ausstieg mit CO_2-Kyoto-Minderungsziel			
Exporte	-0,94	-1,55	-2,43	-3,38
Importe	-1.07	-1.76	-2.73	-3.77

Im Szenario ohne Minderungsziel (F25) wird deutlich mehr Kohle und Gas importiert, die in den fossilen Ersatzkraftwerke für die wegfallende Atomkraft eingesetzt werden. Die Nicht-Energiesektoren werden in ihren Handelsaktivitäten nur in geringem Umfang vom Atomausstieg beeinflusst.

In den Szenarien mit CO_2-Restriktionen fallen die Außenhandelseffekte deutlich stärker aus, da unilaterale CO_2-Steuern die Relationen zwischen heimischen Preisen und den Weltmarktpreisen erheblich verzerren. Die Erhebung von unilateralen CO_2-Steuern benachteiligt im Außenhandel vor allem CO_2-intensive Produktionsbereiche wie Eisen und Stahl, NE-Metalle, Chemie oder Strom. Diese Sektoren verlieren wegen stark steigender Produktionskosten erheblich an internationaler Wettbewerbsfähigkeit: Sinkende Exporte und erhöhte Importe sind die Folge. Umgekehrte Wirkungen verursachen die CO_2-Steuern entsprechend dem Prinzip des komparativen Vorteils für die CO_2-extensiven Sektoren. Im Handel mit fossilen Energieträgern führen CO_2-Steuern zu einem Wettbewerbsvorteil von Gas gegenüber Kohle. Wegen dem erheblich geringeren spezifischen CO_2-Gehalt substituieren Gasimporte bei steigenden CO_2-Steuern zunehmend den Import von CO_2-intensiver Kohle.

10.4.3 Wirtschaftsentwicklung

Die gesamtwirtschaftlichen Auswirkungen werden nachfolgend durch die Veränderungen in Bruttoinlandsprodukt, Konsum und Investitionen beschrieben. Bei der Interpretation der Simulationsergebnisse ist zu beachten, dass bereits im Basisszenario (F40) Wachstumsannahmen über die Wirtschaftsentwicklung enthalten sind (siehe Abschnitt 10.3).

Die Kosten des beschleunigten Atomausstiegs durch vorzeitige Ersatzinvestitionen für Kernkraftwerke spiegeln sich in einer Verringerung des BIP, des privaten Verbrauchs sowie der Investitionstätigkeit wider (vgl. Tabelle 10-5). Im Trend-Klimaschutzszenario (F25B) wird die Gesamtwirtschaft zusätzlich durch Anpassungskosten an restriktive CO_2-Minderungsvorgaben belastet. Emissionsminderungsmaßnahmen wie Brennstoffwechsel oder Erhöhung der Energieeffizienz bedingen insgesamt eine verringerte Faktorproduktivität, was sich in realen Einkommensverlusten niederschlägt. Mit Zunahme der Emissionsminderungsanforderung bzw. der damit verbundenen CO_2-Steuer verstärken sich auch die negativen Auswirkungen auf die Gesamtwirtschaft (Szenario F25K).

Tabelle 10-5: Gesamtwirtschaftliche Entwicklung

	2005	2010	2015	2020
	Szenario F25: Ausstieg ohne CO_2-Minderungsziel			
BIP	-0,32	-0,61	-0,80	-0,65
Privater Konsum	-0,39	-0,77	-0,99	-0,82
Investitionen	-0,35	-0,66	-0,83	-0,66
	Szenario F25B: Ausstieg mit CO_2-Trend-Minderungsziel			
BIP	-0,59	-1,09	-1,34	-0,99
Privater Konsum	-0,67	-1,25	-1,55	-1,16
Investitionen	-0,35	-0,69	-0,87	-0,68
	Szenario F25K: Ausstieg mit CO_2-Kyoto-Minderungsziel			
BIP	-0,83	-1,66	-2,43	-2,58
Privater Konsum	-0,91	-1,84	-2,67	-2,79
Investitionen	-0,37	-0,80	-1,11	-1,02

10.4.4 Auswirkungen in sonstigen Sektoren

Ein vorzeitiger Ausstieg aus der Kernenergie führt in erster Linie zu höheren Strompreisen. Zusätzliche CO_2-Steuern verstärken den Strompreisanstieg und verteuern den Einsatz fossiler Energien als Vorleistungsinput auch in anderen Sektoren bzw. in der Endnachfrage. Von den Preisveränderungen sind neben der

Stromwirtschaft vor allem die energieintensiven Sektoren negativ betroffen. Mit zunehmenden CO_2-Steuern kommt es zu erheblichen Produktionsrückgängen in der chemischen Industrie, bei den NE-Metallen und in der Eisen- und Stahlindustrie zu erwarten. Die starke Kostenbelastung dieser Industrien schlägt sich in einer Zunahme konkurrierender Importe und drastischen Rückgängen der Exporte nieder.

10.4.5 Beschäftigung

Die sektoralen Beschäftigungseffekte setzen sich aus Outputeffekten und Substitutionseffekten zusammen. Eine (Ab-)Zunahme der Produktion führt zu einer entsprechenden (Ab-)Zunahme der Arbeitsnachfrage (Outputeffekt). Der Substitutionseffekt kann den Outputeffekt verstärken oder schwächen (bzw. überkompensieren), je nachdem ob Arbeit als Faktorinput relativ zu anderen Faktoren teurer oder günstiger wird. Aus den Tabellen 10-10 und 10-11 wird deutlich, dass die sektoralen Beschäftigungswirkungen vor allem auf Outputeffekte zurückzuführen sind. Sektoren mit hohen Produktionsrückgängen haben entsprechend starke Beschäftigungsverluste zu verzeichnen. In den Klimaschutzszenarien ist zu beachten, dass das CO_2-Steueraufkommen pauschal an die Wirtschaftssubjekte zurückverteilt wird. Bei Verwendung des CO_2-Steueraufkommens zur Senkung der Lohnkosten würde der Substitutionseffekt zugunsten von Arbeit erheblich stärker ausfallen.

Auf gesamtwirtschaftlicher Ebene sind die über alle Sektoren aggregierten Beschäftigungswirkungen gering (vgl. Tabelle 10-6), sodass weder der reine Kernenergieausstieg noch zusätzliche CO_2-Steuern beschäftigungspolitisch von größerer Bedeutung zu sein scheinen.

Tabelle 10-6: Beschäftigungswirkungen

	2005	2010	2015	2020
	Szenario F25: Ausstieg ohne CO_2-Minderungsziel			
Beschäftigung	0,20	0,36	0,43	0,30
	Szenario F25B: Ausstieg mit CO_2-Trend-Minderungsziel			
Beschäftigung	-0,03	-0,01	0,02	0,04
	Szenario F25K: Ausstieg mit CO_2-Kyoto-Minderungsziel			
Beschäftigung	-0,20	-0,35	-0,57	-0,83

10.4.6 Ökologische Effekte

Ein beschleunigter Ausstieg ohne Emissionsvermeidungsmaßnahmen (Szenario F25) führt zu einer erheblichen Erhöhung der CO_2-Emissionen gegenüber der Basisentwicklung (vgl. Tabelle 10-7). Der Anstieg der CO_2-Emissionen beruht vor allem auf dem verstärkten Einsatz von Gas- und Kohlekraftwerken in der Stromerzeugung. In den Ausstiegsszenarien mit Klimaschutz wird eine zielkonforme Steuer auf CO_2-Emissionen erhoben. Für das Trendszenario (F25B) wird die CO_2-Steuer modellendogen so bestimmt, dass die Emissionsentwicklung im Basisszenario trotz eines beschleunigten Atomenergieausstiegs eingehalten werden kann. Zur Einhaltung der Zielvorgaben des Kyoto-Protokolls (Szenario F25B) sind erheblich höhere CO_2-Steuern erforderlich.

Tabelle 10-7: CO_2-Steuer und Emissionsentwicklung

	2005	2010	2015	2020
	Szenario F25: Ausstieg ohne CO_2-Minderungsziel			
CO_2-Steuer	Annahmegemäß wird keine CO_2-Steuer erhoben.			
CO_2-Emissionen	9,52	16,12	17,31	10,59
	Szenario F25B: Ausstieg mit CO_2-Trend-Minderungsziel			
CO_2-Steuer	14,55	27,44	32,14	20,25
CO_2-Emissionen	Emissionen folgen der Basisentwicklung, daher keine Abweichung.			
	Szenario F25K: Ausstieg mit CO_2-Kyoto-Minderungsziel			
CO_2-Steuer	26,67	60,12	96,03	117,28
CO_2-Emissionen	-6,35	-12,69	-19,71	-27,28

Hinweis: Die CO_2-Steuer ist in $US pro Tonne CO_2 angegeben.

10.5 Zusammenfassung

Ohne Berücksichtigung von Klimaschutzzielen hat ein beschleunigter Atomenergieausstieg (Szenario F25) kaum gesamtwirtschaftliche Auswirkungen. Auch die Effekte auf sektoraler Ebene sind - mit Ausnahme der Stromwirtschaft - gering. Aus ökologischer Sicht kommt es jedoch durch den verstärkten Einsatz von Kohle und Gas zu einem erheblichen Anstieg der CO_2-Emissionen.

Sollen die CO_2-Emissionen bei beschleunigtem Atomenergieausstieg gegenüber dem Basisszenario nicht ansteigen, müssen CO_2-Steuern erhoben werden (Szenario F25B). Diese verursachen Anpassungskosten in nicht vernachlässigbarer Höhe. Das Bruttoinlandsprodukt (BIP), der private Konsum und die Investitionstätigkeit sinken merklich gegenüber dem Basisszenario. In der Stromproduktion kommt es zur Substitution von Kohle durch Gas. Außerdem wird verstärkt Strom aus dem Ausland importiert. Infolge höherer Energiekosten verlieren insbesondere die energie- und exportintensive Sektoren wie die Eisen- und Stahlerzeugung, der NE-Metallsektor und die chemische Industrie an Wettbewerbsfähigkeit, während die arbeitsintensiven Ausrüstungsindustrien (Sektoren Maschinenbau und Transportausrüstungen) profitieren.

Die Entwicklungen auf gesamtwirtschaftlicher und sektoraler Ebene im Ausstiegszenario mit CO_2-Trend-Minderungsziel werden bei Verschärfung der Emissionsminderungsanforderung gemäss dem Kyoto-Protokoll (Szenario F25K) weiter verstärkt. Infolge drastischer CO_2-Steuern kommt es zu erheblichen Einbussen in den gesamtwirtschaftlichen Größen Bruttoinlandsprodukt, Konsum und Investition. Auch der Strukturwandel zulasten der energie- und exportintensiven Industrien verschärft sich.

Die gesamtwirtschaftlichen Beschäftigungswirkungen für die verschiedenen Ausstiegsszenarien sind gering. Weder der reine Kernenergieausstieg ohne Klimaschutz noch zusätzliche CO_2-Steuern scheinen beschäftigungspolitisch von größerer Bedeutung zu sein.

Literatur

Böhringer, C., J. Jensen und T. F. Rutherford: Energy Market Projections and Differentiated Carbon Abatement in the European Union, in: C. Carraro (ed.), *Efficiency and Equity of Climate Change Policy*, Kluwer, 2000

Schmidt, T. F.N.: *Integrierte Bewertung umweltpolitischer Strategien in Europa – Methoden, eine AGE-Modellentwicklung und Simulationsanalysen*, Physika, Heidelberg, 1999

Anhang 10: Ergebnistabellen zu den Szenariorechnungen mit PACE

Tabelle 10-8: Sektorale außenwirtschaftliche Effekte: Exporte

	2005	2010	2015	2020
	Szenario F25: Ausstieg ohne CO_2-Minderungsziel			
Mineralöl	0,17	0	-0,43	-0,72
Strom	18,1	31,41	33,02	18,75
Landwirtschaft	-0,1	-0,6	-1,18	-1,46
Chemie	1,07	1,63	1,65	0,87
Lebensmittel	0,02	-0,19	-0,47	-0,63
Maschinen	0,99	1,59	1,69	1,09
NE-Metalle	1,37	2,03	2	0,97
Nichtmetalle	0,55	0,82	0,79	0,36
Eisen und Stahl	1,46	2,33	2,46	1,52
Papier, Pappe	0,43	0,55	0,42	0,01
Transportausrüstungen	1,21	1,91	1,98	1,21
Textilien, Leder	0,55	0,75	0,68	0,28
Transport	0,48	0,53	0,28	-0,24
Holz, Holzprodukte	0,35	0,47	0,4	0,13
Übrige Produkte	0,25	0,32	0,23	-0,05
	Szenario F25B: Ausstieg mit CO_2-Trend-Minderungsziel			
Mineralöl	-3,69	-6,69	-7,94	-5,53
Strom	-21,4	-31,39	-32,64	-21,76
Landwirtschaft	0,58	0,43	-0,14	-0,75
Chemie	-7,75	-12,83	-13,81	-8,55
Lebensmittel	0,77	1,02	0,89	0,28
Maschinen	2,71	4,57	5,02	3,16
NE-Metalle	-14,01	-21,74	-23,67	-16,04
Nichtmetalle	-0,81	-1,57	-1,75	-1,04
Eisen und Stahl	-11,66	-18,61	-19,69	-12,33
Papier, Pappe	0,6	0,82	0,8	0,34
Transportausrüstungen	3,46	5,83	6,36	3,93
Textilien, Leder	0,99	1,46	1,59	1,01
Transport	1,51	2,24	2,29	1,13
Holz, Holzprodukte	1,5	2,41	2,59	1,54
Übrige Produkte	1,4	2,22	2,31	1,23
	Szenario F25K: Ausstieg mit CO_2-Kyoto-Minderungsziel			
Mineralöl	-6,58	-13,15	-19,03	-21,87
Strom	-41,78	-63,1	-75,43	-81,4
Landwirtschaft	0,95	0,87	0,18	-0,21
Chemie	-13,96	-25,3	-33,57	-36,4
Lebensmittel	1,25	1,84	2,1	2,19
Maschinen	3,95	7,37	9,92	10,33
NE-Metalle	-23,49	-38,23	-48,29	-52,3
Nichtmetalle	-1,96	-4,39	-6,68	-7,65
Eisen und Stahl	-19,98	-33,77	-42,47	-44,93
Papier, Pappe	0,61	0,69	0,52	0,17
Transportausrüstungen	5,08	9,41	12,57	12,95
Textilien, Leder	1,16	1,55	1,65	1,52
Transport	2,19	3,56	4,52	4,69
Holz, Holzprodukte	2,3	4,05	5,36	5,68
Übrige Produkte	2,22	3,93	5,13	5,28

Tabelle 10-9: Sektorale außenwirtschaftliche Effekte: Importe

	2005	2010	2015	2020
	Szenario F25: Ausstieg ohne CO_2-Minderungsziel			
Kohle	22,03	33,58	32,70	17,94
Rohöl	0,29	0,44	0,35	0,19
Erdgas	12,25	20,03	19,11	10,39
Mineralöl	0,26	0,31	0,11	-0,11
Strom	0,12	0,17	0,1	0,01
Landwirtschaft	-0,35	-0,56	-0,59	-0,34
Chemie	-0,15	-0,3	-0,4	-0,38
Lebensmittel	-0,57	-0,98	-1,13	-0,81
Maschinen	-0,57	-1,03	-1,26	-0,98
NE-Metalle	0,48	0,72	0,7	0,37
Nichtmetalle	-0,38	-0,64	-0,75	-0,56
Eisen und Stahl	0,42	0,64	0,59	0,29
Papier, Pappe	-0,33	-0,55	-0,63	-0,47
Transportausrüstungen	-0,77	-1,33	-1,55	-1,15
Textilien, Leder	-0,52	-0,94	-1,15	-0,89
Transport	-0,34	-0,55	-0,62	-0,41
Holz, Holzprodukte	-0,57	-0,99	-1,18	-0,89
Übrige Produkte	-0,35	-0,46	-0,38	-0,19
	Szenario F25B: Ausstieg mit CO_2-Trend-Minderungsziel			
Kohle	-4,61	-7,33	-6,29	-2,76
Rohöl	-2,83	-5,05	-5,78	-3,73
Erdgas	21,80	40,24	43,58	25,38
Mineralöl	-3,07	-5,52	-6,45	-4,33
Strom	37,45	66,66	71,45	39,65
Landwirtschaft	-0,77	-1,25	-1,35	-0,82
Chemie	0,71	1,21	1,16	0,46
Lebensmittel	-1,41	-2,38	-2,71	-1,82
Maschinen	-1,29	-2,24	-2,63	-1,86
NE-Metalle	0,29	0,63	0,4	-0,1
Nichtmetalle	-0,29	-0,43	-0,57	-0,55
Eisen und Stahl	1,46	2,67	2,93	1,6
Papier, Pappe	-0,9	-1,52	-1,76	-1,21
Transportausrüstungen	-1,66	-2,86	-3,28	-2,25
Textilien, Leder	-0,95	-1,67	-1,99	-1,43
Transport	-1,57	-2,58	-2,86	-1,84
Holz, Holzprodukte	-1,5	-2,55	-2,94	-2,02
Übrige Produkte	-1,91	-3,09	-3,34	-2,09
	Szenario F25K: Ausstieg mit CO_2-Kyoto-Minderungsziel			
Kohle	-22,31	-38,99	-49,59	-55,29
Rohöl	-5,14	-10,25	-14,63	-16,74
Erdgas	28,48	56,24	71,41	67,22
Mineralöl	-5,54	-11,08	-16	-18,44
Strom	72,68	164,99	262,18	308,63
Landwirtschaft	-1,07	-1,88	-2,41	-2,38
Chemie	1,47	3,15	4,57	5,02
Lebensmittel	-2,01	-3,66	-4,94	-5,15
Maschinen	-1,81	-3,4	-4,68	-4,91
NE-Metalle	0,4	1,39	1,87	1,61
Nichtmetalle	-0,13	0,11	0,44	0,61
Eisen und Stahl	2,53	5,73	8,71	9,55
Papier, Pappe	-1,29	-2,31	-3,13	-3,3
Transportausrüstungen	-2,3	-4,28	-5,8	-6
Textilien, Leder	-1,26	-2,39	-3,3	-3,39
Transport	-2,42	-4,29	-5,68	-6,01
Holz, Holzprodukte	-2,16	-3,97	-5,42	-5,72
Übrige Produkte	-3,02	-5,45	-7,39	-8,08

Tabelle 10-10: Sektorale Produktionswerte

	2005	2010	2015	2020
	Szenario F25: Ausstieg ohne CO_2-Minderungsziel			
Kohle	-0,07	-0,23	-0,42	-0,49
Rohöl	-0,07	-0,23	-0,42	-0,49
Erdgas	-0,04	-0,17	-0,31	-0,37
Mineralöl	0,21	0,13	-0,21	-0,48
Strom	-8,29	-15,35	-7,19	-1,8
Landwirtschaft	-0,21	-0,56	-0,89	-0,93
Chemie	0,68	1,01	1	0,47
Lebensmittel	-0,26	-0,56	-0,78	-0,72
Maschinen	0,5	0,77	0,75	0,42
NE-Metalle	1,11	1,67	1,65	0,81
Nichtmetalle	0,17	0,23	0,18	-0,01
Eisen und Stahl	1,05	1,67	1,73	1,04
Papier, Pappe	0,09	0,06	-0,05	-0,2
Transportausrüstungen	0,7	1,07	1,04	0,57
Textilien, Leder	0,17	0,15	0,03	-0,14
Transport	0,17	0,13	-0,05	-0,29
Holz, Holzprodukte	-0,06	-0,18	-0,31	-0,33
Übrige Produkte	-0,07	-0,12	-0,15	-0,18
	Szenario F25B: Ausstieg mit CO_2-Trend-Minderungsziel			
Kohle	0,7	1,06	0,99	0,37
Rohöl	0,7	1,06	0,99	0,37
Erdgas	-0,36	-0,84	-1,21	-0,89
Mineralöl	-3,43	-6,21	-7,34	-5,05
Strom	-12,32	-22,13	-14,78	-6,93
Landwirtschaft	-0,03	-0,32	-0,66	-0,75
Chemie	-5,14	-8,57	-9,3	-5,8
Lebensmittel	-0,23	-0,56	-0,78	-0,69
Maschinen	1,44	2,39	2,53	1,52
NE-Metalle	-9,85	-15,39	-16,99	-11,56
Nichtmetalle	-0,59	-1,08	-1,24	-0,83
Eisen und Stahl	-6,63	-10,63	-11,22	-6,98
Papier, Pappe	-0,11	-0,29	-0,4	-0,39
Transportausrüstungen	2,12	3,53	3,76	2,25
Textilien, Leder	0,3	0,34	0,3	0,13
Transport	0,24	0,26	0,21	-0,05
Holz, Holzprodukte	0,19	0,22	0,14	-0,03
Übrige Produkte	-0,21	-0,38	-0,47	-0,39
	Szenario F25K: Ausstieg mit CO_2-Kyoto-Minderungsziel			
Kohle	1,28	2,34	3,2	3,51
Rohöl	1,28	2,34	3,2	3,51
Erdgas	-0,68	-1,88	-3,52	-4,24
Mineralöl	-6,15	-12,31	-17,81	-20,5
Strom	-15,08	-28,03	-24,88	-22,33
Landwirtschaft	0,03	-0,37	-0,95	-1,12
Chemie	-9,29	-17,02	-22,87	-24,94
Lebensmittel	-0,26	-0,73	-1,18	-1,22
Maschinen	2,12	3,89	5,1	5,22
NE-Metalle	-16,74	-27,65	-35,72	-39,24
Nichtmetalle	-1,19	-2,5	-3,71	-4,23
Eisen und Stahl	-11,58	-19,84	-25,19	-26,77
Papier, Pappe	-0,3	-0,76	-1,25	-1,53
Transportausrüstungen	3,13	5,75	7,52	7,65
Textilien, Leder	0,29	0,13	-0,15	-0,27
Transport	0,27	0,27	0,29	0,29
Holz, Holzprodukte	0,34	0,48	0,53	0,57
Übrige Produkte	-0,32	-0,66	-1,01	-1,24

Tabelle 10-11: Sektorale Beschäftigungseffekte

	2005	2010	2015	2020
	Szenario F25: Ausstieg ohne CO_2-Minderungsziel			
Landwirtschaft	0	-0,07	-0,15	-0,19
Chemie	0,76	1,2	1,27	0,74
Lebensmittel	-0,17	-0,36	-0,48	-0,42
Maschinen	0,56	0,9	0,95	0,62
NE-Metalle	1,22	1,91	2,01	1,17
Nichtmetalle	0,26	0,42	0,47	0,28
Eisen und Stahl	1,12	1,81	1,93	1,24
Papier, Pappe	0,19	0,3	0,31	0,16
Transportausrüstungen	0,76	1,22	1,27	0,8
Textilien, Leder	0,24	0,32	0,27	0,11
Transport	0,29	0,41	0,38	0,13
Holz, Holzprodukte	0,01	-0,03	-0,07	-0,09
Übrige Produkte	0,04	0,14	0,25	0,23
	Szenario F25B: Ausstieg mit CO_2-Trend-Minderungsziel			
Landwirtschaft	0,11	0,07	-0,01	-0,06
Chemie	-4,74	-7,82	-8,4	-5,15
Lebensmittel	-0,15	-0,35	-0,47	-0,38
Maschinen	1,47	2,48	2,68	1,69
NE-Metalle	-9,62	-14,95	-16,42	-11,08
Nichtmetalle	-0,34	-0,58	-0,6	-0,33
Eisen und Stahl	-5,63	-8,9	-9,25	-5,69
Papier, Pappe	-0,04	-0,09	-0,09	-0,05
Transportausrüstungen	2,15	3,64	3,93	2,44
Textilien, Leder	0,37	0,53	0,58	0,39
Transport	0,34	0,52	0,61	0,36
Holz, Holzprodukte	0,22	0,32	0,32	0,17
Übrige Produkte	-0,17	-0,23	-0,18	-0,05
	Szenario F25K: Ausstieg mit CO_2-Kyoto-Minderungsziel			
Landwirtschaft	0,12	-0,04	-0,36	-0,5
Chemie	-8,64	-15,73	-21,07	-23,03
Lebensmittel	-0,18	-0,5	-0,82	-0,84
Maschinen	2,12	3,94	5,19	5,31
NE-Metalle	-16,42	-27,04	-34,9	-38,39
Nichtmetalle	-0,81	-1,66	-2,45	-2,88
Eisen und Stahl	-9,93	-16,72	-20,91	-22,19
Papier, Pappe	-0,26	-0,61	-0,99	-1,26
Transportausrüstungen	3,13	5,8	7,63	7,76
Textilien, Leder	0,38	0,35	0,21	0,11
Transport	0,36	0,53	0,73	0,76
Holz, Holzprodukte	0,34	0,55	0,65	0,69
Übrige Produkte	-0,33	-0,6	-0,88	-1,11

11 PANTA RHEI

Bernd Meyer, Christian Lutz

Gesellschaft für Wirtschaftliche Strukturforschung (GWS mbH), Osnabrück

11.1 Einleitung

Der folgende Abschnitt stellt zunächst das Modell PANTA RHEI im Überblick dar und faßt dann die Simulationsergebnisse der harmonisierten Fallstudie zusammen. Es zeigt sich, daß der beschleunigte Kernenergieausstieg leicht negative gesamtwirtschaftliche Effekte hat und zu vermehrten CO_2-Emissionen führt. Versucht man, das Klimaschutzziel durch Einsatz einer kompensierten CO_2-Steuer zu erreichen, so ergibt sich eine weitere Abschwächung des wirtschaftlichen Wachstums.

11.2 Der methodische Ansatz

PANTA RHEI ist eine zur Analyse umweltökonomischer Fragestellungen erweiterte Version des disaggregierten ökonometrischen Simulations- und Prognosemodells INFORGE (INterindustry FORecasting GErmany) (Meyer, Ewerhart 1997; 1999). Das Modell unterteilt den Unternehmenssektor der Volkswirtschaft in 58 Produktionsbereiche. Im Vergleich zum ökonomischen Kernmodell INFORGE enthält PANTA RHEI zusätzlich ein tief gegliedertes Energie- und Luftschadstoffmodell, welches den Energieeinsatz und die Emissionen der wesentlichen Luftschadstoffe für die 58 Produktionsbereiche sowie die Privaten Haushalte nach 29 Energieträgern unterscheidet.

Die Ergebnisse dieser Studie wurden mit dem Modell PANTA RHEI III berechnet. Diese Version des Modells ist ausführlich in Meyer u. a. (1999a) dargestellt. PANTA RHEI II (Meyer u. a. 1998, Lutz 1998) bildet Westdeutschland ab, während das hier diskutierte System ein Modell für Deutschland insgesamt ist. Eine erste Version des Westdeutschlandmodells, PANTA RHEI I (Meyer, Ewerhart 1998), weist schließlich im Energiebereich eine einfachere Struktur auf.

PANTA RHEI ist Bestandteil des internationalen Modellverbundes INFORUM, in dem die einzelnen Ländermodelle auf der Ebene der Gütergruppen über die Export- und Importströme sowie die zugehörigen Außenhandelspreise miteinander verflochten sind.

Die besondere Leistungsfähigkeit des Modells PANTA RHEI beruht auf der INFORUM-Philosophie (Almon 1991). Sie ist durch die Konstruktionsprinzipien *Bottom-up* und *vollständige Integration* gekennzeichnet. Das Konstruktionsprinzip *Bottom-up* besagt, daß jeder Sektor der Volkswirtschaft sehr detailliert modelliert ist - PANTA RHEI enthält etwa 250 Variablen für jeden der 58 Sektoren - und die gesamtwirtschaftlichen Variablen durch explizite Aggregation im Modellzusammenhang gebildet werden. Das Konstruktionsprinzip *vollständige Integration* beinhaltet eine komplexe und simultane Modellierung, die die interindustrielle Verflechtung ebenso beschreibt wie die Entstehung und die Verteilung der Einkommen, den Energieverbrauch und die Schadstoffemissionen, die Umverteilungstätigkeit des Staates sowie die Einkommensverwendung der Privaten Haushalte für die verschiedenen Güter und Dienstleistungen.

Der disaggregierte Aufbau des Modells PANTA RHEI schlägt sich in einer gewaltigen und dennoch konsistenten Informationsverarbeitung nieder: Die über 40000 Modellgleichungen sind in das vollständig endogenisierte Kontensystem der Volkswirtschaftlichen Gesamtrechnungen eingebettet. Damit ist insbesondere auch die Umverteilung der Einkommen durch den Staat endogen abgebildet.

Einen Einblick in die Struktur des Modells gibt das in der Abbildung 11-1 dargestellte Flußdiagramm. Das INFORUM-Welthandelsmodell liefert den Vektor der Weltimportnachfrage nach Gütergruppen, den Vektor der Weltmarktpreise nach Gütergruppen sowie den US-Zinssatz. Über den Vektor der Weltmarktpreise erhält das Modell vom INFORUM-System auch eine Prognose der Weltenergiepreise.

Die Endnachfrage umfaßt in der Disaggregation der 58 Gütergruppen den Privaten Verbrauch, den Staatsverbrauch, die Ausrüstungsinvestitionen, die Bauinvestitionen, die Exporte und die Fertigproduktimporte. Im Konsum der Privaten Haushalte ist die Nachfrage nach 29 Energieträgern enthalten. Die wichtigsten Determinanten der Endnachfrage sind die Auslandsvariablen (zur Erklärung der Exporte), das Verfügbare Einkommen der Privaten und der Öffentlichen Haushalte (Privater Verbrauch, Staatsverbrauch), die Zinsen und Gewinne (Investitionen) sowie die relativen Preise für alle Komponenten der Endnachfrage. Der Konsum der Privaten Haushalte nimmt via Energieverbrauch Einfluß auf die Luftschadstoffemissionen. Die Endnachfrage insgesamt bestimmt mit der Vorleistungsnachfrage die Produktion.

Die Vorleistungsnachfrage ist im Modell einschließlich der Energieumwandlung und des Energieverbrauchs der Unternehmen abgebildet. Von den 58 Produktionsbereichen der Input-Output-Rechnung sind fünf (Elektrizitätswirtschaft, Gasversorgung, Kohlenbergbau, Erdöl-/Erdgasgewinnung, Mineralölverarbeitung) Energie-Produktionsbereiche. Ihre Lieferungen an die 58 Produktionsbereiche und an die Privaten Haushalte werden im Modell PANTA RHEI noch weiter in jeweils 29 Energieträger untergliedert. Für alle Gütergruppen werden die Lieferungen aus inländischer Produktion und die Einfuhren unterschieden. Die Inputkoeffizienten sind dabei grundsätzlich variabel und hängen von relativen Preisen und Zeittrends ab.

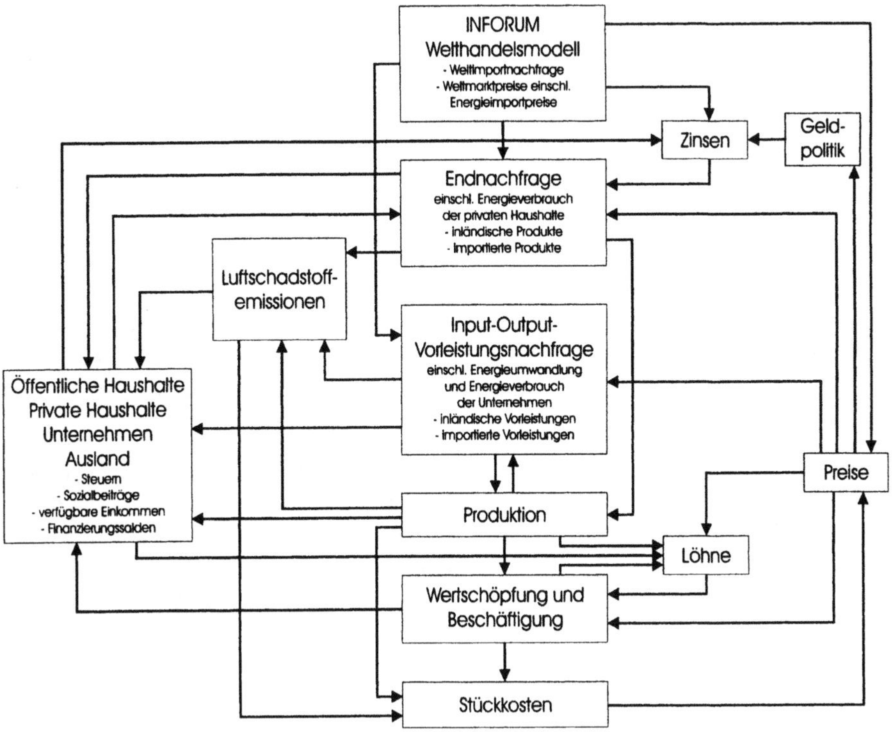

Abbildung 11-1: Die Struktur des umweltökonometrischen Modells PANTA RHEI

Die Inputstruktur der Elektrizitätswirtschaft wird davon abweichend dreistufig modelliert. Zunächst wird der Inputkoeffizient für den gesamten Brennstoffeinsatz trendabhängig geschätzt. Eine Abhängigkeit vom Relativpreis erwies sich als statistisch nicht signifikant. In der zweiten Stufe wird der gesamte Brennstoffeinsatz in Kernenergie, erneuerbare Energieträger und fossile Energieträger zerlegt, wobei die Anteile der Kernenergie und der erneuerbaren Energieträger und damit auch der der fossilen Energieträger insgesamt exogen vorgegeben sind. Der Einsatz von Wasserkraft wird in absoluten Größen konstant gehalten. Der Einsatz anderer erneuerbarer Energieträger wird exogen vorgegeben und steigt den Vorgaben entsprechend bis zum Jahr 2020 deutlich an.

In der dritten Stufe wird Preissubstitution zwischen den verschiedenen fossilen Energieträgern unterstellt. Der Anteil von Gas ergibt sich dabei als Rest. In der

Elektrizitätswirtschaft wurden niedrige Preiselastizitäten zwischen -0,11 für die Substitution von Braunkohle und Gas und -0,34 (Steinkohle/Braunkohle) gemessen. Für Steinkohle/Gas beträgt die Preiselastizität -0,17, für Braunkohle/Steinkohle -0,27. Für den energiesparenden technischen Fortschritt in der Elektrizitätswirtschaft ergibt die Trendschätzung einen Wert von 2,29%/a. Damit ist für den Simulationszeitraum unterstellt, daß die Entwicklung der Wirkungsgrade der Kraftwerke weder von Preisen noch von Politikmaßnahmen wie dem Kernenergieausstieg beeinflußt wird.

Die energetischen Luftschadstoffemissionen für CO_2 sind über konstante Emissionsfaktoren mit dem Verbrauch der Privaten Haushalte und der 58 Unternehmenssektoren in der Tiefengliederung der 29 Energieträger verknüpft. In der hier modellierten Umweltpolitik nehmen die Emissionen über die CO_2-Steuer Einfluß auf die Stückkosten der Unternehmen und das Steueraufkommen des Staates.

Die wichtigsten Determinanten der Beschäftigung sind die Produktion und der Reallohn des jeweiligen Sektors. Die Löhne werden wiederum durch die Produktivitäts- und die Preisentwicklung bestimmt. Die Gewinne und die Stückkosten ergeben sich definitorisch. Die Stückkosten sind dann die entscheidende Determinante der Preise.

Neben der tief gegliederten Ebene der Input-Output-Rechnung enthält das Modell zur Berechnung der gesamtwirtschaftlichen Variablen das Kontensystem der Volkswirtschaftlichen Gesamtrechnungen der Bundesrepublik Deutschland mit seinen institutionellen Transaktoren Öffentliche Haushalte, Private Haushalte, Unternehmen, Ausland und den funktionellen Transaktoren Produktion, Einkommensentstehung, Einkommensverwendung, Einkommensverteilung, Einkommensumverteilung, Vermögensänderung und Finanzierung. Dieses System enthält die gesamte Einkommensumverteilung einschließlich Sozialversicherung und Besteuerung zwischen Staat, Privaten Haushalten und Unternehmen und ermöglicht so die Berechnung der Verfügbaren Einkommen, die wiederum wichtige Determinanten der Endnachfrage sind. Außerdem werden die Finanzierungssalden der institutionellen Transaktoren bestimmt, die u. a. die Zinsen erklären.

Endogen eingebunden in dieses System ist somit die gesamte Fiskalpolitik. Die Geldpolitik - soweit sie Einfluß auf das Zinsniveau nimmt - ist gleichfalls endogen. Hervorzuheben ist, daß das gesamte System simultan gelöst wird. Dabei sind allein die Variablen des INFORUM-Welthandelsmodells aus dem Simultanblock herausgenommen.

Die Struktur des Modells PANTA RHEI ist hochgradig interdependent. Neben den üblichen Kreislaufinterdependenzen sind die Mengen-Preisinterdependenzen und die Lohn-Preisinterdependenz abgebildet. Dabei ist zu beachten, daß Preise und Mengen konsistent miteinander verknüpft sind. Im Energiebereich sind zusätzlich zu den Angaben in konstanten Preisen auch physische Verbrauchsmengen eingebunden. Das Modell zeichnet sich außerdem durch weitgehende Nichtlinearitäten aus, die durch multiplikative Verknüpfungen von Variablen in Definitionsgleichungen und Schätzgleichungen sowie durch doppelt-logarithmische Schätzansätze entstehen. Für die Abbildung des Strukturwandels sind diese Eigenschaften unverzichtbar.

Das Modell weist einen sehr hohen Endogenisierungsgrad auf. Exogen vorgegeben sind im wesentlichen einige wenige Steuersätze, das Arbeitsangebot und die Weltmarktvariablen des internationalen INFORUM-Systems. Da PANTA RHEI selbst Bestandteil dieses Systems ist, sind allerdings auch die Weltmarktvariablen in einem *linked run* aller 13 Modelle des INFORUM-Systems endogen bestimmt. Die weitgehende Endogenisierung hat den Vorteil, daß bei Simulationsrechnungen die Effekte vollständig abgebildet sind.

11.3 Datentechnische Fundierung und Parametrisierung

In diesem Abschnitt werden die konstituierenden Bestandteile der Modelldatenbasis kurz beschrieben, wobei sich die Darstellung auf die zentralen Bausteine Input-Output-Rechnung, Energieträgerrechnung, Arbeitsvolumenrechnung, INFORUM-Welthandelsdatenbasis und das Kontensystem der Volkswirtschaftlichen Gesamtrechnungen konzentriert.

Die historische Datenbasis des Modells PANTA RHEI besteht aus gut 40000 Zeitreihen, die zum überwiegenden Teil aus den Volkswirtschaftlichen Gesamtrechnungen (VGR) und aus den Umweltökonomischen Gesamtrechnungen (UGR) des Statistischen Bundesamtes stammen. Weitere wichtige Datenquellen sind die Arbeitszeit- und Arbeitsvolumenrechnung des Instituts für Arbeitsmarkt- und Berufsforschung der Bundesanstalt für Arbeit (IAB) sowie die Welthandelsdatenbank des internationalen INFORUM-Modellsystems.

Jede einzelne Zeitreihe dieser Datenbasis enthält Jahreswerte ab 1978 durchgehend bis 1994. Für den gesamten Datensatz gilt in den Jahren 1978 bis 1990 der Gebietsstand *Westdeutschland* und in den Jahren ab 1991 der Gebietsstand *Deutschland*. Daher tritt bei vielen Zeitreihen von 1990 auf 1991 ein Sprung auf.

Die wohlzentrale Zeitreihe des Modells PANTA RHEI ist die Zeitreihe der Input-Output-Tabelle. Diese ist disaggregiert in 58 Gütergruppen und 58 Produktionsbereiche von denen 5 Produktionsbereiche in weitere 29 Energieträger unterteilt sind. Die Endnachfrage ist in die üblichen Komponenten Privater Verbrauch, Staatsverbrauch, Ausrüstungen, Bauten, Vorratsveränderung und Ausfuhr aufgeteilt. Auch die Bruttowertschöpfung entspricht der Gliederung der Input-Output-Tabellen. Sie ist unterteilt in Nichtabziehbare Umsatzsteuer, Abschreibungen, Einkommen aus unselbständiger Arbeit sowie Einkommen aus Unternehmertätigkeit und Vermögen (einschl. Produktionssteuern abzgl. Subventionen). Neben den Input-Output-Tabellen werden Importverflechtungsmatrizen und die importierte Endnachfrage in derselben Disaggregation genutzt. Die aus diesen Tabellen resultierenden Zeitreihen liegen in jeweiligen Preisen und in Preisen von 1991 vor.

Somit sind auch Zeitreihen von Preisindizes mit der Preisbasis von 1991 vorhanden.

Der Datensatz von Input-Output-Tabellen geht zurück auf Ergebnisse des Statistischen Bundesamtes. Meyer u. a. (1999a, S. 67ff) ist zu entnehmen, auf welche Datenquellen im einzelnen zurückgegriffen wurde und wie bestehende Lücken im Ursprungsdatenmaterial geschlossen wurden.

Die im Modell PANTA RHEI verwendete Energieträgerrechnung des Statistischen Bundesamtes stellt als integraler Bestandteil der Input-Output-Rechnung in tiefer Disaggregation Angaben über das Aufkommen und die Verwendung von Energie im Inland als Zeitreihe bereit (Statistisches Bundesamt 1996). Die Konzeption dieser Tabellen und der Unterschied zu den Energiebilanzen (Arbeitsgemeinschaft Energiebilanzen 1999) wird von Mayer (1990, 1993) und Weber (1998) dargestellt.

In dieser Energieträgerrechnung sind fünf der obigen Produktionsbereiche in weitere 29 Energieträger unterteilt. Für jeden dieser 29 Energieträger sind die in sich und untereinander abgestimmten Aufkommens- und Verwendungsbilanzen in spezifische, natürliche Mengeneinheiten (Tonnen, Kubikmeter, Wattstunden), in Wärmeeinheiten (Joule) und in Energiekosten in jeweiligen Preisen als Input für alle Gütergruppen und Endnachfragekomponenten ausgewiesen. Daraus lassen sich die Energiekosten in Preisen von 1991 und die impliziten Preisindizes berechnen (Bockermann 1995).

Um vom Energieverbrauch auf die Luftschadstoffemissionen zu schließen, wird das Konzept des *emissionsrelevanten* Energieverbrauchs verwendet. Die (energiebedingten) Emissionen stehen durch für CO_2 konstante *Emissionsfaktoren* auf der Ebene des einzelnen Verbrennungsprozesses in einer technischen Relation zum emissionsrelevanten Energieverbrauch. Daraus ergeben sich die hier betrachteten energiebedingten CO_2-Emissionen. Wirkungen auf weitere Luftschadstoffe wurden mit PANTA RHEI von Lutz (1998) und Meyer u. a. (1998, 1999a) analysiert.

Einen weiteren wichtigen Bestandteil des Modells bildet die Arbeitsvolumenrechnung nach Produktionsbereichen. Dieser Datensatz basiert auf den Ergebnissen der Input-Output-Rechnung, die passend zu den funktionell gegliederten Input-Output-Tabellen Angaben über Erwerbstätige und Beschäftigte Arbeitnehmer nach 58 Produktionsbereichen bereitstellen (Statistisches Bundesamt 1997b, S. 67f.). Diese Angaben wurden mit den Ergebnissen der sektoralen Jahresarbeitszeitrechnung des Instituts für Arbeitsmarkt- und Berufsforschung (IAB) kombiniert (Kohler 1997). Unter Berücksichtigung des Einkommens aus unselbständiger Arbeit und der Arbeitgeberbeiträge zur Sozialversicherung konnten mit den obigen Informationen Zeitreihen von Arbeitskosten und Bruttolohnsätzen pro Stunde in jeweiligen Preisen für alle Produktionsbereiche berechnet werden.

Zur Datenbasis von PANTA RHEI gehören weiterhin die disaggregierten Zeitreihen des internationalen INFORUM-System (Nyhus 1991), welches aus 12 weiteren ökonometrischen Input-Output-Modellen für Belgien, Frankreich, Großbritannien, Italien, Japan, Kanada, Mexiko, die Niederlande, Österreich, Spanien, Südkorea und die USA besteht. Der Außenhandel dieser 12 Länder und der Deutschlands machen etwa 90 % des Welthandels aus. Ein Modell für den Rest der Welt schließt das System. Aus diesem System gehen neben den Devisenkursen dieser Länder die Importnachfrage, der Weltmarktpreisindex und der INFORUM-Einfuhrpreisindex für die deutschen Importe für jedes Land disaggregiert nach Gütergruppen als Zeitreihe in das Modell PANTA RHEI ein.

Schließlich wird in PANTA RHEI die Input-Output-Rechnung in das Kontensystem der Volkswirtschaftlichen Gesamtrechnungen integriert, welches den allgemeinen Rahmen der VGR darstellt (Statistisches Bundesamt 1997a). Damit ist die Konsistenz des Gesamtmodells gewährleistet, denn jede Ausgabe eines Sektors hat automatisch die entsprechenden Einnahmen beim Empfängersektor zur Folge. Das Kontensystem dient der Umverteilung der Einkommen, insbesondere der Bestimmung der Verfügbaren Einkommen der Privaten und Öffentlichen Haushalte, die ihrerseits wichtige Determinanten der Endnachfrage darstellen. Politiksimulationsmodelle können auf die Abbildung dieser Zusammenhänge kaum verzichten, denn fast alle wirtschaftspolitischen Maßnahmen greifen in die Umverteilung ein. Wichtig ist natürlich auch die Ermittlung der Finanzierungssalden, die in die Zinsbestimmung eingehen und deren Gegenüberstellung das System abschließt.

Mit dem oben angeführten Datenmaterial ist der größte Teil der in PANTA RHEI genutzten Daten genannt. Allerdings sind noch zusätzliche Zeitreihen wie zum Beispiel geldpolitische Variablen integriert.

Die Parameter der Modellgleichungen wurden mit dem OLS-Verfahren über den Zeitraum 1978 bis 1994 ökonometrisch geschätzt. Der mit dem Übergang vom Gebietsstand Westdeutschland zu Deutschland im Schätzzeitraum liegende Strukturbruch wurde durch additive und multiplikative Dummyvariablen erfaßt. Bei der Auswahl alternativer Schätzansätze wurden zunächst a priori-Informationen über Vorzeichen und Größenordnungen der zu schätzenden Koeffizienten genutzt. Mit anderen Worten: Ökonomisch unsinnige Schätzergebnisse wurden verworfen. Die verbleibenden Schätzungen wurden auf Autokorrelation der Residuen anhand der Durbin-Watson-Statistik sowie auf Signifikanz der geschätzten Parameter mit dem t-Test geprüft. War auf dieser Basis eine Diskriminierung konkurrierender Ansätze nicht möglich, wurde das Bestimmtheitsmaß der Schätzung hinzugezogen.

Im Gegensatz zu allgemeinen Gleichgewichtsmodellen sind in PANTA RHEI als ökonometrischem Input-Output-Modell Substitutionselastizitäten keine von außen einstellbaren Größen (Annahmen). Elastizitäten sind vielmehr Ergebnis ökonometrischer Zeitreihenschätzungen. Sie sind im Modell implizit in den geschätzten Regressionskoeffizienten enthalten.

Tabelle 11-1: Geschätzte Preiselastizitäten für die Stromnachfrage

Produktionsbereich	Relativpreis: Vorleistungspreis Strom/ Inlandspreis des Produktionsbereichs
Landwirtschaft	-
Forstwirtschaft/Fischerei	-
Elektrizitätswirtschaft	-
Gasversorgung	-
Wasserversorgung	-
Kohlenbergbau	-
Erz-/Salzbergbau	-
Erdöl-/Erdgasgewinnung	-
Chemische Industrie	-0,61
Mineralölverarbeitung	-
Kunststoffverarbeitung	-0,57
Gummiverarbeitung	-0,59
Baustoffindustrie	-
Feinkeramische Industrie	-0,44
Glasindustrie	-
Eisen-/Stahlindustrie	-
NE-Metallindustrie	-
Gießereien	-0,73
Ziehereien/Kaltwalzwerke	-
Metall-/Schienenfahrzeugbau	-
Maschinenbau	-0,85
Büromaschinen-/Computerherst.	-0,43
Straßenfahrzeugbau	-
Wasserfahrzeugbau	-0,97
Luft-/Raumfahrzeugbau	-0,36
Elektrotechnik	-0,30
Feinmechanik/Optik/Uhrenherst.	-
Eisen-/Blech-/Metallwarenherst.	-1,09
Musikinstr.-/Sportgeräteherst.	-0,34
Holzbearbeitung	-0,31
Holzverarbeitung	-0,20
Zellstoff-/Papier-/Pappeherst.	-0,19
Papier-/Pappeverarbeitung	-0,55
Druckerei/Vervielfältigung	-
Ledergewerbe	-0,47
Textilindustrie	-
Bekleidungsindustrie	-
Ernährungsgewerbe	-0,15
Getränkeherstellung	-0,22
Tabakverarbeitung	-
Bauhauptgewerbe	-
Ausbaugewerbe	-
Großhandel	-
Einzelhandel	-
Eisenbahnen	-0,82
Schiffahrt/Häfen	-0,30
Postdienst/Fernmeldewesen	-
Speditionen/Fluggesellschaften	-1,90
Kreditinstitute	-0,53
Versicherungen	-0,46
Gebäude-/Wohnungswirtschaft	-0,75
Gaststätten-/Hotelgewerbe	-0,95
Wissenschaft/Kultur/Verlage	-
Gesundheits-/Veterinärwesen	-0,29
Sonst. Dienstleistungsgewerbe	-0,47
Gebietskörperschaften	-0,19
Sozialversicherung	-0,51
Kirchen/Parteien/Vereine	-0,50

Angesichts tausender Schätzgleichungen im Modell ist eine umfassende Darstellung aller Elastizitäten unmöglich, eine Zusammenfassung zu Gruppen (Vektoren) wie folgendes Beispiel zeigt, kaum aussagekräftig. So hängt die Arbeitsnachfrage im Modell für die 58 betrachteten Sektoren im wesentlichen von der Entwicklung der Bruttoproduktion und der realen Arbeitskosten des Sektors ab. Die Elastizitäten liegen für die Bruttoproduktion zwischen 0,05 und 1,62 und für die Arbeitskosten zwischen -0,03 und -1,21.

Von zentraler Bedeutung für die Simulationsergebnisse sind die in Tabelle 11-1 dargestellten geschätzten Preiselastizitäten für die Stromnachfrage, wenn ein beschleunigter Ausstieg aus der Kernenergie die Stromerzeugungskosten und damit auch die Strompreise erhöht. Stromnachfrager sind in PANTA RHEI die 58 Produktionsbereiche und die privaten Haushalte. Die Produktionsbereiche setzen Strom als Vorleistung ein, die privaten Haushalte sind Endnachfrager. Bei einigen Produktionsbereichen ließ sich ein Preiseinfluß nicht statistisch signifikant nachweisen. Dann beträgt die implizit unterstellte Preiselastizität 0.

Die Preiselastizitäten liegen in der Regel in einem Bereich von -0,2 bis fast -1,0. Für die privaten Haushalte wurde eine Preiselastizität von -0,76 gemessen (Konsumpreis Strom/gewichteter Konsumpreis für alle Güter). Bei ihrer Interpretation ist zu berücksichtigen, daß sie längerfristig wirksame Preisreaktionen beschreiben. Höhere Strompreise, die kurzfristig kaum Verhaltensänderungen hervorrufen, führen auf längere Sicht über effizientere Maschinen zu einer weniger stromintensiven Produktions- bzw. Konsumweise.

PANTA RHEI ist als Prognose- und Simulationsmodell in erster Linie für die ex-ante-Analyse konzipiert. Dennoch ist eine notwendige Bedingung für die Validität eines ökonometrischen Modells die hinreichend genaue Erklärung der historischen Entwicklung. Daher wurde für PANTA RHEI eine historische Simulation durchgeführt (Meyer u. a. 1999a, S. 81). Sie stellt die klassische Form der Anpassungsprüfung ökonometrischer Modelle dar (Pindyck, Rubinfeld 1998, S. 383). Mit dieser historischen Simulation wurde die Entwicklung der gesamtwirtschaftlichen und sektoralen Variablen gut getroffen. Damit erscheint das Modell prognosefähig.

11.4 Modellergebnisse der Fallstudie

In dieser Studie werden neben der Basisprognose (F40) drei Varianten eines beschleunigten Ausstiegs aus der Kernenergie in 25 Zeitjahren berechnet. In der ersten Variante (F25) werden keine zusätzlichen Klimaschutzmaßnahmen getroffen, in der zweiten Variante (F25B) hält eine CO_2-Steuer mit gleichzeitiger Kompensation der Arbeitgeberbeiträge zur Sozialversicherung die CO_2-Emissionen auf dem Niveau der Simulation F40. In der dritten Variante (F25K) wird neben dem Ausstieg aus der Kernenergie auch der in Kyoto vereinbarte Zielpfad für die CO_2-Emissionen durch eine entsprechende hohe Emissionssteuer eingehalten. Die wesentlichen Annahmen für die Ausgestaltung der CO_2-Steuer sind in Meyer u. a. (1999b, S. 93ff) umfassend dargestellt.

Die Vorgaben der harmonisierten Fallstudie zur Entwicklung der Energieimportpreise (FORUM-Preise), der Mindesteinsatzmengen von Stein- und Braunkohle sowie der Einsatzmengen an Kernenergie und erneuerbaren Energieträgern sind in den Modellrechnungen umgesetzt. Der modellendogen ermittelte Stromimportsaldo liegt in allen Varianten unter 1 % der im Inland bereitgestellten Strommenge.

11.4.1 Elektrizitätswirtschaftliche Effekte

In der Simulation F40, in der ein Auslaufen der Kernkraftwerke nach 40 Zeitjahren unterstellt ist, wird der Strom bis zum Jahr 2015 zu rund 30 % in Kernkraftwerken produziert. Erst in den Jahren danach sinkt der Kernenergieanteil an der Stromerzeugung gegenüber heute, beträgt im Jahr 2020 aber immer noch über 20 %. Stein- und Braunkohle behalten ihre Bedeutung für die Stromerzeugung, während der Einsatz von Gasen gegenüber dem Jahr 2000 rückläufig ist. Der Grund für diese Entwicklung liegt in der Ausgestaltung des Szenarios: Die Gaspreise steigen gemäß den Annahmen des Modellvergleichs schneller als die Kohlepreise. Der Einsatz erneuerbarer Energieträger einschließlich Wasserkraft nimmt bis zum Jahr 2020 gegenüber dem Jahr 2000 um rund 50 % zu. Trotz weiter steigender Stromnachfrage ist der Einsatz von Energieträgern zur Stromerzeugung insgesamt in den nächsten 20 Jahren sogar rückläufig. Die Effizienzsteigerungen der Vergangenheit bei der Stromerzeugung setzen sich fort.

Der Ausstieg aus der Kernenergie mit Laufzeiten je Reaktor von 25 Zeitjahren führt zur Abschaltung des letzten Reaktors in Deutschland im Jahr 2013. Dadurch verschiebt sich die Einsatzstruktur der Elektrizitätswirtschaft gegenüber der Simulation F40 massiv. Da sich die Preise der fossilen Energieträger nicht verändern, werden alle fossilen Energieträger im Vergleich zur Simulation F40 verstärkt eingesetzt. Ihr Einsatzmix ändert sich kaum. Der exogen vorgegebene Einsatz erneuerbarer Energieträger bleibt unverändert (vgl. Tabelle 11-14).

In den zum Ersatz der Kernkraftwerke eingesetzten fossilen Kraftwerken wird Strom teurer produziert als bisher in den Kernkraftwerken. Als Folge der gestiegenen Produktionskosten erhöhen die Stromerzeuger ihre Preise. Die Stromnachfrager reagieren auf die Preissteigerungen mit den in Tabelle 11-1 dargestellten Preiselastizitäten. Die Stromnachfrage und auch die Stromproduktion gehen zurück. Die Verbesserung der Wirkungsgrade der Kraftwerke bleibt im Vergleich zur Simulation F40 davon unberührt. Es wird somit nicht unterstellt, daß Effizienzsteigerungen bei der Stromerzeugung einen Teil des höheren Einsatzes fossiler Energieträger ausgleichen.

Tabelle 11-2 : Sektorale Produktionseffekte in der Elektrizitätswirtschaft – Abweichungen von der Simulation F40 in %

	2005	2010	2015	2020
Ausstieg in 25 Zeitjahren ohne Minderungsziel (F25)	-1.6	-3.6	-4.4	-3.4
Ausstieg in 25 Zeitjahren mit CO_2-Trendvorgabe (F25B)	-6.1	-13.4	-15.6	-10.9
Ausstieg in 25 Zeitjahren mit Kyoto-Ziel (F25K)	-12.3	-23.0	-33.8	-41.4

Die oben genannten Preis- und Mengeneffekte, die im Fall des auf 25 Zeitjahre beschleunigten Ausstiegs aus der Kernenergie im Jahr 2015 bei einer Erhöhung der Strompreise um 10,2 % einen Produktionsrückgang um 4,4 % jeweils gegenüber der Simulation F40 ausmachen, verstärken sich, wenn zusätzlich Klimaschutzziele durch den Einsatz einer CO_2-Steuer, die die fossilen Energieträger verteuert, eingehalten werden sollen. In der Spitze liegen die Produktionsrückgänge dann sogar bei 15,6 % bzw. bei 33,8 %. Im Jahr 2020 verringern sich die Verluste gegenüber der Simulation F40 wieder, weil dann auch im Basisszenario (F40) Kernkraftwerke abgeschaltet werden, die in den Ausstiegsszenarien gegenüber dem Simulation F40 zusätzlich bereitgestellte Strommenge aus fossilen Kraftwerken demnach wieder zurückgeht.

Diese auf den ersten Blick enormen Rückgänge der Stromproduktion können vor dem Hintergrund des modellierten Szenarios aber nicht überraschen. Der Stromwirtschaft ist jede Ausweichmöglichkeit verstellt: CO_2-freie Energieträger können annahmegemäß nicht zusätzlich eingesetzt werden, höhere Stromimporte sind nicht zugelassen und auch die Zunahme der Effizienz der Kraftwerke bleibt gegenüber der Simulation F40 gleich.

11.4.2 Gesamtwirtschaftliche Entwicklung

Ein Ausstieg aus der Kernenergie in 25 Zeitjahren ohne Berücksichtigung von Klimaschutzzielen (F25) hat einen leicht negativen Effekt auf das Bruttoinlandsprodukt (vgl. Tabelle 11-7). Neben dem Privaten Verbrauch gehen auch die Ausrüstungsinvestitionen gegenüber der Simulation F40 um bis zu 0,3 % bzw. bis zu 0,6 % zurück. Die anderen Komponenten des BIP bleiben von dem beschleunigten Ausstieg fast unberührt. Insgesamt liegt die Wirtschaftsleistung um höchsten 0,3 % unter der Simulation F40. In laufenden Preisen entspricht dies einer maximalen Differenz von 13,0 Mrd. DM im Jahr 2014, die sich bis zum Jahr 2020 auf 8,7 Mrd. DM reduziert. Über den Zeitraum von 2000 bis zum Jahr 2020 betrachtet, bedeutet dies keinen nennenswerten Rückgang der Wirtschaftsdynamik. Das durchschnittliche jährliche Wachstum des BIP sinkt gerade einmal von 1,95 % auf 1,94 %.

Da gleichzeitig die Zahl der Beschäftigten sogar leicht zunimmt und das Preisniveau nur leicht höher liegt als in der Simulation F40, ist der auf 25 Zeitjahre beschleunigte Ausstieg gesamtwirtschaftlich tragbar. Problematisch ist dagegen der deutliche Anstieg der CO_2-Emissionen um 7,5% gegenüber der Simulation F40, in der die Emissionen nach dem Jahr 2010 durch den beginnenden Ausstieg aus der Kernenergie entgegen dem Trend der letzten Jahre schon deutlich anziehen werden.

Im Fall des Ausstiegs in 25 Zeitjahren bei gleichzeitiger Einhaltung der CO_2-Trendvorgabe (F25B) sind die negativen gesamtwirtschaftlichen Effekte in etwa doppelt so groß wie ohne CO_2-Vorgabe. Neben dem Privaten Verbrauch geht in diesem Fall auch der Export (von Energieträgern und energieintensiv produzierten Gütern) überdurchschnittlich zurück. Der größte Rückgang des BIP im Jahr 2015 beträgt in diesem Fall 27,8 Mrd. DM, die durchschnittliche Wachstumsrate des BIP sinkt für den Zeitraum 2000 bis 2020 kaum merklich auf 1,93 % pro Jahr. Bei geringfügig höherem Preisniveau kann der Einsatz der zusätzlichen CO_2-Steuereinnahmen zur Senkung der Arbeitgeberbeiträge zur Sozialversicherung sogar zu einem deutlichen Beschäftigungsplus führen.

Tabelle 11-3: Gesamtwirtschaftliche Effekte – Abweichungen von der Simulation F40 in %

Ausstieg in 25 Zeitjahren ohne Minderungsziel	**2005**	**2010**	**2015**	**2020**
BIP	-0.1	-0.2	-0.2	-0.2
Erwerbstätige in Mio.	0.1	0.1	0.1	0.2
Preisindex Pr. Verbrauch	0.1	0.2	0.2	0.3
Preisindex BIP	0.1	0.2	0.1	0.3
Nominallohnsatz	-0.1	-0.2	-0.2	-0.2
Reallohnsatz (1991)	-0.2	-0.4	-0.4	-0.5
Sozialversicherungsbeiträge	0.0	0.0	0.0	0.0
Terms of Trade	0.0	0.1	0.0	0.1
Ausstieg in 25 Zeitjahren mit CO_2-Trendvorgabe				
BIP	-0.2	-0.4	-0.6	-0.4
Erwerbstätige in Mio.	0.6	1.5	1.6	1.1
Preisindex Pr. Verbrauch	0.6	1.6	2.1	1.7
Preisindex BIP	0.3	1.1	1.6	1.5
Nominallohnsatz	-0.6	-1.1	-0.8	-0.2
Reallohnsatz (1991)	-1.1	-2.6	-2.8	-1.8
Sozialversicherungsbeiträge	-2.4	-4.6	-4.4	-2.3
Terms of Trade	-0.2	-0.3	-0.2	0.0
Ausstieg in 25 Zeitjahren mit Kyoto-Ziel				
BIP	-0.4	-0.9	-2.5	-5.3
Erwerbstätige in Mio.	1.5	3.4	4.8	5.3
Preisindex Pr. Verbrauch	1.3	3.4	6.6	10.7
Preisindex BIP	0.7	2.3	4.7	8.4
Nominallohnsatz	-1.5	-2.6	-3.2	-3.3
Reallohnsatz (1991)	-2.7	-5.7	-9.0	-12.4
Sozialversicherungsbeiträge	-6.3	-10.3	-14.4	-15.7
Terms of Trade	-0.6	-1.0	-1.4	-1.2

Im Fall des Ausstiegs bei gleichzeitiger Einhaltung der in Kyoto vereinbarten Klimaschutzziele (F25K) treten stärkere Effekte auf. Im Jahr 2020 liegt das BIP um 5,3 % unter dem Niveau der Simulation F40. Im Gegensatz zu den beiden vorhergehenden Szenarien wird der BIP-Rückgang nicht durch den Ausstieg aus der Kernenergie, sondern durch die steigenden CO_2-Steuersätze geprägt. Im Ausstiegsjahr 2013 liegt das BIP um 1,8 % unter dem Wert der Simulation F40, in

2015 um 2,5 % darunter. Auch das Preisniveau nimmt in diesem Fall deutlich zu. Einzig die positive Beschäftigungsentwicklung, die durch die Senkung der Arbeitskosten ausgelöst wird, bleibt als positive Wirkung erhalten. Hierzu ist allerdings einschränkend zu sagen, daß bei anderer Verwendung der Steuereinnahmen z. B. zur Haushaltssanierung oder zur einseitigen Senkung des Arbeitnehmeranteils zur Sozialversicherung dieser positive Beschäftigungseffekt wegfällt (Meyer u. a. 1999b; S. 98ff).

Als positiver Aspekt ist dagegen zu sehen, daß die gesamtwirtschaftlichen Verluste vor allem in den letzten Jahren des Betrachtungszeitraums anfallen. Insofern besteht noch ausreichend Gelegenheit, durch den verstärkten Einsatz erneuerbarer Energieträger, die Förderung der Effizienz bei der Stromerzeugung oder eine stärkere Preisdifferenzierung der Klimaschutzsteuer zugunsten der CO_2-armen Gase die gesamtwirtschaftlichen Verluste zu begrenzen.

11.4.3 Sektorale Effekte

Die Entwicklung der Wirtschaftsstruktur wird in PANTA RHEI von der Entwicklung der relativen Preise geprägt. In die Sektorpreise gehen die Stückkosten des Sektors zusammen mit einem mark up-Faktor ein, in dem sich die jeweilige Marktsituation widerspiegelt. Daneben spielen beim simulierten Ausstieg aus der Kernenergie natürlich der damit verbundene unmittelbare Zwang zu einem anderen Einsatzmix und dadurch ausgelöste Preiseffekte bei der Stromerzeugung eine umso größere Rolle, je geringer andere Preiseinflüsse (durch eine CO_2-Steuer mit Kompensation) ausfallen.

Beim Ausstieg in 25 Zeitjahren ohne Klimaschutzmaßnahmen steigen in erster Linie die Produktionskosten der Elektrizitätswirtschaft. Im Jahr 2015 sind dadurch die Strompreise nach Tabelle 11-9 immerhin um 10,2 % höher als in der Simulation F40. Da Strom auch in anderen Sektoren eingesetzt wird, steigen überall, besonders in den stromintensiven Sektoren wie der Landwirtschaft oder der NE-Metallindustrie, die Preise. Über die gesamte Volkswirtschaft macht dieser Preisanstieg im Jahr 2015 immerhin 0,4 % aus. Er schwächst sich bis zum Jahr 2020 aber wieder auf 0,3 % ab.

Deutliche Produktionseffekte löst der Kernenergieausstieg in den Energiesektoren aus (vgl. Tabelle 11-10). In erster Linie Stein- und Braunkohle, aber auch Gase ersetzen die Kernenergie bei der Stromerzeugung. Für die Steinkohle ist somit unterstellt, daß ein großer Teil der gegenüber der Simulation F40, in der die Produktion deutlich sinken wird, zusätzlichen Fördermenge aus dem Inland stammen wird. Daß der Produktionseffekt bei Gasen viel kleiner ausfällt als bei der Kohle hat damit zu tun, daß die Elektrizitätswirtschaft für die Gasversorger nur einer von vielen Nachfragern ist, während die Kohleerzeuger in Zukunft sogar noch stärker als im Jahr 2000 weitgehend von der Nachfrage der Elektrizitätswirtschaft abhängen werden.

Die Produktionsbereiche reagieren mit den in Tabelle 11-1 dargestellten Preiselastizitäten auf die gestiegenen Strompreise und versuchen die höheren Strompreise an die bei ihnen nachfragenden Sektoren oder Endnachfrager weiterzugeben. Da dies z. B. der NE-Metallindustrie und auch anderen Sektoren nicht voll gelingt, und auch die Privaten Haushalte ihre Stromnachfrage im Vergleich zu der Simulation F40 reduzieren, geht die Stromproduktion um bis zu 4,5 % im Jahr 2014 gegenüber der Simulation F40 zurück. In absoluten Zahlen steigt die Stromproduktion damit im Durchschnitt aber selbst im Fall des beschleunigten Ausstiegs noch um über 1 % pro Jahr.

Werden neben dem Ausstieg auch Klimaschutzziele verfolgt, sind die durch die CO_2-Steuer ausgelösten Preiseffekte deutlich größer als die durch den Ausstieg hervorgerufenen Preissteigerungen. Soll zumindest die CO_2-Trendvorgabe eingehalten werden, steigen die Preise der CO_2-intensiven Kohle am meisten, gefolgt von der Elektrizitätswirtschaft, der Gasversorgung und der Mineralölverarbeitung. Im Vergleich zu reinen CO_2-Steuersimulationen (vgl. Meyer u. a. 1999b, S. 102) ist die Elektrizitätswirtschaft viel härter betroffen, weil der Zwang zum Einsatz teurer fossiler Energieträger mit zusätzlichen Steuern die Branche doppelt belastet. In den anderen Sektoren sind die Preiseffekte mit Ausnahme der Land- und Forstwirtschaft, der Eisen- und Stahlindustrie und der NE-Metallindustrie gering. Insgesamt steigt das Preisniveau gegenüber der Simulation F40 um bis zu 2,1 % im Jahr 2015 an.

Die Preiserhöhungen wirken sich negativ auf die Produktionswerte der Energiesektoren aus. Am deutlichsten fällt der Produktionsrückgang bei der Elektrizitätswirtschaft mit bis zu -15,6 % aus. Auch bei der Mineralölverarbeitung sowie energieintensiven Produktionsbereichen wie Eisen- und Stahlindustrie und NE-Metallindustrie geht die Produktion gegenüber der Simulation F40 deutlich zurück. Der Einsatz von Gasen wird dagegen nur wenig reduziert, weil Gase durch die CO_2-Steuer weniger belastet werden als andere fossile Energieträger und sie z. B. für Heizzwecke bei Privaten Haushalten gegenüber Heizöl relativ billiger werden. Die Produktionsentwicklung beim Kohlenbergbau bleibt trotz der drastischen Preissteigerungen fast auf dem Niveau der Simulation F40, weil sich die vermehrte Nachfrage als Kernenergieersatz auf der einen Seite und die höheren Preise auf der anderen Seite weitgehend ausgleichen.

Soll neben dem Kernenergieausstieg auch das Kyotoziel eingehalten werden, sind drastisch höhere CO_2-Steuersätze von bis zu 440 DM/t CO_2 im Jahr 2020 notwendig. In diesem Fall entsprechen die Preis- und Mengeneffekte mit Ausnahme der Elektrizitätswirtschaft weitgehend denen einer reinen CO_2-Steuer (vgl. Meyer u. a. 1999b, S. 102). In der Elektrizitätswirtschaft verstärkt der Ausstieg aus der billigen und CO_2-freien Kernenergie den Preisanstieg und den dadurch ausgelösten Produktionsrückgang enorm.

11.4.4 Beschäftigung

Der Ausstieg aus der Kernenergie führt in der Elektrizitätswirtschaft zu einem Beschäftigungsrückgang gegenüber der Simulation F40, der nur wenig geringer ausfällt als der Produktionsrückgang (vgl. Tabelle 11-11). Positiv wirkt sich der Kernenergieausstieg dagegen auf die Beschäftigungssituation im Kohlenbergbau aus. Ein Teil des höheren Kohleverbrauchs in der Elektrizitätswirtschaft wird demnach aus inländischer Förderung gedeckt. Die höhere Beschäftigung im Kohlenbergbau bedeutet gleichzeitig, daß die gesamtwirtschaftliche Produktivität etwas langsamer ansteigt als in der Simulation F40. Dies wiederum bremst den Reallohnanstieg geringfügig, so daß auch in anderen Sektoren das Beschäftigungsniveau trotz niedrigerer Produktion nicht sinkt und in einigen Sektoren wie der Elektrotechnik, dem Bau, den Dienstleistungen und beim Staat sogar mehr Personen beschäftigt sind als in der Simulation F40. Tabelle 11-4 verdeutlicht, daß die absoluten Beschäftigungszuwächse fast ausschließlich in diesen Bereichen auftreten.

Tabelle 11-4: Beschäftigungseffekte – Abweichungen von der Simulation F40 in 1000

	2005	2010	2015	2020
Ausstieg in 25 Zeitjahren ohne Minderungsziel				
Land- und Forstwirtschaft	0,2	0,4	0,5	0,6
Elektrizitätswirtschaft	-3,4	-7,5	-8,2	-5,6
Gasversorgung	0,0	0,2	0,2	0,1
Kohlenbergbau	15,4	34,0	40,2	31,4
Chemische Industrie	0,3	0,4	0,3	0,2
Mineralölverarbeitung	0,0	0,0	0,0	0,0
Eisen-/Stahlindustrie	-0,1	-0,2	-0,3	-0,2
NE-Metallindustrie	-0,1	-0,2	-0,4	-0,4
Maschinenbau	0,9	1,5	2,1	1,5
Straßenfahrzeugbau	0,5	0,9	1,6	1,2
Elektrotechnik	0,2	1,0	1,9	2,4
Übr. Verarbeitendes Gewerbe	1,7	3,3	3,5	4,3
Bau	2,0	4,7	7,7	6,8
Handel	0,5	1,3	1,6	1,9
Transporte	-0,1	-0,8	-1,6	-1,4
Dienstleistungen	0,6	2,1	-0,2	12,6
Staat	5,1	12,2	14,2	18,4
Insgesamt	23,5	53,3	63,3	74,0

Es ist für die Interpretation dieses positiven Beschäftigungseffekts wichtig, darauf hinzuweisen, daß er fast vollständig auf der Annahme beruht, daß die inländische Kohleförderung im Vergleich zur Simulation F40 steigt. Würde dagegen unterstellt, daß die zusätzlich benötigte Kohle vollständig importiert wird, weil ein ganz bestimmter, unveränderbar feststehender Subventionsbetrag nur eine bestimmte Höchstfördermenge im Inland zuläßt, gäbe es auch kein nenneswertes Beschäftigungsplus. Zwei Argumente sprechen allerdings gegen den in einem solchen Fall unterstellten Subventionsautomatismus, der sich modelltechnisch in idealer Weise annehmen läßt: Erstens lehrt die Erfahrung politischer Entscheidungen, daß veränderte Rahmenbedingungen - wie der beschleunigte Ausstieg aus der Kernenergie - langfristige Politikziele - die Rückführung der Steinkohlesubventionen - torpedieren können. Zweitens umfaßt der Sektor Kohlenbergbau in PANTA RHEI Stein- und Braunkohle. Die zu Weltmarktpreisen in Deutschland geförderte Braunkohle wird - ohne Klimaschutzziele - mit Sicherheit einen Teil der durch den Kernenergieausstieg zusätzlich benötigten Strommenge in Deutschland liefern.

Bei zusätzlicher Berücksichtigung einer CO_2-Steuer wird die Beschäftigungsentwicklung von der Ausgestaltung der Kompensation der Steuereinnahmen bestimmt. Die an dieser Stelle gewählte Senkung der Arbeitgeberbeiträge zur Sozialversicherung führt zu sehr positiven Beschäftigungseffekten in den meisten Sektoren mit Ausnahme der Energiesektoren und weniger energieintensiver Bereiche. Auslöser sind die geringeren Arbeitskosten, die den Anstieg der Energiepreise in den beschäftigungsintensiven Sektoren mehr als ausgleichen. Die Zusammenhänge sind ausführlich in Meyer u. a. (1999b, S.98ff) dargestellt. Bei einer anderen Verwendung der Steuereinnahmen etwa zur Senkung der Staatsverschuldung oder zur Reduktion der Arbeitgeberbeiträge würden dagegen negative gesamtwirtschaftliche Beschäftigungseffekte auftreten.

11.4.5 Emissionen

In PANTA RHEI werden die Emissionen bedeutender Luftschadstoffe über die Emittentenstruktur des Statistischen Bundesamtes und die emissionsrelevanten Energieverbräuche in tiefer Disaggregation nach 58 Produktionsbereichen und den Privaten Haushalten sowie nach 29 Energieträgern ermittelt. Die Entwicklung wichtiger energiebedingter Luftschadstoffemissionen wird im Falle eines Ausstiegs aus der Kernenergie von der Veränderung des Energieträgermixes und der unterschiedlichen Emissionsrelevanz der einzelnen Energieträger bezogen auf den jeweiligen Schadstoff bestimmt.

Der beschleunigte Ausstieg aus der Kernenergie führt zu einer Zunahme der CO_2-Emissionen um bis zu 10 % gegenüber der Simulation F40, weil im wesentlichen CO_2-freie Kernkraftwerke durch fossile Kraftwerke, größtenteils durch die besonders kohlenstoffhaltige Kohle, ersetzt werden. Diese Entwicklung zeigt sich in ähnlicher Form auch bei dem treibhausrelevanten Lachgas (N_2O) und den für Sommersmog und/oder Versauerung mitverantwortlichen Gasen Stickoxide (NO_x) und Schwefeldioxid (SO_2). Lediglich die Methanemissionen (CH_4) ändern sich gegenüber der Simulation F40 kaum. Dabei ist zu berücksichtigen, daß nur ein kleiner Teil der Methanemissionen bei Verbrennungsprozessen besteht, der Ausstieg aus der Kernenergie die Höhe der Gesamtemissionen somit kaum beeinflußt.

Eine CO_2-Steuer, die die Emissionen trotz Kernenergieaustieg auf das Niveau der Simulation F40 drückt, reduziert die Emissionen der anderen energiebedingten Luftschadstoffe mit Ausnahme von Lachgas, das durch die höhere Kohleförderung verstärkt ausgestoßen wird. Soll trotz Kernenergieausstieg bis zum Jahr 2020 das in Kyoto vereinbarte Klimaziel erreicht werden, gehen neben den Kohlendioxidemissionen auch die Emissionen anderer Luftschadstoffe deutlich zurück (vgl. Tabelle 11-7).

Tabelle 11-5: Energiebedingte Luftschadstoffemissionen in kt – Abweichungen von der Simulation F40 in %

	2005	2010	2015	2020
Ausstieg in 25 Zeitjahren ohne Minderungsziel				
CO_2	3.9	8.6	9.9	7.5
Methan (CH_4)	0.4	0.7	1.0	0.8
Lachgas (N_2O)	4.4	9.6	11.1	8.4
Schwefeldioxid (SO_2)	5.3	11.5	13.5	10.5
Stickoxide (NO_x)	1.9	4.3	5.0	3.8
Ausstieg in 25 Zeitjahren mit CO_2-Trendvorgabe				
CO_2	0.2	0.4	0.1	0.2
Methan (CH_4)	-2.3	-5.0	-6.1	-4.9
Lachgas (N_2O)	0.9	1.4	1.2	1.4
Schwefeldioxid (SO_2)	-1.8	-3.5	-4.5	-3.3
Stickoxide (NO_x)	-0.8	-1.6	-2.9	-3.8
Ausstieg in 25 Zeitjahren mit Kyoto-Ziel				
CO_2	-4.2	-6.8	-14.1	-22.8
Methan (CH_4)	-5.7	-10.2	-16.6	-23.1
Lachgas (N_2O)	-3.7	-6.3	-14.0	-23.2
Schwefeldioxid (SO_2)	-8.7	-13.3	-22.8	-33.1
Stickoxide (NO_x)	-3.1	-5.2	-11.8	-19.8

11.4.6 Außenhandel

Im Vergleich zu anderen Komponenten des Bruttoinlandsprodukts ist der Außenhandel nur unterdurchschnittlich vom beschleunigten Ausstieg aus der Kernenergie betroffen (vgl. Tabellen 11-12 und 11-13). Im Szenario des Ausstiegs in 25 Zeitjahren ohne Klimaschutzmaßnahmen bleibt der Außenhandel nahezu unverändert. Einzige nennenswerte Ausnahme ist der Kohleimport, der durch die verstärkte Kohleverstromung angeregt wird. Im Fall einer CO_2-Steuer zum Klimaschutz mit gleichzeitiger Senkung der Arbeitgeberbeiträge zur Sozialversicherung treten nennenswerte Effekte in den Energiesektoren und wenigen energieintensiven Sektoren wie der Eisen- und Stahlindustrie und der NE-Metallindustrie auf. Die höheren Energiekosten der inländischen Produktion führen zu höheren Importen und niedrigeren Exporten. In den übrigen Sektoren, und insbesondere in den außenhandelsintensiven Sektoren der deutschen Volkswirtschaft werden die höheren Energiekosten durch die Senkung der Sozialversicherungsbeiträge dagegen weitgehend kompensiert. Bei kaum veränderten Im- und Exportpreisen bleiben auch die Ein- und Ausfuhrmengen jeweils auf dem Niveau der Simulation F40.

11.4.7 Sensitivitätsanalysen

PANTA RHEI beruht auf der Verwendung ökonometrisch geschätzter Parameter. Daneben bestimmen auch exogene Vorgaben die Modellergebnisse. Die Variation wichtiger Parameter der Modellrechnungen liefert Informationen über die Bedeutung bestimmter Modellannahmen für die Modellergebnisse. Im Hinblick auf den untersuchten beschleunigten Ausstieg aus der Kernenergie werden insbesondere die Fragen möglicher Stromimporte, die Bedeutung der Strommarktliberalisierung und die Rolle der erneuerbaren Energieträger kontrovers diskutiert.

Im folgenden werden drei Varianten jeweils für die Simulation F40 und für das Szenario des beschleunigten Kernenergieausstiegs in 25 Zeitjahren ohne Klimaschutzmaßnahmen (F25) berechnet. In Variante (a) werden höhere Stromimporte unterstellt, die ab dem Jahr 2005 10 % des Stromabsatzes in Deutschland decken. Die zweite Variante (b) unterstellt gegenüber dem Standardszenario um 10 % niedrigere Strompreise im Inland. In der Variante (c) wird schließlich der Einfluß der erneuerbaren Energieträger auf die Modellergebnisse untersucht. Die Einsatzmenge der erneuerbaren Energieträger wird auf dem Stand des Jahres 2000 eingefroren, während sie im Standardszenario etwa auf das Doppelte bis ins Jahr 2020 ansteigt.

Tabelle 11-6: Sensitivitätsrechnungen zum Ausstieg in 25 Zeitjahren ohne Minderungsziel – Abweichungen von der jeweiligen Simulation F40 in %

	2005	**2010**	**2015**	**2020**
Inlandspreis, Elektrizitätswirtschaft (1991 = 100)				
Standardvariante	3,45	8,19	10,17	8,01
Variante (a): Importe	3,55	8,46	10,24	8,35
Variante (b): Preise	3,47	8,11	10,09	7,88
Variante (c): Erneuerbare	3,48	8,33	10,17	8,32
Inländische Produktion, Elektrizitätswirtschaft in Mrd. DM				
Standardvariante	-1,60	-3,61	-4,37	-3,35
Variante (a): Importe	-1,78	-4,03	-4,88	-3,77
Variante (b): Preise	-1,71	-3,83	-4,55	-3,49
Variante (c): Erneuerbare	-1,61	-3,67	-4,43	-3,46
CO_2-Emissionen in Mio. t				
Standardvariante	3,87	8,56	9,94	7,53
Variante (a): Importe	3,57	7,90	9,07	6,84
Variante (b): Preise	4,06	8,98	10,44	7,88
Variante (c): Erneuerbare	3,88	8,59	10,02	7,59
BIP in Preisen von 1991 in Mrd. DM				
Standardvariante	-0,08	-0,21	-0,29	-0,18
Variante (a): Importe	-0,08	-0,21	-0,30	-0,19
Variante (b): Preise	-0,08	-0,18	-0,23	-0,16
Variante (c): Erneuerbare	-0,08	-0,21	-0,26	-0,18

Um zu vergleichbaren Ergebnissen zu gelangen, werden die geänderten Modellannahmen sowohl zur Berechnung einer neuen jeweils anderen Simulation F40 als auch zur Ermittlung der Ausstiegsvariante verwendet. Im folgenden werden dann die Abweichungen zwischen diesen mit jeweils einer veränderten Annahme berechneten Sensitivitätsrechnungen mit den oben dargestellten Abweichungen der Standardvariante verglichen.

Tabelle 11-6 verdeutlicht, daß die Unterschiede in den Preis- und Mengeneffekten in der Elektrizitätswirtschaft zwischen der Standardvariante und den drei Sensitivitätsvarianten sehr gering sind. Höhere Stromimporte in Variante (a) verstärken den Produktionsrückgang der inländischen Elektrizitätswirtschaft im Ausstiegsfall etwas. Statt einem Rückgang der Stromproduktion gegenüber der Simulation F40 von 3,35 % in der Standardvariante im Jahr 2020, beträgt der Rückgang dann 3,77 %. Niedrigere inländische Strompreise in Variante (b) führen ebenfalls zu einem leicht stärkeren Rückgang der Stromproduktion durch den Ausstieg als in der Standardvariante. Fehlen in Variante (c) zusätzliche Möglichkeiten zum Einsatz erneuerbarer Energieträger, steigen die Strompreise ein wenig stärker an als in der Standardvariante.

Auf die Veränderung der CO_2-Emissionen und des Bruttoinlandsprodukts durch den beschleunigten Ausstieg aus der Kernenergie haben die veränderten Annahmen auch nur einen geringen Einfluß. Deutlich höhere Stromimporte führen zu einem etwas schwächeren Anstieg der Emissionen. Bei einem niedrigeren Strompreisniveau im Inland steigen die CO_2-Emissionen dagegen stärker an. Dafür reagiert dann das Bruttoinlandsprodukt weniger stark als in der Standardvariante. Abschließend bleibt festzuhalten, daß die untersuchten Annahmen in der Elektrizitätswirtschaft die Modellergebnisse nicht entscheidend beeinflussen.

Literatur

Arbeitsgemeinschaft Energiebilanzen (Hrsg.) (1999): Energiebilanzen für die Bundesrepublik Deutschland. Frankfurt

Almon, C. (1991): The INFORUM Approach to Interindustry Modeling. Economic Systems Research 3, S. 1-7

Bockermann, A. (1995): The Modelling of Energy Inputs in the INFORGE Model. The Data and First Specifications. In: Janoska, J.J./ Monaco, L.S. (Hrsg.): Papers from the Second INFORUM World Conference. College Park, S. 171-187

Kohler, H. (1997): Innovation und Beschäftigung: Jahresarbeitszeit, Arbeitsvolumen, Produktivität. In: Schnabl, H. (Hrsg.): Innovation und Arbeit: Fakten - Analysen - Perspektiven. Tübingen, S. 93-110

Lutz, C. (1998): Umweltpolitik und die Emissionen von Luftschadstoffen. Eine empirische Analyse für Westdeutschland. Berlin

Mayer, H. (1990): Aufkommen und Verwendung von Energie 1978 bis 1988. Wirtschaft und Statistik, S. 614-622

Mayer, H. (1993): Entwicklung des Energiegehalts von Gütern 1978 bis 1988. In: Schnabl, H. (Hrsg.): Ökointegrative Gesamtrechnung. Ansätze, Probleme, Prognosen. Berlin u. a., S. 233-254

Meyer, B., Bockermann, A., Ewerhart, G. und C. Lutz (1998): Modellierung der Nachhaltigkeitslücke. Eine umweltökonometrische Analyse. Heidelberg

Meyer, B., Bockermann, A., Ewerhart, G. und C. Lutz (1999a): Marktkonforme Umweltpolitik. Wirkungen auf Luftschadstoffemissionen, Wachstum und Struktur der Wirtschaft. Heidelberg 1999

Meyer, B., Bockermann, A. und C. Lutz (1999b): PANTA RHEI, in: Forum für Energiemodelle und Energiewirtschaftliche Systemanalysen in Deutschland (Hrsg.): Energiemodelle zum Klimaschutz in Deutschland. Strukturelle und gesamtwirtschaftliche Auswirkungen aus nationaler Perspektive. Heidelberg, S. 85-117

Meyer, B. und G. Ewerhart (1997): Lohnsatz, Produktivität und Beschäftigung. Ergebnisse einer Simulationsstudie mit dem disaggregierten ökonometrischen Modell INFORGE. In: Schnabl, H. (Hrsg.): Innovation und Arbeit: Fakten - Analysen - Perspektiven. Tübingen, S. 253-267

Meyer, B. und G. Ewerhart (1998): Multisectoral Policy Modelling for Environmental Analysis. In: Uno, K./ Bartelmus, P. (Hrsg.): Environmental Accounting in Theory and Practice. Amsterdam, S. 395-406

Meyer, B. und G. Ewerhart (1999): INFORGE. Ein disaggregiertes Simulations- und Prognosemodell für Deutschland. In: Lorenz, H.-W./ Meyer, B. (Hrsg.): Studien zur Evolutorischen Ökonomik IV. Berlin

Nyhus, D. (1991): The INFORUM International System. Economic Systems Research 3, S. 55-64

Pindyck, R.S./ Rubinfeld, D.L. (1998): Econometric Models and Economic Forecasts. 4. Auflage, Boston u. a.

Statistisches Bundesamt (Hrsg.) (1996): Aufkommen und Verwendung von Energie 1978 bis 1993. Ergebnisse der Input-Output-Rechnung 1978 bis 1993. Arbeitsunterlage III C 2, Wiesbaden

Statistisches Bundesamt (Hrsg.) (1997a): Fachserie 18 (Volkswirtschaftliche Gesamtrechnungen), Reihe 1.3 (Konten und Standardtabellen) Hauptbericht 1996, Wiesbaden

Statistisches Bundesamt (Hrsg.) (1997b): Fachserie 18 (Volkswirtschaftliche Gesamtrechnungen), Reihe 2 (Input-Output-Tabellen) 1993, Wiesbaden

Weber, C. (1998): Zerlegung kumulierter Energieaufwendungen als Instrument der umweltorientierten Verflechtungsanalyse. In: Jahrbücher für Nationalökonomie und Statistik, Band 3

Anhang 11: Ergebnistabellen zu den Szenariorechnungen mit PANTA RHEI

Tabelle 11-7: BIP und Komponenten in Preisen von 1991 – Abweichungen von der Simulation F40 in %

Ausstieg in 25 Zeitjahren ohne Minderungsziel	**2005**	**2010**	**2015**	**2020**
BIP	-0.1	-0.2	-0.2	-0.2
Privater Verbrauch	-0.1	-0.3	-0.3	-0.2
Staatsverbrauch	0.0	-0.1	0.0	0.0
Ausrüstungen	-0.1	-0.3	-0.6	-0.1
Bauten	0.0	0.0	0.0	-0.1
Vorratsveränderung	0.0	0.0	-3.1	0.3
Ausfuhr	0.0	0.0	0.0	-0.1
Einfuhr	0.0	0.0	-0.1	0.0
Gesamte Investitionen	0.0	-0.1	-0.3	-0.1
Inländische Endnachfrage	-0.1	-0.2	-0.3	-0.1
Ausstieg in 25 Zeitjahren mit CO_2-Trendvorgabe				
BIP	-0.2	-0.4	-0.6	-0.4
Privater Verbrauch	-0.5	-1.1	-1.3	-0.7
Staatsverbrauch	0.1	0.8	1.0	0.8
Ausrüstungen	0.0	0.0	-0.2	0.3
Bauten	0.3	0.5	0.2	-0.2
Vorratsveränderung	1.3	2.5	1.1	0.5
Ausfuhr	-0.1	-0.4	-0.5	-0.5
Einfuhr	-0.1	-0.2	-0.3	-0.1
Gesamte Investitionen	0.2	0.3	0.0	0.0
Inländische Endnachfrage	-0.2	-0.4	-0.5	-0.2
Ausstieg in 25 Zeitjahren mit Kyoto-Ziel				
BIP	-0.4	-0.9	-2.5	-5.3
Privater Verbrauch	-1.2	-2.6	-5.0	-8.1
Staatsverbrauch	0.6	1.9	1.5	-0.9
Ausrüstungen	-0.2	-0.5	-3.2	-7.2
Bauten	0.8	1.0	1.1	0.5
Vorratsveränderung	3.2	5.0	5.1	8.3
Ausfuhr	-0.3	-0.7	-1.4	-2.4
Einfuhr	-0.4	-0.7	-1.5	-2.1
Gesamte Investitionen	0.4	0.3	-0.9	-3.2
Inländische Endnachfrage	-0.5	-0.9	-2.5	-5.3

Tabelle 11-8: CO_2-Emissionen in Mio. Tonnen und CO_2-Steuersatz in DM/Tonne

Simulation F40	**2000**	**2005**	**2010**	**2015**	**2020**
CO_2 in Mio. Tonnen	841.9	840.5	837.8	869.0	903.7
CO_2-Steuersatz, nominal	0.0	0.0	0.0	0.0	0.0
CO_2-Steuersatz, in Pr. von 1991	0.0	0.0	0.0	0.0	0.0
Ausstieg in 25 Zeitjahren ohne Minderungsziel					
CO_2 in Mio. Tonnen	842.5	873.0	909.5	955.4	971.7
CO_2-Steuersatz, nominal	0.0	0.0	0.0	0.0	0.0
CO_2-Steuersatz, in Pr. von 1991	0.0	0.0	0.0	0.0	0.0
Ausstieg in 25 Zeitjahren mit CO_2-Trendvorgabe					
CO_2 in Mio. Tonnen	842.5	842.1	840.8	869.6	905.7
CO_2-Steuersatz, nominal	0.0	30.0	70.0	80.0	50.0
CO_2-Steuersatz, in Pr. von 1991	0.0	22.5	45.9	45.5	24.2
Ausstieg in 25 Zeitjahren mit Kyoto-Ziel					
CO_2 in Mio. Tonnen	842.5	805.0	780.6	746.4	698.1
CO_2-Steuersatz, nominal	0.0	81.1	170.0	305.0	440.0
CO_2-Steuersatz, in Pr. von 1991	0.0	60.4	109.6	166.7	196.5

Tabelle 11-9: Sektorale Preiseffekte – Abweichungen von der Simulation F40 in %

Ausstieg in 25 Zeitjahren ohne Minderungsziel	**2005**	**2010**	**2015**	**2020**
Land- und Forstwirtschaft	0.2	0.5	0.7	0.6
Elektrizitätswirtschaft	3.5	8.2	10.2	8.0
Gasversorgung	0.1	0.5	0.6	0.4
Kohlenbergbau	0.2	0.5	0.6	0.4
Chemische Industrie	0.0	0.0	0.1	0.1
Mineralölverarbeitung	0.0	0.1	0.1	0.1
Eisen-/Stahlindustrie	0.1	0.2	0.2	0.3
NE-Metallindustrie	0.4	0.9	1.1	0.9
Maschinenbau	0.0	-0.1	-0.1	0.0
Straßenfahrzeugbau	0.0	0.0	0.0	0.1
Elektrotechnik	0.0	0.2	0.3	0.4
Übr. Verarbeitendes Gewerbe	0.1	0.2	0.2	0.3
Bau	0.0	0.1	0.2	0.2
Handel	0.1	0.2	0.3	0.2
Transporte	0.0	0.0	0.1	0.0
Dienstleistungen	0.0	0.1	0.2	0.2
Staat	0.1	0.3	0.4	0.3
Insgesamt	0.1	0.3	0.4	0.3
Ausstieg in 25 Zeitjahren mit CO_2-Trendvorgabe				
Land- und Forstwirtschaft	1.6	4.3	5.4	3.8
Elektrizitätswirtschaft	13.5	35.4	44.5	29.4
Gasversorgung	12.5	29.8	34.5	21.7
Kohlenbergbau	35.1	84.4	97.0	58.4
Chemische Industrie	0.1	0.2	0.3	0.3
Mineralölverarbeitung	8.4	19.2	21.2	12.7
Eisen-/Stahlindustrie	1.0	2.6	3.4	2.6
NE-Metallindustrie	1.6	4.2	5.3	4.0
Maschinenbau	-0.4	-0.7	-0.4	0.2
Straßenfahrzeugbau	-0.3	-0.3	0.1	0.6
Elektrotechnik	-0.2	0.5	1.7	2.1
Übr. Verarbeitendes Gewerbe	0.1	0.7	1.2	1.2
Bau	0.1	0.7	1.2	1.2
Handel	-0.2	0.0	0.6	0.8
Transporte	-0.1	0.1	0.1	-0.2
Dienstleistungen	-0.1	0.1	0.5	0.7
Staat	0.5	1.4	1.8	1.6
Insgesamt	0.6	1.6	2.1	1.7
Ausstieg in 25 Zeitjahren mit Kyoto-Ziel				
Land- und Forstwirtschaft	4.2	10.0	21.6	41.9
Elektrizitätswirtschaft	30.4	75.2	151.8	240.5
Gasversorgung	33.6	72.0	130.8	188.9
Kohlenbergbau	95.2	203.7	366.8	524.3
Chemische Industrie	0.2	0.5	1.1	2.0
Mineralölverarbeitung	23.3	48.7	87.6	125.5
Eisen-/Stahlindustrie	2.5	5.9	11.3	17.8
NE-Metallindustrie	3.7	9.0	18.2	31.7
Maschinenbau	-1.1	-1.4	-1.7	-1.4
Straßenfahrzeugbau	-0.8	-0.7	-0.2	1.1
Elektrotechnik	-0.5	1.1	3.8	8.9
Übr. Verarbeitendes Gewerbe	0.3	1.5	3.5	7.0
Bau	0.2	1.7	3.6	6.2
Handel	-0.6	-0.2	1.9	6.3
Transporte	0.2	0.7	2.1	4.2
Dienstleistungen	-0.4	0.2	1.4	4.2
Staat	1.1	2.8	5.5	9.5
Insgesamt	1.3	3.3	6.3	10.1

Tabelle 11-10: Sektorale Produktionseffekte – Abweichungen von der Simulation F40 in %

Ausstieg in 25 Zeitjahren ohne Minderungsziel	**2005**	**2010**	**2015**	**2020**
Land- und Forstwirtschaft	-0.1	-0.2	-0.3	-0.2
Elektrizitätswirtschaft	-1.6	-3.6	-4.4	-3.4
Gasversorgung	0.4	1.6	2.0	1.3
Kohlenbergbau	7.7	16.9	20.2	16.2
Chemische Industrie	0.0	-0.1	-0.1	-0.1
Mineralölverarbeitung	0.0	0.0	0.0	0.0
Eisen-/Stahlindustrie	-0.1	-0.3	-0.4	-0.4
NE-Metallindustrie	-0.4	-0.9	-1.3	-1.2
Maschinenbau	0.1	0.1	0.1	0.1
Straßenfahrzeugbau	0.0	0.0	-0.1	0.0
Elektrotechnik	-0.1	-0.1	-0.2	-0.2
Übr. Verarbeitendes Gewerbe	0.0	-0.1	-0.2	-0.2
Bau	0.0	0.0	0.1	0.0
Handel	-0.1	-0.2	-0.2	-0.1
Transporte	0.0	0.0	0.0	0.0
Dienstleistungen	0.0	-0.1	-0.2	-0.1
Staat	0.0	-0.1	-0.3	0.0
Insgesamt	0.0	-0.1	-0.2	-0.1
Ausstieg in 25 Zeitjahren mit CO_2-Trendvorgabe				
Land- und Forstwirtschaft	-0.7	-1.5	-1.7	-1.0
Elektrizitätswirtschaft	-6.1	-13.4	-15.6	-10.9
Gasversorgung	-2.0	-3.6	-4.0	-2.8
Kohlenbergbau	-1.1	-3.1	-3.1	2.2
Chemische Industrie	-0.2	-0.4	-0.4	-0.3
Mineralölverarbeitung	-3.4	-7.9	-9.6	-7.4
Eisen-/Stahlindustrie	-1.5	-3.7	-4.8	-3.7
NE-Metallindustrie	-1.7	-4.4	-6.1	-5.3
Maschinenbau	0.2	0.4	0.4	0.3
Straßenfahrzeugbau	0.0	0.0	-0.1	-0.1
Elektrotechnik	-0.1	-0.5	-0.8	-0.7
Übr. Verarbeitendes Gewerbe	-0.2	-0.6	-0.9	-0.7
Bau	0.1	0.1	-0.2	-0.3
Handel	-0.2	-0.4	-0.7	-0.5
Transporte	-0.1	-0.1	0.0	0.2
Dienstleistungen	-0.2	-0.3	-0.3	-0.1
Staat	0.0	0.6	0.8	0.7
Insgesamt	-0.3	-0.6	-0.7	-0.4
Ausstieg in 25 Zeitjahren mit Kyoto-Ziel				
Land- und Forstwirtschaft	-1.7	-3.4	-6.6	-11.5
Elektrizitätswirtschaft	-12.3	-23.0	-33.8	-41.4
Gasversorgung	-5.3	-8.8	-13.7	-18.4
Kohlenbergbau	-11.8	-18.9	-31.8	-45.8
Chemische Industrie	-0.4	-0.8	-1.8	-3.4
Mineralölverarbeitung	-8.0	-15.9	-26.0	-34.5
Eisen-/Stahlindustrie	-3.5	-7.9	-14.9	-23.0
NE-Metallindustrie	-3.8	-9.2	-18.9	-33.0
Maschinenbau	0.4	0.8	1.5	3.0
Straßenfahrzeugbau	-0.1	-0.1	0.0	0.5
Elektrotechnik	-0.3	-0.9	-1.9	-3.2
Übr. Verarbeitendes Gewerbe	-0.6	-1.5	-3.5	-6.8
Bau	0.2	0.0	-0.3	-1.0
Handel	-0.4	-1.0	-3.1	-6.6
Transporte	-0.3	-0.4	-1.2	-2.1
Dienstleistungen	-0.3	-0.6	-1.9	-4.1
Staat	0.3	1.4	0.8	-1.6
Insgesamt	-0.7	-1.2	-2.7	-4.9

Tabelle 11-11: Beschäftigungseffekte – Abweichungen von der Simulation F40 in %

Ausstieg in 25 Zeitjahren ohne Minderungsziel	**2005**	**2010**	**2015**	**2020**
Land- und Forstwirtschaft	0,1	0,2	0,2	0,3
Elektrizitätswirtschaft	-1,4	-3,2	-3,8	-2,9
Gasversorgung	0,2	0,6	0,8	0,5
Kohlenbergbau	9,1	20,3	24,2	19,4
Chemische Industrie	0,0	0,1	0,1	0,0
Mineralölverarbeitung	0,0	0,0	0,0	0,0
Eisen-/Stahlindustrie	-0,1	-0,3	-0,4	-0,4
NE-Metallindustrie	-0,1	-0,2	-0,4	-0,5
Maschinenbau	0,1	0,1	0,2	0,1
Straßenfahrzeugbau	0,1	0,1	0,3	0,2
Elektrotechnik	0,0	0,2	0,3	0,4
Übr. Verarbeitendes Gewerbe	0,0	0,1	0,1	0,1
Bau	0,1	0,3	0,4	0,4
Handel	0,0	0,0	0,0	0,1
Transporte	0,0	0,0	-0,1	-0,1
Dienstleistungen	0,0	0,0	0,0	0,1
Staat	0,1	0,3	0,3	0,5
Insgesamt	0,1	0,2	0,2	0,2
Ausstieg in 25 Zeitjahren mit CO_2-Trendvorgabe				
Land- und Forstwirtschaft	1.3	3.1	3.5	2.3
Elektrizitätswirtschaft	-5.3	-11.8	-13.8	-9.6
Gasversorgung	-0.8	-1.5	-1.7	-1.1
Kohlenbergbau	-1.4	-3.9	-3.8	2.5
Chemische Industrie	0.6	1.1	0.9	0.2
Mineralölverarbeitung	-0.1	-0.1	-0.1	0.0
Eisen-/Stahlindustrie	-1.6	-3.9	-5.0	-3.8
NE-Metallindustrie	0.2	-0.1	-1.2	-1.8
Maschinenbau	0.7	1.5	1.4	0.7
Straßenfahrzeugbau	0.9	2.1	2.1	1.1
Elektrotechnik	0.9	2.9	3.9	3.1
Übr. Verarbeitendes Gewerbe	0.7	1.6	1.6	1.0
Bau	1.6	3.9	4.3	2.7
Handel	0.2	0.6	0.7	0.5
Transporte	0.0	-0.1	-0.2	-0.2
Dienstleistungen	0.5	1.6	1.8	1.3
Staat	2.0	4.7	5.2	3.7
Insgesamt	0.7	1.8	2.0	1.4
Ausstieg in 25 Zeitjahren mit Kyoto-Ziel				
Land- und Forstwirtschaft	3.4	7.1	11.9	17.0
Elektrizitätswirtschaft	-10.9	-20.5	-30.5	-37.8
Gasversorgung	-2.2	-3.8	-5.9	-8.0
Kohlenbergbau	-14.2	-22.6	-37.4	-53.0
Chemische Industrie	1.4	2.4	3.2	3.3
Mineralölverarbeitung	-0.2	-0.3	-0.4	-0.4
Eisen-/Stahlindustrie	-3.8	-8.4	-15.5	-23.7
NE-Metallindustrie	0.7	-0.1	-3.9	-12.6
Maschinenbau	1.8	3.4	5.2	7.1
Straßenfahrzeugbau	2.4	4.8	7.4	9.6
Elektrotechnik	2.4	7.0	11.6	16.6
Übr. Verarbeitendes Gewerbe	1.9	3.8	5.2	5.8
Bau	4.1	9.3	14.2	18.0
Handel	0.5	1.2	2.0	2.6
Transporte	0.0	-0.3	-1.2	-2.6
Dienstleistungen	1.5	3.6	4.9	5.0
Staat	5.0	10.7	15.3	18.5
Insgesamt	1.9	4.2	5.8	6.4

Tabelle 11-12: Exporteffekte – Abweichungen von der Simulation F40 in %

Ausstieg in 25 Zeitjahren ohne Minderungsziel	**2005**	**2010**	**2015**	**2020**
Land- und Forstwirtschaft	0.0	0.0	0.0	0.0
Elektrizitätswirtschaft	-0.9	-2.1	-2.6	-2.1
Gasversorgung	0.0	0.0	0.0	0.0
Kohlenbergbau	-0.1	-0.3	-0.4	-0.3
Chemische Industrie	0.0	0.0	0.0	0.0
Mineralölverarbeitung	-0.1	-0.1	-0.2	-0.1
Eisen-/Stahlindustrie	-0.1	-0.2	-0.3	-0.3
NE-Metallindustrie	-0.2	-0.5	-0.7	-0.5
Maschinenbau	0.0	0.0	0.0	0.0
Straßenfahrzeugbau	0.0	0.0	0.0	0.0
Elektrotechnik	0.0	0.0	0.0	-0.1
Übr. Verarbeitendes Gewerbe	0.0	0.0	-0.1	-0.1
Bau	0.0	-0.1	-0.2	-0.3
Handel	0.0	-0.1	-0.2	-0.2
Transporte	0.0	-0.1	-0.1	-0.1
Dienstleistungen	0.0	0.0	0.1	0.1
Staat	0.0	0.0	0.0	0.0
Insgesamt	0.0	0.0	-0.1	-0.1
Ausstieg in 25 Zeitjahren mit CO_2-Trendvorgabe				
Land- und Forstwirtschaft	0.0	0.0	0.0	0.0
Elektrizitätswirtschaft	-3.3	-7.9	-9.7	-6.9
Gasversorgung	0.0	0.0	0.0	0.0
Kohlenbergbau	-7.7	-13.0	-13.0	-8.0
Chemische Industrie	0.0	-0.2	-0.2	-0.2
Mineralölverarbeitung	-10.3	-17.8	-16.9	-9.6
Eisen-/Stahlindustrie	-1.2	-3.2	-4.1	-3.2
NE-Metallindustrie	-0.7	-2.1	-3.0	-2.3
Maschinenbau	0.1	0.2	0.1	-0.1
Straßenfahrzeugbau	0.1	0.1	-0.1	-0.2
Elektrotechnik	0.0	-0.1	-0.2	-0.3
Übr. Verarbeitendes Gewerbe	0.0	-0.2	-0.4	-0.4
Bau	-0.1	-1.2	-2.0	-1.8
Handel	0.5	0.5	-0.3	-0.9
Transporte	-0.3	-0.7	-0.9	-0.7
Dienstleistungen	0.1	0.4	0.3	0.2
Staat	0.0	0.0	0.0	0.0
Insgesamt	-0.1	-0.3	-0.5	-0.5
Ausstieg in 25 Zeitjahren mit Kyoto-Ziel				
Land- und Forstwirtschaft	0.0	0.0	0.0	0.0
Elektrizitätswirtschaft	-6.9	-14.3	-22.6	-28.8
Gasversorgung	0.0	0.0	0.0	0.0
Kohlenbergbau	-17.5	-24.5	-31.7	-36.0
Chemische Industrie	-0.1	-0.3	-0.8	-1.4
Mineralölverarbeitung	-23.9	-34.8	-44.5	-49.5
Eisen-/Stahlindustrie	-3.0	-6.9	-12.5	-18.3
NE-Metallindustrie	-1.7	-4.4	-8.4	-12.3
Maschinenbau	0.3	0.3	0.4	0.3
Straßenfahrzeugbau	0.3	0.2	-0.1	-0.6
Elektrotechnik	0.1	-0.1	-0.4	-1.0
Übr. Verarbeitendes Gewerbe	0.0	-0.3	-1.0	-2.0
Bau	-0.3	-2.8	-5.5	-8.9
Handel	1.5	1.5	-1.2	-6.5
Transporte	-0.7	-1.4	-2.5	-3.9
Dienstleistungen	0.4	0.8	1.0	1.1
Staat	0.0	0.0	0.0	0.0
Insgesamt	-0.2	-0.7	-1.4	-2.4

Tabelle 11-13: Importeffekte – Abweichungen von der Simulation F40 in %

Ausstieg in 25 Zeitjahren ohne Minderungsziel	**2005**	**2010**	**2015**	**2020**
Land- und Forstwirtschaft	0.1	0.1	0.2	0.2
Elektrizitätswirtschaft	-0.4	-0.9	-1.2	-0.9
Gasversorgung	0.0	0.0	0.0	0.0
Kohlenbergbau	3.3	6.8	7.8	5.7
Chemische Industrie	0.0	0.0	-0.1	0.0
Mineralölverarbeitung	0.1	0.2	0.2	0.2
Eisen-/Stahlindustrie	0.1	0.2	0.2	0.2
NE-Metallindustrie	0.3	0.6	0.7	0.6
Maschinenbau	0.1	0.2	0.2	0.3
Straßenfahrzeugbau	-0.2	-0.4	-0.5	-0.3
Elektrotechnik	0.0	-0.1	-0.1	0.0
Übr. Verarbeitendes Gewerbe	0.1	0.1	0.1	0.1
Bau	-0.2	-0.4	-0.5	-0.4
Handel	0.0	-0.1	-0.2	-0.1
Transporte	-0.1	-0.2	-0.2	-0.1
Dienstleistungen	-0.2	-0.4	-0.6	-0.5
Staat	0.1	0.2	0.2	0.3
Insgesamt	0.0	0.0	0.0	0.0
Ausstieg in 25 Zeitjahren mit CO_2-Trendvorgabe				
Land- und Forstwirtschaft	0.5	1.3	1.7	1.2
Elektrizitätswirtschaft	-2.0	-4.4	-5.0	-3.4
Gasversorgung	0.0	0.0	0.0	0.0
Kohlenbergbau	23.8	54.4	60.9	37.5
Chemische Industrie	-0.2	-0.2	-0.1	0.0
Mineralölverarbeitung	-1.5	-3.9	-5.3	-4.5
Eisen-/Stahlindustrie	0.9	2.2	2.7	1.9
NE-Metallindustrie	1.0	2.8	3.5	2.5
Maschinenbau	0.3	0.7	0.7	0.5
Straßenfahrzeugbau	-1.1	-2.3	-2.5	-1.2
Elektrotechnik	-0.3	-0.5	-0.4	-0.1
Übr. Verarbeitendes Gewerbe	-0.1	0.0	-0.1	0.0
Bau	-0.7	-0.8	-0.7	-0.9
Handel	-0.6	-1.0	-0.9	-0.4
Transporte	-0.5	-0.9	-0.8	-0.4
Dienstleistungen	-1.1	-2.5	-3.0	-2.2
Staat	0.6	2.0	2.7	2.3
Insgesamt	-0.2	-0.3	-0.3	-0.1
Ausstieg in 25 Zeitjahren mit Kyoto-Ziel				
Land- und Forstwirtschaft	1.3	3.1	6.5	12.7
Elektrizitätswirtschaft	-4.3	-7.8	-11.6	-14.4
Gasversorgung	0.0	0.0	0.0	0.0
Kohlenbergbau	54.3	108.3	172.2	222.9
Chemische Industrie	-0.4	-0.4	-0.7	-1.7
Mineralölverarbeitung	-3.7	-9.0	-17.0	-24.3
Eisen-/Stahlindustrie	2.1	5.0	9.5	14.3
NE-Metallindustrie	2.3	5.8	11.3	17.2
Maschinenbau	0.5	1.2	3.1	7.4
Straßenfahrzeugbau	-2.8	-5.3	-9.6	-14.6
Elektrotechnik	-0.8	-1.2	-2.0	-3.0
Übr. Verarbeitendes Gewerbe	-0.3	-0.3	-0.8	-0.8
Bau	-1.2	-0.7	-1.5	-4.3
Handel	-1.4	-2.1	-3.0	-4.3
Transporte	-1.0	-1.6	-2.4	-3.2
Dienstleistungen	-2.5	-5.0	-8.7	-13.4
Staat	1.4	4.3	6.7	8.4
Insgesamt	-0.5	-0.8	-1.5	-2.1

Tabelle 11-14: Struktur der Elektrizitätswirtschaft – Einsatz zur Stromerzeugung nach Energieträgern in PJ

Simulation F40	**2000**	**2005**	**2010**	**2015**	**2020**
Steinkohle	1293	1306	1264	1288	1258
Braunkohle	1187	1136	1093	1142	1193
Mineralöle	139	116	100	93	87
Gase	555	507	466	420	399
Kernenergie	1388	1401	1379	1261	878
Erneuerbare Energieträger	212	245	260	277	295
Summe	4775	4711	4563	4481	4110
Ausstieg in 25 Zeitjahren ohne Minderungsziel					
Steinkohle	1296	1463	1596	1680	1559
Braunkohle	1190	1271	1379	1491	1481
Mineralöle	139	126	118	113	102
Gase	556	540	596	589	520
Kernenergie	1384	861	347	0	0
Erneuerbare Energieträger	212	245	260	277	295
Summe	4777	4506	4297	4150	3957
Ausstieg in 25 Zeitjahren mit CO_2-Trendvorgabe					
Steinkohle	1296	1494	1591	1648	1577
Braunkohle	1190	1139	1105	1151	1220
Mineralöle	139	133	130	127	112
Gase	556	519	536	532	489
Kernenergie	1384	861	347	0	0
Erneuerbare Energieträger	212	245	260	277	295
Summe	4777	4390	3969	3735	3694
Ausstieg in 25 Zeitjahren mit Kyoto-Ziel					
Steinkohle	1296	1466	1448	1303	1040
Braunkohle	1190	1015	944	858	734
Mineralöle	139	136	130	120	101
Gase	556	420	405	393	348
Kernenergie	1384	861	347	0	0
Erneuerbare Energieträger	212	245	260	277	295
Summe	4777	4144	3533	2951	2518

GPSR Compliance

The European Union's (EU) General Product Safety Regulation (GPSR) is a set of rules that requires consumer products to be safe and our obligations to ensure this.

If you have any concerns about our products, you can contact us on ProductSafety@springernature.com

In case Publisher is established outside the EU, the EU authorized representative is:

Springer Nature Customer Service Center GmbH
Europaplatz 3
69115 Heidelberg, Germany

Batch number: 10815974

Printed by Printforce, the Netherlands